Heinz Grote

Kosten senken mit KOPF

Kybernetische Organisation, Planung und Führung

In diesem Buch sind Erkenntnisse aus dem Forschungsvorhaben „Systemische Entscheidungslogistik im Logistiknetzwerk Bau" enthalten.
Die Erkenntnisse wurden vom Autor in den Jahren 2000 und 2001 erarbeitet.
Die Forschungsarbeit wurde mit Mitteln des Bundesministeriums für Bildung und Forschung unter dem Förderkennzeichen 19 W 0024 D gefördert.

Die Deutsche Bibliothek – CIP-Einheitsaufnahme

Grote, Heinz:
KOSTEN SENKEN MIT KOPF: kybernetische Organisation, Planung und Führung; die Revolution des Baumanagements/Heinz Grote. – Berlin; Hannover: Patzer, 2002
ISBN 3-87617-104-0

Alle Rechte, auch die des auszugsweisen Nachdrucks, der fotomechanischen Wiedergabe und der Übersetzung in andere Sprachen, vorbehalten.

© 2002 bei Patzer Verlag, Berlin–Hannover

Grafische Gestaltung: Hanna Schrader
Druck: rgg Print Medien GmbH, Braunschweig

Heinz Grote

Kosten senken mit
KOPF

Kybernetische **O**rganisation, **P**lanung und **F**ührung

Die Revolution des Baumanagements

Inhaltsverzeichnis

1

Einführung 9

2

Auf dem Weg zur Komplexitäts-Kompetenz 16

2.1 Möglichkeiten und Grenzen der Netzplantechnik 16
2.2 Die Weiterentwicklung der Netzplantechnik 19
2.3 So entstand die Baukybernetik 23
2.4 Mit selbststeuernden Unternehmensstrukturen zu hohen Produktivitätssteigerungen 26

3

Komplexität und Selbstorganisation – Wissenschaftliche Hintergründe 28

3.1 Die Entwicklung der Noosphäre 28
3.2 Die Wissenschaft von der Komplexität 30
3.3 Die prinzipielle Unvorhersagbarkeit 31
3.4 Wie Ordnung von selbst entsteht 32
3.5 Die „Raum-Zeit des Geistes" 33
3.6 Zunehmende Ordnung durch Baukybernetik 36

4

Die Einführung der zweiten Zeitdimension 38

5

Die Kybernetik – Die Kunst der zielbestimmten Selbststeuerung in komplexen Systemen 42

5.1 Wissenschaft und Kunst 42
5.2 Die Wortbedeutung 44
5.3 Kybernetische Begriffe 44
5.3.1 Das Modell 45
5.3.2 Das Simulieren 45
5.3.3 Das System 45
5.3.4 Die Struktur 48
5.3.5 Die Ein- und Umschwingzeit 53
5.3.6 Das Verhalten von Systemen und ihre Beeinflussung 53
5.3.7 Die Information 58
5.3.8 Die Rückkopplung 58
5.3.9 Die Ordnung 59
5.4 Die Dynamische Systemtheorie und die Kybernetik zweiter Ordnung 59

6

Die Baukybernetik: Kostensenkung und hohe Produktivität durch zielbestimmte Selbststeuerung 63

6.1 Im Modell Arbeitsdauern und Arbeitsstunden deckungsgleich machen 63
6.2 Mengenermittlung übersichtlich machen 64
6.3 Das Produktionsmodell enthält latent fast unendlich viele zielgenaue Ablaufmuster 67

6.4	Grundlagen zielsicherer Prozessregelung Regeln mit Zukunftsfaktoren	**68**	9.11	Ein Sanierungsprojekt in Braunschweig	**108**

7

Der erste Beweis für die Überlegenheit kybernetisch-finalen Lenkens — **71**

8

Das mechanistisch-kausale Fehlverhalten wird durch pseudowissenschaftliche Interpretationen aufrechterhalten — **74**

9

Die Kopf-Statistik und die frühzeitige Kostensicherheit – Praktische Beispiele — **79**

9.1	Allgemeines	**79**
9.2	Die Kostenplanung beim OP-Zentrum Essen	**82**
9.3	Kostenlenkung beim Regierungsdienstgebäude in Lüneburg	**85**
9.4	Kurze Bauzeiten mindern Baukosten	**85**
9.5	Kosten- und Ablaufsteuerung beim Fabrikbau in Norderstedt	**86**
9.6	Ein Altenpflegeheim mit dem KOPF-System geplant und gebaut – Architekt Prof. Peter Junkers, Detmold	**88**
9.7	Mit einer wirklichkeitsgetreuen Preisstatistik kann man frühzeitig Kostensicherheit erlangen	**88**
9.8	Kosteneinsparung durch öffentlichen Wettbewerb	**94**
9.9	Beweise aus einem 30-jährigen „Feldversuch"	**96**
9.10	Die Kostenbestimmung für schlüsselfertiges Bauen spart Büroarbeit	**107**

10

Das KOPF-System — **111**

10.1	Erkenntnisse zur Organisation des Planungsprozesses	**112**
10.2	Der unbekannte Arbeitsstundenaufwand	**113**
10.3	Entscheidend für den KOPF-Erfolg ist nicht der Computer	**117**
10.4	Das KOPF-Modell für schlüsselfertiges Bauen	**121**
10.5	Das Feststellen des Leistungsstandes und der Vergleich von Leistungs- und Anwesenheitsstunden	**136**
10.6	Zum richtigen Zeitpunkt mit dem Bau beginnen – Rechtzeitige Planvorlagen sicherstellen	**143**
10.7	Beispiele der KOPF-Anwendung in Planungsbüros	**149**
10.7.1	Aus der Arbeit der Architekten Professor Peter Junkers, Detmold, und Horst Tenten, Düsseldorf	**149**
10.7.2	Projektleitung mit dem KOPF-System durch Richard Schaufelberger Fallbeispiel Laupen am Wald im Kanton Zürich	**172**
10.7.3	Fallbeispiel Humanomed Privatklinik Graz, Projektsteuerer Dr. Otto Greiner	**180**

11

Das Ausschalten regelwidriger Muster — **184**

11.1	Sicherstellen der Ausführungsfristen durch Anwenden der VOB-Regeln	**184**
11.2	Trotz größter Abweichungen terminsicher	**190**

11.3	Clevere Unternehmer profitieren	192	
11.4	Termingenau auch bei hochgradiger Erstmaligkeit	193	
11.5	Regelwidrige Muster im Planungsprozess	195	

12

Die immense Zeitverschwendung in den Planungsprozessen und deren Folgen am Beispiel des Autobahnbaus 199

13

Autobahnbau mit KOPF 204

13.1	Projektierung der Planungs- und Genehmigungszeit	204
13.2	Verbreiterung der BAB 2 – Bau-km 0+00 – 11+200	205
13.3	Detaillierte Bemessung der Planungsleistung für Vorentwurf, Bauentwurf, Ausführungsplanung und Ausschreibung	206
13.4	Grundlagen für die Ermittlung der Arbeitsstunden	208
13.5	Planung der Arbeitsvorbereitung (Vermessung, Ausführung, Ausschreibungen)	208
13.6	Produktionsplanung im Autobahnbau	211
13.7	Beeinflussung der Bauausführung von zwei Brücken im Autobahnabschnitt B	218

14

Unternehmenserneuerung mit KOPF 221

14.1	Der Vordenker Erich Koß	222
14.2	Produktionsplan und Produktivitätsmanagement heute	232
14.2.1	Fallbeispiel Rosenstraße Höxter	232
14.2.2	Die retrograde Ermittlung des Geschäftserfolgs	241
14.2.3	Die Angebotsbearbeitung	246
14.2.4	Der praktizierte Egoismus zweiter Ordnung	247

15

Produktivitätsfördernde Arbeitstechnik – ein versunkener Schatz 251

16

Vom Kostendenken zum Produktivitätsdenken 257

16.1	Information „von unten" sichern	257
16.2	Lernen beim praktischen Tun	258
16.3	Produktivitätsschwankungen vermeiden	260

17

Hohe Erträge durch selbstorganisierte Arbeit in den Unternehmen 267

17.1	Produktivitätsfaktor Gesundheitsförderung	267
17.1.1	Die Baustellenverordnung	267
17.1.2	Die Dienstleistungskultur der Pinneberger Verkehrsgesellschaft PVG	270
17.1.3	Warum liegen die Krankheitsquoten bei manchen Firmen weit unter dem Durchschnitt?	272
17.1.4	Wie man Fehltage reduziert	272
17.1.5	Der Ansatz zu noch größerem Erfolg: Das Hasenkopf-Modell „Flexible Arbeitszeit"	274
17.2	Die flexible Wahlarbeitszeit	274
17.2.1	Die flexible Arbeitszeit im Baubetrieb	275
17.2.2	Die Bauunternehmung Xaver Riebel – ein Pionier-Beispiel	276
17.2.3	Die flexible Arbeitszeit bei Heilmann	277
17.3	Die Einführung ganzheitlichen Produktivitäts-Managements	278

17.3.1 Ganzheitliches Produktivitäts-Management kann mit der Einführung der Wahlarbeitszeit mit Arbeitsstundenkonten beginnen **279**
17.3.2 Die Einführung selbst gesteuerter Arbeitsflüsse **280**

18

Die Gegensätze: Erfolge, Rückfälle und Festhalten am Gestrigen **290**
18.1 Ein Rückfall **290**
18.2 Sie kalkulieren nicht – sie wetten **291**
18.3 Poliere und Facharbeiter ermitteln die Arbeitsstunden besser als mancher Kalkulator **291**
18.4 Das funktioniert in jedem Gewerk, wenn es richtig gemacht wird **292**
18.5 Misslingen durch Informationsdefizite und zentralistisches Führen **294**
18.6 Eine schematische Darstellung der Arbeitsplanung und -steuerung mit KOPF **295**
18.7 Bis jetzt fehlen weitgehend die Voraussetzungen und der Wille zur Erneuerung **301**
18.8 Beispiele aus dem Bauchaos **303**

19

Ein Blick über den Tellerrand **310**
19.1 Die Toyota-Produktion **310**
19.2 Produktivitätsdefizite im Maschinenbau **311**
19.3 Produktivitätsverluste bei Autozulieferern **312**
19.4 Die neue Überlegenheit der Wenigen **314**

20

Die ganze Wertschöpfungskette optimieren
Die höhere Form des Handwerks **319**
20.1 Das Beispiel Porsche **319**
20.2 Der Bauunternehmer Doyle Wilson **323**
20.3 Die Nahtstellenvereinbarung **324**
20.4 Selbstorganisation zünden **327**

21

KOPF + Lean Enterprise **329**
21.1 Der Geist des Unternehmens **329**
21.2 Erneuerung der Peneder-Unternehmen **330**
21.3 Ein Anfang **338**

22

Wir diskutieren nicht die wahren Standortprobleme – Wir brauchen den Mut zur Erneuerung **345**

Literaturverzeichnis **351**

Stichwortverzeichnis **353**

1 Einführung

"Herr der Zukunft bleibt, wer sich wandeln kann"
Stefan George

Wir leben und arbeiten in komplexen Beziehungsnetzen mit einer zunehmenden Veränderungsdynamik. Aber die Methoden und Verfahren, mit denen wir unsere Arbeitsprozesse planen und lenken, stammen aus einfachen, statischen Strukturen.

Weil wir mit einer veralteten linearen, mechanistischen Denkweise der zunehmenden Komplexität des Geschehens immer weniger gewachsen sind, ist unsere Arbeit immer weniger effizient. Das Verhältnis von Mitteleinsatz und Erfolg wird zunehmend ungünstiger. Wir bezahlen immens viele „Arbeitsstunden" für nichts – für Warten, Suchen, Beseitigen von Mängeln, umständliches und überflüssiges Arbeiten, Leerlauf, Unlust und Fehlzeiten. Deshalb sind die Arbeitskosten zu hoch – nicht wegen der Löhne.

Das gilt nicht nur für die Bauwirtschaft.

Wenn der Konkurrenzkampf in Zeiten mit geringerem Auftragsvolumen härter wird, beklagen wir, dass die niedrigen Preise die Kosten nicht decken, anstatt die Zeit- und Geldverschwendung in den Büros, in den Betrieben und an den Baustellen zu bekämpfen. Unternehmen, die das konsequent und erfolgreich tun – in selbstorganisierten Arbeitsprozessen –, verdienen bei den niedrigen, aus der Sicht des Kunden attraktiven Preisen gutes Geld.

Die Kunden werden auf Dauer nicht all die vertanen Stunden bezahlen, in denen die Fachleute in den Büros und Betrieben zwar anwesend sind und arbeiten wollen, aber nicht arbeiten können, weil die Entscheidungsprozesse und die Arbeitsabläufe schlecht organisiert sind. Sie werden nicht ständig Überschreitungen von Ausführungsfristen und Kostenanschlägen in Kauf nehmen; denn sie werden schon jetzt – wenn auch erst von wenigen Einzelnen – besser bedient und mit kurzen Bauzeiten und mit Terminverlässlichkeit überrascht, und das auch noch zu niedrigen Preisen bei guter Qualität.

Die Kunden möchten das bestellte Produkt in der vereinbarten Qualität zum niedrigst möglichen Preis in kürzester Zeit – ohne Nachbesserungen und Nachforderungen. Und sie wünschen sich mit Recht den besten Service – ebenso wie wir alle das erwarten, wenn wir selbst Kunden sind.

■ Wegen der Verschwendung von Arbeitsstunden sind die Lohnkosten zu hoch – nicht wegen der Löhne.

■ Die Kunden wollen das bestellte Produkt in der vereinbarten Qualität zum niedrigst möglichen Preis in kürzester Zeit.

1 Einführung

Nur fünf Prozent der Unternehmen sehen die Rationalisierung als wichtigste Voraussetzung für Marktüberlegenheit an.

Wer sein Unternehmen dauerhaft überlebensfähig machen will, der muss neu denken.

120 Milliarden ihrer Einnahmen verlieren die Betriebe des Bau- und Baunebengewerbes jährlich, weil 78 Arbeitstage pro Mitarbeiter und Jahr verschwendet werden.

Wissenschaftliche Umfragen machen deutlich: Für Bauherren ist besonders wichtig,
1. dass die Kosten eingehalten werden,
2. dass man sich auf den zugesagten Fertigstellungstermin verlassen kann,
3. dass der Bauleiter ausreichend qualifiziert ist.

Zufrieden mit der Erfüllung dieser Erwartungen ist nur die Hälfte der Bauherren. Und bei dem Wunsch nach einer möglichst schnellen Beseitigung von Baumängeln sinkt die Zufriedenheit auf 40 Prozent. Aber in der Rangfolge der Wichtigkeit nimmt diese Frage mit 90 Prozent den vierten Platz ein. Deshalb haben Architekten und Bauleute ein schlechtes Image: „Nach der Fertigstellung ... erntet man nicht selten ein resigniertes Abwinken. Das Traumhaus ist zum Alptraum verkommen." „Einmal und nie wieder", ist die Antwort vieler. „Planungsfehler, ... Nachbesserungsarbeiten, ... Verzögerungen, ... teilweiser Baustillstand, ... treiben den Bauherrn auf die Palme ...", oder „... schon beim gewöhnlichen Einfamilienhaus kommen Termin- und Kostenüberschreitungen sowie Qualitätsmängel immer wieder vor ...". So lauten die Kommentare.

Wer den Kunden wirklich zum König macht, kann in der Bauwirtschaft verhältnismäßig leicht Marktüberlegenheit erzielen. Bis jetzt muss man jedoch Architekten, Unternehmer und Handwerker, die nicht nur davon reden, sondern es auch tun, noch wie die besagte Stecknadel im Heuhaufen suchen.

95 Prozent der Baufirmen, Planungsbüros und Handwerksbetriebe verschwenden ein Drittel ihrer Einnahmen und sind sich dessen nicht einmal bewusst. „Die Preise müssen besser werden" oder „Die Kapazitäten müssen runter" ist so ziemlich das einzige, was ihnen dazu einfällt. Nach den Umfragen sehen nur ganze fünf Prozent der deutschen Bauunternehmen die Kostensenkung und die Rationalisierung als wichtigste Voraussetzung für Marktüberlegenheit an.

Wer den erwarteten Wert für den Kunden schaffen und damit das eigene Unternehmen dauerhaft überlebensfähig machen will, der muss seine Denkweise radikal ändern. Er muss Komplexitätskompetenz gewinnen.

Das fällt offensichtlich schwer. Unsere Denk- und Verhaltensweisen sind durch Lehre und Praxis in jahrzehntelangen Gewohnheiten tief und fest geprägt. Mentalitäten – Geisteshaltungen, die auch gegen Selbstkritik verschlossen sind – kann man nicht so leicht verändern wie Computerprogramme.

Eine Langzeituntersuchung, die von der Internationalen Produktivitätsberatung Czipin & Partner, Wien, von 1996 bis 2000 durchgeführt wurde, kommt zu dem Schluss: In den Unternehmen des deutschen Mittelstandes werden durchschnittlich 78 Arbeitstage je Mitarbeiter im Jahr verschwendet. Obwohl ein Produktivitätszuwachs von 8,5 Prozent für 1999 erzielt werden konnte, bleibt ein ungenutztes, wachsendes Produktivitätspotenzial von 36 Prozent. Umsätze von 580 Milliarden Mark jährlich, die mit gleicher Belegschaft gemacht werden könnten, gehen dem Mittelstand dadurch verloren.

Die Bauwirtschaft ist daran mit rd. 120 Milliarden Mark jährlich beteiligt.

In der Bauwirtschaft haben wir mehr nachzuholen als anderswo. Das zeigt ein Produktivitätsvergleich, der in der ETH Zürich angestellt wurde. Dabei liegt der Maschinenbau bei 102 Prozent, das Bauwesen bei 80 Prozent und die Chemie bei 176 Prozent.[1]

Demnach liegen die Produktivitätsreserven in der Bauwirtschaft über 40 Prozent.

Noch versäumen es die Unternehmen, ihre Chancen zur Verbesserung von Ertragssituation und Preisflexibilität zu nutzen. Aus der Sicht der Arbeitnehmer werden Arbeitsplatz- und Einkommenschancen verspielt. Hauptsächliche Produktivitätskiller sind schlechtes Management, fehlende Planung und Steuerung und unzureichende Kommunikation.

Einführung **1**

Durch Führungsmängel und zentralistisches Verhalten werden die Mitarbeiter demotiviert und damit die Effizienz ihrer Arbeit geschmälert. Betrachtet man die Unternehmensbereiche, so sieht man, dass der Produktivitätsverlust in der Logistik am größten ist: nur 59 Prozent der Arbeitszeit werden hier wertschöpfend verbracht. Das bedeutet in diesem Bereich: 90 verlorene Tage bei durchschnittlich 220 Arbeitstagen im Jahr. Auch hier zählen zu den Ursachen mangelnde Vorbereitung und Steuerung der einzelnen Arbeitsschritte, falsche oder fehlende Vorausplanung der notwendigen Ressourcen und mangelnde Arbeitsplatzorganisation. Das Bundesministerium für Bildung und Forschung fördert eine Forschungsarbeit zur Entscheidungslogistik, die ich mit dem KOPF-Institut im Rahmen eines Forscher-Verbunds „Logistiknetzwerk Bau" in den Jahren 2000 und 2001 durchgeführt habe. Die wesentlichen Erkenntnisse werde ich in diesem Buch darlegen.

Besonders Besorgnis erregend für den deutschen Standort ist die Feststellung der Czipin-Experten, dass die Produktivitätsschere auch in Zukunft weiter aufgehen wird. Zwar erwarten 73 Prozent der Befragten ein Produktivitätswachstum von 7,4 Prozent und sie meinen auch, dass 11 Prozent erzielt werden könnten, wenn alle Potenziale in den Unternehmen ausgeschöpft würden. Aber demgegenüber haben die Studien von Czipin & Partner über Jahre hinweg in den Unternehmen immer ein Produktivitätspotenzial von 30 bis 40 Prozent ermittelt. In meiner 30jährigen Praxis mit dem KOPF-System habe ich in der Bauwirtschaft entsprechendes festgestellt.

> *Die Vorstellungskraft für die tatsächlichen Möglichkeiten der Produktivitätssteigerung ist in den Unternehmen offensichtlich zu wenig entwickelt. Deshalb ist ein zunehmender Produktivitätsnachteil gegenüber Konkurrenzstandorten zu befürchten.*

Die Vorstellungskraft für eine mutigere Politik, die optimale steuerliche und soziale Rahmenbedingungen schaffen sollte, fehlt auch bei den Politikern. So stellt die Unternehmensberatung McKinsey fest: „Das Wohlstandsniveau – währungsbereinigt – liegt in den USA um 30 Prozent höher als in Deutschland."

Auch die Nettolöhne liegen dort auf einem wesentlich höheren Niveau.[2)]

McKinsey weiter: „Deutschland, das wirtschaftliche Schlusslicht in Europa, wird zum Sanierungsfall."

Hoffnung geben die noch relativ wenigen Ausnahmen. Die Größenordnungen der Produktivitätsgewinne, die in den Ausnahmeunternehmen erzielt werden, bestätigen die dramatischen Untersuchungsergebnisse.

Am Lehrstuhl für Baubetriebslehre der Universität Dortmund hat Professor Dr. Blecken 1999 bei drei Bauvorhaben eine Schwachstellenanalyse in der Ausbauphase beim schlüsselfertigen Bauen durchführen lassen. Die Studie zeigt, dass 65 bis 70 Prozent aller aufgewendeten Zeiten „schwachstellenverdächtig" sind. In Diskussionsforen haben sich verschiedene Ausbaubetriebe zu den Daten selbst und zu den Ursachen geäußert:

„Fehlende Koordination durch den Generalunternehmer bzw. durch den Bauherrn (bauleitenden Architekten), schlechte Logistik, keine Arbeitsvorbereitung."

„ ... wir nehmen es als Strukturfaktum unserer Bauwirtschaft", schrieb mir Professor Blecken dazu – und weiter: „Eine nicht von uns durchgeführte umfangreiche Studie im Rohbau (Stahlbetonbau), die im Rahmen einer Dissertation durchgeführt wurde, zeigt über 10 Baustellen, dass 35 bis 40 Prozent „schwachstellenverdächtige Teilzeiten" auffallen. Eine der Thesen, die man daraus ableiten kann, ist, dass bei einem (großen) Gewerk (mit entsprechender Arbeitsvorbereitung, ohne Schnittstellen, guter Logistik, ...) ca. 30 bis 35 Prozent weni-

■ Für die tatsächliche Größenordnung der möglichen Produktivitätssteigerung fehlt in den Unternehmen die Vorstellungskraft.

11

1 Einführung

ger „schwachstellenverdächtige" Teilzeiten auffallen als bei 12 bis 15 parallel laufenden Gewerken (mit geringer AV, unkoordiniertem Ablauf, geringer Logistik ...)." Solche Analysen mit Hilfe von Refa-Multimomentaufnahmen gibt es seit mindestens 30 Jahren immer wieder – mit zunehmend schlechten Resultaten.

Die Zeitverschwendung, die durch mangelndes Vordenken und falsches Management auch noch in den 30 bis 35 Prozent Haupttätigkeiten steckt, lässt sich damit nicht einmal ausmachen.

Je komplexer die Bauvorhaben sind, umso größer sind die Verluste. 1985 sagte Professor Dr. Karlheinz Pfarr, damals Ordinarius für Baubetrieb und Bauwirtschaft an der Technischen Universität Berlin, in einem Vortrag beim KOPF-Symposium „Kybernetik im Baumanagement" im Schloss Corvey/Höxter: „ ... Wenn Sie zum Zeitpunkt des Kostenanschlags für ein großes öffentliches Gebäude wissen wollen, wie hoch die Abrechnungssumme ist, dann müssen Sie die Konstante π (Pi) einführen. Die Kostenanschlagssumme mal π ist die ungefähre Abrechnungssumme."

Pfarr hatte einige derartige Bauprozesse untersucht und dabei festgestellt, dass viele etwa dreimal so lange gedauert hatten und dreimal teurer geworden waren als geplant war.

Wir haben dieses Phänomen bis heute nicht im Griff. Uns fehlt die Komplexitäts-Kompetenz. Die Bundesbauten des Berliner Parlamentsviertels kosten 600 Millionen Mark mehr – die Regierung erwartet zahlreiche Prozesse.

Professor Dr. Fredmund Malik von der Hochschule für Wirtschafts- und Sozialwissenschaften St. Gallen nahm in seinem Referat in Corvey die Bewertung von Professor Pfarr scherzhaft auf und meinte, Pfarr habe soeben die Weltkonstante für Baukostenüberschreitung öffentlich gemacht.

Übrigens hatte der Vortrag von Karlheinz Pfarr den Titel „Zukunft der Bauwirtschaft – Bauwirtschaft der Zukunft". Er ließ es durchaus nicht bei der Feststellung: „ ... wir nehmen das als Strukturfaktum der Bauwirtschaft" wie Blecken 15 Jahre später. Die Bauwirtschaft braucht dringend den Wandel zu einer komplexitätskompetenten Organisation. Den Ansatz dazu bieten die erfolgreich praktizierten Methoden und Verhaltensweisen der Baukybernetik.

Pfarr versuchte deutlich zu machen, dass die mit unverhältnismäßig hohem Aufwand entwickelten Zeit- und Kostenprognose-Modelle und MIS – Management-Informations-Systeme – wegen ihres vertheoretisierten linear-mechanistischen Ansatzes untauglich sind, komplexes Geschehen vorwegzunehmen. Es sind Versuche, das prinzipiell nicht Berechenbare berechnen zu wollen. Er zeigte eine Folie mit einem stilisierten Netzplan, der auf eine Tafel gezeichnet war. Auf der Tafel saß ein Geier, der „Pleitegeier". Und eine Sprechblase vor dem Geierschnabel enthielt das Zeichen π.

„Auf dem Netzplan sitzt der Pleitegeier. Zu viele komplexe Bauvorhaben dauerten um den Multiplikator π, also rund dreimal, länger und kosteten dreimal mehr, als die Vorausberechnungen mit ‚modernsten' Methoden vorgaben! Was dem, der rund 30 Jahre in diesem ‚Geschäft' tätig ist, begegnet ist, habe ich etwas salopp und hintergründig auf nachstehender Landkarte einmal aufgezeichnet.

Die dort eingezeichneten Tatbestände sind sicher nicht vollständig. Da wird der Gipfel der Anmaßung abwechselnd von Architekten, Beratenden Ingenieuren, Gutachtern, Beratern und Bauherren bestiegen, manchmal bilden sich ganze Seilschaften. Neben der Arena der Verhandlungen sind die Weidegründe der Juristen – und ich habe nur ein schwarzes Schaf und ein Rindvieh einzeichnen können. Mit einem Laufgitter verbunden ist der Käfig der Baubetriebswissenschaft. Hier warten einige ständig abrufbereit, um bei Termin- und Mengenverschiebungen gutachterlich tätig werden zu dür-

---

Prof. Dr. Karlheinz Pfarr: „Bei größeren öffentlichen Bauvorhaben ist die Abrechnungssumme gleich Kostenanschlag mal Pi."

Prof. Dr. Karlheinz Pfarr: „Die mit hohem Aufwand entwickelten Zeit- und Kostenprognoseverfahren sind wegen ihres linear-mechanistischen Ansatzes untauglich."

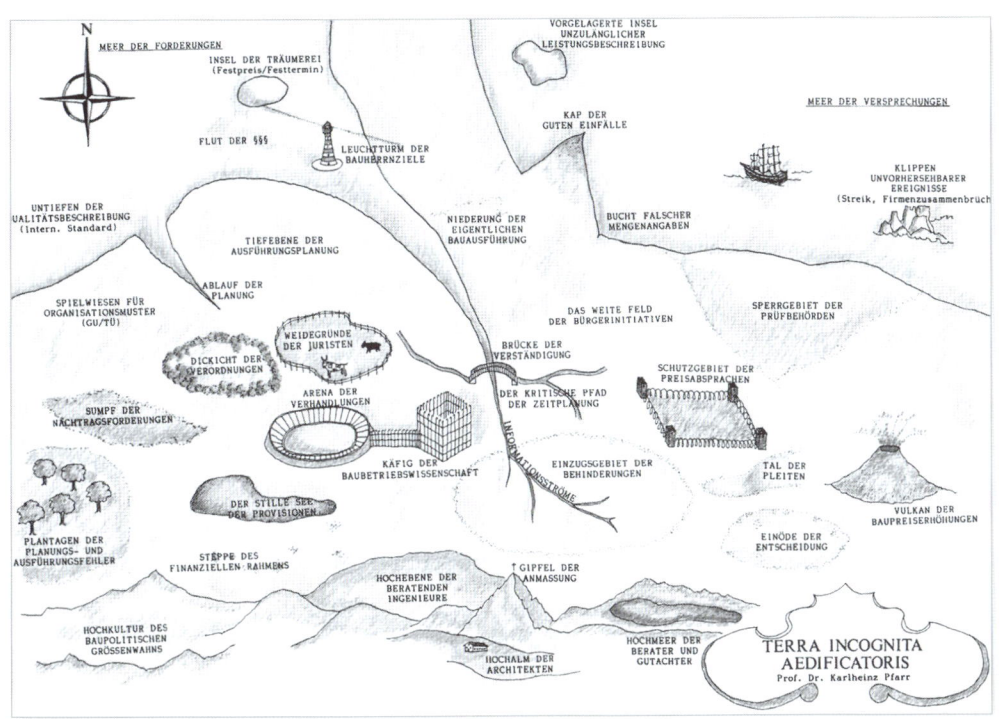

Abb. 1: Terra incognita aedificatoris (Prof. Pfarr)

fen. Trotz der Vielgestaltigkeit der Erscheinungen auf der bauwirtschaftlichen Landkarte sind wir in der Lage, Ordnung in dieses Bild hineinzubekommen, wenn wir es mit dem systemtheoretischen Ansatz angehen.

Lösen wir uns daher von allen akademischen Definitionen und behaupten, ein guter Baumanager zeichnet sich durch die Fähigkeit aus, sich im Territorium souverän zurechtzufinden." Das sagte Pfarr 1985.

Gut und schön – aber wie? Und was bedeutet der „systemische Ansatz"?

Einer meiner Lehrer konnte das: der Baumeister Erich Koß. Er hat eine Methode der Produktionsplanung entwickelt, die Selbststeuerungseffekte im Bauprozess hervorruft (s. Kapitel 14.1).[3] Selbststeuerung in Sozialsystemen hat mit Kybernetik zu tun und eröffnet Führenden und Ausführenden die Möglichkeit, zielsicher zu handeln. Die äußerst komplexen dynamischen Prozesse sind immer nichtlinear. Das heißt auch, dass ständig Unvorhersehbares passiert, das die aufwendigste Planung einfach ignoriert. Äußerst komplexe, dynamische Prozesse können nicht mit linearen Berechnungsmethoden und zentraler Steuerung beherrscht werden. Noch immer wird versucht, Menschen durch Fremdbestimmung zu führen. Wir gehen mit Sozialsystemen immer noch um, wie mit von außen betriebenen und gesteuerten Maschinen.

Professor Dr. Hans-Jürgen Warnecke, der Präsident der Fraunhofer-Gesellschaft, stellt in seinem Buch „Die Fraktale Fabrik – Revolution der

Äußerst komplexe Prozesse können nicht mit linearen Berechnungsmethoden und zentraler Steuerung beherrscht werden.

1 Einführung

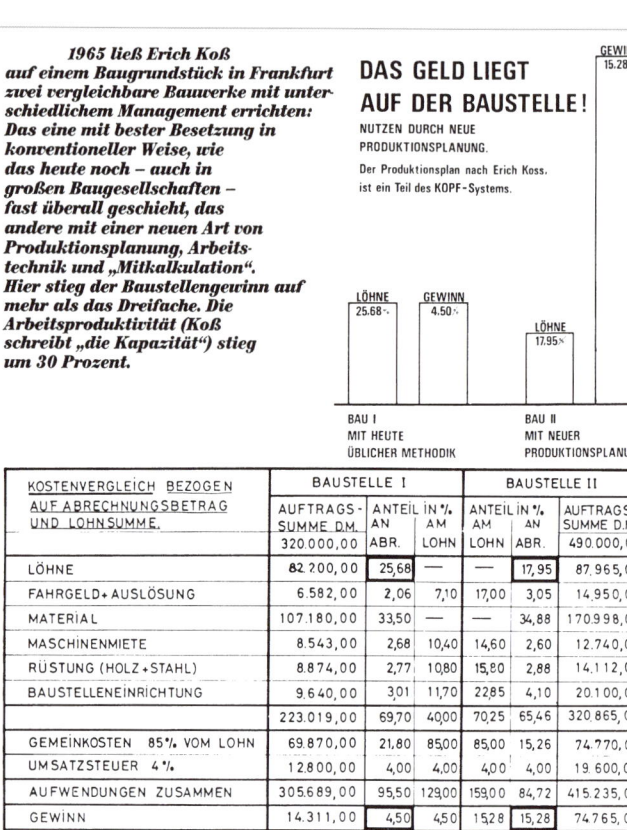

■ Abb. 2: Baurationalisierung nach Frank Bunker Gilbreth, dargestellt an zwei Vergleichsobjekten von Erich Koß.

Selbststeuernde Produktionsplanung erhöht die Arbeitsproduktivität um 30 Prozent.

Unternehmenskultur"⁴⁾, dazu fest, dass die Arbeitnehmer nur 35 bis 50 Prozent ihrer Fähigkeiten in den Unternehmen einsetzen können, weil der mechanistische Führungsstil sie in einem geistigen Käfig hält.

Erich Koß hatte schon 1965 Gelegenheit, zwei vergleichbare Bauwerke auf einem Baugrundstück in Frankfurt am Main errichten zu lassen.⁵⁾ Das eine mit bester Besetzung mit einer „angemessenen Arbeitsvorbereitung", die in dem Zitat von Professor Blecken aus dem Jahr 2000 immer noch 35 bis 40 Prozent „schwachstellenverdächtige Teilzeiten" verursacht und „als Strukturfaktum unserer Bauwirtschaft" genommen wird, und das zweite mit der neuen Art selbststeuernder Produktionsplanung. Im zweiten Fall war die Arbeitsproduktivität um 30 Prozent höher als im Fall des Bauwerks Nummer eins und der Baustellengewinn mehr als dreimal so hoch.

In meiner Baustellenpraxis ist eine weitere gravierende Ursache für Zeit- und Geldverschwendung im Baugeschehen zutage getreten: Fast jeder Bau wird zu früh begonnen – und dann sind die Pläne nicht da, wenn man sie braucht. Seit 1975 haben wir mit dem KOPF-System die Organisation des Planungsprozesses im Griff. Das ist für einen fließenden Bauprozess mindestens ebenso wichtig wie die Beherrschung des Ausführungsprozesses selbst.

Wie man den Gesamtprozess des Planens und Bauens als System, als Ganzheit, termin- und kostensicher gestalten kann, und wie Unternehmen auch bei niedrigsten Preisen befriedigende Erträge erzielen können: das will ich versuchen, mit Hilfe praktischer Beispiele in diesem Buch deutlich zu machen.

Ich möchte dabei helfen, die Erfolge der Pioniere der Komplexitätsbeherrschung zum Allgemeingut zu machen. Dazu muss die neue Wissenschaft von der Komplexität zur Grundlage unseres Handelns werden. Das geht nicht ohne Lernbereitschaft.

Die Zeit ist reif für einen geistigen Quantensprung vom linearen, mechanistischen zum komplexen, systemischen Denken. Die mentale Freiheit, die wir daraus gewinnen können, kann uns befähigen, die enormen Zeit- und Geldverluste, mit denen die dynamischen, äußerst komplexen Geschehensabläufe gerade in der Bauwirtschaft heute noch befrachtet sind, zu vermeiden. Das hat viel mit „schlankem Bauen", mit richtig verstandenem „Lean Construction" und mit Produktivitätssteigerung durch Teamdynamik zu tun. Versuche, solche Erneuerungen umzusetzen, enden jedoch in vielen Firmen aufgrund von Fehlverhalten und Widerständen meistens in wenig hilfreichen Halbheiten. Wo sie gelingen, können wir den Wert unserer Arbeit aus der Sicht des Kunden wahrnehmen und unsere Produkte und Dienstleistungen so einstellen, dass sie dem Kunden höchstmöglichen Nutzen bringen. Dazu müssen allerdings aus Mitarbeitern Mitunternehmer werden. Produktivitätssteigerungen und Akquisitionserfolge sind der Lohn dieses Wandels.

Alle Beteiligten können dabei gewinnen: Der Kunde durch hohe Qualität bei günstigen Preisen, die Planer durch Einsparungen bei kürzeren Bauzeiten, die Unternehmer durch hohe Produktivität. Die Zusammenarbeit wird systemhaft. Das Null-Summen-Spiel, bei dem immer einer verliert was ein anderer gewinnt, ist zu Ende.

> Die Zeit ist reif für einen mentalen Quantensprung.

2

Auf dem Weg zur Komplexitäts-Kompetenz

*„Das Leben ist ein ewiges Werden.
Sich für geworden halten, heißt sich töten."*

Friedrich Hebbel

2.1

Möglichkeiten und Grenzen der Netzplantechnik

1950, als wir in Deutschland begannen, Wohnungen für die vielen Ausgebombten und Vertriebenen zu bauen, waren die Arbeitsabläufe an einer Baustelle noch einfach. Da gab es fünf Gewerke. Der Zimmermann baute Decken, Treppen, Fußböden und oft auch die Fenster. Einen Heizungsbauer brauchte man nicht – man heizte mit Öfen. Die Sanitär- und Elektroinstallationen lagen oft in einer Hand. Die Handwerker kannten sich untereinander und kannten jeden Handgriff. Da musste ein Bauleiter nichts von der Koordinierung der Arbeiten wissen. Die Handwerker am Bau organisierten sich selbst. Heute müssten die Bauleiter etwas von der zielsicheren Koordinierung der Arbeiten verstehen, aber sie lernen kaum etwas darüber.
Als ich mich Ende der fünfziger Jahre selbstständig machte, gab es noch nicht so viele Enttäuschungen mit den Kosten- und Terminüberschreitungen. Aber dann, in den sechziger Jahren, waren bald 16 Gewerke am Bau. Die Selbstorganisation der Handwerker funktionierte nicht mehr. Aus dem einfachen Bauablauf wurde ein komplexer Prozess, und weil wir die Mittel zu seiner Beherrschung nicht kannten, überschritten wir immer wieder Kostenanschläge und Terminpläne, und die Zeitverschwendung nahm zu.
1964 las ich im „Allgemeinen Sonntagsblatt" einen Artikel über den Bau eines neuen Ford-Werkes in Lothringen. Ford hatte europaweit Angebote von Bauunternehmen angefordert. Für 220 Millionen Mark wollte die günstigste Bietergemeinschaft in zweieinhalb Jahren das Werk bauen. Aber dann kamen einige Ingenieure mit neuen Kenntnissen aus den Vereinigten Staaten nach Deutschland zurück und gründeten in Düsseldorf eine Firma für Projektmanagement mit dem Namen „Integral". Sie mach-

Bauleiter müssten mehr von der zielsicheren Koordinierung der Arbeiten verstehen.

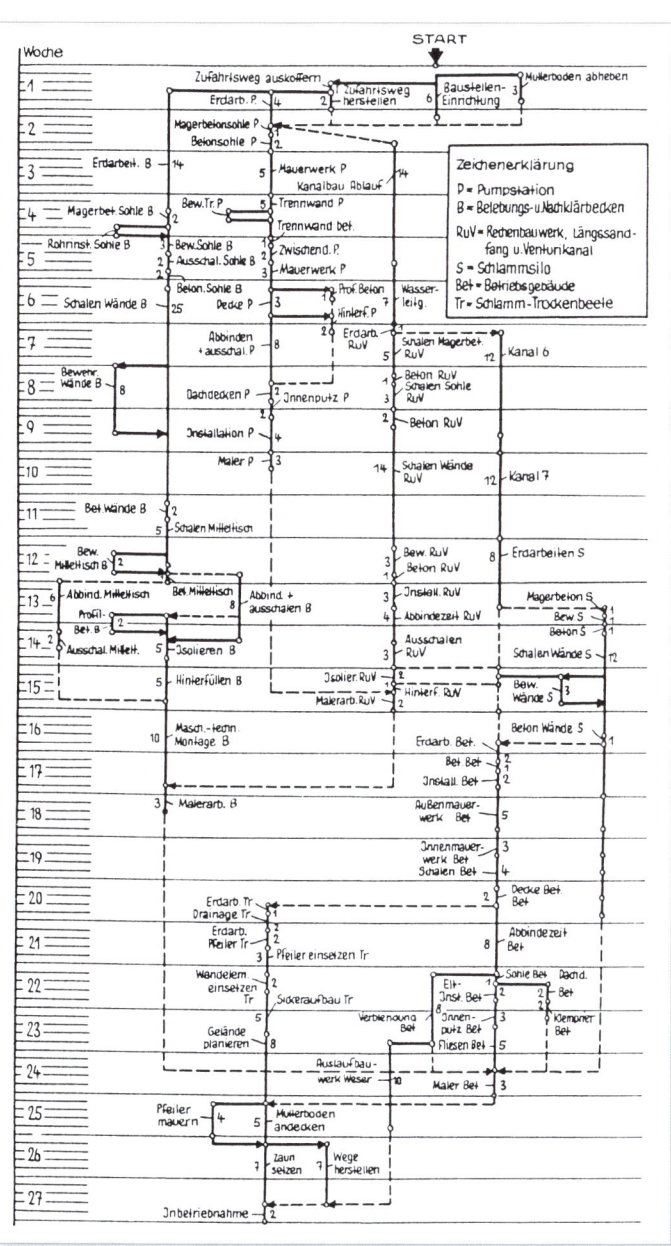

Abb. 3: Gemeinschaftsklärwerk Forstbachtal.
Netzplan im Zeitmaßstab nach Ringer.[6]

ten den Fordleuten eine günstigere Offerte mit einer garantierten Bauzeit von 18 Monaten und erhielten den Auftrag.
Der Redakteur hatte einen spannenden Artikel geschrieben. Er war sichtlich erstaunt darüber, dass tatsächlich nach 18 Monaten Bauzeit das erste Auto vom Band gelaufen war. Auffallend gut war die Baustelle organisiert. Auch die Ar-

2.1 Auf dem Weg zur Komplexitäts-Kompetenz

Nur bei einfachen Abläufen konnte mit der Netzplantechnik termingenau gearbeitet werden.

beiter waren des Lobes voll. Bei Baubeginn standen befestigte Parkplätze zur Verfügung. „Solche Baustellen wünschen wir uns immer." Der Erfolg wurde auf den Einsatz der Critical Path Method (CPM) zurückgeführt, einem – damals relativ neuen – Netzplanverfahren.

Man findet mit dieser Methode aus der Gesamtheit von Arbeitsvorgängen einige heraus, die direkt hintereinander ausgeführt werden müssen, um einen bestimmten Fertigstellungszeitpunkt zu erreichen. Die bilden den sogenannten „Kritischen Pfad" – während 80 Prozent der Tätigkeiten Toleranzzeiten haben, mit denen Zeitverluste, die durch Störungen entstehen, ausgeglichen werden können.

Ich war damals sicher, dass dieses Instrument uns helfen würde, Terminüberschreitungen zu vermeiden. Also studierten wir – drei meiner angestellten Ingenieure und ich – die Netzplantechnik. Damals lief eine Schulungsserie im Westdeutschen Fernsehen.

Es gab dazu ein Begleitbuch, das uns bei den Übungen zu Hause half. An jedem ersten Samstag im Monat besuchten wir ein Vertiefungsseminar an der Gesamthochschule Paderborn.

Das Studium der Netzplantechnik war der erste Schritt auf dem Weg zur Beherrschung komplexer Arbeitsprozesse.

Komplexe Abläufe werden durch Netzpläne nicht zielgenau – auch nicht, wenn sie mit komfortablen Computerprogrammen berechnet werden.

Beim Bau einer Kläranlage für einen Abwasserverband im Landkreis Holzminden setzten wir die Methode zum ersten Mal ein.

Nun erscheint ja so eine Kläranlage auf den ersten Blick als nicht besonders komplex. Aber die vernetzte Darstellung des Arbeitsablaufs brachte vom Abtragen des Oberbodens an Zeit- und Kostenvorteile: Mögliche Parallelarbeit wurde deutlich und die rechtzeitige Fertigung der Maschinen für das Klärwerk konnte durch die frühe Bestellung und einige Besuche in der Dortmunder Maschinenfabrik sichergestellt werden. Die Montage erfolgte just in time. Nach fünf Monaten Bauzeit wurde das Klärwerk in Betrieb genommen. Die Fertigstellungszeiten für vergleichbare Anlagen dauerten damals ein bis anderthalb Jahre.

Für den Verbandsvorsteher lag der Vorteil auf der Hand. Er konnte ein Jahr früher als vorgesehen die Anschlussgebühren berechnen und Zinsen von mehr als 100 000 Mark sparen.

Über so etwas reden die Leute. Und so erhielten wir vom Landkreis Alfeld 1967 den Auftrag, die Bauleitung für den Bau eines Gymnasiums zu übernehmen. Mit dem Bau sollte Anfang 1968 begonnen werden und zum Schuljahrsbeginn 1969 musste die Schule bezugsfertig sein. Wir haben das mit großem persönlichen Einsatz geschafft. Aber die Netzplantechnik stieß dabei an ihre Grenzen. Ein Gymnasium hat ein Sprachlabor und Labors für naturwissenschaftliche Fächer. In die Laborräume müssen außer den üblichen Installationen zusätzliche Leitungen geführt werden. Zusätzliche Geräte und Anschlüsse sind nötig. Mehr als 100 Handwerker arbeiten in 25 Gewerken. Und schon der Planungsprozess ist äußerst komplex. Zeichnungen und Entscheidungen kommen immer wieder zu spät.

Die Handwerksmeister setzen oft zu wenig Leute ein. Es fehlt an Übersicht. Planer und Handwerker meinen zu Beginn, dass sie rechtzeitig fertig werden – und merken erst, wenn es zu spät ist, dass sie ihre Leistungsfähigkeit überschätzt haben.

Terminüberschreitungen addieren sich. Dagegen helfen auch komfortable Computerprogramme zur Berechnung der Netzpläne nicht.

In Alfeld wurde der Unterricht zwar wie geplant aufgenommen. Aber es gab noch Notgeländer, restliche Handwerkerleistungen mussten noch erbracht werden – und um überhaupt soweit zu kommen, war ein überdurchschnittlicher persönlicher Einsatz der Bauleitung notwendig.

2.2

Die Weiterentwicklung der Netzplantechnik

Wir waren mit der Netzplantechnik gewissermaßen vom Lineland der Liniendiagramme ins Flatland der Netze gekommen, aber um äußerst komplexe Prozesse zu beherrschen, mussten wir das Spaceland erschließen – eine dritte Dimension einführen.

Mit der Komplexitätsentwicklung ist das wie mit dem Erhitzen von Wasser. Lange Zeit verläuft der Vorgang linear – bis am Siedepunkt eine sprunghafte Veränderung eintritt. Das Wasser wird zu Dampf und der zerreißt alle Leitungssysteme, die nur für den Transport von heißem Wasser ausgelegt sind. Für den Transport von Dampf braucht man geschweißte Stahlrohre, und für die Beherrschung äußerst komplexer Prozesse braucht man neue geistige Leitungssysteme, die über die begrenzten Möglichkeiten der Netzplantechnik hinausgehen.

Wir hatten 1968 den kritischen Komplexitätsgrad entdeckt, der mit den Zeitüberschreitungen durch ständig unverhofft auftretende Störungen die Netzpläne sprengt. Die Toleranzzeiten der Netzpläne reichen bei weitem nicht aus, um die Zeitverluste, die aus der hochgradigen Unbestimmtheit komplexer Abläufe entstehen, zielsicher auszugleichen. Die Netzplantechnik liefert den Bauleitern oder Projektsteuerern nicht die planerischen Mittel, um in äußerst komplexen Prozessen zielsicher zu führen.

Diese Erfahrung wurde später auch durch eine empirische Studie bestätigt, die im Juli 1992 an der wissenschaftlichen Hochschule für Unternehmensführung in Koblenz zum Auftragsdurchlauf in der Bauwirtschaft durchgeführt wurde. Das Fazit lautet: „Interessanterweise ist kein Zusammenhang zwischen ‚erfolgreichen Unternehmen' und Netzplandarstellungen zu erkennen".

1969 kam uns eine neue Wissenschaft zur Hilfe. Da erschien als Schlüssel für ein erfolgreiches Komplexitäts-Management ein Fachbuch mit dem Titel „Kybernetik – Grundlage einer allgemeinen Theorie der Organisation"[7], ein Buch zur Dissertation von Dr. Heinz Michael Mirow, die 1968 bei der Wirtschafts- und Sozialwissenschaftlichen Fakultät der Johann- Wolfgang-Goethe-Universität in Frankfurt am Main unter dem Titel „Die Kybernetik als Grundlage einer allgemeinen Theorie der Organisation" vorgelegt worden war. Mirows akademischer Lehrer Professor Dr. Dr. Karl Hax sagt im Geleitwort: „... Ziel des Verfassers ist ein allgemeines Organisationsmodell, das auf technische, biologische und soziale Systeme gleichermaßen anwendbar ist .... Im Vordergrund stehen die äußerst komplexen Systeme .... Im Mittelpunkt der Lehre von der Unternehmensorganisation stand von jeher das Lenkungsproblem. Wie kann man das Ziel der Unternehmung auch dann realisieren, wenn sich die äußeren Bedingungen wandeln? Dazu gehört ein hohes Maß an Anpassungsfähigkeit der Organisation. Sie muss – wie der Verfasser es ausdrückt – dem ‚Gesetz der erforderlichen Varietät' gehorchen. Diese Anpassung muss außerdem gewissermaßen automatisch gewährleistet sein ... Die Betriebswirtschaftslehre hat sich bemüht, derartige sich selbst organisierende Systeme auf rein empirischer Basis zu entwickeln. ...Derart empirisch gewonnene Erkenntnisse entbehren aber der allgemeinen Gültigkeit. Der neue Weg der vorliegenden Untersuchung besteht darin, dass die allgemeinen Erkenntnisse der Kybernetik ... auf die Probleme sozialer Systeme übertragen werden. Dadurch werden die Zusammenhänge im Rahmen einer komplexen Organisation überschaubar. So ergeben sich ganz neue Möglichkeiten einer Problemlösung. ... Es ist zu erwarten, dass auch die Organisationspraxis wertvolle Anregungen aus der Darstellung erhalten wird."

■ Prof. Dr. Dr. Hax: „Wer in äußerst komplexen Systemen die Ziele auch dann realisieren will, wenn die äußeren Bedingungen sich wandeln, braucht eine große Anpassungsfähigkeit der Organisation. Sie muss dem ‚Gesetz der erforderlichen Varietät' gehorchen."

2.2 Auf dem Weg zur Komplexitäts-Kompetenz

> Wir müssten mehr darüber wissen, wieviele Arbeitskräfte eingesetzt werden müssen, um rechtzeitig fertig zu werden.

Mirow selbst sagt im Vorwort:
„ ... Mit den Erkenntnissen der Kybernetik geht die Gültigkeit der hier gemachten Aussagen über den Bereich der Unternehmungsorganisation hinaus ... Für die Untersuchungen anderer Arten sozialer Systeme würden sich lediglich gewisse Verschiebungen in den Schwerpunkten ergeben. An der prinzipiellen Gültigkeit der Aussagen ändert sich jedoch nichts ..."

Ich sah in den Erkenntnissen der Kybernetik die Möglichkeit, die Bauprozesse so zu organisieren, dass mir die „erforderliche Lenkungsvarietät" zur Verfügung stand. Die Puffer der Netzpläne gaben die Varietät nicht her, die ich brauchte, um trotz der erheblichen inneren und äußeren Störungen termin- und kostengenau zu arbeiten.

So studierte ich alles über Kybernetik, was ich in die Hand bekam.

Parallel zu dem Studium setzte ich die neuen Erkenntnisse in die Praxis um.

Ich ging davon aus, dass wir als bauleitende Architekten zuerst einmal die Anzahl der Mitarbeiter kennen sollten, die von den beteiligten Bau- und Handwerksbetrieben eingesetzt werden müssen, um rechtzeitig fertig zu werden. Das, so dachte ich, könnte uns helfen, die dritte Dimension mit der „erforderlichen Varietät" zur zielsicheren Lenkung zu erschließen. Dazu mussten wir mehr über die Arbeitsstunden wissen, die in den Gewerken für die einzelnen Arbeitsschritte aufgewendet werden müssen. Und wir müssten auch wissen, wieviele Arbeitskräfte maximal eingesetzt werden könnten, um Zeitverluste auszugleichen, die durch Störungen entstehen.

Wir informierten uns bei Unternehmern und stellten fest, dass diese die Lohnkosten für die Leistungspositionen in den meisten Fällen gar nicht über die aufzuwendenden Arbeitsstunden kalkulieren. Sie benutzen oft einfache Einheitspreiskennzahlen, die sie je nach Konjunkturlage anpassen. Es war also wenig sinnvoll, aus dem Lohnanteil eines Einheitspreises über den Mittellohn auf die aufzuwendenden Stunden zu schließen. Nun gibt es Kalkulationsliteratur mit Arbeitsstundenansätzen für alle Gewerke. Wir begannen also mit diesen Ansätzen, die wir um die geschätzten Produktivitätssteigerungen in den Jahren seit dem Erscheinen der betreffenden Veröffentlichungen reduzierten und schrieben zum Vergleich während der Arbeitsabläufe die wirklich aufgewendeten Stunden mit. So fanden wir realistische Daten für die Vorgabestunden.

Das Mitschreiben der aufgewendeten Stunden machte einen Mangel in den Leistungsbeschreibungen deutlich. Die Positionen der Leistungsverzeichnisse sind nicht nach der Reihenfolge der Arbeitsschritte geordnet. Wir ordneten also die GAEB-Positionen neu, so dass sie dem Arbeitsablauf entsprechen; denn nur auf dieser Ordnungsbasis kann man die Arbeit optimal vorbereiten, den Stand der Arbeiten an den Baustellen jederzeit genau feststellen und die richtigen Lenkungsentscheidungen zur rechten Zeit treffen. Das geschieht heute noch kaum irgendwo. Und allein dieser Fehler führt schon zu einem erheblichen Ertragsverlust.

Nun gibt es bei den konventionellen Methoden der Arbeitsplanung einen weiteren gravierenden Mangel. Die Arbeitsstunden werden nur für die einzelnen Leistungspositionen ermittelt. Unabhängig davon, dass diese Leistungspositionen nicht nach der Folge der Arbeitsschritte geordnet sind, ist es unmöglich, die Vorgabestunden mit den an der Baustelle aufgewendeten Stunden zu vergleichen. Ein Polier kann nicht jeden einzelnen Arbeitsvorgang verfolgen. Wenn er das versuchen wollte ohne zu mogeln, müsste er in der Klapsmühle landen. Die Leistungspositionen für gleichartige Konstruktionsteile – zum Beispiel für 11,5 cm starke Innenwände aus Mauerziegeln – kommen mit einer einzigen Mengenangabe für das ganze Gebäude im Leistungsverzeichnis nur einmal vor.

> Das Mitschreiben der aufgewendeten Stunden offenbarte: Die Positionen des Standardleistungsbuchs sind nicht nach der Reihenfolge der Arbeitsschritte geordnet. Allein dieser Fehler führt zu erheblichen Ertragsverlusten.

Welche Teilmengen davon dann beispielsweise im Kellergeschoss des Bauteils 1 und welche im Obergeschoss des Bauteils 3 hergestellt werden sollen, ist nicht erkennbar.

Und dann gibt es in den Standardleistungsverzeichnissen noch die Sortierung nach Titeln. Die Sperrpappe, die bei der Errichtung des Kellermauerwerks als waagerechte Absperrung eingelegt werden soll, ist nicht unter den Positionen für das Kellermauerwerk zu finden. Man findet sie in einem besonderen Titel im Leistungsbereich 019 für die Abdichtung gegen nichtdrückendes Wasser. Analoges gilt für die bei der Errichtung des Kellermauerwerks einzubauenden Metalltüren, Kaminreinigungsklappen, Kellertüren und Lichtschächte.

Im Kanalbau ist die Ausschreibungsreihenfolge wegen dieser Art der Trennung der Leistungsbereiche so, dass die Verfüllung der Gräben schon geschehen scheint, bevor die Rohre geliefert und verlegt werden.

Wir gleichen diese Mängel dadurch aus, dass wir zusammenhängende Arbeitspakete bilden, in denen die Leistungspositionen so zusammengefasst werden, wie die Arbeit tatsächlich abläuft. Diese Arbeitspakete bilden dann die Vorgänge für das Ablaufmodell. Sie sind miteinander vernetzbar.

Die Leistungsverzeichnisse werden also für die Arbeitsplanung nach Arbeitspaketen neu sortiert. Um im Beispiel zu bleiben: Die Leistungspositionen für jeweils gleichartige Konstruktionsteile – also für 11,5 cm starke Innenwände aus Mauerziegeln – kommen für jedes Geschoss in jedem Bauteil mit den jeweiligen Teilmengen vor. Dabei soll die Arbeitsfläche eines Bauteils nicht wesentlich größer als 300 m² sein. Hat also ein Gebäude eine Arbeitsfläche von 1400 m² und vier Geschosse, dann gibt es für das Mauerwerk ebenso wie für das Montieren von Heizkörpern 16 Arbeitspakete.

Jede gleichartige Position des Leistungsverzeichnisses kommt nicht mehr nur einmal mit einer einzigen Menge, sondern 16-mal mit 16 Teilmengen vor. Erst diese Mengenteilung ermöglicht die Bestellung und Lieferung der Baustoffe just in time.

Und über die Teilmengen der Positionen werden die aufzuwendenden Arbeitsstunden für das Arbeitspaket bestimmt. Die vorgegebenen Arbeitsstunden je Arbeitspaket werden mit den tatsächlich aufgewendeten Stunden verglichen. Nur dieses Raster der Arbeitsstundenzuordnung macht einen Vergleich zwischen der zu Beginn angenommenen Produktivität und der tatsächlichen Baustellenproduktivität und somit eine zielgenaue Steuerung des Bauablaufs möglich. Außerdem können die Abschlagsrechnungen auf die Arbeitspakete bezogen werden. Die bessere Übersicht vereinfacht die Rechnungsprüfung erheblich. Das führt zu einem schnelleren Zahlungsfluss und hilft, die Liquidität in den Betrieben entscheidend zu verbessern.

Diese prozessorientierte Neusortierung der Leistungspositionen in vernetzbaren Arbeitspaketen bewirkt eine Übereinstimmung der Strukturen von Leistungsverzeichnissen und Ablaufmodell. Jeder Vorgang im Netz wurde so mit einem Arbeitspaket aus dem Leistungsverzeichnis zur Deckung gebracht: Die Vorgangsdauer in einem Ablaufbalken für das Arbeitspaket „Mauerwerk eines Geschosses" wird beispielsweise mit den dafür aufzuwendenden Maurerstunden deckungsgleich – oder die Dauer der Heizkörpermontage in einem Geschoss mit den dafür erforderlichen Monteurstunden. Ist für einen Bauprozess ein Fertigstellungstermin bestimmt, dann wird daraus abgeleitet, dass der Heizungsbauer nicht mehr als zwei Wochen für die Montage der Heizkörper in einem bestimmten Geschoss eines Bauteils zur Verfügung hat. Die Arbeitsdauer darf also nicht länger als zwei Wochen sein. Müssen dafür 240 Arbeitsstunden aufgewendet werden, und die Wochenarbeitszeit beträgt 40 Stunden, dann

---

■ Wir sortieren die Positionen neu in zusammenhängenden Arbeitspaketen. Dadurch wird ein ständiger Produktivitätsvergleich und somit die zielgenaue Steuerung möglich. Die Baustoffe können just in time angeliefert werden. Der Zahlungsfluss wird beschleunigt.

■ Arbeitspakete machen die Strukturen von Ablaufplänen und Leistungsverzeichnissen und damit von Vorgangsdauern und aufzuwendenden Arbeitsstunden deckungsgleich.

2.2 Auf dem Weg zur Komplexitäts-Kompetenz

muss er 240 : (40 x 2) = 3 Monteure einsetzen. Beträgt die Montagezeit bei einer kürzeren Bauzeit nur anderthalb Wochen, dann sind vier Monteure erforderlich.

Dieses Zusammenschalten der zwei Zeitkomponenten Zeitdauer und Arbeitsstundenzahl in einem dynamischen, hochvariablen Ablaufmodell hat zwei positive Effekte:

1. Wir können bei der Vertragsvorbereitung mit den Unternehmen Konsens über die Anzahl der Mitarbeiter erzielen, die man braucht, um die Ausführungsfrist einhalten zu können und
2. haben wir das „Spaceland" erschlossen. Wir können die Varietät entwickeln, die zum Ausgleich von Störungsfolgen erforderlich ist, und so ausreichend variable, dynamische Modelle zur zielsicheren Lenkung der Realprozesse schaffen. Die „erforderliche Varietät" besteht im Wesentlichen darin, dass die Zahl der Arbeitskräfte bezogen auf die Zahl, die für einen relativ ungestörten Ablauf erforderlich ist, je nach Situation auf die Hälfte reduziert oder um mehr als 100 Prozent vermehrt werden kann – und dass ganz erhebliche Produktivitätspotenziale aktiviert werden können.

Die Frage ist nur: Wie viele Leute können in den einzelnen Gewerken maximal eingesetzt werden, bevor sie sich gegenseitig stören? Wo liegen die Varietätsgrenzen?

Die sind so weit gesteckt, dass sie die „erforderliche Varietät" zur Komplexitätsbeherrschung hergeben. Im Bauhauptgewerk kann man 35 bis 50 Prozent mehr Personal einsetzen als man für einen relativ ungestörten Arbeitsprozess braucht. Hier sind – wie auch im Tiefbau – die Grenzen durch das Großgerät gesetzt. Aber in den übrigen Gewerken, vom Heizungsbauer bis zum Maler, kann die Zahl der normalerweise benötigten Arbeitskräfte um 120 Prozent erhöht werden, wenn das zur Terminsicherung erforderlich ist. Es ist für den Fachmann relativ einfach, die höchstmögliche Zahl der Arbeitskräfte zu ermitteln, die beispielsweise bei Fassadenarbeiten eingesetzt werden können. Dabei sind dann Regeln wie das Gebot zu berücksichtigen, dass nicht auf zwei übereinander liegenden Gerüstebenen gleichzeitig gearbeitet werden darf. Ebenso kann er wissen, auf welche Mindestzahl die Arbeitskräfte bei Behinderungen zurückgeführt werden können. Die Varietät ist so groß, dass ich sie zur zielgenauen Steuerung kaum einmal ausnutzen musste. Damit haben wir die „dritte Dimension", die zur Komplexitätsbeherrschung erforderlich ist, erschlossen.

Wir können also das „Gesetz der erforderlichen Varietät" zur Beherrschung äußerst komplexer Prozesse auf diese Weise wirksam machen. Ich werde an praktischen Beispielen zeigen, dass hier ein wesentlicher Ansatz zur Lösung des Komplexitätsproblems liegt. Selbst die Folgen so einschneidender Störungen wie Firmenpleiten während des Bauablaufs, führen nicht zu Fristüberschreitungen.

Dazu trägt allerdings auch bei, dass ich einige weitere kybernetische Prinzipien wirksam machen konnte. Aber auch das wäre ohne die Kenntnis der erforderlichen Arbeitsstunden pro Arbeitspaket nicht möglich gewesen.

Zu diesen weiteren kybernetischen Prinzipien gehören:

– Das Gesetz der „Kybernetischen Logik", mit dem die Ursache-Wirkungs-Folge auf der Einscheidungsebene umgekehrt wird. Während des ganzen Prozesses wird im dynamischen Modell sichergestellt, dass die Ursachen, die eine gegenwärtige Entscheidung bewirken, von dieser Gegenwart aus betrachtet, in der Zukunft liegen. So werden gewollte Zukünfte bewusst herbeigeführt,
– die „Redundanz potenzieller Lenkung", eine Erkenntnis, die dazu verhilft, die Selbststeuerungspotenz der beteiligten Facharbeiter zu erschließen, und
– das Prinzip „Ordnung durch Störungen", nach

Die „erforderliche Varietät" zum Störungsausgleich wird geschaffen. Im Bauhauptgewerk können 35 bis 50 Prozent mehr Arbeitskräfte eingesetzt werden als man für einen relativ störungsfreien, straffen Ablauf braucht. In den Nebengewerken sind das bis 120 Prozent.

dem die Störung den rechtzeitigen Impuls zur neutralisierenden Gegensteuerung auslöst.

2.3
So entstand die Baukybernetik

Schon 1970 brachte die Umsetzung kybernetischer Erkenntnisse bei der Bauleitung für ein neues Kurzentrum in Lüneburg einen überraschenden Erfolg. Die Bauzeit wurde trotz des Einsatzes eines polnischen Bauunternehmens, einer uns zu Anfang völlig unbekannten Größe, nicht nur eingehalten, sondern – weil es uns gelang, Leerlauf und Umständlichkeiten zu vermeiden – erheblich unterschritten. Dabei kam mir die Arbeit des ukrainischen Professors Dr. V. I. Rybalskij zugute, die 1965 in Kiew unter dem Titel „Kybernetik im Bauwesen"[8] veröffentlicht worden war. Die deutsche Bearbeitung ist Dr.-Ing. Günter Eras, Berlin, Dr. paed. Manfred Hellwich und Dipl.-Ing.-Ök. Willi Pieper, beide Leipzig, zu verdanken. Auch hier wird der Weg zur Selbstorganisation der Baustellen aufgezeigt, weil nur so ein zielsicheres Funktionieren der Abläufe erreicht werden kann.

Eine Aussage Rybalskijs war grundlegend für den Lüneburger Erfolg, der erzielt werden konnte, obwohl die Produktivität in dem polnischen Unternehmen am Anfang unzureichend war:

„Jedes System besteht aus mindestens zwei Teilsystemen. Ein Teilsystem davon übernimmt stets die Funktion des Ausführenden, das heißt, es verarbeitet die eingegangenen Steuerungsinformationen. Das andere Teilsystem übernimmt die Funktion des Lernens, das heißt, es gibt eine Einschätzung des Ergebnisses der vom ersten Teilsystem ausgeführten Tätigkeiten und präzisiert unter Beachtung der jeweils eingetretenen Zustände die Steuerungsinformationen …".

Diese Erkenntnis wurde in der Zusammenarbeit mit den polnischen Kapazitäten erweitert. Sie bildeten das erste Teilsystem – wir das zweite. Wir konnten durch den Vergleich ihres Arbeitsstundenaufwandes mit dem Aufwand deutscher Facharbeiter die unterschiedliche Produktivität für alle Beteiligten sichtbar machen. Dann übernahmen wir weitergehend die „Funktion des Lernens", z. B. die Ausbildung im Umgang mit modernem Gerät. Und so konnten die polnischen Arbeiter ihre Produktivität in zwei Monaten fast verdoppeln.

Nun ging es aber nicht nur um die Zeit-, sondern auch um die Kostenbeherrschung. Auch dafür konnten wir komplexitätstaugliche Instrumente entwickeln.

1970 boomte die Baukonjunktur. Nach einem ersten leichten Konjunktureinschnitt 1968 förderte die Regierung der großen Koalition den Wohnungsbau. Auch wer in den Bau von Hotelappartements investierte, hatte äußerst günstige Abschreibungsmöglichkeiten. Man baute eine Kochnische ein – und schon konnte man das Appartement als Wohnung deklarieren. Auch die Abschreibungsgesellschaften, die solche Bauten organisierten, profitierten damals beträchtlich. Dazu kam die Bautätigkeit für die olympischen Spiele 1972. Es gab in Deutschland viel mehr Baunachfrage als die Unternehmen befriedigen konnten. Vieles wurde von jugoslawischen Firmen gebaut, die in deutschen Handelsregistern als Gesellschaften mit beschränkter Haftung eingetragen waren. Auch ein rumänisches Staatsunternehmen baute ganz offiziell Hotels am Ostseestrand. Die Preise deutscher Unternehmen lagen um 25 Prozent – in Einzelfällen bis zu 50 Prozent – über dem Preisniveau, das in der Statistik zur Baupreisentwicklung des Statistischen Bundesamtes dargestellt wurde.

Die amtliche Statistik zeigt solche Konjunkturausschläge bis heute nicht, weil ihr durchschnittliche Kalkulationsdaten zugrunde liegen, die den Ämtern von den Unternehmen gemeldet werden.

■ Führen heißt auch, die Fähigkeiten des Gesamtsystems ständig zu verbessern.

■ Weil die amtliche Statistik über die Entwicklung der Baupreise die Konjunkturausschläge unterschlägt, entstand die KOPF-Statistik.

2.3 Auf dem Weg zur Komplexitäts-Kompetenz

Um über die Baupreise ständig praxisnah informiert zu sein, entwickelte ich schon damals eine eigene Baupreisstatistik, in der die Konjunktureinflüsse dadurch sichtbar gemacht werden, dass wir die befragen, die die Preise bezahlen müssen. Bei dem Lüneburger Kurzentrum gelang es damals mit Hilfe eines wettbewerbsfördernden Ausschreibungsverfahrens, den Preis für die Rohbauarbeiten aus einer vorab gelaufenen beschränkten Ausschreibung von 21,4 Millionen Mark auf die angemessene Größe von 14 Millionen Mark zurückzuführen.

1970 habe ich zum ersten Mal den Begriff „Baukybernetik" benutzt, um die Umsetzung kybernetischer Erkenntnisse im Bauprozess zu bezeichnen. In den folgenden Jahren bis heute wurden damit positive Resultate an vielen Baustellen erzielt.

1973 gaben die Philosophieprofessoren Hans Lenk und Simon Moser von der Universität Karlsruhe das Buch „Techne, Technik, Technologie"[9] heraus. Für unsere Arbeit war besonders interessant, was Günter Ropohl als Vorbemerkung „zu einem neuen Entwurf der allgemeinen Technologie" darin schrieb. Er bezog sich dabei auf den Göttinger Ökonomen Johann Beckmann, der 1806 einen „Entwurf der allgemeinen Technologie" veröffentlicht hatte. Beckmann sah in der Technologie „die Wissenschaft, welche die Verarbeitung der Naturalien, oder die Kenntnis der Handwerke lehrt".

Dieser Ansatz zu einer allgemeinen Technikwissenschaft fand in der ersten Hälfte des 19. Jahrhunderts große Resonanz, doch danach geriet er mit der Entstehung der technischen Einzelwissenschaften und der arbeitsteiligen Spezialisierung, die später die Produkttechnologie von der Produktionstechnologie scheiden sollte, in Vergessenheit.

Ropohl empfahl, den Entwurf Beckmanns als Ansporn zu nehmen, um „aus der Perspektive gegenwärtiger Technikproblematik und mit den Hilfsmitteln heutiger Theorienbildung einen neuen Entwurf der allgemeinen Technologie anzuvisieren". Beachtenswert ist, dass schon Beckmann die soziale, die ökonomische und die politische Dimension der Technologie herausgestellt, und das Studium der allgemeinen Technologie jedermann als Bestandteil allgemeiner Bildung empfohlen hat. Ropohl führte aus: „Technisches Wissen in generalisierter Form wäre nichts weniger als luxuriöses Bildungsgut ... Technologische Aufklärung ist Voraussetzung für verantwortbare Partizipation ... Aber es fehlen heute hinlänglich bewährte Modelle, in denen die Entwicklungszusammenhänge zwischen Technik, Wirtschaft und Gesellschaft umfassend ... beschrieben werden. Das gleiche gilt für Kommunikations- und Organisationsprobleme ... Nun wird bisweilen übersehen, dass es eines theoretischen Integrationsrahmens bedarf ... Zahlreiche Autoren glauben mit gutem Grund, diesen Bezugsrahmen in jenen Modellvorstellungen gefunden zu haben, die man unter der Bezeichnung ‚Kybernetik' subsumiert ... Insbesondere drei Modellbegriffe sind für kybernetisches Denken kennzeichnend und können auch für den Entwurf einer allgemeinen Technologie nutzbar gemacht werden ... die Modellvorstellungen der Information, der Regelung und des Systems ..."

In dem 1975 von Günter Ropohl herausgegebenen Buch „Systemtechnik – Grundlagen und Anwendung" beschrieb Béla Aggteleky[10] die Anwendung der Systemtechnik in der Fabrikplanung. Dabei stellte er die Abhängigkeit der Kosten von der Durchführungsdauer und die Möglichkeiten zur Terminoptimierung heraus. „Aber die sorgfältige Terminplanung ist sinnlos ohne eine laufende Kapazitätsverfolgung ... Der ermittelte Kapazitätsbedarf bildet die arbeitsleistungsmäßige Vorraussetzung einer termingerechten Abwicklung sowohl bei den Planungs- als auch bei den Ausführungsarbeiten ... Die Kapazitätsverfolgung erwies sich auch bei unserem Beispiel als ein empfindlicher Seismograph,

---

Prof. Dr. Ropohl empfiehlt einen neuen Entwurf einer ganzheitlichen Technologie: „Dazu bedarf es eines theoretischen Integrationsrahmens, den die Kybernetik bilden könnte."

Die sorgfältige Terminplanung ist sinnlos ohne eine laufende Kapazitätsverfolgung.

... der sich bereits anbahnende Terminverzögerungen erkennen lässt ... Zeit kostet Geld."
Wir hatten unabhängig voneinander gleiche Erkenntnisse gewonnen. Voraussetzung für verlustfreies, zielsicheres Arbeiten ist die Einheit von Planung und Führung.
„Die Erfahrung zeigt, dass eine Vorverlegung der Inbetriebsetzung einen ökonomischen Vorteil für das Unternehmen bedeutet, der pro Monat in einer Größenordnung von 1-2 % der gesamten Investitionsaufwendung liegt. Bei kurzfristigen Terminverlängerungen können aber auch Mehrkosten von 2-3 Prozent pro Monat entstehen ..."
Aufgrund dieser Anregungen und der eigenen Erkenntnisse beim Kurzentrum Lüneburg führten wir zusammen mit dem Krankenhausarchitekten Horst Tenten, Düsseldorf, ein Technologie-Modell in den Prozess des Entscheidens, Planens und Bauens zum Neubau des St.-Ansgar-Krankenhauses in Höxter ein, mit dessen Hilfe wir die übliche Bauzeit um ein Drittel verkürzen und die Projektkosten erheblich unterschreiten konnten. Nach drei Jahren Bauzeit von 1975 bis 1978 war das Krankenhaus mit damals 405 Betten voll im Betrieb. Tenten beschrieb Inhalt und Wirkungsweise des Kybernetischen Technologiemodells in einer Broschüre 1978 als „ein Modell, das geeignet ist, die Wirtschaftlichkeit des Bauens zu verbessern. Nach diesem Modell kybernetischer Organisation und Regelung des Bauprozesses übernimmt der Bauleiter als Bautechnologe die Rolle eines Gesamtproduzenten ... Die kybernetische Betrachtungsweise hat zu einem neuen Verständnis des Systems Bauprozess geführt ... Alle Probleme werden auf eine neue Art begriffen und gleichzeitig die Mittel und Wege, sie zu meistern, neu formuliert. Es ist ein Vorgang, bei dem den Beteiligten ‚die Schuppen von den Augen fallen' ..." [11]
Solche Vorgänge sind nicht neu. Der Soziologe K. W. Deutsch hat überzeugend dargelegt, wie in verschiedenen Epochen eine neue Sicht der Dinge zu neuen Erkenntnissen und neuen Fortschritten geführt hat. [12]
„Auf die Dauer und in die Breite wird der Erfolg kybernetischer Organisation davon abhängen, dass sich im Gesamtsystem des Bauens ein kybernetisches Bewusstsein bildet", schreibt Tenten weiter. „Dies bedeutet auch: die technologischen und kostenrelevanten Informationen der Produktionsplanung werden in die Produktplanung integriert. Damit wird die Informationslücke, die durch die Trennung von Planung und Ausführung entstanden ist, wieder geschlossen. Mit der Übernahme der Produzentenfunktion durch den Bauleiter wird nebenbei die Mitwirkungsmöglichkeit kleiner Unternehmen an der Ausführung umfangreicher Bauvorhaben entscheidend verbessert ...Die negativen Kennzeichen bisheriger Bauabläufe sind: Desorganisation, Leerlauf, Arbeitszeitvergeudung. Diese Verschwendung liegt in den einzelnen Produktionsvorgängen, aber noch mehr in den Zwischenräumen. Die Folgen treffen Gerechte und Ungerechte. Hier liegt die wahre Rationalisierungsreserve des Bauprozesses, ... weil hier die größten Erfolge möglich sind."
Wir hatten als Architekten eine Methode gefunden, optimale Wirtschaftlichkeit und qualitätsvolle Baugestaltung symbiotisch zu vereinen: das KOPF-System für „Kybernetische Organisation, Planung, Führung".

■ Krankenhausarchitekt Horst Tenten: „Auch im Krankenhausbau ist das kybernetische Technologiemodell geeignet, die Wirtschaftlichkeit des Bauens zu verbessern."

■ Tenten: „In einer kybernetischen Organisation werden die Informationen der Produktionsplanung in die Produktplanung integriert und so die Trennung zwischen Planung und Ausführung überwunden. Der Bauleiter übernimmt die Funktion eines Gesamtproduzenten."

2.4

Mit selbststeuernden Unternehmensstrukturen zu hohen Produktivitätssteigerungen

Mit den Erkenntnissen des Baumeisters Erich Koß haben wir in anderthalb Jahren die Produktivität der KOPF-Werkstatt um 42 Prozent erhöht.

Stationäre Betriebe erzielen mit „Lean Management" Produktivitätssteigerungen von 30 bis 50 Prozent.

1980 wollten dann einige Unternehmen, die die Vorteile der selbstorganisierten Arbeit an unseren Baustellen erlebt hatten, die Baukybernetik für ihre Betriebe nutzbar machen.
Es reizte mich, die positiven Resultate, die wir bei der Lenkung von Bauprozessen erzielen konnten, auch für die Unternehmungen zu erschließen. Dazu wollte ich zuerst über eine effektive Unternehmensführung in der Bauwirtschaft mehr wissen. Die Rationalisierungsgemeinschaft Bauwesen (RGBau) im RKW hatte damals Arbeiten des Baumeisters Erich Koß veröffentlicht.
Er wurde einer meiner wichtigsten Lehrer.
Mit vier Maurern und einem Polier gründete ich die KOPF-Werkstatt, und wir führten in einem anderthalbjährigen „Feldversuch" Mauer- und Betonarbeiten für Ein- und Zweifamilienhäuser aus. Ohne Vorbehalte setzten wir die Erkenntnisse von Erich Koß um und verbanden sie mit dem KOPF-System. So konnten wir die Arbeitsproduktivität um 42 Prozent verbessern, bezogen auf die durchschnittlichen Stundenaufwendungen, die wir acht Jahre lang an unseren Baustellen gemessen hatten. Solche Resultate sind in allen Betrieben des Bau- und Baunebengewerbes erreichbar, wenn sie den Wandel von einer zentralistischen zu einer selbststeuernden Unternehmenskultur konsequent vollziehen.
Das will ich in diesem Buch an praktischen Beispielen ebenso darstellen wie die bis heute ausnahmslos erreichte Kosten- und Termingenauigkeit in äußerst komplexen Bauprozessen.
Die Ursachen dafür sind mit denen vergleichbar, die in der stationären Industrie durch die Umsetzung richtig verstandenen „Lean Managements" zu neuer globaler Wettbewerbsüberlegenheit führen.
Mein Zusammenwirken mit Professor Hans-Jürgen Warnecke führte dazu, dass ich die Planungs- und Fertigungsabläufe in stationären Betrieben genauer kennen lernte. Auch dort herrschen weitgehend noch immer statische, zentralistische Strukturen.
Ich dachte, Baustellen seien besonders chaosträchtig. Aber die Arbeit in den Fabrikhallen verläuft in Wirklichkeit ähnlich chaotisch. Die Verschwendung von Arbeitsstunden durch unzulängliche Organisation führt auch hier zu Arbeitskosten, die von den niedrigen Preisen, die durch den Druck des globalen Wettbewerbs entstehen, nicht gedeckt werden können.
Die stationären Betriebe, die den Wandel zu selbststeuernden, dynamischen Strukturen geschafft haben, sind Beispiele für neue Marktüberlegenheit. Sie erzielen Produktivitätssteigerungen von 30 bis 50 Prozent, bieten bei den niedrigen Wettbewerbspreisen hohe Qualität, sind damit im internationalen Wettkampf wieder Sieger und zahlen obendrein ihren Mitarbeitern leistungsgebundene Zuschläge zu den Tariflöhnen.
Grundlagen des Erfolgs sind die Konzentration auf den Kundennutzen, hohe Qualität, das Einhalten der Liefer-, Kosten- und Produktivitätsziele durch die erforderliche Handlungsvarietät und die partnerschaftliche Zusammenarbeit mit allen Mitarbeitern und Mitunternehmern. Die erfolgreichen Unternehmen haben eine Organisationskultur verwirklicht, die auf Selbstverantwortung und Vertrauen basiert. Porsche nimmt dabei eine Spitzenposition ein. Auch VW macht sich mit dem Programm „5000 neue Arbeitsplätze für 5000 Mark Monatslohn"auf den Weg.
Für die neue Fabrik (in alten Hallen) gelten die Eckpunkte:
– Flexible Arbeitszeit + Qualifizierung:

Die Arbeitszeit beträgt 35 Stunden pro Woche. 3 Stunden für ständige Qualifizierung kommen hinzu. Sie kann um 7 Stunden auf 42 + 3 Stunden ausgeweitet werden. Bis zu 200 Stunden werden einem Arbeitszeitkonto gutgeschrieben. Die werden durch Freizeit ausgeglichen. Die Mitarbeiter müssen also 38 bis 45 Stunden in der Woche anwesend sein.
– Arbeitsentgelt mit Programmlohn:
Der Jahresverdienst liegt bei 60 000 Mark. Er steigt im dritten Jahr auf durchschnittlich 69 000 Mark. Wird die Gewinnschwelle überschritten, bekommen die Mitarbeiter einen Leistungsbonus. Allerdings wird nicht die Anwesenheitszeit bezahlt, sondern die Leistung. Werden die festgelegten Stückzahlen nicht erreicht oder ist die Qualität mangelhaft, muss über die vereinbarte Arbeitszeit hinaus weitergearbeitet werden. Diese Nacharbeit wird nur bezahlt, wenn die Verantwortung für die Verzögerungen beim Management liegt.

Auf die ständige Qualifizierung, das Lernen am Arbeitsplatz, kommt es wesentlich an. Auch in der Bauwirtschaft reicht nicht ein bisschen Weiterbildung im Winter. Weder die Führenden noch die Ausführenden beherrschen ihre Instrumente gut genug. Noch weniger können sie mit anderen zusammenspielen wie in einem Orchester. Das könnten auch Musiker nicht, wenn sie nicht ständig üben würden. Könnte man die Arbeit an Baustellen vertonen, gäbe das ein schreckliches Katzenkonzert. Der Baustellenfunk ist so ein Stück vertontes Chaos.

> Auf die ständige Qualifizierung kommt es wesentlich an.

3

Komplexität und Selbstorganisation – Wissenschaftliche Hintergründe

„Der Mensch ist kein Auto. Wir tanken nicht irgendeinen Kraftstoff – sondern Ordnung."

Erwin Schrödinger

3.1

Die Entwicklung der Noosphäre

Teilhard de Chardin: „Die ganze Evolution ist ein Selbstorganisationsprozess, der zu einer immer komplexeren Organisation der Materie führt und immer mehr Bewusstsein freisetzt."

„Die größte Entdeckung unseres Jahrhunderts ist die Erkenntnis, dass die Evolution ein Selbstorganisationsprozess ist, der zu einer immer komplexeren Organisation der Materie führt. Mit zunehmender Komplexität wird immer mehr Bewusstsein freigesetzt, die Freiheitsgrade der Individuen nehmen zu – und jeder Bewusstseinsaufstieg führt zu einem weiteren Komplexitätseffekt.

Komplexitäts- und Kommunikationszuwachs führen zur Planetisierung der Menschheit. Über der Biosphäre bildet sich eine Noosphäre (von Noos = des Geistes). Eine große Verantwortung des Menschen für den Kosmos ist damit verbunden. Aber eine frei handelnde Gesamtheit von Freiheiten findet immer ihren Weg. Wenn wir aktiv an der Entwicklung der Noosphäre mitwirken, können wir sicher sein, dass wir alle zusammen und jeder für sich die Fülle unseres Menschseins finden", sagte der Forscher Teilhard de Chardin, einer der Entdecker des „Peking-Menschen" 1942 in einem Vortrag in der französischen Botschaft in Peking. [13]

Carsten Bresch schreibt in „Zwischenstufe Leben" 1977: „..., dass die Evolution der gesamten Natur immer gleichbleibenden Grundprinzipien folgt, dass sich alle Entwicklung in Stufen vollzieht und mit jeder Stufe ein Niveau höherer Komplexität erreicht wird. Jedesmal erfolgt eine Integration von bisher unabhängigen Einheiten zu einer neuen Ganzheit mit neuen Eigenschaften und Fähigkeiten.

Zweimal in dieser Kette der sich aufeinander aufbauenden Zusammenschlüsse gibt es dabei eine besondere Schwelle, an der die neugewonnenen Fähigkeiten ganz neue Perspektiven eröffnen: beim Übergang der ersten, der materiellen Phase, zur zweiten, der biologischen Phase der Evolution und wieder beim Übergang von der biologischen zur dritten, der intellektuellen Phase, in deren Anfängen wir uns heute befinden.

Die Ausbreitung des Lebens entzog der materiellen Evolution die Grundlage. Die Produkte der materiellen Phase wurden als Bausteine eingefügt in das übergeordnete System biologischer Einheiten. Im Wirkungsbereich der intellektuellen Information werden alle materiellen und biologischen Einheiten unter die Kontrolle des menschlichen Geistes gestellt."[14)]

Mit dem Erfinden von Werkzeugen und der Züchtung von Pflanzen und Tieren tritt die Evolution in die Noosphäre ein. Auch hier gilt: Fortschritt ist Vereinigung. Und mehr Komplexität hat mehr Freisetzung von Bewusstsein und eine Zunahme der Freiheitsgrade für die Systemelemente in Folge.

Erich Jantsch schreibt in „Selbstorganisation des Universums": „…Eine Zelle vereint in sich mehrere tausend biochemische Prozesse auf kleinstem Raum, von denen viele in Rückkopplungsschleifen auf komplizierte Weise miteinander verbunden sind. Sie verwirklicht die ihr eigene Struktur und Funktion in desto ausgeprägterer Weise je mehr Freiheitsgrade sie besitzt. Ihre natürliche Dynamik lehrt uns auf ganz selbstverständliche Weise jenes optimistische Prinzip, an dem wir im komplexeren menschlichen Bereich immer wieder verzweifeln: Je mehr Freiheit in Selbstorganisation, desto mehr Ordnung! Der Preis, der einer systemhaften Betrachtung winkt, ist von unschätzbarem Wert."[15)]

Der Philosoph und Träger des Nobelpreises für Literatur Rudolf Christoph Eucken schrieb schon 1918: „Das ist der Hauptmangel der heutigen Kultur, dass sie der Mannigfaltigkeit keine überlegene Einheit entgegensetzt", und er mahnt eine Geistkultur an, „die den Menschen aus seiner Enge befreit, indem sie zur Selbsttätigkeit des Schaffens befähigt." Eucken kreierte die „Noologie". „Das ‚noologische' Verfahren beginnt von einem Gesamtentwurf und gestaltet seine Entstehung aus dieser gewollten Zukunft her; es betrachtet die Welt als aus der Selbsttätigkeit des Lebens entspringend."[16)]

Das ist die Vorwegnahme der zielbestimmten Selbstorganisation in Sozialsystemen und gleichzeitig ein Hinweis auf die „Zweite Zeitdimension", deren Einführung unser Wirken mit KOPF im äußerst komplexen Baugeschehen erfolgreich macht.

Eucken schreibt weiter: „Dieses autonome Leben erschließt sich jedoch nur dem, der eigenes Schaffen einsetzt. Noologisches Schaffen verwandelt Schicksal in eigene Tat."

Einer, der vorbildlich „Schicksal in eigene Tat" verwandelte, war Albert Schweitzer: „Ich wünsche mir Chancen, nicht Sicherheiten", schreibt er als Lebensmaxime. „Ich will kein ausgehaltener Bürger sein – nicht den Staat für mich sorgen lassen. Ich will dem Risiko begegnen, Schiffbruch erleiden und Erfolg haben … Ich will weder meine Freiheit für Wohltaten hergeben, noch meine Menschenwürde gegen milde Gaben … Ich habe gelernt, der Welt gerade ins Gesicht zu sehen und zu bekennen: dies ist mein Werk. Das alles ist gemeint, wenn wir sagen: ich bin ein freier Mensch."

Diese Haltung anzunehmen ist verständlicherweise nicht so leicht für die Menschen, die darauf konditioniert sind, zu tun, was der Chef sagt, auch wenn sie überzeugt davon sind, dass es falsch ist.

Die Komplexität der Systeme nimmt mit wachsender Beschleunigung zu. Das führt zu immer mehr Freisetzung von Bewusstsein und Wissenschaft. Wie könnten wir wohl denken, wenn unsere Körperfunktionen nicht so komplex or-

---

■ Carsten Bresch: „Zweimal in der Evolutionskette eröffnen neu gewonnene Fähigkeiten ganz neue Perspektiven: beim Übergang von der materiellen zur biologischen und von der biologischen zur intellektuellen Phase, in deren Anfang wir sind."

■ Erich Jantsch: „Die Zelle lehrt uns jenes optimistische Prinzip, an dem wir im menschlichen Bereich immer wieder verzweifeln: Je mehr Freiheit in Selbstorganisation, desto mehr Ordnung."

■ Albert Schweitzer: „Ich will weder meine Freiheit für Wohltaten hergeben, noch meine Menschenwürde gegen milde Gaben."

3.2 Komplexität und Selbstorganisation – Wissenschaftliche Hintergründe

ganisiert wären und so automatisch abliefen – und wie könnte die Gesellschaft so viele Menschen freisetzen, um Wissen zu vermehren und zu verbreiten und innovative Taten zu setzen – ja eine „Komplexitätswissenschaft" zu entwickeln, wenn es diesen Evolutionsprozess zu einer immer schneller wachsenden Komplexität der Sozialsysteme nicht gäbe? Und auch in den ausführenden Teilsystemen nimmt das Selbstbewusstsein bei den produzierenden Mitarbeitern zu.

3.2

Die Wissenschaft von der Komplexität

Heinz Pagels 1993: „Die Nationen, die die neue Komplexitätswissenschaft beherrschen, werden die Supermächte des nächsten Jahrhunderts sein."

„Die Wissenschaft von der Komplexität hat sich als eines der spannendsten geistigen Abenteuer erwiesen, mit denen ich jemals zu tun hatte. Der Geburtsort dieser Wissenschaft ist das Santa Fe Institute, das Geburtsjahr 1984", schreibt Roger Lewin in „Die Komplexitätstheorie – Wissenschaft nach der Chaosforschung" 1993. [17)] Für einige Forscher bedeutet die Komplexitätstheorie eine grundlegende Revolution der Wissenschaft. Zu ihnen zählte Heinz Pagels, dessen steile Karriere an der Rockefeller University 1988 durch einen Bergunfall ein tragisches Ende fand. „Die Wissenschaft hat den Mikrokosmos und den Makrokosmos erforscht ... Die große unerforschte Grenze ist die Komplexität", schrieb er in dem Buch „The Dream of Reason", das ein Jahr vor seinem frühen Unfalltod erschien. „Ich bin davon überzeugt, dass die Nationen, die die neue Komplexitätswissenschaft beherrschen, die wirtschaftlichen, kulturellen und politischen Supermächte des nächsten Jahrhunderts sein werden."

Komplexitätskompetenz entsteht, wenn an die Stelle von zentralistischen Strukturen der Wettbewerb autonomer Teams tritt.

Überall gibt es Ansätze dazu mit ganz überraschender Effizienz – in Unternehmen, in Kommunen, im Militär. Wie werden Behörden zu Dienstleistern? Durch eine Revolution des Denkens. Durch die endgültige Beseitigung der „Unkultur eines Obrigkeitsstaates". Durch Kundenorientierung. Durch Bündelung der Leistungen in Bürgerbüros, in denen eine Baugenehmigung spätestens zwei Wochen nach Antragstellung abgeholt werden kann. Durch Mitarbeiterschulung und Entscheidungsfreiheit ohne umständliche Dienstwege. Durch Wettbewerb mit privaten Einrichtungen, wie das Beispiel der Pinneberger Verkehrsbetriebe in Kapitel 17.1.2 zeigt.

Die Bertelsmannstiftung hat in einer weltweit angelegten Studie die am besten verwalteten Städte der Welt gesucht. Dazu hat Günter Ederer einen hochinteressanten wichtigen Bericht gemacht, der auf den Videokassetten „Die Chance der Krise – wie sich Städte und Gemeinden aus der Finanznot befreien" im Verlag moderne industrie 1996 erschienen ist. [18)]

An die Stelle von zentralistischen, bürokratischen Strukturen treten leistungsfähige, autonome Teams im Geist des Ganzen. Spätestens seit dem Terroranschlag auf das World Trade Center und das Pentagon am 11. September 2001 sollten wir alle wissen, dass wir im weltweiten Konsens auch zur aktiven und passiven Terrorüberwindung die Erkenntnisse der Komplexitätsforschung beschleunigt umsetzen müssen, um nicht ins Hintertreffen zu geraten. Die Wissenschaft von der Komplexität hat mit Struktur und Ordnung durch Selbstorganisation zu tun. Man kann komplexe Systeme – vor allem ihr Verhalten – nur mit Hilfe von komplexen Computersimulationen verstehen, denn sie sind extrem nichtlinear, d. h. sie verändern sich sprunghaft, nicht vorhersagbar, und entziehen sich der Analyse durch mathematische Standardverfahren.

Die Welt war 300 Jahre lang nach Newtons und Leibniz' Mathematik eine Uhrwerkswelt. Sie beruhte auf Vorhersagbarkeit. Das ist eine lineare Welt – ein natürlich nach wie vor wichtiger

Komplexität und Selbstorganisation – Wissenschaftliche Hintergründe **3.3**

Teil unseres Lebens. Die Flugbahn eines Raumschiffes lässt sich zuverlässig berechnen. Und alle Erfolge des Menschen mit der Raumfahrt, wie die Montagen der ISS, werden in aller Zukunft darauf beruhen, dass in diesem linearen Bereich die Mathematik mit Hilfe der Bewegungsgleichungen sichere Ergebnisse liefert.

Größtenteils funktioniert die Welt jedoch nichtlinear. Das Geschehen in nichtlinearen Systemen, lässt sich nicht vorhersagen – auch nicht mit noch so raffinierten linear angelegten Computerprogrammen. Das ist kein Widerspruch zu der Tatsache, dass die Wissenschaftler das Verhalten komplexer Systeme erst mit Hilfe des Computers verstehen lernten. Der Computer wirkt dann wie eine Art Mikroskop, mit dem – mit Hilfe Boolescher Netzwerke – deutlich gemacht werden kann, wie in komplexen Systemen Ordnung von selbst entsteht. Beide Erfindungen sind wichtig für unsere Praxis: die der Unvorhersagbarkeit, und die der Bedingungen für von selbst entstehende Ordnung.

3.3

Die prinzipielle Unvorhersagbarkeit

Nehmen wir die erste: Das Verhalten komplexer Systeme ist prinzipiell nicht vorhersagbar. Ein Beispiel ist das Wetter. Im Massachusetts Institute of Technology (MIT) befasste sich der Meteorologe Edward Lorenz intensiv mit dem Versuch, eine Methode zur längerfristigen Wettervorhersage zu finden. Er hatte einen leistungsfähigen Computer mit Millionen relevanter Daten gefüttert und war dabei sehr genau vorgegangen. Jede Zahl hatte sechs Stellen hinter dem Komma. Und dann schien ein erfolgreicher Durchlauf gelungen zu sein: das Resultat zeigte ein Hoch über dem Gebiet um Dallas. Lorenz ging zufrieden frühstücken – aber vorher befahl er dem Computer einen Kontrolldurchlauf. Um die Durchlaufzeit zu verkürzen, hatte er die Zahlen auf drei Stellen hinter dem Komma gerundet. Als er vom Frühstück zurückkam, dachte er, sein Rechner sei defekt: über Dallas tobte ein Wirbelsturm. Das war der Anfang der Chaostheorie, einer Vorgängerin der Komplexitätswissenschaft.

Die Wissenschaftler fanden danach heraus, dass in allen komplexen, dynamischen Systemen die geringfügigste Abweichung bei den Eingangsparametern – und die ist prinzipiell auch in Sozialsystemen niemals auszuschließen – gewaltige nicht vorhersagbare Veränderungen im Realsystem nach sich ziehen kann.

Auch allgemeine Wirtschaftsentwicklungen sind nicht voraussagbar. Für 2001 sagten die Wirtschaftsweisen ein Wachstum in Deutschland von 2,2 Prozent voraus. Im August wusste man: das Wirtschaftswachstum lag im zweiten Quartal bei 0,6 Prozent und schraubte die Jahresprognose auf 1,5 Prozent zurück. Auch diese Rücknahme um ein Drittel war noch zu optimistisch – unabhängig von den Nachwirkungen der furchtbaren Terrorakte vom 11. September.

Die Unberechenbarkeit gilt für alle lebenden Systeme. Deshalb sind auch Bauprozesse, Bauzeiten und Baukosten prinzipiell nicht berechenbar.

> *Im Gegensatz zum Wetter und zu Wirtschaftsprognosen können wir das komplexe Zusammenwirken in Sozialsystemen jedoch zielsicher beeinflussen – vorausgesetzt, wir kennen eine komplexitätskompetente Vorgehensweise und wenden sie auch an.*

■ In komplexen Systemen entsteht unter bestimmten Bedingungen Ordnung von selbst.

■ Bauprozesse sind ebenso wenig berechenbar wie das Wetter. Aber sie sind beherrschbar.

Die Selbstorganisation erzeugt Ordnung in äußerst komplexen Prozessen.

3.4

Wie Ordnung von selbst entsteht

Warum ist dann aber der Computer das „Mikroskop" der Komplexitätsforscher, mit dem es gelingt zu erkennen, wie die Selbstorganisation der Komplexitätsentwicklung Ordnung erzeugt – und was haben wir davon?
Die konventionelle Erklärung der Ordnung in der belebten Natur ist seit Darwin die natürliche Auslese.
Stuart Kauffmann, einer der Pioniere der Komplexitätswissenschaft, hat mit Hilfe des Computers zeigen können, dass die natürliche Selektion nicht die einzige Ursache der Ordnung ist, die biologische Formen hervorbringt.[19] Er benutzte den Computer nicht als Rechner, sondern simulierte mit seiner Hilfe komplexe Evolutionsprozesse: „Ich glaube", sagte er 1990, „dass Selbstorganisation eine natürliche Eigenschaft komplexer genetischer Systeme ist. In der Natur gibt es Ordnung umsonst – eine spontane Kristallisation von Ordnung aus komplexen Systemen, ohne dass es dazu der natürlichen Selektion oder irgendeiner anderen äußerlichen Kraft bedarf." Kauffmann führte den Nachweis mit Hilfe der Booleschen Netzwerke. In seinen Booleschen Zufallsnetzen entsteht Ordnung aus Chaos. Nicht in den Genen ist die Form des Organsystems vorgegeben. Der Organismus formt sich in einem formgebenden Selbstorganisationsprozess.

„Wir kommen offenbar mit etwas ganz Fundamentalem in Berührung", meint Tom Ray, der jeden Dezember die University von Delaware verlässt, um einen Monat im Regenwald zu verbringen.[20] 1990 hat Tom eine kleine virtuelle Evolution im Computer eingeleitet. Ein Urorganismus – ein achtzig Anweisungen umfassendes Computerprogramm – entwickelte sich zu einer Vielfalt, die an das Ökosystem des Re-

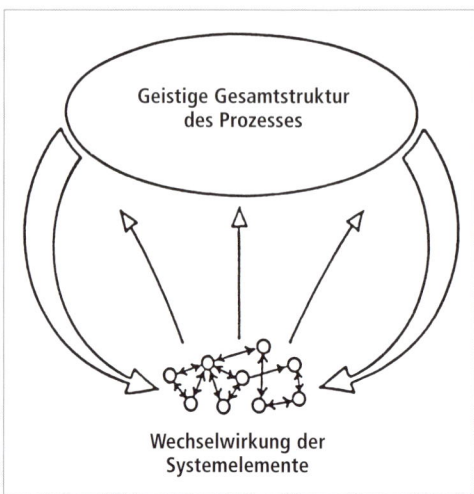

■ Abb. 4: Aus den konkreten Wechselwirkungen der Einheiten des dynamischen, komplexen Systems entsteht die geistige Gesamtstruktur des Prozesses. Gleichzeitig wird das Verhalten der wechselwirkenden Einheiten durch den Geist des Ganzen bestimmt. Diesen Zusammenhang, die für alle erkennbare Gesamtstruktur, die ein „Gesamtproduzent" offen legt, und daraus sich entwickelnde Selbststeuerungen der Systemelemente gilt es im Bauprozess wirksam zu machen.
Nach Chris Langton, zit. aus Roger Lewin „Die Komplexitätstheorie...", Seiten 232–237 [17]

genwaldes erinnert. Toms elektronisches Abenteuer ist für das Santa Fe Institute eine wichtige Brücke zwischen der Theorie der dynamischen Systeme und der wirklichen Welt.
„Und das alles entwickelt sich aus einigen grundlegenden Regeln. Nichts ist eingebaut, was für die komplexen Muster sorgen könnte. Die Vorstellung, dass es irgendwo in der Tiefe eine organisierende Kraft gibt – irgendeinen

Prozess auf der physikalischen Ebene, der zu wachsender Komplexität führt – fasziniert mich", sagte Tom.

„Wir lernen alle schon früh den zweiten Hauptsatz der Thermodynamik, nach dem in allen Systemen die Unordnung zunimmt. Aber das stimmt nicht für alle Systeme. Einige streben nach Ordnung, nicht nach Unordnung, und das ist eine der größten Entdeckungen der Komplexitätswissenschaft. Wir wissen noch nicht genau, wie die Struktur entsteht, aber wir wissen, dass sie entsteht – und zwar in den unterschiedlichsten Systemen. Wir haben nachgewiesen, dass die Theorie komplexer Systeme weithin anwendbar ist." So Stuart Kauffmann.[19]

Was mag wohl dieses „ganz Fundamentale" sein?

Der Biochemiker und Zellbiologe Rupert Sheldrake stellt mit seiner Theorie der morphogenetischen Felder ein revolutionäres Erklärungsmodell des bisher rätselhaften Prozesses der Formenentstehung vor. In seinem Buch „Die Wiedergeburt der Natur ..."[21] schreibt er: „Das alte mechanistische Universum war eine gewaltige Maschine, der langsam der Dampf ausging, während sie sich auf ihren thermodynamischen Wärmetod zubewegte. Seit den 60er Jahren ist sie jedoch durch einen evolutionären Kosmos ersetzt worden ... und ähnelt mehr einem sich entwickelnden Organismus ..." Wir sehen die Materie mehr als einen Prozess – weniger als einen Gegenstand. Auf jeder Organisationsebene sind die Dinge sowohl Ganzes als auch Teil. Die Atome sind Ganzheiten, die aus subatomaren Teilchen bestehen. Ebenso sind Zellen innerhalb von Organen, aber auch Organismen innerhalb von Gesellschaften Teil und Ganzes zugleich. Auf jeder Ebene ist das Ganze mehr als die Summe seiner Teile. Eine solche Ganzheit beruht auf einem organisierenden, formenden Feld – einem morphogenetischen Feld."

Felder sind die zeitgemäße Art, sich die unsichtbaren Organisationsprinzipien der Natur vorzustellen, die zunehmende Ordnung bewirken, und für unsere geistigen Aktivitäten sind mentale Felder fundamental. Ein mentales Feld kann in allen Teilen der Welt bei Menschen, die weit voneinander entfernt leben und sich überhaupt nicht kennen, gleichartiges Wissen zu gleicher Zeit sprunghaft entstehen lassen. Die gleichzeitige Umsetzung kybernetischer Erkenntnisse in eine komplexitätskompetente Managementpraxis von Rybalskij, Mirow, Ropohl und anderen ist dafür ein Beispiel. „Nichts ist so mächtig wie eine Idee, deren Zeit gekommen ist."

Sheldrake schreibt an anderer Stelle ergänzend: „Das Schwerkraftfeld vereint das gesamte Universum. Wie die Liebe ist es von seinem Wesen einend. Gewöhnlich stellen wir uns die Schwerkraftanziehung aber als einen völlig unbewussten Vorgang vor. Das Element des Bewusstseins einzuführen, geht weit über das Feldkonzept der heutigen Wissenschaft hinaus."[22]

> Für unsere geistigen Aktivitäten sind mentale Felder fundamental.

3.5

Die „Raum-Zeit des Geistes"

In seiner „Komplexen Relativitätstheorie" führt Jean Charon, ein hervorragender Vertreter der Theoretischen Physik, wohl als erster die Metaphysik in die physikalische Wissenschaft ein. Er benennt das Elektron als fundamentalen Geistinhaber. In seinem Buch „Der Geist der Materie" schreibt er dazu:[23]

„Meine physikalischen Arbeiten über Elementarteilchen haben gezeigt, dass einige dieser Teilchen einen Raum und eine Zeit des Geistes einschließen, die parallel zu dem Raum und der Zeit existieren, mit Hilfe derer die Physik seit Aristoteles Wesen und Evolution der Materie zu beschreiben versucht. Während wir bisher gewöhnt waren, ein ‚einfaches' Raum-Zeit-Ge-

3.5 Komplexität und Selbstorganisation – Wissenschaftliche Hintergründe

Jean Charon entdeckte in den unsterblichen Elektronen die „Raumzeit des Geistes".

füge anzunehmen, stellt sich nun heraus, dass dieses Raum-Zeit-Gefüge ‚doppelt' ist: neben der traditionellen Raum-Zeit der Materie gibt es noch eine Raum-Zeit des Geistes, die eine Doppelseitigkeit aller Dimensionen bewirkt ... Dass die Raum-Zeit des Geistes den Physikern bisher entgangen ist, liegt daran, dass man sie erst im Innern winziger Elementarteilchen der Materie, den Elektronen, entdeckte ... Ihrer physikalischen Definition nach sind diese geisttragenden Partikel stabil, ihre Lebenszeit ist also bis auf ganz wenige Ausnahmen identisch mit der des Universums. Nun ist das Elektron mit einem mathematischen Punkt gleichzusetzen: es besitzt keinerlei räumliche Ausdehnung. Seine Masse können wir wahrnehmen. Wie können wir die Masse ungleich Null eines Teilchens in einem räumlichen Volumen gleich Null unterbringen? Die Schlussfolgerung ist, dass sich diese Masse ‚anderswo' versteckt, außerhalb der gewöhnlichen Raum-Zeit, innerhalb derer wir den mathematischen Punkt definiert hatten, in der Raum-Zeit des Geistes, die unserer gewohnten Raum-Zeit ‚beigegeben' ist. Dort bildet das Elektron ein kleines selbständiges Universum.

Das Mikro-Universum des Elektrons enthält eine Art Photonengas. Durch Fernwirkung, den Austausch virtueller Photonen, können alle Elektronen miteinander korrespondieren. So muss die im Elektron eingesperrte ‚schwarze' Strahlung ihren Ordnungsgrad (ihre Negentropie) immer weiter erhöhen, indem sie immer mehr Informationen ansammelt. Der Informationenaustausch, das heißt der geistige Austausch zwischen zwei Elektronen, geht unabhängig von der Größe der Entfernung vor sich. Die Zeit des Elektrons ist zyklisch, was ihm erlaubt, alle vergangenen Zustände des Raumes, aus dem es besteht, wiederzufinden – also ein Gedächtnis zu entwickeln; außerdem spielen sich die Ereignisse innerhalb dieses Mikro-Universums mit wachsender Negentropie – d. h.

Das Elementare hat die Fähigkeit, sich zu organisieren, weil es den Gesetzen zunehmender Unordnung entkommen ist.

mit zunehmender Ordnung – ab. Dies alles zusammen veranlasste uns zu der Aussage: Das Elektron enthält eine Raum-Zeit des Geistes.

Bieten uns die Elektronen irgendein ‚Schauspiel', aus dem wir erkennen könnten, dass sie miteinander kommunizieren, um etwas Neues zu ‚schaffen', das heißt, um die Information des von ihnen gebildeten Systems zu vermehren, oder, anders ausgedrückt, die Entwicklung des Systems, dem sie angehören, durch zunehmende Ordnung voranzutreiben?

Alle Phänomene des Lebens, von den elementarsten bis zu den komplexesten Formen, zeigen uns, dass das Elementare die Fähigkeit hat, sich zu organisieren, weil es den Entropiegesetzen – den Gesetzen zunehmender Unordnung – entkommen ist, die für jede Materie gelten müssen, welche allein den bekannten physikalischen Gesetzen gehorcht. Alles Lebendige, vom Virus bis zum Menschen, ist fähig, sich selbst zu organisieren.

Der Geist ist kein Privileg des Menschen. Die Handlungen auf der Ebene der Zelle erfordern oft mehr Geist als der Mensch bewusst formulieren kann.

Der Geist ist kein Privileg des Menschen. Die Milliarden Äonen – die geisttragenden Elektronen seines Körpers – verströmen jenen Geist, den er bewusst (zum Beispiel in seiner Sprache) zur Schau stellt. Übrigens ist dieser bewusste Geist nur ein sehr kleiner Teil des gesamten in seinen Äonen enthaltenen Geistes, da diese ja schon über eine Jahrmillionen alte Erfahrung verfügen, dank derer sie – und ohne dass unser Bewusstsein sich im mindesten darum scherte – sämtliche Funktionen unseres Körpers lenken. Was dieser Evolution zugrunde liegt, ist die Speicherung von immer mehr Geist in den Äonen. Das entspricht dem, was wir als die Steigerung der Bewusstseinsebene bezeichnen und was die Physiker wissenschaftlich die immer höhere Negentropie des Photonengases im Mikro-Universum des Elektrons nennen.

Jedes Atom ist zu freien Entscheidungen fähig. Die ‚Handlungen' bereits auf der Ebene der Zelle erfordern oft mehr Geist, als der Mensch bewusst formulieren kann.

Komplexität und Selbstorganisation – Wissenschaftliche Hintergründe **3.5**

Das Elementare selbst scheint die Initiative der Freiheit zu ergreifen, indem es die rein passive Unterwerfung unter die physikalischen Gesetze überwindet. Das Elektron verfügt sowohl über die Möglichkeit nach außen gerichteter Kommunikation als auch über die Fähigkeit innerer Reflexion. Die Reflexion des Elektrons erfordert im Gegensatz zum Mechanismus eines Computers keinerlei Energie, und außerdem ist sie frei (sie ‚programmiert' sich selbst). Diese Freiheit der Wahl der Kommunikationsphotonen kann man besser verstehen, wenn man weiß, dass innerhalb der Raum-Zeit des Elektrons die Zeit in der unserer Zeit entgegengesetzten Richtung läuft. Während wir zwangsläufig von unserem 40. Jahr ins 60. Jahr befördert werden – also unser Raum der Materie ein Raum zunehmender Auflösung von Ordnung ist (Entropie), – ist der Elektronenraum ein Raum zunehmender Information und Ordnung (Negentropie).

Die Reflexion ist jene Erkenntnis, die sich in der geistigen Raumzeit des Elektrons widerspiegelt, um zu einer ‚Tat' des Elektrons zu führen. Eine solche Tat nimmt das Elektron vor, wenn es asymmetrischen Kohlenstoff – das erste Glied des Lebendigen – verwendet und eine ‚Raummembran' bildet, die seine unmittelbare Umgebung vom äußeren Raum isoliert. So kann es durch ‚Steuerung' der Photonen des äußeren Milieus die gewünschten chemischen Reaktionen auslösen. Es kann seine Umgebung mit den chemischen Substanzen versorgen, die sich unter der Einwirkung der Photonen aufspalten und dabei Energie freisetzen. Tatsächlich kann man feststellen, dass jeder lebende Organismus sich aus asymmetrischen Kohlenstoffen einer einzigen Art zusammensetzt, aus denen die lebende Zelle und das Virus lange Proteinketten herstellen.

Erkenntnis und Liebe, die beiden anderen Eigenschaften des Elektrons, bringen eine Zunahme der Negentropie – der Ordnung – des Systems mit sich: In beiden Fällen findet ein Austausch der Spinzustände zwischen den Photonen des Elektronenraumes und denen der Außenwelt statt. Gehören letztere der Raumzeit der Materie an, so sprechen wir von einem Erkenntnisprozess, gehören sie dagegen dem Raum eines anderen Elektrons an, so kommt es zu jenem Vorgang, den wir als Liebe bezeichnet haben. Es kommt wie bei der Erkenntnis zu einer Zunahme der Negentropie, diesmal sogar zu einer Zunahme der Negentropie beider Elektronen zugleich. Man kann also sagen, dass Liebe der einfachste und wirksamste Prozess zur Vermehrung der Negentropie – des Informationsgrades und der Ordnung – im Universum ist.

■ *Die theoretische Physik hat dem Materialismus ein Ende gesetzt.*

Die Welt ist so eingerichtet, dass geistiges Wachstum für uns gleichbedeutend ist mit einer immer stärkeren Liebe zu den anderen. Die Materie unseres Körpers besteht aus abermilliarden Elektronen. Ihre Raumzeit des Geistes macht es uns möglich, in die Vergangenheit zurückzukehren, uns zu erinnern, aus Erfahrung zu lernen, Entwürfe für gewollte Zukünfte zu machen, sie herbeizuführen, Organisationen zu schaffen, bewusst aufzulösen und zu verändern, Desorganisation zu überwinden und das Informationsniveau und damit die Negentropie in unseren Sozialsystemen zu erhöhen."
Charon schreibt in „Tod, wo ist dein Stachel": „Man kann sich in die Zukunft versetzen und beschließen, welche Abänderungen man an einem gegebenen Zustand vornehmen muss, damit dieser in der Zukunft so wird wie man es wünscht."[24]

■ Schon das Elektron kann erkennen, reflektieren, lieben und handeln.

■ Charon: „Man kann also sagen, dass Liebe der wirksamste Prozess zur Vermehrung der Ordnung im Universum ist."

3.6

Zunehmende Ordnung durch Baukybernetik

Marginalien:
- Das Kundenprinzip wird in den Unternehmensbereich hereingenommen.
- Regeln und regelgerechte Muster bilden die dynamische Struktur.
- In selbststeuernden Strukturen können wir die Gesetze der Kybernetik zur ständigen Erneuerung von Ordnung wirksam machen.
- Die Kybernetik zweiter Ordnung befähigt die Teilsysteme, mit Störungen selbst fertig zu werden.

Für unsere Praxis kommt es darauf an, Umgebungen zu schaffen (sogenannte Attraktoren), in denen Ordnung zunimmt, bzw. immer wieder neu entsteht. Dazu müssen allerdings alle Relikte zentraler Planwirtschaft und hierarchischer Verhaltensformen überwunden werden. Unternehmen und Produktionsstätten als vielschichtige Systeme sollten nicht als Kontrollhierarchien organisiert sein. Manager sollten Unterstützer und Koordinatoren sein. Die jeweils oberste Ebene muss für Erstmaligkeit am weitesten offen stehen. Das verlangt eine Revolution des Führens. Das Kundenprinzip wird in den Unternehmens- und Baustellenbereich hereingenommen. Die Arbeiter sind die Kunden des Führenden. Er führt nicht das Team – er führt für das Team. Er beschafft rechtzeitig alle Stoffe und Informationen für kontinuierliches Arbeiten. Er lehrt und lernt mit dem Team. Aber er achtet auch – wie der Schiedsrichter beim Fußball – im Interesse des Teams auf die Einhaltung der vereinbarten Regeln. Er ist ein wichtiger Teil des Systems.

In „Perspektiven der Wissenschaft" schreibt Manfred Eigen 1988[25)]:

„Wenn wir uns mit den Regelmäßigkeiten in den Strukturen, sowie mit den Gesetzmäßigkeiten in den komplexen Prozessen befassen, können wir die enorm hohe materielle Komplexität beherrschen. Die Komplexität und das deterministische Chaos in den realen Strukturen bedeuten nicht eine ebensolche Komplexität der Prinzipien, die die Wirklichkeit gestalten. Das ist eine Lehre, die wir aus den Fraktalen und ihrer Selbstähnlichkeit ziehen können, die in den faszinierenden Computerbildern von Benoit Mandelbrot zum Ausdruck kommen, in denen aus einfachen Regeln ein unendliche Komplexität kreiert wird." Teil und Ganzes sind „selbstähnlich".

Innerhalb eines überschaubaren Regelkanons können unendlich viele Muster entstehen – wie beim Fußball. Beide, Regeln und regelgerechte Muster, bilden die dynamische Struktur. Es ist die Aufgabe des Schiedsrichters, alle Muster innerhalb der Regeln zu unterstützen – zum Beispiel bei einem harmlosen Foul den Vorteil des Gegners gelten zu lassen – und alle Muster, die außerhalb der Regeln auftreten – die also nicht zur Struktur gehören – konsequent zu eliminieren, um die Ordnung der Struktur aufrecht zu erhalten.

Eigen schreibt weiter: „Programmiert im Genom der Zelle ist nur die Regelung der Selbstorganisation, nicht jedoch die Organisation per se. Wir müssen das wissen. Nach wie vor heißt das Motto der Evolution: überleben. Meistern werden wir dieses Problem allein durch die Mobilisierung unseres Geistes für die organisatorische Problemlösung."

Selbststeuernde Strukturen in Sozialsystemen mit einer partnerschaftlichen Organisationskultur und dem erneuerten Führungsverhalten sind die Attraktoren, mit denen die Ordnung zunimmt. In ihnen können wir die Gesetze eines weiteren Bereichs der Komplexitätswissenschaft, der Allgemeinen Kybernetik, zur fortwährenden Zunahme von Ordnung wirksam machen.

Der austro-amerikanische Erkenntnistheoretiker Heinz von Foerster hat die Kybernetik zweiter Ordnung erfunden, die wir im KOPF-System praktisch umsetzen und mit deren Hilfe der Hang der Organisationsstrukturen sich aufzulösen aufgehoben wird und immer wieder zielgenaue Ordnung in die komplexen Prozesse kommt. Diese „Kybernetik der Kybernetik", von mir als „Nookybernetik"[26)] bezeichnet, hat lebende, psychische und soziale Systeme zum Gegenstand, deren Elemente und die als Ganzes zur Selbststeuerung fähig sind, während

Komplexität und Selbstorganisation – Wissenschaftliche Hintergründe **3.6**

die Kybernetik erster Ordnung sich mit der Kontrolle und Steuerung von Sachsystemen befasst, die als vernetzte Regelkreise beobachtet werden können.

Diese alte Kybernetik, die immer noch für alle Systeme eindeutige Beziehungen zwischen Input und Output unterstellt, behandelt auch Sozialsysteme wie Maschinen. Mit der Kybernetik zweiter Ordnung erschließen wir Selbstorganisationspotenz. In der Befähigung der Teilsysteme, mit Störungen selbst fertig zu werden, liegt zugleich ihre Fähigkeit, verlustfrei die vereinbarten Kosten-, Termin- und Produktivitätsziele zu erreichen.[27]

Mit seiner Erfindung des Prinzips der „Ordnung durch Störungen" ist Heinz von Foerster berühmt geworden. Störungen sind nichts Negatives mehr, sondern sie lösen – rechtzeitig erkannt – die erforderlichen Regelentscheidungen aus und helfen, die Prozesse zielsicher zu beeinflussen.

Heinz von Foerster legt uns eine Denk- und Handlungsweise nahe, die zu neuer sozialer Überlegenheit führt.

Nach dem Prinzip „Ordnung durch Störungen" sind Störungen Auslöser für zielsichere Beeinflussung.

4

Die Einführung der zweiten Zeitdimension

„Ein Kunstgriff, der neuerdings angewandt wird, besteht in der Annahme einer zweidimensionalen Zeit. Diese gestattet ein echtes Rückwärtslaufen der Zeit, so dass eine gegenwärtige Entscheidung bewirkt werden kann von einer Ursache, die in der Zukunft liegt (Wirkung vor der Ursache) – eine Umkehrung der kausalen Logik. Im Prinzip ist diese Methode ein zulässiges Denkmodell, und ich kenne keine Kritik, die sie als wissenschaftliche Denkvorstellung disqualifizieren könnte ..."
Henry Margenau von der Yale-University in seiner berühmt gewordenen Rede vor der Society of Psychical Research 1969

Die Einführung einer Zweiten Zeitdimension erlaubt uns die Früherkennung von zielgefährdenden Störungsfolgen.

Das noologische Verfahren, das Rudolf Christoph Eucken uns nahelegt, geht, wie gesagt, von einem „Gesamtentwurf" aus, den wir uns von einer gewollten Zukunft machen sollten, um unsere Aufgaben dann – aus dieser gewollten Zukunft her gesteuert – schrittweise optimal erfüllen zu können.

Adrian Dobbs, ein renommierter Physiker und Mathematiker aus Cambridge, führte dazu ein Modell mit einer „Zweiten Zeitdimension" ein, das die Unvorhersagbarkeit und Unbestimmtheit komplexer Systeme berücksichtigt.[28]

Nach Dobbs Theorie geht der Lauf der Zeit in der zweiten Zeitdimension durch eine virtuelle, wahrscheinliche, geistige, nicht durch die reale, bestimmte, materielle Welt. In dieser Zweiten Zeitdimension, die Vorentwürfe für gewollte Zukünfte und die Früherkennung zukünftiger Störungen erlaubt, spielen „objektive Wahrscheinlichkeiten" dieselbe Rolle wie Kausalbeziehungen in der klassischen Physik.

Diese „objektiven Wahrscheinlichkeiten" der zukünftigen Ereignisse existieren auch in unseren Entscheidungsüberlegungen als geistiggegenwärtige Dispositionsfaktoren, mit der gleichen Bedeutung für die Entscheidungsfindung, die die Kausalfaktoren aus dem realen Geschehen haben.

Der Anwender der Baukybernetik sieht die Zukunft des Arbeitsprozesses vor sich wie ein

Die Einführung der zweiten Zeitdimension **4**

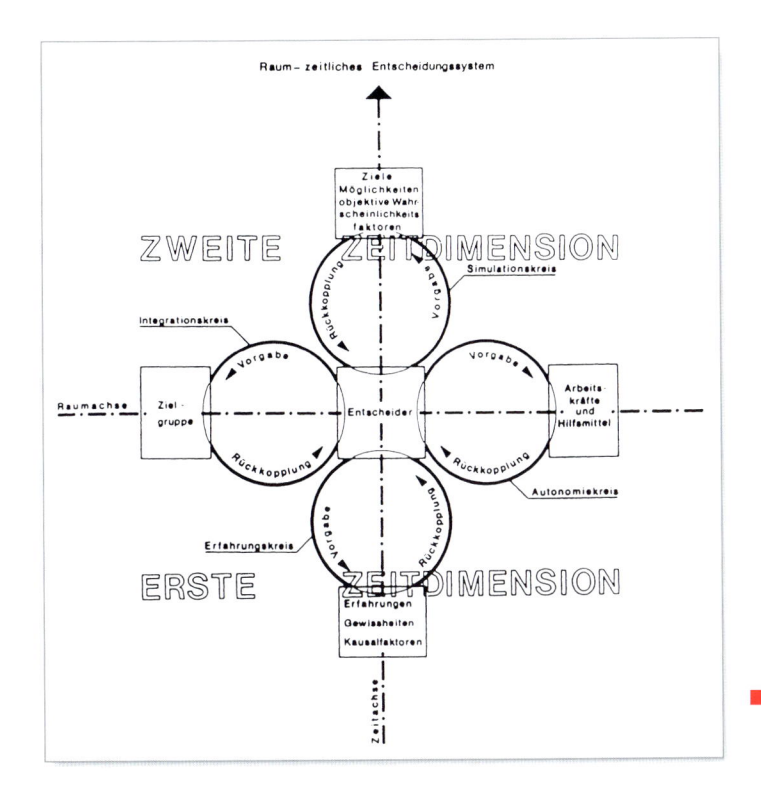

Abb. 5: Symbol eines selbststeuernden Handlungssystems.

aufgeschlagenes Buch. Er weiß jeden Tag, was er tun muss, damit das Gewollte eintritt bzw. das Nichtgewollte vermieden wird. Er führt ganz pragmatisch mit Hilfe der Informationen aus der Zukunft, die ihm immer rechtzeitig offenliegen. Er macht also ganz konkret das „Gesetz der kybernetischen Logik" wirksam: Die wesentlichen Ursachen, die seine gegenwärtigen Entscheidungen bewirken, liegen in der Zukunft. Die Wirkung liegt im Entscheidungsprozeß zeitlich vor der Ursache. Mit Dobbs können wir auch sagen: Der Führende arbeitet in der Zweiten Zeitdimension – der Zeitdimension des Geistes – und führt damit sicher die gewollte Zukunft des Realsystems herbei.

In der System-Grafik mit den vier Regelkreisen ist der Zeitverlauf senkrecht nach oben gerichtet dargestellt. Ein Gegenwartsschnitt als Entscheidungsmoment wurde auf eine waagerechte Raumachse gelegt, die in Wirklichkeit in der Zeit fortschreitet: Über diesem Entscheidungsmoment liegt die zukünftige Zeit, in die man bei entsprechender Informationsaufbereitung – wir werden das im Detail noch sehen – geistig weit vorgreifen und so die „objektiven Wahrscheinlichkeitsfaktoren" ableiten kann, die der gegenwärtigen Entscheidung zwingend zugrundegelegt werden müssen, wenn sie zielsicher sein soll. Unter der Raumachse liegt die bis dato vergangene Zeit, aus der die festgestellten, oft exakt messbaren Fakten stammen. Diese Fakten sind im konventionellen deterministischen Verfahren das einzig Greifbare, was einer Entscheidung zugrunde gelegt werden kann. Sie können keine Zielgenauigkeit bewirken; sie sind eben die zwangsläufig ungenauen

4   Die Einführung der zweiten Zeitdimension

Mit dieser Methode des Vorherwissens wird der Fertigstellungszeitpunkt auf neue Weise determiniert.

In der Zweiten Zeitdimension ist mit der Zielsetzung das Ziel bereits Wirklichkeit.

In der Kybernetik sind Planen und Führen eine Einheit.

Anfangsbedingungen, aus denen die zielgenauen Wege in komplexen Prozessen nicht vorausberechnet werden können. Ich erinnere an das Beispiel der Wettervorhersage.

Zur Entscheidung und vor allem zur zielgenauen Beeinflussung des Prozesses braucht der Entscheider auch die ausreichend quantifizierten Faktoren aus der Zukunft des Geschehens; die er aus dem Simulationskreis gewinnt. „Simulation" – das ist auch wieder so ein Begriff aus der Kybernetik. Im Gegensatz zu dem Simulieren von Zahnschmerzen, mit dem man in der Schule versuchte, sich um eine Arbeit zu drücken, ist er positiv und ernst zu nehmen. Es geht um die geistige Vorwegnahme eines realen Prozesses mit Hilfe eines einfachen Modells.

Auf der Raumachse in der Grafik kommuniziert der Entscheider mit größerer Übersicht einerseits mit der Zielgruppe, hier zum Beispiel mit der Bau-Herrschaft – konzentriert auf deren Interessen, und andererseits mit dem Sozialkörper, der den Baukörper plant und verwirklicht. Er verschafft den Elementen dieses Handlungssystems in einem Selbstorganisationsprozess im Autonomiekreis die erforderliche Varietät zum Ausgleich von Störungsfolgen. Mit dieser Methode des Vorherwissens wird der Fertigstellungszeitpunkt auf neue Weise determiniert. Der Bauleiter intendiert nicht nur die Einhaltung einer Ausführungsfrist – er weiß von Anfang an, dass er sie einhalten wird.

Der französische Physiker Raymond Ruyer schreibt in „Jenseits der Erkenntnis" 1977 [29)] in diesem Zusammenhang von kausal Gegenwärtigem und virtuell Zukünftigem, und dass wahrscheinlich die Sprachen der sogenannten Primitiven darüber manchmal mehr wissen als unsere Wissenschaft.

„Die zeitgenössische Wissenschaft neigt dazu, nichts anderes als das ‚flache' Zeitschema zu sehen: Vergangenheit, Gegenwart, Zukunft."

Kulturen und Sprachen, die sich von den unseren sehr unterscheiden, scheinen geeigneter zu sein, diese wesentliche zweite Seite des Seins und der Zeit zu erfassen. In vielen nichtwestlichen Kulturen – z. B. indianischen und indischen – werden sprachlich der Bereich des Entstandenen in einer Zeit 1 und der Bereich des Gewünschten, des Virtuellen, noch nicht Existierenden in einer Zeit 2 ausgedrückt. Die Sprache der Hopi gibt zum Beispiel nicht den Unterschied zwischen Vergangenheit, Gegenwart und Zukunft der Ereignisse an, sondern mit ihr bringt der Sprecher zum Ausdruck, ob das, was er sagt, existent ist, also mit Fakten belegt werden kann, oder ob es sich um einen geistigen Entwurf virtuellen Geschehens handelt. Es ist so etwas wie eine intellektuelle Architektur, mit deren Hilfe wir uns in die Lage versetzen, Zukünfte zu „machen", indem wir durch einen Kunstgriff in der 2. Zeitdimension die Zeit rückwärts laufen lassen. Mit der Umsetzung dieser Erkenntnisse in die KOPF-Praxis ist es methodisch gelungen, Kosten-, Termin- und Produktivitätsziele exakt einzuhalten.

Wer mit KOPF richtig arbeitet, der weiß: Mit der Zielsetzung ist das Ziel bereits Wirklichkeit. Ich konnte in 30 Jahren praktischer Anwendung nachweisen, dass diese als „Kybernetische Logik" bezeichnete Methode zielgenaues Lenken in komplexen, unbestimmten Abläufen ermöglicht. Der Anwender weiß, dass er eine Ausführungsfrist einhält, weil er die Zukunft „macht". Dazu ist die Übernahme der Rolle eines Gesamtproduzenten ebenso eine unabdingbare Voraussetzung, wie die Ermittlung der Arbeitsstunden nach Arbeitspaketen und die damit ermöglichte ständige Voraussicht und somit die zielsichere Beeinflussung von Produktivität und Kapazität – die Einheit von Planen und Führen. Diese Art zielgenauer Beeinflussung komplexen Geschehens ist eine notwendige Ergänzung des neuen „Leitungsnetzes" zur Beherrschung von Komplexität, um auf das Bild vom „Komplexitätsdampf" zurückzukommen. Die andere ist die Entwicklung der erforderlichen Varietät des Handelns, die der Unbestimmtheit komplexer Prozesse entsprechen muss, um mit den Folgen der vielfältigen unverhofften Störungen fertig zu werden, die sonst den Trend zur Auflösung zielbestimmter Organisationen – den Hang zur Entropie – auslösen.

Im Übrigen: nur diese Desorganisation geht von selbst. Selbstorganisation muss mühsam vorbereitet, gezündet und aufrechterhalten werden. Die Fähigkeit, diese auflösende Tendenz durch überlegene Kommunikation in selbstorganisierter Teamarbeit überwinden zu können, also fortwährend die Negentropie – den Ordnungsgrad – zu erhöhen, bedeutet im Ergebnis mehr als nur Zielsicherheit. Sie schafft Produktivitätssprünge um 30 Prozent, weil mit ihrer Hilfe ein „Leitungssystem" entsteht, das dem „Komplexitätsdampf" gewachsen ist und Zeit- und Geldverschwendungen durch Leerläufe, Warten, Suchen, überflüssiges und umständliches Arbeiten, Lustlosigkeit, Mängelbeseitigungen und Irrtümer vermeidet oder mindestens in Bezug auf die gesetzten Ziele der Organisation gering und schadlos hält.

■ Nur Desorganisation geht von selbst. Selbstorganisation kostet Mühe.

5

Die Kybernetik – die Kunst der zielbestimmten Selbststeuerung in komplexen Systemen

Für mich ist es sehr befriedigend, zu erleben, wie sich das Gegensatzpaar Geschäftserfolg und partnerschaftliche Mitsprache mit der zunehmenden Komplexität unserer Beziehungswelt auflöst, ja, wie die Partnerschaft immer mehr zur Voraussetzung für den Geschäftserfolg wird.

5.1

Wissenschaft und Kunst

Norbert Wiener: „Der Weg, Menschen Aufgaben zuzuweisen, die weniger als ein Millionstel ihres Gehirns in Anspruch nehmen, führt ins Unglück."

Die Entwicklung der Kybernetik als Wissenschaft begann mit Norbert Wiener. Der berühmte Mathematiker, der diese Wissenschaft vom zielsicheren Handeln in komplexen Systemen aus der Taufe hob, beschrieb ihre Inhalte und Absichten in dem Buch „Cybernetics or Control and Communication in the Animal and the Machine", das 1949 in den USA herauskam.[30]
In seinem späteren, 1952 erschienenen Buch, das die Kommunikations- und Regelungsprobleme in der Gesellschaft und in gesellschaftlichen Institutionen behandelt[31], mahnt er „die menschenwürdige Behandlung des Menschen" an: „ ... Es ist eine Herabsetzung des Menschen, ihn an eine Ruderbank zu ketten und als Kraftquelle zu benutzen; aber es ist eine fast ebenso große Herabsetzung, ihm eine sich immer wiederholende Aufgabe in einer Fabrik zuzuweisen, die weniger als ein Millionstel der Fähigkeiten seines Gehirns in Anspruch nimmt ... Ich behaupte, dass dieser bequeme Weg der Macht in Wirklichkeit alle ethischen Werte der Menschen zerstört und ins Unglück führt ..."
Jede Art staatlichen und betrieblichen Zentralismus verstärkt den Trend zur Organisationsauflösung und fällt ihm früher oder später zum Opfer. Auch wenn patriarchalisches oder sozialistisches Wohlwollen zentralistische Steuerung begründet, folgt mit steigender Komplexität bald der Verfall, geht Menschenwürde verloren. Die Allgemeine Kybernetik hat sich zu dem Wissenschaftszweig der Komplexitätswissenschaf-

Die Kybernetik – die Kunst der zielbestimmten Selbststeuerung in komplexen Systemen **5.1**

ten entwickelt, der zielgenaues Führen von bzw. in äußerst komplexen, dynamischen Prozessen ermöglicht. Die wichtigste Grundlage dafür ist die integrative Autonomie, die zielbestimmte Selbststeuerung der Systemelemente in Teams – der Selbstverwirklichung durch Mannschaftsgeist.

Die Symbiosen in der Natur basieren auf Egoismen. Die Biene befruchtet die Blüte, weil sie den Honig mag – nicht, weil sie der Blüte Gutes tun will. Ein Star pickt dem Schaf das Ungeziefer aus dem Fell, weil er die Würmer mag – nicht, um dem Schaf einen Gefallen zu tun. Auch die Ethik in Sozialsystemen wurzelt in der Eigenliebe. Die Intelligenzen erfassen, dass jedes Teammitglied dann den größten individuellen Vorteil erfährt, wenn es seine Fähigkeiten einbringt in die Zusammenarbeit mit anderen. Nur wenn das Team gewinnt, wenn die Gesamtleistung mehr wird als die Summe der Einzelleistungen, erfährt auch jeder Einzelne den höchstmöglichen Nutzen. Mannschaftsgeist ist Egoismus zweiter Ordnung – eine höhere Form von Eigennutz.

Wir müssen die entsprechenden Strukturveränderungen mit der gleichen Beschleunigung durchführen, die der Komplexitätsfortschritt an sich hat. Er hat die Naturgewalt der Evolution auf seiner Seite und unsere Organisationen werden der Selektion zum Opfer fallen, wenn wir sie nicht rechtzeitig anpassen.

Anpassen heißt, die Reste von fremdgesteuerten, statischen Strukturen abbauen, in denen Lernen ein Fremdwort ist und wo informierte, selbstbewusste, Menschen nur befolgen müssen, was vorgesetzte Besserwisser verlangen. Wir müssen dynamische Strukturen etablieren, in denen mündige Menschen ihre Arbeitsprozesse in einem vereinbarten Rahmen, auf vereinbarte Ziele hin selbst steuern und deren Ergebnisse verantworten. Nur so ist die „erforderliche Varietät" zur Beherrschung der Störungsvielfalt aufzubringen.

Staaten lösen sich auf, Unternehmen sind dem globalen Wettbewerbsdruck nicht gewachsen und müssen aufgeben, und Baustellen geraten aus dem Ruder, wenn sie das Grundgesetz der Kybernetik nicht befolgen: das „Gesetz der erforderlichen Varietät" – the „Law of requisite variety" des englischen Neurologen und Kybernetik-Pioniers W. Ross Ashby. Ashby hat da ein wichtiges Naturgesetz gefunden, das für das Management von ebenso grundlegender Bedeutung ist, wie das Gravitationsgesetz für die Technik – oder für den Alltag: beachtet man es nicht, gibt es Scherben.

Das Gesetz der erforderlichen Varietät besagt, dass jeder Organismus, jede Population oder jede Organisation ausstirbt bzw. aufhört zu existieren, wenn sie bei einer lebens- oder systembedrohenden Umweltveränderung keine Überlebensvariante bzw. keine neuordnende Handlungsvariante bereithat oder nicht schnell genug eine erfinden kann.

Für die Kybernetik des Managements kann man das auf die Formel bringen: Äußerst komplexes, dynamisches Geschehen kann nur durch eine dem Komplexitätsgrad entsprechende Entscheidungs- und Handlungsvarietät beherrscht werden.

Und um diese ausreichende Varietät zu entwickeln, sind selbstorganisierende Strukturen unabdingbar. Nur in ihnen ist die „Redundancy of potentiell Command – die Redundanz potentieller Lenkung" enthalten, eine der unverzichtbaren Voraussetzungen, um die Vielfalt der Störungen zu beherrschen, die immer wieder unverhofft aus der Unbestimmtheit komplexer Prozesse auftauchen und oft gefährliche Desorganisationstendenzen mit sich bringen.

Die Kybernetik als Wissenschaft bemüht sich, Informationen über die Komplexität und den Komplexitätsfortschritt in der Umwelt zu erlangen und zu ordnen, in der Absicht, diese Entwicklung und ihre Gegebenheiten und Auswirkungen zu verstehen und zu beschreiben.

■ Autonomie gepaart mit Mannschaftsgeist ist die bessere Grundlage.

■ Nur wenn das Team gewinnt, hat auch der Einzelne den größten Nutzen.

■ Mündige Menschen sollten ihre Arbeitsprozesse in vereinbartem Rahmen selbst steuern und die Ergebnisse verantworten.

■ Das „Gesetz der erforderlichen Varietät" ist für das Management so wichtig wie das Gravitationsgesetz für die Technik.

5.2 Die Kybernetik – die Kunst der zielbestimmten Selbststeuerung in komplexen Systemen

Wir nehmen die Kybernetik als die Kunst, in äußerst komplexen Systemen zielsicher zu handeln.

Die für uns interessantere Gegenstandsseite – die Kybernetik als die Kunst zielsicheren Handelns – ordnet die Informationen in angepasste Formen, „um mit Erfolg auf das Geschehen einzuwirken", so der französische Kybernetiker Louis Couffignal. [32]

5.2 Die Wortbedeutung

Norbert Wiener bildete das Wort Kybernetik nach dem griechischen Wort kybernétes (von kybernáo = ich steuere)

Der kybernétes war der Steuermann der Argonauten.

Das englische Wort governor geht auf das griechische kybernétes zurück. Der kybernétes war der Steuermann, der als erster Offizier auf dem Hinterdeck eines Schiffes kommandierte. Im frühen Altertum wurde nach den Epen des Homer der Tätigkeit des Steuermanns Wertschätzung und Hochachtung entgegengebracht. Das bildet die Grundlage für die spätere Verwendung des Bildes vom Steuermann in Politik und Kosmologie. Die Einsicht und zielstrebige Lenkertätigkeit, die Dominanz des Geistigen beim Steuermann werden von Homer hervorgehoben.

Von der Biokybernetik müssen wir zur Nookybernetik kommen.

(Karl Heinz Kaiser: „Das Bild des Steuermanns in der antiken Literatur", Dissertation, Erlangen 1952, Zit. v. E. Lang a. a. O.)[33]
Albert Ducrocq: „Die Entdeckung der Kybernetik ..." Frankfurt a. M. 1959 Zit. v. E. L.)[34]
Die Kunst des Steuermanns grenzte in den Augen der Griechen ans Wunderbare; denn der Steuermann vermochte den Standort des Schiffes zu bestimmen, er wusste daraus die eingeschlagene Richtung zu folgern, und verstand es „die Götter zu versöhnen, so dass das Schiff trotz aller Wechselfälle schließlich doch das vom Kapitän gesetzte Ziel erreichte".

5.3 Kybernetische Begriffe

Die Literatur über Kybernetik befasst sich überwiegend mit Regelungsprozessen zur Aufrechterhaltung von Gleichgewichten. Technische Regelkreise haben ihre Entsprechung im Biologischen, vor allem zur Aufrechterhaltung lebenswichtiger Zustandsgrößen gegen Störungen im Organismus. Bei der Konstanthaltung physiologischer Größen darf niemals eine totale Konstanz vorliegen. Immer muss ein Restreiz vorhanden sein: So wird verstärkte Atmung ausgelöst durch erhöhten Sauerstoffbedarf, der wieder wird ausgelöst durch starken Energieverbrauch. Und der Energieverbrauch hat vermehrte Kohlensäureproduktion zur Folge, die wiederum die Atmung und damit die Sauerstoffzufuhr anregt usw. Würde man die Regelung so weit treiben, dass alle Kohlensäure beseitigt würde, käme die Atmung zum Erliegen. Wie gut, dass unsere Körperfunktionen so automatisiert sind. Wollten wir den Vorgang mit dem Bewusstsein steuern, könnten wir nicht mehr lange darüber nachdenken. Der Restreiz – die Störung, die Abweichung vom Sollwert – ist Bedingung für das Funktionieren der Regelkreisläufe. Auch bei den Automaten – vom Fliehkraftregler, dem von James Watt erfundenen „governor", bis zur Rakete – löst die Abweichung vom Soll- oder Zielwert die Gegensteuerung aus. Wenn wir die Projektmodelle richtig bauen, kann auch die Störung an einer Baustelle positiv gesehen werden – als Auslöser der rechtzeitigen zielgenauen Gegensteuerung. Deshalb spricht man wohl auch vom biokybernetischen Unternehmens-Management.
Aber so ganz ist der Vergleich nicht richtig. Die zielbestimmte Selbstregelung von Arbeitsabläufen geht nicht so automatisch wie die Regelung der Atmung oder der Raumtemperatur. Sie erfolgt durch selbststeuernde informierte

Bewusstheiten. Ich habe sie deshalb als nookybernetisch bezeichnet und die zweite Zeitdimension eingeführt. Es kommt in den Sozialsystemen für die Zielgenauigkeit darauf an, dass der Regelungsimpuls von der Zukunft des Prozesses ausgeht. Die Störung ist noch virtuell, wird also zukünftig wahrscheinlich eintreten. Der Impuls wird nicht erst durch die kausal erfassbare Abweichung im Realsystem ausgelöst, weil dann die Störungsfolgen nicht rechtzeitig kompensiert werden können und der Brunnen immer erst zugedeckt wird, wenn das Kind bereits drinliegt.

Schon Karl W. Deutsch[12] weist darauf hin, dass das Modell des Organismus nicht die passenden Analysen für unser Problem geben kann. Allerdings fehlt bei den von ihm angegebenen Informationstypen die für die Stabilität von Organisationsprozessen wichtige Information aus der Zukunft der Systeme.

Um einige praktische Begriffe der Kybernetik zu erläutern, greife ich auf das Buch „Keiner weiß, was Kybernetik ist" von Rolf Lohberg und Theo Lutz zurück, das 1968 erschienen ist.[35]

5.3.1

Das Modell

Das Bilden von Modellen ist ein wesentlicher Bestandteil der Kybernetik. Es gibt Modelle – wie z. B. das Modell eines Hauses –, die haben äußerliche Ähnlichkeit mit den realen Dingen, die sie abbilden.

Aber viele Modelle sind nicht ohne weiteres mit der Wirklichkeit vergleichbar – wie z. B. ein Ablaufmodell. Und mit Modellen, die Prozesse abbilden, hat man es in der Kybernetik hauptsächlich zu tun – mit dynamischen Modellen. Wie man diese Modelle dynamischer Strukturen bildet, zeige ich an praktischen Beispielen.

5.3.2

Das Simulieren

In der Sprache der Kybernetiker ist das „Simulieren" die vornehmste Aufgabe für jegliches Modell. Das dynamische Modell „simuliert" das Verhalten seines realen Vorbilds, es muss nicht in möglichst allen Details mit dem Verhalten des Vorbilds übereinstimmen. Es soll die Realität vereinfacht abbilden.

5.3.3

Das System

Was ist ein System?

Das Bauwerk ist ein komplexes System. Es besteht aus Teilsystemen, und die wiederum aus Systemelementen. Eine Heizungsanlage oder eine Ziegelfassade sind Teilsysteme des Systems Bauwerk – und ein Ziegelstein zum Beispiel ist ein Systemelement.

Eine Palette mit Ziegelsteinen ist kein System, sondern eine Menge. Ein System ist immer eine Ganzheit. Wenn ein System entstehen soll, bedarf es neben Stoff und Energie immer noch einer dritten Größe: der zweckbestimmten Information. Entscheidungen gehören dazu. Wollen wir zum Beispiel einen Läuferverband oder einen wilden Verband? Wenn das entschieden ist, entsteht das Mauerwerk als Teilsystem nur dann, wenn die Maurer die Regeln über die Herstellung der Verbände kennen – DIN-Normen über Steingrößen, Verlegeart, Fugenstärken und Maßtoleranzen.

Ob das Teilsystem Fassade mehr oder weniger gut gelingt, ist von der regelgerechten Planung und Herstellung des Teilsystems Rohbau abhängig. Darüber muss sich der Fassadenbauer informieren. Er muss prüfen, ob die Maurermaße bei der Planung berücksichtigt wurden und

■ Die Regelungsentscheidung muss einsetzen, bevor die Störung eingetreten ist.

■ Nicht das Modell des Organismus, sondern das der Organisation mit der Fähigkeit, ihre Prozesse durch Informationen aus der Zukunft zu stabilisieren, kann passende Analysen für unsere Problematik geben.

■ Ein System ist eine Ganzheit – eine Individualität höheren Grades –, ist mehr als die Summe seiner Teile.

5.3 Die Kybernetik – die Kunst der zielbestimmten Selbststeuerung in komplexen Systemen

ob die Maßhaltigkeit des Rohbaus gegeben ist, bevor er mit seiner Arbeit beginnt.
Tut er das nicht, muss er auch die Fehler vertreten, die durch regelwidriges Arbeiten seines Vorgängers entstanden sind. Auch diese Regel gehört zu dem Regelwerk, das in der VOB abgedruckt ist.
Damit kommen wir vom komplexen System Bauwerk zum äußerst komplexen System Bauprozess.
Das Bauwerk selbst hat als Sachsystem eine „statische Struktur". Im kybernetischen Sinn heißt das: man kann seine Funktionen, seine Eigenschaften und seine Größe bestimmen. Ein Bauwerk kann man planen. Man kann seine Nutzflächen, seinen Rauminhalt und seine Standfestigkeit berechnen; und dann kann man ziemlich sicher sein, dass das Werk dem Plan und der Berechnung entspricht. Der Zusammenhang zwischen Plan und Werk ist determiniert.

Sozialsysteme, die zielsicheres Planen und Bauen bewirken könnten, gibt es noch nicht. Deshalb ist das Bauen chaotisch.

In Sozialsystemen gibt es dagegen keine Planerfüllung. Nun gibt es aber die Sozialsysteme, die zielsichere Entscheidungs-, Planungs- und Ausführungsprozesse zur Entstehung des Bauwerks bewirken sollten, noch nicht. Deshalb ist das Bauen chaotisch. Auch sie müssten aus vielen Teilsystemen und Systemelementen bestehen. Man muss sie nach den Regeln der Kybernetik organisieren. Dazu muss mindestens eine Instanz die zweckbestimmte Organisation übernehmen, damit aus den Mengen von Unternehmen Teilsysteme des Arbeitsprozesses „Planen und Bauen" werden.

Noch will fast jeder auf Kosten anderer verdienen. Es gibt zu viele Mängel in Planung und Ausführung.

Auch dabei gibt es einen hohen Grad von Abhängigkeiten zwischen den Teilsystemen und den Systemelementen. Auch hier spielt die Information – besser die Kommunikation – eine entscheidende Rolle.
Wie wird aus einer Menge von Büros, Unternehmen, Planern und Handwerkern ein Sozialsystem in diesem kybernetischen Sinn – ein System, das wirklich mehr ist und mehr bewirkt als die Summe seiner Teile?

Mit der heute noch üblichen kausal-mechanistischen, planbestimmten Denk- und Verhaltensweise gar nicht. Alle Beteiligten sind für enge Fachbereiche ausgebildet. Sie arbeiten in abgetrennten Abteilungen in hierarchischen Organisationen. Jedes Gewerk vertritt seine Sache und ist auf seine Interessen fixiert. Jeder versucht mit möglichst wenig Aufwand möglichst viel zu verdienen – meist zu Lasten anderer.
Es gibt zu viele Planungsfehler und zu viel Pfusch am Bau, und falsche Anlieferungen sorgen für zusätzliche Vergeudung. Aus all dem folgt, dass das Chaos dominiert.
An den Baustellen wird eine Art Krieg geführt. Jeder versucht auf Kosten anderer, meist auf Kosten des Bauherrn, zu gewinnen. Und in Wirklichkeit erleiden dabei alle Nachteile und wirtschaftliche Verluste – meist ohne auch nur zu ahnen, dass mit einem final-kybernetischen, nicht plan- sondern zielbestimmten, systemischen Ansatz dieses Null-Summen-Spiel schnell überwunden werden könnte. Alle Beteiligten hätten auf diese Weise miteinander und jeder für sich weniger Stress und weit größeren Nutzen.
Die schlimmen Resultate der chaotischen Arbeitsprozesse werden in verschiedenen Studien verdeutlicht.
Die genannte Studie von Czipin und Partner deckt eine ständig zunehmende Verschlechterung der Produktivität auf. Das liegt daran, dass wir für die Beherrschung der zunehmenden Komplexität des Geschehens nicht ausgebildet sind, und – weil andere Wege zur Befriedigung eigener Interessen nicht gesehen werden – an der zunehmenden Egozentrik der Beteiligten.
Der Professor für Sozialpsychologie Dr. Dietrich Dörner, Bamberg, hat vor einigen Jahren eine deutsche Kleinstadt mit ihren Funktionen in ein Computermodell gefasst und sie von 48 Versuchspersonen – im Zeitraffer – 10 Jahre lang regieren lassen.

5.3 Die Kybernetik – die Kunst der zielbestimmten Selbststeuerung in komplexen Systemen

Selbst die Ergebnisse der Besten führten zu Kapitalverschwendung und hoher Arbeitslosigkeit. Man kann sie in dem Buch von Dörner u. a. „Lohhausen ..." nachlesen.[36)] Die charakteristischen Verhaltensweisen der Versuchspersonen entsprechen eben Strategien, die im Umgang mit einfachen Verhältnissen mit durchschaubaren, simplen Ursache-Wirkungs-Folgen ohne wesentliche Eigendynamik erfolgreich waren. Im Umgang mit äußerst komplexen Systemen wirken diese Verhaltensweisen ruinös.

Selbst die besten Kenner der Situation der Stadt zu Beginn des Experiments waren erfolglos, weil sich die Situation laufend änderte. Nicht mehr Anfangswissen und Planung machten erfolgreich, sondern eine Handlungsweise nach dem Prinzip „Versuch und Irrtum" mit Risikobereitschaft und schneller Auffassungsgabe.

Unsere Arbeitsprozesse können erst als „äußerst komplexe Systeme" bezeichnet werden, wenn wir sie systemisch organisieren. Mit dem Begriff „äußerst komplexe Systeme" nehmen wir die Bezeichnung des englischen Systemwissenschaftlers Stafford Beer auf, eines Pioniers der Unternehmens-Kybernetik. Solche Systeme haben "dynamische Strukturen". Sie sind nicht berechenbar, man muss sie zielbestimmt beeinflussen und ihrer Tendenz zur Desorganisation beständig entgegenwirken.

Die Vielfalt von unvorhersehbaren Systemzuständen, die in dynamischen Strukturen auftreten können, hat Stafford Beer mit variety bezeichnet. Die Sache scheint einfach, wenn man in statischen Strukturen denkt – also in der immer noch verbreiteten „Beschränkung des menschlichen Alltagsverstandes" bleibt, wie Dietrich Dörner das nennt. Dann verführt die enge Betrachtungsweise immer wieder zur Anwendung der unwirksamen mechanistischen Methoden des Planens.

Die Varietät (V) drückt in Beers Modell einfach die Anzahl der unterschiedlichen Beziehungen zwischen den Elementen eines Systems aus. Sie ergibt sich nach einer bestimmten Formel, wobei die Zahl der Elemente mit „n" und die Anzahl von Beziehungen zwischen zwei Elementen mit „m" bezeichnet werden.

$$V = m \times n \times (n-1) : 2$$

Bei 7 zusammenwirkenden Maschinen mit 2 Beziehungen zwischen den Elementen ist die Varietät:

$$V = 2 \times 7 \times 6 : 2 = 42$$

Aber so einfach sind die Verhältnisse nicht. Wenn die Struktur dynamisch wird – wenn also beispielsweise jede Beziehung eingeschaltet sein kann oder nicht –, dann wird die Varietät 2 hoch 42. Und das ergibt schon in einem geschlossenen System mehr als 4 Billionen mögliche Systemzustände. Da liegt dann ungefähr die Grenze dessen, was wir gelernt haben und was uns ins Leben mitgegeben worden ist – denn schließlich ist ja jeder von uns auch ein komplexes System.

Zwischen Menschen, die zusammenarbeiten, gibt es aber bekannterweise weit mehr als 2 Beziehungen. Außerdem können sie nicht nur „Ja" und „Nein" sagen, sondern auch noch „Vielleicht" oder „Ja, unter der Voraussetzung". Deshalb ist die Zahl der möglichen Systemzustände mathematisch nicht mehr auszudrücken. Sie ist so gut wie unendlich und nur noch mit praktizierter Kybernetik beherrschbar. Wir leben im Chaos.

> Wir können die quasi unendliche Varietät der äußerst komplexen Systeme und die dynamischen Strukturen der Arbeitsprozesse beherrschen. Wenn wir die Naturgesetze der Kybernetik wirksam machen, dann überwinden wir „die Beschränkung des Alltagsverstandes".

■ Die praktizierten Strategien für einfache Ursache-Wirkungs-Folgen wirken im Umgang mit äußerst komplexen Systemen ruinös.

■ Wenn Menschen zusammenarbeiten, ist die Zahl der möglichen Systemzustände so gut wie unendlich.

■ Das Sozialsystem „Planen und Bauen" entsteht durch frühzeitige Ausschreibung aller Gewerke nach eindeutigen Regeln, die Selbstorganisation bewirken.

Es geht also darum, frühzeitig alle Büros und Gewerke zusammenzubringen, für alle einen hohen Informationsgrad zu schaffen, Kommunikation und Selbstorganisation einzuleiten und feste Regeln für das Zusammenwirken zu vereinbaren.

Für die Büros und Betriebe bedeutet das die Einführung der Teamarbeit. Leistungsteams sind Sozialsysteme im kybernetischen Sinn. Sie agieren autonom und übernehmen die Verantwortung für die Ergebnisse ihrer Arbeit in dem Sinn „Einer für alle, alle für einen".

5.3.4

Die Struktur

Innerhalb einer Struktur müssen sich die Dinge in einer gewissen Ordnung zueinander verhalten. Das kann die chemische Formel
$2\ HCl + Na_2CO_3 = 2\ NaCl + H_2CO_3$ sein, die den Prozess zur Gewinnung von Kochsalz simuliert. Dabei handelt es sich um eine „statische (determinierte) Struktur", weil man schon weiß, was auf der zweiten Seite der Formel herauskommt, wenn man die Seite vor dem Gleichheitszeichen hinschreibt. In einer statischen Struktur entsteht immer nur ein vorbestimmtes Muster, wenn man die Strukturregel anwendet, wie z. B. 5 x 7 = 35.

Eine Struktur besteht immer aus den Strukturregeln und den Strukturmustern, und nur die Muster, die innerhalb der Regeln auftreten dürfen, gehören zur Struktur.

Damit kommen wir zum Begriff der „dynamischen Struktur", um den es in der Kybernetik hauptsächlich geht.

Spiele z. B. haben dynamische, komplexe Strukturen. Sie funktionieren nur mit eindeutigen, von allen Mitspielern akzeptierten Regeln, innerhalb derer dann viele nicht vorhersagbare Muster auftreten können. Selbst beim Schach sind noch nicht alle nach den Regeln möglichen Muster gespielt – geschweige denn beim Fußball. Wenn nun jemand ein Muster fabriziert, das nicht durch die Regeln gedeckt ist, dann merken alle sofort: der mogelt oder der spielt foul – und solches Fehlverhalten wird unverzüglich geahndet, um die Ordnung des Systems aufrechtzuerhalten.

Das Hauptanliegen der Kybernetik ist es, Strukturen für die Modelle zu finden, die einander ähnlich sind, die sich vergleichen lassen – die einander „isomorph" sind. Zum Beispiel könnte es sein, dass in gewisser Weise das Verhalten eines Termitenvolkes, die Arbeitsweise an einer Baustelle, die Bewegungen in einer Autofabrik oder die Reaktionen von chemischen Teilchen in einer Flüssigkeit eine ähnliche Struktur zeigen: dass sie also einander isomorph sind und sich – möglicherweise in Teilaspekten – an einem Modell deutlich machen: also simulieren lassen.

Struktur hat etwas mit ordnen zu tun. Wenn ich die Arbeitskräfte an den Baustellen von denen im Büro unterscheide, um die Personalkosten in produktive und nicht produktive Kosten aufteilen zu können, habe ich eine Struktur geschaffen! Im kybernetischen Sinn ist also eine Struktur nicht einfach etwas Gegebenes. Ich schaffe mir die Struktur nach den Kriterien, die ich im Einzelfall untersuchen oder behandeln will.

In einer Struktur sollen sich Dinge oder Menschen in einer bestimmten Weise zueinander verhalten. Das können Fenster in einer Fassade sein, Autos auf einer Straßenkreuzung oder Spieler auf einem Fußballfeld, das können Atome in einem Molekül sein oder die Zahlen im kleinen Einmaleins. Diese Dinge oder Menschen oder Zahlen sind die „Strukturelemente".

Die Strukturelemente bilden in den bestimmten geordneten Zusammenhängen der Struktur „Strukturmuster". Diese Muster werden nach bestimmten Regeln gebildet, und, wie gesagt:

Dynamische Strukturen bestehen aus einem Regelkanon und allen Verhaltensmustern, die den Regeln entsprechen.

In der Kybernetik ist eine Struktur nicht gegeben. Ich schaffe mir die Struktur für den Fall, den ich behandeln will.

Die Kybernetik – die Kunst der zielbestimmten Selbststeuerung in komplexen Systemen 5.3

nur die Muster gehören zur Struktur, die diesen „Strukturregeln" entsprechen. Es gibt sehr einfache Strukturregeln, die wir schon in den ersten Schuljahren gelernt haben: die Regeln des kleinen Einmaleins.
4 mal 7 ist 28, das ist so herrlich eindeutig, wie unsere Alltagssituationen leider nicht sind. Deshalb sagt man wohl einschränkend:
4 x 7 sind im Einkauf 25 und im Verkauf 31. Und damit sind wir auf dem Sprung in die dynamischen Strukturen, „in die Regionen, in die man mit dem Organ der Mathematik nicht hinreicht", um Johann Wolfgang von Goethe zu zitieren.
Je größer die Mustervielfalt, um so wichtiger ist das Regelwerk. Die Regeln muss man kennen und man muss für ihre Anwendung sorgen, wenn eine Struktur nicht dem Entropiegesetz der zunehmenden Unordnung verfallen soll.
Für die komplexen Verkehrsverhältnisse gibt es Verkehrsregeln. Wer sie nicht mindestens in der Fahrprüfung kennt, bekommt keinen Führerschein. Verhalten wir uns regelwidrig im Verkehrsgeschehen und ein Polizist passt zufällig auf, wird das Produzieren des regelwidrigen Musters meist gnadenlos geahndet – auch wenn es uns aus Versehen passiert ist –, einfach weil es außerhalb der Regeln liegt und somit nicht zur Struktur gehört.
Was da im Einzelnen geschieht, kann man nicht berechnen. Die möglichen Verkehrssituationen auf einer großen Straßenkreuzung zum Beispiel sind nicht vorhersehbar. Unterstellen wir einmal, das Verkehrsaufkommen bliebe von 2001 bis 2051 gleich und wir fotografierten diese Kreuzung immer vom gleichen Standort aus jeden Mittag um 12.00 Uhr – dann könnten wir nicht zwei Bilder finden, die deckungsgleich wären. Wir könnten daraus eine statistische Durchschnitts- oder Wahrscheinlichkeitssituation ermitteln, die wir dann zur Information für Autofahrer in einem Übersichts-

heft abbilden könnten, aber über eine real anzutreffende Verkehrssituation auf der Kreuzung sagte dieses Bild nicht mehr aus als die statistische Zahl über die Wahrscheinlichkeitsmutter mit den 1,87 Kindern, die es nicht gibt. Aber wir haben die hohe Komplexität des Geschehens dadurch reduziert und beherrschbar gemacht, dass wir die gefährlich störenden, realen Muster außerhalb der Strukturregeln sofort identifizieren und ein allgemein regelgerechtes Verhalten erreichen können, das einen geordneten Verkehrsfluss bewirkt.
Machen wir uns jedoch bei dieser Gelegenheit bitte einmal klar, dass wir im Bauprozess mit den Netzplantechniken und Kostenelementrechnungen fast überall noch immer so tun, als gäbe es diese Mustervielfalt in den dynamischen Strukturen nicht, als könne man mit einem solchen Plan auch nur annähernd den Realprozess eines Bauablaufs abbilden, oder als könne man zum Zeitpunkt der Kostenrechnung, an dem man die anbietenden Unternehmer noch gar nicht kennt und die zur Angebotsabgabe aktuelle Konjunkturlage noch nicht wissen kann, berechnen, welchen Preis so ein Bieter in sein Angebot schreibt. Ich komme später zu den Mitteln und Methoden, mit denen man auch diese dynamischen Strukturen mit ihrer manchmal beängstigenden Mustervielfalt in den Griff bekommt. Ein Netzplan jedenfalls bildet ebenso wenig das reale Geschehen ab, wie das Wahrscheinlichkeitsbild der Kreuzung im Übersichtsheft für Autofahrer und man kann mit der Netzplantechnik nicht zielsicher steuern. Derartige Modelle sind der dynamischen Realität nicht „isomorph".
Wenn Menschen zusammen spielen oder zusammen arbeiten, kann das „ordentlich" nur geschehen, wenn es nach Regeln geschieht, die alle anerkennen. Die Dynamik einer Struktur macht sich dadurch bemerkbar, dass man im Gegensatz zum kleinen Einmaleins erstens nicht weiß, was dabei herauskommt – wer zum Bei-

■ Die Regeln müssen eingehalten werden, sonst löst die Struktur sich auf. Die Vielfalt der Strukturmuster ist so gut wie unendlich.

■ Mit der Netzplantechnik, der Kostenelementrechnung und der üblichen Kalkulationsweise tun wir noch immer so, als gäbe es die Mustervielfalt gar nicht.

5.3 Die Kybernetik – die Kunst der zielbestimmten Selbststeuerung in komplexen Systemen

Schon in der dynamischen Struktur eines Spiels weiß man im Gegensatz zum Einmaleins vorher nicht, was dabei herauskommt.

spiel das Spiel gewinnt –, und dass zweitens während des Spielablaufs eine Fülle von Mustern auftritt, die ebenfalls nicht voraussehbar sind.

Beim Einmaleins ist die Regelsammlung der verschiedenen Rechenvorgänge leicht übersehbar. Wenden wir eine Regel auf zwei Zahlen an, wissen wir, dass ein ganz eindeutig zu bestimmendes Ergebnis herauskommen muss. Rechenansatz und Ergebnis sind determiniert. Das Ergebnis folgt dem Ansatz kausal, es wird durch den Ansatz – als Ursache – bestimmt oder bewirkt. Die Wirkung folgt zeitlich der Ursache. Wir können sagen: Das Ergebnis ist die Funktion des Ansatzes.

$$E = f(4 \times 7).$$

So etwas geht nur im materiellen Bereich. Auf das Bauen übertragen gilt diese kausal-determinierte Einfachheit nur für das Bauwerk und seinen Zusammenhang mit dem Planwerk, aber auch hier schon wegen der Komplexität der Sache und der menschlichen Irrtümer mit Einschränkungen. Wir können jedoch noch sagen: Das Bauwerk „B" ist eine Funktion aus dem Planwerk „P".

$$B = f(P)$$

Muster, die nicht zur Struktur gehören, werden ausgeschaltet. Spieler, die beim Kartenspiel mogeln, werden von den Mitspielern zurechtgewiesen. Beim komplexeren Fußball braucht man einen Schiedsrichter.

Das wird vollkommen anders, wenn der Mensch an die Stelle der Zahl tritt. Dann wird die Struktur dynamisch, die Zahl der möglichen Ablaufmuster ist nahe bei unendlich. Die Ablaufmuster, die sich konkret einstellen, sind mit Sicherheit andere, als das bestmögliche Ablaufmodell erwarten lässt.

Das Spiel läuft führungsfrei. Der Trainer darf nicht eingreifen.

Wir können das an einem Fußballspiel verdeutlichen: Während es ziemlich einfach ist, aus den Zahlen von 0 bis 9 eine Tabelle über die möglichen Strukturmuster des kleinen Einmaleins zusammenzustellen, ist es unmöglich, sämtliche Spielmuster oder Spielsituationen aufzulisten, die innerhalb der Spielregeln für den Fußball auftreten können. Man kann eben nicht aus der Schrittlänge der Spieler, aus dem Drehimpuls des Balles und aus der Windgeschwindigkeit bei Spielbeginn berechnen, wer in welcher Minute den Ball in welche Torecke schießt. Deshalb gehen wir beim Fußball auch ganz anders vor:

Wir lernen die Spielregeln und die bilden zusammen mit allen Mustern, die den Regeln entsprechen, die Struktur. Um die Ordnungsbeziehungen zu erhalten und dem Hang zum Chaos entgegenzuwirken, achten wir jetzt nur noch auf solche Muster, die nach den Regeln nicht zulässig sind, die also nicht zur Struktur gehören.

Weil nun aber die Dynamik und die Komplexität eines Fußballspiels einen anderen Stellenwert haben, als die von „Mensch-ärgere-dich-nicht" genügt es hier nicht, die Mitspieler allein aufpassen zu lassen, dass keiner mogelt. Hier brauchen wir einen Schiedsrichter. Der hat die Aufgabe, das Verursachen von Mustern, die nicht zur Struktur gehören, zu ahnden.

Eine „dynamische Struktur" besteht also aus
– den Strukturregeln und
– allen innerhalb der Regeln möglichen Strukturmustern.

Und das war nun trotz Fußball die pure Wissenschaft.

Damit regelwidrige Muster möglichst selten auftreten, und die Ordnungsbeziehungen leichter aufrechterhalten werden können, appellieren Verbandsfunktionäre, Politiker, Pfarrer und Sportredakteure ständig an die Fairness der Spieler, halten ihnen die schlimmen Folgen von Regelverletzungen und die Vorteile einer regelgerechten Spielweise vor Augen. Die Spieler versuchen ihrerseits innerhalb der Regeln ihr Spiel so gut wie möglich zu machen. Sie haben mit der Mustervielfalt der möglichen Spielsituationen auch ihre Probleme. Deshalb haben sie einen Trainer. Aber so viel der auch vom Spiel versteht und so gut er auch die Regeln kennt, er würde Schiffbruch erleiden, wollte er auch nur den Versuch wagen, daraus für jeden Spieler jeden einzelnen Spielzug für das nächste Spiel abzuleiten.

Er wird also nicht der zweiten Sturmspitze erklären, wie sie in der sechsten Spielminute unter einem Winkel von 22 Grad seitlich von rechts auf das gegnerische Tor zulaufend 17 Meter vor dem Kasten den Ball mit einem Steigungswinkel von 10 Grad und 11 Minuten abfeuert, um mit Sicherheit einen Punkt zu machen. Er trainiert Spielzüge allgemein, fördert Kondition und Spielwitz, stellt die Spieler auf den Gegner ein und wartet nervös, was rauskommt. Er wirkt auf der Metaposition.

Im Spiel gilt einer um so mehr, je mehr ihm die Attribute einer „Spielerpersönlichkeit" eigen sind und je besser er sich einfügt und andere bedient oder in Position bringt.

Dem Trainer ist es verboten, ins Spielgeschehen einzugreifen, dem Manager leider nicht.

Wir können daraus herleiten, dass also so ein Trainer erst richtig gut ist, wenn er über die Vermittlung von körperlicher und intellektueller Tüchtigkeit hinaus noch etwas weiteres vermitteln kann: den Geist in der Truppe. Die bessere Mannschaft ist die, die möglichst viele Spielerpersönlichkeiten mit Mannschaftsgeist in ihren Reihen hat.

Ebenso kann man in jedem anderen sozialen System den höchsten Organisationsgrad des Ganzen mit dem höchsten Freiheitsgrad für den Einzelnen verbinden. Das bringt die Erfolgserlebnisse, ein steigendes Wert-, Sinn- und Zugehörigkeitsgefühl, verbessert Einnahme- und Entwicklungsmöglichkeiten, bringt Leistungsbereitschaft, Spaß an der Sache, Erfindungskraft und neuen Erfolg – die Positivspirale der Meister.

Dazu gehörten auch
– die Konzentration auf den sichtbaren Nutzen des Kunden mit einer Leistung, die dessen Probleme besser löst als die Konkurrenz das kann, und

– eine kybernetische Methodik zielbestimmten Verhaltens in den Arbeitsprozessen.

Die Manager auf allen Führungsebenen, bis zum Facharbeiter, der selbststeuernd operiert, haben Trainer-, Schiedsrichter- und Dispositionsfunktionen zu erfüllen. Und sie müssen in alle Richtungen um Zusammenarbeit und Gedankenaustausch bemüht sein. Die Synergieeffekte aus der Gruppendynamik sind zur Organisationsentwicklung in den Büros und Betrieben unverzichtbar.

Wo wir Ziele erreichen, zum Beispiel Termine an Baustellen halten müssen, da müssen wir besonders die folgenden Zusammenhänge im Auge haben:
– In den dynamischen Situationen helfen die bekannten Rechentechniken nichts. Ein Netzplan ist nur ein einziges Muster von abermillionen möglichen, die sich währen des Ablaufs unerwartet einstellen können.
– Neben den eindeutigen Vertragsregeln brauchen wir also ein viel komplexeres Ablaufmodell, das die „erforderliche Varietät" beinhaltet, um auf unerwartete Ereignisse reagieren zu können.
– Selbst wenn zwei Subunternehmer gleichzeitig Pleite machen, muss man durch die rechtzeitige Einführung neuer zielsicherer Ablaufmuster in der Lage sein, den Termin einzuhalten.

Wie bei den Granaten beträgt die Trefferquote, die wir mit einem klassischen Netzplan und seinen Fortschreibungen bezüglich der Bautermine haben, drei Prozent.

Der Führende schafft die Bedingungen dafür, dass alle Entscheider im Planungs- und Ausführungsprozess die Entscheidungsimpulse täglich aus der gewollten Zukunft erhalten, nicht aus den Abweichungen von den Planwerten, die am Baukörper immer zu spät festgestellt werden; nicht erst, wenn eine Decke zu spät betoniert ist (Kausallogik), sondern bereits, wenn Wochen oder Monate vorher die drohen-

▪ Auch die tägliche Arbeit sollte führungsfrei laufen.

▪ Am Bau brauchen wir neben eindeutigen Vertragsregeln ein viel komplexeres Ablaufmodell als ein Netzplan es liefert, um zielgenau arbeiten zu können.

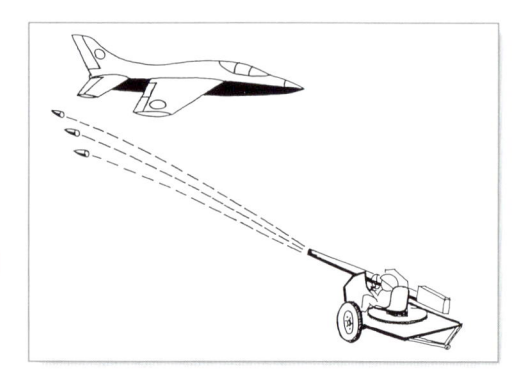

5.3 Die Kybernetik – die Kunst der zielbestimmten Selbststeuerung in komplexen Systemen

Die Rakete ist ein Modell für die Regelung vom Ziel her.

Abb. 6: Der von den Anfangsbedingungen mit der Mathematik der Ballistik bestimmte Weg der Granaten bringt auch bei schneller Schussfolge nur eine Trefferquote von 3 Prozent.

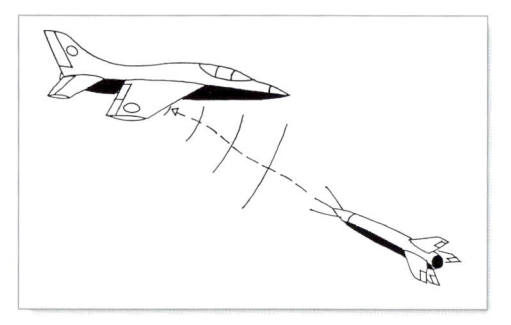

Abb. 7: Die Sensoren der Rakete nehmen die Wärmewellen des Zieles auf. Vom Ziel her gesteuert, macht die Steuerungsautomatik den Weg zielsicher.

de Terminüberschreitung durch die Feststellung unzureichender Kapazität offenbar wird (kybernetische Logik).
Nach der Feststellung von Abweichungen am entstehenden Baukörper kommen die Regelungsversuche zu spät. Die kybernetische Regelung erfolgt frühzeitig am Sozialkörper selbst.

– Wir müssen im übertragenen Sinn den Sprung von der Granate zur Rakete vollziehen. Das Sozialsystem Baustelle kann nicht durch determiniert-kausale Steuerung sein Ziel erreichen – der Versuch geht immer schief.

Das Berechnen des Weges aus den Anfangsbedingungen, das nicht nur bei der Wettervorhersage zu unvorstellbaren Abweichungen führt, wird beim Einsatz der Raketentechnik ebenso bedeutungslos wie beim Einsatz der Baukybernetik an den Baustellen. Die Selbststeuerung vom Ziel her revolutioniert die Trefferquote bzw. die Kosten- und Termingenauigkeit. Die Rakete ist ein Modell für
– die Selbststeuerung,
– die erforderliche Varietät des Weges und
– die Beeinflussung aus der Zukunft, vom Ziel her:

Die Ursache für die „Entscheidung" zur Kurskorrektur liegt bei der kybernetischen Logik in der Zukunft. So wird die Kausallogik entscheidend ergänzt, bei der die Ursache von der Wirkung gesehen immer in der Vergangenheit liegt.
– Das Ziel kann nur durch Regelung vom Ziel her mit Hilfe „kybernetischer Logik" erreicht werden. Dazu ist ein Regler im System erforderlich, der informiert, disponiert, interpretiert und interveniert, der aber auch konsequent die „Schiedsrichterfunktion" erfüllt, wenn einer der Beteiligten ein Muster produziert, das regelwidrig ist, also nicht zur Struktur gehört.
– Mathematisch lässt sich das bestenfalls als Relation ausdrücken.
– Der Verwirklichungsprozess (V) ist eine Relation (R) aus dem Planwerk (P), dem komplexen Verwirklichungsmodell mit Zielfestsetzung (VZ) und dem zielsicher regelnden, führenden Intervenator (I).

$$V = R\,(P, VZ, I)$$

5.3.5

Die Ein- bzw. Umschwingzeit

Nehmen wir eine Baustelle, deren Ablauf sich eingespielt hat. Dann schickt der Chef 4 weitere Arbeiter, weil die anderswo gerade frei sind. Das schafft großes Durcheinander mit Zeitverlusten. Irgendwann hat sich der Ablauf stabilisiert. Dann gibt es andere Arbeit. Der Chef nimmt die 4 Mann wieder weg – und wieder muss sich die Baustelle mit erneuten Verlusten auf eine neue Stabilität einpendeln. Das lässt sich an einem dynamischen Modell beschreiben, das auch für Ameisenhaufen gilt. Wenn jemand 1000 Ameisen einfängt und zu Forschungszwecken in einen anderen Ameisenhaufen setzt, dann ist die Umschwingzeit ebenso chaotisch.

Die Zeit, bis jeweils eine neue stabile Lage entstanden ist, nennt man also „Umschwingzeit". Ist die Umschwingzeit lang, reagiert das System träge. Ist die Stabilität schnell wiederhergestellt, hat es eine kurze Umschwingzeit.

Auch wenn Sie das Fernsehgerät einschalten, dauert es eine Weile bis der Ton und danach das Bild kommt. Diese Zeitspanne nennt man „Einschwingzeit", weil der Ausgangszustand die Größe Null hat.

Einschwingen oder Umschwingen – die beiden Vorgänge sind einander „isomorph".

5.3.6

Das Verhalten von Systemen und ihre Beeinflussung

Die Vorstellung, man müsse über die vielen vagen Tatbestände dieser unvollkommenen Welt doch Eindeutiges aussagen können, führte die Wissenschaft während der ganzen Aufklärungszeit und noch lange darüber hinaus auf Holzwege.

Je tiefer man in Organismen oder die Materie oder den Weltraum oder eine soziologische Struktur vorstößt, desto spärlicher wird der Zustrom an Fakten – an beweisbaren Ergebnissen.

Besonders schlimm ist, dass durch zu feine Untersuchungen oft das Objekt selbst zerstört wird. Eine organische Zelle in mikroskopisch kleine Scheibchen zerlegt, ist eben keine Zelle mehr. Untersucht man nun die Scheibchen, so kann man zu völlig falschen Ergebnissen kommen.

Der Kybernetiker ist nicht so sehr daran interessiert, wie eine Individualität – ein System – genau ist, sondern wie sie sich verhält.

Auch das ist eine Erkenntnis der Kybernetik, dass neben den Grundprinzipien „Materie" und „Energie" auch das Prinzip „Ordnung", „Organisation" oder „System" überaus wichtig ist. Zerstört man durch eine allzu genaue Untersuchung oder durch einen Eingriff diese Ordnung, so wird dadurch die Untersuchung bzw. die Beeinflussung selbst ebenso unmöglich gemacht, wie wenn man die Materie zerstört hätte. Deshalb sind auch Baustellen nicht zielgenau zu beeinflussen, solange die Beteiligten mehr eine Menge als ein System bilden.

Dazu wird auch der Mensch mit Phantasie verlangt; denn zum Entwurf eines Systemmodells gehört Einfallsreichtum, Kombinationsgabe – eine schöpferische Art von Wissenschaft und Management.

In einem kybernetischen System sind alle Elemente beinahe unablässig damit beschäftigt, Veränderungen hervorzurufen und dadurch andere Elemente zu beeinflussen.

„Beeinflussen": man nennt das auch „Steuern". Steuerung ist ohne „Information" nicht möglich. Und da die Existenz alles Lebenden auf dieser Erde (und vieler lebloser Dinge dazu – denken Sie an den Kompass) von Steuerungsvorgängen abhängig sind, sind Information und Informationsübertragung eine Grundvoraussetzung für jedwedes Leben.

■ Wenn Mitarbeiter an eine eingespielte Baustelle geschickt werden, weil sie zufällig keine andere Arbeit haben, dann bringt die „Umschwingzeit" Verluste.

Zentrale Steuerung stört die Ordnung des Systems.

Die Erfolge mit KOPF entstehen auch deshalb, weil die zentrale Steuerungsinstanz entlastet wird.

Gruppendynamik reduziert Fehler.

Aber wehe, der Projektsteuerer gebärdet sich zentralistisch. Das geschieht heute noch an fast allen Baustellen – oft mit verstärkender Computerhilfe. Dann sind die Ergebnisse den miserablen volkswirtschaftlichen Resultaten von Planwirtschaften adäquat.

Die Entscheidungskonzentration auf eine Zentralinstanz unterwirft diese dem „Bremerman'schen Limit". Bremerman hat die Datenmenge gefunden, die unser Gehirn pro Zeiteinheit maximal verarbeiten kann – und das ist eine verdammt kleine Menge. [37]

Heinz von Foerster hat den „Blinden Fleck" bei der menschlichen Wahrnehmung aufgedeckt. Die Wahrnehmung findet im Gehirn statt, nicht in den Augen. Um diese Leistung zu erbringen, ist das Gehirn viel mehr mit sich selbst beschäftigt, als mit dem, was um uns herum vor sich geht. Deshalb, so rechnet von Foerster vor, sind wir gegenüber Veränderungen in unserer inneren Umwelt 100 000-mal stärker empfindlich als gegenüber Veränderungen in unserer äußeren Umwelt. Da helfen auch noch so große Computer nichts. Und das Schlimme ist: wir nehmen nicht wahr, dass wir nicht sehen. Auch deshalb führen so viele fehlerhafte und versäumte Entscheidungen zu den Budgetüberschreitungen, Engpässen und Mängeln, im Kleinen wie im Großen.

Wir sehen in unserer Praxis mit dem KOPF-System, dass umfassend und sinnvoll informierte Mitarbeiter in den Büros, in den Betrieben und an den Baustellen selbständig zielbewusste Entscheidungen treffen. Damit wird die Zentralinstanz entscheidend entlastet, so dass sie sich auf Reststörungen konzentrieren kann. Betriebe und Baustellen funktionieren dann wie bessere Marktwirtschaften, mit den entsprechenden positiven Ergebnissen.

Die informierte Zusammenarbeit bringt einen ganz wichtigen Aspekt ins Spiel – die Wirkung der Gruppendynamik gegen Störungen:

„Eine Organisation" (nach Mirow ein zielgerichtetes System) „kann die Sicherheit einer richtigen Reaktion auf eine bestimmte Störung dadurch erhöhen, dass die Zahl der mit der Wahrung dieser Funktion beauftragten Elemente vergrößert wird." [38]

Nach der Wahrscheinlichkeitsbetrachtung der Gesetzmäßigkeit der sozialen Gruppe weist Hofstätter theoretisch nach, was ich in meiner Praxis in der gleichen Größenordnung tatsächlich erlebe:

1. Die Wahrscheinlichkeit, dass das Ziel der Organisation erreicht wird, kann durch eine Multiplikation der Elemente gesteigert werden.
2. Die Sicherheit einer richtigen Reaktion auf eine Störung, aber auch die Sicherheit, dass nichts Wichtiges vergessen wird, können nahezu beliebig gesteigert werden – vorausgesetzt, alle Elemente sind gleichermaßen umfassend informiert.
3. An dem folgenden Zahlenbeispiel ist das zu erkennen:
   Nehmen wir praktischer Erfahrung entsprechend an, die Wahrscheinlichkeit der richtigen Reaktion auf eine Störung sei
   $p = 0,4$.
   Für die Fehlerwahrscheinlichkeit gilt dann
   $q = 1 - p = 0,6$.
   Durch eine Erhöhung der Anzahl der Elemente von $N = 1$ auf
   $N = 2$ ergibt sich die Wahrscheinlichkeit einer richtigen Reaktion mit
   $p = 1 - 0,6$ hoch $2 = 0,64$.
   Sie erhöht sich also um mehr als das anderthalbfache. Wird die Zahl der Elemente auf fünf erhöht, so wird bereits mit einer Wahrscheinlichkeit von
   $p = 1 - 0,6$ hoch $5 = 0,9224$
   eine richtige Reaktion erfolgen.

Fünf Elemente können wir bei rückhaltloser umfassender Information und ungehemmtem Gedankenaustausch in unserer Praxis überall zur Wirkung bringen, schon bei der Zusammen-

Die Kybernetik – die Kunst der zielbestimmten Selbststeuerung in komplexen Systemen 5.3

arbeit eines Koordinators mit vier Facharbeitern an einer kleinen Baustelle.
Der größte Erfolg dieser Multiplikation wird beim Übergang von N = 1 auf N = 2 erzielt. Diese Tatsache wird in technischen Systemen vielfach genutzt, indem wichtige Aggregate verdoppelt werden.
Der Effekt ist auch im Gehirn angelegt. Ein Teil der Schaltelemente dient immer der Absicherung gegen das Versagen anderer Elemente.
„Eine soziale Gruppe wäre nach dieser Gesetzmäßigkeit potenziell unfehlbar, wenn die Anzahl der Elemente beliebig erhöht werden könnte." Hofstätter spricht von einer potenziellen Allwissenheit, die dadurch entsteht, dass diese Art der Absicherung gegen Fehlleistungen sich auch auf die Beurteilung einer Situation beziehen kann. Eine derart informierte Gemeinschaftsleistung erzeugt einen hohen Synergieeffekt, sie wird immer viel besser sein als die Durchschnittsleistung von Einzelpersonen. Die Entscheidungsqualität wird auf ein Maß erhöht, das Gelassenheit an die Stelle von Hektik und Stress setzt und die eigentlich unerträgliche Überlastung eines Entscheidungszentrums vermeidet, die durch die Wirkung des Bremerman'schen Limits im allgemeinen entsteht.
Hofstätter schildert den Versuch, der schon 1932 von Pfaffenberg durchgeführt wurde, um diesen Zusammenhang deutlich zu machen. Sieben Versuchspersonen wurde die Aufgabe gestellt, zehn Figuren von verschiedener Form und geringfügig verschiedenen Flächeninhalten der Größe nach zu ordnen. Während die durchschnittliche Leistung der Einzelpersonen mit der richtigen Rangfolge eine Übereinstimmung von 0,36 ergab, hatte die Gruppe mit Informationsaustausch einen Koeffizienten von 0,79.
Hofstätter erläutert ein zweites Experiment, das von Herzog 1931 durchgeführt wurde. Das Ergebnis war noch deutlicher. Im Rundfunk wurde von neun Sprechern zwischen zwölf und 58 Jahren eine bestimmte Notiz verlesen. Die Zuhörer wurden aufgefordert, das Alter der Sprecher zu schätzen und dem Rundfunk mitzuteilen. Aufgrund von 2 700 Einsendungen ergab sich ein Übereinstimmungsverhältnis von 0,76 zwischen dem durch die synthetische Gruppe geschätzten und dem richtigen Alter. Die durchschnittliche Richtigkeit der individuellen Einschätzungen wurde mit 0,001 errechnet; eine verschwindend kleine Quote gegenüber dieser allerdings sehr theoretischen Gruppenleistung." [38]

Natürlich ist die „potenzielle Allwissenheit" der Gruppe eine Utopie, das sagt auch schon Hofstätter. Aber festhalten müssen wir, dass durch eine Vermehrung von Elementen und ihre Gruppenbildung die Sicherheit einer Organisation entscheidend erhöht wird, in bestimmten Situationen die richtigen Maßnahmen zu ergreifen.
Die hohe Sicherheit, die wir mit dem KOPF-System erzielen, ist wesentlich dadurch begründet, dass auch dieses Wissen in praktisches Handeln umgesetzt werden konnte.
Drei Voraussetzungen sind dabei zu beachten:
1. Zwischen den Elementen der Organisation muss vollständige Kommunikation herrschen, damit ein richtiges Ergebnis auch ausgeführt wird. Die Aufbereitung der Grundinformation für diese vollständige Kommunikation ist ein weitgehend ungelöstes Problem. Wir haben es im KOPF-System gelöst. Ich werde das an Beispielen zeigen.
2. Die richtigen Ergebnisse müssen als solche erkannt und akzeptiert werden; alle Elemente müssen das gleiche Ziel verfolgen. Sie müssen dazu mehr über alternative Wege wissen, als gemeinhin heute üblich ist. Auch darauf gehe ich konkret ein.
3. Die Elemente müssen hinsichtlich ihres Verhaltens unabhängig voneinander sein. Das Geschehen muss sich aber auch nach ver-

▪ Hofstätter: „Die Gruppe ist potenziell allwissend."

▪ Eine informierte Gemeinschaftsleistung ist immer besser als die Durchschnittsleistung von Einzelpersonen.

55

5.3 Die Kybernetik – die Kunst der zielbestimmten Selbststeuerung in komplexen Systemen

In die Teamkultur muss ebenso viel investiert werden wie in die Entwicklung neuer Produkte.

einbarten Regeln abspielen. Wir brauchen Spielerpersönlichkeiten mit Mannschaftsgeist.

Die Zusammenarbeit im Team ist hocheffizient, wenn sie nicht in Halbheiten stecken bleibt. Den meisten Managern fehlt noch die Einsicht, dass in die Teamkultur ebenso viel investiert werden muss, wie in die Entwicklung neuer Produkte. Dabei müssen die Teammitglieder nicht nur die Befähigung erhalten, bestimmte Leistungen mit hoher Qualität zu erbringen und Verantwortung zu übernehmen. Sie müssen die Prozesse ständig verbessern. Sie müssen nicht nur gut sein, sie müssen ihre Arbeit auch gern tun.

Fredmund Malik von der Hochschule St. Gallen sprach in seinem Referat „Die Management-Kybernetik komplexer Systeme" in dem Symposium des KOPF-Instituts im Schloss Corvey 1985 auch über Erfolgsgrundlagen des KOPF-Systems. Er leitete gleiche Erkenntnisse, wie sie mir von Mirow und Hofstätter vermittelt wurden, aus der „redundancy of potential command" ab, die Warren McCulloch bei zielsicheren Organisationen aufgefallen war.

Malik: „Organigramme sind nur dazu da, um uns zu sagen, wer wen anpfeifen darf, falls etwas schief läuft."

McCulloch war einer der ganz großen Pioniere der Kybernetik. Er übte schon zur Zeit Wieners großen Einfluss bei dem Bemühen aus, die Gedankengänge der Kybernetik auf die Gesellschaft zu übertragen. Damals war er Direktor des Instituts für Neuropsychiatrie der Universität von Illinois. Später entwickelte er mit Louis Sutro am MIT eine künstliche Netzhaut. Das war der Beginn der Bionik und der Entwicklung künstlicher Intelligenzen.

Malik: „Wenn wir den Geist der Mitarbeiter freisetzen, können wir bald auf die Sozialsysteme vertrauen."

Malik sagte in Corvey: „Ich möchte die von Warren McCulloch bezeichnete ‚redundancy of potential command' einmal ‚Redundanz potenzieller Lenkung' nennen. Sie ist ein ganz wesentlicher Bestandteil des KOPF-Sytems. Wir bekommen sie in unsere Betriebe, wenn wir das hierarchische Organigramm durch eine vernetzte Organisation der Zusammenarbeit ersetzen.

Ich möchte Ihnen empfehlen, vergessen Sie all Ihre Organigramme in den Unternehmungen. Wir haben uns ja angewöhnt, unsere Firmen, die an sich lebende Systeme sein könnten, in solche ‚Familienstammbäume' zu zerlegen. Im Familienstammbaum da kommt eigentlich zum Ausdruck, wer wem was anschafft, weil irgendwas nicht funktioniert; und Organigramme sind auch nur dazu da, um uns zu sagen, wer wen anpfeifen darf, falls etwas schief läuft. Es ist eine Maschinerie, um die Schuld zu verteilen. Versuchen Sie einmal, Ihre Unternehmung netzwerkartig darzustellen. Plötzlich verschwinden die Manager, die da oben thronen. Wir brauchen das Management, keine Frage, aber es ist nicht das bestimmende Element, sondern eins von mehreren. Es bildet ein Stellglied in sehr, sehr vielen vermaschten Regelkreisen, und Sie werden mir aus der Praxis sicherlich zugeben, dass es eine Fülle von Mitarbeitern gibt, die ihre Chefs hervorragend führen.

Die Organigramme bilden eine Organisationsform ab, nach der kein einziges Unternehmen wirklich funktioniert. Das wäre, als machten die Menschen ständig ‚Dienst nach Vorschrift' – es liefe nichts mehr.

Stellen wir dasselbe System als Netzwerk dar, kommen wir auf ganz neue Fragen und geben nicht mehr auf stereotype Fragen alteingebläute Antworten.

Die Veränderung ist möglich, mit dem KOPF-System ist sie beispielhaft gelungen. Die ‚Redundanz potenzieller Lenkung' allein bringt die Intelligenz zur Wirkung, die notwendig ist, um so ein komplexes System, das sich auch an turbulente Verhältnisse noch erfolgreich anpassen kann, zu steuern. Die ist nämlich auf viele Köpfe verteilt.

Es gibt niemanden in den Unternehmen, der alles wissen kann, was läuft. Kein Manager weiß mehr als unzureichende Bruchteile.

Beim Wein lassen die Herren auch manchmal die Maske fallen und geben zu: das ist die

Hauptursache von Stress und Schlaflosigkeit, dass irgendetwas gestern passiert sein könnte, was sie heute noch nicht wissen und was sie morgen den Kopf kosten kann.

Wenn wir aber einmal mit den neuen Erkenntnissen den Geist der Systemelemente freisetzen, können wir bald auf die Netzwerke, die Sozialsysteme, vertrauen. Wir werden sehen, was hier und da sich bereits in der Praxis andeutet: viele, viele Menschen in den Unternehmen reagieren vernünftig, intelligent und situationsgemäß – wie ein guter Fußballer, dem man nicht befehlen muss, in welche Richtung er mit welchem Winkel nach vorn zu laufen hat."

Durch die bewusste Entwicklung dieser „Redundanz potenzieller Lenkung" bauen wir die erforderliche Varietät, die „Geistkomplexität" an den Baustellen und in den Betrieben auf.

Malik sagte dazu weiter:

„Was tun wir leider statt dessen sehr häufig? Wir rationalisieren durch Gemeinkostenwertanalysen – die sehr nützlich sein können - auch solche Funktionen weg; denn im Kopf des naiven Betriebswirtschaftlers lautet die Gleichung etwa: alles, was mehrfach vorkommt, ist Rationalisierungskandidat.

Wir haben Unternehmen, die etwa nach dem Bild gestaltet sind, das ich Ihnen zeichnen möchte:

Einer unserer Mitarbeiter hatte einmal den Auftrag, die Wiener Philharmoniker zu reorganisieren. Er meinte, es sei doch völliger Unsinn, dass die zweiten Geigen ein Thema wiederholen, das die ersten Geigen schon gespielt haben ... Sie können sich vorstellen, wie Beethoven am Ende klingt, nach einer solchen Gemeinkostenwertanalyse.

Die Behutsamkeit, mit der wir unsere Kultursysteme behandeln: die Familie, die Ehe, die Kinder und die Symphonieorchester natürlich, diese Behutsamkeit, diese Sorgfalt verdienen auch unsere Unternehmungen."

Nehmen wir nun diese Netzstruktur der Organisation der Baustellen ins Blickfeld. Ich sehe in meiner Praxis die Schwierigkeit, die Menschen, die dort Leitungsfunktionen ausüben, zu bewegen, den neuen kybernetischen Führungsstil anzunehmen.

Auch die Selbstorganisation in Bauprozessen, die wir mit Hilfe der umfassenden Information der Beteiligten zünden, hat die Tendenz zum Chaos. Und die muss mit einer ganz neuen Art von Führung überwunden werden. Dazu muss der Bauleiter akzeptieren, dass er es allen Beteiligten schuldet, rechtzeitig die Arbeitsfaktoren zu beschaffen, die für einen ununterbrochenen Arbeitsfluss erforderlich sind.

Das kann er mit der Methodik des KOPF-Systems, die ihm ausreichende Übersicht und Beeinflussungsmöglichkeit verschafft. Er ist ein Teil des Systems, und berechnet und befiehlt nicht von außen, ausgestattet mit einem Rangstatus, den Einsatz von Arbeitskräften, die von der gängigen Baubetriebsliteratur noch immer in die Verfügungsmasse „Ressourcen" eingereiht werden – zusammen mit Ziegelsteinen, Betonstahl, Schaltischen und Baumaschinen.

Unsere Facharbeiter sind keine Puzzle-Teile, sondern Geistwesen. Als solche brauchen sie auch im betriebswirtschaftlichen Interesse jede Entfaltungsmöglichkeit. Die Führenden müssen dabei helfen und sie nicht länger wie lebende Schachfiguren behandeln. Der Führende dient denen, für die er Führungsaufgaben erfüllt. Er ist für die anderen da, nicht die für ihn. Er bleibt ständig im Obligo bei der Beschaffung aller Arbeitsfaktoren, zu denen auch die Bauherrn-Entscheidungen und die Zeichnungen gehören.

Er muss den Fachingenieuren rechtzeitig die Entscheidung über die Art einer abgehängten Decke beschaffen, damit der eine ohne Behinderung das Leuchtensystem und der andere den Sitz der Lüftungsanemostaten planen kann.

Und er ist dafür verantwortlich, dass der Eisen-

■ Wir müssen die Unternehmungen ebenso behutsam behandeln wie unsere Kultursysteme.

■ Bauleiter müssen akzeptieren, dass sie ununterbrochene Arbeitsflüsse schulden.

■ Mitarbeiter brauchen im betriebswirtschaftlichen Interesse jede Entfaltungsmöglichkeit.

5.3 Die Kybernetik – die Kunst der zielbestimmten Selbststeuerung in komplexen Systemen

bieger rechtzeitig den Bewehrungsplan erhält, damit er nicht durch Wartezeiten Geld verliert. Erfüllt er diese Aufgabe nicht und treten dadurch kostspielige Behinderungen auf, verliert die Selbstorganisation für die Beteiligten ihren Sinn, und der Prozess fällt der Entropie anheim. Im weiteren Baufortschritt erhält jeder Handwerker jede Hilfe; denn die Flexibilität des Ablaufmodells lässt Rücksichtnahmen auf die jeweiligen besonderen Betriebssituationen zu.

Das kann aber nur solange gelten, wie der Betreffende die Vertragsregeln einhält.

Verletzt er die vereinbarten Regeln, dann muss der Bauleiter konsequent das Interesse des Gesamtsystems und damit auch aller anderen Beteiligten gegen den Störenfried wahrnehmen. Er muss wie ein Schiedsrichter pfeifen, oder die gelbe Karte zeigen; das heißt im Bauprozess, die Mittel des Paragraphen 5 VOB/B einsetzen. Das kann er deshalb mit Erfolg, weil sowohl die aufzuwendenden Arbeitsstunden, als auch die erforderlichen Arbeitskräfte für jeden Ausführungsabschnitt vereinbart und nach dem jeweiligen Produktivitätsgrad eingestellt sind.

Ein Bauleiter muss konsequent wie ein Schiedsrichter „pfeifen", wenn einer der Beteiligten die vereinbarten Regeln verletzt.

5.3.7

Die Information

Die Information ist eine Grundbedingung für jedwede Ordnung – für die Rangordnung einer Affenherde, für Stabilität und Organisation in Politik und Wissenschaft oder für den reibungslosen Ablauf der Arbeiten an einer Baustelle.

Ein kybernetisches System, in dem die Informationsleitungen unterbrochen sind, das nicht mehr lernen will und in dem nicht mehr kommuniziert werden kann, erstarrt und löst sich auf. Es ist kein Zufall, dass Einzelhaft, also das brutale Abschneiden zahlreicher Informationslinien eines Individuums, zu den härtesten Strafen zählt.

Ein System, das nicht lernt, löst sich auf.

Die Kybernetik geht das Ganze an – das System.

Beim „Steuern" geht der Informationsfluss in eine Richtung. Anders beim „Regeln". Da kommt aufgrund einer Abweichung der Realität von den Steuerungseingaben ein Informationsfluss zurück und verursacht eine Steuerungskorrektur.

5.3.8

Die Rückkopplung

Das Verfahren nennt man „Rückkopplung", und das ganze System ist ein sogenannter „Regelkreis". Nicht nur in Maschinen, überall wo Menschen im Spiel sind, wirken Rückkopplungen.

Aber diese komplexen, dynamischen Systeme sind nicht so leicht durchschaubar. Denn Menschen sind keine determinierten, sondern äußerst unbestimmte Systeme und das macht den Umgang mit ihnen so problematisch.

Nun ist die Rückkopplung so stark mit der Kybernetik verbunden worden, dass sie in jedem Erklärungsversuch die Priorität gewonnen hat. Viele meinen, Kybernetik sei von der Rückkopplung nicht zu scheiden. Aber das ist ein Irrglaube. Einer der besten Köpfe der Kybernetik, Georg Klaus, bringt den Begriff des „Zusammenhangs" ins Spiel. Gerade der „Zusammenhang" unterscheidet die Kybernetik grundlegend von der Wissenschaft alter Schule. Die Kybernetik geht das Ganze an, den Zusammenhang, das System. Aus all dem folgt:

Die Managementkybernetik simuliert die strukturellen Zusammenhänge organisierter Systeme an dynamischen Modellen mit der „erforderlichen Varietät". Mit Hilfe dieser variablen Modelle wird durch Handeln mit Voraussicht die zielbestimmte Ordnung in den Realsystemen aufrechterhalten.

5.3.9

Die Ordnung

Die Ordnung in Organisationen aufrecht erhalten, das heißt, ihren ständigen Hang zur Desorganisation – zur Auflösung der zielgerichteten Ordnung – zu überwinden.

In diesem Zusammenhang sind zwei Begriffe zu beachten:
1. Die Entropie: Ein Maß für die automatische Zunahme von Unordnung, für Desorganistion. Ohne ihre Überwindung löst sich jede Organisation auf.
2. Die Negentropie: Die pragmatische Information, mit der in den Organisationen die Entropie überwunden werden und ihre Ordnung aufrechterhalten und entwickelt bzw. ständig neu hergestellt werden kann.

Unordnung nimmt ohne Gegensteuerung ständig zu. Der Mensch ist das negentropische Systemelement, das Organisation schafft und erhält. Es ist der Lebenssinn der Bewusstheiten, allen entropischen, auflösenden Tendenzen in den Organisationen entgegenzuwirken und die Zunahme der Negentropie sicherzustellen.

Bis heute haben wir in den Planungs- und Bauprozessen die Probleme der Zeitverschwendung, der Produktivitätsverluste, der Überschreitung von Termin- und Kostenplänen. Die Ordnung der Arbeitsprozesse missrät ständig zum Chaos. Wo kybernetisches Können wirksam wird, nimmt die Negentropie zu und dominiert die Auflösungstendenzen. Mindestens ein Mitglied im Sozialsystem muss diesen ordnungstiftenden Lebenssinn und die zugehörende kybernetische Methodik annehmen. Je mehr Mitglieder das tun, um so sicherer entkommt das System der Entropie – um so sicherer unterbleibt die Verschwendung und werden Kosten und Termine bei hoher Produktivität eingehalten.

5.4

Die Dynamische Systemtheorie und die Kybernetik zweiter Ordnung

Zur Entwicklung einer effektiven Handlungskybernetik haben die Erkenntnisse zweier Kybernetiker entscheidend beigetragen: Erich Jantsch mit der „Dynamischen Systemtheorie" und Heinz von Foerster mit der „Kybernetik zweiter Ordnung".

Erich Jantsch schreibt in: „Die Selbstorganisation des Universums – Vom Urknall zum menschlichen Geist".[15]

„... wir stehen am Beginn einer neuen großen Synthese. Nicht eine Strukturveränderung hin zu neuen, besser angepassten, aber wieder statischen Strukturen ist ihr Inhalt, sondern der Zusammenhang von Selbstorganisations-Dynamik – von Geist – auf vielen Ebenen in sich ständig erneuernden Prozessen. Naturgeschichte ist immer auch Geistesgeschichte. Sie manifestiert sich in der Selbstorganisation materieller, energetischer und informationeller Prozesse. Damit wird der Dualismus zwischen Geist und Materie aufgehoben, der das westliche Denken mehr als zwei Jahrtausende lang geprägt hat. Die Selbstorganisation von Informationen ist ein Aspekt der Selbstorganisation des Lebens. Eine sich selbst organisierende pragmatische Information kann auch außerhalb des Systems, in dem sie sich strukturiert, in energetische und materielle Prozesse eingreifen und diese koordinieren. Der Geist eines Ökosystems oder eines Arbeitsteams beherrscht nicht dessen Mitglieder – ihre Dynamik ist der Geist des Systems. Der Geist ist in den Prozessen, in denen sich das System selbst organisiert, erneuert und weiterentwickelt. Eine Gleichgewichtsstruktur hat keinen Geist."

Der englische Erkenntnistheoretiker Gregory Bateson[39] ist gleicher Auffassung, wenn er

■ Der menschliche Geist ist das ordnungstiftende Systemelement.

■ Jantsch:
„Die Strukturveränderung darf nicht zu besser angepassten, aber wieder statischen Strukturen führen. Ihr Inhalt ist Selbstorganisationsdynamik in sich ständig erneuernden Prozessen."

■ Jantsch:
„Der Geist ist in den selbstorganisierten Prozessen. Ihre Selbstorganisations-Dynamik ist der Geist. Eine Gleichgewichtsstruktur hat keinen Geist."

5.4 Die Kybernetik – die Kunst der zielbestimmten Selbststeuerung in komplexen Systemen

Geist mit dem Kybernetischen System an sich gleichsetzt, mit der Selbstregelung, die auch die dynamischen Beziehungen zur Umwelt einschließt.

Als der Waagenbauer Mettler-Toledo in Albstadt mit selbststeuernden Teams Anfang der 90er Jahre seine wirtschaftliche Krise überwunden hatte und überraschend erfolgreich arbeitete, sagte der damalige Geschäftsführer Johann Tikart im KOPF-Symposium 1996 in Holzminden: „Wenn Sie den ganzen Geist des Unternehmens, der in den Köpfen aller Mitarbeiter steckt, für den Geschäftserfolg freisetzen, dann ist das, als wenn Aladin an der Wunderlampe reibt und der Geist, aus der Flasche befreit, ihm jeden Wunsch erfüllt."

In der soziokulturellen Selbstorganisation erweitert sich Autonomie zu der Möglichkeit, die Gemeinschaft aktiv mitzugestalten.

„Wir leben als Individuen gewissermaßen in einer Koevolution mit uns selbst", schreibt Jantsch weiter, „mit unseren eigenen mentalen Produkten – Werten, Visionen, Ideen und Plänen ... Der selbstreflexive Geist bezieht nicht nur die Mitwelt und letztlich die ganze Welt auf das einzelne Individuum, er bezieht auch das Individuum auf das Gesellschaftssystem und auf die ganze Welt. Jeder von uns übernimmt von da ab Verantwortung für die gesellschaftlichen Systeme, für den gesamten Planeten mit seiner ökologischen Ordnung. Und vielleicht bald für einen Raum, der über unseren Planeten hinausgeht ..."

„Menschliche Ethik muss eine ‚Ethik von Gesamtsystemen' einschließen", fordert West Churchman[40]. „Sie sollte über die Menschheit hinausreichen und die Prinzipien der Evolution, wie Offenheit, Ungleichgewicht, die ordnungsstiftende Rolle von Fluktuationen, Engagement und Nicht-Festhalten explizit mit einschließen ... Wir sind noch weit davon entfernt, eine solche evolutionäre Ethik wirksam werden zu lassen.

Was wir in der westlichen Welt Ethik nennen, ist ein Verhaltenskodex, der fast ausschließlich darauf ausgerichtet ist, die freie Entfaltung des Individuums zu sichern. Daher ist bei uns immer soviel von Rechten die Rede - und fast nie von Verantwortung. Rechtsanspruch stellt ein statisches, defensives, strukturell empfundenes Konzept dar, während die Übernahme von Verantwortung schöpferische Teilnahme an der Gestaltung der Menschenwelt bedeutet.

Ein Ziel der menschlichen Gestaltung muss darin liegen, Ethik mit den Ebenen eines vielschichtigen Bewusstseins immer besser zur Deckung zu bringen.

Auch Planung ist vielschichtig. Von der Gegenwart in die Zukunft lässt sich kein starrer Plan wie ein Zollstock legen. Eine evolutionsgerechte Planung besteht nicht in der Verminderung von Komplexität, sondern in ihrer Vermehrung. Die Komplexität nimmt zu, indem der unmittelbare Bereich der Organisation überschritten wird und die darüber hinausgehenden Beziehungen einbezogen werden. Die Wirklichkeit ist komplex: größere Komplexität (nicht Kompliziertheit) bedeutet daher, dass Planung realistischer wird. Im Systemansatz kybernetischer Planung, der den beschrittenen Weg ständig an den Umweltbedingungen überprüft, können wir auf soziokultureller Ebene ein neues Beispiel für einen evolutiven Prozess erblicken."

Die Betonung von Struktur, Anpassung und Fließgleichgewicht charakterisiert die frühe Entwicklung der Kybernetik und der Allgemeinen Systemtheorie. Diese Geschwistergebiete, die sich seit den 40er Jahren des 20. Jahrhunderts in wechselseitiger Abhängigkeit entwickelten, drangen zu einem vertieften Verständnis der Regelprozesse vor, mit deren Hilfe vorgegebene Strukturen stabilisiert und erhalten werden können. Gerade darauf kommt es in der Technik an, weshalb auch Kybernetik und eine spezialisierte Systemtheorie bisher auf dem Gebiet der Regelung komplexer Maschinen ihre

---

Churchman: „Rechtsanspruch ist ein statisches, defensives Konzept – Verantwortung ist schöpferische Teilnahme an der Gestaltung der Menschenwelt."

Keine lebendige Struktur lässt sich auf die Dauer stabilisieren. Es geht vor allem um ständige Selbsterneuerung.

Die Kybernetik – die Kunst der zielbestimmten Selbststeuerung in komplexen Systemen **5.4**

größten Triumphe feierten. In gesellschaftlichen Systemen stellt diese Art von Regelung – auch negative Rückkopplung oder negativer Feedback genannt – jedoch nur eine Seite der Aufgabe dar. Keine lebendige Struktur lässt sich auf die Dauer stabilisieren. Die andere Seite der Aufgabe hat mit positiver Rückkopplung zu tun, das heißt, mit Destabilisierung und Entwicklung neuer Formen.
Von einer vollen Synthese beider Aspekte konnten die Begründer der erwähnten Gebiete, Norbert Wiener und Ludwig von Bertalanffy, nur träumen.
„Bei biologischen und gesellschaftlichen Systemen geht es vor allem um Phänomene wie Selbstorganisation und Selbsterneuerung, zusammengehendes Verhalten in strukturellem Wandel über Zeit, Kommunikation mit der Umwelt und Symbiose." fährt Jantsch fort. „Diesen Ansprüchen vermag eher eine neue Sicht der Dynamik natürlicher Systeme zu genügen. Sie lässt sich als ‚prozessorientiert' bezeichnen im Gegensatz zur Betonung ‚solider' Systemkomponenten und daraus zusammengesetzter Strukturen ... Die Betonung liegt auf dem Werden - und selbst das Sein erscheint dann in dynamischen Systemen als ein Aspekt des Werdens ... Der Systembegriff steht nun für das Zusammenspiel evolvierender, interaktiver Bündel von Prozessen, die mit dem Gleichgewicht und der Solidität technischer Strukturen nichts zu tun haben. Auch die üblicherweise angewandte mathematische Informationstheorie ist wie die zur gleichen Zeit formulierte Theorie einer Kybernetik erster Ordnung auf Gleichgewicht und Stabilität von Strukturen ausgerichtet. Neue Information kann danach nur bestehende Informationsstrukturen bestätigen. Bei der Entwicklung von Maschinencodes ist sie zweifellos nützlich, im Bereich der Selbstorganisation des Lebendigen besteht das Wesen der Information jedoch darin, dass sie in einem bestimmten Sinnzusammenhang ausgetauscht wird. Doch Information, die in selbsterneuernden Systemen ausgetauscht wird, ist darüber hinaus auf Wirkung ausgerichtet. Sie setzt sich aus zwei zusammengehörenden Aspekten zusammen: aus ‚Erstmaligkeit' und ‚Bestätigung'. Reine Erstmaligkeit, das heißt: Einmaligkeit oder total Unbekanntes, enthält keine Information; sie ist Chaos. Reine Bestätigung bringt nichts Neues; sie ist Stagnation oder Tod. Dazwischen liegt die Dynamik des Lebendigen."
In der Kybernetik zweiter Ordnung mit einer Allgemeinen Dynamischen Systemtheorie fällt der schöpferische Prozess, wo immer er sich entfaltet – in Kunst oder Wissenschaft oder auch einfach in natürlichem und wirklichem Leben –, mit der Dynamik der Evolution zusammen. Schicksal wird gestaltbar.
Heinz von Foerster[26)] ist ein Konstruktivist. Von ihm stammt der Satz: „Objektivität ist die Wahnvorstellung eines Subjekts, dass es beobachten könnte ohne sich selbst."
Objektive Erkenntnis hieße nach unserer abendländischen Überlieferung, ein Objekt so zu kennen, wie es außerhalb des Erlebnisbereichs des Beobachters sein würde. Die Dinge sind wie sie sind und wir erfahren objektives, wahres Wissen und schließlich alles über sie, indem wir immer mehr von ihnen oder über sie und ihre Gesetzmäßigkeiten erkennen. Diese Auffassung brachte Laplace zu der „Erkenntnis": „ ... wäre eine übermenschliche Intelligenz fähig, zu irgendeinem Zeitpunkt die Positionen aller Teilchen und die auf sie wirkenden Kräfte zu kennen, so gäbe es keine Unsicherheit für diese Intelligenz: Vergangenheit und Zukunft wären für sie allzeit gegenwärtig."
Von Foerster hat gezeigt, dass diese Art objektiver Erkenntnis auf praktisch unlösbare analytische Probleme stößt und weshalb die Welt und unsere Wege nicht durch eine endliche Versuchsfolge erschlossen werden können. Er nennt als großen Grenzsetzer u. a. Heisenbergs Unschärferelation.

■ Jantsch: „Informationsaustausch in selbsterneuernden Systemen ist auf Wirkung ausgerichtet."

■ von Foerster: „Wir brauchen die Komplexität des Geistigen, um unsere Ziele zu erreichen." Dazu reicht die Intelligenz der Führenden allein nicht aus.

61

5.4 Die Kybernetik – die Kunst der zielbestimmten Selbststeuerung in komplexen Systemen

Die Kybernetik zweiter Ordnung setzt den Handelnden in die Lage, Ziele trotz Störungen sicher zu erreichen.

Der Egoismus zweiter Ordnung dient dem Ganzen als Voraussetzung zu optimaler Selbstentwicklung.

Und doch möchten wir die Welt am liebsten trivialisieren, berechenbar und bestimmbar machen, manchmal sogar unsere Mitmenschen – man könnte sich dann manche Überraschung ersparen.

Aber das führt zu nichts. In dieser unbestimmbaren, unvoraussagbaren Welt brauchen wir die Komplexität des Geistigen, um unsere Ziele zu erreichen, und dazu reicht die Intelligenz der Führenden allein nicht aus. Der Konstruktivist weiß, dass Wissen nie eine Widerspiegelung einer objektiven Wirklichkeit darstellt und dass ein Plan nie Planerfüllung nach sich zieht, sondern nur im Handeln einen möglichen Weg erschließt, um durch Widerstände hindurch zum Ziel zu kommen. Dieser Weg entspricht nicht dem Plan, deshalb erstellt der Konstruktivist mit Hilfe einer Kybernetik zweiter Ordnung ein Modell, mit dem auch andere brauchbare Wege gefunden werden können. Aus seinem Gesichtspunkt kann nie ein bestimmter gangbarer Weg oder eine bestimmte Problemlösung als die objektive, einzig richtige bezeichnet werden.

Das Objekt entsteht als Folge des Handelns.

Heinz von Foerster hat diese Kybernetik zweiter Ordnung kreiert.

„Begriffe zweiter Ordnung" sind ungewohnt. Es sind die Begriffe, die sich auf sich selbst anwenden lassen, wie Lernen, Bewusstsein, Organisation, Kybernetik oder Egoismus.

Man kann vom Lernen zu lernen sprechen, vom Bewusstsein von Bewusstsein, von einer Organisation der Organisation oder von einer Kybernetik der Kybernetik auf einer höheren Bewusstseins- oder Betrachtungsebene. So wie wir das Bewusstsein von Bewusstsein als Selbstbewusstsein bezeichnen können, so können wir die Organisation der Organisation Selbstorganisation nennen. Die Kybernetik der Kybernetik, die Kybernetik zweiter Ordnung, geht über die natürlichen und technischen Regelkreisbeziehungen hinaus. Sie setzt den Handelnden in die Lage, mit Hilfe brauchbarer Modelle mit der erforderlichen Varietät durch die Rückkopplung „objektiver" Wahrscheinlichkeiten aus der Zukunft des Geschehens, die konstruierten Ziele zu erreichen.

Die Prozesse neigen ständig zum Chaos. Aber mit Hilfe der Kybernetik zweiter Ordnung wird von Foersters Prinzip der „Ordnung durch Störungen" wirksam gemacht. Und ein Egoismus zweiter Ordnung dient dem Ganzen als Voraussetzung zu optimaler Selbstentwicklung.

6

Die Baukybernetik: Kostensenkung und hohe Produktivität durch zielbestimmte Selbststeuerung

„Wir können schon jetzt die Planungs- und Bauzeiten um 30 bis 50 Prozent verkürzen, die Baukosten jedes normalen Bauprojekts um bis zu 30 Prozent senken, die Folgekosten um weitere 30 bis 50 Prozent minimieren und damit die Wirtschaftlichkeit von Bauprojekten auf 300 Prozent oder mehr erhöhen und die Qualität gleichzeitig erheblich verbessern, weil bei systematischer Optimierung ein Nutzen/Kosten-Verhältnis von mindestens 10:1 erreicht werden kann.
Wir müssen das allerdings auch wollen und lernen, in Systemen zu denken und zu planen. Die Zeit ist reif für eine sprunghafte Entwicklung im Bauwesen, analog zur „zweiten Revolution im Autobau".
Was uns dazu fehlt, ist weder der Markt noch das Wissen noch das Instrumentarium. Wir müssen es nur tun. Wir müssen keine neue Planungstheorie entwerfen, wir haben die Innovationen in großer Breite schon in der Hand."
Architekt Professor Peter Junkers, Detmold

6.1

Im Modell Arbeitsdauern und Arbeitsstunden deckungsgleich machen

Als ich 1969 damit begann, die Gesetze und Erkenntnisse der Kybernetik für ein effektives Management von Bauprozessen nutzbar zu machen, ging es zuerst darum, ein Modell zu entwerfen, das die dynamische, unbestimmte Struktur des Gesamtprozesses Entscheiden, Planen und Ausführen abbildet.

Dabei stellte sich die Frage: Wo liegen im Realprozess die größten Unbestimmtheiten, Unwägbarkeiten und Störungspotenziale, und wie kriege ich die „erforderliche Varietät" zu deren Beherrschung ins Modell?

Die größten Störungspotenziale – das war in meiner Praxis klar geworden – liegen im Gegensatz zu der in der Baubetriebslehre verbreiteten Ansicht, nicht in unerwartet auftretenden Findlingen oder Wasseradern und auch nicht in den Unbilden der Witterung, sondern in dem sozio-technischen System, das den Bauprozess ausmacht. Diese Systemstruktur galt es brauchbar abzubilden.

Ich begann also damit, nach den Regeln der Netzplantechnik vernetzbare Prozessvorgänge zu bilden und lernte Netzpläne graphisch zu lösen, um so das Modell im Zeitmaßstab darstellen zu können. Ich ordnete die Mengen und die Arbeitsstunden nach der Reihenfolge der Arbeitsschritte in besonderen Ausführungs-Leistungsverzeichnissen nach Arbeitspaketen und stellte eine Übereinstimmung zwischen den Arbeitspaketen und den Ablaufvorgängen her. Erst dadurch wurden die zwei Zeitkomponenten,

1. die Dauer eines Vorgangs und
2. die zur Erledigung des Arbeitsumfangs dieses Vorgangs aufzuwendenden Arbeitsstunden, deckungsgleich.

Das waren die Voraussetzungen dafür, die passenden Arbeitskräftezahlen vereinbaren zu können und sie während des Prozesses rational anzupassen.

Wie konnte ich nun die Selbstorganisation fördern, die mir nach dem Studium der Kybernetik als eine unabdingbare Vorraussetzung dafür erschien, die erforderliche Verhaltensvarietät in das Sozialsystem zu bringen?

6.2

Mengenermittlung übersichtlich machen

Zuerst einmal schien es mir wichtig, darum zu werben, dass sich die beteiligten Unternehmer für meine Vorstellung aufschließen. Um das zu erreichen, war eine Menge Misstrauen abzubauen. Es galt Sympathie zu gewinnen.

Wir haben dazu als erstes die Mengenermittlung übersichtlich gemacht und die Mengen mit codierten Mengenermittlungsplänen so geordnet, dass der Kalkulator im Unternehmen jedes Maß, das er in der Mengenliste fand, sofort auch im Mengenermittlungsplan wiederfinden konnte. Diese Unterlagen wurden zusammen mit den Leistungsverzeichnissen für die Angebotsbearbeitung zur Verfügung gestellt.

Bei der Berechnung der Mengen kann man eine Restunschärfe prinzipiell nicht ausschließen. Sie beträgt bei allem Bemühen um Exaktheit etwa 5 % und kann erheblich höher werden, wenn oberflächlich gearbeitet wird. Das ist auch mit der EDV nicht zu ändern, weil Erfassungs- und Eingabeirrtümer vorkommen.

Die derzeit noch weithin gegebene große Unsicherheit, die oft zu Mehrfacharbeit führt, müsste jedoch nicht sein. Weil die Maße aus den Formelansätzen der Mengenermittlung oft in den Zeichnungen nicht wiederzufinden sind, werden die Mengen von den verschiedenen damit befassten Instanzen oder Betriebsabteilungen mehrfach ermittelt.

Wenn man nun aber eine begrenzte Ungenauigkeit prinzipiell nicht vermeiden kann, kommt es zur Vermeidung dieses Mehraufwandes darauf an, die Mengenermittlung leicht überprüfbar zu machen. Dazu werden aus den Bauvorlagen im Maßstab 1:100 Mengenermittlungszeichnungen gefertigt, die eine leicht nachvollziehbare Codierung erhalten.

Abbildung 8 zeigt ein Beispiel zur Ermittlung von Mengen im Bauhauptgewerk. Wir bezeichnen den Punkt des Beginns der Codierung mit einem Pfeil und geben im Uhrzeigersinn jeder Wand eine Ziffer. In der gleichen Reihenfolge wird dann mit den gleichen Ziffern die Auflistung der Mengenansätze vorgenommen.

Die Aufbereitung der Zeichnungen für die Nebengewerke erfordert einige zusätzliche Eintragungen. Abbildung 9 macht das deutlich: Zuerst einigt man sich auf Symbole zur Lage-

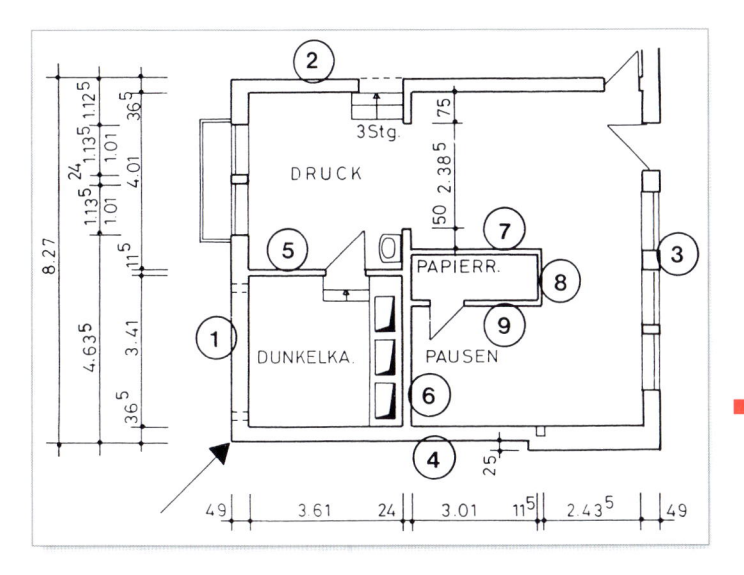

Die Baukybernetik: Kostensenkung und hohe Produktivität durch zielbestimmte Selbststeuerung   **6.2**

■ Abb. 8: Beispiel für die Codierung einer Mengenermittlungszeichnung im Bauhauptgewerk, nach Architekt Dipl.-Ing. H. H. Wiechmann, Karlsruhe.

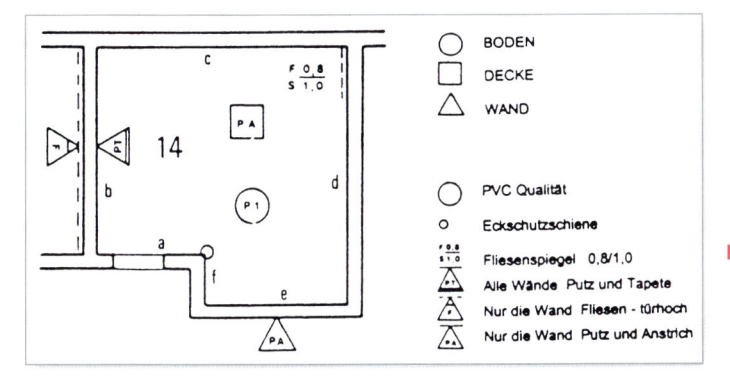

■ Abb. 9: Herstellung einer Mengenermittlungszeichnung für die Ausbaugewerke, nach Architekt Dipl.-Ing. H. H. Wiechmann, Karlsruhe.

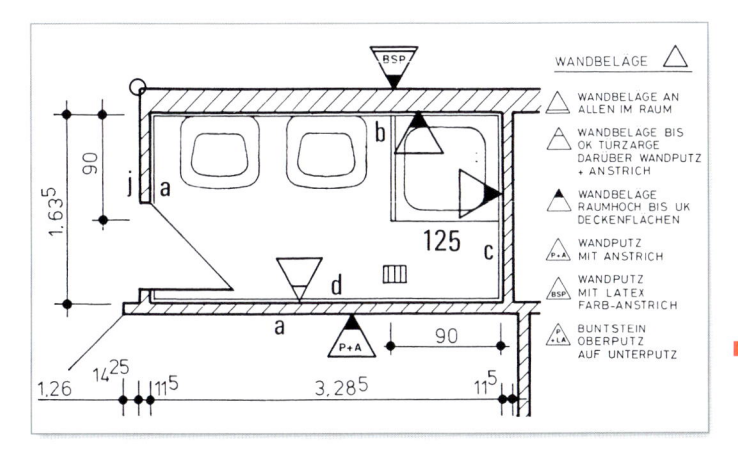

■ Abb. 10: Ausschnitt aus einem Mengenermittlungsplan. Wandfliesen in einer Nasszelle.

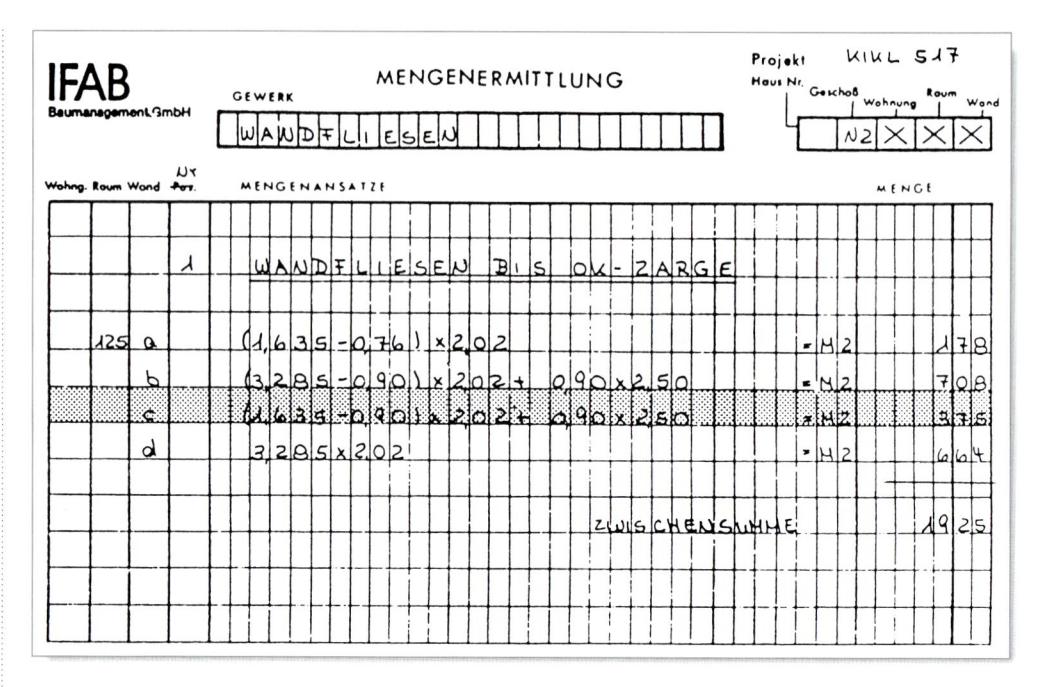

6.2 Die Baukybernetik: Kostensenkung und hohe Produktivität durch zielbestimmte Selbststeuerung

Abb. 11: Mengenermittlungsliste.

bezeichnung, also für Wände, Decke und Boden. Wir haben dafür folgende Symbole gewählt:
- für die Wände ein Dreieck,
- für die Decke ein Quadrat,
- für den Boden einen Kreis.

Die Bezeichnung der Werkstoffe wird dann in einer Legende durch Kurzbezeichnungen vorgenommen.

Zur Codierung haben wir die Raumnummern. Dazu gilt folgende Regel: Die Wand, in der sich die Eingangstür für den Raum befindet, wird mit „a" bezeichnet. Dann gehen wir mit den Folgebuchstaben im Uhrzeigersinn weiter zu den nächsten Wandflächen.

Wie das praktisch aussehen kann, sehen Sie in Abbildung 10 am Beispiel der Wandfliesen in einer Nasszelle. Sie erkennen die Bezeichnung der Wandflächen und sehen an dem Dreieck an Wand „d", dass hier generell bis OK Türzarge gefliest werden soll. Die Ausnahme im Duschbereich „Wandbeläge raumhoch" erkennen Sie an den Dreiecken mit den schwarzen Spitzen.

In der Mengenermittlungsliste in Abbildung 11 sehen Sie dann die Umsetzung der Maße aus der Zeichnung in die Mengenberechnung.

Wichtig ist, dass zur Prüfung durch den Unternehmer

- Mengenberechnung und zugehörige Mengenermittlungszeichnung immer als Einheit weitergegeben werden; jedes Maß im Mengenansatz sollte auf den ersten Blick in der Zeichnung wiederzufinden sein; der Aufsteller darf Maße abgreifen, muss dann aber sofort in die Zeichnung eintragen, was er in den Mengenansatz schreibt bzw. eingibt;
- Leerformblätter von Mengenlisten mitgegeben werden, damit Korrekturen nicht in der

Aufstellung selbst vorgenommen werden müssen; Mengenansätze, die Irrtümer enthalten, werden zur vereinfachten Gegenkontrolle neu in das Leerblatt geschrieben.

Auch bei der EDV-Nutzung ist diese Art der Maßdokumentierung für eine harmonische Zusammenarbeit und schnelle Abrechnung notwendig. Auch bei CAD-Programmen muss darauf geachtet werden, dass die Berechnungsansätze direkt in den Plänen nachvollzogen werden können. Bei Programmen, die jeden Maßpunkt in der Zeichnung ausschließlich auf einen Polygonzug beziehen, ist das nicht möglich.

Nun sind im Baugenehmigungsverfahren und bei Planfortschreibungen Änderungen die Regel. Die Maße in den Ausführungsplänen weichen zum Teil von denen in den Bauvorlagen ab.

Erfasst man dann sofort die Änderungen aus den Ausführungszeichnungen und stellt wiederum in Planauszügen die Übereinstimmung mit den Änderungseintragungen her, die in Ergänzungen der Mengenlisten erfolgt sind, dann kann später die Abrechnung kurzfristig parallel zur Ausführung der Bauarbeiten erfolgen. Jede Information über Maß- und Massenänderungen baut so auf der vorhergehenden auf. Keine Information geht verloren. Änderungen machen nicht mehr Neuaufstellungen von Mengenermittlungen erforderlich.

Mit den letzten Mengenangaben in den Bewehrungsplänen für das letzte Geschoss sind zum Beispiel auch die Abrechnungsunterlagen für das Bauhauptgewerk komplett.

Die umständlichen, zeitaufwendigen Aufmaße, Nachweise und Prüfungen entfallen. Übrig bleibt ein verhältnismäßig geringfügiger Rest aus übersichtlichen Nachträgen.

6.3

Das Produktionsmodell enthält latent fast unendlich viele zielgenaue Ablaufmuster

Ein erstes Ablaufmuster wird bei der Schließung des Werkvertrages vereinbart.

Im Zusammenhang mit der Unterteilung der Mengen und Arbeitsstunden in Arbeitspakete ist das ein zeitsparender Vorteil für die Beteiligten. Diese Arbeitspakete müssen allerdings auch endfertig hergestellt werden, zum Beispiel die Innenwände vor der Deckenschalung, um die Vorteile für einen schnellen Zahlungsfluss nutzen zu können. Dazu sollte das vereinbarte Ablaufmuster um einen Zahlungsplan ergänzt werden.

Zur Vorbereitung der Vereinbarung ordnen wir einen Vorschlag für ein Ablaufmuster mit der Zuordnung der Arbeitsstunden und Arbeitskräfte den Ausschreibungsunterlagen zu. Dabei kommt es auf drei Dinge an, um die Zusammenarbeit zu erleichtern:

– Das Ablaufmuster muss leicht lesbar sein (Darstellung graphisch vernetzt mit einem Balken je Arbeitspaket).
– Die Darstellung muss Sinn vermitteln. (Wenn beispielsweise eine Einzelfrist bestimmt wird, muss dem Bieter die Information über den Grund dafür ins Auge springen: „An diesem Tag muss der Zimmermann oder der Heizungsbauer beginnen.")
– Die Zahl der einzusetzenden Arbeitskräfte und der Ablauf der Arbeiten dürfen nicht einseitig vorbestimmt werden. Wir bringen sichtbar zum Ausdruck: „Der Bieter kann die Zahl der Arbeitskräfte verändern, wenn sein Unternehmen einen anderen als den von uns angenommenen Produktivitätsgrad hat; wenn er also meint, dass er für die nach Arbeitspaketen geordneten Leistungen mehr oder weniger Stunden braucht als wir ange-

■ Auch in CAD-Programmen müssen die Raummaße und Wanddicken direkt ablesbar sein.

■ Die Abrechnung kann kurzfristig parallel zur Ausführung erfolgen.

■ Die Unterteilung der Mengen und Arbeitsstunden in vernetzbare Arbeitspakete bringt zeitsparende Vorteile.

■ Auch die Mitbestimmung des Bieters beim Arbeitsvertrag schafft Vertrauen.

6.4 Die Baukybernetik: Kostensenkung und hohe Produktivität durch zielbestimmte Selbststeuerung

nommen haben. Er kann auch die Reihenfolge des Ablaufs verändern. Die Ausführungsfristen (die wenigen Einzelfristen eingeschlossen) müssen jedoch eingehalten werden."

6.4

Grundlagen zielsicherer Prozessregelung
Regeln mit Zukunftsfaktoren

Der Bauprozess, bestehend aus den Teilprozessen Entscheiden, Planen und Ausführen, hat eine dynamische Struktur. Wie gesagt, besteht eine solche Struktur immer aus einem Regelkanon und einer beinahe unendlichen Zahl von Handlungs- bzw. Entscheidungsmustern, die innerhalb dieser Regeln auftreten können. Fehlverhalten Einzelner ist nicht auszuschließen. Wenn der Bauleiter seine Schiedsrichterrolle effektiv wahrnehmen will, braucht er – wie beim Fußball – eindeutige Regeln, um sich dann auf die Muster konzentrieren zu können, die außerhalb der Regeln auftreten. Solche Muster müssen allerdings zur rechtzeitigen Gegensteuerung schon erkennbar sein, wenn sie noch virtuell sind – wenn ihr Eintreten sich andeutet.

Zuerst geht es also um die Vereinbarung des Regelwerks:

Wir vereinbaren das Mitschreiben der Arbeitsstunden, die für die Arbeitspakete tatsächlich aufgewendet werden, und führen damit die zweite Zeitdimension in den Entscheidungsprozess ein. Durch den Vergleich mit den Vorgabestunden stellen wir gemeinsam mit dem Vertreter des Unternehmens – meist wöchentlich – die tatsächliche Baustellenproduktivität fest. So wissen wir lange bevor eine Einzelfrist überschritten werden könnte, welche Regelungsentscheidung etwa notwendig wird. Wir können gemeinsam rechtzeitig erkennen, um wie viele Arbeitstage eine solche Frist beispielsweise überschritten werden könnte, wenn der Prozess unbeeinflusst weiterliefe. Diese bewusst gemachte, nichtgewollte Zukunft löst die Regelungsentscheidung aus, die zum Einhalten der Frist führt. Fristüberschreitungen mit der Folge, dass zwar eine Vertragsstrafe abgezogen werden kann, aber an der Überschreitung nichts mehr zu ändern ist, sind so gut wie ausgeschlossen.

In seltenen Ausnahmefällen arbeiten Unternehmen hartnäckig vertragswidrig. Aber dann wirkt der Paragraph 5 der VOB/B und eigentlich fällige Abschlagszahlungen können solange einbehalten werden, bis die Vertragsregeln befolgt werden.

So wird der Evolutionssprung vom biologischen zum noologischen Regelkreis in ein zielsicheres Baumanagement umgesetzt.

Wenn Zielgenauigkeit erreicht werden soll, dann müssen wir den biologischen Regelkreis der Biokybernetik – der Kybernetik erster Ordnung – um den noologischen Regelkreis der Kybernetik zweiter Ordndung ergänzen.

Bis jetzt wird im Management der biologische Regelkreis gelehrt und ziemlich erfolglos angewendet. Geregelt wird am Output, am Ergebnis dessen, was ein sozio-technisches System hervorbringt.

An einer Baustelle vergleicht zum Beispiel ein Projektsteuerer seinen Ablaufplan mit dem tatsächlichen Baufortschritt, und der wird immer vom Plan abweichen, weil prinzipiell nur eines sicher ist: an der Baustelle kommt alles anders als der Plan es vorsieht.

Die determinierte Planungsmethodik von heute weiß nichts von den Naturgesetzen, nach denen in dynamischen Strukturen nur die Veränderung beständig ist. So fragt der Projektsteuerer den Bauleiter, wie es kommt, dass die Decke über dem Erdgeschoss im Bauteil 3 noch nicht eingeschalt ist, obwohl sie nach dem Plan

---

Zu den Regeln gehört das Mitschreiben der Arbeitsstunden zum ständigen Produktivitätsvergleich.

Die bis jetzt praktizierten biokybernetischen Regelungen kommen zu spät und bleiben wirkungslos.

In der Nookybernetik, der Kybernetik zweiter Ordnung, regeln wir die Handlungen des Sozialsystems mit Voraussicht und vermeiden Zielabweichungen.

Die Baukybernetik: Kostensenkung und hohe Produktivität durch zielbestimmte Selbststeuerung **6.4**

schon vor 8 Tagen betoniert sein sollte, erzeugt damit ein Schuldgefühl und verstößt gegen die Menschenwürde.

Wir regeln mit dem nookybernetischen Regelkreis nicht am Baukörper, dem Output des Sozialkörpers, sondern am Sozialkörper selbst, und halten damit Abweichungen am Output in tolerablen Grenzen. Die grafischen Vergleiche des biologischen und des noologischen Regelkreises zeigen den Unterschied der Regelungsarten.

Die heute noch fast überall in den humanen Sozialsystemen angewandte Regelung basiert auf dem Verfahren, dass die Biosphäre zur Regelung von Populationsdichten entwickelt hat:
- Eine Karnickelpopulation lebt in einer nahrungsreichen Umwelt mit viel Klee auf den Wiesen.
- Die Karnickel vermehren sich exponentiell.
- Die zwangsläufige Überpopulation führt zu einer Überweidung der Nahrungsquelle und damit zur Hungersnot.
- Das Immunsystem wird bei einer immer größeren Zahl von Individuen so sehr geschwächt, dass die Myxomatose ausbricht. Der größte Teil der Karnickel fällt der Seuche zum Opfer.
- Der Klee wächst wieder kräftig auf den Wiesen, die so brutal reduzierte Karnickelpopulation lebt in einer nahrungsreichen Umwelt ... und alles beginnt von vorn.

Das Regelungsprinzip zur Erhaltung von Populationsgleichgewichten im biologischen Bereich ist gnadenlos gegenüber dem Individuum. Die Menschen haben diese Automatik mit fortschreitender Bildung der Noosphäre weitgehend überwunden. Aber noch wirkt sie in der Menschenwelt da, wo direkte Abhängigkeiten von Knappheiten bestehen.

In Europa wirkte dieses Prinzip bis weit ins 19. Jahrhundert hinein mit Hungersnöten, Pest und Cholera und Kriegen. Im 17. Jahrhundert raffte die brutale biologische Regelung mehr als die

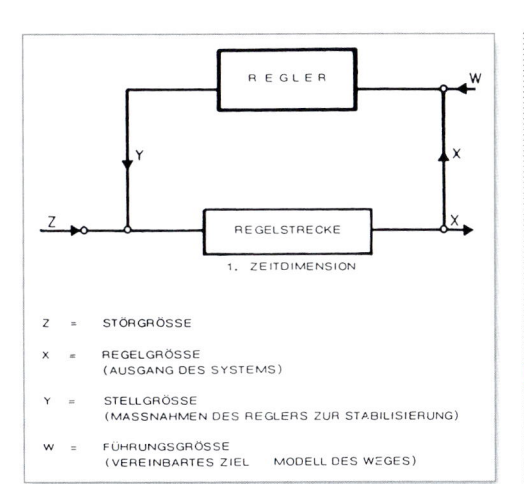

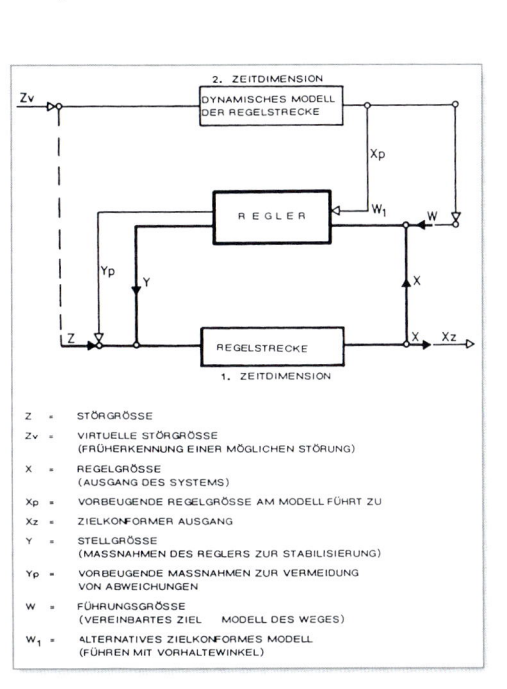

Z = STÖRGRÖSSE
X = REGELGRÖSSE (AUSGANG DES SYSTEMS)
Y = STELLGRÖSSE (MASSNAHMEN DES REGLERS ZUR STABILISIERUNG)
W = FÜHRUNGSGRÖSSE (VEREINBARTES ZIEL = MODELL DES WEGES)

■ Abb. 12: Der biologische Regelkreis.

■ Biologische Regelungen sind rücksichtslos gegen das Individuum.

Z = STÖRGRÖSSE
Z_v = VIRTUELLE STÖRGRÖSSE (FRÜHERKENNUNG EINER MÖGLICHEN STÖRUNG)
X = REGELGRÖSSE (AUSGANG DES SYSTEMS)
X_p = VORBEUGENDE REGELGRÖSSE AM MODELL FÜHRT ZU
X_z = ZIELKONFORMER AUSGANG
Y = STELLGRÖSSE (MASSNAHMEN DES REGLERS ZUR STABILISIERUNG)
Y_p = VORBEUGENDE MASSNAHMEN ZUR VERMEIDUNG VON ABWEICHUNGEN
W = FÜHRUNGSGRÖSSE (VEREINBARTES ZIEL = MODELL DES WEGES)
W_1 = ALTERNATIVES ZIELKONFORMES MODELL (FÜHREN MIT VORHALTEWINKEL)

■ Abb. 13: Der noologische Regelkreis.

6.4 Die Baukybernetik: Kostensenkung und hohe Produktivität durch zielbestimmte Selbststeuerung

Hälfte der Bevölkerung hinweg. Später brach die Überpopulation der Europäer heuschreckenartig nach Amerika aus, erklärte die Indianer zu Wilden, einen toten Indianer für den besten Indianer und setzte sich rigoros an die Stelle der Eingeborenen.

Wir haben diesem biologischen Regelkreis in den Industrieländern seine Brutalität genommen. Aber sublimiert wirkt er noch immer ärgerlich genug:

– Wir brauchen ein höheres Bildungsniveau für einen viel größeren Teil der Jugendlichen.
– Wir machen eine neue Bildungspolitik.
– Die Abiturientenzahlen wachsen enorm.
– Die Hochschulen sind überfüllt, wir beschließen einen Numerus clausus. Inzwischen will ein großer Teil der Abiturienten nicht studieren. Wir haben zu wenige qualifizierte Nachwuchskräfte und führen die Green Card ein.
– Das Bildungsangebot wird verbessert?

Wir bringen die Abiturienten nicht um. Aber wenn wir regeln, dann frühestens, wenn das Kind im Brunnen liegt, weil wir es noch nicht geschafft haben, die zweite Zeitdimension in den sozialen Regelkreisen wirksam zu machen. Die Pleiten in der Wirtschaft, die den Hochkonjunkturphasen regelmäßig folgen, haben die gleiche Ursache. Wir murksen die Betriebe ab, weil wir den gegenwärtigen Entscheidungen noch nicht die Zukunftsfaktoren zugrunde legen können. Aber wir haben in der Kybernetik zweiter Ordnung längst die Methoden entwickelt und erprobt, mit denen die Zukunftsfaktoren rechtzeitig wirksam gemacht werden können.

Noch wird auch an den Baustellen die Organisation der Prozesse immer wieder abgemurkst, weil die Regelungen zu spät kommen.

Aber überall da, wo die nookybernetische Methodik zur Wirkung kommt, wird die Folge primitiven, eindimensionalen Regelns überwunden, die Unbill, Stress, Verfall und verlustreiche Überschreitungen von Fristen und Kosten mit sich bringt.

Dynamische Systeme brauchen Regelwerke.

Die besonderen Vertragsbedingungen müssen die Regeln über die Zahl der Arbeitskräfte enthalten, um, wenn nötig, das BGB oder die VOB wirksam anwenden zu können. Außerdem müssen diese Regeln um die Konkretisierung der unbestimmten Rechtsbegriffe erweitert werden, die im § 5 VOB/B enthalten sind. Beispielsweise: „Als angemessene Frist .... vereinbaren die Vertragspartner 4 Arbeitstage." oder „Ob die Frist ‚offenbar' nicht eingehalten werden kann, ermitteln die Partner durch wöchentliche Leistungsmessungen an der Baustelle und durch den Vergleich der Soll-Stunden für eine gemeinsam festgestellte Leistung mit den vom Arbeitsteam mitgeschriebenen tatsächlich aufgewendeten Arbeitsstunden."

Vertragsstrafen müssen nicht vereinbart werden. Sie erübrigen sich, weil bei „offenbar" vertragswidrigem Verhalten Abschlagszahlungen zurückgehalten werden können.

Mit diesem dynamischen Modell für den Planungs- und Bauablauf erzielen wir bessere Resultate als wir ursprünglich erwartet hatten.

Die Produktivitäten in den Büros und Betrieben können oft um mehr als 20 Prozent gesteigert werden. Die Arbeitskosten sinken. Auch bei niedrigen Preisen werden Erträge erwirtschaftet. Die Bauzeiten sind um das Maß des vermeidbaren Leerlaufs – etwa um ein Drittel – kürzer und werden sicher eingehalten.

Noch werden auch Bauprozesse immer wieder abgemurkst.

Mit dem dynamischen Modell für den Planungs- und Bauablauf erzielen wir bessere Resultate als erwartet.

7

Der erste Beweis für die Überlegenheit kybernetisch-finalen Lenkens

Würde man das vorhandene Wissen der Kybernetik in den Bauprozessen allgemein anwenden, dann hätten wir die Verschwendung nicht und weniger Magengeschwüre.

Der erste Einsatz des kybernetischen Baumanagements erfolgte 1970 beim Neubau eines Kurzentrums für die Kurmittelgesellschaft der Stadt Lüneburg. Das Bauwerk hatte einen Bruttorauminhalt von 135 000 m^3.

Wir hatten dem Kostenanschlag Einheitspreise eines vergleichbaren Projekts und die Daten über die Entwicklung der Baupreise des Statistischen Bundesamtes zugrunde gelegt und hatten die Kosten des Bauhauptgewerks mit rd. 15 Millionen Mark errechnet. Eine beschränkte Ausschreibung mit acht Bietern bzw. Bietergemeinschaften ergab Angebotssummen zwischen 21,4 und 24,8 Millionen Mark. Wir haben noch einmal gerechnet. Im Stadtbauamt hat man gerechnet: mehr als 16 Millionen durfte das auf keinen Fall kosten. Die Baupreisbehörde des Regierungspräsidenten wurde eingeschaltet. Die Überprüfung zeigte, dass im niedrigsten Angebot die nach der Baupreisverordnung zulässigen Selbstkosten um etwa ein Drittel überschritten wurden.

Bei den Beteiligten auf der Bauherrnseite drängte sich der Verdacht der Preisabsprache auf. Die Ausschreibung wurde mit der treffenden Begründung aufgehoben, dass das Budget bei weitem nicht ausreiche, um die geforderten Preise bezahlen zu können. Mir kam noch ein ganz anderer Verdacht: Wieso errechnet man auf der Basis der amtlichen Baupreisstatistik einen Baupreis von 15 bis 16 Millionen Mark, wenn die Preisangebote zwischen 21,4 und 24,8 Millionen liegen?

Sollte da mit der Statistik etwas nicht stimmen? Darauf komme ich zurück.

Zuerst war die Frage, wie wir zu angemessenen Angeboten kommen konnten, wichtiger.

In Deutschland war zu der Zeit die Nachfrage nach Bauleistungen wesentlich größer als die Angebots- bzw. Ausführungskapazität der

■ Die Konkurrenz macht den Preis.

7   Der erste Beweis für die Überlegenheit kybernetisch-finalen Lenkens

Weil das niedrigste deutsche Angebot mit 21,8 Mio. Mark um ein Drittel überfordert war, gab der Rat der Stadt Lüneburg den Auftrag für das Bauhauptgewerk der polnischen Firma Budimex.

Die Qualität war gut – aber die Produktivität des polnischen Unternehmens war unzureichend. Die Arbeiter brauchten im Vergleich zu ihren deutschen Kollegen anfangs fast doppelt soviel Zeit.

Die „Funktion des Lernens" nach Rybelskij zu übernehmen heißt, mit der Wurst nach der Speckseite werfen – anders gesagt, den Egoismus 2. Ordnung zu praktizieren.

deutschen Bauwirtschaft. Deshalb hatten sich hier u. a. jugoslawische Baufirmen etabliert, die hauptsächlich an den Bauten für die Olympiade 1972 arbeiteten. In Regensburg saß die Niederlassung der rumänischen staatlichen Baugesellschaft, die auch in Norddeutschland Hotelbauten errichtete. Wir besorgten über die Konsulate eine Reihe ausländischer Adressen und besuchten einige dieser Firmen, die bereit waren, bei einem zweiten Ausschreibungsdurchgang anzubieten.

Die erste Firma, die wir besuchten, saß in Frankfurt am Main. Die jugoslawischen Manager erklärten, sie seien bis 1972 mit Arbeit ausgelastet, aber sie machten uns mit einem schwedischen Kaufmann bekannt. Der fragte, ob wir auch ein Angebot der polnischen Staatsfirma Budimex annehmen würden. Die stehe in Skandinavien in den Startlöchern, um in Deutschland ins Geschäft zu kommen. Wir bejahten das und wussten nach unserer Reise, dass wir mit einem polnischen, einem jugoslawischen und einem rumänischen Angebot rechnen konnten. Dann teilte das Bauamt den acht deutschen Bietern mit, dass wir sechs Wochen später einen zweiten Submissionstermin durchführen würden, an dem auch osteuropäische Bieter beteiligt seien, und veränderten im Übrigen keinen Buchstaben und keine Zahl an den ursprünglichen Ausschreibungsbedingungen. Die zweite Angebotseröffnung ergab dann, dass einer der acht deutschen Bieter dieselbe Leistung für 16,2 Millionen Mark erbringen wollte, für die er bei der ersten Submission 24 Millionen gefordert hatte. Wir hätten schon gern gesehen, wenn der Rat der Stadt dem den Auftrag erteilt hätte. Wir waren ein wenig besorgt, ob wir denn mit einer unbekannten ausländischen Firma zurechtkommen würden. Aber der Rat der Stadt entschied sich mit zwei Stimmen Mehrheit für das polnische Angebot mit 13,8 Millionen Mark, weil sich die Ratsherren von den deutschen Bietern schlecht behandelt fühlten.

Nun mussten wir sehen, wie wir mit dieser „Unbekannten" fertig wurden.

Mit den Bauarbeiten sollte am 1. September 1970 begonnen werden. Richtfest sollte am 5. Mai 1971 sein und das Kurzentrum sollte Ende Juni 1973 in Betrieb gehen. Am 9. September kamen die ersten polnischen Arbeiter von einer Baufirma aus der Hohen Tatra – ohne Maschinen. Acht Tage später kam ein Krantransport aus Polen – unzureichend für die Produktivität, die erforderlich war, um die Ausführungsfrist einzuhalten. Die ersten Fundamente wurden gegossen. Die Qualität der Arbeit war vertragsgerecht – aber die Arbeitsweise war unproduktiv. Beim Ausschalen nahm jeder Arbeiter eine Zange, einen kleinen Amboss und einen Hammer; und dann wurden alle Nägel aus der Schalung gezogen und zur Wiederverwendung gerade geklopft.

Da fiel mir Rybalskij[7)] ein. Wir waren das Teilsystem, das für das Lernen des Gesamtsystems verantwortlich war. Diese Rolle nahmen wir an und stellten zuerst einmal gemeinsam mit der polnischen Leitung durch Vergleich der Soll-Stunden mit den jeweils für die Arbeitspakete aufgewendeten Ist-Stunden den tatsächlichen Produktivitätsgrad fest. Der lag bei 0,52, bezogen auf einen mittleren deutschen Produktivitätsgrad von 1,0.

Diese Information konnten wir schnell genug gewinnen, weil durch die Neustrukturierung der Leistungsverzeichnisse nach der Reihenfolge der Arbeitsschritte der Vergleich von Soll- und Ist-Stunden für übersichtliche Arbeitsbereiche leicht möglich war und weil wir über den durchschnittlichen Arbeitsstundenaufwand deutscher Firmen Bescheid wussten.

Mit dieser Feststellung hatten wir schon halb gewonnen. Ob wir die „erforderliche Varietät" im Modell hatten, um „die gewollte Zukunft" zu machen, das musste sich nun zeigen.

Es ging darum, dem Teilsystem „Ausführung" zu helfen, sich auf die deutsche Produktionsweise

Der erste Beweis für die Überlegenheit kybernetisch-finalen Lenkens

einzustellen. Also haben wir auf unsere Kosten
- eine Geräteliste vom Besen bis zum Hebezeug mit den polnischen Mitarbeitern gemeinsam aufgestellt,
- Liefer- und Leihfirmen ausgewählt,
- mit der Kran- und Schalungs-Miete die Lehrer von den Leihfirmen mitgechartert,
- Taktpläne für den Schalungseinsatz erstellt,
- die erforderliche Zahl zusätzlicher Arbeits- und Führungskräfte bemessen, geprüft, ob diese zusätzliche Mannschaft eingesetzt werden konnte, ohne dass sich die Arbeiter gegenseitig stören etc. und haben so „die Funktion des Lernens für das Gesamtsystem" übernommen, wie Rybalskij das nennt. Der Nutzen aus diesen Maßnahmen war für uns höher als die Kosten.

Im November 1970 hatten die polnischen Bauwerker einen Produktivitätsgrad von 0,92 erreicht. Die vorhandene Varietät bei der Anzahl der Arbeitskräfte hatten wir dazu nicht einmal ausnutzen müssen. Das heißt: wir hätten noch mehr Arbeiter gleichzeitig beschäftigen können. Die Umsetzung kybernetischer Erkenntnisse in die Baupraxis führt zu lernenden Systemen und zu so viel Varietät im Prozess, dass selbst gefährliche, zur Desorganisation führende Störungen, beherrscht werden können. Das hat sich bis heute an jedem mit dem KOPF-System gelenkten Bauprozess immer wieder gezeigt.

Wir hatten den nookybernetischen Quantensprung geschafft. Wir konnten uns mit Hilfe der erforderlichen Varietät im Modell in der virtuellen Zeit der zweiten Zeitdimension geistig vorwärts und rückwärts bewegen. Zuerst konnten die Beteiligten miteinander die „objektiven Wahrscheinlichkeitsfaktoren" wahrnehmen, die ihnen eine Zukunft der Ausführungszeit deutlich machten, die sie nicht wollten: „Wenn der Prozess unbeeinflusst weiterläuft, werden wir die Ausführungsfrist um mehr als drei Monate überschreiten." Und dann wurden diese Wahrscheinlichkeitsfaktoren aus einer nicht gewollten Zukunft zu den Ursachen für die gegenwärtige Entscheidung gemacht: „Wie müssen wir ab heute den Prozess beeinflussen, damit die von uns gewollte Zukunft eintritt – damit also die Ausführungsfrist eingehalten wird."

Die kybernetische Logik war im Spiel, die zeitliche Umkehrung der Kausalität. Die Ursache, die die gegenwärtige Entscheidung bewirkte, lag in der Zukunft. Mit dieser Rückkopplung aus der Zukunft konnten wir schon in diesem ersten Fall die gewollte Zukunft herbeiführen. An dieser Baustelle in Lüneburg hielten der Niedersächsische Sozialminister und der Bauminister der Republik Polen Anfang Mai 1971 die Richtfestreden, und das neue Kurzentrum wurde pünktlich im Sommer 1973 in Betrieb genommen. Und damit war unser wirtschaftlicher Vorteil größer als der finanzielle Einsatz: drei Mann für dasselbe Honorar drei Monate länger beschäftigen müssen, das hätte mich mehr als die neun Monatsgehälter gekostet. Der Umsatzverlust wäre hinzugekommen; denn ich hätte den Anschlussauftrag nicht annehmen können, bei dem diese drei einen interessanten Bürogewinn einfahren konnten.

Allerdings hatten wir während des Ausführungsprozesses gemeinsam mit dem Bauherrn noch zwei gravierende Probleme zu lösen:
- Die Planlieferung war sehr schleppend und die daraus resultierenden Verzögerungsgefahren konnten nur durch den Austausch eines Planers gebannt werden.
- Eine süddeutsche Großfirma zur Lieferung und Montage von Bädereinrichtungen hatte einen Großauftrag in der Tschechoslowakei erhalten. Sie zog die Monteure ab und reagierte nicht auf Besetzungsrügen. Wir haben aufgrund des eindeutigen Kapazitätsnachweises, den wir mit Hilfe der Arbeitsstundenvereinbarung führen konnten, kurzfristig einen Gerichtsbeschluss zur ausreichenden Besetzung der Baustelle erwirken können. Den befolgte die Firma dann.

Um die pünktliche Gesamtfertigstellung zu erreichen, musste der Bauherr einmal die gelbe und einmal sogar die rote Karte zeigen.

8

Das mechanistisch-kausale Fehlverhalten wird durch pseudowissenschaftliche Interpretationen aufrechterhalten

Die Bedeutung von Ashbys Varietätsgesetz für die Beherrschung äußerst komplexer Prozesse muss allgemein begriffen werden. Bis heute wird es von einer mechanistisch geprägten Managementlehre falsch ausgelegt und oft als Ausrede missbraucht, wenn Fristen überschritten und Gelder verschwendet werden.

Solange Bauleiter die Rolle des Gesamtproduzenten nicht annehmen, gibt es kein System, sondern Chaos.

Baumanager verschleudern mögliche Gewinne.

Bis heute ist es zum Nachteil der Investoren und der Volkswirtschaft nicht gelungen, die Baukybernetik allgemein in Praxis und Lehre zu etablieren. Die Planer und Bauleiter übernehmen nicht die Rolle des Gesamtproduzenten, wie das zur zielsicheren Lenkung der äußerst komplexen Prozesse notwendig wäre. Sie sperren sich gegen die Ermittlung von Arbeitsstunden und Arbeitskräften: „Das ist Sache der Unternehmer." Die zielgenaue Lenkung durch die Rückkopplung aus der Zukunft und die ganzheitliche Bemessung von Arbeitsstunden und Arbeitskräften als deren unentbehrliche Voraussetzung sind noch kaum zu vermitteln.

Nur auf der Basis des beschriebenen dynamischen, ganzheitlichen Modells kann die Bauleitung auch den Selbstorganisationsprozess bewirken, der sie vor Überlastung bewahrt, und nur so kann sie – je mehr sie über die maximal einsetzbaren Arbeitskräfte weiß – die erforderliche Varietät zu zielgenauem Störungsausgleich gewinnen.

Die unnötigen Verschwendungen in den Bauprozessen, die häufig viel zu langen Bauzeiten, die hohen Kosten- und Terminüberschreitungen – das alles zahlen die Investoren und die Bürger direkt bzw. über Steuergelder.

Auch die niedrigen Preise bei funktionierendem Wettbewerb sind noch überhöht, weil in ihnen viele verschwendete Arbeitsstunden stecken. Mehrstellige Milliardenbeträge gehen Jahr für Jahr verloren. Und das Dümmste ist:

Das mechanistisch-kausale Fehlverhalten wird durch pseudowissenschaftliche Interpretationen aufrechterhalten **8**

die sich sperrenden Baumanager handeln gegen ihre eigenen Interessen – sie verschludern mögliche Gewinne. Der Egoismus zweiter Ordnung – etwas geben, um viel zu bekommen – scheint in den Gehirnen verschattet zu sein.
Vor einigen Monaten führte ein Projektleiter einer Berliner Großbaustelle in einem Fernsehinterview die ganze Hilflosigkeit vor, die zu dieser Verschwendung führt. Auf die Frage, warum denn der Fertigstellungstermin so weit überschritten worden sei, konterte er: „Wenn Sie meinen Job machen müssten, dann würden Sie bald wissen, dass man dagegen gar nichts machen kann. Die Unternehmer schicken immer zu wenig Leute an die Baustelle, und dadurch wird eben die Überschreitung der Termine immer größer."
Dass er selbst rechtzeitig wissen könnte, wie viele Leute in den einzelnen Gewerken arbeiten müssen, und wie er das zielsicher lenken kann, ist ihm nicht bekannt. Es wird nicht gelehrt.
Und dann sagte er auf die Frage nach der Zusammenarbeit auf der Baustelle: „Zusammenarbeit – so was geht doch gar nicht. Hier wird gekämpft. Jeder muss sehen, wie er den anderen ausspielen kann – wie beim Fußball: Bauleiter gegen Unternehmer und so. Wer die meisten Tore schießt, gewinnt."
Im Deutschen Architektenblatt 4/2001 konnte man denn auch lesen, was ein Studierender „auf den Punkt brachte", als man mit Professoren über die Entwicklung der Architekturlehre diskutierte: „Wir müssen auf den Krieg, der da draußen herrscht, vorbereitet werden", lautete die Überschrift des Berichts.
Vor allem müsste die Bedeutung des Varietätsgesetzes zum Allgemeingut werden. Bis heute wird es von einer mechanistisch geprägten Baubetriebslehre auch noch falsch ausgelegt und oft als Ausrede dafür missbraucht, dass immer wieder in den Bauabläufen Behinderungen entstehen, Fristen überschritten werden und viel Geld verloren geht.

Ein Beispiel für die pseudowissenschaftliche Erklärung von Termin- und Kostenüberschreitungen gab im Februar 1998 der Dipl.-Mathematiker Manfred Bundschuh in einem Vortrag bei der Gesellschaft für Projekt-Management (GPM) in München. Er bestärkte seine Zuhörer in der Überzeugung, dass Projekt-Manager nichts weiter könnten, als die Überschreitungen von Termin- und Kostenplänen so gut wie möglich zu begrenzen – vermeiden könne man sie nicht.
Bundschuh zeigte ein gefährliches Missverständnis von Kybernetik und interpretierte das Gesetz der erforderlichen Varietät des Kybernetikers und Neurologen W. Ross Ashby nicht als das Gesetz zur Erlangung der erforderlichen Handlungsvarietät, mit der man die Komplexität des Geschehens beherrschen kann. Er bezeichnete die Komplexität des realen Geschehens schlicht als so unermesslich, dass die „erforderliche Varietät" zu ihrer Beherrschung nicht aufgebracht werden kann.
„Diese ‚erforderliche Varietät' ist so unermesslich", sagte er, „dass Menschen oder Teams mit besten Computerprogrammen ihr nicht gewachsen sind. Bei dem Versuch, der Komplexität beizukommen, ist der Problemlöser in seinen Steuerungsmöglichkeiten eingeschränkt durch das Grundgesetz komplexer Systeme, eben dieses ‚Gesetz der erforderlichen Varietät'. Das ist vielen Problemlösern nicht klar." Eine „wissenschaftlich" begründete Ausrede für das Verharren in Inkompetenz.
So überlässt man denn weiterhin den beteiligten Unternehmen allein die Ermittlung ihrer Arbeitsstunden und die Rolle des Gesamtproduzenten bleibt verwaist. Aber selbst wenn alle Unternehmer die Stunden ermitteln würden, käme dabei nichts als eine Kette von Suboptima heraus und die liegt weit weg vom Gesamtoptimum. Frederic Vester hat dieses noch fast überall wirkende Phänomen am Beispiel der Hundekurve bekannt gemacht.

■ An den Baustellen herrscht eine Art „Krieg".

■ Das herrschende Chaos nennt die Betriebswissenschaft „Komplexität". Und die ist dann „so unermesslich, dass man sie nicht beherrschen kann". Eine tolle Ausrede.

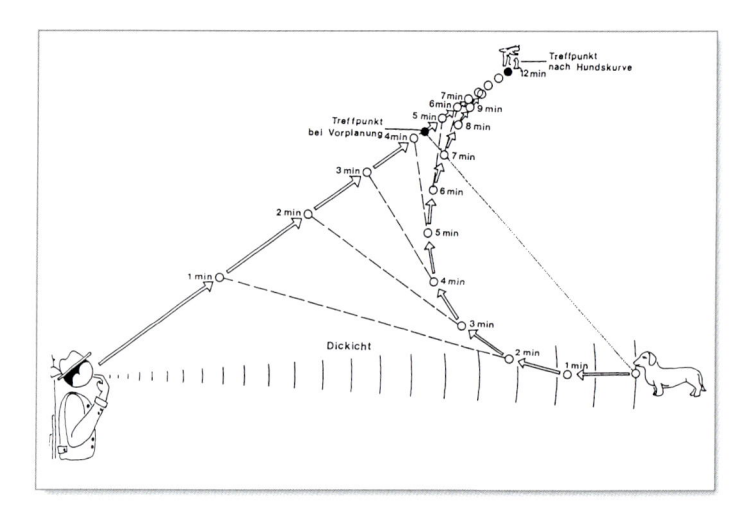

8 Das mechanistisch-kausale Fehlverhalten wird durch pseudowissenschaftliche Interpretationen aufrechterhalten

Abb. 14: Die Hundekurve [41]

Die offizielle Lehrmeinung zur Kybernetik im Management ist volkswirtschaftlich gefährlich.

„Wie in der Realität gewöhnlich Planungen und Handlungen ablaufen, veranschaulicht sehr gut das Beispiel der ‚Hundekurve': Ein Jäger geht durch den Wald nach Hause. Irgendwo im Dickicht ist sein Hund. Er pfeift ihm in regelmäßigen Abständen. Doch dieser, unfähig den Weg des Jägers vorauszudenken, läuft nicht dorthin, wo er ihn am schnellsten treffen könnte, sondern jeweils in Richtung des Pfeiftons. Bei vielen Vorhaben laufen auch wir entlang der Hundekurve. Wir hinken in Zeit und Richtung ständig der Wirklichkeit hinterher; korrigieren unseren Weg an eingetretenen Ereignissen, statt ihn von vornherein auf zukünftige Entwicklungen auszurichten."

Angesichts der Erfolge mit der baukybernetischen Praxis, in der wir uns das Varietätsgesetz zur Komplexitätsbeherrschung zunutze machen, ist die Auffassung, die Bundschuh vorträgt, nicht nur ignorant, sondern auch volkswirtschaftlich gefährlich. Jeder Termin- und Kostenüberschreiter kann sich hinter dieser wissenschaftlich verbrämten Fehlinterpretation bequem verstecken. Schlimm ist, dass Bundschuh hier eine offizielle Lehrmeinung zur Kybernetik im Management wiedergibt. Die beschränkt sich leider auf das schlichte Regelkreisdenken und bleibt in den unwirksamen, mechanistischen oder biokybernetischen Planungen der Kybernetik erster Ordnung stecken. Die Aussage ist eine Bankrotterklärung für die mechanistisch-kausale Lenkungslehre. Ihre mathematischen Modelle geben mehr nicht her. Lorenz' Schmetterlingseffekt der Unvorhersagbarkeit wird als nicht beeinflussbares Zufallsprinzip unreflektiert aus der Meteorologie in die eigentlich lenkungsfähigen Sozialsysteme übernommen.

Studenten glauben, sie hätten an der Uni etwas sehr Fortschrittliches gehört und kommen dann mit dieser Art Aberglauben in eine Praxis, die auch nichts Besseres weiß und durch mechanistisches Denken hochgradig unproduktiv ist. Dort müssen sie dann üben, wie man schlitzohrig und rücksichtslos Macht ausübt und Schuld zuweist, wie man Gewinne durch Nachträge erzielt und wie man vor allem immer nachweisen kann, dass andere oder anderes für Termin- und Kostenüberschreitungen verantwortlich sind. Wie schön, wenn man da „wissenschaftlich begründet" sagen kann: schuld ist die Komplexität.

Das mechanistisch-kausale Fehlverhalten wird durch pseudowissenschaftliche Interpretationen aufrechterhalten   **8**

Da ist selbst die Einsicht, „Lean Construction" könne die Probleme der Bauwirtschaft entschärfen, wenig hilfreich, wenn sie im zentralistischen Denken stecken bleibt.

„Es geht darum, die Materialversorgung nicht den einzelnen Gewerken zu überlassen, sondern durch das Projektmanagement steuern zu lassen", heißt es in einem Artikel in der Zeitschrift BW Bauwirtschaft, Ausgabe Juli 2000, mit dem Titel „Revolution in der Bauindustrie?!"[42] Das wäre salopp gesagt eine Verschlimmbesserung. Das Projektmanagement würde das Elend zentralistischer Planwirtschaft auf Baustellen vermehren.

Es geht vielmehr darum, die Entscheidungs- und Personallogistik so zu organisieren, dass die Arbeitsteams in den Gewerken die Stoffe selbst just in time abrufen können. Das ist mit KOPF möglich.

So mehren sich die Ursachen für überflüssigen Stress, unnötige Verschwendung und hohe Arbeitslosenzahlen durch zu hohe Kosten und mangelnde Wettbewerbsfähigkeit.

Dieser Fehlentwicklung können wir nur entgegenwirken, wenn wir uns allgemein die Erkenntnisse der Komplexitätswissenschaft zu eigen machen.

Dipl.-Ing. Christoph Saxer hat im Sommersemester 1999 am Institut für Baubetriebswissenschaft IBB bei Professor H. R. Schalcher seine Diplomarbeit zum KOPF-System vorgelegt.[43]

Nach Vergleichen zwischen praktischen Vorgehensweisen stellt er u. a. fest: „Es hängt viel davon ab, was der Projektsteurer zu leisten im Stande ist. Kann er mechanistische Denkansätze überwinden und nach kybernetischen Grundsätzen führen, so hat er eine gute Grundlage probabilistische, äußerst komplexe Bauprobleme mit Erfolg zu bewältigen ... Als Führender muss man fähig sein, den entscheidenden Umdenkprozess zu vollziehen, der die unerlässliche Voraussetzung ist, für die erfolgreiche Anwendung der Baukybernetik ... Ganzheitliches Denken in offenen Systemen ist für die heutigen, komplexen Problemsituationen von höchster Wichtigkeit ... In humanen sozialen Systemen schließt Ordnung die bewusste Gestaltung von Strukturen ein ... Es gibt keine völlig außen stehenden Intervenierer, die Ordnung in soziale Systeme von außen einbringen ... Gerade Management oder Organisieren wird jedoch häufig so beschrieben als ob Individuen von außen und unabhängig vom zu gestaltenden und lenkenden System Einfluss nehmen, kontrollieren, prognostizieren ... Der Organisator als intervenierender Teil des Systems sucht Selbstorganisation auszulösen, zu fördern und zu verstärken ... Das Management ist darauf angewiesen, dass sich die weitaus größte Zahl von Beziehungen vor Ort selbst reguliert. Eine zentrale Steuerung kann das Informationsproblem in äußerst komplexen Prozessen faktisch nicht lösen, auch nicht durch eine Vervielfachung der Leistungsfähigkeit selbst der modernsten Computer ...

In der Praxis ist der mechanistische Denkansatz noch immer sehr weit verbreitet. Die Übertragung und Anwendung der Methoden und Verfahren dieses Denkansatzes führte jedoch bei komplexen Problemstellungen oft zu wenig überzeugenden Ergebnissen. Ein Bauprojekt ist ein äußerst komplexes System. Die Beherrschung solcher Systeme fordert ganzheitliche Ansätze in der Bauprozesslenkung und ist mit herkömmlichen Methoden immer weniger zu erreichen ...

Im Management kann das Versagen der veralteten Praktiken nicht mehr länger bestritten werden ... An die Stelle von autoritärem Gehabe, hierarchischer und bürokratischer Verwaltung tritt gekonnte Menschenführung ... Dieses andere Denken muss man – ähnlich einer Fremdsprache – lernen. Dazu müssen am Anfang Denkbarrieren überwunden werden, welche durch die in den letzten Jahren angebote-

■ Selbst in Verbindung mit „Lean Construction" werden die zentralistisch-mechanistischen Denkgewohnheiten nicht verändert. So produziert man wirkungslose Worthülsen.

■ Saxer:
„Das Versagen der veralteten Praktiken kann nicht länger bestritten werden. Das neue Denken muss man lernen wie eine Fremdsprache. Dazu müssen die Denkbarrieren überwunden werden, welche durch die Ausbildung vermittelt wurden."

8 Das mechanistisch-kausale Fehlverhalten wird durch pseudowissenschaftliche Interpretationen aufrechterhalten

Die Verkürzung der Bauzeit verbessert die Produktivität der Bauleitung um 30 Prozent – und schon 10 Prozent verdreifachen den Bürogewinn.

ne Ausbildung vermittelt wurden ... Mit der Anwendung der Baukybernetik, auf der das KOPF-System beruht, ist es ähnlich wie mit der Einführung des Computers; mit dem Erwerb der Lizenz ist es nicht getan. Es muss mit diesem Schritt ein Umdenkprozess beginnen ... an dem der ganze Betrieb beteiligt werden muss. Die wichtigsten Gesetze der Kybernetik müssen in praktikable Methodik umgesetzt werden ... so das Gesetz der erforderlichen Varietät ... Wir können ein System mit einer gegebenen Komplexität nur mit Hilfe eines mindestens ebenso komplexen Systems unter Kontrolle bringen. Nach Ashby formuliert:
Nur Varietät kann Varietät absorbieren.
Mit der kybernetischen Organisation nach KOPF ... wird die erforderliche Varietät für zielgenaues Führen erreicht."

Aber dazu müssen wir vor allem aus dem Chaos der Menge von Einzelbüros und Einzelunternehmen erst ein kommunizierendes, lernendes System machen.

Auch die Mathematiker sollten aus der Fuzzylogik – der Unschärfe-Mathematik – lernen: Grundlage für die beeinflussenden Entscheidungen zur Beherrschung komplexer Prozesse sind mindestens ebenso komplexe Entscheidungssysteme.

Büros und Betriebe, die sich die Kybernetik zweiter Ordnung zur Sicherung fließender Arbeitsprozesse aneignen, können die Arbeitskosten erheblich reduzieren und damit nachhaltige Überlegenheit im Wettbewerb gewinnen. Auf die Weise lässt sich das nötige Wachstum für mehr Arbeitsplätze schaffen.

Statt dessen versucht man in den allermeisten Fällen immer noch, das Nichtberechenbare zu berechnen, und wenn es dann immer wieder anders kommt, haben die zentralen Lenker nicht die Mittel für zielsichere Korrekturen. Dabei macht sich der scheinbare Mehraufwand für die kybernetische Planung mehrfach bezahlt. Die Verkürzung der Bauzeit verbessert die Produktivität der Bauleitung um 30 Prozent. Man kann also mit gleicher Mannschaft entsprechend mehr Honorar erlösen – und nach einer betriebswirtschaftlichen Faustformel verdreifacht in einem Unternehmen mit einem so hohen Personalkostenanteil schon eine Produktivitätssteigerung von 10 Prozent den Gewinn.

9

Die KOPF-Statistik und die frühzeitige Kostensicherheit – Praktische Beispiele

Die Preise der billigsten Bieter sind meistens angemessen.
„…Der Wettbewerb soll die Regel sein …"
VOB Teil A § 2.1

9.1

Allgemeines

Im April 2000 hatte ein Architekturprofessor für eine private Dachsanierung vier Dachdeckerfirmen aufgefordert, ein Angebot zur Sanierung seines Wohnhausdachs abzugeben. Er hatte ein Leistungsverzeichnis mit 17 Positionen aufgestellt und die Leistung eindeutig beschrieben. Bis zum Abgabezeitpunkt lagen drei Angebote vor in Höhe von

    29.954,– DM,
    22.808,– DM und
    16.176,– DM.

Der Professor war geneigt, den Zuschlag auf das mittlere Angebot zu erteilen. Dem Billigsten traute er nicht und der Teuerste hatte nach seiner Ansicht kein Interesse. Der Mittlere musste wohl ordentlich gerechnet haben. Dann telefonierte er aber doch noch einmal mit der durchaus angesehenen vierten Firma. Der Chef entschuldigte sich mit Zeitmangel und schickte am nächsten Tag sein Angebot mit einem Preis von

    15.477,– DM.

Das ließ den Professor an der Kalkulationstheorie zweifeln, an die er geglaubt hatte, bis er nach einer Diskussion mit mir die wahren Zusammenhänge durchschaute. Die niedrigen, durchaus angemessenen Angebote kamen aus der Kreisstadt mit einem starken Dachdeckerbesatz. Hier war der Konkurrenzdruck stärker als im ländlichen Bereich. Nun ist der Professor leider pensioniert und kann den Studenten die wahre Gesetzmäßigkeit der Preisbildung nicht mehr vermitteln.

Wir gehen noch genauer darauf ein.

■ Der preisgünstigste Bieter muss kein Hasardeur sein.

9.1 Die KOPF-Statistik und die frühzeitige Kostensicherheit – Praktische Beispiele

Den Preis macht der Markt, nicht der Kalkulator. Aber die Konjunkturausschläge der Baupreise werden in der Statistik des Bundesamtes nicht sichtbar.

Grundlage der amtlichen Statistik ist eine falsche Kalkulationslehre.

Wir fragten nicht die Anbieter, sondern Bauherrn und Planer nach der tatsächlichen Preisentwicklung. So zeigen sich Konjunkturausschläge von ± 25 Prozent.

Auch Unternehmer, die im harten Wettbewerb bei schlechten Preisen Gewinne erzielen wollen, sollten sich kybernetisches Planen und Lenken zu Eigen machen.

Zu den Mitteln, die Bauprozesse kostenoptimiert zu gestalten, gehört auch die KOPF-Statistik über die wirkliche Entwicklung der Baupreise.

Für 13,8 Mio. Mark hatte die polnische Budimex 1970 in Lüneburg den Auftrag erhalten. Wer hatte nun richtig kalkuliert?

Hatte die Baufirma richtig kalkuliert, die bei der ersten Ausschreibungsrunde, als die Bieter zwischen 21,4 und 24,8 Millionen lagen, die gleiche Leistung zu 24 Mio. Mark angeboten hatte, für die sie – wohlwissend um die osteuropäische Konkurrenz – in der zweiten Runde nur noch 16,2 Millionen haben wollte?

1974 hatten wir die Bauhauptarbeiten für den Neubau des St.-Ansgar-Krankenhauses in Höxter ausgeschrieben. Der Leistungsumfang ist mit dem Lüneburger Kurzentrum vergleichbar. Auch hier hatten wir 135.000 m^3 umbauten Raum. Ebenso wurden rund 25.000 m^3 Stahlbeton verbaut. Die Bauweise des Bettenhauses ist achtgeschossig mit Stahlbeton-Schotten – wie beim Lüneburger Hotel. Der Submissionstermin fiel in die konjunkturschwache Zeit der Ölkrise, die eine harte Konkurrenz bewirkte. Das polnische Angebot war zum Erstaunen der Budimex-Manager nicht konkurrenzfähig, obwohl sie nur geringe Kostenzuschläge auf ihre Kalkulation von 1970 gerechnet hatten. Es lag mit 14,5 Mio. Mark an fünfter Stelle. Darunter lagen vier Angebote von namhaften deutschen Bauunternehmen. Den Zuschlag erhielt der günstigste Bieter für 13,5 Millionen Mark. Den Preis macht der Markt oder die Konkurrenz – nicht der Kalkulator. Das ist auch heute nicht anders – bei großen wie bei kleinen Auftragssummen.

Gerade kurz vor Redaktionsschluss für das Buchmanuskript im September 2001 werden aufgrund einer öffentlichen Ausschreibung mit besonderer Einladung folgende Angebote für ein Wärmedämmverbundsystem an einer 2500 m^2 großen Fassadenfläche vorgelegt:

    412.000,– DM brutto
    453.000,– DM brutto
    485.000,– DM brutto
    576.000,– DM brutto
    624.000,– DM brutto
    673.000,– DM brutto
    796.000,– DM brutto

Wir haben nach eingehender Prüfung festgestellt, dass das billigste Angebot auch das annehmbarste im Sinne der VOB ist und darauf den Zuschlag erteilt.

Die Konjunkturausschläge bei den Baupreisen werden in der Baupreisstatistik des Statistischen Bundesamtes nicht sichtbar.

Aber ich wollte über die wirkliche Preisentwicklung genauer informiert sein. So entstand die KOPF-Statistik.

Wo liegt der Unterschied?

Der amtlichen Statistik über die Baupreisentwicklung liegt eine Befragung von Unternehmen zugrunde. Die melden regelmäßig, wie sich nach ihren Kalkulationen die Preise verändert haben. Die Kalkulatoren ermitteln jeweils – wie sie das gelernt haben – um wieviel die Kosten gestiegen sind; denn die Kosten sind ja nach der konventionellen Kalkulationslehre die Grundlage für die Preisermittlung. Den ermittelten Kosten darf man einen angemessenen Zuschlag für Wagnis und Gewinn hinzurechnen. Das Resultat soll dann der Preis sein.

Weil nun die Kosten immer steigen, mal mehr und mal weniger, und höchstens in Ausnahmefällen ganz geringfügig niedriger sein können, steigen auch die Preise in der Statistik ständig mehr oder weniger.

Wir fragten nun nicht die Anbieter von Bauleistungen, sondern Bauherren und Planer nach der tatsächlichen Preisentwicklung – also Personen und Institutionen, die die Preise bezah-

Die KOPF-Statistik und die frühzeitige Kostensicherheit – Praktische Beispiele **9.1**

len – und, siehe da, so wurden die Konjunkturausschläge sichtbar – und die liegen im Schnitt je nach Konjunkturlage bis zu 25 Prozent über bzw. 25 Prozent unter den Angaben der amtlichen Baupreisstatistik.

Unabhängig von meiner Arbeit zur Baupreisentwicklung wurden auch am Lehrstuhl von Professor Dr. Karlheinz Pfarr an der TU Berlin Abweichungen von der amtlichen Baupreisstatistik festgestellt. Pfarr empfiehlt in „Grundlagen der Bauwirtschaft" 1984 die Aufnahme eines zweiten Informationskreises „damit potente Bauherren und planende Institutionen ... eine Überprüfung von abgewickelten Bauobjekten vornehmen können und dieses Material dem Statistischen Bundesamt zu speziellen Korrekturen übergeben könnten." [44)]

Pfarr setzt sich auch mit der Ausschaltung des Wettbewerbs durch Preisabsprachen und den damit zusammenhängenden „Überbietungen" in Zeiten der Hochkonjunktur auseinander und zeigt auf, dass bei funktionierendem Wettbewerb wesentlich niedrigere Preise angeboten werden, als sie sich aus der theoretischen Betriebskostenrechnung ergeben.

Dann geht er auf den Mangel der amtlichen Statistik ein: „Bei einem Berechnungsmodus, der häufig zur Umrechnung verwendet wird, der darüber hinaus von wirtschaftspolitischer Brisanz ist, wird man natürlich die Frage nach der Genauigkeit stellen ... Zwischen der Kalkulationsabteilung, die der amtlichen Statistik kalkulierte Angebotspreise meldet und der Geschäftsleitung, die bei rückläufiger Konjunktur in harten Verhandlungen ‚Nachlässe' geben muss, besteht zumindest in diesem Problembereich keine Kommunikation ..."

In seinem Vortrag beim KOPF-Symposium im September 1985 in Corvey „Baumanagement im Lichte veränderter wirtschafts- und sozialpolitischer Rahmenbedingungen – dargestellt am Beispiel von Kostentransparenz und Kostenpolitik", sagte er:

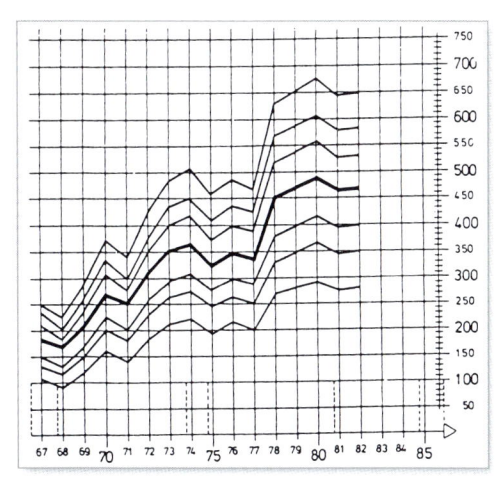

■ Abb. 15: Der Kostenverlauf bei Verwaltungsbauten in DM je m^3 umbautem Raum (BRI).

„Im Herbst 1984 habe ich zusammen mit Herrn Dipl.-Ing. Koopmann originäre Baukostendaten verschiedener Jahre und verschiedener Objektbereiche untersucht. Dabei ergab sich folgende Kurve des arithmetischen Mittelwertes: Im Gegensatz zum Baupreisindex, der eine stetig steigende Tendenz aufweist, zeigt diese Kurve die jeweiligen konjunkturellen Wechsellagen."

Die Professoren Toffel und Gaede stellten im Heft 12 der Zeitschrift „Bauwirtschaft" vom 21. März 1985 eine Forschungsarbeit „Zur Dynamik der Baupreise" vor, in der sie für den Zeitraum von 1960 bis 1981 konjunkturell bedingte Preisschwankungen von +12,9 bis -9,8 Prozent feststellten, obwohl sie nur Befragungen bei Preisanbietern vorgenommen hatten.

Seit wir die Abweichungen vom amtlichen Index kennen und eine ausreichende Zahl von Vergleichsobjekten zur Verfügung haben, können wir in kurzer Zeit auf der Basis von Vorentwürfen Kostenbestimmungen für die Bauherren vornehmen, die erstens auf einem niedrigen Preisniveau liegen und zweitens durch

■ Untersuchungen der Professoren Pfarr, Berlin, und Toffel/Gaede, Braunschweig, bestätigen im Prinzip die von mir festgestellten Preisausschläge.

9.2 Die KOPF-Statistik und die frühzeitige Kostensicherheit – Praktische Beispiele

die späteren Endabrechnungen – die Kostenfeststellungen – nicht mehr überschritten werden. Das gilt auch für komplexe Klinikbauten mit einigen Jahren Bauzeit. Voraussetzung ist allerdings, dass der Prozess der Kostenentstehung mit der KOPF-Methode zielsicher gelenkt wird – ein Verfahren, das sich auch zur Rationalisierung der Angebotsbearbeitung für Generalunternehmer anbietet.

9.2

Die Kostenplanung beim OP-Zentrum Essen

Wir können schnell schon auf der Basis der Grundlagenermittlung die Kostenfeststellung vorwegnehmen, wenn der Kostenverlauf mit KOPF gesteuert wird.

1984 hatte uns das Bauministerium in Düsseldorf beauftragt, eine „Plausibilitätskontrolle" einer Kostenberechnung vorzunehmen. Es ging um den Neubau eines OP-Zentrums in Essen. Die Kosten für das Bauhauptgewerk waren mit 39 Millionen Mark für die Haushaltsunterlage zu dem Bauvorhaben berechnet worden. Auch damals hatte die Bauwirtschaft ein Konjunkturtief. Auf der Basis 1980 = 100 lag der amtliche Preisindex bei 109 mit steigender Tendenz. Die Architekten, die das OP-Zentrum planten, hatten sich mit der Kostenberechnung große Mühe gemacht. Sie hatten 1981 ein vergleichbares Objekt abgerechnet und mit einigen tausend Einheitspreisen aus allen Gewerken einen leistungsfähigen Computer gefüttert. Dann hatten sie in der amtlichen Statistik die steigende Tendenz der Baupreisentwicklung gesehen und ihre für 1981 festgestellten Preise vorsichtshalber um 10 Prozent erhöht. Die amtliche Statistik zeigte für 1981 einen Index von rd. 106.

Man kann Kostenüberschreitungen nicht vermeiden, solange die statistischen Grundlagen nicht korrigiert werden.

1981 war das letzte Jahr einer Hochkonjunktur. Danach gab es einen rapiden Preisverfall. Aber die Architekten kannten ja nur die amtliche Preisstatistik und konnten nicht wissen, was unsere Real-Statistik auswies: dass nämlich der Index der wirklichen Marktpreise 1981 nicht bei 106, sondern bei 129 Punkten gelegen hatte und bis 1984 auf 88 Punkte gefallen war. Nach dem amtlichen Preisindex hatten sie richtig gerechnet und konnten ebenso wenig wie die Fachleute in der zuständigen Baubehörde glauben, dass das Resultat unserer „Plausibilitätsberechnung" von 28 Millionen Mark richtig sein sollte. Das zeigte sich erst bei der Submission einige Monate später: gleich fünf Bieter lagen unter 28 Millionen Mark.

In Zeiten der Hochkonjunktur ist das umgekehrt. Da schätzen die Planer die Kosten regelmäßig zu niedrig.

Es könnte belustigend sein, wenn es im Ergebnis nicht so traurig wäre, wie die Kostenplaner mit Baukostenhandbüchern, Elementmethoden und Computern auf einem völlig falschen Preisniveau herumrechnen – bis zur dritten Stelle hinter dem Komma.

Es ist jedoch ungerechtfertigt, auf freie und beamtete Architekten einzuschlagen. Das Aachener-Klinikum-Syndrom können wir nicht überwinden, solange die statistischen Grundfehler nicht korrigiert werden.

Ist man über die Zusammenhänge richtig informiert, dann lässt sich die Kostenermittlung so stark vereinfachen, dass die ausreichend genauen Ergebnisse nach einem Rechenvorgang von 10 bis 60 Minuten mit Hilfe eines Taschenrechners vorliegen. Auch der Prozess der Kostenentstehung ist nicht berechenbar. Man kann allerdings die Kostenfeststellungs-Summe auf neue Weise determinieren, wenn man nicht schon zu Beginn eine Fahrkarte schießt, sondern mindestens eine 5 trifft und dann der zielgenauen Beeinflussung den Vorrang gibt, um raketenartig auf die 10 zu kommen – so wie das am Fallbeispiel des Lüneburger Kurzentrums vorgeführt wurde.

Im konkreten Fall kommt es darauf an, den Wettbewerb als wichtigen Beeinflussungsfaktor für ein niedriges Preisniveau ausreichend

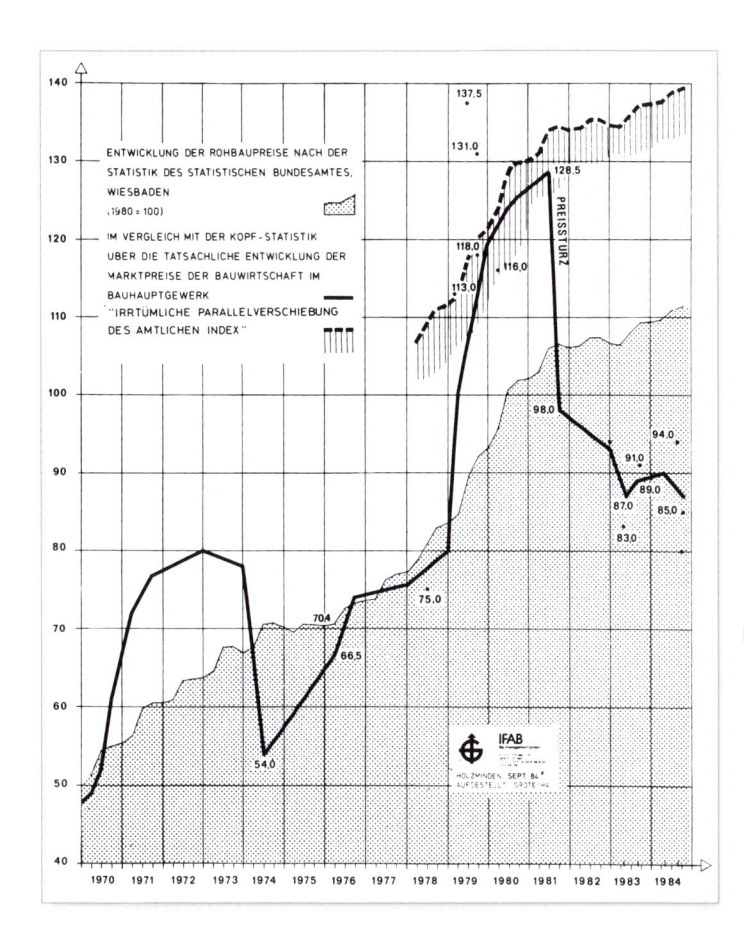

Die KOPF-Statistik und die frühzeitige Kostensicherheit – Praktische Beispiele   **9.2**

Abb. 16: Architekten und Projektsteuerer machen trotz der Benutzung von Baukostenhandbüchern, Elementmethoden und EDV-Programmen immer wieder falsche Kostenschätzungen und Kostenberechnungen, weil die amtliche Baupreisstatistik die Konjunktureinflüsse vernachlässigt. Beispiel OP-Zentrum Essen.

wirksam zu machen. Das geschieht am besten mit Hilfe der öffentlichen Ausschreibung nach den Regeln der Verdingungsordnung für Bauleistungen.

Je höher die Zahl der interessierten Firmen ist, um so mehr wirkt das volkswirtschaftliche Gesetz vom Grenzkostenbieter für die ausschreibende Stelle.

Schon wenn man beschränkt ausschreibt, wirkt das Gesetz der Oligopolbildung in die umgekehrte Richtung. Das Preisniveau steigt um 10 bis 15 Prozent. Da hilft auch nachträgliches Verhandeln nicht viel. Das wird am Beispiel eines Bankinstituts deutlich, das den Wettbewerb auf seinen Kundenkreis beschränken wollte. In Abbildung 17 sind einige Angebotsergebnisse durch Andreaskreuze sichtbar gemacht.

Ähnlich geht es den Versicherungsgesellschaften, die wohlmeinend beschränkte Ausschreibungen unter ihren Versicherungskunden vornehmen, ohne zu wissen, welche Nachteile sie damit allen übrigen Versicherten zufügen, oder Kommunen, die den Wettbewerb auf ihre Gewerbesteuerzahler beschränken – was die VOB verbietet.

Noch höher kann das Preisniveau steigen, wenn man den Wettbewerb auf Generalunternehmer beschränkt.

Der Wettbewerb ist der wichtigste Beeinflussungsfaktor für ein angemessenes Preisniveau.

83

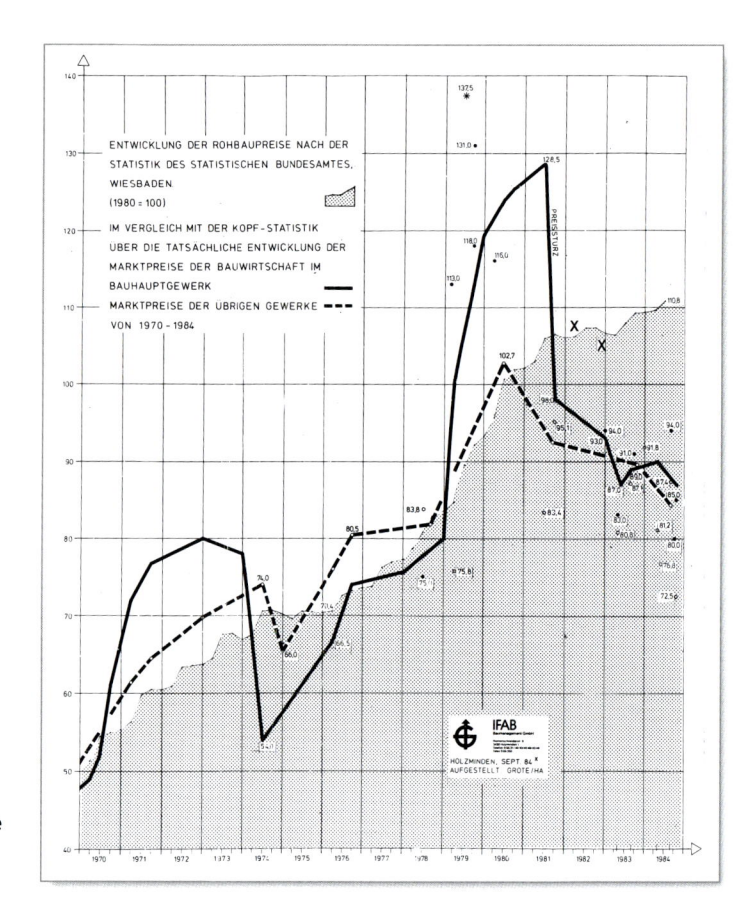

9.2 Die KOPF-Statistik und die frühzeitige Kostensicherheit – Praktische Beispiele

Abb. 17: Die Andreaskreuze zeigen, wie das Preisniveau um 15 Prozent steigt, wenn anstelle der öffentlichen eine beschränke Ausschreibung gewählt wird.

Die funktionale Leistungsbeschreibung begünstigt die Bildung preissteigernder Oligopole.

Das Gesetz der Oligopolbildung, das eine wesentliche Erhöhung des Preisniveaus bewirkt, weil der Wettbewerb auf einen kleinen Teil eines potentiell großen Bieterkreises beschränkt wird, wurde bei der Einführung der funktionalen Leistungsbeschreibung in die VOB nicht beachtet. Auch damals stand die bis heute weit verbreitete naive Auffassung Pate, man könne die Preise dadurch beeinflussen, dass man den Unternehmen Möglichkeiten zur Kostensenkung eröffnet.

Man wollte zu diesem Zweck zum Beispiel beim Schul- oder Hochschulbau die Konstruktionen nicht mehr vorschreiben, sondern den Einsatz Kosten sparender, betriebseigener Konstruktionsentwicklungen ermöglichen. Derartig anspruchsvolle Angebotsbearbeitungen mit erheblichem Planungsaufwand konnten aber nur wenige Großbetriebe leisten und die bildeten bald einen Markt im Markte. Das Ergebnis war eine gewaltige Kapitalverschwendung. Das Preisniveau stieg zeitweise um ein Drittel.

9.3

Kostenlenkung beim Regierungsdienstgebäude in Lüneburg

In Hochkonjunkturphasen wird der Wettbewerb oft durch Absprachen ausgeschaltet. In solchen Situationen kann das Preisniveau wesentlich dadurch beeinflusst werden, dass man eine Ausschreibung aufhebt. Voraussetzung ist eine schlüssige Begründung. Die fällt mit der richtigen Preisstatistik leicht. In Abbildung 16 ist mit dem Stern am oberen Rand der Index 137,5 markiert. Auf diesem Niveau lag im Juni 1979 das billigste Angebot im Bauhauptgewerk für den Neubau des Regierungsdienstgebäudes in Lüneburg. Die Ausschreibung wurde aufgehoben und im Januar 1980 wiederholt. Auch hier wurde kein Buchstabe und keine Zahl geändert. Die Hochkonjunktur hielt sich zwar immer noch, aber der Hamburger Niederlassung eines Baukonzerns passte zu diesem Zeitpunkt offenbar dieser Auftrag ins Programm. Sie unterbot das vormals billigste Angebot um 4 Millionen Mark – um 14 Prozent. Wie schon bei der Einschaltung des polnischen Bauunternehmens gezeigt wurde, kommt es für den Bauleiter oder den Projektsteuerer, der die Kostenentwicklung steuert, wesentlich darauf an, den Wettbewerb gegen den Hang zur Absprache wirksam zu machen. Das kann er nur, wenn er die Fakten der Baupreisentwicklung kennt und die Angebotspreise zum Vergleich sofort in den Index umrechnen kann.

Die Beeinflussungsmethodik wirkt bis zum Zeitpunkt der Kostenfeststellung. Mehrkosten durch Behinderungen der bauausführenden Betriebe werden schon dadurch vermieden, dass alle Entscheidungen rechtzeitig getroffen werden und alle Pläne rechtzeitig zur Verfügung stehen. Voraussetzung dafür ist die richtige Bemessung der Verhältnisse zwischen Arbeitskräftezahlen und Arbeitsdauern in den Planungsbüros mit Hilfe der Stundendaten aus der KOPF-Datei.

Nachträge werden durch die Produktionsplanung weitgehend vermieden. Lohnerhöhungen werden durch die kurzen Bauzeiten eingegrenzt und durch die übersichtliche Zuordnung der Arbeitsstunden zu den Arbeitspaketen minimiert.

Darüber hinaus werden Finanzierungskosten vermindert, und die kurzen Bauzeiten bringen weitere wesentliche Kosten- und Nutzenvorteile, die außerhalb der eigentlichen Baukosten liegen.

9.4

Kurze Bauzeiten mindern Baukosten

Bei einem Wohnbauvorhaben mit Kaufeigentum in Höxter konnten wir zum Beispiel die vorgesehene Bauzeit von 20 Monaten auf 12 Monate verringern. Den Käufern konnte durch Zinseinsparungen und frühere Mieteinnahmen je ein Betrag von 800 Mark gutgeschrieben werden.

Noch größere Vorteile sind für Gewerbebetriebe gegeben, wenn die Bauzeiten durch diese Organisationsverbesserung optimiert werden. Die Zusammenarbeit wirkt dann zeitverkürzend wie bei einem Staffellauf, wenn die Wechsel gut klappen.

Es gibt wissenschaftliche Untersuchungen, die besagen, dass jeder Monat, den ein Projekt länger dauert als nötig, Mehrkosten von 0,5 bis 3 Prozent der Investitionssumme verursachen kann.[5]

■ Kontinuierliche Bauprozesse wirken kostenmindernd.

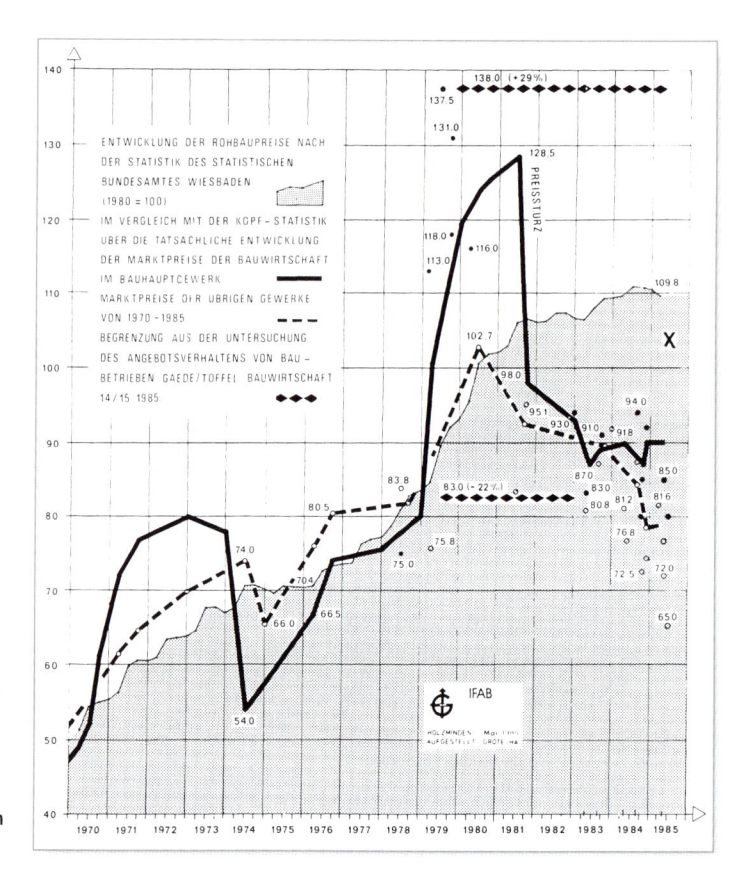

9.5 Die KOPF-Statistik und die frühzeitige Kostensicherheit – Praktische Beispiele

Abb. 18: Im Juni 1985 wurden die Preise aus einer beschränkten Ausschreibung, deren Durchschnittsniveau durch das Andreaskreuz markiert wird, mit den erzielbaren Marktpreisen verglichen.

9.5

Kosten- und Ablaufsteuerung beim Fabrikbau in Norderstedt

Die Minderung der Projektkosten beträgt für die Investoren im Schnitt 15 Prozent.

Anfang Juni 1985 rief mich Dr. Gege an, damals einer der Direktoren eines renommierten Herstellerbetriebes für Diamantwerkzeuge, der Firma Ernst Winter & Sohn GmbH & Co. in Norderstedt. Die Firma wollte eine neue Produktionsanlage errichten. Angebote aus allen Gewerken mit einer Gesamtsumme von netto 9,5 Millionen Mark lagen vor. „In vier Tagen sollen die Verhandlungen mit den Unternehmen beginnen. Die Angebotspreise wurden durch eine beschränkte Ausschreibung ermittelt. Können Sie da mit Ihrer Methode etwas verbessern?", fragte er.

Wir ließen uns die Einheitspreise für ausgewählte Leistungspositionen aus den günstigsten Angeboten durchsagen, rechneten sie in den Index unserer Statistik um und stellten fest, dass das Preisniveau um rund 10 Prozent höher lag als die Marktpreise, die in der Region um Norderstedt im öffentlichen Wettbewerb zu erzielen waren. In der Grafik zeigt das Andreaskreuz das durchschnittliche Preisniveau der vorliegenden Angebote.

Ich schlug also vor, die Arbeiten mit Hilfe des KOPF-Verfahrens neu öffentlich auszuschreiben.

Die planenden Ingenieure wiesen auf die kurze Bauzeit hin und meinten, dazu sei keine Zeit mehr.

Am 1. Dezember musste mit der Montage der Maschinen im Erdgeschoss begonnen werden, denn die Aufnahme der Produktion war für den 1. Februar 1986 festgelegt. Auf diesen Termin bezogen hatte die Firma Winter Aufträge bereits fest angenommen.

Die Planer waren davon überzeugt, dass mit den Bauarbeiten spätestens am 15. Juni begonnen werden musste, um den Montagebeginn am 1. Dezember gewährleisten zu können. Wir hatten das geprüft und wussten: der späteste Baubeginn mit KOPF und der passenden Kapazitätszuordnung lag Mitte August.

Das Bauvorhaben lief dann wie folgt ab:

– Die Arbeiten wurden öffentlich ausgeschrieben. Zusätzlich wurden die Adressen aller einschlägigen Firmen der Region aus den Gelben Seiten entnommen. Alle erhielten eine schriftliche Einladung, sich an diesem Wettbewerb zu beteiligen. Bis zum 30. 6. 1985 lagen die Angebote vor. Die Auftragssumme für die vergleichbaren Leistungen betrug nun nur noch netto 8,1 Millionen Mark. Wir hatten in der Ausschreibung Massenvorgaben durch die Planer nicht geändert, aber Massensicherheiten im Wert von 500.000 Mark festgestellt.
– Mit dem Bau wurde am 5. August 1985 begonnen.
– Mit der Montage der Maschinen wurde schon am 11. November 1985 begonnen.
– Die Aufnahme der Produktion erfolgte im Dezember 1985. Die Fertigung der ersten für den Verkauf bestimmten Werkzeuge begann bereits am 6. Januar 1986.
– Die Firma wollte das Budget von 9,6 Millionen Mark durch Mehrleistungen und Verbesserungen ausnutzen. Der zusätzliche Leistungsumfang wurde auf die Restsumme genau abgestimmt. Die betrug 2.140.000 Mark.

Wir hatten also für 7,36 Millionen Mark die geplante Bauleistung erbracht - ohne Qualitätsminderung. Die Massensicherheit war noch größer gewesen als wir geschätzt hatten.

– Ursprünglich sollten 20 Prozent des 1. OG und 50 Prozent des 2. OG nicht ausgebaut werden, um mit dem Budget auszukommen. Nun wurden alle Geschosse vollständig ausgebaut.
– Das Projekt wurde in das Umweltjahr 87 der EG aufgenommen als vorbildlicher, ökologisch gestalteter Industriebau. Gerade in ökologischer Hinsicht konnte durch die Einsparung mehr aufgewendet werden: zum Beispiel für die natürliche Klimatisierung durch schwere Wände aus Vollziegeln, für Kabelkanäle aus Stahl statt aus Kunststoff, für eine Sanalux-Verglasung, um die UV-Strahlen durchzulassen und damit in den Werksräumen den Aufbau von Vitamin D zu fördern und das Wohlbefinden der Mitarbeiter zu verbessern, für zusätzliche Lichtkuppeln, für die Erweiterung und Verbesserung der Betriebswasserkühlung und der Zirkulationsleitungen, für Linoleum- statt PVC-Bodenbeläge, für die Anwendung lösungsmittelarmer Lacke und Naturharzfarben und manches andere.[45]
– Die Einsparungen, die wir dem Einsatz des KOPF-Systems zurechnen können, betragen – wenn man die Massensicherheiten und das Honorar abzieht – mindestens 11 Prozent. Diese Ziffer zitiere ich aus dem Referenzbrief des damaligen Geschäftsführers Dr. Georg Winter. Wir dürfen den Gewinn aus der eingesparten Bauzeit hinzurechnen. Die war ursprünglich vom 15. 6. 1985 bis zum Beginn der Maschinenmontage am 1. 12. 1985 mit 5 1/2 Monaten geplant. Tatsächlich hat sie vom 5. 8. 1985 bis zum 11. 11. 1985 gedauert, das sind rund 3 Monate – ohne Überstunden, ohne Stress. Wir können also den

Das Projekt Winter in Norderstedt wurde in das Umweltjahr '87 von der EG aufgenommen.

eingesparten 11 Prozent der Bausumme noch mindestens 2 x 2 Prozent aus 2 Monaten Bauzeitverkürzung hinzurechnen. Auch hier bestätigte sich die während der KOPF-Praxis durchschnittlich erzielte Verringerung der Projektkosten um 15 Prozent.

Und das ist auch wieder ein Bauwerk mit besonderer Qualität. Die Kultur des Bauwerks ist teilweise auch auf die entwickelte Kultur des Bauens zurückzuführen.

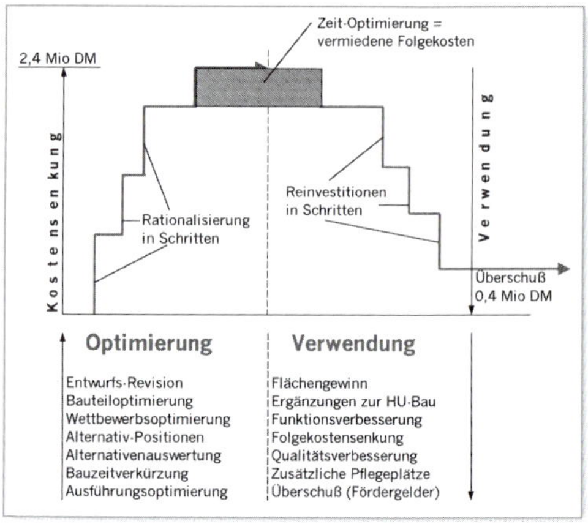

9.6

Ein Altenpflegeheim mit dem KOPF-System geplant und gebaut – Architekt Prof. Peter Junkers, Detmold

Beim Bau eines Altenpflegeheims erzielte Architekt Professor Peter Junkers 1999 einen vergleichbaren Effekt: Als planender Architekt hatte er weitergehende Optimierungsmöglichkeiten.

Als planender Architekt konnte Prof. Peter Junkers, Detmold, einen Rationalisierungseffekt von 25 Prozent erzielen.

Peter Junkers sagt dazu: „Die Kostenberechnung zur Haushalts-Unterlage (HU-Bau) hatte 9,3 Millionen Mark ergeben. Die Kostenoptimierung betrug in diesem Projekt 2,4 Millionen Mark. Das entspricht einer Rationalisierung von 25 Prozent.

Dabei wurden einige Kostenvorteile wie zum Beispiel eingesparte Vormieten etc., noch nicht berücksichtigt. Das heißt, die Rationalisierung ist der Höhe nach eher vorsichtig angesetzt.

Die ganz oben abgebildete Zeitoptimierung besagt, dass die mit sonst längerer Bauzeit verbundenen Folgekosten (z. B. Bauzeitzinsen) vermieden wurden. Diese Folgekosten beruhen auf ebenfalls vorsichtig angesetzten Werten.

Die Abbildung verdeutlicht, wie zunächst durch systematische Optimierung der Wirtschaftlichkeit die Bau- und Baufolgekosten gesenkt wur-

■ Abb. 19: Schematische Darstellung einer systematischen Kostenoptimierung (Altenpflegeheim A), die dann zur Qualitätserweiterung reinvestiert wurde.

den, um dann die freiwerdenden Beträge sinnvoll für verschiedene Maßnahmen wieder einzusetzen. Ein Teil der Rationalisierungen (0,4 Millionen Mark) konnte/musste an den Förderungsgeber zurückfließen."

9.7

Mit einer wirklichkeitsgetreuen Preisstatistik kann man frühzeitig Kostensicherheit erlangen

Die Einsparungen von mindestens 11 Prozent bei der Firma Winter haben ihren Grund auch in einem wirksamen Wettbewerb.

Grenzkostenbieter erreicht man kaum, wenn man vier oder auch zehn Unternehmer aussucht, oder wenn man in einer Anzeige eine öffentliche Ausschreibung ankündigt und dann zum Beispiel für die Schlosserarbeiten 6 Seiten Leistungsbeschreibungen mit 20 Seiten Ver-

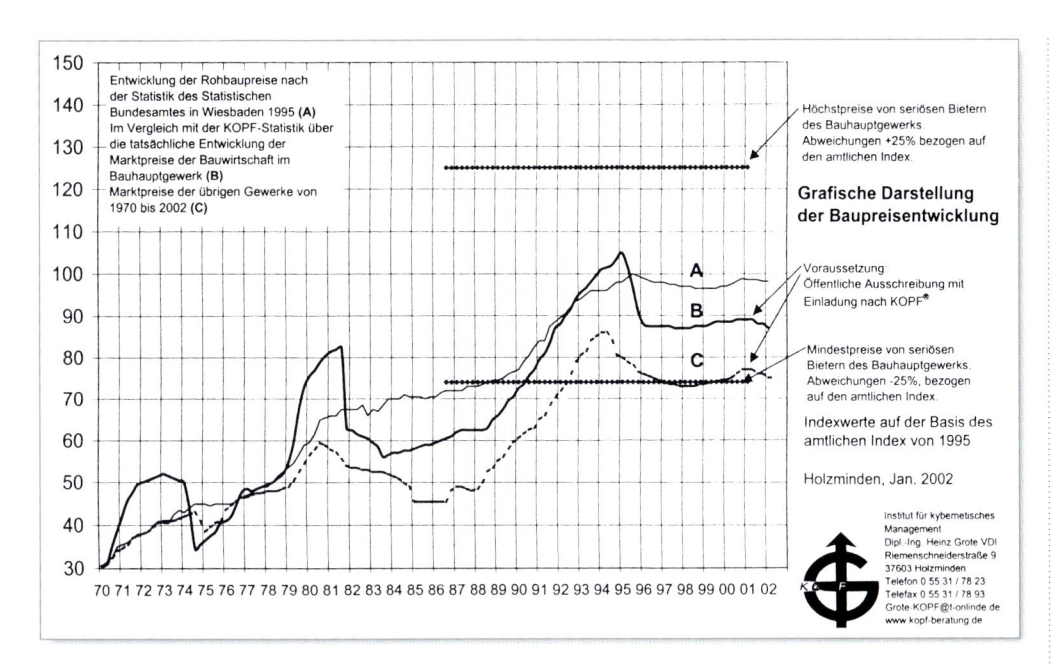

Die KOPF-Statistik und die frühzeitige Kostensicherheit – Praktische Beispiele 9.7

Abb. 20: Grafische Darstellung der realen Baupreisentwicklung im Vergleich mit der Preisstatistik des Statistischen Bundesamtes.

tragsbedingungen gegen eine Schutzgebühr anbietet.

Wer selbst bestimmt, welche Unternehmer anbieten dürfen, betreibt einen Zentralismus, der sich rächt. Markt ist, wenn man alle potentiellen Bieter einer Region einlädt und es dann ihnen überlässt zu entscheiden, ob sie anbieten wollen oder nicht. Die Region sollte je nach Größe des Objektes sinnvoll abgegrenzt werden.

Auf diese Weise werden die Selbstorganisationskräfte des Marktes wirksam gemacht. Das ist ein wichtiges Mittel der Kostenbeeinflussung.

Nach der Erfahrung mit der Kostenberechnung für das OP-Zentrum in Essen wollte der damalige leitende Ministerialdirigent im Düsseldorfer Bauministerium, Professor Hallauer, für Nordrhein-Westfalen die Baupreisstatistik reformieren. Ein Ministerialrat, den er beauftragte, diese Aufgabe mit uns durchzuführen, verzögerte den Beginn der Zusammenarbeit so lange, bis der Professor in Pension ging – und so wurde bis heute nichts aus der guten Absicht.

Die öffentlichen Hände meinen nach vielen Rückschlägen inzwischen, man solle mit der Kostenberechnung warten bis die Ausführungsplanung abgeschlossen ist. Aber wenn man das tut, kommt man sehr spät zum Bauen. Dabei wäre es mit einer der Wirklichkeit entsprechenden Preisstatistik relativ einfach, frühzeitig Kostensicherheit zu erlangen.

1991 schien sich dann etwas zu bewegen. Das ifo-Institut für Wirtschaftsforschung in München befasste sich mit dem Problem.

Nach einer Reportage im Magazin „Capital" bestätigte das Ifo-Institut München 1992, dass der KOPF-Index „entschieden aussagekräftiger" ist als der des Statistischen Bundesamtes.

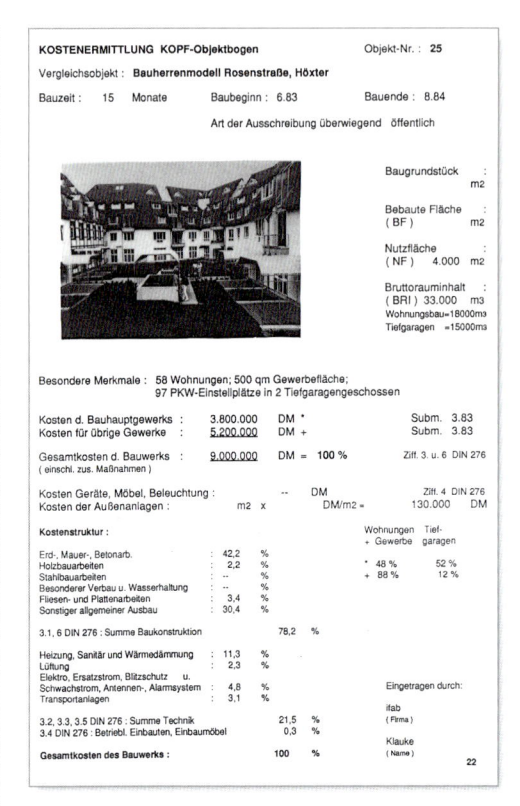

9.7 Die KOPF-Statistik und die frühzeitige Kostensicherheit – Praktische Beispiele

■ Abb. 21a: Vergleichsobjekt Rosenstraße, Höxter.

■ Abb. 21b: Vergleichsobjekt Personalwohnheim des St.-Ansgar-Krankenhauses in Höxter.

Im Magazin „Capital" schrieb Karl-Heinz Seyfried im Februar 1992: „Zwischen amtlicher Statistik und tatsächlicher Baupreisentwicklung klafft eine Lücke. So stiegen in den vergangenen drei Jahren die Baupreise mit 36 Prozent weit kräftiger an als es die Wiesbadener Statistiker mit einem Plus von 20 Prozent ausweisen. Das belegt der Baupreisindex, den das KOPF-Institut für Baumanagement des Holzmindener Architekten Heinz Grote bundesweit anhand der Angebote ermittelt, die bei Ausschreibungen den Zuschlag erhielten. ‚Dieser Index ist entschieden aussagekräftiger als die amtlichen Daten, die sich auf die offiziellen Angaben der Baufirmen beziehen', bestätigt Branchenexperte Erich Gluch vom Münchener ifo-Institut für Wirtschaftsforschung. Dabei stützt sich der Forscher auf regelmäßige Umfragen seines Hauses bei Architekten. Die offizielle Statistik weist in die Irre, weil die Firmen dem Wiesbadener Amt im Boom nicht melden mögen, wie gut es ihnen geht, und im Tief nicht offenbaren wollen, wie schwach ihre Verhandlungsposition ist."

Trotz aller Anregungen führen die Erhebungsmethoden des Amtes noch immer nicht zur Wiedergabe der realen Preisentwicklung (siehe Abbildung 20).

9.7 Die KOPF-Statistik und die frühzeitige Kostensicherheit – Praktische Beispiele

Abb. 22a: Kostenermittlungsbogen mit dem Vergleichsobjekt 21a

Abb. 22b: Kostenermittlungsbogen mit dem Vergleichsobjekt 21b

An einem Beispiel zeige ich, wie wir damit arbeiten:
Die Abbildungen 21a und 21b zeigen zwei Vergleichsobjekte aus meiner Sammlung.
Die Grafik ist eine Komponente für die sichere Kostenbestimmung, die Vergleichsobjekte sind die zweite – und die zielgenaue Beeinflussung der Kostenentstehung z. B. durch die Aufhebung einer Ausschreibung, oder durch den Vergleich von Ausführungsvarianten ist die dritte.
Die Kostenbestimmung für ein größeres Wohnbauvorhaben sieht dann folgendermaßen aus:
Die Wohnanlage hat 10.310 m^3 BRI. Die Tiefgaragenanteil beträgt 1574 m^3. Die Vergleichsobjekte müssen nicht genau so aussehen. Sie müssen nur in ihrer Kostenstruktur vergleichbar sein. Die Vergleichbarkeit kann in einer Liste abgelesen werden, in der alle Vergleichsobjekte auf ein bestimmtes Objekt bezogen worden sind.
Die Kostenbestimmung bringt die Objektkosten in ein begrenztes Toleranzfeld. Das genügt, um sie zielgenau herbeizuführen. Innerhalb dieses Toleranzfeldes ist die Bestimmung der Kosten ein Willensakt, der durch taktische Einwirkungen während des Entstehungsprozesses verwirklicht wird.
Es ist erstaunlich, wie weit die Vergleichbar-

■ An die Stelle der Kostenschätzung tritt die Kostenbestimmung.

9.7 Die KOPF-Statistik und die frühzeitige Kostensicherheit – Praktische Beispiele

Baukosten			
		BAUKOSTEN in DM	in %
3.1.0.0	Baukonstruktion		
	Baumeisterarbeiten	1.273.177,77	32,93 %
	Dachdecker + Klempner	99.876,50	2,58 %
	Fassadenverkleidung	264.957,34	6,85 %
	Stb.-Fertigteile	84.787,14	2,19 %
	Allgemeiner Ausbau		
	Anstrich	130.431,86	3,37 %
	Beton-Werkstein	44.858,65	1,16 %
	Estrich und Bodenbelag	133.560,51	3,45 %
	Fliesen	152.965,--	3,96 %
	Metallbau	51.867,04	1,34 %
	Putzarbeiten	152.235,29	3,94 %
	Fenster	192.826,37	4,99 %
	Innentüren	104.273,64	2,70 %
	Innere Tischlerarbeiten	79.645,28	2,06 %
	Verglasung	47.573,93	1,23 %
3.1.0.0		2.812.976,32	72,75 %
3.2.0.0	Installationen		
3.2.1.0 + 3.2.2.0	Sanitär	480.000,--	12,42 %
3.2.3.0	Heizung	245.000,--	6,34 %
3.2.5.0	Elektro (einschl. Schwachstrom)	177.706,22	4,60 %
3.2.7.0	Lüftung	53.000,--	1,37 %
3.2.8.0	Blitzschutz	8.000,--	0,21 %
3.2.0.0		963.706,22	24,94 %
3.3.0.0	Betriebstechnische Anlagen		
3.3.8.0	Aufzüge	78.987,60	2,04 %
3.3.0.0		78.987,60	2,04 %
5.0.0.0	Außenanlagen	14.274,37	-----
6.2.0.0	Zusätzliche Maßnahmen b. Bauwerk		
6.2.6.0	Grundreinigung	10.479,43	0,27 %
6.2.0.0		1.0479,43	0,27 %
3.0.0.0 + 6.0.0.0	Baukosten gesamt ohne Außenanlagen	3.866.149,57	100,0 %
v. 3.0.0.0 – 6.0.0.0	Baukosten einschl. Außenanlagen	3.880.423,94	--

Abb. 23: Prozentuale Verteilung der Gesamtkosten nach Gewerken am Beispiel des Personalwohnheims.

Grundlagen für die Kostenbestimmung sind die KOPF-Statistik und einige hundert Vergleichsobjekte.

keit der Kostenstrukturen verschiedener Bauwerksarten geht.

In diesem Fall wählen wir zwei Vergleichsobjekte aus:

1. das „Bauherrenmodell Rosenstraße", Höxter, und
2. das „Personalwohnheim des St.-Ansgar-Krankenhauses", Höxter.

Im ersten Fall gibt es einen größeren Tiefgaragenanteil. Deshalb müsste das Ermittlungsergebnis niedriger liegen als die zu bestimmenden Kosten. Im zweiten Fall gibt es keine Tiefgarage. Die zu bestimmenden Kosten müssen zwischen den beiden Ermittlungsergebnissen eingeordnet werden.

Mit einiger Erfahrung ist die Kostenbestimmung dann relativ einfach – so einfach, dass man nur den Kosten-Ermittlungsbogen und einen Taschenrechner braucht.

Die Grafik zeigt, dass die Preise für das Bau-

9.7 Die KOPF-Statistik und die frühzeitige Kostensicherheit – Praktische Beispiele

Regionale Baupreise im Rhein-Main-Gebiet
Best + Rathgeber präsentiert den regionalen Baupreisindex im Internet

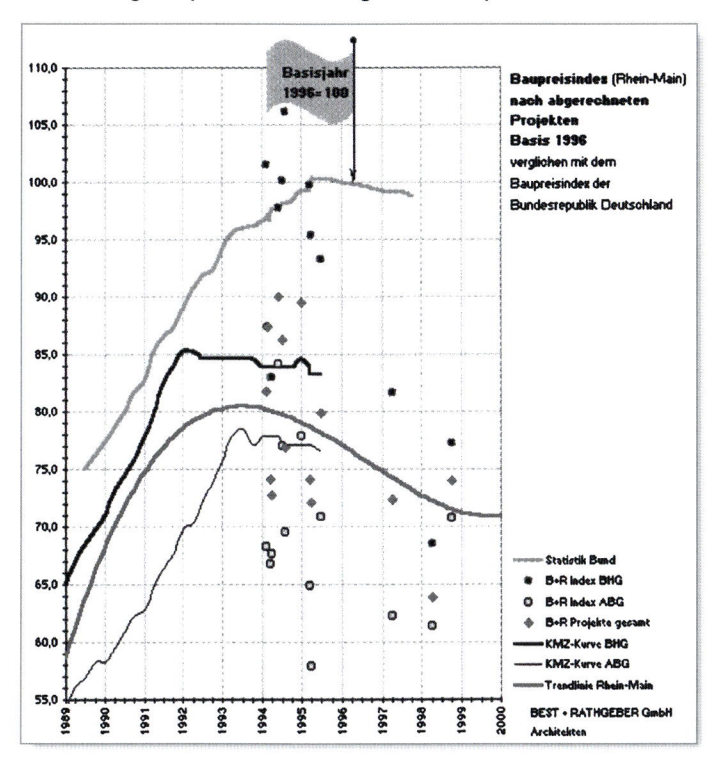

Abb. 24: Statistik Best + Rathgeber http//www.best-rathgeber.de.

hauptgewerk größere Konjunkturausschläge haben als die Preise der übrigen Gewerke, deshalb werden die auch getrennt bestimmt. In dem Ermittlungsbogen werden zuerst der BRI und die Indices für das neue Objekt eingesetzt. Dann folgen die Eintragungen des BRI, der Kosten und der Indices aus dem Vergleichsobjekt. Die Indices werden jeweils aus der Grafik abgegriffen.
Nach der vorgegebenen Formel errechnet man dann aus dem Vergleichsobjekt 21a
3.856.000,– DM
und aus dem Vergleichsobjekt 21b
4.400.000,– DM.
Daraus werden die Bruttokosten für die
neue Wohnanlage mit 4.200.000,– DM

bestimmt und werden dann zielgenau herbeigeführt.
Die Unterteilung nach Gewerken wird nach den prozentualen Anteilen an den Gesamtkosten wie in dem folgenden Beispiel vorgenommen.
Es ist wegen des mangelnden Verständnisses von Unschärferelation und Fuzzy-logic geradezu unmöglich, die Fachleute davon zu überzeugen, dass sie mit noch so hohem mathematischen Aufwand nicht genauer rechnen können. Es ist, als ob sie gar nicht registrieren könnten, dass auch bei besten Berechnungsbemühungen bei der Angebotsabgabe die Differenz zwischen den Angeboten ± 20 Prozent beträgt – und manchmal noch größer ist.
Dieses Verfahren, mit passenden Vergleichsob-

Der richtige Umgang mit der „Unschärfe" ist den meisten Fachleuten fremd.

jekten auf der Basis der realistischen Preisstatistik Angebote im schlüsselfertigen Bauen zu bearbeiten, bietet sich sowohl für Planer wie für Generalunternehmer an. Sie können damit schnell feststellen, welchen Preis der Wettbewerb jeweils zulässt. Es wird bei der zunehmenden Konkurrenz aus den europäischen Nachbarländern mehr und mehr darauf ankommen, die Produktivität des Unternehmens so einzustellen, dass auch bei sehr niedrigen Marktpreisen ausreichende Erträge erzielt werden.

Jeder kann die Statistik der Marktpreise für seine Region selbst fortschreiben.

Einige Architekten und Generalunternehmer haben damit bereits Erfolg. Die Architekten Best + Rathgeber präsentieren zum Beispiel den realen Baupreisindex für das Rhein-Main-Gebiet im Vergleich zur amtlichen Bundesstatistik.

Die Preise – von den Architekten selbst beeinflusst und abgerechnet – liegen um etwa 15 Prozent unter denen, die ich für die Bundesrepublik Deutschland im Durchschnitt feststelle (s. Abbildung 20).

Wir dürfen, wenn die Übereinstimmung von Kostenberechnung und Kostenfeststellung sichergestellt werden soll, niemals vergessen: Diese Kostenbestimmung nach der KOPF-Methodik stimmt nur dann, wenn die Bildung des Kostenmodells und die zielsichere Beeinflussung des Kostenverlaufs – also wenn Planung und Führung – eine Einheit bilden.

Das Herbeiführen des Kostenziels geschieht durch

- die öffentliche Ausschreibung mit zusätzlicher Einladung aller potentiellen Bieter in einer Region,
- die Sicherstellung eines wirksamen Wettbewerbs, wenn nötig durch Aufhebung von Ausschreibungen, wie beispielsweise beim Kurzentrum und später beim Regierungsdienstgebäude in Lüneburg oder auch beim Fabrikbau in Norderstedt,
- die Leistungsverzeichnisse mit der erforderlichen Varietät, um auf unvorhersehbare Markteinflüsse reagieren und den Investoren die optimalen Kombinationen von Baustoffen und -verfahren aufzeigen zu können.

9.8

Kosteneinsparung durch öffentlichen Wettbewerb

Wie hoch die Kosteneinsparungen allein durch öffentlichen Wettbewerb sein können, zeigt folgendes Fallbeispiel.

Beim Bauvorhaben des Finanzamtes Ludwigsburg, einem Pilotversuch der dortigen Staatlichen Vermögens- und Hochbauverwaltung, wurden im Jahr 2000 folgende Ausschreibungsverfahren verglichen:

- Generalunternehmer mit Leistungsprogramm (offenes Verfahren).

  Dabei kann der Bieter auf der Basis des vorgegebenen Leistungsprogramms seinem Angebot eine eigene Entwurfsplanung zugrunde legen.

  Der Bau wird aus dem Landeshaushalt finanziert.

- Generalunternehmer mit Leistungsverzeichnissen (offenes Verfahren).

  Grundlage ist die Planung der Landesverwaltung mit den Leistungsverzeichnissen für alle Gewerke.

  Der Bau wird aus dem Landeshaushalt finanziert.

- Einzelgewerke nach Fachlosen (offenes Verfahren).

  Grundlage ist die Planung der Landesverwaltung.

  Die Leistungen werden einzeln vergeben und von der Landesverwaltung koordiniert.

  Der Bau wird aus dem Landeshaushalt finanziert.

- Kredifinanzierung für die drei vorgenannten Alternativen:
  Darlehnsangebote werden verglichen, dann wird ein Darlehnsvertrag geschlossen.
  Das Land bezahlt Zinsen und Tilgung.
- Leasing-Finanzierung:
  Die Angebote beinhalten einen Erbbauvertrag mit dem Land über das Baugrundstück.
  Der Bau wird ausgeführt entweder mit dem ermittelten Generalunternehmer oder mit den ausgewählten Einzelunternehmen, deren Koordination der Leasingpartner übernimmt.
  Das bebaute Grundstück wird langfristig an das Land vermietet. Das Land räumt ein Erwerbsrecht ein.
  Die monatliche Miete und die Optionspreise werden in einem Zins- und Tilgungsplan angeboten.
  Der Bieter kann eine alternative Vertragsgestaltung vorschlagen.
  Die staatliche Verwaltung zahlt ab garantierter Fertigstellung die Miete aus dem Landeshaushalt.
- Investor mit Komplettangebot:
  Ein Erbbaurecht wird eingeräumt. Der Bieter vermietet die fertiggestellte und finanzierte Maßnahme an das Land.
  Der Bieter kann eine alternative Vertragsgestaltung anbieten. Er kann einen Dritten beauftragen, das Erbbaurecht zu erwerben, den Bau zu erstellen und zu finanzieren.
  Die staatliche Verwaltung bezahlt ab garantierter Fertigstellung die Miete aus dem Landeshaushalt.
- Darüber hinaus wurde am Markt erkundet, ob andere Alternativen angeboten werden können. Die gab es nicht.

„Am wirtschaftlichsten ist die Vergabe nach Einzelgewerken", stellt die staatliche Verwaltung fest. „Es gab 334 Angebote. Wir setzen den angebotenen Barwert einschließlich Nebenkosten von
20.770.823,– DM = 100,00 %

Bei den Generalunternehmern mit Leistungsprogramm gab es 12 Angebote.
Der vergleichbare Wert lag bei 105,18 %

Von den Generalunternehmern mit Fachlosen kamen 5 Angebote.
Das günstigste Angebot betrug 115,74 %

Zur Kreditfinanzierung gab es 2 Angebote.
Sie waren teurer als eine Kreditaufnahme des Landes.

Für die Leasingfinanzierung kamen 3 Angebote.
Der günstigste Wert war 113,33 %

Als Investor bewarben sich 15 Interessenten.
Der Wert des wirtschaftlichsten Angebote betrug 109,24 %

Von allen Bietern wurde die Planung des Landes übernommen."
Das Ludwigsburger Ergebnis zeigt die Leistungsfähigkeit des baugewerblichen Mittelstands und sollte dessen Erlöschancen vermehren.
Dass Investorenlösungen in jedem Fall die günstigsten seien, wie oft behauptet wird, hat sich auch hier wieder einmal nicht bestätigt.
Wäre die Kostenbeeinflussung beim Einsatz der Einzelgewerke mit einem Verfahren der Baukybernetik erfolgt, dann hätte die Kostenfeststellungssumme noch einmal um mindestens 10 Prozent niedriger liegen und die Bauzeit sicher kürzer sein können.

Staatl. Hochbauverwaltung Ludwigsburg:
„Beim Ausschreiben mit verschiedenen Methoden ist die Vergabe nach Einzelgewerken am wirtschaftlichsten."

9.9

Beweise aus einem 30-jährigen „Feldversuch"

Seit 30 Jahren wird das an den Baustellen bewiesen, an denen zur Optimierung der Baukosten baukybernetische Erkenntnisse praktisch umgesetzt werden. Zu den ersten erfolgreichen Umsetzungen gehörte nach dem Lüneburger Kurzentrum und neben dem St.-Ansgar-Krankenhaus in Höxter der Planungs- und Bauprozess zum Neubau des Altenzentrums Korffesstraße in Braunschweig. Das Bauvorhaben umfasste einen Bruttorauminhalt von 65.000 m^3, 83 Altenwohnungen, 146 Altenheim- und Altenpflegeplätze; dazu ein Bewegungsbad mit physiotherapeutischen Einrichtungen, eine Großküche mit Speiseräumen, Einrichtungen zur Begegnung der Senioren aus dem weiteren Wohnquartier, eine Altenpflegeschule und 15 Mitarbeiterwohnungen.

Die architektonisch-städtebauliche Einbindung der Anlage in die vorhandene Wohnbebauung stellte besonders unter den gegebenen ökonomischen Sachzwängen hohe Ansprüche an die Planung.

Der Bau sollte damals im Rahmen eines Investitionszulageprogramms durchgeführt werden. Um eine Zulage von 7 1/2 Prozent der Baukosten zu erhalten, mussten die Bauarbeiten bis zum 30. Juni 1977 abgeschlossen sein. Die Berater des Investors waren aufgrund ihrer Erfahrung überzeugt davon, dass die Bauzeit bei der herkömmlichen Bauweise mit aufwendiger Dachlandschaft und Ziegelverblendung mindestens zwei Jahre dauern würde. Nachteilig war auch, dass im Sommer 1975 mit der Ausführungsplanung noch nicht begonnen worden war.

Unser Ablaufmodell ergab eine Bauzeit von 15 Monaten, vom April 1976 bis zum Juni 1977. Die Vertreter des Investors waren vorsichtig.

Sie wollten zur Kostensicherheit und zur Absicherung des Fertigstellungszeitpunktes einen Generalunternehmer einsetzen.

Sie hatten die Baukosten auf rund 20 Millionen Mark geschätzt und wollten einen solventen Generalunternehmer auch verpflichten, bei Überschreitung des Termins die 1,5 Millionen Mark zu ersetzen, die in einem solchen Fall an Fördermitteln verloren gehen würden.

Auf diese Weise wäre allerdings der Bieterkreis so stark eingeengt worden, dass nach dem Gesetz der Oligopole sicher ein höherer Preis herausgekommen wäre.

Auf unsere Empfehlung hin verschob der Investor die Generalunternehmer-Entscheidung bis nach der Angebotseröffnung. Wir schrieben wahlweise nach Fachlosen und für Generalunternehmer mit Leistungsverzeichnissen aus, ließen aber auch Sonderangebote zu. Die Angebote wurden für alle Gewerke im Februar 1976 eröffnet und hatten folgendes Resultat:

– Die Summe der billigsten Einzelgebote betrug 16,6 Mio. DM.
  Nun können wir mit der KOPF-Methode leicht feststellen, welche dieser Angebote nach den Regeln der VOB nicht annehmbar sind.
– Die Summe der annehmbaren Angebote betrug 17,7 Mio. DM.
– Das billigste Generalunternehmerangebot ergab sich aus einem Sondervorschlag und betrug 19,2 Mio. DM.

Der Sondervorschlag bestand darin, die aufwendige Dachlandschaft durch ein Flachdach, die aufwendige Verblendung durch einen Plattenbehang und den Grundriss mit seinen Versprüngen durch einen einfachen rechteckigen zu ersetzen. Ohne diese Veränderungen war der Angebotspreis um rund 500.000 DM höher.

Mit KOPF kommen die angemessenen Angebote zum Zuge. Das sind nicht immer die billigsten.

Der Sondervorschlag konnte schon wegen der städtebaulichen Anforderungen nicht erfüllt werden, so ergab sich der Vergleich:
Vergabe an ein Generalunternehmen
= 19,7 Mio. DM
Vergabe nach Fachlosen   = 17,7 Mio. DM
Die Differenz war damit größer als die Summe der Investitionszulage, die bei einer Terminüberschreitung verloren gehen konnte. Deshalb entschied sich der Investor für die Vergabe nach Fachlosen.

Während des Bauprozesses gab es neben einigen weniger dramatischen Störungen zwei Unternehmensausfälle. Auf der Basis des variablen Ablaufmodells wurden die Störungsfolgen kompensiert.

Am 30. Juni 1977 wurde das Gebäude in Betrieb genommen, die Kostenfeststellung ergab einschl. Außenanlagen und besonderen Betriebseinrichtungen eine Abrechnungssumme von 17,7 Mio. DM.

Es gibt manche Gründe dafür, dass Generalunternehmer teurer sind. Einen davon konnten wir bei Angebotsvergleichen immer wieder festmachen. Auch Generalunternehmer schaffen sehr oft nicht die ausreichende Wettbewerbsspannung, wenn sie Angebote von ihren Subunternehmern einholen. Die in Abbildung 25 wiedergegebene Auswertung steht beispielhaft dafür.

Sie sehen in der linken Spalte die annehmbarsten Angebotspreise, die wir bei der betreffenden Ausschreibung von den einzelnen Handwerksbetrieben erhielten.

In der rechten Spalte ist das annehmbarste Generalunternehmerangebot, unterteilt nach Titeln aufgeführt. Diese Titel entsprechen den Fachlosen.

Sie sehen, dass einzelne Titel doppelt so teuer sind wie die Fachlosangebote, die uns unter ausreichender Wettbewerbsspannung vorgelegt wurden. Auch in diesem Fall wurden die Arbeiten getrennt nach Einzelgewerken für die

Fachlos bzw. Titel	Preise je Fachlos Einzelgewerke	Preise je Titel Generalunternehmer
1. Baustelleneinrichtung, Erd-, Drain-, Abdichtungs-, Maurer-, Beton- und Stahlbetonarbeiten, Abbrucharbeiten	1.731.986,80	1.731.986,80
2. Stahlbetonfertigteile	62.277,43	62.272,43
3. Stahlbauarbeiten	74.656,28	102.859,94
4. Flachdachabdichtungen	89.287,12	112.232,64
5. Dachdeckungs- u. Klempnerarbeiten	95.807,69	95.807,69
6. Putzarbeiten	88.927,64	88.927,64
7. Abgehängte Decken	34.501,90	71.338,47
8. Estrich- u. Bodenbelagsarb.	56.542,92	68.652,70
9. Fensterelemente aus Kunststoff einschl. Verglasungsarbeiten	73.072,58	77.350,72
10. Fensterelemente aus Holz, einschl. Verglasungsarb.		
11. Rolladenarbeiten	22.369,48	36.213,85
12. Innentüren und Beschlag	48.878,15	88.780,76
13. Fliesen- u. Plattenarbeiten	147.043,30	189.472,32
14. Metallbauarbeiten	115.283,72	130.713,77
15. Verglasungsarb. nur für Metallbau	12.942,91	28.886,59
16. Anstrich- u. Tapezierarb.	59.985,31	73.474,40
17. Natursteinfensbänke	3.500,73	3.885,04
18. Betonwerksteinarbeiten	33.725,30	42.708,41
19. Parkettarbeiten	21.863,44	29.074,73
20. Tischlerarbeiten	93.775,51	200.265,32
21. Fertigteilgaragen	34.542,11	34.542,11
22. Gebäudereinigung	-	-
23. Lüftungsarbeiten	179.549,09	214.652,85
24. Heizungsanlage	228.841,95	341.459,30
25. Blitzschutzanlage	5.331,69	8.315,04
26. Starkstromanlage	168.406,11	229.721,95
27. Schwachstromanlage	58.731,25	107.662,60
28. Sanitärinstallation	373.890,09	470.931,06
29. Abwasserkanalarbeiten	37.142,55	39.471,08
30. Außenanlagen	309.742,78	455.341,85
	4.262.605,83	5.137.002,06

■ Abb. 25: Kostenvergleich Einzelgewerke/Generalunternehmer.

Gesamtsumme von rund 4.262.606,- DM vergeben; denn das günstigste Generalunternehmerangebot war mit 5.137.002,- DM um rund 20 Prozent teurer.

Das Jahresmagazin „Capital Immobilien" hat 1995 den Bauherrn Herbert Adams aus Solingen interviewt. Der hatte ein Vierfamilienhaus mit einer Tiefgarage für 5 Stellplätze für 680.000 Mark mit der KOPF-Methode gebaut. Er nennt die kurze Bauzeit und die Kosteneinsparung als besondere Vorteile und sagt: „Durch eine Ausschreibung an jeweils mehrere Firmen habe ich bei gleicher Qualität gegenüber den ursprünglichen Angeboten 180.000 Mark gespart."

Wie ein über den Finanzierungsrahmen hinausschießender Gesamtpreis bei einem Einfami-

■ Generalunternehmer sind oft deshalb teurer, weil sie nicht für eine ausreichende Wettbewerbsspannung sorgen.

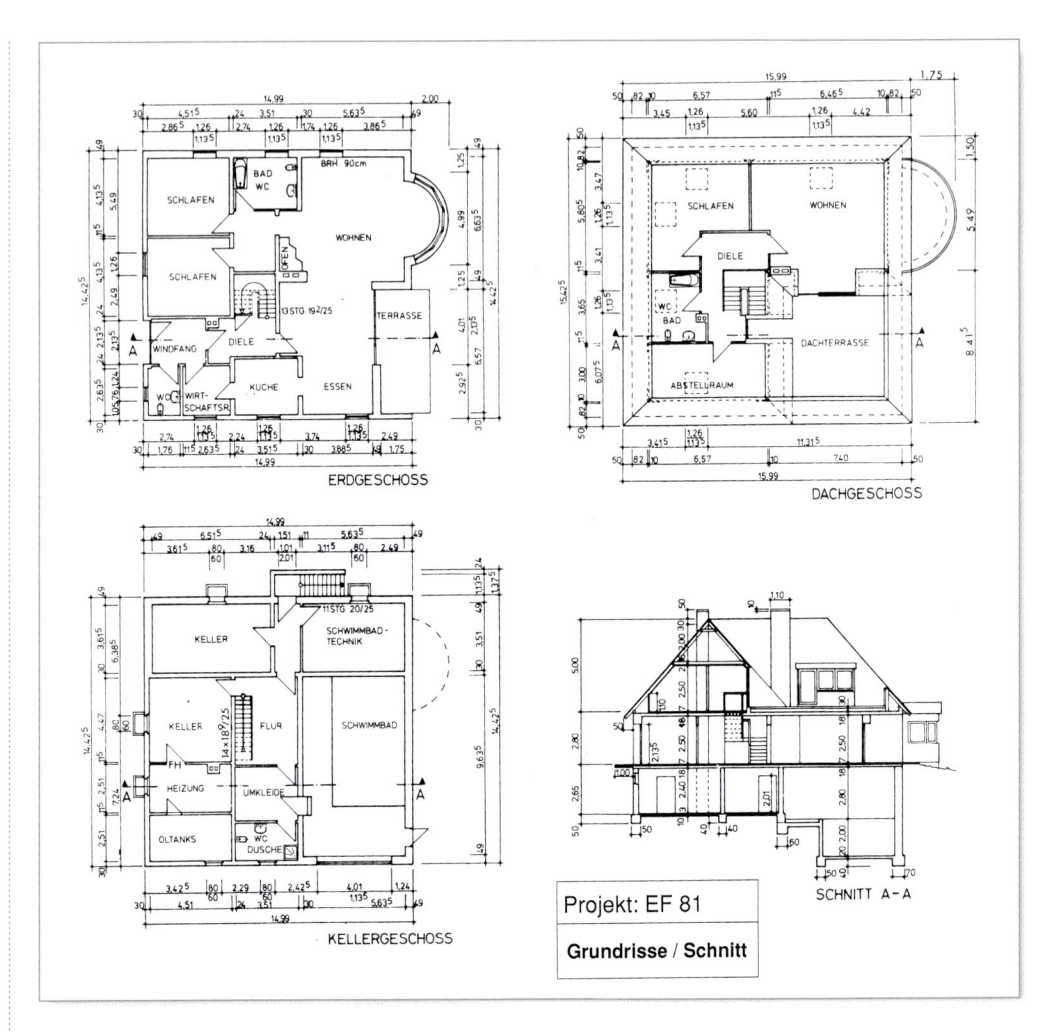

9.9 Die KOPF-Statistik und die frühzeitige Kostensicherheit – Praktische Beispiele

Abb. 26: Eigenheim mit Schwimmbad (mit Tabellen 1 – 14).

Verhandlungen auf der Basis eines variablen Kostenmodells sind effektiver.

enhaus reduziert wurde, wird auf den nächsten Seiten beschrieben. Sie können in die Verhandlungen mit den Unternehmern immer einbringen, dass wegen der frühzeitigen genauen Abstimmung des Leistungsumfangs der Vertragsfristenplan um einen Zahlungsplan ergänzt wird und dass die Abschlagszahlungen ohne weitere Aufmaße und Prüfungen von Leistungsmengen kurzfristig erfolgen, sofern die Termine eingehalten werden. Sie können die üblichen Zahlungsfristen von 18 Werktagen unterschreiten und dafür und für eingesparte Büroarbeit von den Betrieben einen Nachlass erwarten.

Diese Art von Kostenbeeinflussung setzt eine gut überlegte, variantenreiche Leistungsbeschreibung voraus. Das Bekleiden der Schwimmbadwände zum Beispiel muss sowohl mit Dekorfliesen wie mit Spezialputz oder mit einer

Zusammenstellung: EF 81		Angebotss. DM brutto	Auftragss. DM brutto	Differenz DM brutto
GEWERKE:				
1. Bauhauptgewerk:				
mit den Einzeltiteln:	Baustelleneinrichtung			
	Abbrucharbeiten			
	Abwasserkanalarbeiten			
	Beton- u. Stahlbetonarb.	372 139,22	360 975,04	11 164,18
	Mauerarbeiten			
	Abdichtung u. Verfüllung			
	Gerüstarbeiten			
	Erdarbeiten	36 377,80	31 187,34	5 190,46
		408 517,02	392 162,38	16 354,64
2. Zimmerarbeiten:		20 536,42	20 125,69	410,73
3. Dachdeckungsarb.:		35 163,75	34 460,48	703,27
4. Tischlerarbeiten:				
mit den Einzeltiteln:	Kunststoff- u. Holzfenster	22 001,48	14 772,07	7 229,41
	Türen u. Beschläge	23 166,64	11 567,36	11 599,28
	Abgehängte Decken	17 841,47	11 790,58	6 050,89
	Verglasung	768,29	768,29	0,00
		63 777,88	38 898,30	24 879,58
5. Metallbauarbeiten:				
mit den Einzeltiteln:	Stahlbauarbeiten	10 757,84	10 435,10	322,74
	Metallbauarbeiten	11 202,54	10 866,46	336,08
		21 960,38	21 301,56	658,82
6. Fliesenarbeiten:		81 700,24	49 367,29	32 332,95
7. Estricharbeiten:		15 849,02	14 932,77	916,25
8. Putzarbeiten:				
mit den Einzeltiteln:	Innenputz	14 867,73	14 421,69	446,04
	Dämmputz	8 060,20	7818,39	241,81
	Außenputz	963,43	934,53	28,90
		23 891,36	23 174,61	716,75
9. Anstricharbeiten:		26 665,62	16 241,96	10 423,66
10. Bodenbelagsarb.:		16 363,41	10 572,68	5 790,73
ÜBERTRAG: DM		714 425,10	621 237,72	93 187,38

■ Tabelle 1. Teil 1.

Holzbekleidung möglich sein – oder mit einer Kombination der verschiedenen Möglichkeiten. Gleiche Wandflächen werden dazu mehrfach in verschiedenen Gewerken erfasst. Man riskiert Mengenabweichungen von mehr als 10 Prozent. Um einen Verstoß gegen das AGB-Gesetz zu vermeiden, sollten Angebotspositionen in die Leistungsverzeichnisse aufgenommen werden, in denen die Unternehmer anbieten können, um wie viel nach oben oder unten die Einheitspreise verändert werden, wenn Mengenabweichungen von mehr als 10 Prozent eintreten.

Diese Positionen müssen zur Rechtssicherheit in die Vertragverhandlungen einbezogen werden. Danach sollten individuelle schriftliche Vereinbarungen geschlossen werden.

Nach meiner Erfahrung stellen sich die Unter-

9.9 Die KOPF-Statistik und die frühzeitige Kostensicherheit – Praktische Beispiele

Zusammenstellung: EF 81		Angebotss. DM brutto	Auftragss. DM brutto	Differenz DM brutto
GEWERKE:				
ÜBERTRAG: DM		714 425,10	621 237,72	93 187,38
11. Heizungsbauarb.:				
mit den Einzeltiteln:	Demontage			
	Öltankanlagen			
	Heizkörper			
	Fußbodenheizung			
	Rohrleitungen			
	Einrichtungsgegenstände			
	Schalt- u. Regelanlage			
	Schwimmbadlüftung			
		70 873,73	64 585,50	6 288,24
12. Sanitär-Install.-Arb.:				
mit den Einzeltiteln:	Demontage			
	Erdarbeiten			
	Grundleitungen			
	Entwässerung i. Gebäude			
	Bewässerung i. Gebäude			
	Wärmedämmung			
	Einrichtungsgegenstände			
	Schwimmbad-Umwälzanl.			
	Schwimmbecken			
		115 113,68	78 751,86	36 361,82
13. Elektro-Installation:				
mit den Einzeltiteln:	Demontage			
	Versorgung/Erdung			
	Installation			
	Techn. Installation			
	Antennenanlage			
	Telefonanlage			
	Sprechanlage			
	Diverses			
	Außenbeleuchtung			
		44 465,47	31 240,00	13 225,47
14. Gebäudereinigung:		2 842,63	2 842,63	0,00
15. Gartenbauarbeiten:		37 079,15	22 467,11	14 612,04
Gesamtsumme: DM		984 799,77	821 124,82	163 674,95

■ Tabelle 1. Teil 2.

nehmer in diesen Verhandlungen immer auf den Standpunkt, dass plus und minus sich ausgleichen. In den folgenden Tabellen wird am Beispiel des in Abbildung 26 dargestellten Projekts im Detail gezeigt, wie in den einzelnen Gewerken Kosteneinsparungen erzielt wurden.

Die KOPF-Statistik und die frühzeitige Kostensicherheit – Praktische Beispiele · 9.9

Einzelaufstellung: EF 81

GEWERK 1	Bauhauptgewerk	
Angebotssumme für die Titel:	Baustelleneinrichtung	
	Abbrucharbeiten	
	Abwasserkanalarbeiten	
	Beton- u. Stahlbetonarbeiten	
	Mauerarbeiten	
	Abdichtungsarbeiten	
	Gerüstarbeiten	372 139,22 DM
	Erdarbeiten	36 377,80 DM
	Angebotssumme	**408 517,02 DM**

Kosteneinsparungen durch:
1. Nachlass für Abkürzung der Zahlungsfristen und Wegfall von Aufmaßen, Leistungsnachweisen über Mengen und deren Prüfung.
   3 %   ./.   11 164,18 DM
2. Vergabe der Erdarbeiten an ein Fachunternehmen
   = 36 377,80 ./. 31 187,34 DM   ./.   5 190,46 DM

	Auftragssumme	392 162,38 DM
	Einsparungen	16 354,64 DM

■ Tabelle 2.

Einzelaufstellung: EF 81

GEWERK 2	Zimmerarbeiten	
	Angebotssumme	20 536,42 DM

Kosteneinsparung durch:
1. Nachlass für Abkürzung der Zahlungsfristen und Wegfall von Aufmaßen, Leistungsnachweisen über Mengen und deren Prüfung.
   2 %   ./.   410,73 DM

	Auftragssumme	20 125,69 DM
	Einsparung	410,73 DM

GEWERK 3	Dachdeckungsarbeiten	
	Angebotssumme	35 163,75 DM

Kosteneinsparung durch:
1. Nachlass für Abkürzung der Zahlungsfristen und Wegfall von Aufmaßen, Leistungsnachweisen über Mengen und deren Prüfung.
   2 %   ./.   703,27 DM

	Auftragssumme	34 460,48 DM
	Einsparung	703,27 DM

■ Tabelle 3.

Einzelaufstellung: EF 81

GEWERK 4	Tischlerarbeiten	
Angebotssummen für die Titel:	Kunststoff- und Holzfenster	22 001,48 DM
	Türen und Beschläge	23 166,67 DM
	Abgehängte Decken	17 841,47 DM
	Verglasung	768,29 DM
	Angebotssumme	**63 777,88 DM**

Kosteneinsparungen durch:

1. Statt der Kunststoffenster ohne Verglasung kommen Holzfenster aus Fichte mit einem lasierenden Anstrich incl. Verglasung zur Ausführung.   ./.   7 229,41 DM
2. Anstelle der Türen und Zargen mit Profilen werden Türen und Zargen ohne Profile eingebaut.   ./.   10 990,47 DM
3. Die abgehängten Gipskartondecken entfallen im bestehenden Gebäude.   ./.   17 841,47 DM
Trotz zusätzlicher Leistung: Holzvertäfelung anstelle der Dekorfliesen an Schwimmbadwänden.   +   12 155,23 DM
4. Nachlass für Abkürzung der Zahlungsfristen und Wegfall von Aufmaß, Leistungsnachweisen über Mengen und deren Prüfung.
5 % beim Titel Türen und Beschläge   ./.   608,81 DM
5. Nachlass für Abkürzung der Zahlungsfristen und Wegfall von Aufmaßen, Leistungsnachweisen über Mengen und deren Prüfung.
3 % beim Titel Abgehängte Decken   ./.   364,65 DM

Auftragssumme	**38 898,30 DM**
Einsparungen	**24 879,58 DM**

■ Tabelle 4.

Einzelaufstellung: EF 81

GEWERK 5	Metallbauarbeiten	
Angebotssummen für die Titel:	Stahlbauarbeiten	10 757,84 DM
	Metallbauarbeiten	11 202,54 DM
	Angebotssumme	**21 960,38 DM**

Kosteneinsparungen durch:

1. Nachlass für Abkürzung der Zahlungsfristen und Wegfall von Aufmaßen, Leistungsnachweisen über Mengen und deren Prüfung.
3 % beim Titel Stahlbauarbeiten   ./.   322,74 DM
2. Nachlass für Abkürzung der Zahlungsfristen und Wegfall von Aufmaßen, Leistungsnachweisen über Mengen und deren Prüfung.
3 % beim Titel Metallbauarbeiten   ./.   336,08 DM

Auftragssumme	**21 301,56 DM**
Einsparungen	**658,82 DM**

■ Tabelle 5.

Einzelaufstellung: EF 81

GEWERK 6	Fliesenarbeiten		
	Angebotssumme		81 700,24 DM

Kosteneinsparungen durch:

1. Wegfall der Dekorwandfliesen im Schwimmbad, dafür Spezialwandputz und Holzvertäfelung.		./.	23 763,18 DM
2. Wahl einer anderen Bodenfliese des Schwimmbadbecken-Umganges. Anstelle von lichtblauen Spaltplatten 24/12 cm jetzt Mittelmosaik 5/5 cm.		./.	233,56 DM
3. Wahl eines Sonderangebotes von Beckenrand-, Wand- und -Bodenfliesen.		./.	2 250,72 DM
4. Wahl von Sonderangeboten an Wand- und Bodenfliesen in WC, Bad, Küche und Eingang.		./.	4 558,67 DM
5. Nachlass für Abkürzung der Zahlungsfristen und Wegfall von Aufmaßen, Leistungsnachweisen über Mengen und deren Prüfung. 3 %		./.	1 526,82 DM
	Auftragssumme		49 367,29 DM
	Einsparungen		32 332,95 DM

■ Tabelle 6.

Einzelaufstellung: EF 81

GEWERK 7	Estricharbeiten		
	Angebotssumme		15 849,02 DM

Kosteneinsparungen durch:

1. Nachlass für Abkürzung der Zahlungsfristen und Wegfall von Aufmaßen, Leistungsnachweisen über Mengen und deren Prüfung. 3 %		./.	461,84 DM
2. Veränderung von Trittschalldämmungen.		./.	454,41 DM
	Auftragssumme		14 932,77 DM
	Einsparungen		916,25 DM

■ Tabelle 7.

9.9 Die KOPF-Statistik und die frühzeitige Kostensicherheit – Praktische Beispiele

Tabelle 8.

Einzelaufstellung: EF 81		
GEWERK 8	**Putzarbeiten**	
Angebotssumme für die Titel:	Innenputz	14 867,73 DM
	Schwimmbadwand- und -deckenputz	8 060,20 DM
	Außenputz	963,43 DM
	Angebotssumme	**23 891,36 DM**
Kosteneinsparung durch:		
1. Nachlass für Abkürzung der Zahlungsfristen und Wegfall von Aufmaßen, Leistungsnachweisen über Mengen und deren Prüfung. 3 %	./.	716,75 DM
	Auftragssumme	**23 174,61 DM**
	Einsparung	**716,75 DM**

Tabelle 9.

Einzelaufstellung: EF 81		
GEWERK 9	**Anstricharbeiten**	
	Angebotssumme	**26 665,62 DM**
Kosteneinsparungen durch:		
1. Wegfall der Fensteranstriche, da Holzfenster inklusive Anstrich.	./.	2 555,35 DM
2. Wegfall der Dämmplatten unter der Kellertreppe.	./.	645,05 DM
3. Wegfall der Außen- und Innenholzanstriche. Diese sind durch den Tischler bzw. Zimmerer mit angeboten worden.	./.	2 600,49 DM
4. Ausnutzung von Anstrichalternativen.	./.	2 802,31 DM
5. Wegfall der Fensterfaschen-Anstriche.	./.	965,61 DM
6. Nachlass für Abkürzung der Zahlungsfristen und Wegfall von Aufmaßen, Leistungsnachweisen über Mengen und deren Prüfung. 5 %	./.	854,85 DM
	Auftragssumme	**16 241,96 DM**
	Einsparungen	**10 423,66 DM**

Einzelaufstellung: EF 81

GEWERK 10 Bodenbelagsarbeiten

	Angebotssumme	16 363,41 DM

Kosteneinsparungen durch:
1. Wegfall des PVC-Bodenbelages, dafür Teppichboden. ./. 2 472,81 DM
2. Wahl der Fußbodensockelleisten aus Kunststoff anstelle von Hohlkehl- und Teppichleisten. ./. 3 102,15 DM
3. Nachlass für Abkürzung der Zahlungsfristen und Wegfall von Aufmaßen, Leistungsnachweisen über Mengen und deren Prüfung.
2 % ./. 215,77 DM

	Auftragssumme	10 572,68 DM
	Einsparungen	5 790,73 DM

■ Tabelle 10.

Einzelaufstellung: EF 81

GEWERK 11 Heizungsbauarbeiten

	Angebotssumme	70 873,74 DM

Kosteneinsparungen durch:
1. Wegfall der Elektro-Anschlussarbeiten, da diese im Gewerk Elektro-Installationsarbeiten enthalten sind. ./. 4 970,17 DM
2. Nachlass für Abkürzung der Zahlungsfristen und Wegfall von Aufmaßen, Leistungsnachweisen über Mengen und deren Prüfung.
2 % ./. 1 318,07 DM

	Auftragssumme	64 585,50 DM
	Einsparungen	6 288,24 DM

■ Tabelle 11.

9.9 Die KOPF-Statistik und die frühzeitige Kostensicherheit – Praktische Beispiele

Einzelaufstellung: EF 81

GEWERK 12	Sanitär-Installationsarbeiten	
	Angebotssumme	115 113,68 DM

Kosteneinsparungen durch:
1. Verzicht auf das Chlorozongerät und die Gegenstromschwimmanlage.   ./.   13 790,82 DM
2. Bau eines Betonschwimmbeckens anstelle eines Kunststoffbeckens.   ./.   18 426,17 DM
3. Nachlass für Abkürzung der Zahlungsfristen und Wegfall von Aufmaßen, Leistungsnachweisen über Mengen und deren Prüfung.
5 %   ./.   4 144,83 DM

Auftragssumme	**78 751,86 DM**
Einsparungen	36 361,82 DM

■ Tabelle 12.

Einzelaufstellung: EF 81

GEWERK 13	Elektro-Installationsarbeiten	
	Angebotssumme	44 465,47 DM

Kosteneinsparungen durch:
1. Reduzierung der Ausstattung an Steckdosen, Schaltern und Leuchten.   ./.   5 348,92 DM
2. Verzicht auf die Unterwasserleuchten im Schwimmbad.   ./.   1 925,70 DM
3. Verzicht auf den automatischen Garagentoröffner.   ./.   3 037,26 DM
4. Verzicht auf die Sprechanlage.   ./.   1 947,41 DM
5. Nachlass für Abkürzung der Zahlungsfristen und Wegfall von Aufmaßen, Leistungsnachweisen über Mengen und deren Prüfung.
3 %   ./.   966,18 DM

Auftragssumme	**31 240,00 DM**
Einsparungen	13 225,47 DM

■ Tabelle 13.

Einzelaufstellung: EF 81		
GEWERK 15	Gartenbauarbeiten	
Angebotssumme für den Titel:	Bepflanzung und Platz- und Wegebau	
	Angebotssumme	37 079,15 DM
Kosteneinsparungen durch:		
1. Wegfall der Waschbeton-Fertigteilstufen, dafür Natursteinstufen. Diese sind im Gewerk Fliesenarbeiten enthalten.	./.	8 249,59 DM
2. Wegfall von Zäunen, da diese in den Metallbauarbeiten enthalten sind.	./.	1 398,39 DM
3. Verzicht auf Gehwegplatten im Garten.	./.	4 269,19 DM
4. Nachlass für Abkürzung der Zahlungsfristen und Wegfall von Aufmaßen, Leistungsnachweisen über Mengen und deren Prüfung. 3 %	./.	694,87 DM
	Auftragssumme	22 467,11 DM
	Einsparungen	14 612,04 DM

■ Tabelle 14.

9.10

Die Kostenbestimmung für schlüsselfertiges Bauen spart Büroarbeit

Planer und Generalunternehmer haben beim schlüsselfertigen Bauen die gleichen Organisationsprobleme. Beide erzielen eine Rationalisierung der Büroarbeit von 1000 Prozent durch die Kostenbestimmung mit Hilfe von Vergleichsprojekten und erhalten bessere Resultate.

Besonders in den Unternehmen ist der Aufwand für die Angebotskalkulation im Verhältnis zum Ergebnis zu hoch. Wenn ein Auftraggeber nichts weiter wissen will als den Preis für ein Bauwerk, dann ist die Methode von einem Vergleichsobjekt mit der realistischen Statistik den Preis abzuleiten unschlagbar.

Wenn der Auftraggeber nur einen Preis für das Bauhauptgewerk haben will, funktioniert das im Prinzip genauso. Auch der Preisblock für die Gebäudetechnik im Ganzen lässt sich auf diese Weise ermitteln und ebenso der Gesamtpreis für alle Ausbaugewerke zusammen.

In den Einzelgewerken sind je nach den jeweiligen Konjunkturlagen die Einzelabweichungen um so größer, je kleiner die Gewerke sind.

Aber auch wenn die Preise für jede Leistungseinheit getrennt angeboten werden müssen, sind erhebliche Zeiteinsparungen im Büro möglich und die Wahrscheinlichkeit, in einer öffentlichen Ausschreibung den gewünschten Auftrag zu bekommen, steigt von 10 auf 50 Prozent. Darauf gehen wir im Zusammenhang mit der Angebotsbearbeitung in den Bau- und Handwerksbetrieben näher ein.

Nur eins sollte uns dabei immer bewusst sein: Die Preise oder die Kosten können leicht um 30 Prozent aus dem Ruder laufen, wenn wir den Kostenentstehungsprozess nicht gekonnt und konsequent beeinflussen.

■ In den Unternehmen steigt die Auftragswahrscheinlichkeit von 10 auf 50 Prozent.

9.11 Die KOPF-Statistik und die frühzeitige Kostensicherheit – Praktische Beispiele

9.11

Ein Sanierungsprojekt in Braunschweig

Zum folgenden Beispiel eines Sanierungsprojektes in Braunschweig ist in Abbildung 29 der Vergleich zwischen dem Ergebnis der Kostenbestimmung, der Auftragssumme mit Finanzierungsreserven und der Kostenfeststellung dargestellt. Die Reserven sind erforderlich, weil immer eine Restunschärfe von etwa 5 Prozent der Herstellungssumme bleibt. Es sind weder Irrtümer in der Kostenbestimmung noch unvorhergesehene Abweichungen auf dem Weg zum Kostenziel auszuschließen. Also sind auch Nachträge nicht auszuschließen, aber man kann sie in dem Toleranzrahmen von 5 Prozent halten. Mit der kybernetischen Beeinflussung des Prozesses werden Kostenbestimmung und Kostenfeststellung deckungsgleich gemacht.

Im Beispielfall war frühzeitig auf der Basis weniger Skizzen eine verbindliche Kostenaussage, getrennt nach drei Bauteilen zu liefern. Die wurden aus verschiedenen Töpfen finanziert:
a) die Kindertagesstätte und die Altenbegegnungsstätte,
b) die 43 Wohnungen und
c) die angebaute Parkpalette.
Ausgleichsmöglichkeiten bei Überschreitungen gab es nicht.
Keiner der drei Kostenpläne wurde durch die Kostenfeststellungen überschritten.
Selbst bei gewissenhafter Mengenermittlung braucht man eine Differenz zwischen der Auftragssumme und der Finanzierungssumme, um die Kostenfolgen von Irrtümern und Unvorhersehbarem ausgleichen zu können. In unserem Fall steuerte der Bauleiter den Einsatz dieser Reserve. In Abbildung 29 ist in der Spalte „abgerechnete Kosten" eine Schlussreserve von 69.653,66 DM aufgeführt. Die wurde dann für Kunst am Bau, Verdunklungseinrichtungen, für einen Warmwasserkostenverteiler etc. eingesetzt.

Anlagenteile der Gebäudetechnik, vor allem im Lüftungs- und Heizungsbereich, wurden im Zuge der Kostenbeeinflussung rationalisiert. Die Vorschläge des Instituts für Bauforschung, Hannover, zur rationellen Gestaltung der Wohnungsgrundrisse waren ein wesentlicher Beitrag zum Kosten sparenden Bauen. Trotz der kurzen Planungszeit war ausreichend Raum für diese Überlegungen. Die Baukosten lagen um etwa 12 Punkte unter den damals üblichen Baupreisen. Das zeigt die Lage des Andreaskreuzes in Abbildung 30.
Die Vergabe geschah getrennt nach Fachlosen. Gute architektonisch-städtebauliche Qualität muss nicht teuer sein. Für die überzeugende

> Man braucht eine Differenz von 5 Prozent zwischen Auftrags- und Finanzierungssumme, um Kostenfolgen durch Unvorhersehbares ausgleichen zu können.

a) **KITA-ALTA**	
aus Titel 1.4.0.0	58 240,— DM
aus Titel 3.0.0.0	2 200 449,— DM
aus Titel 4.0.0.0	262 237,— DM
aus Titel 5.0.0.0	330 000,— DM
aus Titel 6.0.0.0	5 000,— DM
	2 855 926,— DM
b) **43 Wohnungen:**	
aus Titel 2.2.1.0	59 340,— DM
aus Titel 3.0.0.0	3 813 712,— DM
aus Titel 4.0.0.0	8 000,— DM
aus Titel 5.0.0.0	73 000,— DM
aus Titel 6.0.0.0	12 000,— DM
	3 966 052,— DM
c) **Parkpalette:**	
aus Titel 3.0.0.0	533 936,— DM
aus Titel 4.0.0.0	15 000,— DM
aus Titel 5.0.0.0	11 000,— DM
aus Titel 6.0.0.0	1 000,— DM
	560 936,— DM
Σ a—c	**= 7 382 914,— DM**

■ Abb. 27: Auszug aus der Kostenberechnung nach DIN 276.

Die KOPF-Statistik und die frühzeitige Kostensicherheit – Praktische Beispiele | 9.11

Sanierung Frankfurter Str. in Braunschweig
(Neubau einer Kinder- u. Altentagesstätte sowie 43 Wohneinheiten)

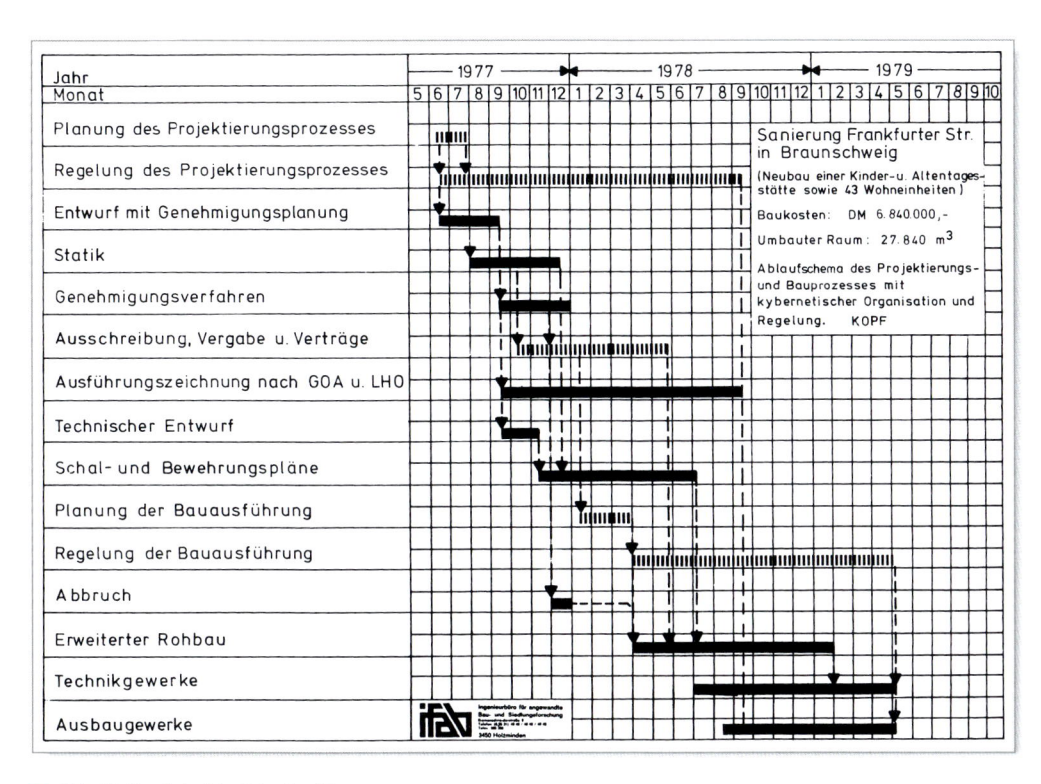

Baukosten: DM 6.840.000,–
Umbauter Raum: 27.840 m^3

Ablaufschema des Projektierungs- und Bauprozesses mit kybernetischer Organisation und Regelung. KOPF

■ Abb. 28: Vereinfachte Ablaufgrafik.

		Ergebnis der Kostenberechn. = Finanzierungsvolumen	Auftragssumme Pauschale	Reserve zum Nachweis	abgerechnete Kosten
Titel 1.4.0.0	Abbruch	58 240,–	29 500,00	–,–	29 114,47
Titel 3.0.0.0	Rohbau		*3 060 000,00	54 765,92	3 081 608,88
und 4.0.0.0	Heizung		497 307,52	30 692,48	508 677,04
	Lüftung		107 405,70	17 594,30	108 260,00
	san. Installation		463 566,09	28 433,91	478 366,21
	Elt. Installation		275 000,00	–,–	302 605,49
	Fenster		233 473,60	7 526,40	249 482,70
	Innentüren		90 236,80	3 763,20	85 900,00
	innere Tischlerarbeiten		75 602,56	6 397,44	109 899,80
	Verglasung		55 992,00	8 008,00	56 036,60
	Putz		257 164,81	22 405,60	257 215,00
	Zimmerarbeiten		123 083,36	3 822,00	132 131,21
	Dachdecker u. Klempner		278 880,00	15 120,00	301 603,23
	Metallbau		118 708,15	2 860,03	138 479,51
	Beton-Werkstein	6 892 674,–	72 834,82	2 822,40	72 820,00
	Aufzüge		92 329,44	2 371,60	94 965,92
	Fliesen		190 779,57	12 633,60	177 360,69
	Estrich- u. Bodenbelag		197 000,00	5 152,00	237 266,89
	Anstrich		94 509,99	6 283,20	98 150,04
	abgeh. Decken		72 897,47	2 548,00	72 895,00
	Sonnenschutz		13 359,47	1 332,80	15 403,15
	Kücheneinbauten		76 000,00	–,–	89 830,00
	Möbel-Einbauten		60 000,00		59 838,55
	Einrichtungen		100 000,00	–,–	110 601,90
Titel 5.0.0.0	Außenanlagen	414 000,–	405 000,00	9 000,00	459 902,98
Titel 6.0.0.0	Gebäudereinigung	18 000,–	13 565,83	3 108,00	12 580,00
Zwischensumme		7 382 914,–	7 054 197,18	246 640,88	7 311 880,28
Titel zusätzliche Reserven aus △7 382 914,– –(7 054 197,18 + 246 640,88)				82 075,94	*69 653,66
		7 382 914,–		7 382 914,00	7 381 533,94

* für Kunst am Bau, Verdunkelung, Warmwasserkostenverteiler

■ Abb. 29: Kostensteuerung Frankfurter Straße, Braunschweig.

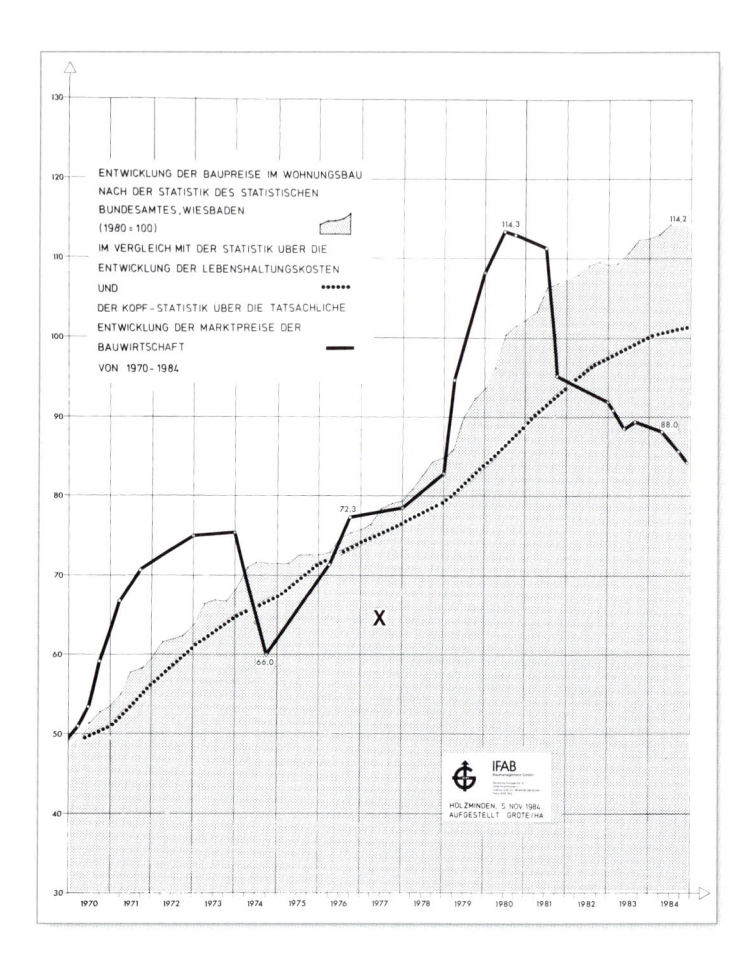

9.11 Die KOPF-Statistik und die frühzeitige Kostensicherheit – Praktische Beispiele

Abb. 30: Das Andreaskreuz markiert des Preisniveau des Sanierungsprojekts Frankfurter Straße, Braunschweig.

Gute architektonisch-städtebauliche Leistung muss nicht teuer sein.

Gestaltung wurde die Braunschweiger Architektengruppe Westermann, Schwerer, Fischer zusammen mit dem Bauherrn, der Nibelungen Wohnbau Gesellschaft, mit dem Peter-Joseph-Krahe-Preis der Stadt Braunschweig ausgezeichnet. Peter Joseph Krahe baute und lehrte von 1803 bis 1840 in Braunschweig.
Aber auch die Funktionsseite wurde prämiert. Im Dezember 1982 zeichnete der Bundesminister für Raumordnung, Städtebau und Wohnungswesen die Nibelungen Wohnbau Gesellschaft für die besonders gelungene Integration der Behinderten aus. Auch das Projekt ist ein Beispiel dafür, dass gute Bauqualität und konzentriertes, kurzzeitiges Planen und Bauen zur Sicherung niedriger Kosten durchaus zusammengehen.
Der Zusammenhang zwischen Kosten- und Terminplanung liegt auf der Hand.

10

Das KOPF-System

*„Es genügt nicht zu wissen,
man muss auch anwenden.
Es genügt nicht zu wollen,
man muss auch tun."*
Johann Wolfgang von Goethe

Auf der Grundlage dessen, was wir mit der Baukybernetik in Lüneburg gelernt hatten, entwickelten wir von 1974 bis 1978 das Management-System KOPF® Kybernetische Organisation, Planung, Führung. Zeitlich parallel zueinander lenkten wir in der Zeit die Neubauten des St.-Ansgar-Krankenhauses mit dem zugehörenden Personalwohnheim in Höxter, die Diabetes-Kinderklinik in Bad Oeynhausen und das Altenzentrum Korffesstraße in Braunschweig.
– Kybernetische Organisation heißt, selbstorganisierte Arbeitsprozesse etablieren.
– Kybernetische Planung heißt, unscharfe Modelle der äußerst komplexen Kosten- und Arbeitsprozesse erstellen, die die „erforderliche Varietät" zum zielsicheren Ausgleich aller Störungseinflüsse enthalten.
– Kybernetisches Führen – der wichtigste Teil – bedeutet, mit Hilfe der Selbstorganisation, mit Hilfe des variablen Modells und durch Einbeziehen der zweiten Zeitdimension – also mit Regelungsentscheidungen bevor die Störungsfolgen real werden – die Entscheidungs-, Planungs- und Ausführungsprozesse kosten- und termingenau lenken.

Der Führende übernimmt die Verantwortung für die Voranpassung des Systems an veränderte Anforderungen aus dem Umfeld. Dazu muss er die Regeln kennen, für alle, die die Regeln einhalten, Behinderungen vermeiden und konsequent und couragiert im Interesse des Ganzen Regelverstöße Einzelner ahnden. Der Führende braucht auch die beschriebenen Kenntnisse aus der Management-Kybernetik. Er muss die Funktion des Lernens für das Gesamtsystem übernehmen (Rybalskij). Führen ist Dienstleistung. Er muss akzeptieren, dass er den Ausführenden kontinuierliche Arbeitsabläufe schuldet. Er führt nicht die anderen – sondern für die anderen. Er muss eigene geistige Varietät entwickeln und sich konsequent zum Gelingen des Ganzen einbringen.

■ Führen ist Dienstleistung.

Ohne kybernetisches Handeln ist alles andere nichts – auch wenn die Modelle mit noch so raffinierter Software erstellt wurden.

10.1 Das KOPF-System

10.1

Erkenntnisse zur Organisation des Planungsprozesses

Beim Bau des St.-Ansgar-Krankenhauses lernten wir, was uns zu einem kybernetischen Management noch fehlte: Als ich offiziell erklärte, dass in dem Krankenhaus mit 405 Betten 36 Monate nach Baubeginn die ersten Operationen durchgeführt und die ersten Babys zur Welt kommen würden, empfanden die Beteiligten diese Aussage als abenteuerlich. Viereinhalb Jahre dauerte so ein Bauprozess erfahrungsgemäß; oft war selbst diese Zeitspanne überschritten worden und wir steuerten zum ersten Mal den Bau eines Krankenhauses.

Gut – es hat 37 Monate gedauert. Wir hatten im Herbst 1974 mit einer umfangreichen tiefbautechnischen Erschließung begonnen. Im April 1975 begann mit dem Aushub der Baugrube der Hochbau.

Vor Beginn der Hochbauarbeiten waren die Parkplätze fertiggestellt – wie ich das in der Lektüre zum Fordwerk in Lothringen gelernt hatte. (Kap. 2.1). 12 Monate nach Baubeginn arbeiteten die Fassadenbauer und Dachdecker. Der Planungsprozess für den Neubau eines Krankenhauses ist äußerst komplex. Wir hatten gemeinsam mit den Planungsbeteiligten Planlisten erstellt. Alle waren überzeugt, dass sie daraufhin ihre Planungszeiten richtig bemessen konnten. Aber trotz aller Bemühungen dauerten die Projektierungsprozesse der Gebäude- und der Medizintechnik sechs bis zehn Monate länger als die Planer versprochen hatten. Die Zeit für den Ausführungsprozess wurde also um einiges kürzer, weil ja der Fertigstellungszeitpunkt auf jeden Fall eingehalten werden sollte.

Die verspäteten Planvorlagen sind bis heute die hauptsächlichen Ursachen für die hohen Zeit- und Geldverluste in den Bauprozessen. Wir konnten mit Hilfe unseres variablen Ausführungsmodells die Anzahl der Arbeitskräfte in den Technik- und Ausbaugewerken im erforderlichen Ausmaß erhöhen und so die verkürzten Arbeitsdauern bewirken. Es blieb bei der festgelegten Gesamtbauzeit von drei Jahren.

Das KOPF-System wurde nach dieser Erfahrung um die Arbeitsstunden-Daten aus dem Planungsprozess ergänzt.

Wir hatten gelernt: Ein Bauprozess besteht aus drei Teilen, die man alle richtig modellieren und lenken muss. Es geht um die Teilprozesse: Entscheiden, Projektieren und Ausführen. Der Projektierungsprozess ist der wichtigste Teilprozess. Hat man den im Griff, dann gehen der Entscheidungs- und der Ausführungsprozess fast von selbst; denn deren Abläufe und kritische Zeitpunkte können aus dem Fortschritt der Projektierung abgeleitet und allen Beteiligten deutlich gemacht werden.

■ Abb. 31: St.-Ansgar-Krankenhaus Höxter: 405 Betten, Baukosten 60 Mio. Mark, BRI 135.000 m³, Bauzeit 37 Monate. Regelbauzeit: 54 Monate zu 75 Mio. Mark. Generalplaner: Dipl.-Arch. Horst Tenten BDA, Düsseldorf. Bauherr: Katholische Kirchengemeinde St. Nikolai Höxter.

Die verspäteten Planvorlagen sind bis heute die Hauptursache für die hohen Verluste in den Bauprozessen.

Das KOPF-System **10.2**

Kraftwerk Häusling im Zillertal
Projektkosten betriebsfertig: 1,5 Milliarden AS
Bauzeit: 5 ½ Jahre, 1980 – 1986

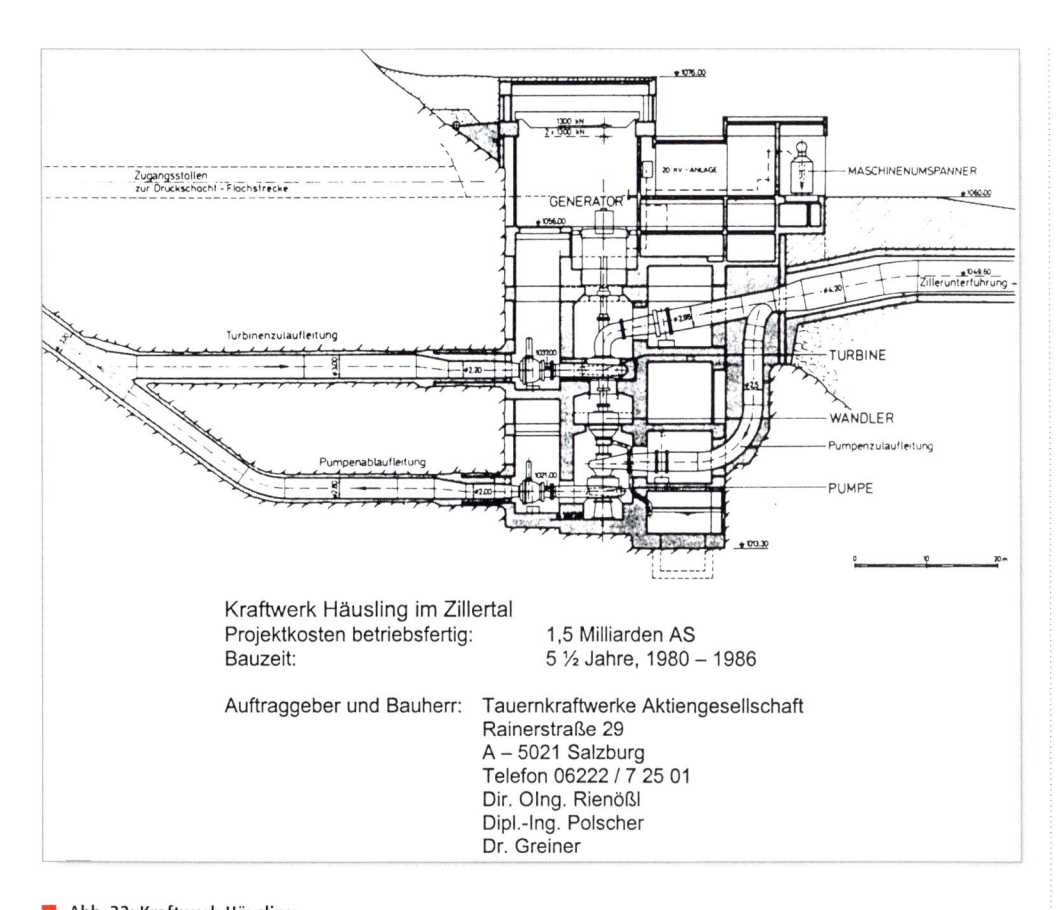

Auftraggeber und Bauherr: Tauernkraftwerke Aktiengesellschaft
Rainerstraße 29
A – 5021 Salzburg
Telefon 06222 / 7 25 01
Dir. OIng. Rienößl
Dipl.-Ing. Polscher
Dr. Greiner

■ Abb. 32: Kraftwerk Häusling im Zillertal.

10.2

Der unbekannte Arbeitsstundenaufwand

Mir war schon bei der Ausschreibung der Mauer- und Betonarbeiten für das Gymnasium in Alfeld 1967 eine seltsame Diskrepanz aufgefallen, die ich damals für zufällige Unternehmerirrtümer hielt. Wir hatten zu der Zeit noch keine eigene Arbeitsstunden-Datei. Deshalb hatten wir in den Vertragsbedingungen die Bieter aufgefordert, die Zahl der Arbeitskräfte zu nennen, die eingesetzt werden mussten, um die Ausführungsfrist einhalten zu können. Die Differenz zwischen der höchsten und der niedrigsten angegebenen Zahl betrug 100 Prozent.

Ein renommierter Hannoveraner Bauunternehmer zweifelte in einem Anschreiben zum Angebot die vorgegebene Ausführungsfrist mit der Begründung an, dass diese schon deshalb unmöglich eingehalten werden könne, weil die Zahl der Arbeitskräfte, die dafür erforderlich wäre, wegen der begrenzten Arbeitsfläche nicht eingesetzt werden könne.

Der Bieter, der den Auftrag erhielt, konnte das

■ In den Unternehmen ist oft nicht bekannt, wie viele Arbeitsstunden aufgewendet werden müssen, um einen Auftrag zu erfüllen.

10.2 Das KOPF-System

Verhältnis von Arbeitsdauer und Arbeitskräfteeinsatz besser einschätzen. Er setzte die erforderlichen Arbeitskräfte auf der gegebenen Arbeitsfläche ein und wurde in der vorgegebenen Frist fertig.

Derart unzutreffende Einreden kommen bis zum heutigen Tag in allen Gewerken immer wieder vor. Das zeigte sich auch bei der Ausschreibung der Baumeisterarbeiten für den Bau des Kraftwerks Häusling im Zillertal.

Zu oft werden zu wenig Arbeitskräfte eingesetzt.

Der Projektmanager Dipl.-Ing. Dr. Otto Greiner hatte sich die KOPF-Methodik zu Eigen gemacht. Wir hatten gemeinsam die erforderliche Arbeitskräftezahl ermittelt. Der Bauherr, die Tauernkraftwerke, ließ sich von den Bietern in den Ausschreibungsunterlagen deren Vorstellung nennen. Auch hier betrug die Differenz der Angaben 100 Prozent. Mit der nach KOPF ermittelten Arbeitskräftezahl hat Dr. Greiner den Bauablauf zielsicher gesteuert.

Er hat – auch gemeinsam mit anderen österreichischen Anwendern des KOPF-Systems – bis in die jüngste Zeit hinein anspruchsvolle Bauvorhaben zielgenau verwirklicht.[46)]

Wir kommen darauf mit dem Fallbeispiel Humanomed Privatklinik Graz zurück.

Im Allgemeinen besteht die Unsicherheit über den erforderlichen Arbeitskräfteeinsatz an den Baustellen bis heute fort.

Wenn die Bedeutung der Arbeitsstunden für die Beeinflussung der Arbeitsprozesse richtig eingeschätzt würde, gäbe es mehr Klarheit über den Arbeitsstundenaufwand.

Das Projektmanagement ist aus dem Stadium, das ich als „Flatland" bezeichnet habe, nicht herausgekommen. Man versucht immer noch, das Unberechenbare zu berechnen. Das gilt für die Kosten wie für die Abläufe. Mit einem immensen Aufwand wurden Kostenermittlungsmethoden, Kostenhandbücher, Kostenelementverfahren, Ablaufplantechniken und dazu eine immer raffiniertere Software entwickelt. Die Markteinflüsse auf die Preise werden ebenso ignoriert wie die Tatsache, dass es wesentlich auf die kybernetische Beeinflussung der Prozesse ankommt, um

– den optimalen Preis zu erzielen,
– die Übereinstimmung von Kostenschätzung und Kostenfeststellung mit einer frühzeitigen Kostenbestimmung zu erreichen,
– termingenau zu lenken und
– die Blindzeiten aus den Arbeitsprozessen herauszunehmen.

Alles, was den konventionellen Planern und Steuerern bis jetzt dazu eingefallen ist, ist das unsinnige Fazit, man müsse erst die Ausführungsplanung fertig stellen, um die Kosten richtig berechnen zu können.

Auch die Bauprozesse werden immer noch mit Hilfe von Balkenplan- und Netzplantechniken geplant. Auch hier baut man darauf, dass man die Berechnungsmethoden irgendwann so verbessert haben könne, dass der Planung die Planerfüllung folge. Die Entwicklung geht bis zu Win- und Power-Project und ähnlichen Programmen.

Aber was hilft das, wenn die Bedeutung der Beeinflussung nicht die Priorität erhält, die ihr zukommt, und wenn nicht einmal Klarheit über den Stundenaufwand besteht.

Im Frühjahr 2001, während ich an diesem Manuskript arbeite, habe ich die Zusammenhänge im Rahmen meiner Forschungsarbeit zum Entscheidungsprozess im „Logistiknetzwerk Bau" referiert. Bei dem Forschungsvorhaben geht es, wie gesagt, darum, den Bauprozess durch eine bessere Logistik zu optimieren.

„Ich arbeite gerade an einem großen Bauprojekt in Frankfurt am Main", sagte einer der Zuhörer, „da wurde die Arbeitserlaubnis für die eingesetzten osteuropäischen Arbeiter nicht verlängert. Wir haben nun schon drei Wochen Verzug. Da können Sie mit Ihrer Methode auch nichts machen."

Dass solche Überschreitungen bei rechtzeitigem Wissen über die Zahl der erforderlichen Arbeitskräfte und bei der Anwendung kybernetischer Logik nicht vorkommen müssen, oder mindestens zielgenau kompensiert werden können, hält er für eine Werbeaussage, obwohl das seit Jahrzehnten bewiesen wird. Immerhin enthebt ihn diese Einstellung, die noch von vielen geteilt wird, davon, Gewohnheiten zu ändern. Schließlich strengt das an und ist ja vielleicht auch riskant.

Ein renommierter „Baudienstleister" – so nennt sich ein Generalunternehmen, das keine eigenen gewerblichen Mitarbeiter mehr beschäftigt – hat ein „Pilotprojekt" in das Forschungsvorhaben eingebracht: In 7 Monaten sollen 60 Reihenhauseinheiten schlüsselfertig gebaut werden. Selbstverständlich ist die Planungssoftware auf dem neuesten Stand. Aber über die erforderlichen Arbeitskräfte gibt es keine rechte Vorstellung. Und für eine zielsichere Beeinflussung des Prozesses werden nicht einmal die notwendigen Vorbereitungen getroffen. „Das muss doch auch eleganter gehen als mit der umständlichen Ermittlung der Arbeitsstunden", ist der ganze Kommentar des verantwortlichen Diplomingenieurs. „So etwas ist Sache der Subunternehmer."

Und auf die Frage, wo denn die Lagerplätze für die Unternehmen geplant seien, kommt die Antwort: „Lagerplätze für Subunternehmer sind nicht meine Sache. Ich kaufe Leistungen ein, danach sind die verantwortlich." Dass dieses Verhalten hohe Verluste für das eigene Unternehmen mit sich bringt, ist vielen Projektleitern nicht klar.

Die Zeit- und Geldverluste sind vorprogrammiert. Der Bauablauf ist chaotisch. Und wenn die interne Baustellenlogistik und der Personaleinsatz nicht stimmen, kann auch eine externe Logistik die Zulieferung der Baustoffe nicht optimieren.

Das Resümee meines Zwischenberichts lautet demgemäß:

1. Die Zeitverluste an den Baustellen durch Warten, umständliches Arbeiten und Mängelbeseitigungen betragen rd. 50 Prozent der aufgewendeten Arbeitsstunden. Deshalb sind die Arbeitskosten und damit auch die Baupreise zu hoch.

2. Die vergleichenden Studien zeigen, dass Verbesserungen der Baulogistik nur im Rahmen einer systemischen Organisation und kybernetischen Steuerung des gesamten Bauprozesses wirksam werden können, der aus dem Entscheidungs-, dem Planungs- und dem Ausführungsprozess besteht.

3. Das gilt auch für den Einsatz von IT-Produkten, -Programmen und -Verfahren, die im Übrigen immer nur geeignet sind, Daten zu verwalten und die Büroarbeit zu rationalisieren.

4. Unabdingbare Voraussetzungen für das Wirksamwerden der Logistikverbesserung zur Belieferung der Baustellen sind die Einbeziehung der rechtzeitigen Planlieferungen und der rechtzeitigen Entscheidungen in das Logistikkonzept und eine Ablaufplanung, in der die Leistungspositionen nach der Folge der Arbeitsschritte in vernetzbaren Arbeitspaketen neu sortiert werden.

Nur so lassen sich auch die Liefermengen in übersichtlichen Margen aufbereiten und die Zahl der erforderlichen Arbeitskräfte und Geräte so organisieren, dass die Liefertermine festgelegt und eingehalten werden können.

Diese Organisation muss mit einem hohen Grad von Selbststeuerung und Selbstverantwortung der Facharbeiter gekoppelt sein.

Diese Voraussetzungen fehlen bis jetzt noch fast überall.

5. Verbesserungen der Baulogistik allein ohne die Voraussetzungen unter 4. können die im komplexen Planungs- und Baugeschehen auftretenden Verluste kaum mindern und damit auch die Arbeitskosten und die Baupreise nicht signifikant reduzieren.

6. Die Voraussetzungen unter 4. führen allerdings ohne eine verbesserte Baulogistik auch nicht zu optimalen Arbeitskosten.

7. Wenn die Arbeitskosten gesenkt werden kön-

■ Die Unkenntnis über Arbeitsstunden und Arbeitskräfteeinsatz kann zum Ruin führen.

■ Ohne den passenden Arbeitskräfteeinsatz bleibt auch die Baulogistik wirkungslos.

10.2 Das KOPF-System

Die Grundlage für die Aussage, man könne durch Verfügbarkeit von Informationen im Internet die Verschwendung in den Bauabläufen begrenzen, ist nicht Wissenschaft, sondern Aberglauben.

IT kann sehr hilfreich sein. Aber verschwendungsfreie Bauprozesse können nur durch Menschen herbeigeführt werden, die kybernetisch denken und handeln.

nen, folgt daraus die Senkung der Baupreise nicht automatisch. Baupreise werden nicht durch die Kalkulation, sondern durch den Wettbewerb bestimmt. Die Studien zeigen, dass Unternehmen, in denen die Organisationserneuerungen nach Ziffer 4 und Ziffer 6 gelingen, die Arbeitskosten um 20 bis 30 Prozent senken können.

Sie mindern die Angebotspreise aber nur, wenn die Konkurrenz im Wettbewerb sie dazu zwingt.

Aber die Verantwortlichen für die Baustellenorganisation sind darin geübt, Schuldige zu finden und Ausreden vorzutragen. Die beste Ausrede kennen die Manager an der betreffenden Baustelle noch gar nicht: die mathematisch begründete Resignation des Managements vor der Komplexität des Geschehens, die Manfred Bundschuh 1998 bei der Gesellschaft für Projektmanagement in München vorgetragen hat. Das ist zwar ebenso falsch wie die Statistik über die Entwicklung der Baupreise des Statistischen Bundesamtes. Aber es ist „wissenschaftlich" bzw. „amtlich".

Der Gipfel der kausal-mechanistischen Praxis und Lehre mit immer neuen Enttäuschungen und Verlusten ist die Vorstellung, man könne durch die Verfügbarkeit von Informationen im Internet die Verschwendung in den Bauabläufen begrenzen.

Darüber entsteht in Karlsruhe eine Doktorarbeit. Der Doktorand glaubt an eine bessere Zusammenarbeit der Gewerke in einem Netzwerk, die durch ein „internetbasiertes Projekt- und Informationsmanagement" bewirkt werden soll. Er macht daraus auch gleich ein Management-Angebot:

„Durch den Einsatz des Internet bietet das Programm den Partnerbetrieben und dem Bauherrn die Transparenz über Termine, Kosten und Qualität der Baumaßnahme." Das ist Datenverwaltung – nicht Management. Der Baudienstleister mit dem Pilotprojekt verfügt auch über eine derartige Plattform. Sie bleibt gegenüber den exorbitanten Terminüberschreitungen wirkungslos.

Solange IT-Entwicklungen nicht eingebunden werden in eine nookybernetische Denk- und Handlungsweise der verantwortlichen Menschen, sind die Investitionen dafür reine Geldverschwendung.

Natürlich ist es vorteilhaft, wenn zum Beispiel alle Planungsbeteiligten über das Internet jederzeit Zugriff auf den neuesten Stand der Zeichnungen und Berechnungen haben. Aber die Plattformen beeinflussen doch nicht deren rechtzeitige Fertigstellung. Wir werden an den später zu besprechenden Fallbeispielen sehen, wie wenig die Planungsbeteiligten über die in ihren Büros aufzuwendenden Arbeitsstunden für die rechtzeitige Durchführung ihrer Arbeit wissen und wie dadurch – aber häufig auch durch vertragswidriges Verhalten – immer wieder Behinderungen im Planungs- und Ausführungsprozess auftreten.

Die Problemlösung liegt nicht in immer besserer IT, so hilfreich diese auch sein mag, nachdem das eigentliche Grundproblem gelöst ist. Verschwendungsfreie Abläufe in den äußerst komplexen sozio-technischen Prozessen des Bauwesens können nur durch den persönlichen Einsatz von Menschen geschaffen werden, die auf der Basis der passenden Arbeitsstundendaten Systemmodelle erstellen, in denen die erforderliche Varietät des Personaleinsatzes enthalten ist und die dann mit kybernetischer Logik sicherstellen, dass die Zeit-, Qualitäts- und Kostenziele erreicht werden.

EDV-Systeme jeder Art – auch die CIM-Systeme in den Fabriken – sind nicht flexibel genug für die hohe Komplexität und die damit verbundene Störungsvielfalt in den Prozessen.

Was wir brauchen ist TQM und noch viel mehr TMQ – Total Management Quality –, wie Fredmund Malik in einem Symposium des KOPF-Instituts schon vor einigen Jahren sagte, und ky-

KYBERNETISCHE PRODUKTIONSPLANUNG ZUSAMMENSTELLUNG DER STUNDEN NACH ARBEITSPAKETEN FÜR DEN STUNDENVERGLEICH	Bauvorhaben: — Gewerk: Fliesenarbeiten Ausführungsabschnitt:	Blatt 1

Nr. LFD	Arbeitspaket	Vorgabe Stunden KOPF	Vorgabe Stunden AN *	geleistete Wochenstunden *																	* Ausfüllen nach Auftragserteilung
				2	3	6	7	8	9	10	13	14	15	16	17	20	21	22			
	Los 1; Haus 1	412		40	40	40	40	40	40	40	20	20	20	20	20						
	Los 1; Haus 2	412			80	120	160	200	240	280	300	320	340	360	380						
	Los 2; Haus 3	598														20	48	48			
	Los 2; Haus 4	422															68	116			
	Los 3; Haus 5	422																			
	Los 3; Haus 6	435																			
	Std-Summe Hs. 1–6	2702																			

■ Abb. 33: Mitschreiben der Arbeitsstunden.

bernetisches Denken und Handeln dazu. Bei der Fokussierung auf die IT bleibt das Wichtigste immer wieder auf der Strecke: Die Fähigkeiten des Menschen – sein Urteilsvermögen, die Spontaneität, sein Einfallsreichtum und seine Tatkraft. Nur wenn diese Fähigkeiten auf der Basis des neuen Denkens in den Arbeitsprozessen wirksam gemacht werden, erreichen wir die „erforderliche Varietät" und damit unsere Ziele.

10.3

Entscheidend für den KOPF-Erfolg ist nicht der Computer

Wir hatten mit der Baukybernetik 1970 sofort Erfolg, weil es gelungen war, die erforderliche Varietät zur Modellierung der äußerst komplexen Bauprozesse und deren zielgenaue Beeinflussung mit Hilfe der kybernetischen Logik zu erreichen.

Die ersten Notizen über die aufzuwendenden Arbeitsstunden in den Gewerken waren noch unvollständig und in Kladde geschrieben. Aber die reichten schon aus, um trotz der gravierenden Störungen, die schon beim Kurzentrum in Lüneburg auftraten, eine kurze Bauzeit sicher zu erreichen. Entscheidend waren dort die Dienstleistungen für die bemühten polnischen Arbeiter und das konsequente rechtssichere Handeln gegenüber dem Planer und dem Betrieb, die sich vertragswidrig verhielten.
Beim Projektmanagement für die Bauwerke, an deren Verwirklichung wir von 1973 bis 1978 mitwirkten, haben wir dann die Arbeitsstundenwerte für die Leistungspositionen der Gewerke nach und nach in Karteikarten erfasst.[10] Ebenso wichtig war das Mitschreiben der tatsächlich aufgewendeten Stunden an den Baustellen. Abbildung 33 zeigt ein Beispiel.

10.3 Das KOPF-System

MENGENERMITTLUNG nach KOPF-System

Vergleichsobjekt : **Sanierung Frankfurter Straße, Braunschweig**

Bauzeit : 13 Monate   Baubeginn : 3.78   Bauende : 4.79

Submission : 12.77   Art der Ausschreibung überwiegend öffentlich

Baugrundstück : 6.045 m2

Bebaute Fläche (BF) : 2.590 m2

Nutzfläche (NF) : 6.544 m2

Bruttorauminhalt (BRI) : 27.840 m3

<u>Besondere Merkmale</u> : 1 Kindertagesstätte - 80 Plätze, 1 Altentagesstätte - 150 Plätze, 43 WE einschl. 4 Schwerbehindertenwohnungen, 2- gesch. Parkpalette - 48 Plätze.

LB	Zeichnungsunterlagen			Anzahl d. Pläne	Faktor I	Faktor II
1	Arch.-Entwurfszeichnung	M 1:100	DIN A0	10		0,9+1,50
	Arch.-Ausführungszeichn.	M 1: 50	DIN A0	23	1,00	2
	Arch.-Ausführungsdetail		DIN A0	20		= 1,20
2	Schalplan		DIN A0	23		
	Bewehrungsplan		DIN A0	35	1,20	1,60
	Konstruktionsplan		DIN A0	--		
3	Gebäudetechn.-Ausführungszeichn.		DIN A0	23	HKL = 1,00	HKL = 1,25
					SAN = 1,00	SAN = 0,85
	Schlitz- und Durchbruchspläne		DIN A0	23	ELT = 1,15	ELT = 1,35
4	Außenanlagen			6	1,20	1,50

■ **Abb. 34:** Mengengrundlage zur Ermittlung der Arbeitsstunden für Planungsleistungen ist die Zahl der Entwurfs- und Ausführungszeichnungen, umgesetzt in DIN-A0-Einheiten: Die Zahl der DIN-A0-Einheiten multipliziert mit definierten Schwierigkeitsfaktoren und Arbeitsstunden je Einheit ergibt die Arbeitsstundenzahl für die jeweilige Planungsphase bzw. den Planungsabschnitt.

Auch Arbeitsstundendaten unterliegen dem Unschärfegesetz. ■

Dieses Mitschreiben dient vorrangig der Feststellung der jeweiligen Baustellenproduktivität der beteiligten Betriebe und den rechtzeitigen zielbestimmten Korrekturentscheidungen.

Dabei stellte sich bald heraus, dass die Unternehmen je nach ihrem Produktivitätsgrad bis zu etwa 30 Prozent mehr oder weniger Stunden aufwenden mussten, um eine bestimmte Leistung zu erbringen.

Es gibt demnach keine wissenschaftlich bestimmbaren Arbeitsstundendaten je Leistungseinheit. Solche Daten können immer nur sehr grobe Annäherungswerte sein.

Als wir begannen, die Stundendaten für den Planungsbereich zu erfassen, hatten wir zu Anfang teilweise Abweichungen von 100 Prozent und mehr zwischen den Schätzungen in den Büros und den mitgeschriebenen aufgewendeten Stunden. Die Abweichungen gab es nach oben und unten. Interessant war, dass diese

1. Architektur und Bautechnik

Faktor I

Honorarzone	Mindestsatz	Höchstsatz	KOPF-h	Anwender	Bemerkungen
I	0,75	0,85			
II	0,85	1,00			
III	1,00	1,20			
IV	1,20	1,35			
V	1,35	1,45			

Faktor II

1.- Einzelwohnhaus	1,00
2.- Reihenwohnhaus	0,95
3.- Geschoß-Wohnungsbau	0,90
4.- Altenpflege-Bauten	1,25
5.- Schulbauten	1,30
6.- Gewerbe- und Verwaltungsbauten	1,50
7.- Verkehrs- und Produktionsbauten	1,80
8.- Gesundheitsbauten	2,85
9.- Kultur- und Wissenschaftsbauten	3,00

■ Abb. 35: Schwierigkeitsfaktoren zur Ermittlung der Arbeitsstunden im Planungsprozess.

Abweichungen, die sich nach dem Gesetz der großen Zahl teilweise ausglichen, der Brauchbarkeit der Modelle keinen Abbruch taten.
Wenn Sie also einmal unsere Annäherungswerte benutzen sollten, und sie durch weitere Positionen oder Planungsschritte ergänzen wollen, dann halten Sie sich mit dem Suchen möglichst genauer Daten nicht lange auf. Schätzen Sie einfach einen Erfahrungswert. Fehler tarieren sich beim Mitschreiben bis auf die unvermeidbare, aber auch unschädliche Unschärfetoleranz aus.
Durch die Einführung dieser relativ einfachen Hilfsmittel in ein nookybernetisches Management wurden die Prozesse in einer Größenordnung optimiert, die unsere kühnsten Erwartungen noch weit übertraf. Und wir benutzten von 1970 bis 1987 für die Modelldarstellung nichts weiter als Karteikarten, Tisch- und Taschenrechner und Letrasetstreifen auf kariertem Papier.

Aller spätere Aufwand für PC-Software hat die Bauablaufresultate nicht um einen Deut verbessern können. Die Büroproduktivität ist allerdings gestiegen. Der routinierte Anwender der Baukybernetik bedient sich für die Gestaltung der Übersichtmodelle, die der ersten Entscheidung über Bauzeiten und Arbeitskräfteeinsatz dienen, inzwischen einfacher Ableitungsverfahren.
Um die Mengen der Zeichnungen und Berechnungen zur Ermittlung der Stundendaten im Planungsprozess leichter erfassen zu können, wurden Vergleichsobjekt-Bogen angelegt, in denen die aufgewendeten DIN-A0-Einheiten bei durchgeführten Objekten festgehalten worden sind. Beispielhaft ist das hier für das Vergleichsobjekt Frankfurter Straße Braunschweig gezeigt.
Die Schwierigkeitsfaktoren werden beispielhaft in Abbildung 35 gezeigt.
Der Schwierigkeitsfaktor I betrifft die unterschiedlichen Anforderungen der Honorarzonen.
Der Schwierigkeitsfaktor II richtet sich nach der Informationsdichte der Pläne.
Abbildung 36 zeigt einen Ausschnitt aus einem Informationsblatt über die Arbeitsstundenwerte für Planungsleistungen. Das sind die Grunddaten, die dann nach dem jeweiligen Schwierigkeitsgrad vermehrt oder vermindert werden müssen.
Gleichzeitig mit der Erfassung der Planungsdaten wurden die Daten für die Ausführungspositionen in entsprechenden Informationsblättern nach der Struktur des Standardleistungsbuches Ende der 70er Jahre neu geordnet. Abbildung 37 zeigt einen Ausschnitt aus der Datensammlung zum Mauerwerksbau. Die Stundenwerte enthalten Produktivitätsreserven, um auch Unternehmen mit minderer Produktivität in der richtigen Größenordnung zu erfassen. Außerdem sind hier Nebenleistungen für Transporte etc. enthalten. Abbildung 38 zeigt einen Ausschnitt aus der Arbeitsstunden-

■ Die Erfolge mit KOPF waren von 1970 bis 1987 ohne Software nicht geringer als von 1988 bis 2001 mit der Software. Die Büroproduktivität stieg allerdings – auch durch den Software-Einsatz.

■ DIN-A0-Einheiten bilden die Mengengrundlage für die Ermittlung der Arbeitsstunden im Planungsprozess.

■ Für die Lenkung beim schlüsselfertigen Bauen enthalten die Stundendaten Reserven, um auch Unternehmen mit minderer Produktivität zu erfassen.

10.3 Das KOPF-System

1. Architektur und Bautechnik				
1.1	Objektplanung	KOPF-h	Anwender	Bemerkungen
1.1.3	Entwurfsplanung			
1.1.3.1	Zeichnerische Lösung der Planungsaufgabe je Zeichnungseinheit DINA0, M = 1:100	22,00		
1.1.3.2	Integration der Fachplanung und Verhandlung mit Bauherrn und Behörden je Zeichnungseinheit DINA0, M = 1:100	17,00		
1.1.4	Genehmigungsplanung je Zeichnungseinheit DINA0 der Entwurfszeichnung M = 1:100	21,00		
1.1.5	Ausführungsplanung			
1.1.5.1	je 1.-Stufe-Ausführungsplan M = 1:50, DINA0	26,00		
1.1.5.2	je Ausführungsdetail für Leistungsverzeichnisse DINA0	24,00		

■ Abb. 36: Für alle Planungsleistungen gibt es die Durchschnittsdaten zu den aufzuwendenden Arbeitsstunden.

2 Mauerwerk		h max.	h opt.	Bemerkungen
Werte für Mauerhöhen über 3,00 m KSL- und Ziegel- Mauerwerk				
1 m³	49,0 cm	5,40	4,32	
1 m³	36,5 cm	5,35	4,28	
1 m³	30,0 cm	5,10	4,08	
1 m³	24,0 cm	5,25	4,20	
1 m²	17,5 cm	1,05	0,84	
1 m²	11,5 cm	0,85	0,68	
1 m²	11,5 cm x 7,1 cm	1,15	0,92	
1 m³	"Zuschlag für nachträgliches mauern in fertigem Stahlbetonrohbau"	1,00	0,80	
1 m²	"Zuschlag für nachträgliches mauern in fertigem Stahlbetonrohbau"	0,30	0,24	
Gasbeton-, Hohlblocksteine, etc.				
1 m³	gerade Wände aus Gasbetonsteinen mit Klebemasse (Ytong) Format: 0,175 x 0,25 x 0,50	3,30	2,64	

■ Abb. 37: Leistungspositionen. Ergänzungen können in Anlehnung an diese Daten geschätzt und hinzugefügt werden. Die Zahlen umfassen die erforderlichen Einrichtungsarbeiten und den durchschnittlichen Transportaufwand an der Baustelle.

Anstricharbeiten		h max.	h opt.	Bemerkungen
2.2	Fenster, Fenstertüren, Fensterelemente			
1 m²	Anstrich Fenster-und Türelemente	0,35	0,28	
2.4	Türen, Tore, Trennwände, Füllungen Bekleidungen, Futter, Zargen, Rahmen			
1 St	Fh - und Fb - Türen (0,76 - 1,135)	1,50	1,20	
1 St	Fh - und Fb - Türen (1,135 - 1,51)	1,80	1,44	
1 St	Stahlzargen (0,635 m) 27 cm tief	1,00	0,80	
1 St	Stahlzargen (0,885 m) 27 cm tief	1,20	0,96	
1 St	Stahlzargen (1,01 m) 27 cm tief	1,30	1,04	

■ Abb. 38: Arbeitsstundendaten aus dem Ausbaubereich.

1 Einrichtungsgegenstände		h max.	h opt.	Bemerkungen
Einrichtungsgegenstände, Objekte u. Armaturen				
1 St	Brausewanne ohne Armatur	2,40	1,92	
1 St	Brauseeinrichtung	4,70	3,76	
1 St	Badewanne ohne Armatur	4,40	3,52	
1 St	Badeeinrichtung	6,90	5,52	
1 St	Waschbecken	2,35	1,88	
1 St	Waschtischanlage	2,40	1,92	

■ Abb. 39: Arbeitsstundendaten aus dem Bereich der Gebäudetechnik.

sammlung für das Gewerk Türen, Zargen etc. und Abbildung 40 einen Auszug aus dem Bereich der Sanitärobjekte. Diese Auszüge sind beispielhafte Darstellungen aus einer Sammlung mit etwa 4000 Einzeldaten, die in der zweiten Hälfte der 80er Jahre dann in eine Datenbank zur KOPF-Software umgesetzt wurden. Wir sind jetzt dabei, die Daten mit Erläuterungen zum allgemeinen Gebrauch ins Internet zu bringen.

KOPF - KOSTENBESTIMMUNG

Dipl.-Ing. Heinz Grote VDI
Riemenschneiderstraße 9
37603 Holzminden
Telefon 05531 / 7823
Telefax 05531 / 7893
eMail Grote-KOPF@t-online.de
www.kopf-beratung.de

Bauvorhaben: 23 Eigentumswohnungen m. Tiefgarage
Bruttorauminhalt nach DIN 277: 8.600 m³
Submissionstermin:
Index Bauhauptgewerk: 110 neu
Index übrige Gewerke: 90 neu

Vergleichsobjekt:
Bauvorhaben: Bauherrenmodell Rosenstr.
Bruttorauminhalt nach DIN 277: 33.000 m³
Ausschreibungen überwiegend öffentlich mit Einladung.

Brutto-Kosten:
Bauhauptgewerk: 3.800.000 DM alt
übrige Gewerke: 5.200.000 DM alt

Index:
Bauhauptgewerk: 68 alt
übrige Gewerke: 60 alt

Außenanlagen: ...... m² x ...... DM/m² = ... DM Faktor: ......
(Faktor 1,0 bei Rasen, Randbepflanzung, Drahtzaun, Zuschläge für San., Elt. usw.)

Brutto-Bauwerkskosten nach DIN 276
Bestimmung mit dem Baupreis-Index des KOPF-Systems

Berechnungsformel: $\frac{\text{DM alt} \times \text{m}^3 \text{ BRI neu} \times \text{Index neu}}{\text{m}^3 \text{ BRI alt} \times \text{Index alt}}$

Bauhauptgewerk: $\frac{3.800.000 \times 9.000 \times 110}{33.000 \times 68}$ = 1.670.000 DM

übrige Gewerke: $\frac{5.200.000 \times 9.000 \times 90}{33.000 \times 60}$ = 2.220.000 DM

Zwischensumme Bauwerkskosten gem. DIN 276: 3.790.000 DM

Mehr- oder Minderkosten für:

a) Außenanlagen ...... m² x ...... DM/m² = ... DM
b) Fliesen = 70.000 DM
c) Aufzüge = 100.000 DM
d) aufwendige Bäder = 60.000 DM

Brutto-Herstellungskosten: = 4.020.000 DM
bei Steuerung der Kostenentwicklung mit KOPF
rd. = 4.000.000 DM

Ort, Datum: Holzminden, 05.08.97 Bearbeiter: [illegible]

Abb. 40: Kostenbestimmung für ein Wohnobjekt. (s. auch Abb. 22a).

10.4

Das KOPF-Modell für schlüsselfertiges Bauen

Die Gestaltung des Gesamtmodells zur Verwirklichung eines Bauvorhabens beginnt immer mit dem Kostenmodell. Dazu gibt es neben der fortgeführten Statistik über die reale Baupreisentwicklung (s. Abb. 20) einige hundert Objektbogen mit den relevanten Kostendaten, um daraus Kosten bzw. Preise für neue Projekte ableiten zu können. Diese Ableitung setzt einige fachliche Grundkenntnisse voraus, die man sich ohne große Schwierigkeit aneignen kann.

Zur Sammlung der Vergleichsobjekte gehört eine Anleitung, mit deren Hilfe festgestellt werden kann, welche Objekte bezüglich der Kostenstrukturen vergleichbar sind.

Auch diese Sammlung von Vergleichsobjekten wollen wir zusammen mit der ständig fortgeführten KOPF-Statistik und mit den Erläuterungen zum allgemeinen Gebrauch demnächst ins Internet stellen.

Die Herstellung des Gesamtmodells will ich nun beispielhaft erläutern.

Nehmen wir zuerst ein Projekt mit 23 Eigentumswohnungen, die sich in zwei Häusern befinden, und mit einer Tiefgarage. Zur Kostenbestimmung wurde das Vergleichsobjekt in Abbildung 21a gewählt. Den Ermittlungsbogen zeigt Abbildung 40.

Zum Gesamtmodell gehört als erster Modellteil das Kostenmodell. Dafür gibt es außer der KOPF-Statistik einige 100 Vergleichsobjekte.

MENGENERMITTLUNG

Projekt: 2 Wohnhäuser mit TG
Haus: 1 + 2 + TG

Gewerk: **Projektierung Objektplanung Gebäude**

WHG	Raum	Wand	Pos.	Ansatz 1. Dimension	1. Dim.	2. Dim.	Ergebnis
				Gebäudeplanung M= 1:100 (Entwurf)	DIN A4	DIN A3	
				Haus 1			
				Grundriß Untergeschoß		1	
				Grundriß Erdgeschoß		1	
				Grundriß Obergeschoß		1	
				Grundriß Dachgeschoß		1	
				Schnitte		2	
				Ansichten	4		
				Details	4		
				Summe Haus 1	8	6	
				Haus 2			
				Grundriß Untergeschoß		1	
				Grundriß Erdgeschoß		1	
				Grundriß 1.Obergeschoß		1	
				Grundriß 2.Obergeschoß		1	
				Grundriß Dachgeschoß		1	
				Schnitte		2	
				Ansichten	4		
				Details	4		
				Summe Haus 2	8	7	
				Tiefgarage			
				Grundriß		2	
				Schnitte		2	
				Summe Tiefgarage		4	
				Gesamtsumme	16	17	
							DIN A0
				17 DIN A3 : 8			2
				16 DIN A4 : 16			1
							3
				3 DIN A0 x Faktor 1,5 = 4,5 ~ **5 DIN A0**			
				(Die o.a. Pläne sind ohne Schriftfeld)			
						Übertrag:	

Seite 1

Abb. 41: Die 5 DIN-A0-Einheiten wurden in diesem Fall aufgrund einer Planliste ermittelt.

10.4 Das KOPF-System

Blatt: 1

KYBERNETISCHE PRODUKTIONSPLANUNG ARBEITSVORBEREITUNG PLANUNG STUNDENERMITTLUNG				Projekt: 2 Wohnhäuser mit TG			Objektplanung Gebäude					
				Vorgabe Stunden KOPF				Vorgabe Stunden AN				
Nr. Lfd.	Leistungstext	Einheit	KOPF E	Faktor I	Faktor II	Menge	Std.	AN E	Faktor I	Faktor II	Menge	Std.
1.1.1	Grundlagen	A0 1:100	10,5	1,0	0,9	5	47					
1.1.2	Vorplanung	A0 1:100	24,5	"	"	5	110					
1.1.3.1	Zeichnung	A0 1:100	22,0									
1.1.3.2	Integration u. Verhandlungen	A0 1:100	17,0									
1.1.3	Entwurfsplan		39,0	"	"	5	175					
1.1.4	Genehmigungspl.	A0 1:100	21,0	"	"	5	95					
1.1.5.1	Ausführungsplan 1. Stufe	A0 1:50	26,0	"	"	11	257					
1.1.5.2	Ausführungsdetail für LV	A0	24,0	"	"	4,5	97					
1.1.5.3	Ausführungsplan 2. Stufe	A0 1:50	12,0	"	"	11	119					
1.1.5.4	Restliche Ausführungsdetails	A0	24,0	"	"	4	86					
	Std.-Summe/Übertrag						559					

Datum und Name des Ausstellers: 19.07.97 Deichel
2.87 KOPF-SYSTEM

Blatt: 6

KYBERNETISCHE PRODUKTIONSPLANUNG ARBEITSVORBEREITUNG PLANUNG STUNDENERMITTLUNG				Projekt: 2 Wohnhäuser mit TG			2. Tragwerksplanung					
				Vorgabe Stunden KOPF				Vorgabe Stunden AN				
Nr. Lfd.	Leistungstext	Einheit	KOPF E	Faktor I	Faktor II	Menge	Std.	AN E	Faktor I	Faktor II	Menge	Std.
2.1	Grundlagen	A0 1:100	3,0	1,20	1,15	5	21					
2.2	Vorplanung	A0 1:100	9,7	1,20	1,15	5	67					
2.3	Entwurfsplanung	A0 1:100	11,7	1,20	1,15	5	81					
2.4	Genehmigungsplanung	A0 1:100	29,0	1,20	1,15	5	200					
2.5.1	Schalpläne	A0	18,7	1,20	1,15	10	258					
2.5.2	Bewehrungspläne	A0	16,0	1,20	1,15	15	331					
2.5.3	Stahl- u. Holzkonstr.-Pläne	A0	13,35	1,20	1,15	3	55					
	Std.-Summe/Übertrag											

Datum und Name des Ausstellers: 19.07.97 Deichel
2.87 KOPF-SYSTEM

10.4 Das KOPF-System

Nr. Lfd.	Leistungstext	Einheit	KOPF E	Faktor I	Faktor II	Menge	Std.	AN E	Faktor I	Faktor II	Menge	Std
3.3.0	Grundlagen	A0 1:100	2,0	1,0	1,15	5	12					
3.3.1	Vorentwurf mit Wirtschaftlichkeitsbetr.	A0 1:100	4,0	1,0	1,15	5	23					
3.3.2.1	Zeichnungen	A0 1:100	3,5	1,0	1,15	5						
3.3.2.2	Integration und Verhandlungen	"	1,0	"	"	"						
3.3.2	Entwurfsplan		4,5	1,0	1,15	5	26					
3.3.3.1	Ausführungsplan	A0	5,0	1,0	1,15	10	53					
3.3.3.2	Fortschreiben der Planung während d.A.	A0	0,5	1,0	1,15	10	6					
3.3.4	Mengenermittlung	A0 1:100	2,0									
3.3.6	Leistungsverzeichnis	"	1,0									
	Ausschreibung		3,0	1,0	1,15	5	17					

Projekt: 2 Wohnhäuser mit TG, 3. Techn. Ausrüstung, Elektro
Blatt 10
Datum: 19.07.97

■ Abb. 44: Auszug aus der Stundenermittlung für die Planung der elektrotechnischen Ausrüstung.

Aus der Grafik zur KOPF-Statistik in Abbildung 20 werden die Preisindizes entnommen. Aus dem Objektbogen des Vergleichsobjekts in Verbindung mit der grafischen Darstellung der Preisentwicklung kann dann die Zielzahl für die Kostenfeststellung leicht ermittelt werden.

■ Abb. 42: Auszug aus der Stundenermittlung für den Architekten.

■ Abb. 43: Auszug aus der Stundenermittlung für den Tragwerksplaner.

Die Erstellung des Modellteils für den zielgenauen schlanken Bauablauf beginnt mit der Darstellung des Planungsprozesses.
Die Leistungsmengen werden in den meisten Fällen ähnlich wie die Kosten aus einem Vergleichsobjekt abgeleitet (s. Abb. 34). In diesem Fall entschied man sich dazu, zuerst eine Planliste zu erstellen und daraus die DIN-A0-Einheiten zu ermitteln. Abbildung 41 zeigt einen Auszug, der für die Entwurfsarbeiten 5 DIN-A0-Einheiten angibt.
Die ermittelten 5 DIN-A0-Einheiten finden Sie in den drei abgebildeten Formularen wieder. Es handelt sich um Auszüge aus den Stundenermittlungen für den Architekten, den Tragwerksplaner und den Fachingenieur für Elektrotechnik.

■ Der Modellteil zur Darstellung eines zielgenauen schlanken Bauablaufs beginnt mit der Darstellung des Planungsprozesses.

10.4 Das KOPF-System

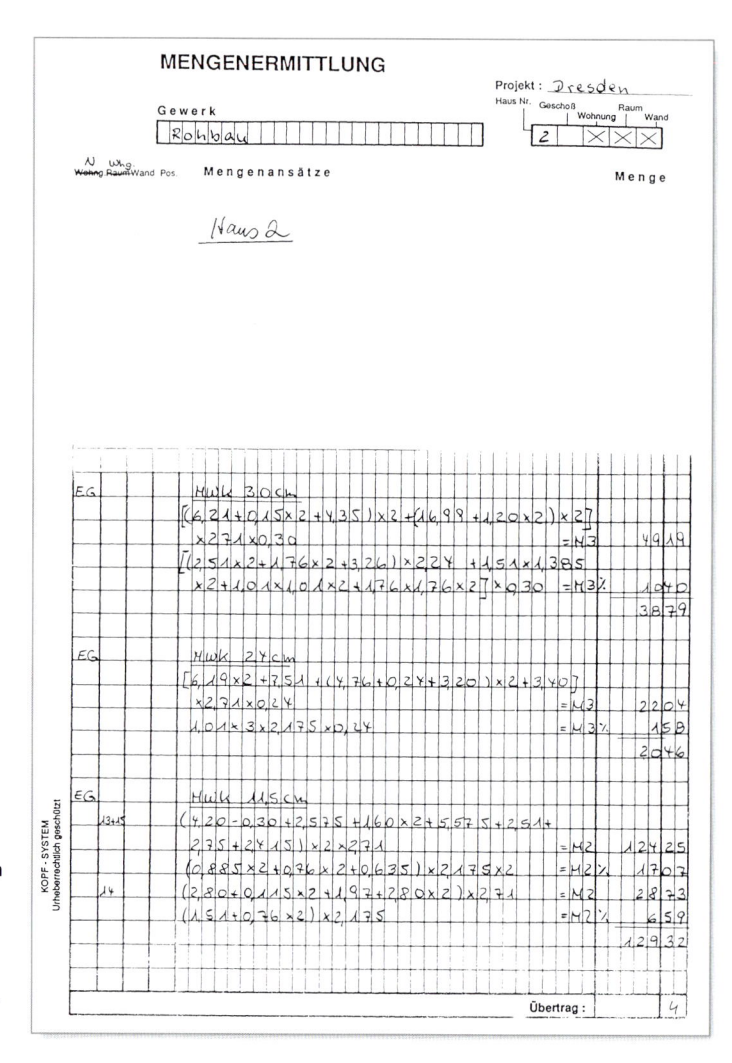

Abb. 45: Jedes Maß der Mengenermittlungssätze ist in einer zugehörenden, codierten Entwurfszeichnung (Mengenermittlungszeichnung) leicht aufzufinden. Das wird auch sichergestellt, wenn die Mengenermittlung mit einem EDV-Programm erstellt wird.

Eins der vielen Ablaufmuster, die im Modell stecken, wird beim Vertragsabschluss zugrunde gelegt.

Die Menge der DIN-A0-Einheiten malgenommen mit den Schwierigkeitsfaktoren und den Stunden je Leistungseinheit ergibt dann die Arbeitsstundenzahlen für die Büros. Daraus werden die Ablaufmuster entwickelt, die sich – wie wir noch sehen werden – sowohl mit Excel-Programmen als auch durch Kombination des KOPF-Programms mit Power-Projekt darstellen lassen.

Aus dem Verhältnis der Arbeitsstunden zu der Zahl der jeweils in den Büros eingesetzten Arbeitskräfte ergibt sich die Arbeitsdauer, die jeweils durch vernetzte Balken dargestellt wird.

Alle Abbildungen zusammengenommen bilden das variable Prozessmodell ab. Der dargestellte Ablauf enthält allein nicht die erforderliche Varietät. Er ist nur eins von 1000 möglichen Ablaufmustern, die latent im Prozessmodell enthalten sind und die innerhalb der vereinbarten Regeln auftreten bzw. eingeführt werden können.

10.4 Das KOPF-System

Nr. LV	Leistungstext	Einheit	KOPF E	EG Menge	EG Std.	1.OG Menge	1.OG Std.	2.OG Menge	2.OG Std.	DG Menge	DG Std.	Menge	Std.	Menge	Std.	Menge	Std.	Menge Gesamt bzw. Übertrag
	MWK d=30 cm	m³	3,88	39,79	150,5	36,49	141,6	36,49	141,6	34,62	134,3							146,39
	MWK d=24 cm	m³	4,0	20,46	81,8	23,57	94,3	23,57	94,3	18,25	73							85,85
	MWK d=11,5 cm	m²	0,56	129,32	72,4	142,58	79,8	142,58	79,8	65,34	36,6							479,82
	MWK - Vorwand d=11,5 cm	m²	0,56	45,98	25,7	45,98	25,7	45,98	25,7	26,39	14,8							164,33
	Std.-Summe/Übertrag				330		341		341		259							

Projekt: Parkgrund Elbufer Dresden
Gewerk: Mauerarb. = EG-DG
Ausführungsabschnitt: Haus 2
Datum: 7.8.97

■ Abb. 46: Die Mengen und die Arbeitsstunden werden getrennt nach vernetzbaren Ausführungsabschnitten (Arbeitspaketen) ermittelt. Das erleichtert den Abruf des Materials in passenden Teilmengen und die richtige Zuordnung der Arbeitskräfte und Arbeitsmittel.

Das Muster wird nicht dadurch sicherer, dass man es mit Hilfe einer Software, zum Beispiel also mit Hilfe von Power-Projekt, darstellt. Die erforderliche Varietät kommt nur durch die Zuordnung der erforderlichen Arbeitsstunden zu den Leistungsvorgängen und durch das Wissen um die Möglichkeiten eines variablen Arbeitseinsatzes in das Modell.

Wir haben mit Hilfe dieser komplexen Abbildung des Planungsprozesses erreicht, dass dieser Teilprozess zielsicher gelenkt werden kann. Planungs- und Ausführungsprozess können dadurch weitgehend parallel zueinander angeordnet und durchgeführt werden. Die Ausführungspläne müssen nicht fertig sein, bevor man die Leistungen ausschreibt – bzw. bevor man mit der Ausführung beginnt.

Die Bildung dieser hochvariablen kybernetischen Prozessmodelle ermöglicht auch die zielsichere Steuerung der Teilprozesse und macht so eine zeitsparende baubegleitende Planung möglich – ein Verfahren, das beim üblichen mechanistischen Planen zu so großen Schwierigkeiten und Enttäuschungen geführt hat, dass es weitgehend auf Ablehnung stößt.

Der Ausführungsprozess wird analog abgebildet.

Die Abbildung 45 zeigt einen Ausschnitt aus der Mengenermittlung für das Bauhauptgewerk.
In dem Formular für die Ermittlung der Arbeits-

■ Durch die zielsichere Lenkung des Planungsprozesses ist die baubegleitende Planung ohne Kosten- und Fristüberschreitungen möglich.

10.4 Das KOPF-System

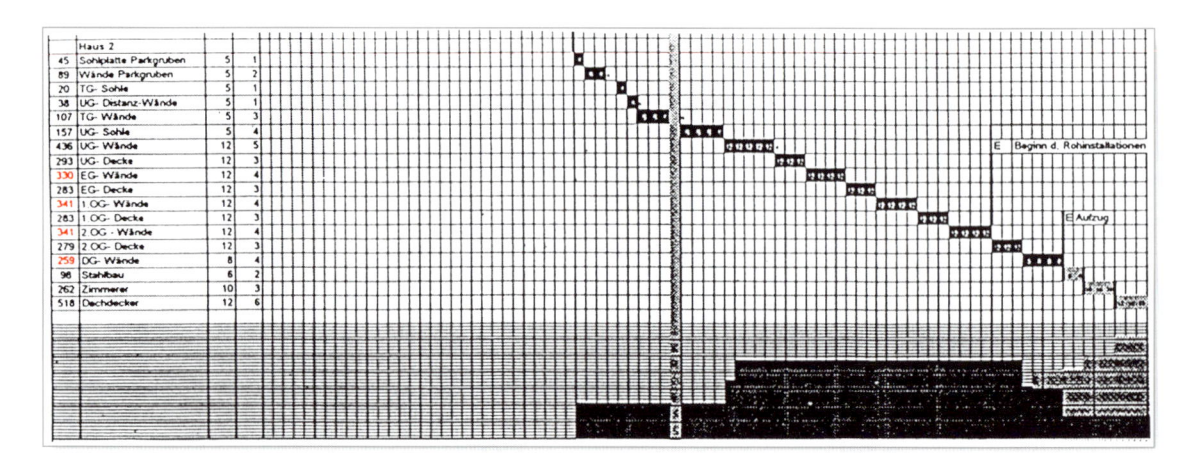

Abb. 47: Ausschnitt aus dem Ablaufmuster mit Histogramm über den Arbeitskräfteeinsatz.

Im Modell für die Ausführung entspricht ein Arbeitspaket einem Balken. Die Länge des Balkens, also die Dauer der Arbeiten, und die Arbeitsstunden je Arbeitspaket sind so deckungsgleich gemacht.

stunden bilden die ermittelten Mengen und die Stundendaten aus der KOPF-Datei die Grundlagen für die Stundenbemessung.

Die ermittelten Arbeitsstunden und die Zahl der Arbeitskräfte bilden die Grundlage für die Bemessung der Vorgangsdauern – oder umgekehrt: die Arbeitsstunden und die festgelegten Vorgangsdauern sind die Grundlage für die Bestimmung der Arbeitskräftezahlen. Weil die Vorgangsbalken die Arbeitspakete abbilden, und die Arbeitsstunden für die Arbeitspakete ermittelt worden sind, werden auf diese Weise zwei Zeitkomponenten zur Deckung gebracht: Die Arbeitsdauer (Durchlaufzeit) für das Arbeitspaket und die Arbeitsstunden, die erforderlich sind, um die Leistungen zu erbringen, die in dem Arbeitspaket zusammengefasst sind. Das ermöglicht die Darstellung und den Ausgleich des Arbeitskräfteeinsatzes in einem Histogramm im Ablaufmuster. Abbildung 47 zeigt in der ersten Spalte die ermittelten Arbeitsstunden für jedes Arbeitspaket. Wenn Sie die Zahlen für die Mauerarbeiten im Haus 2 in den Abbildungen 46 und 47 vergleichen, erkennen Sie den Zusammenhang.

Abb. 48: Mengenermittlung für die Malerarbeiten in der Tiefgarage.

Das KOPF-System **10.4**

Nr. LV	Leistungstext	Einheit	KOPF E	Menge	Std.	Menge	Std.	Menge	Std.	Menge	Std.	Menge	Std.	Menge	Std.	Menge Gesamt bzw. Übertrag
07, 10	Wandanstrich	m²	0,15	422,90	63,4											422,90
30	Deckenanstrich	m²	0,17	463,10	84,4											496,37 (33,27)
50	Bodenanstrich	m²	0,16	10,56	1,7											10,56
70	Beschriftg-Parkpl. Ziffern	St	0,1	20	2,0											20
08, 10	TH-Tür 885 x 2005	St	2,08	7	14,6											7
07, 60	Parkplatzmarkierung	m	0,1	130,93	13,1											130,93
	Std.-Summe/Übertrag				179											

Projekt: Parkgrund Elbufer
Gewerk: Malerarb.
Ausführungsabschnitt: Tiefgarage - innen

KYBERNETISCHE PRODUKTIONSPLANUNG
ARBEITSVORBEREITUNG AUSFÜHRUNG
STUNDENERMITTLUNG

KOPF - SYSTEM
Urheberrechtlich geschützt

■ Abb. 49: Die Ermittlung der Arbeitsstunden für die Malerarbeiten in der Tiefgarage.

Wie gesagt: es gibt im Prozessmodell für die Ausführung der Bauarbeiten keinen Ablaufplan im üblichen Sinn. Es handelt sich um ein innerhalb der Vertragsregeln mögliches Ablaufmuster. Absolut fest sind nur die Termine für den Beginn und das Ende der Ausführung und die mit „E" bezeichneten Einzelfristen, deren Gründe mit dem Beginn der Rohinstallation und den Arbeiten für den Aufzug erklärt werden. Dazwischen liegt die Varietät der Wege. Auch die Zuordnung der Arbeitskräfte ist variabel.
Dieses Ablaufmuster wurde mit einem Excel-Programm gefertigt.
Die Mengenermittlung für ein Ausbaugewerk, hier die Malerarbeiten, sehen Sie auszugsweise in der Abbildung 48.
Die Mengen für die Parkplatz-Markierung von 130,93 m² und für Wandanstrich und Stützen von 422,90 m² finden Sie in dem Formular für die Ermittlung der Arbeitsstunden wieder (Abbildung 49). Für Ausbau und Gebäudetechnik gelten bezüglich der Mengen- und Stundenermittlung die gleichen Prinzipien wie für das Hauptgewerk.
In der Abbildung des Ablaufmusters für den erweiterten Rohbau und den Ausbau im Haus 1 (Abbildung 50) sind dann in der Zeile „Anstrich TG" die in dem Formular der Abbildung 49 ermittelten 179 Arbeitsstunden zu erkennen, die zur Bemessung von 4 Arbeitskräften geführt haben, die für eine Vorgangsdauer von 6 Arbeitstagen erforderlich sind.
Schon zum Zeitpunkt der Vertragsabschlüsse, zum Beispiel zwischen einem Bauträger und

■ Für die „erforderliche Varietät" ist es wichtig zu wissen, wie viele Arbeitskräfte der Gewerke maximal gleichzeitig eingesetzt werden können.

■ Wir können durch einfache Ableitungen Übersichtsmodelle erstellen, um das Verhältnis von Bauzeiten und Arbeitskräfteeinsatz beim Vertragsabschluss zu kennen.

10.4 Das KOPF-System

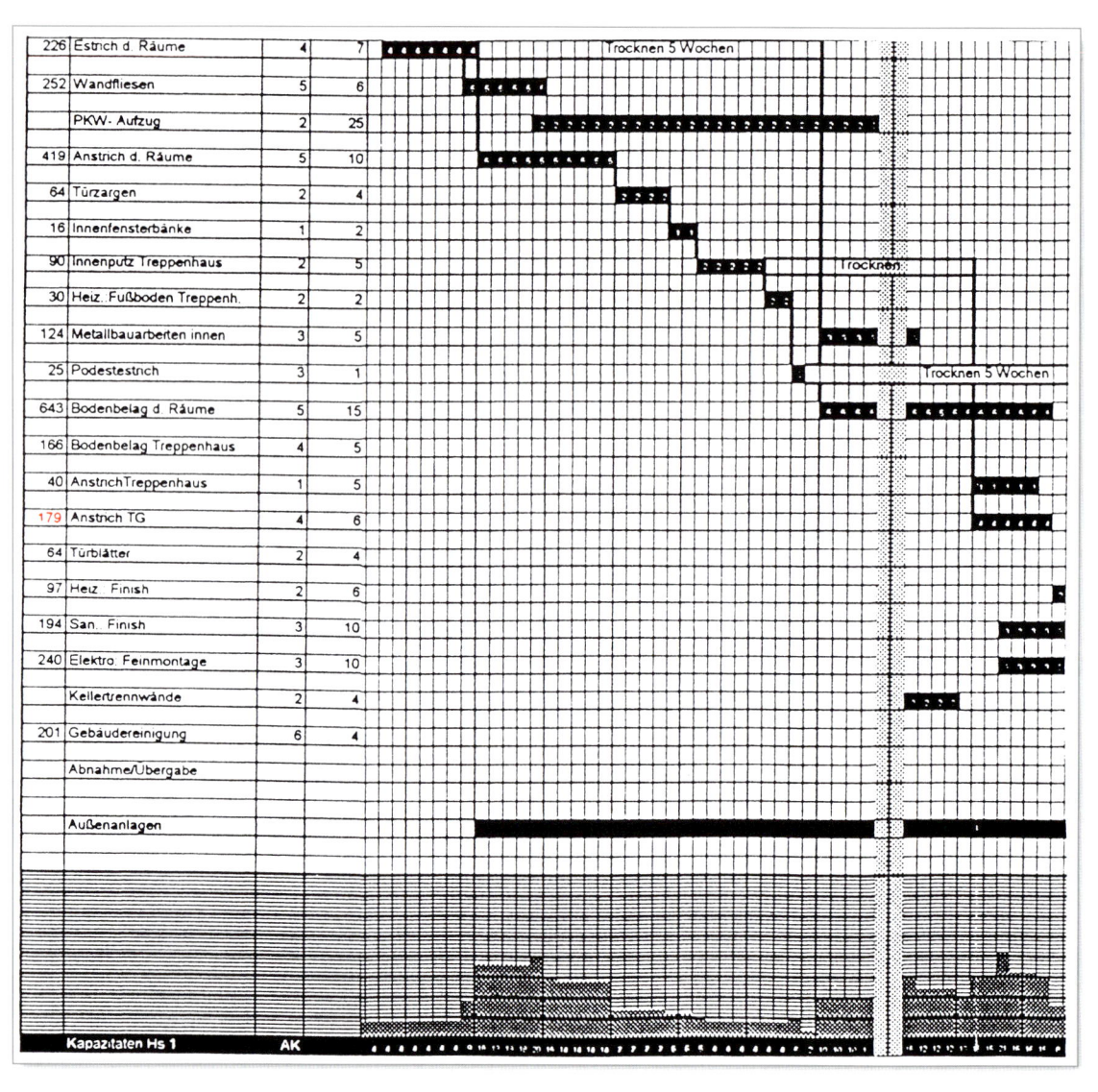

Nr.	Vorgang	AK	Dauer
226	Estrich d. Räume	4	7
252	Wandfliesen	5	6
	PKW- Aufzug	2	25
419	Anstrich d. Räume	5	10
64	Türzargen	2	4
16	Innenfensterbänke	1	2
90	Innenputz Treppenhaus	2	5
30	Heiz. Fußboden Treppenh.	2	2
124	Metallbauarbeiten innen	3	5
25	Podestestrich	3	1
643	Bodenbelag d. Räume	5	15
166	Bodenbelag Treppenhaus	4	5
40	Anstrich Treppenhaus	1	5
179	Anstrich TG	4	6
64	Türblätter	2	4
97	Heiz. Finish	2	6
194	San. Finish	3	10
240	Elektro. Feinmontage	3	10
	Kellertrennwände	2	4
201	Gebäudereinigung	6	4
	Abnahme/Übergabe		
	Außenanlagen		

Kapazitäten Hs 1 — AK

■ Abb. 50: Ausschnitt aus dem Ablaufmuster mit Arbeitskräfte-Zuordnung für die Gewerke des erweiterten Rohbaus und des Ausbaus im Haus 1.

■ Abb. 51: Ausschnitt aus einem Ablaufmuster aus dem Prozessmodell für den Teilprozess Bauhauptgewerk. Variante 1.

Das KOPF-System **10.4**

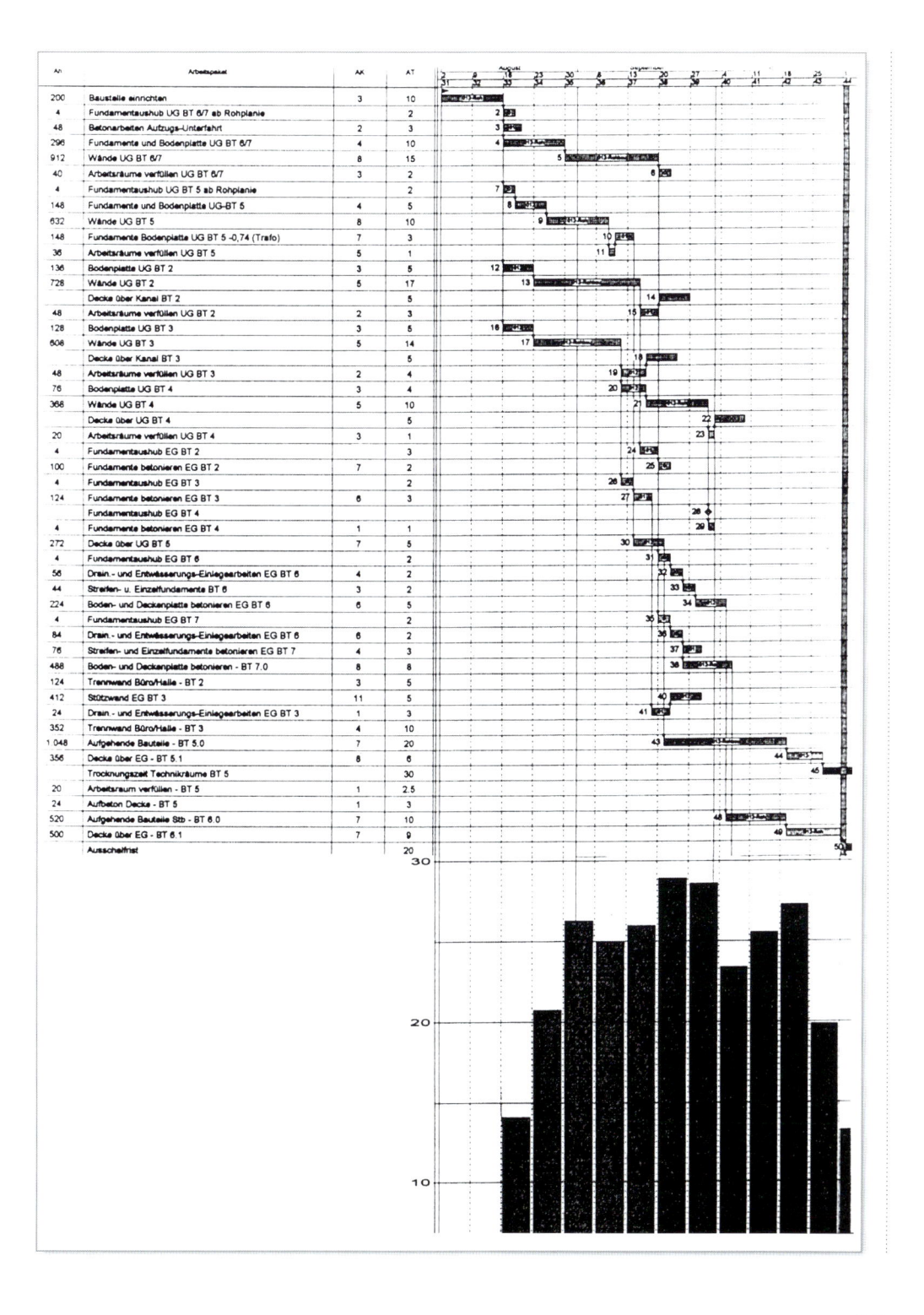

An	Arbeitspaket	AK	AT
200	Baustelle einrichten	3	10
4	Fundamentaushub UG BT 6/7 ab Rohplanie		2
48	Betonarbeiten Aufzugs-Unterfahrt	2	3
296	Fundamente und Bodenplatte UG BT 6/7	4	10
912	Wände UG BT 6/7	8	15
40	Arbeitsräume verfüllen UG BT 6/7	3	2
4	Fundamentaushub UG BT 5 ab Rohplanie		2
148	Fundamente und Bodenplatte UG-BT 5	4	5
632	Wände UG BT 5	8	10
148	Fundamente Bodenplatte UG BT 5 -0,74 (Trafo)	7	3
36	Arbeitsräume verfüllen UG BT 5	5	1
136	Bodenplatte UG BT 2	3	5
728	Wände UG BT 2	5	17
	Decke über Kanal BT 2		5
48	Arbeitsräume verfüllen UG BT 2	2	3
128	Bodenplatte UG BT 3	3	5
608	Wände UG BT 3	5	14
	Decke über Kanal BT 3		5
48	Arbeitsräume verfüllen UG BT 3	2	4
76	Bodenplatte UG BT 4	3	4
368	Wände UG BT 4	5	10
	Decke über UG BT 4		5
20	Arbeitsräume verfüllen UG BT 4	3	1
4	Fundamentaushub EG BT 2		3
100	Fundamente betonieren EG BT 2	7	2
4	Fundamentaushub EG BT 3		2
124	Fundamente betonieren EG BT 3	6	3
	Fundamentaushub EG BT 4		
4	Fundamente betonieren EG BT 4	1	1
272	Decke über UG BT 5	7	5
4	Fundamentaushub EG BT 6		2
56	Drain.- und Entwässerungs-Einlegearbeiten EG BT 6	4	2
44	Streifen- u. Einzelfundamente BT 6	3	2
224	Boden- und Deckenplatte betonieren EG BT 6	6	5
4	Fundamentaushub EG BT 7		2
84	Drain.- und Entwässerungs-Einlegearbeiten EG BT 6	6	2
76	Streifen- und Einzelfundamente betonieren EG BT 7	4	3
488	Boden- und Deckenplatte betonieren - BT 7.0	8	8
124	Trennwand Büro/Halle - BT 2	3	5
412	Stützwand EG BT 3	11	5
24	Drain.- und Entwässerungs-Einlegearbeiten EG BT 3	1	3
352	Trennwand Büro/Halle - BT 3	4	10
1.048	Aufgehende Bauteile - BT 5.0	7	20
356	Decke über EG - BT 5.1	8	6
	Trocknungszeit Technikräume BT 5		30
20	Arbeitsraum verfüllen - BT 5	1	2,5
24	Aufbeton Decke - BT 5	1	3
520	Aufgehende Bauteile Stb - BT 6.0	7	10
500	Decke über EG - BT 6.1	7	9
	Ausschalfrist		20

10.4 Das KOPF-System

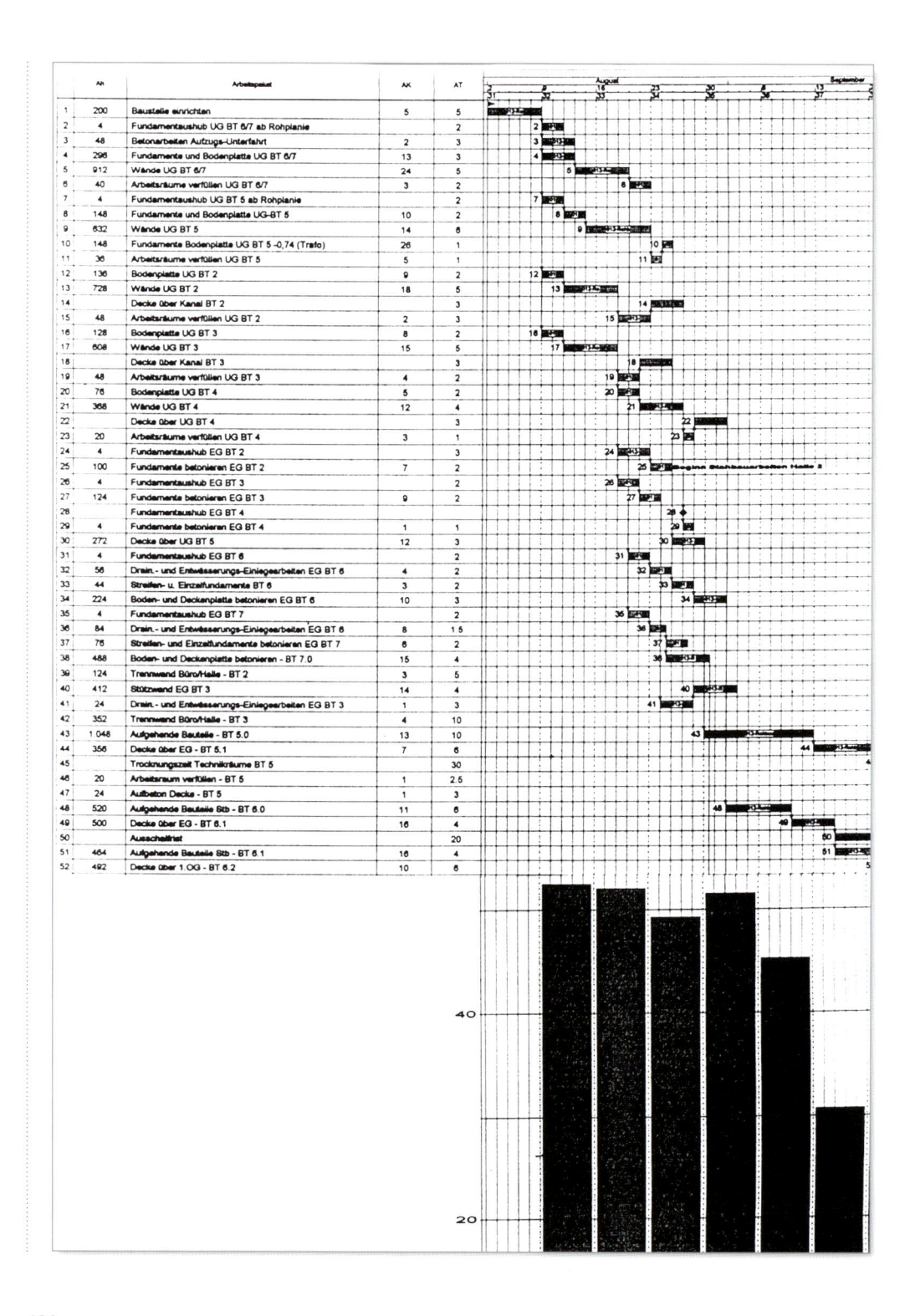

Nr	Ah	Arbeitspaket	AK	AT
1	200	Baustelle einrichten	5	5
2	4	Fundamentaushub UG BT 6/7 ab Rohplanie		2
3	48	Betonarbeiten Aufzugs-Unterfahrt	2	3
4	296	Fundamente und Bodenplatte UG BT 6/7	13	3
5	912	Wände UG BT 6/7	24	5
6	40	Arbeitsräume verfüllen UG BT 6/7	3	2
7	4	Fundamentaushub UG BT 5 ab Rohplanie		2
8	148	Fundamente und Bodenplatte UG-BT 5	10	2
9	632	Wände UG BT 5	14	6
10	148	Fundamente Bodenplatte UG BT 5 -0,74 (Trafo)	26	1
11	36	Arbeitsräume verfüllen UG BT 5	5	1
12	136	Bodenplatte UG BT 2	9	2
13	728	Wände UG BT 2	18	5
14		Decke über Kanal BT 2		3
15	48	Arbeitsräume verfüllen UG BT 2	2	3
16	128	Bodenplatte UG BT 3	8	2
17	608	Wände UG BT 3	15	5
18		Decke über Kanal BT 3		3
19	48	Arbeitsräume verfüllen UG BT 3	4	2
20	76	Bodenplatte UG BT 4	5	2
21	368	Wände UG BT 4	12	4
22		Decke über UG BT 4		3
23	20	Arbeitsräume verfüllen UG BT 4	3	1
24	4	Fundamentaushub EG BT 2		3
25	100	Fundamente betonieren EG BT 2	7	2
26	4	Fundamentaushub EG BT 3		2
27	124	Fundamente betonieren EG BT 3	9	2
28		Fundamentaushub EG BT 4		
29	4	Fundamente betonieren EG BT 4	1	1
30	272	Decke über UG BT 5	12	3
31	4	Fundamentaushub EG BT 6		2
32	56	Drain.- und Entwässerungs-Einlegearbeiten EG BT 6	4	2
33	44	Streifen- u. Einzelfundamente BT 6	3	2
34	224	Boden- und Deckenplatte betonieren EG BT 6	10	3
35	4	Fundamentaushub EG BT 7		2
36	84	Drain.- und Entwässerungs-Einlegearbeiten EG BT 6	8	1,5
37	76	Streifen- und Einzelfundamente betonieren EG BT 7	6	2
38	488	Boden- und Deckenplatte betonieren - BT 7.0	15	4
39	124	Trennwand Büro/Halle - BT 2	3	5
40	412	Stützwand EG BT 3	14	4
41	24	Drain.- und Entwässerungs-Einlegearbeiten EG BT 3	1	3
42	352	Trennwand Büro/Halle BT 3	4	10
43	1 048	Aufgehende Bauteile - BT 5.0	13	10
44	356	Decke über EG - BT 5.1	7	6
45		Trocknungszeit Technikräume BT 5		30
46	20	Arbeitsraum verfüllen - BT 5	1	2,5
47	24	Aufbeton Decke - BT 5	1	3
48	520	Aufgehende Bauteile Stb - BT 6.0	11	6
49	500	Decke über EG - BT 6.1	16	4
50		Aushärtefrist		20
51	464	Aufgehende Bauteile Stb - BT 6.1	16	4
52	492	Decke über 1.OG - BT 6.2	10	6

10.4 Das KOPF-System

Mitkalkulation					Rohde
					Datum 24.05.1999
					Seite 1

MITKALKULATION				Tag	
Ordnung	E/F	Bezeichnung	Vorg. h	Bisher	
030	E	ARCHITEKTUR UND BAUTECHNIK	0,0	0,0	
031	E	Grundlagenermittlung	135,8	0,0	
032	E	Vorplanung	316,9	0,0	
034	E	Entwurfsplanung	504,5	0,0	
035	E	Genehmigungsplanung	271,7	0,0	
036	E	Entwässerungsgesuch	8,8	0,0	
037	E	Erarbeitung Brandschutzkonzept	0,0	0,0	
038	E	Planung Aufzüge	24,0	0,0	
039	E	Werkplanung M 1:50 1.Stufe	672,7	0,0	
040	E	Festlegung LV-Details	266,1	0,0	
041	E	Integration der Fachplaner	155,2	0,0	
042	E	Werkplanung M 1:50 2. Stufe + Restdetails	609,8	0,0	
043	E	Projektmanagement (Arbeitspakete bilden)	362,2	0,0	
044	E	BHG LV + Mengenermittlung Bauhauptgewerk	297,5	0,0	
046	E	BHG Prüfung u. Wertung der Angebote	51,7	0,0	
		Summe	4.304,5	0,0	

■ Abb. 53: Vorbereitung der Mitkalkulation für die Planungsleistungen (Ausschnitt).

einem Unternehmen, werden Übersichtsmodelle erstellt, damit alle Beteiligten frühzeitig überblicken können, wie viele Arbeitskräfte in den einzelnen Gewerken eingesetzt werden müssen, um die oft kurzen Ausführungsfristen einhalten zu können.

Die variablen Prozessmodelle können, wie gesagt, auch mit einer KOPF-Software hergestellt werden. Mit einer Schnittstelle zu Power-Projekt werden dann die Ablaufmuster mit den Arbeitsstunden- und Arbeitskräftezuordnungen ausgedruckt. Aber in jedem Fall bleibt auch das ohne die laufende Produktivitätsmessung an der Baustelle und ohne kybernetische Logik Makulatur.

Abbildung 51 zeigt einen Ausschnitt aus einem Ablaufmuster für das Bauhauptgewerk. Im Histogramm wird der Einsatz von 25 Arbeitskräften dargestellt (Variante 1).

Der Bauherr wünschte eine zweite Variante mit der Arbeitskräftezahl, die erforderlich wäre, wenn das Gebäude vor Wintereinbruch geschlossen sein sollte. Für den Fall brauchte man zeitweise 50 Arbeitskräfte. Die Arbeitsfläche war auch ausreichend für deren gleichzeitigen

■ Abb. 52: Ausschnitt aus einem Ablaufmuster aus dem Prozessmodell für den Teilprozess Bauhauptgewerk. Variante 2. Ein Stück „erforderliche Varietät" wird schon durch diese Alternativen deutlich.

■ Schon vor Beginn der Ausführung können aus dem Modell verschiedene Ablaufvarianten generiert werden.

10.4 Das KOPF-System

Mitlaufender Soll/Ist-Vergleich, Monat — Rohde
Datum 24.05.1999
Seite 1

Mitkalkulation Monat

Nr.	Arbeitspaketbezeichnung	Ortsbezeichnung	Vorg.-Std.	Bisher
6	Baustelle einrichten	012-Rohbau	200,0	0,0
7	Fundamentaushub UG BT 6/7 a	012-Rohbau	4,5	0,0
8	Betonarbeiten Aufzugs-Unterfah	012-Rohbau	51,2	0,0
9	Fundamente und Bodenplatte U	012-Rohbau	298,0	0,0
10	Wände UG BT 6/7	012-Rohbau	911,6	0,0
11	Arbeitsräume verfüllen UG BT 6	012-Rohbau	42,6	0,0
12	Fundamentaushub UG BT 5 ab	012-Rohbau	2,4	0,0
13	Fundamente und Bodenplatte U	012-Rohbau	151,3	0,0
14	Wände UG BT 5	012-Rohbau	631,6	0,0
15	Fundamente Bodenplatte UG B	012-Rohbau	150,9	0,0
17	Arbeitsräume verfüllen UG BT 5	012-Rohbau	36,2	0,0
18	Bodenplatte UG BT 2	012-Rohbau	137,6	0,0
19	Wände UG BT 2	012-Rohbau	730,6	0,0
20	Arbeitsräume verfüllen UG BT 2	012-Rohbau	51,0	0,0

Korrekturblatt — Rohde
Datum 24.05.1999
Seite 1

KORREKTURBLATT   SOLL   Arbeitspaket 14 Wände UG BT 5, 012-Rohbau

U	LV	Ordnung	Leistung	Einh.	Soll-Menge	Vorgabestunden /E	Gesamt	NEUES AUFMASS [+]	[-]	Menge	VORGABEZEITEN [+]	[-]	Gesamt	Anerkannt Datum/Unterschrift
	12	04.000200	Ortbeton, Wand, B 25,	m2	129,763	2,300	298,5							
	12	04.000210	Ortbeton, Wand, B 25, Stahlbeton,	m2	99,372	2,300	228,6							
	12	04.000250	Dehnfuge Wand	m	5,000	0,500	2,5							
	12	04.000280	Wanddurchführung DN 100	St	2,000	3,000	6,0							
	12	04.000290	wie vor, DN 80	St	0,000	3,000	0,0							
	12	04.000300	wie vor, DN 125	St	0,000	3,000	0,0							
	12	04.000310	wie vor, DN 150	St	0,000	3,000	0,0							
	12	04.000420	Stahlzarge + Tür ,101/201/20-25	St	5,000	2,500	12,5							
	12	04.000460	Zulage Stahltür T 30	St	1,000	1,000	1,0							
	12	04.000560	Lichtschacht - Fertigteil	St	1,000	0,500	0,5							
	12	04.000570	Zulage Aufsatz 20 cm	St	1,000	0,250	0,3							
	12	04.000580	Zulage Aufsatz 50 cm	St	1,000	0,250	0,3							
	12	04.000590	Stahlfenster 1000 / 600 mm	St	1,000	0,500	0,5							
	12	04.000600	Betonstahl: IV S, BSt 500 S, d= 6	t	1,137	22,000	25,0							

Stundensumme 936,2
bewertet mit 0,0 %   631,6   Bemerkungen

10.4 Das KOPF-System

Standardmengen Arbeitspaket-Positionen (Sollmengen) — Rohde

Datum 24.05.1999
Seite 1

Arbeitspaket   14   Wände UG BT 5, 012-Rohbau

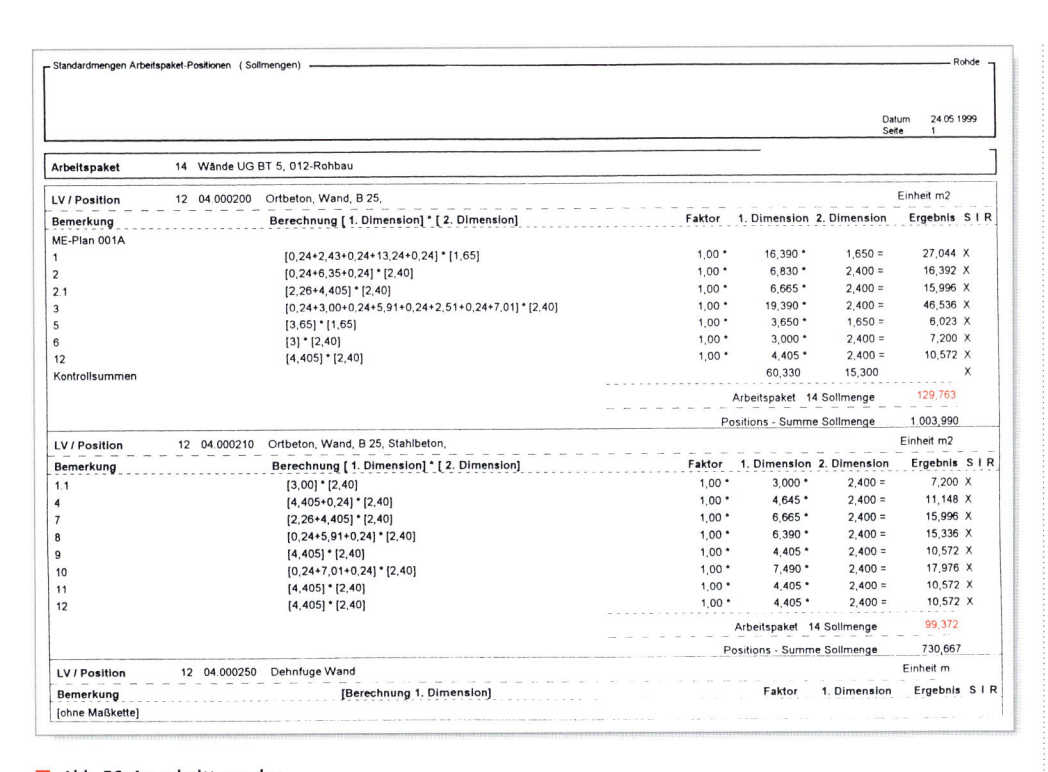

LV / Position	12 04.000200	Ortbeton, Wand, B 25,				Einheit m2	
Bemerkung		Berechnung [1. Dimension] * [2. Dimension]	Faktor	1. Dimension	2. Dimension	Ergebnis	S I R
ME-Plan 001A							
1		[0,24+2,43+0,24+13,24+0,24] * [1,65]	1,00 *	16,390 *	1,650 =	27,044	X
2		[0,24+6,35+0,24] * [2,40]	1,00 *	6,830 *	2,400 =	16,392	X
2.1		[2,26+4,405] * [2,40]	1,00 *	6,665 *	2,400 =	15,996	X
3		[0,24+3,00+0,24+5,91+0,24+2,51+0,24+7,01] * [2,40]	1,00 *	19,390 *	2,400 =	46,536	X
5		[3,65] * [1,65]	1,00 *	3,650 *	1,650 =	6,023	X
6		[3] * [2,40]	1,00 *	3,000 *	2,400 =	7,200	X
12		[4,405] * [2,40]	1,00 *	4,405 *	2,400 =	10,572	X
Kontrollsummen				60,330	15,300		X
				Arbeitspaket	14 Sollmenge	129,763	
				Positions - Summe Sollmenge		1.003,990	

LV / Position	12 04.000210	Ortbeton, Wand, B 25, Stahlbeton,				Einheit m2	
Bemerkung		Berechnung [1. Dimension] * [2. Dimension]	Faktor	1. Dimension	2. Dimension	Ergebnis	S I R
1.1		[3,00] * [2,40]	1,00 *	3,000 *	2,400 =	7,200	X
4		[4,405+0,24] * [2,40]	1,00 *	4,645 *	2,400 =	11,148	X
7		[2,26+4,405] * [2,40]	1,00 *	6,665 *	2,400 =	15,996	X
8		[0,24+5,91+0,24] * [2,40]	1,00 *	6,390 *	2,400 =	15,336	X
9		[4,405] * [2,40]	1,00 *	4,405 *	2,400 =	10,572	X
10		[0,24+7,01+0,24] * [2,40]	1,00 *	7,490 *	2,400 =	17,976	X
11		[4,405] * [2,40]	1,00 *	4,405 *	2,400 =	10,572	X
12		[4,405] * [2,40]	1,00 *	4,405 *	2,400 =	10,572	X
				Arbeitspaket	14 Sollmenge	99,372	
				Positions - Summe Sollmenge		730,667	

LV / Position	12 04.000250	Dehnfuge Wand			Einheit m
Bemerkung		[Berechnung 1. Dimension]	Faktor	1. Dimension	Ergebnis S I R
[ohne Maßkette]					

Abb. 56: Ausschnitt aus der elektronischen Mengenermittlung.

Abb. 54: Vorbereitung des Produktivitätsvergleichs an der Baustelle.

Abb. 55: Ermittlung der Mengen und Arbeitsstunden für die einzelnen Leistungspositionen, getrennt nach Arbeitspaketen. Ausdruck für Korrekturen während des Bauablaufs. (Auszug aus AP 14)

Einsatz. Abbildung 52 zeigt einen Ausschnitt aus diesem Ablaufmuster (Variante 2).
Abbildung 53 zeigt einen Ausschnitt aus der Vorbereitung der Mitkalkulation in den Planungsbüros, wie die KOPF-Software sie ausdruckt.
Abbildung 54 zeigt die Vorbereitung für die Mitkalkulation - also für die Produktivitätsvergleiche an der Baustelle.
Das Programm druckt auch die Korrekturblätter für die Baustelle aus (Abbildung 55). Hier sind die Mengen und die Arbeitsstunden für jede Leistungsposition getrennt nach den Arbeitspaketen aufgeführt.
Diese Trennung nach Arbeitspaketen macht eine andere Struktur der Mengenermittlung erforderlich, denn üblicherweise werden die Mengen für gleichartige Bauleistungen in den Leis-

Auch die elektronische Mengenermittlung und die Vorbereitung für die Korrekturen und den Produktivitätsvergleich während des Prozesses gehören zum Modell mit der KOPF-Software.

10.4 Das KOPF-System

tungsverzeichnissen in einer Position zusammengefasst.

Die Ausdrucke sind für eine zielgenaue Lenkung – zum Beispiel für den Austausch von Leistungsteilen ohne Produktivitätsverlust bei Behinderungen – sehr wichtig. Sie sehen, dass die 631,6 Stunden als Summe für das Arbeitspaket Nr. 14 in die Vorbereitung der Mitkalkulation zum Produktivitätsvergleich (Abbildung 54) übernommen worden sind.

In Abbildung 56 wird deutlich, dass auch die elektronische Mengenermittlung alle Maße leicht auffindbar wiedergibt. Auch diese Art der Ermittlung gilt in Verbindung mit den Mengenermittlungszeichnungen.

Sie finden die Soll-Mengen 129,763 m³ unter der Ordnungsnummer 04.000200 und 99,372 m³ unter 04.000210 im Korrekturblatt (Abb. 55) wieder. Die Übertragung erfolgt automatisch.

Aber die Software bewirkt weder eine Produktivitätssteigerung noch zielgenaues Arbeiten. Deshalb würde ich sie an Ihrer Stelle nicht kaufen, bevor ich das kybernetische Führen nicht beherrsche. Es wäre schade um das Geld.

„Sicher ist, dass alles anders kommt", diese Einsicht könnte als Überschrift über jedem Ablaufmuster stehen.

Mit den Studentinnen und Studenten habe ich im Rahmen meines Lehrauftrags für Baukybernetik wiederholt Ablaufmodelle entwickelt und Ablaufmuster mit Arbeitskräfte-Histogrammen daraus abgeleitet.

Wir nahmen uns jedes Mal den gleichen Bauablauf vor. Es ging immer um den Teilprozess Bauhauptgewerk für den Bau eines Eigenheims (Abbildung 57). Alle vier sind richtig. Alle vier entsprechen den vereinbarten Regeln. Alle vier bilden wirtschaftlich akzeptable Abläufe ab. Alle vier sind zielgenau.

Was haben wir bei den vielen Vergleichen immer wieder verschiedener Ablaufmuster für das gleiche Bauvorhaben gelernt?

Die Sicherstellung optimaler Ausführungszeiten geschieht hier mit einer Methode, die im Gegensatz zu den allgemein gelehrten und praktizierten Versuchen steht, einen optimalen Weg zum Ziel, beispielsweise mit Hilfe eines Netzplans, berechnen zu wollen und dann zu kontrollieren, ob der Weg richtig verläuft.

Es gibt keinen optimalen Weg zum Ziel. Es ist unmöglich, einen bestimmten Weg zu planen und dann diesen Weg zielsicher verwirklichen zu wollen.

Es ist jedoch möglich, durch vereinbarte Regeln einen Korridor zu bestimmen, in dem sich eine beinahe unendliche Zahl potenzieller Wegstrecken zielsicher verwirklichen lässt. Der wirkliche Weg zum Ziel ist unbestimmt.

Die vier Ablaufmuster in der Abbildung wurden von vier unabhängigen Arbeitsgruppen erarbeitet. Selbst 1000 solcher Muster würden nie zwei deckungsgleiche Zeichnungen ergeben. Und 1000 ist hier nur ein Ausdruck für eine fast unendlich große Zahl. Der reale Weg zum Ziel wäre das 1001. Muster.

Unser Prozessmodell enthält damit die erforderliche Varietät, um zum Ausgleich jedweder Störungsfolgen rechtzeitig aus diesem latenten Fundus eine passende Wegstrecke einzuführen und auf diese Weise das Terminziel sicher zu erreichen. Eine neue Wegstrecke kommt ja auch durch die Reduzierung der ursprünglich angenommenen Arbeitsstunden durch Produktivitätssteigerung zustande, durch Überstunden oder durch den Einsatz von mehr Arbeitskräften. Denken Sie zum Beispiel an die Beeinflussungsentscheidungen beim Lüneburger Kurzentrum mit den polnischen Kapazitäten. Der wirkliche Weg zum Ziel entsteht durch die zielbestimmten Einwirkungen, die verantwortliche Menschen während des Prozesses vornehmen.

Es ist möglich, unterwegs zum Ziel immer wieder ein neues Stück Planung zu leisten. Aber es ist nicht möglich, aus den Anfangsparametern und aus den Anfangsbedingungen her,

---

Die Mustervielfalt des Modells deutet sich schon in der Überlagerung von vier Ablaufmustern für den Rohbau eines Eigenheims an. Es gibt innerhalb der Regeln so viele verschiedene Muster wie es verschiedene Fingerabdrücke gibt.

Das KOPF-System **10.4**

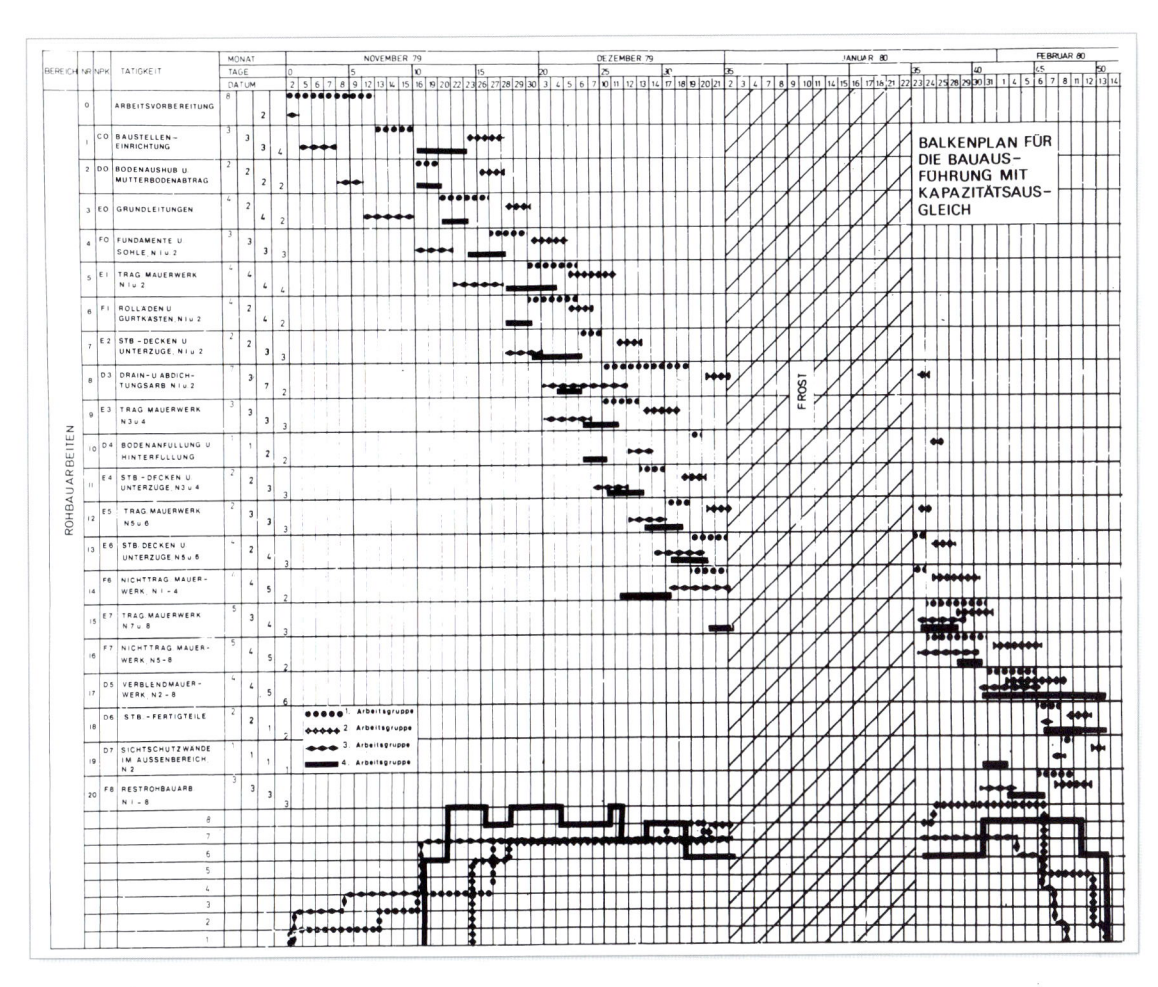

Abb. 57: Überlagerung von vier Ablaufmustern mit ihren Kapazitätshistogrammen für die Erd-, Mauer-, Stahlbeton- und Betonarbeiten an einem Eigenheim.

den realen Weg durch Planung vorweg zu nehmen.

Den Weg zum Ziel kann man nicht planen, man muss ihn herbeiführen.

Wir sprachen schon von der Mustervielfalt in dynamischen Strukturen, die durch Strukturregeln bestimmt sind. Überall, wo Menschen zusammen arbeiten oder zusammen spielen, muss das nach vereinbarten Regeln vor sich gehen – etwa wie beim Fußball. Das Gesetz der dynamischen Strukturen sagt, dass die Muster, die innerhalb der Regeln auftreten können, so gut wie unendlich sind. Deshalb ist eine Fußballmannschaft überlegen, die über einen größe-

10.5 Das KOPF-System

ren Reichtum möglicher Spielzüge verfügt als der Gegner. Wenn sie bei jeder Störung durch die Gegenspieler spontan eine überlegene Spielvariante einführen kann, dann hat sie die erforderliche Varietät, um im komplexen Geschehen überlegen zu sein. Die nicht vorhersehbare, fast unendliche Zahl der Muster, die dabei eingesetzt werden kann, bildet zusammen mit den Spielregeln die Spielstruktur.
Die einzelnen Spieler sind die Träger der Varietät.
Wenn Menschen im heutigen komplexen Geschehen zusammenarbeiten, sind die Muster-Regel-Beziehungen prinzipiell nicht anders als beim Fußballspielen. Und doch greifen Manager und Meister ständig in den „Spielfluss" ein, statt „Spielerpersönlichkeiten mit Mannschaftsgeist" zu trainieren. Fast überall in den Betrieben und Verwaltungen haben wir leitende Angestellte, die zentralistisch das Unberechenbare berechnen und kontrollieren und so in den Organisationen zentrale Planwirtschaft betreiben – eine Wirtschaftsform, die sie in Volkswirtschaften vehement bekämpfen würden, denn da haben sie ja erlebt, dass zentrale Planwirtschaft ins Elend führt.
Dass wir dieser innerbetrieblichen Variante immense betriebs- und volkswirtschaftliche Verluste verdanken, machen sie sich offenbar nicht bewusst.
Auch an den Baustellen verhalten sich Projektsteuerer mit mechanistisch-kausalen Berechnungsversuchen nicht anders. Die Ergebnisse liegen auf der Hand. Die Kosten und Termine werden trotz der „Berechnungen" überschritten. Der einzige Unterschied: es entstehen zusätzliche Mehrkosten für Honorare. Natürlich kostet das Anfertigen von Netzplänen Geld und auch das Kontrollieren. Aber weil das bei den konventionellen Verfahren zu spät, nämlich erst am Output des Produktionssystems, geschieht, subsumieren sich die Fristüberschreitungen.

Manager greifen ständig in den „Spielfluss" ein, statt „Spielerpersönlichkeiten" mit „Mannschaftsgeist" zu trainieren. Das ist eine der großen Verlustursachen.

Zur Feststellung des Leistungsstandes können die erbrachten Teilleistungen aus den Arbeitspaketen ausreichend genau geschätzt werden.

10.5

Das Feststellen des Leistungsstandes und der Vergleich von Leistungs- und Anwesenheitsstunden

Auch die kybernetischen Prozessmodelle können die gewollte Zielsicherheit nur gewährleisten, wenn Planen und Führen eine Einheit bilden. Mit dem folgenden Beispiel will ich versuchen, diesen unbedingten Zusammenhang noch einmal zu verdeutlichen.
Um die vorgesehene Bauzeit einhalten zu können, ist eine ständige Überprüfung des Leistungs- und Bautenstandes erforderlich. Mit Hilfe der Produktionsplanung ist das leicht möglich. Auch der tatsächliche Produktivitätsgrad des jeweiligen Gewerks ist leicht festzustellen. Der Soll-Stand an dem betreffenden Tag – hier am 22. 8. – wird am besten durch eine senkrechte Linie auf dem Vertragsfristenplan dargestellt. Nun lässt sich leicht ablesen, welchen Fertigstellungsgrad die Arbeitsabschnitte (Arbeitspakete) haben müssten. Aber in der dynamischen Struktur werden die erbrachten Leistungen immer mehr oder weniger zurückliegen bzw. voraus sein.
Erst wenn der Rückstand bei jeder Kontrollmessung zunimmt und mehr als eine Woche beträgt, muss man eingreifen.
An der Baustelle wird zuerst der tatsächliche Leistungsstand festgestellt. Schätzungen der Leistungsteile in Prozent von der Gesamtleistung sind genügend genau.
Zum Beispiel Estricharbeiten:
2 von 6 Geschossen sind fertiggestellt, das heißt ca. 30 Prozent der Leistung wurde erbracht. Bei Unsicherheiten hilft ein überschlägliches Aufmaß. Die Soll-Leistungen sind durch die senkrechte Linie im Ablaufmuster markiert. Jetzt kann eingetragen werden, wie weit Leistungen vor- oder zurückliegen.

10.5 Das KOPF-System

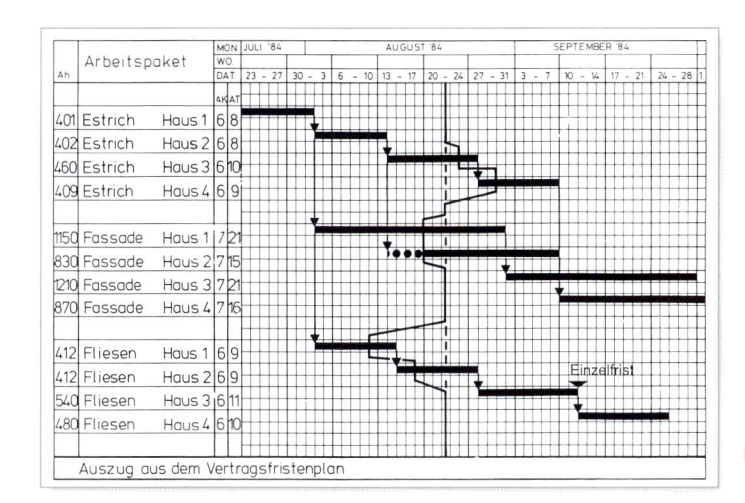

Abb. 58: Festgestellter Leistungsstand.

Es gibt Gewerke, bei denen die Schätzung des Leistungsstandes nicht so leicht möglich ist, weil die Leistung aus sehr vielen unterschiedlichen Teilleistungen bestehen kann, die mitunter nicht direkt aufeinander folgend erbracht werden. Ein Beispiel dafür sind die Dachdeckerarbeiten:

Wenn das Dach mit Dachpfannen eingedeckt ist, kann man auf den ersten Blick den Eindruck haben, der größte Teil der Dachdeckerleistung sei erbracht. Der größte Zeitaufwand liegt jedoch bei der Herstellung von Graten, Kehlen, Verwahrungen, Gaubenverblendungen und Anschlüssen, Verfugungen usw.

In der Stundenermittlung des Korrekturplans ist nun leicht zu erkennen, welche einzelnen Leistungspositionen jeweils wie viele Arbeitsstunden erfordern.

Hilfreich ist es, mehrschichtige Arbeitspakete in überschaubare Unterabschnitte aufzuteilen, die zum Beispiel bei einer Thermofassade den Stand der einzelnen Arbeiten sichtbar werden lassen und leicht abschätzbar machen:
1. Abschnitt Gerüstarbeiten
2. Abschnitt Vorbereitung
3. Abschnitt Dämmung
4. Abschnitt Armierung
5. Abschnitt Putz (Endfertigstellung).

Die Arbeitsstunden für derartige mehrschichtige Arbeitspakete werden nach diesen Unterabschnitten unterteilt.

Auf diese Weise ist der Leistungsstand jederzeit schnell festzustellen, und so werden Irrtümer und Täuschungen durch scheinbare Leistungen vermieden.

Die Leistungsstände werden für jedes Arbeitspaket auf dem jeweiligen Balken des Vertragsfristenplans markiert. Wenn man die Markierungspunkte verbindet, werden die positiven und negativen Abweichungen vom geplanten Leistungsstand deutlich (Abb. 58).

Der Vergleich der vorgegebenen Arbeitsstunden mit den tatsächlich aufgewendeten Stunden ergibt die reale Produktivität in den Gewerken, die wesentlich von dem Produktivitätsgrad abweichen kann, den das betreffende Unternehmen vorgegeben hatte. Oft werden mehr Arbeitsstunden aufgewendet als erwartet.

Um hier drohenden Fristüberschreitungen vorzubeugen, muss die Produktivitätsmessung frühzeitig und kontinuierlich erfolgen. Dazu werden die aufgewendeten Stunden zum Ver-

■ Mehrschichtige Arbeitspakete werden in Unterabschnitte aufgeteilt.

■ Abweichungen werden im Ablaufmuster deutlich gemacht.

10.5 Das KOPF-System

1. Estricharbeiten Haus 1 komplett abgearbeitet	=	401 Std.
2. Estricharbeiten Haus 2 komplett abgearbeitet	=	402 Std.
3. Estricharbeiten Haus 3, 6 Arbeitstage von 10 Arbeitstagen abgearbeitet, d. h. 60 % von 460 Std. abgearbeitet	=	276 Std.
4. Estricharbeiten Haus 4 noch keine Leistung	=	0 Std.
Summe der Soll-Stunden für Estricharbeiten	**=**	**1079 Std.**
5. Thermofassade Haus 1, 14 Arbeitstage von 21 Arbeitstagen, d. h. 66 % von 1150 Std., Gesamtleistung abgearbeitet	=	759 Std.
6. Themofassade Haus 2, 2 Arbeitstage von 15 Arbeitstagen, d. h. 13 % von 830 Std., Gesamtleistung abgearbeitet	=	108 Std.
7. Thermofassade Haus 3, 0 Arbeitstage	=	0 Std.
8. Thermofassade Haus 4, 0 Arbeitstage	=	0 Std.
Summe Soll-Stunden Thermofassade	**=**	**867 Std.**
9. Fliesenarbeiten Haus 1, Leistung komplett erbracht	=	412 Std.
10. Fliesenarbeiten Haus 2, 5 Arbeitstage von 9 Arbeitstagen, d. h. 55 % von 412 Std. abgearbeitet	=	227 Std.
11. Fliesenarbeiten Haus 3, 0 Arbeitstage	=	0 Std.
12. Fliesenarbeiten Haus 4, 0 Arbeitstage	=	0 Std.
Summe Soll-Stunden Fliesenarbeiten	**=**	**639 Std.**

■ Abb. 59: Soll-Leistungsstand am Kontrolltag.

> Die aufgewendeten Stunden werden zur Produktivitätsmessung mitgeschrieben, die AN und AG gemeinsam durchführen. Sie können objektiv die Maßnahmen zur zielgenauen Lenkung einleiten.

gleich mit den Vorgabestunden in dem KOPF-Formular zur Ablaufsteuerung (Mitkalkulation) mitgeschrieben. Man erreicht den gewollten Selbststeuerungseffekt, wenn das Mitschreiben durch den Polier oder Vorarbeiter vertraglich vereinbart wird. So können von den Vertretern der Auftraggeber und der Auftragnehmer gemeinsam die notwendigen Entscheidungen zur zielgenauen Lenkung der Arbeitsprozesse rechtzeitig getroffen werden.

Dazu wird aus den Arbeitsstunden, die in den verbleibenden Tagen bis zum Ablauf einer Vertragsfrist oder bis zu einem Zeitpunkt, von dem an ein dritter Beteiligter behindert werden kann, noch aufgewendet werden müssen, ermittelt, ob die Arbeitskräftezahl erhöht werden muss, ob Überstunden ausreichen oder ob Störungen des Arbeitsflusses beseitigt werden müssen.

Die einzelnen Schritte der Kontrolle des Leistungsstandes, der gemeinsamen Produktivitätsfeststellung und der zielgenauen Steuerungsentscheidung werden am folgenden Beispiel dargestellt:

Erster Schritt:
Ermittlung der Soll-Leistung bis zum Kontrolltag.
Tag der Leistungskontrolle: 22. August 1984 (s. Abb. 58).
An diesem Datum wird ein senkrechter Strich in den Vertragsfristenplan gezeichnet.
Danach stellen wir fest, welcher Leistungsumfang bis zum Kontrolltag erbracht sein sollte und mit wie vielen Soll-Arbeitsstunden der bemessen ist. Der Leistungsstand in den einzelnen Arbeitspaketen kann ausreichend genau aus der jeweiligen Balkenlänge der Abb. 58 (Vertragsfristenplan) in Prozent der Gesamtleistung geschätzt werden.

In Abb. 59 ist das beispielhaft dargestellt.
Der Vergleich zwischen dem Leistungs-Soll und dem tatsächlichen Leistungsvolumen bis zum Kontrolltag wird dann in Abb. 60 deutlich.
In Spalte 3 stehen die Prozentzahlen, die den jeweiligen Soll-Leistungsstand wiedergeben, in Spalte 5 die Soll-Stunden, mit denen der Leistungsumfang bemessen ist, der bis zum Kontrolltag erledigt werden sollte und in Spalte 6 die Stunden, für die tatsächlich Leistungen erbracht worden sind. Diese „Ist-Stunden" sind ein Maß für die Ist-Leistung. Sie dürfen nicht mit den mitgeschriebenen tatsächlich aufgewendeten Stunden verwechselt werden.

Arbeitspaket	∑ Std.	Soll %	Ist %	Soll-Std.	Ist-Std.	Differenz-Std.
Estrich Haus 1	401	100%	100%	401	401	± 0
" Haus 2	402	100%	100%	402	402	± 0
" Haus 3	460	60%	83%	276	382	+ 106
" Haus 4	409	0%	25%	0	102	+ 102
Summe Estrich	1.672	—	—	1.079	1.287	+ 208
Fassade Haus 1	1.150	66%	58%	759	670	− 89
" Haus 2	830	13%	0%	108	0	− 111
" Haus 3	1.210	0%	0%	0	0	± 0
" Haus 4	870	0%	0%	0	0	± 0
Summe Fassade	4.060	—	—	867	670	− 197
Fliesen Haus 1	412	100%	71%	412	292	− 120
" Haus 2	412	55%	22%	227	89	− 138
" Haus 3	540	0%	0%	0	0	± 0
" Haus 4	480	0%	0%	0	0	± 0
Summe Fliesen	1.844	—	—	639	381	− 258

Abb. 60: Kontrolle des Leistungsstandes.

Zweiter Schritt:
Ermittlung der Ist-Leistung bis zum Kontrolltag:
Beispiel: Estricharbeiten
1. Haus 1:
Estricharbeiten fertiggestellt.
Ist-Stunden = 401 Std.
2. Haus 2:
Estricharbeiten fertiggestellt.
Ist-Stunden = 402 Std.
3. Haus 3:
Estricharbeiten in 5 von 6 Geschossen fertiggestellt. Das bedeutet: tatsächlich waren bereits 83 % der Leistungen erbracht.
83 % von 460 Std. = 382 Std.
4. Haus 4:
Estricharbeiten in 1 1/2 von 6 Geschossen fertiggestellt.
25 % der Leistung erbracht.
25 % von 409 Stunden = 102 Std.

Summe der Ist-Stunden = 1287 Std.

Die Ist-Prozentzahlen werden nun in Spalte 4 der Abb. 60 und die daraus errechneten Ist-Stunden in Spalte 6 eingetragen. Anschließend bilden wir die Differenz zwischen den Soll-Stunden in Spalte 5 und den Ist-Stunden in Spalte 6. In diesem Fall ergibt sich ein Plus von 208 Stunden.
Dieses Plus bedeutet einen Vorlauf im Estrich-Gewerk, der auch in Abb. 58 deutlich wird.

Beispiel: Fliesenarbeiten
Um den Kontrollaufwand zu minimieren, wurden bei den Fliesenarbeiten die Teilleistungen und die zugehörenden Soll-Stunden raumweise aufgeteilt und die Wandfliesen, die Bodenfliesen und die Fliesenspiegel getrennt aufgeführt (s. Abb. 61).
Die Soll-Stunden wurden dabei für die einzelnen Verlegearten (Wandfliesen, Bodenfliesen, Fliesenspiegel) durch die Zahl der Räume geteilt. Ungenauigkeiten durch Differenzen in den

> Am Kontrolltag wird zuerst das Leistungs-Soll mit dem Leistungs-Ist verglichen.

10.5 Das KOPF-System

Arbeitsabschnitt ①	Arbeitspaket ②	Einheit ③	Menge ④	Std./Stk ⑤	Σ Std. ⑥	Stk. fertig ⑦	Std. fertig ⑧	Bemerkungen
Haus 1	Wandfl. Bad	Stk	18	11	198	18	198	
–"–	Bodenfl. Bad	Stk	18	6,5	117	6	39	
–"–	Wandfl. WC	Stk	10	4	40	10	40	
–"–	Bodenfl. WC	Stk	10	3	30	5	15	
–"–	Küche Fliesensp.	Stk	18	1,5	27	0	0	
Σ Haus 1	–	–	–	–	412	–	292	
Haus 2	Wandfl. Bad	Stk	18	11	198	5	55	
–"–	Bodenfl. Bad	Stk	18	6,5	117	4	26	
–"–	Wandfl. WC	Stk	10	4	40	2	8	
–"–	Bodenfl. WC	Stk	10	3	30	0	0	
–"–	Küche Fliesensp.	Stk	18	1,5	27	0	0	
Σ Haus 2	–	–	–	–	412	–	89	

■ Abb. 61: Fliesenarbeiten: Kontrolle des Leistungsstandes.

Quadratmeterzahlen können hingenommen werden.
Im Schnitt müssen also für die Wandfliesen pro Bad im Haus 1 198 Gesamtstunden : 18 Bäder = 11 Soll-Stunden pro Bad aufgewendet werden, wenn die vom Unternehmen vorgegebene Produktivität der tatsächlichen Baustellenproduktivität entspricht.
Mit Hilfe der Tabelle in Abb. 61 brauchen die Vertreter von AG und AN zur Leistungskontrolle nur die Anzahl der Räume zu zählen, in denen bis zum Kontrolltag Leistungen erbracht wurden und können dann die Ist-Stunden und somit den tatsächlichen Leistungsstand tabellarisch ermitteln.
In unserem Beispiel waren bis zum 22. August folgende Leistungen erbracht:
Haus 1:
- Wandfliesen in 18 Bädern
- Bodenfliesen in 6 Bädern
- Wandfliesen in 10 WCs
- Bodenfliesen in 5 WCs
- Fliesenspiegel in Küchen: keine Leistung

Haus 2:
- Wandfliesen in 5 Bädern
- Bodenfliesen in 4 Bädern
- Wandfliesen in 2 WCs
- Bodenfliesen in WCs: keine Leistung
- Fliesenspiegel in Küchen: keine Leistung

Die erledigten Leistungsteile werden in Spalte 7 der Abb. 61 eingetragen. Diese Zahlen multipliziert mit den Soll-Stundenzahlen aus Spalte 5 ergeben die Ist-Stunden für die erbrachten Leistungen, die dann in Spalte 8 eingetragen und für jedes Arbeitspaket addiert werden:
Haus 1 = 292 Ist-Stunden
Haus 2 = 89 Ist-Stunden.
Diese ermittelten Ist-Stunden je Arbeitspaket haben wir dann in Spalte 6 der Gesamttabelle in Abb. 60 übernommen.
Als nächstes wird die Differenz zwischen Soll- und Ist-Stunden errechnet und so der tatsächliche Leistungsstand festgestellt.
In unserem Beispiel „Fliesenarbeiten" stellt sich eine negative Differenz von 258 Stunden heraus.

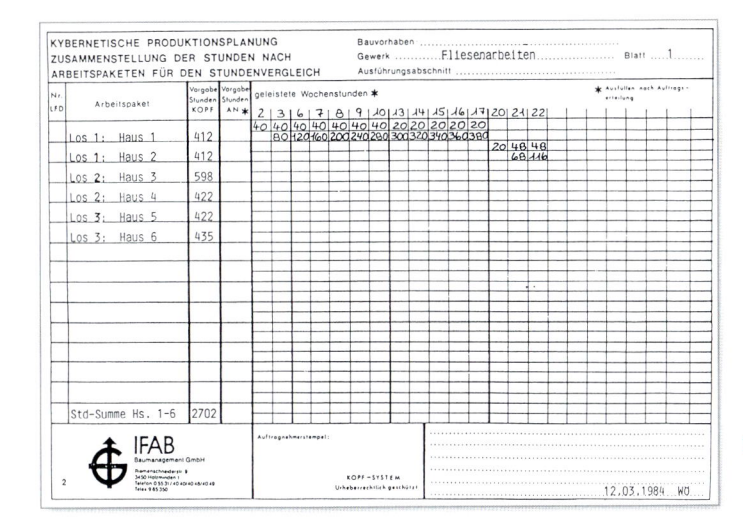

Abb. 62: Aufgewendete Stunden im Vergleich zu den vorgegebenen Arbeitsstunden.

Dritter Schritt:
Ermittlung der tatsächlichen Arbeitsproduktivität an der Baustelle.
Bis jetzt haben wir uns mit den Arbeitsstunden befasst, die aus der Kalkulation stammen. Wir haben also die Arbeitsleistungen sowohl mit Einheiten wie m^2 oder m^3 oder Stück als auch mit Arbeitsstunden bemessen. Wir sind dabei von einer durchschnittlichen Produktivität in den jeweils beteiligten Unternehmen ausgegangen.
Bei der Feststellung der Leistungsstände haben wir gesehen, dass bis zum Kontrolltag für Leistungen mehr oder weniger Stunden aufgewendet wurden als geplant waren.
Das kann daran liegen, dass mehr oder zu wenig Arbeitskräfte eingesetzt wurden. Aber der Leistungsvorlauf und vor allem die zunehmend festzustellenden Leistungsrückstände werden oft dadurch verursacht, dass die Arbeitsproduktivität an den Baustellen von der angenommenen Produktivität abweicht. Das hängt vor allem mit Organisations- und Führungsmängeln in den Arbeitsprozessen zusammen, die zu immer größerer Zeitverschwendung führen. Dazu kommen Störungen aus dem Gesamtprozess, die z. B. zu Behinderungen führen und diese nachteilige Wirkung noch vermehren. Deshalb ist eine frühzeitige, ständige, gemeinsame Produktivitätsmessung vor Ort eine unabdingbare Voraussetzung für die zielgenaue Lenkung des Bauprozesses.
Um beispielhaft zu zeigen, wie das effektiv geschieht, bleiben wir bei unserem Beispiel „Fliesenarbeiten".
Aus der erbrachten Leistung (Haus 1: 292 Std., Haus 2: 89 Std. – s. Abb. 60: Ziffer 6, bzw. Abb. 61: Ziffer 8) einerseits und den in der Mitkalkulation festgehaltenen tatsächlich aufgewendeten Stunden (Abb. 62, Haus 1: 380 Std., Haus 2: 116 Std.) wird nun der Produktivitätsfaktor für die Fliesenarbeiten errechnet.
In Abb. 58 ist eine Einzelfrist in den Vertragsfristenplan eingetragen, die am 11. September 1984 endet. Bei dem Rückstand der Fliesenarbeiten durch eine unzureichende Produktivität muss die Überschreitung dieser Frist befürchtet werden. Nur eine rechtzeitige korrigierende gemeinsame Entscheidung auf der Basis objektiver Information für AG und AN kann fristgerechtes Arbeiten sicherstellen.

Dazu wird in Abb. 63 der Produktivitätsfaktor bestimmt, der 0,763 beträgt. Das heißt, die Fliesenleger bringen mit der vereinbarten Arbeitskräftezahl nur rd. 76 Prozent der vom Unternehmen selbst vorgegebenen Leistung.

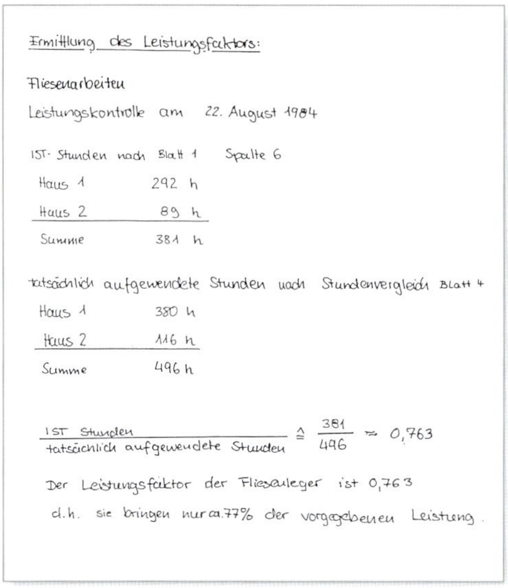
Ermittlung des Leistungsfaktors:

Fliesenarbeiten

Leistungskontrolle am 22. August 1984

IST-Stunden nach Blatt 1 Spalte 6

Haus 1	292 h
Haus 2	89 h
Summe	381 h

tatsächlich aufgewendete Stunden nach Stundenvergleich Blatt 4

Haus 1	380 h
Haus 2	116 h
Summe	496 h

$$\frac{\text{IST Stunden}}{\text{tatsächlich aufgewendete Stunden}} \triangleq \frac{381}{496} \approx 0{,}763$$

Der Leistungsfaktor der Fliesenleger ist 0,763

d.h. sie bringen nur ca. 77% der vorgegebenen Leistung.

Abb. 63: Produktivitätsabweichung.

Um die Leistung fristgerecht zu erbringen, wird die Anzahl der Arbeitskräfte ermittelt, die dazu nun ohne Überstunden erforderlich sind. Wenn die Zahl der Arbeitskräfte nicht verfügbar ist, muss ein Ausgleich durch Überstunden geschaffen werden. Auch das ist in den meisten Fällen nicht notwendig, wenn die Ursachen beseitigt werden können, aus denen die mangelhafte Produktivität resultiert. In unserem Fall war die Ursache eine nachlässige Materiallieferung. Die Fliesenleger beschwerten sich darüber, dass zum Beispiel oft Kleber und Mörtel nicht an der Baustelle waren, wenn sie gebraucht wurden, und dass mitunter falsche Fliesen geliefert wurden.

In den meisten Fällen können Leistungsrückstände durch Organisationsverbesserungen kompensiert werden.

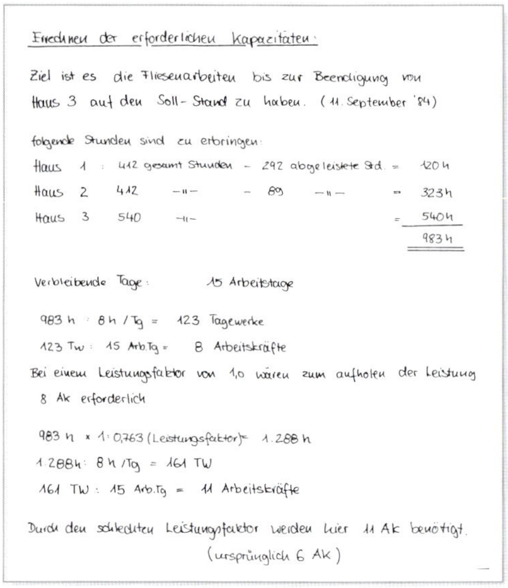
Errechnen der erforderlichen Kapazitäten:

Ziel ist es die Fliesenarbeiten bis zur Beendigung von Haus 3 auf den Soll-Stand zu haben. (11. September '84)

folgende Stunden sind zu erbringen:

Haus 1	: 412	gesamt Stunden	– 292	abgeleistete Std.	=	120 h
Haus 2	412	–"–	– 89	–"–	=	323 h
Haus 3	540	–"–			=	540 h
						983 h

Verbleibende Tage: 15 Arbeitstage

983 h : 8 h / Tg = 123 Tagewerke

123 Tw : 15 Arb.Tg = 8 Arbeitskräfte

Bei einem Leistungsfaktor von 1,0 wären zum aufholen der Leistung 8 Ak erforderlich

983 h × 1 : 0,763 (Leistungsfaktor) = 1.288 h

1.288 h : 8 h / Tg = 161 TW

161 TW : 15 Arb.Tg = 11 Arbeitskräfte

Durch den schlechten Leistungsfaktor werden hier 11 Ak benötigt. (ursprünglich 6 Ak)

Abb. 64: Mögliche Folgerungen.

Der Mangel konnte rechtzeitig abgestellt werden und mit einigen Überstunden wurde die vereinbarte Einzelfrist eingehalten.
Das ist ein Beispiel für die praktizierte kybernetische Logik.
Wir machen auf diese Weise allen Beteiligten mit der drohenden Fristüberschreitung frühzeitig eine nichtgewollte Zukunft bewusst. Und darin liegt die Ursache für eine rechtzeitige von allen getragene korrigierende Entscheidung, die eine fristgerechte Ausführung bewirkt. So werden durch die Umkehrung der Ursache-Wirkungs-Folge auf der Entscheidungsebene die Ziele im komplexen Geschehen auf neue Weise determiniert.

Wir arbeiten zielgenau, weil mit Hilfe der kybernetischen Logik die Zeit in unseren Systemen partiell rückwärts abläuft (Wirkung vor der Ursache), so wie das in den Elektronen generell geschieht.

Das KOPF-System **10.6**

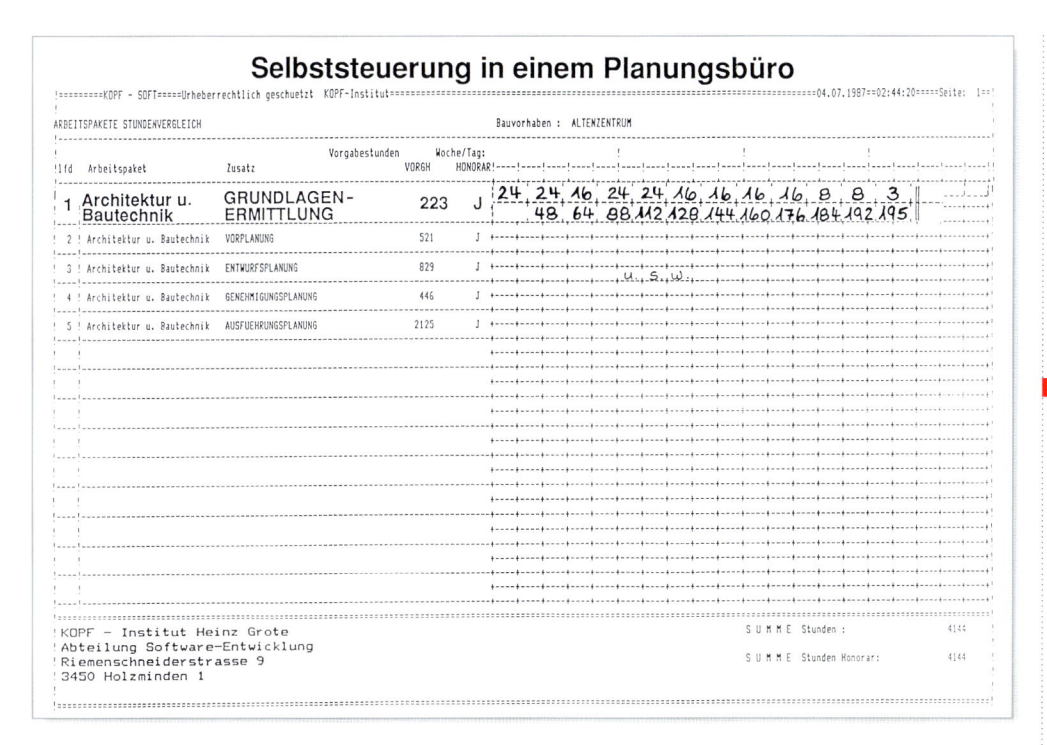

```
                    Selbststeuerung in einem Planungsbüro
=====KOPF - SOFT=====Urheberrechtlich geschuetzt  KOPF-Institut==================================04.07.1987==02:44:20=====Seite:  1==

ARBEITSPAKETE STUNDENVERGLEICH                          Bauvorhaben : ALTENZENTRUM

                                     Vorgabestunden    Woche/Tag:
 lfd  Arbeitspaket      Zusatz                        VORGH  HONORAR

  1   Architektur u.    GRUNDLAGEN-          223  J    24. 24. 16. 24. 24. 16. 16. 16. 16. 8. 8. 3.
      Bautechnik        ERMITTLUNG                     48  64  88 112 128 144 160 176 184 192 195
  2   Architektur u. Bautechnik  VORPLANUNG      521  J
  3   Architektur u. Bautechnik  ENTWURFSPLANUNG 829  J                         u. s. w.
  4   Architektur u. Bautechnik  GENEHMIGUNGSPLANUNG 446 J
  5   Architektur u. Bautechnik  AUSFUEHRUNGSPLANUNG 2125 J




 KOPF - Institut Heinz Grote                             S U M M E  Stunden :        4144
 Abteilung Software-Entwicklung
 Riemenschneiderstrasse 9                                S U M M E  Stunden Honorar:  4144
 3450 Holzminden 1
```

■ Die Varietät des Arbeitskräfteeinsatzes liegt zwischen 50 und 150 %.

■ Abb. 65: Vergleich der kalkulierten Stunden mit den aufgewendeten Stunden in einem Planungsbüro.

Zeitverluste können zum Teil auch durch die Überlappung – d. h. teilweise Parallelschaltung von Leistungen – kompensiert werden.
Aber auch durch die Erhöhung der ursprünglich vorgesehenen Arbeitskräftezahlen um das 1,5 bis 2,5fache.
In den Büros wird die jeweilige Produktivität während des Arbeitsprozesses ständig von den Mitarbeitern selbst gemessen. Das geschieht durch die vereinbarte Größenordnung der Vorgabestunden einerseits und durch das vergleichende Mitschreiben der tatsächlich aufgewendeten Stunden entsprechend dem Beispiel in Abb. 65 andererseits.

10.6

Zum richtigen Zeitpunkt mit dem Bau beginnen – Rechtzeitige Planvorlagen sicherstellen

Durch die frühzeitige Kenntnis der Arbeitsstunden, die bei den Planungsbeteiligten aufgewendet werden müssen, und der Planungskapazitäten, die zur Verfügung stehen, vermeidet man den weit verbreiteten zu frühen Baubeginn, der große Zeit- und Geldverluste verursacht. Um den Planungsprozess und den Ausführungsprozess zu harmonisieren, sollten auch die Bauleiter in den Unternehmen bei den Planungsbeteiligten abfragen, welche Planungs-

■ Durch die Produktivitätsvergleiche bei den Planungsleistungen und durch frühzeitige Kenntnis von Arbeitsstunden und Arbeitskräften in den Büros findet man den richtigen Zeitpunkt für den Baubeginn und vermeidet verspätete Planvorlagen.

10.6 Das KOPF-System

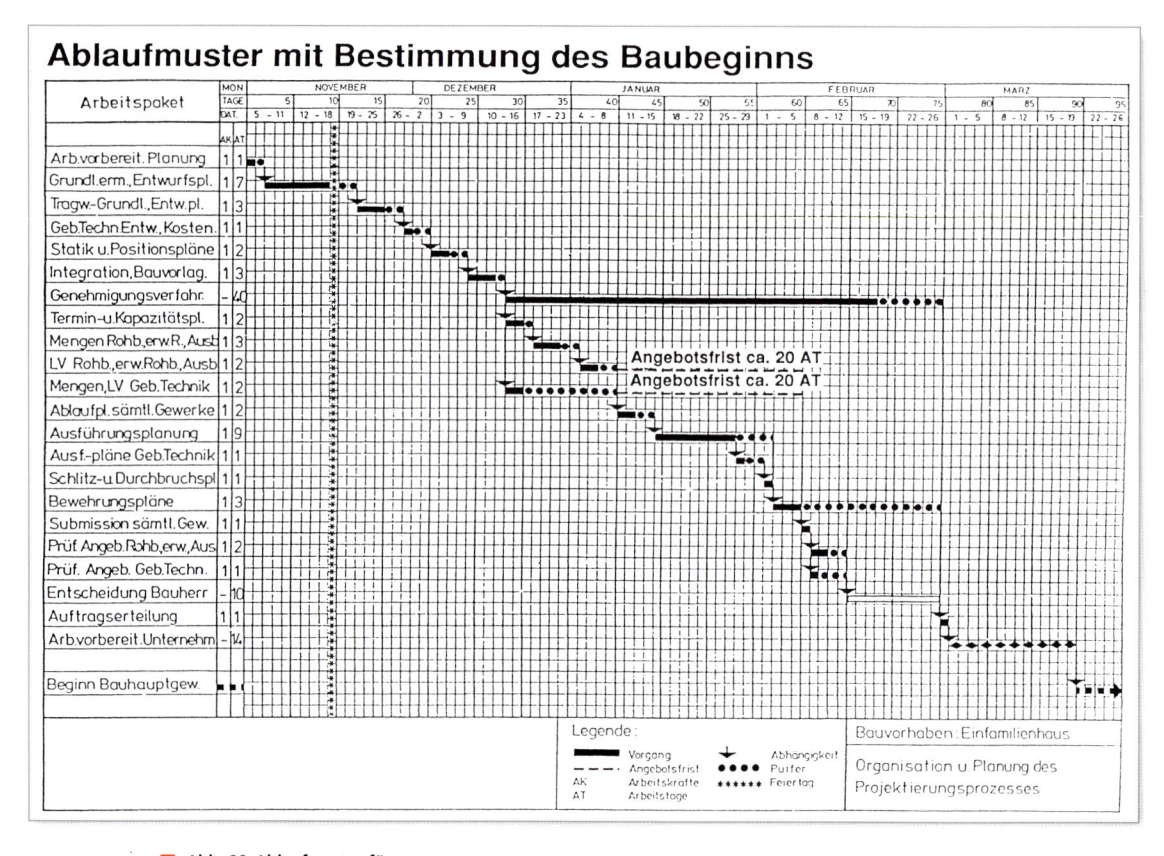

Ablaufmuster mit Bestimmung des Baubeginns

Abb. 66: Ablaufmuster für einen Projektierungsprozess.

leistungen noch erbracht werden müssen und wie viele Arbeitskräfte in den Büros daran mitwirken. Sie können mit Hilfe der KOPF-Methodik mit Fakten unterlegt objektiv begründen, wann mit den Bauarbeiten begonnen werden kann bzw. wie die Ausführungskapazität in der Anfangsphase gedrosselt werden muss, um Behinderungen zu vermeiden.

Für den Projektierungsprozess werden auf diese Weise Fakten geschaffen, die für alle Beteiligten einsehbar und unwiderlegbar sind. Die Abb. 66 macht deutlich, dass der Baubeginn für das hier projektierte Eigenheim von der Dauer des Weges abhängig ist, der über die Ausschreibung und die Auftragsvergabe läuft.

Es gibt drei mögliche kritische Wege zum Baubeginn:
– den Weg über die Vergabe, wie in dem Ablaufmuster für ein Eigenheim in Abb. 66,
– den Weg über das Genehmigungsverfahren oder
– den Weg über die Schal- und Bewehrungspläne, wie bei den meisten Großbauten.

Liegt der Baubeginn zeitlich richtig, dann kann der Ist-Ablauf der Ausführung erreicht werden, der in Abb. 67 dargestellt ist.

Das KOPF-System **10.6**

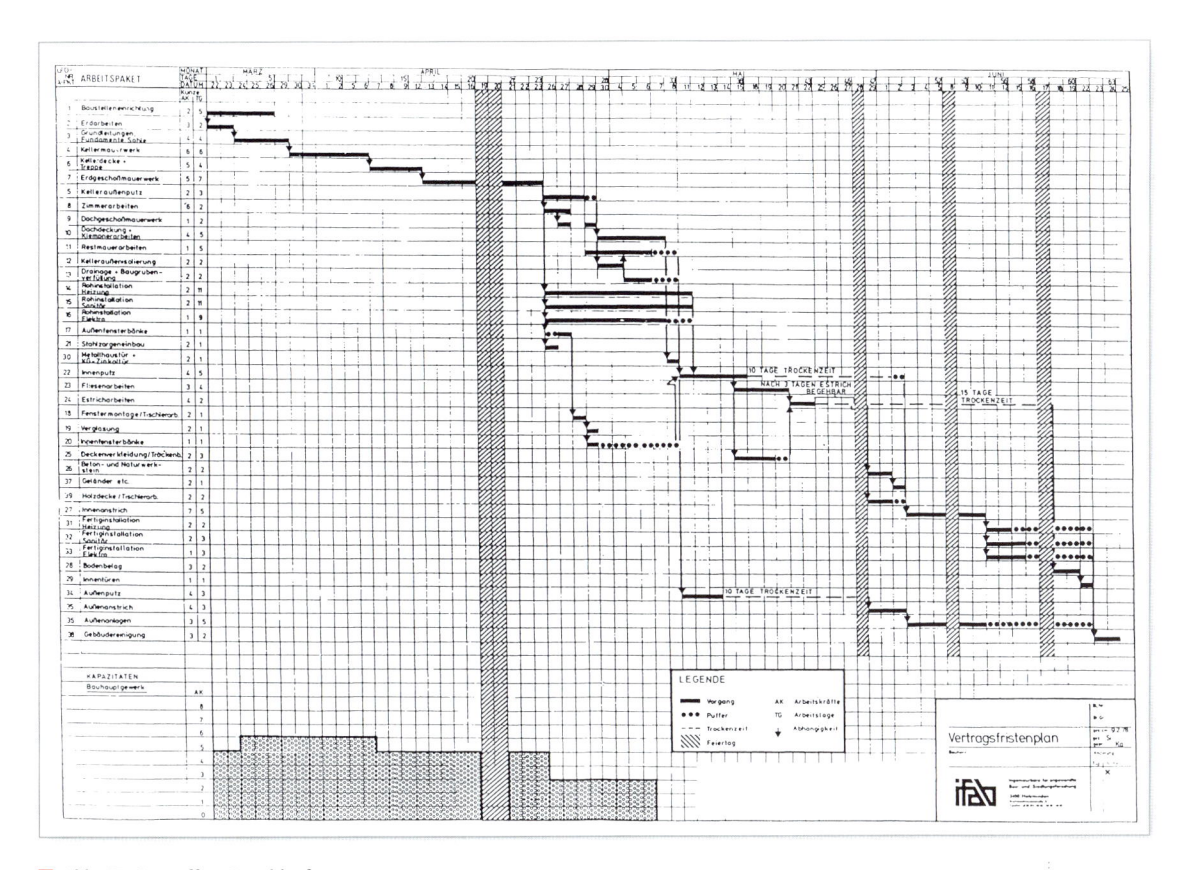

Abb. 67: Gestraffter Bauablauf durch zeitlich richtigen Baubeginn und minimierten Leerlauf.

Es reicht für den Architekten bzw. den planenden Ingenieur nicht aus, die Arbeitsstunden-Arbeitsdauer-Verhältnisse nur für die eigene Leistung zu kennen. In das Ablaufmodell für die Projektierung müssen wegen der Abhängigkeiten auch die Leistungen der übrigen Planungsbeteiligten einbezogen werden.
Mit Hilfe der Methode konnte ich die Büroproduktivität um 25 Prozent steigern. Die Steigerung ging mit der Entwicklung der Selbstorganisation der Mitarbeiter einher.
Zur KOPF-Methode gehören Selbstverantwortung und Selbstentscheidung.

Schließlich hatte ich mich nach 3 1/2 Jahren Tätigkeit als Bauamtsleiter einer Kleinstadt selbständig gemacht, weil ich mehr Entscheidungsfreiheit wollte, und ich ging davon aus, dass ich zumindest Demotivation vermeiden könnte, wenn ich auch meinen Mitarbeitern entsprechenden Spielraum einräumte.
Ich hatte 1960 mein Büro so organisiert wie ich mir damals die ideale Organisation eines Stadtbauamtes vorstellte.
In der Tiefbauabteilung planten wir u. a. Wasserversorgungs- und Entwässerungsanlagen. Diese Planungen mussten vom Wasserwirt-

Der Architekt muss auch die Arbeitsstunden–Arbeitsdauer-Verhältnisse der übrigen Planungsbeteiligten kennen und rational miteinander vernetzen.

10.6 Das KOPF-System

Optimale Erträge erzielt man auch in den Büros nur, wenn man Selbstverantwortung und Selbstentscheidung entwickelt.

schaftsamt in Hildesheim genehmigt werden. Auch bei solchen Planungen ist nicht 2 x 2 = 4. Es gibt selbst unter Experten durchaus unterschiedliche Auffassungen darüber, wie man den Entwurf und die Ausführungspläne optimieren sollte. Es gibt immer mehrere richtige und auch günstige Ausführungsmöglichkeiten. Aber für die Genehmigungsbehörde ist nur das richtig, was die dort wirkenden Kollegen richtig finden.

Nun fragten meine Mitarbeiter zuerst einmal mich, wenn es verschiedene Entscheidungsmöglichkeiten gab. Und wenn man sich jedes Mal mit der Materie befassen will, kommt man vor Zeitnot außer Atem. Hier bewährte sich die Vereinbarung, dass die Mitarbeiter den Entwurf rechtzeitig mit dem Kollegen abstimmten, der ihre Pläne genehmigen musste. Ich kam nicht mehr in Versuchung, in ihre Arbeit hineinzureden, und der Genehmigungsvorgang wurde enorm vereinfacht und beschleunigt.

Auch die rechtzeitige genehmigungstechnische Freigabe des Baubeginns wird durch persönliches Einwirken des verantwortlichen Bauleiters wesentlich beschleunigt. Den frühzeitigen Baubeginn sicherstellen: das ist einer der Arbeitsfaktoren, die den Ausführenden rechtzeitig beschafft werden müssen.

Durch persönliche Gespräche und das rechtzeitige Eingehen auf die Forderungen der Behörden erreicht man auch bei schwierigen Verhältnissen immer die Freigabe des gewollten Baubeginns.

1997 hatten wir so einen Fall. Voraussetzung für die Freigabe war die Zustimmung folgender Stellen:
Stadtplanungsamt,
Bauaufsicht / Prüfingenieur,
Grünflächenamt / Baumschutz,
Amt für Denkmalschutz,
Sportamt,
Liegenschaftsamt / Verbauanker,
Straßen- und Tiefbauamt,
Elt- und Fernwärme-Gesellschaft / Trafo in Verbindung mit Stadtplanungsamt, Grünflächenamt und Amt für Denkmalschutz,
Wasser- und Abwassergesellschaft,
Gasversorgung.

Bei der Kompliziertheit der Sache und der Amtsverflechtungen bezweifelten die Beteiligten, dass die Baufreigabe rechtzeitig erteilt werden würde. Pünktlich am 21. August 1997 lag sie vor.

Der Einsatz macht sich durch den Wegfall oft monatelanger Wartezeiten immer bezahlt.

1960 war mir ein lästiger Rest geblieben. Ich musste alle Pläne unterschreiben. Das war jedes Mal ein Haufen von DIN-A2- und DIN-A1-Zeichnungen auf Transparentpapier. Mein Kollege Fritz Weischet war damals ein 24 Jahre junger Bauingenieur. Ich erinnere mich, dass er mir wieder und wieder einen solchen Haufen Zeichnungen aufeinandergestapelt vorlegte und immer die rechte untere Ecke hochkrempelte, damit ich in das Schriftfeld meine Unterschrift setzen konnte. Beim 15. Plan kam mir eine Erleuchtung. „Wissen Sie, Herr Weischet", sagte ich, „wenn Sie mir ein Stück von Ihrem Butterbrotspapier da zwischen die Zeichnungen gelegt hätten, dann hätte ich das auch unterschrieben. Das beste ist, ich erteile Ihnen und den anderen Kollegen eine Unterschriftsvollmacht und dann unterschreiben Sie Ihre Pläne selbst."

Solche Vollmachten erhielten dann Ingenieure und Bauzeichnerinnen und Bauzeichner auch für den allgemeinen Schriftverkehr. Und einige Zeit später erhielten die Bürokauffrauen, die mit der Auszahlung von Gehältern und der Begleichung von Rechnungen befasst waren, absolute Kontenvollmacht ohne zweite Unterschrift. Das hat bestens funktioniert. Nicht eine Unregelmäßigkeit ist vorgekommen.

Ich habe von 1960 bis 1993 die Planungs-GmbH so geführt und sie dann, mit Vollendung meines 65. Lebensjahres, mit einer Belegschaft, die von 4 Mitarbeitern auf etwa 40 gewachsen war, und mit einem Jahresumsatz von etwa 9 Mio. Mark verkauft. 1994 lag der Jahresgewinn bei 500.000,- DM vor Steuern plus angemessener Gehaltsentnahmen der Inhaber.

Der spätere Niedergang hatte wohl auch damit zu tun, dass die Nachfolger die weit verbreitete zentrale Steuerung wieder einführten: sie regierten mit Anweisungen, wollten jeden Vorgang selbst sehen, und führten die Regel der zwei Unterschriften wieder ein. Daraus folgten Demotivationen, Überlastung und Stress und enorme Zeitverluste.

Wesentlich für den Erfolg war die Übereinstimmung von Entscheidungs- und Verantwortungsstrecke. Die Mitarbeiter übernahmen Aufgaben mit Inhalts- und Zielvorgaben und sie übernahmen damit die Verantwortung für die Resultate. Aber nach der Übernahme der Aufträge hatten sie auch die Entscheidungsfreiheit und niemand redete ihnen – vom Auftraggeber und den genehmigenden Kollegen abgesehen – in ihre Arbeit hinein.

Selbstverständlich erhielten sie jede gewünschte Unterstützung.

Diese Selbstorganisationseffekte wurden noch verbessert, als wir nach 1970 die KOPF-Methodik allgemein einführten. Die Kenntnis der erforderlichen Arbeitsstunden und des Verhältnisses von Arbeitskräften und Arbeitsdauern war gewissermaßen der Punkt auf dem i.

Ich will das an einem Beispiel deutlich machen: Im Juni komme ich von einem Auftraggeber mit dem Auftrag nach Haus, Mengenermittlungen und Leistungsverzeichnisse für den Neubau eines Krankenhauses zu machen.

Ich gebe die Aufgabe an einen Mitarbeiter weiter und sage ihm, dass ich die Fertigstellung für den 10. Oktober versprochen habe. Der macht ein Modell des Planungsprozesses mit der Ermittlung der erforderlichen Arbeitsstunden. Die basieren auf Stundenwerten, die wir nach einiger Erfahrung mit den Mitarbeitern im Büro vereinbart haben. Damit kommt er zwei Tage später zu mir und erklärt anhand der ermittelten Fakten: „Der 10. Oktober ist nicht zu schaffen. Ich brauche mit meinem Team bis zum 15. November. Vielleicht können Sie den Auftraggeber überzeugen, dass das ausreicht. Sonst müssten Sie mir zwei Studenten beschaffen, die uns während der Semesterferien helfen."

Hier regieren die Fakten das Geschehen und nicht mehr der Mensch den Menschen. Der Führende wird Dienstleister. Er muss rechtzeitig die erforderlichen Voraussetzungen schaffen, damit die Arbeit termingerecht erledigt werden kann. In diesem Fall habe ich mich nicht sofort um unterstützende Arbeitskräfte bemüht, sondern zuerst einmal mit dem Auftraggeber gesprochen. „Wenn Sie mir das letzte Woche gesagt hätten, dann hätte ich das auch akzeptiert", sagte der. „Wenn Sie mir sagen, dass der Gesamtablauf dadurch nicht gestört wird, dann bin ich auch damit einverstanden, dass die Ausschreibungsunterlagen am 15. November vorliegen."

Es gehört zu den Vorzügen der KOPF-Methodik, frühzeitig Bescheid zu wissen.

Das Prinzip gilt für alle Büroebenen. Auch der Bauzeichnerlehrling rechnet zuerst die Arbeitsstunden aus, wenn ihm eine Aufgabe gestellt wird. Er kommt nach wenigen Stunden und sagt dem leitenden Ingenieur, mit Fakten untermauert: „Wenn die Arbeit wirklich bis Donnerstag fertig sein soll, dann muss jemand helfen. Sehen Sie meine Stundenermittlung an. Wenn ich das allein machen soll, dauert das bis zum nächsten Montag."

Je mehr es gelingt, diese zielbestimmte Selbstorganisation zu entwickeln, um so mehr gehen auch in den Büros Rationalisierung und Humanisierung der Arbeit Hand in Hand. Die Mitarbeiter machen von selbst das Richtige zur rechten Zeit, wenn sie ausreichend darüber informiert sind, was mit ihrer Arbeit zusammen-

■ Mit der KOPF-Methodik erhielt die Selbstorganisation den Punkt auf dem i.

■ Mit der Einführung des KOPF-Systems regieren die Fakten das Geschehen und nicht mehr der Mensch den Menschen.

■ Information bringt Motivation.

10.6 Das KOPF-System

Vergleichende Darstellung der Kosten und Nettoeingänge der IFAB-Baumanagement GmbH, Holzminden

Bauvorhaben		Mai '86	Juni '86	Juli '86	Aug. '86	Sep. '86	Okt. '86	Nov. '86	Dez. '86
FAAG SURF	Honorar-Soll		10.000,-		10.000,-		10.000,-		
	Honorar-Ist								
Autobahn A2			14.000,-		14.000,-		14.000,-		14.000,-
Bettenhaus Pforzheim		18.000,-		18.000,-		19.000,-		19.000,-	
LK Goslar			6.000,-		19.000,-		6.000,-		7.000,-
Waldorfschule Eckemförder		10.000,-	11.000,-	5.000,-	5.000,-	4.000,-	5.000,-	5.000,-	5.000,-
Feuerwache Bielefeld		22.000,-	10.000,-		10.000,-		10.000,-		10.000,-
Kanal- u. Straße BMH Iserlohn		11.000,-	33.000,-		4.000,-	28.000,-		8.000,-	
Hochbau BMH Iserlohn			29.000,-	58.000,-	42.000,-	42.000,-	29.000,-	124.000,-	28.000,-
1000-Mann-Kaserne Bonn		53.000,-	9.000,-	38.000,-			7.000,-	7.000,-	7.000,-
Siegburg		24.000,-	15.000,-	19.000,-	18.000,-	17.000,-	18.000,-	17.000,-	18.000,-
OZ II Essen		10.000,-	10.000,-	10.000,-	10.000,-	10.000,-	10.000,-	10.000,-	10.000,-
JFS Recklinghausen		8.000,-	8.000,-	8.000,-	10.000,-	5.000,-	4.000,-	3.000,-	4.000,-
Gesamt-Schule Süd Recklinghausen			9.000,-		9.000,-		9.000,-		9.000,-
Kanonierstraße Münster			5.000,-		5.000,-				
Fa. Winter		44.000,-		53.000,-		12.000,-			
Niddastraße Braunschweig			9.000,-		9.000,-		9.000,-		10.000,-
Reihenhäuser Königslutter		7.000,-		7.000,-		7.000,-		7.000,-	
Rathaus Unna			10.000,-	17.000,-	18.000,-	17.000,-	18.000,-	17.000,-	18.000,-
SKF - Fürth		15.000,-			15.000,-			15.000,-	
Wittelsbacher Str. München							9.000,-		
KLW I München			15.000,-		15.000,-				15.000,-
Deponie München		19.000,-			30.000,-			30.000,-	
Schüle Pf.-Gr. Straße Mü			12.000,-		12.000,-				12.000,-
Feuerwache Schweinfurt									24.000,-
Großmarkthalle München						24.000,-	50.000,-		24.000,-
Schweißfurt									
Steigenberger Hotel / Ffm.									
Parkpalette Kreis Höxter				7.000,-		9.000,-	15.000,-	9.000,-	
LBS Hannover					19.000,-				
Durchschnittswert Einnahmen 234.100,- DM/Monat									
Durchschnittswert Aufwand 220.000,- DM/Monat									Holzminden, 30.05.1986
Summe netto Soll		241.000,-	215.000,-	240.000,-	247.000,-	221.000,-	223.000,-	271.000,-	215.000,-

hängt und was von ihrer Arbeit abhängt. Sie sollten darüber informiert sein, wie hoch der Umsatz ist, den das Büro pro Monat braucht, um ohne Überziehungskredite auszukommen. Sie sollten darüber informiert sein, wie der Leistungsstand pro Monat bei ihren Aufgaben sein muss, damit die Buchhaltung die Abschlagsrechnungen und die Schlussrechnungen schreiben kann, die nötig sind, um diesen Umsatz zu erzielen.

Wenn diese Information vorliegt, und die KOPF-Methodik die Kenntnis über die Arbeitsstunden, das Arbeitskräfte-Arbeitsdauer-Verhältnis und die Produktivität vermittelt, dann geht die zielsichere Arbeit wie von selbst.

Nehmen wir ein Beispiel: Wir hatten im Januar Personalausfälle durch starke Erkältungen. In einem 5-Mann-Team fehlten zwei. Als ich eines Abends das Büro verließ, fiel mir auf, dass in einem Arbeitsraum Licht brannte. Es war 19.00 Uhr und ich fand die drei gesunden Team-Mitglieder bei der Arbeit. Sie erklärten mir, dass sie bis zum 15. Februar einen bestimmten Leistungsstand erreichen wollten, damit die Buchhaltung die notwendige Abschlagsrechnung schreiben könne. Weil nun zwei Kollegen krank seien, hätten sie deren Stunden für die Dauer von 14 Tagen mit übernommen, machten jeden Tag 2 Überstunden und wollten auch am Samstag 4 Stunden arbeiten, um den erforderlichen Zahlungsfluss sicherzustellen.

Die Information muss ganzheitlich sein, und wir müssen diese Kultur von Freiheit und Vertrauen entwickeln, dann entstehen die positiven Selbstorganisationseffekte. Aber wir müssen ständig daran arbeiten; denn Selbstorganisation geht nicht von selbst. Das einzige, was von selbst geht, ist Desorganisation, und die gilt es ständig zu überwinden, um immer wieder neue Übersicht und neue Ordnung zu schaffen.

Es ist schwierig, ein Planungsunternehmen durch ein Konjunkturtal zu bringen. Das ging mit Hilfe der Übersicht über die notwendigen Rechnungslegungen je Auftrag und Monat (s. Abb. 68). Nur mit Hilfe dieser umfassenden Informationen und der Selbstorganisation durch Stundenvergleich behält man die Übersicht und alle miteinander stellen den erforderlichen Zahlungsfluss sicher.

10.7

Beispiele der KOPF-Anwendung in Planungsbüros

In fast allen Planungsbüros, die mit dem KOPF-System arbeiten, werden bis jetzt nur Teile der Methodik angewendet. Es fehlt an der ganzheitlichen Information und damit an der umfassenden Selbstorganisation der Arbeitsprozesse. Die Einführung des KOPF-Systems im ganzen erfordert mehr Schulungsaufwand, mehr Zähigkeit und mehr Geduld als die meisten aufbringen können oder wollen. Und doch gibt es interessante Teilerfolge. Manche Kollegen wurden durch die kybernetische Denkweise zu effektiven Ergänzungen angeregt.

10.7.1

Aus der Arbeit der Architekten Professor Peter Junkers, Detmold, und Horst Tenten, Düsseldorf

Professor Peter Junkers lehrte bis zum WS 2001/02 Baubetrieb und Projektmanagement für Architekten an der Fachhochschule Erfurt. In seiner Architektenpraxis in Detmold arbei-

■ Abb. 68: Darstellung der erforderlichen Rechnungslegung zur Information der Mitarbeiter im Planungsbüro.

■ Wenn die Mitarbeiter wissen, wie viel sie in welcher Zeit schaffen müssen, damit die Rechnung rechtzeitig geschrieben werden kann, und was der Rechnungsausgang für die Liquidität bedeutet, dann organisieren sie sich zielgenau.

■ In den meisten Büros, die ein bisschen mit KOPF arbeiten, fehlt der erforderliche Schulungsaufwand und die Geduld der Geschäftsführungen.

10.7 Das KOPF-System

Die Chancenkurve der Optimierung und die alternativen Kurven des tatsächlichen Erfolges

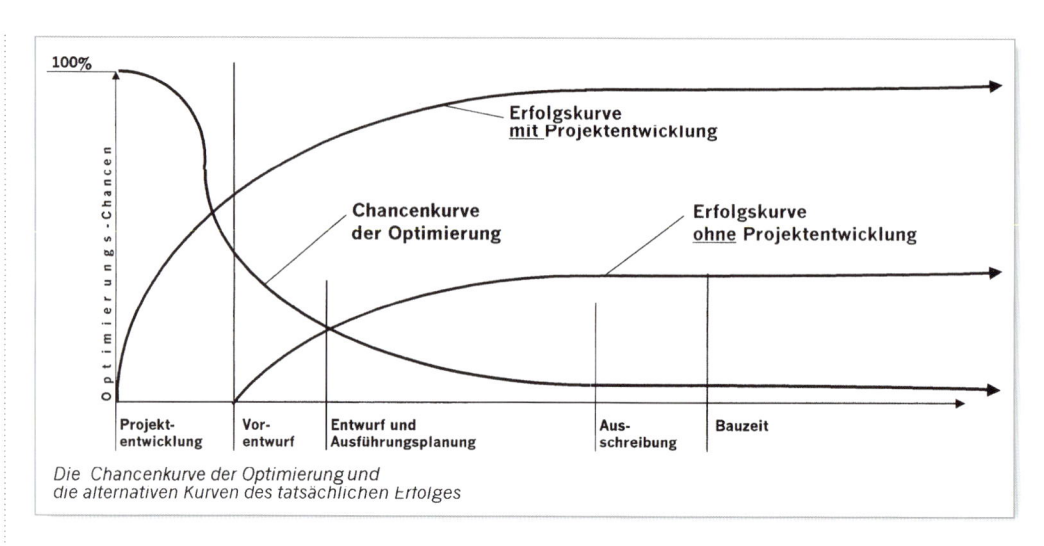

■ Abb. 69: Die Chancenkurve der Optimierung und die alternativen Kurven des tatsächlichen Erfolges.

Professor Peter Junkers sieht die Planung als Optimierungsprozess.

Die Optimierungschancen, die schon beim Vorentwurf wahrgenommen werden sollten, reichen von der Finanzierung bis zum Abriss.

tet er seit 1983 und in der Gemeinschaftspraxis mit dem Architekten und Bauingenieur Dipl.-Ing. Hagen Gebe in Bernburg seit 1991 mit dem KOPF-System. Peter Junkers hat auf der Basis der Baukybernetik ein Prinzip zur Optimierung des Planungs- und Bauprozesses hinzugefügt. Er sieht die Planung als Optimierungsprozess und erläutert das folgendermaßen:

„Die Chancenkurve der Optimierung stellt eine der interessantesten Gesetzmäßigkeiten des Planens dar. Die Chancen sind immer dann extrem hoch, wenn eine Aufgabe bzw. eine Teilaufgabe begonnen wird. Zum einen ist das bei Projektbeginn der Fall, wenn die Planung gestartet wird und grundlegende Entscheidungen gefällt werden. Hier, im Konzeptbereich, noch vor dem Vorentwurf, sind die Möglichkeiten, ein Optimum zu erreichen, besonders hoch. Nach dem zeitlich schmalen ‚Fenster', in dem mit geringem Aufwand höchst effiziente Systembildung erreicht werden kann, sinken die Chancen radikal ab. Mit zunehmenden Festlegungen werden positive Veränderungen immer schwieriger und aufwendiger.

Eine zweite Optimierungschance – die im Bauwesen kaum genutzt wird – ist die Wertanalyse. Dabei bezieht sich die Analyse nicht nur auf Kostenwerte, sondern auch auf Zeit- und Qualitätswerte von Konstruktionen, Verfahren, Fabrikaten, Materialien u. s. w.

Diese Zwischenphase ist im Vorentwurf und im Entwurf angesiedelt; denn nach der Grundlagenermittlung und der Systemkonzeption beginnt mit der Entwurfsarbeit eine neue, konkretisierende Darstellung.

Hier wird der Projektierungsprozess geplant und mit den weiteren Planungsbeteiligten das Prozessmodell nach dem KOPF-System festgelegt. Bauteilanalysen bezüglich ihrer Kosteneinflüsse, die Auswirkung von Dämmwerten, ökologischen Maßnahmen oder der schnelleren Herstellung auf die Kosten werden untersucht, Eventualpositionen definiert, und der Herstellungsprozess nach der KOPF-Methodik modelliert. In

Das KOPF-System **10.7**

Chancenkurve der Optimierung
- Konzeptoptimierung
- Wertanalysen, Rationalisierungskatalog
- Wettbewerb und Verhandlungen
- Normalkurve (Pfarr)

Phasen: Projektentwicklung | Vorentwurf | Entwurf und Ausführungsplanung | Vorbereit. u. Vergabe | Bauzeit

Chancen systematischer Kostensenkung

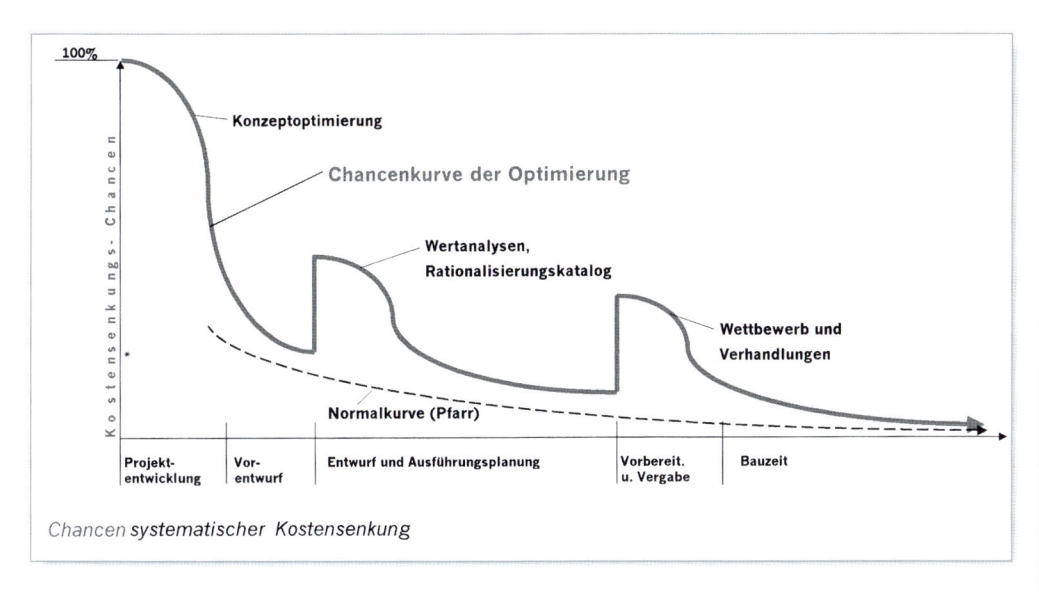

■ Abb. 70: Chancen systematischer Kostensenkung.

diesem Zusammenhang ist die Festlegung des Baubeginns zu einem Zeitpunkt wichtig, der Behinderungen durch verspätete Planvorlagen ausschließt und baubegleitende Planung mit Übersicht und ohne Nachteile ermöglicht.

Eine dritte Chance zur weiteren Optimierung kann bei der Vorbereitung der Vergabe zur Einleitung der Realisierungsphase eines Bauprojekts wahrgenommen werden. Dazu gehören u. a. die Optimierung der Leistungsverzeichnisse, eine optimierte Bauzeitplanung, entsprechend abgestimmte Handwerksverträge und die Etablierung von Selbstorganisations- und Selbstkontrollsystemen.

Es gibt noch einen vierten Bereich der Optimierung: den Nutzungsbeginn. Die Nutzung des Gebäudes stellt wiederum eine neue Phase dar. Sie ist ein eigenes Entscheidungs- und Tätigkeitsfeld. Will man die Chancen auf optimale Wirtschaftlichkeit umsetzen, muss man präorganisierend handeln: Die Chancen müssen bereits in den früheren Planungsphasen integriert wahrgenommen werden. Dafür ist die Konzeptphase die wichtigste. Bereits ganz am Anfang der Planung können zum Beispiel Steuer- und Finanzierungsmodelle alle weiteren Phasen beeinflussen. Sie beeinflussen das Entwurfskonzept und können umgekehrt durch den Entwurf erheblich verbessert werden.

Weil die Wahrnehmung der Rentabilitätschance auch für die Nutzungsphase in den Vorphasen liegt, wurde der betreffende Chancensprung in Abb. 71 gestrichelt dargestellt.

Wenn man noch weiter geht, folgt der Nutzung eines Bauwerks irgendwann dessen Abbruch. Auch diese Phase kann man optimieren. In den USA werden Hochhäuser schon seit langem auch unter dem Gesichtspunkt geplant, wie und mit welchen Kosten man sie wieder abreißen kann. Zur Zeit ist die Frage, wie Baumaterialien nach Abriss wieder verwendet werden können, in wieweit ihre Vernichtung oder Deponierung umweltverträglich ist, ein immer dringlicher werdendes Thema.

10.7 Das KOPF-System

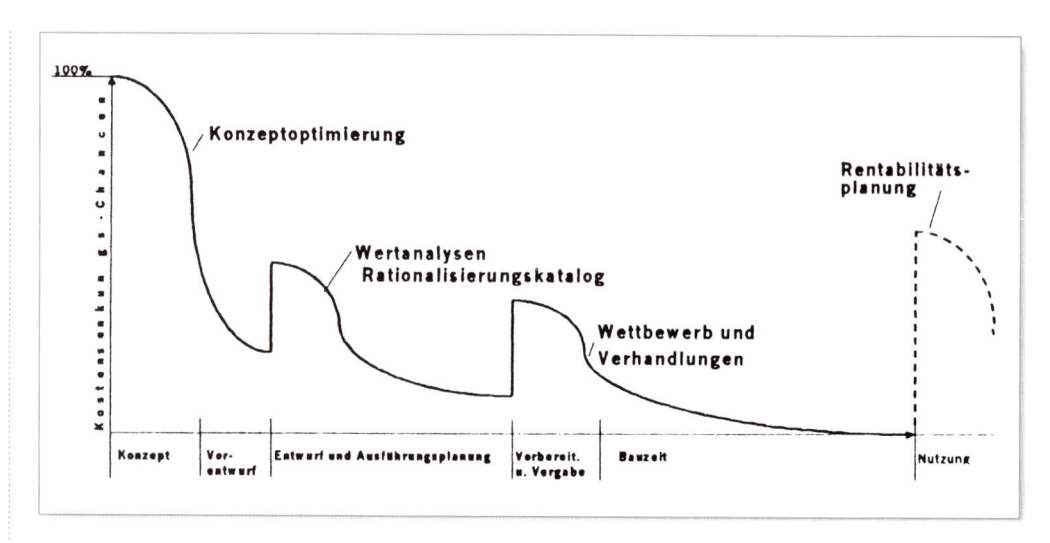

Abb. 71: Der vierte Sprung der Chancenkurve.

Doch auch die Optimierung dieser Schlussphase eines Bauwerks liegt ganz am Anfang, in der Konzeption.
Interessante Zeitpunkte der Chancenkurve sind also die ersten drei Sprünge, innerhalb derer auch die weiteren planerisch mit erfasst werden können:

Konzept → Entwurf → Ausschreibung → Nutzung → Abbruch

Alle Überlegungen werden von den Prioritäten geleitet, die der Bauherr setzt.

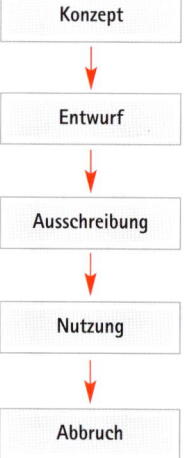

Praktisch lassen sich die wesentlichen Kriterien und Parameter für die Modellgestaltung schnell finden.
Wir beginnen für die erste Größe, die Zeit, mit drei groben Ablaufmustern mit je etwa 8 Vorgangsbalken.
Gedacht wird immer vom Fertigstellungszeitpunkt her nach vorn:

1. ein erfahrungsgemäßer Normalablauf
2. ein Idealablauf mit Beeinflussung durch KOPF und
3. ein behinderter Ablauf – was kann unterwegs alles passieren?

Alle Überlegungen werden von den Prioritäten geleitet, die der Bauherr setzt: Das kann die extrem kurze Bauzeit sein, weil z. B. eine Produktion kurzfristig aufgenommen werden soll, das können Kosten, Qualität oder Gestaltung sein. Frühzeitig werden Erkenntnisse für die Gestaltung des Gebäudes und die Konstruktion gewonnen – die Erkenntnisse zur Bauweise: Stahlbau oder Stahlbetonbau – zum Vorfertigungsgrad usw."

Das KOPF-System **10.7**

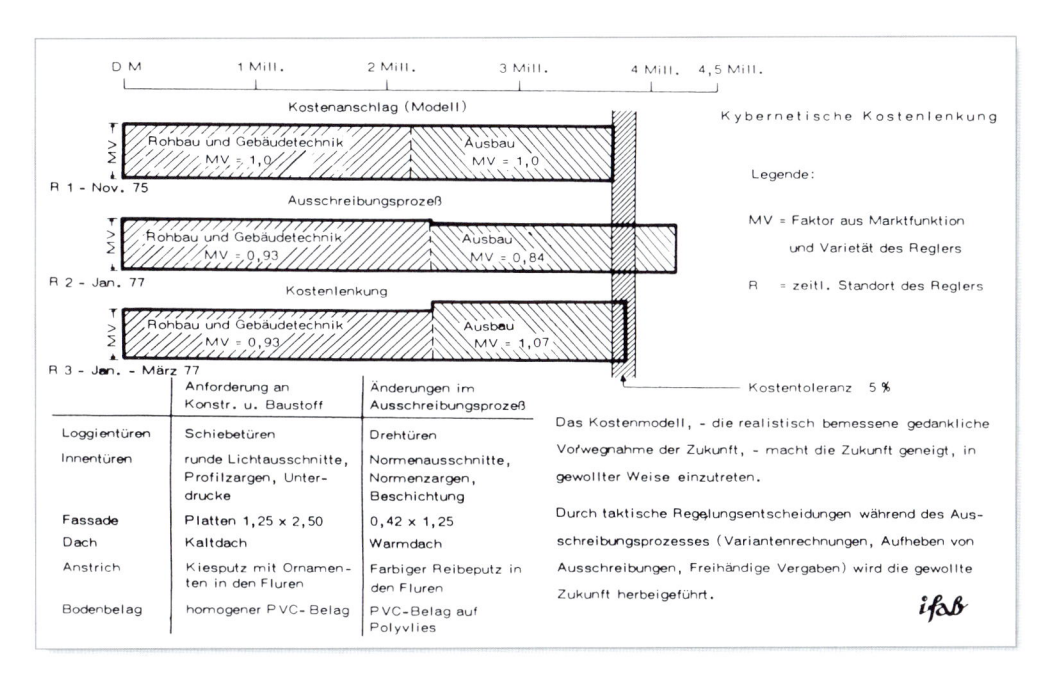

Abb. 72: Kybernetische Kostenlenkung [10]).

Im Gespräch mit Peter Junkers zu diesem Buch kamen mir vergleichbare Überlegungen in den Sinn, die ich in der langjährigen Zusammenarbeit mit dem Düsseldorfer Krankenhausarchitekten Horst Tenten angestellt hatte. Wir fragten uns bei der Planung des St.-Ansgar-Krankenhauses in Höxter, ob die Vorfertigung der Stahlbetonteile nicht zu einem wirtschaftlicheren Ergebnis führen könnte, und holten Vergleichsangebote ein. Die Gewichte der Deckenplatten mussten begrenzt werden, so dass auch die äußerste Platte im obersten Geschoss mit verfügbaren Hebezeugen eingebaut werden konnte. Das setzte eine Halbierung der Stützweiten und damit zusätzliche Stützenreihen voraus. Die Plattengröße wurde von 7,20 m x 7,20 m auf 7,20 m x 3,60 m verringert.
Wir waren damals – 1973 – durch übereinstimmende Aussagen von Lehrstühlen, Bauindustrie und Ministerien, die sich sehr logisch anhörten, davon überzeugt, dass man durch den umfassenden Einsatz von Fertigteilen Baukosten sparen und Baupreise mindern könne. Aber die vergleichende Untersuchung zeigte eindeutig, dass der Einsatz von Schalttischen und die Verwendung von Transportbeton zu wesentlich günstigeren Resultaten führte.
Dabei konnten die vorgesehenen Stützenabstände von 7,20 m x 7,20 m erhalten bleiben.
Wir haben uns dann sehr effektiv um Kosteneinsparungen in den Baunebengewerken bemüht.
Man sollte bei derartigen Überlegungen auch heute nie außer Acht lassen, dass die Kosten der tragenden Teile bei einem komplexen Bauwerk, wie einem Krankenhaus, nur etwa 12 Prozent der Gesamtbaukosten ausmachen.
Bei der Projektierung des Personalwohnheims

■ Mit dem Einsatz von Fertigteilen kann man nur in Ausnahmefällen Kosten sparen.

10.7 Das KOPF-System

Bei der Schottenbauweise können 24 cm dicke gemauerte Wände kostengünstiger sein als 18 cm dicke Stahlbetonwände.

zum St.-Ansgar-Krankenhaus haben wir für die Konstruktion der Apartment-Trennwände in einem öffentlichen Wettbewerb den optimalen Baustoff und das optimale Bauverfahren gesucht. Letztlich ging es um die Kostenunterschiede zwischen 24 cm starken Kalksandsteinwänden aus 2-DF-Steinen und 18 cm dicken Stahlbetonwänden. Bezüglich des Schallschutzes und der Wärme- bzw. Kühle-Speicherfähigkeit waren die Werte etwa gleich. Bezüglich der Baukosten schlug die konventionelle Kalksandsteinwand die Stahlbetonwand um Längen. Sie lässt sich auch – wenn notwendig – später zu wesentlich geringeren Kosten entfernen.

Bei diesem Bauwerk haben wir weitergehende Eingriffe zur Kostenoptimierung vorgenommen: Wegen der Unbestimmtheit der Kostenentwicklungsprozesse, die aus den unterschiedlichen Konjunktur- und Wettbewerbssituationen resultiert, ist auch für die Kostenbeeinflussung die taktische Komponente des kybernetischen Managements von großer Bedeutung.

Abbildung 72 gibt einen Einblick in die Kostenlenkung beim Personalwohnheim.

Kostenreduzierung ohne Qualitätsverlust.

Die Länge der Balken wird durch die Höhe der Baukosten bestimmt. Die Kostenberechnung vom November 1975 gilt als Ziel, das durch Ausschreibung, Vergabeentscheidungen und Ausführungsregelung sicher erreicht werden muss.

Die Kostenberechnung ergab Herstellungskosten von rd. 3,9 Mio. Mark. Darin war eine Irrtumstoleranz von 5 Prozent enthalten. Das bedeutete praktisch, dass die Angebotssumme auf etwa 3,7 Mio. Mark begrenzt werden musste.

Die Höhe der Balken zeigt den **MV**-Faktor, den wir aus der **M**arktfunktion und der **V**arietät des Kostenreglers bilden.

Beim oberen Balken, der die Kostenberechnung darstellt, ist dieser Faktor = 1,0.

Während des Ausschreibungsprozesses am zeitlichen Reglerstandort R2 im Januar 1977 stellte der Regler ein kritisches Absinken dieses Faktors bis auf 0,84 fest. Im mittleren Balken zeigt eine Tendenzrechnung aufgrund der bis dahin eingegangenen Angebote, dass eine Kostenüberschreitung zu erwarten war.

Hier setzen dann die taktischen Maßnahmen zur Einhaltung des Kostenzieles ein.

Offensichtlich ist die Marktsituation für den Investor ungünstig. Die ausgeschriebenen Alternativen reichen nicht aus, um die drohende Preiserhöhung abzufangen. Der Regler muss zur zielsicheren Führung eine höhere Varietät einführen. Wir verdeutlichen das an einem Beispiel: Der Architekt und der Beratende Ingenieur für die natürliche Klimatisierung, Dr. Raymond Ayoub, wollten die Fenstertüren zu den Loggien an der Südseite des Gebäudes als Schiebetüren ausführen lassen. Sie hielten diese Ausführung für optimal zur Verteilung des kühlenden Luftstroms auf die Wand- und Deckenspeicher. Die drohende Überschreitung der Baukosten wurde frühzeitig erkannt. Zu den Gewerken, bei denen eine etwaige Veränderung der Ausschreibungsgrundlagen geprüft wurde, gehörte auch der Fenster- und Fassadenbau.

Die Fenstertüren wurden als nach außen aufgehende Drehtüren neu projektiert. Die Verteilung des Luftstroms war fast ebenso gleichmäßig. Die Ausschreibung wurde nach § 26.1 b) und c) VOB/A aufgehoben.

Im allgemeinen schreiben wir die betreffenden Leistungen neu aus.

Das Personalwohnheim musste jedoch am 30. Juni 1977 fertig hergestellt sein, wenn ein Investitionszuschuss von rd. 300.000 Mark nicht verloren gehen sollte. Eine neue Ausschreibung hätte zur Überschreitung dieser Frist geführt. Wegen dieser besonderen Dringlichkeit wurde die Arbeit nach § 3.4 d) VOB/A freihändig vergeben.

Die beiden günstigsten Bieter aus dem öffentlichen Wettbewerb wurden aufgefordert, die veränderte Leistung kurzfristig neu anzubieten, und allein dieses Gewerk wurde um rd. 100.000,– Mark billiger.

Durch weitere, ähnliche, rechtzeitige Maßnahmen in anderen Gewerken wurde die drohende Kostenüberschreitung um rd. 300.000 Mark abgebaut. Der untere Balken zeigt: die Abrechnungssumme lag im akzeptablen Toleranzbereich.

Die natürliche Klimatisierung war eine weitere äußerst effektive Maßnahme zur Verringerung der Folgekosten. Horst Tenten hatte dazu die Fassade mit den Fenstertüren nach Süden ausgerichtet.

Mit Hilfe erstaunlich einfacher baukonstruktiver Maßnahmen und mit den traditionellen Baustoffen erfüllt das Gebäude an sich mit seiner Baumasse die z. T. gegensätzlich erscheinenden Funktionen: Heizung, Kühlung und Lüftung.

Meyer's Enzyklopädisches Lexikon gibt unter dem Stichwort Ayoub, Raymond folgende Definition:

„Die natürliche Klimatisierung ist eine Technik, die mit bauphysikalischen Methoden Erwärmung, Abkühlung und Lüftung von Gebäuden ohne mechanische Anlagen erreicht."

Zur natürlichen Heizung:

Während der Heizperiode nutzt das Gebäude die Sonneneinstrahlung durch die Verglasung der Süd-, Südost- und Südwestfassaden, die prinzipiell wie bei den Sonnenkollektoren funktionell berechnet wird. Die Sonnenwärme wird in den Mauerwerks- und Betonmassen der Wände und Decken gespeichert, die ihre Wärme mit berechneter Verzögerung gleichmäßig abstrahlen.

Der Vorteil ist hier, dass auch die durch Menschen und Geräte im Raum erzeugte Wärme gespeichert werden kann, die immerhin etwa 6 bis 10 Prozent des Gesamtwärmebedarfs ausmacht. In unserem Beispiel ist der Loggienüberstand an der Südfassade so gewählt, dass die Sonneneinstrahlung auf die Scheiben während der Heizperiode optimal wirkt, der Überstand jedoch im Sommer als Sonnenschutz fungiert. Er verhindert bei steilerem Sonnenstand die Sonneneinstrahlung auf die Scheiben.

Um den Wärmedurchlasswiderstand des Glases entscheidend zu verbessern, d. h. den sogenannten K-Wert auf 0,5 abzusenken und ihn damit einer sehr gut gedämmten Außenwand anzupassen, kann man in Zukunft wärmedämmende Außenstores mit Schaumstoffpaneelen anbringen und damit die ohnehin durch die natürliche Heizung mögliche Energieeinsparung von 30 bis 40 Prozent noch weiter bis 50 und manchmal auch 60 Prozent verbessern.

Dieses System kostet 1/5 bis 1/7 der Baukosten, die für technische Sonnenkollektoren entstehen, und bewirkt, dass man bei Außentemperaturen von 0 °C Raumtemperaturen von 14 °C erzielt. Die konventionellen Heizungsanlagen brauchen nur den Unterschied zwischen 14 und 21 °C zu decken.

In unserem Beispiel sind gedämmte Außenstores nicht verwendet worden. Die Einsparung an Heizkosten beträgt 39 Prozent.

Zur natürlichen Kühlung:

Im Sommer kehrt das Gebäude ohne zusätzliche Maßnahmen seine Funktion um. Die natürliche nächtliche Abkühlung bewirkt Raumtemperaturen, die an heißen Tagen zwischen 6 und 10 °C unter den Außentemperaturen im Schatten liegen. Gegen die Sonneneinstrahlung schützen richtig bemessene Loggien- bzw. Dachüberstände oder auch handelsübliche Sonnenschutzstores.

Durch die richtig berechnete, konstruktiv angeordnete Stellung der Lüftungsflügel wird eine Nachtlüftung erreicht, die zusammen mit der Abstrahlung der Gebäudewärme gegen den kalten Nachthimmel bewirkt, dass in den Speichermassen des Gebäudes soviel Kälteenergie aufgeladen wird, dass bei einer Außentemperatur eines Sommertages von 30 °C die Raumtemperatur während des Tages nicht über 23 °C ansteigt.

Die natürliche Lüftung wird nicht durch Quer-

Natürliche Klimatisierung spart Folgekosten.

10.7 Das KOPF-System

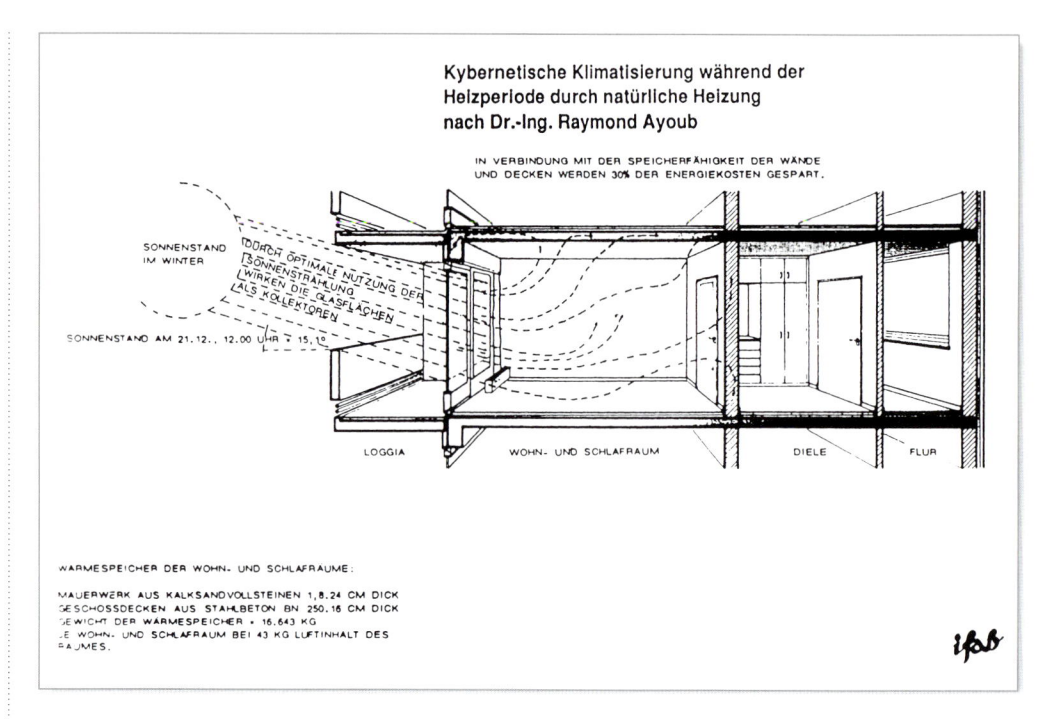

Abb. 73: Kybernetische Klimatisierung während der Heizperiode durch natürliche Heizung nach Dr.-Ing. Raymond Ayoub.

lüftung, sondern durch die Ausnutzung der Temperaturunterschiede zwischen innen und außen, also durch thermische Effekte erzielt. Deshalb ist die Lüftung unabhängig von den Windverhältnissen, gleichgültig ob starker Wind oder ob eine totale Windstille herrscht.
Die Lüftung ist immer ohne störende Luftzüge möglich, selbst bei einer Außentemperatur von -15 °C.
Hier werden keine Luftkanäle, keine daraus folgenden abgehängten Decken und damit keine größeren Etagenhöhen erforderlich.
Im Personalwohnheim eines Krankenhauses muss auch an heißen Tagen die Tagesruhe für die Nachtschwestern und Nachtpfleger gewährleistet sein. Die Bewohner haben durch die natürliche Kühlung ein Klima in ihren Räumen, als wären dort Klimaanlagen eingebaut.
Bei größeren öffentlichen Gebäuden, bei Hochhäusern, Bürogebäuden und Fabriken, kann man auf die dort üblichen mechanischen Klima- und Lüftungsanlagen größtenteils verzichten.
In einem großen Bürohaus können die Kosten für mechanische Anlagen 20 Prozent der Baukosten betragen, und die Betriebskosten 2,5 Prozent der Baukosten jährlich ausmachen.
Wenn man die Verzinsung der Kosten für die Einrichtung der Klimaanlage, die Betriebskosten und die Amortisierung zusammenrechnet, so ergibt sich in 20 Jahren eine Kostengröße, die der Gesamtsumme ungefähr entspricht.

Das KOPF-System **10.7**

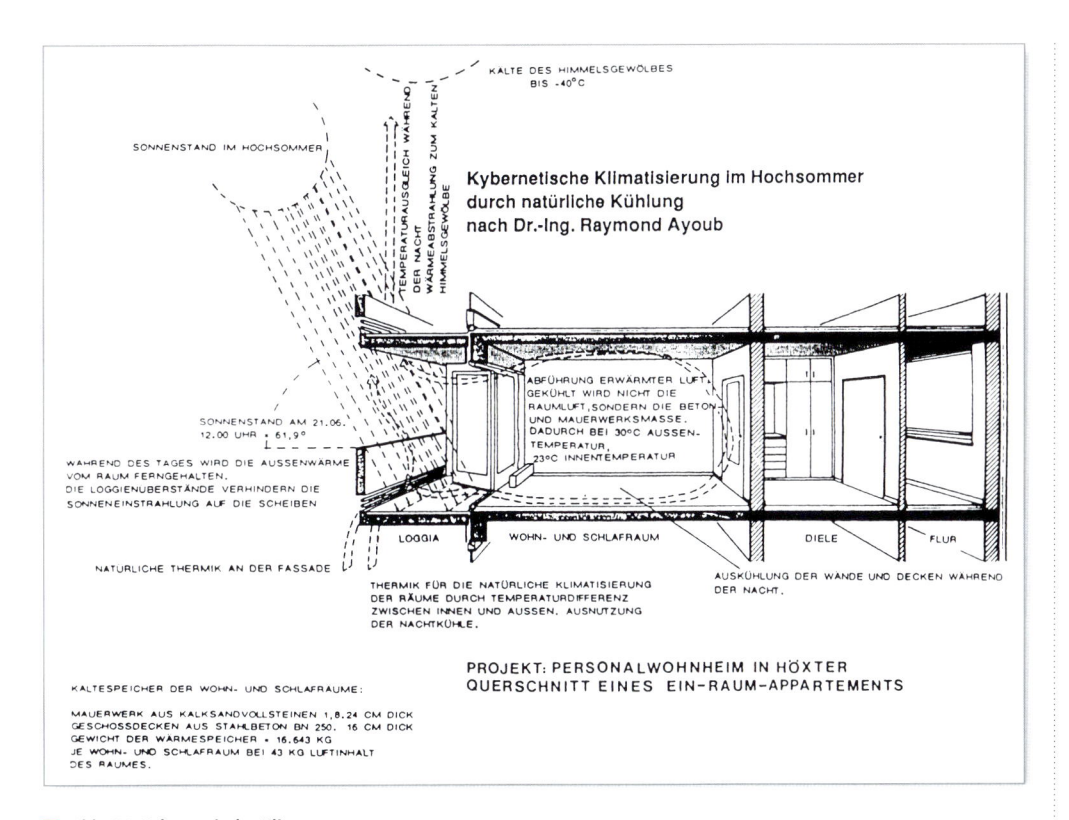

Abb. 74: Kybernetische Klimatisierung im Hochsommer durch natürliche Kühlung nach Dr.-Ing. Raymond Ayoub.

Aber auch in unseren Wohnhäusern erhöht die Kühle der Räume im Sommer wesentlich den Wohnkomfort.
Die natürliche Klimatisierung funktioniert optimal bei massiven Gebäuden. Sie ist optimal anzuwenden für Gebäude praktisch aller Zwecke. Bei der Leichtbauweise vieler Fertighaushersteller fehlt die erforderliche Speichermasse, um solche Effekte erzielen zu können.
Nachgewiesene Heizkosteneinsparung:
Das Personalwohnheim wurde 1977 bezogen. Bis 1981 wurde der Heizkostenaufwand mit dem Aufwand bei konventionellen Bauten verglichen.

Liste vom Krankenhausbetreiber über Gasverbrauch 1981:

Januar	7864 cbm
Februar	6267 cbm
März	4481 cbm
April	4940 cbm
Mai	4290 cbm
Juni	2987 cbm
Juli	6178 cbm
August	4500 cbm
September	4127 cbm
Oktober	9420 cbm
November	9435 cbm
Dezember	9425 cbm

10.7 Das KOPF-System

Junkers:
„Als Generalplaner koordinieren wir die Planungsbeteiligten und die Handwerksbetriebe. Mit dem KOPF-System liegt das Kostenniveau um 15 bis 20 % niedriger als üblich."

Der jährliche Verbrauch beträgt insgesamt 1981 = 73 914 m³ Gas.

Umrechnung von Gas in Ölverbrauch:
1 m³ Gas = 0,73 l Öl
73 914 x 0,73 = 53 957 l Öl

Verbrauch:
$$\frac{53\,957{,}00\ l\ \text{Öl}}{7\,314{,}15\ m^3} = 7{,}38\ l/m^3\ \text{beheizter Raum}$$

Ölverbrauch einer Wohnung in einem Mehrfamilienhaus in Höxter:
Größe: 80,0 m² Wohnfläche x 2,50 m Raumhöhe = 200 m³ beheizter Raum.
Umrechnung der Heizkostenverteilung in verbrauchte Liter Öl im Jahr 1981:
Ölverbrauch 1981 = 2 052 Liter Öl

Verbrauch:
$$\frac{2\,052\ l\ \text{Öl}}{200\ m^3} = 10{,}26\ l\ \text{Öl}/m^3$$

Mehrverbrauch gegenüber Personalwohnheim = 39 %

Ölverbrauch eines Einfamilienhauses in Holzminden:
Größe: 115,5 m² Wohnfläche x 2,50 m Raumhöhe = 288,75 m³ beheizter Raum.
Ölverbrauch 1981 = 3 350 Liter Öl

Verbrauch:
$$\frac{3\,350\ l\ \text{Öl}}{288{,}75\ m^3} = 11{,}60\ l\ \text{Öl}/m^3$$

Mehrverbrauch gegenüber Personalwohnheim = 57,2 %

Der Pionier des „vernetzten Denkens", Prof. Dr. Frederic Vester, nahm das Projekt in seine Wanderausstellung „Unsere Welt – ein vernetztes System" auf, die 1978 im Deutschen Museum in München eröffnet wurde.[40], S. 132, 133.
Peter Junkers geht weiter:
„Zur Optimierung der Baukosten und der Wirtschaftlichkeit als zweiter Größe vergleichen wir Steuer- und Finanzierungsmodelle. Mit Hilfe der Baukostenbestimmung auf der Basis der KOPF-Statistik und der Erfahrungswerte in den Vergleichsobjekten des KOPF-Systems können planerische Konzeptvarianten mit unterschiedlichen Nutzflächen, Brutto-Rauminhalten, Konstruktions- und Verfahrensweisen schnell beurteilt werden.

Die dritte Größe, die Qualität, ist projektspezifisch zu definieren: Handelt es sich um Wohnungen, Läden, eine Produktionsstätte oder eine Klinik?
Wir haben dafür 8 bis 10 Kriterien gefunden. Konzeptvarianten werden skizzenhaft dargestellt – schnell und einfach, nur um die Haupteinflussgrößen zu finden. Wir konzipieren auch hier vom Ziel her – noch vor dem Vorentwurf.
Die vierte Größe ist die Organisation des Gesamtprozesses in einem präkoordinierenden Prozessmodell.
Soll ein Generalplanervertrag geschlossen werden, dann organisieren und koordinieren wir sowohl das Zusammenwirken der Planungsbeteiligten als auch der Handwerksbetriebe. Wenn das mit dem KOPF-System geschieht, dann liegt das Kostenniveau um 15 bis 20 Prozent niedriger."
Hier ist zum genaueren Verständnis eine ergänzende Erläuterung erforderlich. Wenn wir die Qualität optimieren, geschieht das nach einem vergleichenden Verfahren, in dem ähnlich wie bei der Szenariotechnik Modellvarianten mit objektiven Bewertungskriterien gegeneinander gestellt werden. Die günstigste Variante wird zur Verwirklichung ausgewählt – wie bei einem Wettbewerb.
Bei der Planung und der Optimierung von Entscheidungsprozessen, von Prozessen der Projektierung, der Ausführung und der Kostenentwicklung reicht diese Art der Variantenauswahl nicht aus. Will man die Zeit-, Kosten- und Produktivitätsziele der Prozesse erreichen, dann ist kybernetisches Verhalten unabdingbar er-

Das KOPF-System 10.7

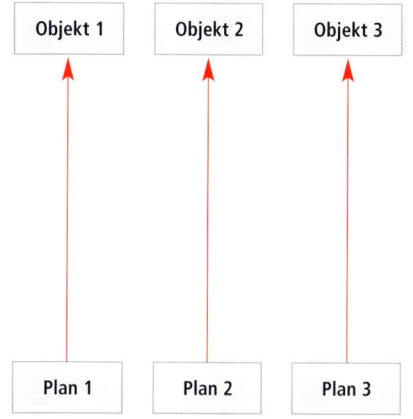

Objektoptimierung: Objekt 1 ← Plan 1, Objekt 2 ← Plan 2, Objekt 3 ← Plan 3

Prozessoptimierung: Ziel ← Modell

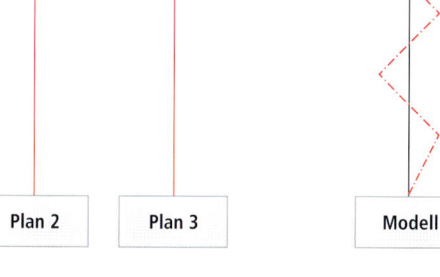

Abb. 75: Der Unterschied zwischen der Objekt- und der Prozessoptimierung.
ANMERKUNG: Das Objekt entspricht dem ausgewählten Plan. Der Prozess entspricht nicht dem ausgewählten Prozessmuster. Er wird zielgenau durch kybernetische Beeinflussung.

Zur Prozessoptimierung und zur Zielsicherheit ist während der Lenkungsphase immer wieder ein Stück Ablauf neu einzuführen – im Gegensatz zur Objektoptimierung mit Hilfe der Szenariotechnik.

forderlich. Planen und Lenken der Prozesse gehören zusammen wie zwei Seiten einer Münze. Die Prozessmodelle beinhalten die erforderliche Varietät der Wege, mit der alle zielabweichenden Störungen während des Prozessverlaufs zielsicher ausgeglichen werden können. Das bedeutet: Während der Lenkungsphase bis zum Erreichen des Ziels ist immer wieder ein Stück Ablauf zu planen, sind immer wieder beeinflussende Entscheidungen zu treffen, um neue zielgenaue Wegstrecken in den Prozess einzuführen. Die Ziele sind fix, die Wege variabel.

Weil die kybernetische Denk- und Handlungsweise bei der Lenkung komplexer Bauprozesse noch kaum angewendet wird, werden die Prozessziele so häufig verfehlt.

Nun bilden die einzelnen Optimierungsgrößen der Projekt- und Objektziele und -prozesse mit all ihren Verknüpfungen eine übergeordnete Einheit – kybernetisch ausgedrückt: ein System.

Unter dem Stichwort „Systemoptimierung" fasst Peter Junkers seine Erkenntnisse dazu wie folgt zusammen:

„Die Chancenkurve der Optimierung.

Der Verlauf der Optimierungschancen im Planungsprozess ist eine Gesetzmäßigkeit, die für die Planungsebenen Zeit/Termine, Wirtschaftlichkeit, Qualität und Information eine entscheidende Bedeutung hat:

– Die größten Erfolgschancen liegen stets am Anfang, in der Konzeption.
– Andererseits sind Fehler, die am Beginn durch mangelnde Klärung der Oberziele gemacht werden, später nur noch schwer zu korrigieren.
– Der Bauherr muss sich am Anfang konzentriert einbringen. Den späteren Prozess kann er weitgehend an die Planer delegieren, am einfachsten durch Vereinbarung von Generalplanung mit Projektmanagement. (Der Architekt übernimmt die Rolle des Gesamtproduzenten. Der Verfasser)

Eine ähnliche Bedeutung hat die Kurve des Änderungsaufwands, der gegenläufig ist und nach kurzer Zeit überproportional ansteigt:

– Änderungen der Ziele sind am Anfang einfach und schnell zu bewältigen. Nach dem Entwurf werden sie aufwendig und uneffizient. In der Bauphase sind sie regelrecht teuer.

10.7 Einleitung

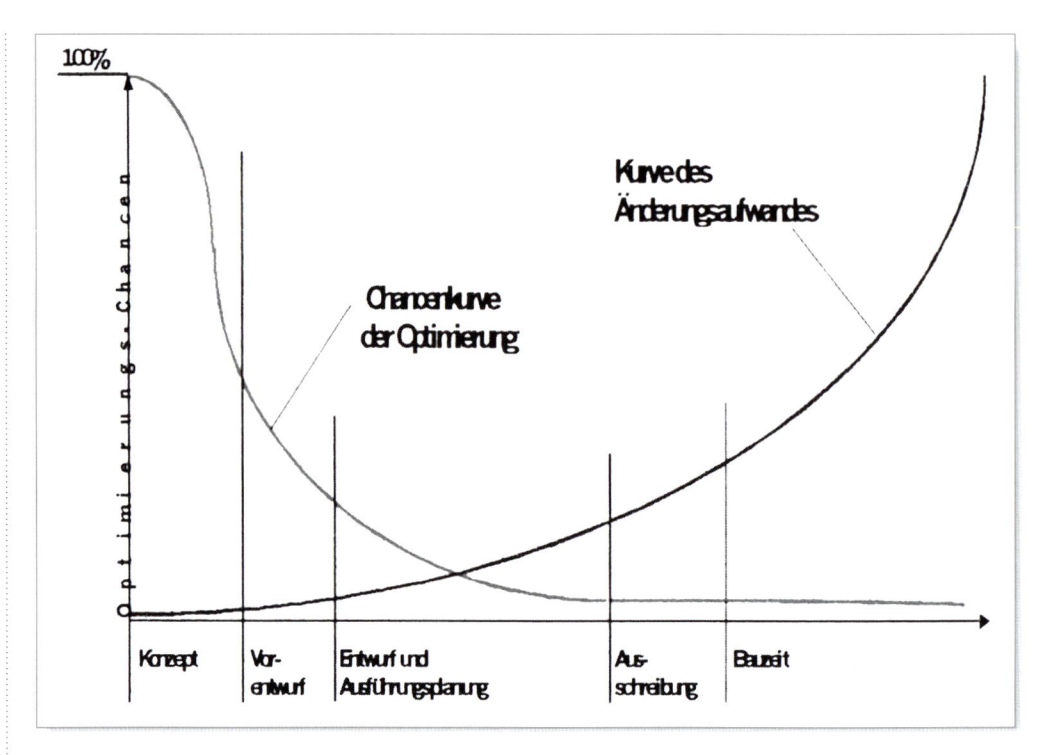

Abb. 76: Optimierungschancen und Änderungsaufwand.

(Kurvenbeschriftungen: 100%, Optimierungschancen, Chancenkurve der Optimierung, Kurve des Änderungsaufwandes; x-Achse: Konzept, Vorentwurf, Entwurf und Ausführungsplanung, Ausschreibung, Bauzeit)

Junkers:
„Mit KOPF und den dargestellten Optimierungschancen sind schon in der Projektentwicklung Kostensenkungen bis zu 20 % zu erreichen."

Die Baupreisentwicklung.

Die Kenntnis und Verwendung realistischer Baupreise ist die Basis erfolgreicher Kosten- und Qualitätsplanung.

Die vom KOPF-Institut ermittelte Preisstatistik für das Bauhauptgewerk und die übrigen Gewerke beruht auf abgerechneten Projekten und zeigt die tatsächliche Marktpreisentwicklung. Die Statistik des Statischen Bundesamtes in Wiesbaden gibt die realen Baupreise nicht richtig wieder.

Mit dem KOPF-System und in Verbindung mit der in Abb. 70 dargestellten Optimierungskurve sind oft schon während der Projektentwicklung durch Gesamtwertanalysen hohe strategische Kostensenkungen realisierbar, in Einzelfällen bis zu 20 Prozent.

Das Planungsmanagement:
Die Generalplanung

Obwohl für den Bauherrn die inhaltlichen Ziele vorrangig sind, ist so früh wie möglich zu klären, wie Planung und Baudurchführung organisiert werden sollen. Damit fällt praktisch die Entscheidung, welche Instrumente zur Erreichung optimierter Lösungen eingesetzt werden können.

Die Beauftragung eines Generalplaners bedeutet für den Bauherrn eine weitgehende Entlastung seiner eigenen, immer komplizierter gewordenen Koordination der Fachplaner, Gutachter und Spezialisten: Der Bauherr hat im Planungsbereich nur einen Partner.

Generalplanung schließt die Aufstellung und die Koordination des Ablaufmodells der Pla-

Das KOPF-System **10.7**

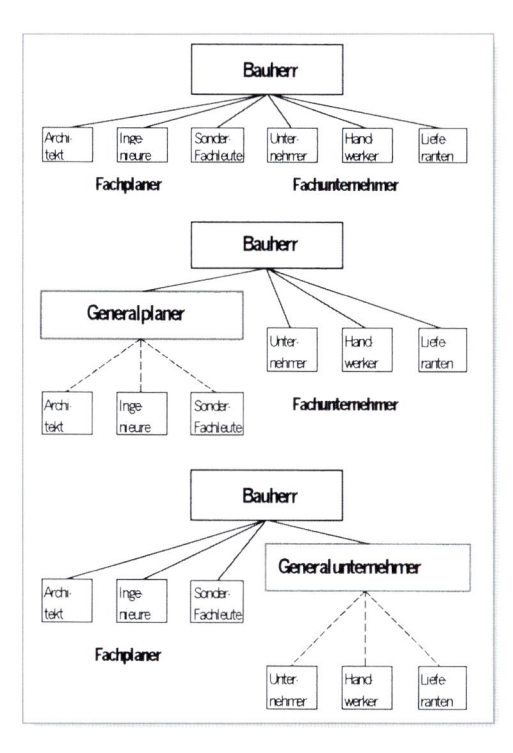

Abb. 77: Der Generalplaner, Partner des Bauherrn.

ter wachsende Komplexität und die damit verbundenen Probleme des Planens und Bauens:
- Entlastung des Bauherrn
- Verkürzung der Durchlaufzeiten
- Hohe Terminsicherheit
- Kosten- und Folgekostensenkung
- Senkung der Baunutzungskosten
- Qualitätssicherung.

Die Trennung des Gesamtmanagements in externe Projektsteuerung gemäß § 31 HOAI und architektonische Planung ist ein bekanntes Modell, stellt aber kein Optimum dar. Die Kombination von Generalplanung und internem Projektmanagement hat weitaus höhere Synergieeffekte. Die Optimierungschancen sind bei entsprechender vertraglicher Vereinbarung maximal realisierbar.

Generalplanung mit integriertem Projekt- bzw. Optimierungsmanagement macht sich mehr als bezahlt, da sie je nach Intensität ein Nutzen-Kosten-Verhältnis von 5:1 bis 10:1 hat!"

■ Junkers: „Der Einsatz eines Generalunternehmers ist nur scheinbar günstiger."

■ Junkers: „Generalplanung mit kybernetischem Projektmanagement hat ein Kosten-Nutzen-Verhältnis von 5:1 bis 10:1."

nung ein. Die Wahrnehmung professioneller Managementsysteme kann individuell sehr einfach im Generalplanervertrag geregelt werden. Der Einsatz eines Generalunternehmers ist nur scheinbar einfacher und günstiger. Dem überbewerteten Vorteil von Termin-Garantien stehen höhere Baukosten gegenüber. Der Wettbewerb wird von vornherein eingeschränkt, da nicht die günstigsten Einzelbieter direkt beauftragt werden. Nach Vertragsabschluss sind Optimierungen kaum noch möglich, Änderungen und Nachträge werden zwangsläufig teuer.

Das Projektmanagement
Projektmanagement mit seinen Optimierungsverfahren auf der Basis baukybernetischer Erkenntnisse ist eine Antwort auf die ständig wei-

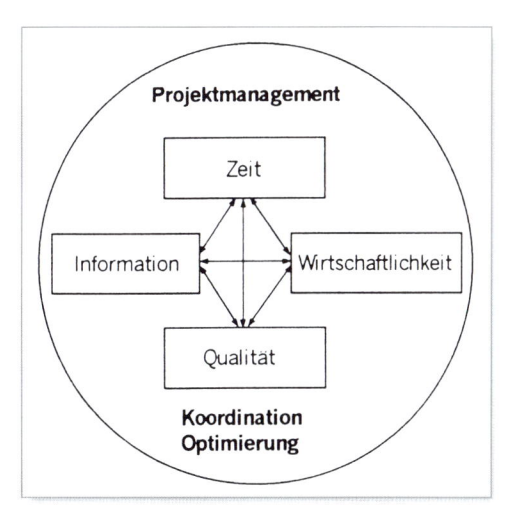

Abb. 78: Generalplanung mit integriertem Projektmanagement.

10.7 Das KOPF-System

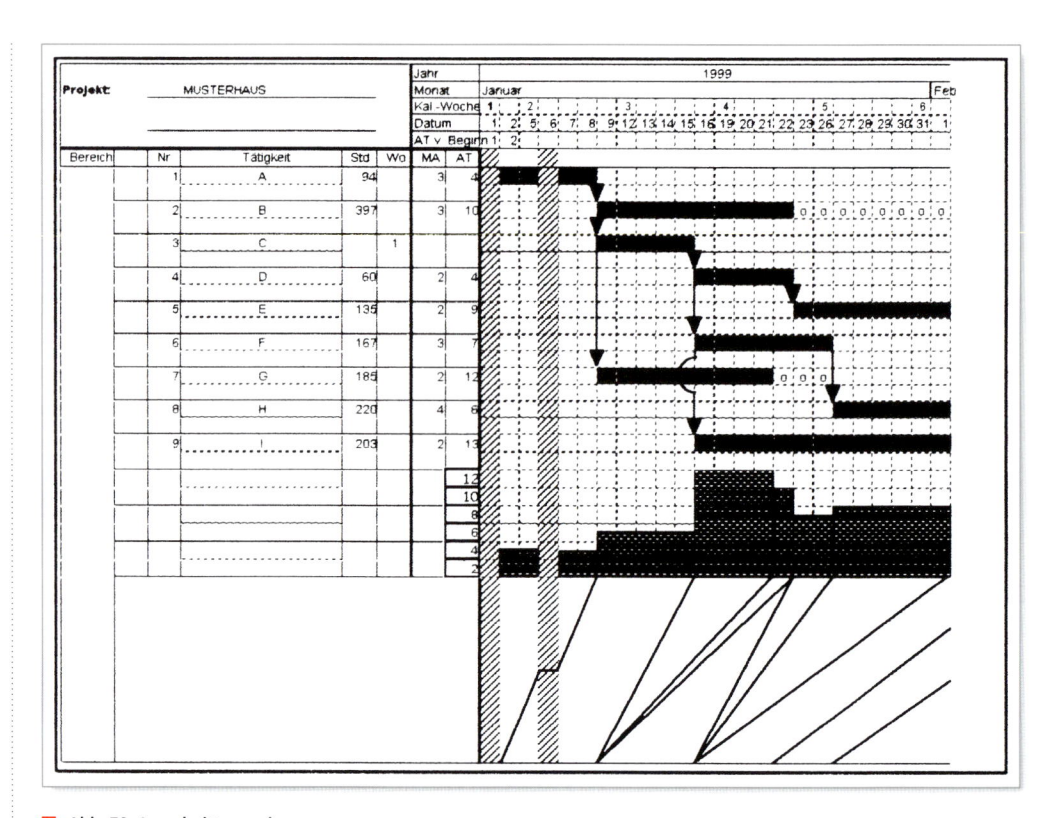

Abb. 79: Ausschnitt aus einem Ablaufmuster mit Arbeitskräftehistogramm.

Der Generalplaner übernimmt die Rolle eines Gesamtproduzenten – wie der Krankenhausarchitekt Horst Tenten, Düsseldorf,[10)] der schon 1978 formulierte: „...die Produktionsplanung wird in die Produktplanung integriert. – So steht der Architekt wieder umfassend und damit im besten Sinne für das Werk".
Peter Junkers folgert weiter:

**„Optimierungs-Instrumente:
Das Zeitmanagement**
Das Zeitmanagement hat für die gesamte Organisation die oberste Priorität. Der ‚Managementpapst' Peter Drucker sagte einmal: ‚Wer die Zeit nicht managen kann, kann gar nichts managen'. Damit macht er deutlich, dass die Faktoren Wirtschaftlichkeit, Qualität und Information stets von der Zeit abhängen.
Grundlagen jeder Zeit- und Terminplanung muss eine verlässliche Zeitberechnung und eine realistische Kapazitätsfestlegung aller Vorgänge sein, sowohl für das Planungsteam wie auch für die Baustelle.
Instrumente des Zeitmanagements können Netzplan, Balkenplan und Geschwindigkeitsdiagramm sein. Der Zeitplan der Planung und der Bauzeitplan sind von gleichrangig hoher Bedeutung. Im kybernetischen Management stellen sie nur mögliche Muster innerhalb der hochvariablen Prozessmodelle dar.

> Junkers:
> „Bei konsequentem Einsatz der KOPF-Modelle kann die Gesamtzeit bis zu 50 % kürzer sein."

Bei konsequentem Einsatz dieser Modelle mit der erforderlichen Varietät kann die Gesamtzeit um bis zu 50 Prozent abgesenkt werden, – bei höchster Terminsicherheit. Dennoch steigt durch die bessere Arbeitsvorbereitung gleichzeitig auch die Qualität. Allerdings muss die Prozesssteuerung von den Zielen her mit kybernetischer Logik erfolgen und die Bauherrnentscheidungen müssen in die Steuerung eingebunden sein.

Optimierung mit System

Die eingangs dargestellte Optimierungskurve kann professionell mehrfach neu angesetzt werden. In der Konzept-, der gesamten Planungs-, in der Vorbereitungsphase der Werkverträge und bei der Lenkung des Gesamtprozesses.

Die wichtigste Phase eines Bauprojektes ist die nach der Fertigstellung. Am Beginn dieses eigentlichen Hauptzieles, der Nutzung, ist in der abgebildeten Kurve ein vierter Sprung gestrichelt dargestellt. Dieser Optimierungssprung muss jedoch konsequenterweise schon während der vorangehenden Planungsphasen mit geplant werden.

Denn einerseits muss sich die Planung von vornherein an der zukünftigen Nutzung ausrichten, andererseits sind Verbesserungen des Nutzwertes nach der Fertigstellung oft gar nicht mehr oder nur noch mit erheblichen Zusatzkosten zu erreichen.

Die Folgekosten einer Bauinvestition erreichen schon in 7 bis 10 Jahren die Größenordnung der Gesamtbaukosten!

Eine Baukostensenkung von 25 Prozent kann infolgedessen in den ersten 10 Jahren eine Senkung der Folgekosten von mindestens weiteren 25 Prozent nach sich ziehen.

Funktionales Raumschema

In weitaus besserer Form als mit den üblichen ‚Raumprogrammen' lassen sich die Raumfunktionen eines Projektes in einem ‚Raumschema' darstellen. Ein Raumprogramm weist üblicherweise nur die Zahl und Größe der erforderlichen Räume auf. Im Raumschema werden darüber hinaus auch die Beziehungen der Räume untereinander zeichnerisch erfasst.

Ein Raumschema gibt wesentlich klarere Hinweise auf die Anordnung und Nutzung aller Räume und Raumgruppen für den nachfolgenden Vorentwurf. Es beschleunigt die Entwurfsarbeit und eröffnet bereits Möglichkeiten zur Rationalisierung von Bau- und Baunutzungskosten.

Wertanalysen (Bauteilanalysen)

Bauteilanalysen gehören zum zweiten Sprung der Optimierungskurve, sie werden während des Vorentwurfs und des Entwurfs durchgeführt. Die Analysen beinhalten den Variantenvergleich von Bauteilen, Baukonstruktionen und Materialien. Untersuchungsziel des Vergleichs können dabei Kosten, Zeiten und beliebige Qualitäten wie Wärmedämm-, Schallschutz-, Ökologie-Werte, Pflege- und Instandhaltungszyklen oder andere Werte sein.

Systematische, projektbezogene Bauteilanalysen, auch als Wertanalysen bezeichnet, sind in der Bauplanung noch fast unbekannt, zumindest ungebräuchlich. Dabei betragen allein die damit verbundenen Kostensenkungen 5 bis 10 Prozent – bei Planungskosten von 0,3 bis 0,6 Prozent.

Massenermittlung mit System

Diese von A. Hasenbein entwickelte, EDV-unterstützte Methode scheint mir der z. Zt. beste Weg zur Erfassung der projektspezifischen Massen und Leistungsbeschreibungen zu sein. Durch farbig angelegte Pläne, Checklisten und die Logik des Systems ist eine sichere Festlegung der vom Bauherrn gewünschten Qualitäten und Leistungspositionen gegeben.

Die vorgeschalteten, umfassenden Checklisten

■ Junkers:
„Ein Raumschema eröffnet Möglichkeiten zur Rationalisierung."

■ Junkers:
„Die wichtigste Phase eines Bauprojekts ist die Nutzung."

■ Junkers:
„Systematische Bauteilanalysen sind noch fast unbekannt."

■ Junkers:
„Die Folgekosten erreichen in 10 Jahren die Größenordnung der Gesamtbaukosten."

10.7 Das KOPF-System

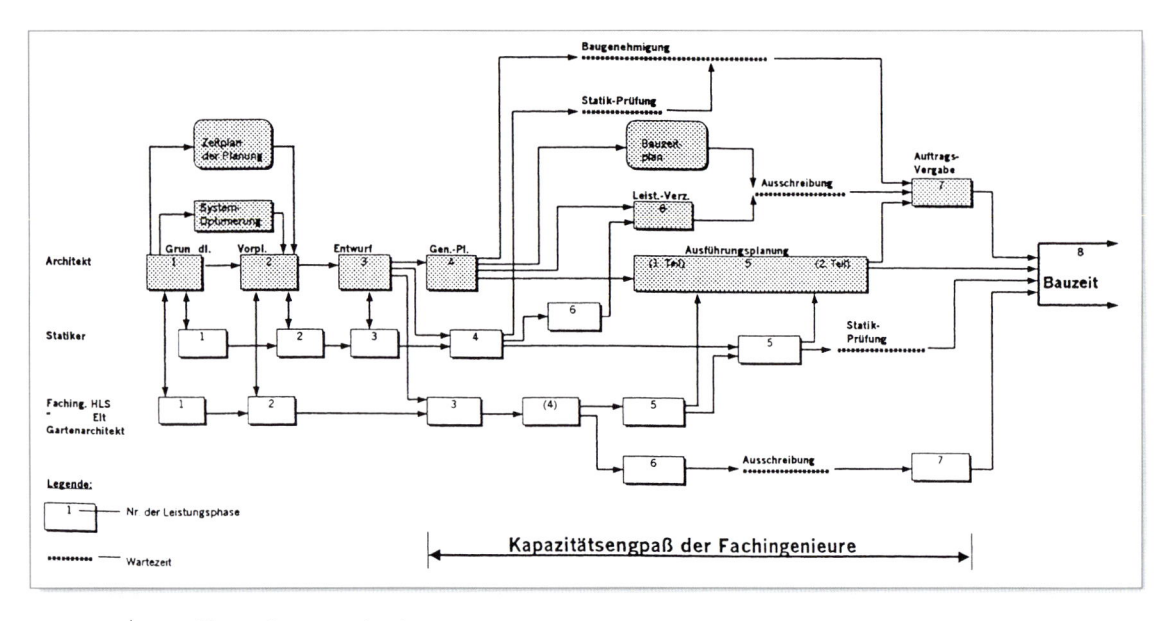

Abb. 80: Die Kooperation des Architekten mit den Fachplanern.

Peter Junkers hat nach Leistungsphasen geordnete Listen mit Optimierungs-Checks entwickelt.

sind für den Bauherrn enorm zeitsparend. Nach dem Entwurf kann er alle Entscheidungen zur endgültigen Ausführung in weiniger als einem Tag treffen.

Optimierter Wettbewerb

Für die Optimierung der Ausschreibung, des Wettbewerbs und der Werkverträge steht eine Reihe von effizienten Verfahren zur Verfügung. Das KOPF-Institut hat nachgewiesen, dass allein in diesem Bereich bis zu 15 Prozent Baukosten eingespart werden können.
Die Verfahren laufen im Wesentlichen planungsintern ab. Der Bauherr hat nur zu entscheiden, welche angewendet werden sollen.

Checklisten ‚Kostenoptimierung'

Von der Projektentwicklung bis zur Übergabe durch alle Leistungsphasen geordnete Listen mit über 1000 Optimierungs-Checks für Architekten und Fachplaner, die in meiner Praxis entwickelt wurden, stellen ein umfangreiches Spektrum an Rationalisierungsmöglichkeiten dar. Verbessert werden dadurch vor allem die Baukosten, aber auch Durchlaufzeiten und Qualitäten.
Die Checks beziehen sich auf alle wirtschaftlichen Aspekte der Planung. Die Listen bieten effektives Praxiswissen, das in besonderer Weise dazu beitragen kann, Kostensenkung planerisch systematisch zu betreiben.

Checklisten ‚Planen und Bauen'

Dazu kommt ein Checklistensystem für alle Tätigkeiten des Planungs- und Baumanagements, nach Bauherren, Architekten, Fachplanern und Experten differenziert und untereinander vernetzt, das sich ebenso einfach handhaben lässt. Es unterstützt den Datenaustausch im Planungsteam und sichert die Kooperation der Beteiligten ab.
Abgesehen davon, dass diese Checklisten ein

Instrument des Qualitätsmanagements darstellen, erhöhen sie die Produktivität der Planungsbüros durch Einsparung von Zeit und Änderungen. Eine Chance, Präzision zu organisieren.

Zusammenfassung

Die Chancenkurve der Optimierung ist die Grundlage der Erfolgswahrscheinlichkeit.
Wenn Kostensenkung, Zeit- und Qualitätsoptimierung Erfolg haben sollen, muss das systematisch, ganzheitlich und im Team betrieben werden.
Für die Bewältigung des immer komplexer werdenden Planens und Bauens ist die Generalplanung mit integriertem Projektmanagement das für den Bauherrn einfachste und zugleich wirtschaftlichste Instrument.

Die Chancenkurve und das KOPF-System

Die Chancenkurve beruht nicht auf einer Theorie oder Spekulation, sie ist eine in der Praxis vielfach festzustellende Gesetzmäßigkeit.
Im Rahmen quantifizierbarer Alternativmodelle und Vergleiche lässt sie sich immer wieder nachweisen. Der erreichbare Nutzen ist hoch, die Planungskosten vergleichsweise niedrig.
Die Annäherung an die Optima der Chancenkurve ist kein praktisches Problem. Denn glücklicherweise kann die Regel von Soveto angewendet werden, die unter anderem besagt, dass mit 20 Prozent des Aufwandes 80 Prozent des Erfolges erreicht werden. Es kommt danach nur darauf an, die jeweils effizientesten Methoden einzusetzen. Bei konsequenter Anwendung lässt sich die 20/80-Regel noch verbessern. Sie kann dann zur 10/90-Regel werden.
Für die Wahrnehmung der Optimierungschancen steht eine ganze Reihe hervorragender Methoden zur Verfügung. Ihr Nutzen-Kosten-Verhältnis kann z. B. im Bereich von Kostensenkung und Wirtschaftlichkeit 10:1 bis 20:1 betragen.
Die Chancenkurve ist allerdings bei Planern und vor allem Bauherren praktisch unbekannt. Die Chancensprünge und die effektive Art, sie zu nutzen, sind mir bei der praktischen Arbeit mit dem KOPF-System aufgegangen. Insofern muss hier bei jedem Bauherrn Aufklärungsarbeit geleistet werden.
Bauherren wollen oft möglichst schnell bildhafte Ergebnisse, also z. B. Vorentwürfe sehen. Gerade hier zeigt aber die Chancenkurve, dass etwa 50 Prozent aller Optimierungschancen vor dem Vorentwurf liegen. Wenn der Architektenvertrag erst nach dem Vorentwurf zustande kommt, sind die Optimierungsarbeiten des Konzeptbereiches entweder bereits geleistet und werden u. U. nicht bezahlt – oder die Chancen sind definitiv verloren.
Ähnlich problematisch, die Chancenkurve zeigt das, ist der Einsatz erst später wirksamer Instrumente. Die Projektsteuerung der Ausführungsphase (Bauzeitplan, Erhöhung der Wettbewerbsspannung durch breitere Ausschreibung etc.) und grundsätzliche Fragen wie eine Generalplanung mit Projektsteuerung sind Beispiele dafür, dass sie bereits am Anfang vereinbart werden müssen, nicht erst später.
Die Chancenkurve zeigt zum einen, dass Bauherr und Planer nur bei Planungsbeginn die größten Möglichkeiten haben, die effektivsten Verbesserungsmethoden zu erkennen und zu entscheiden. Zum anderen zeigt die Kurve, dass ein optimales Ergebnis nur durch Konsequenz, d. h. Optimierung im fortlaufenden System, erreicht werden kann. Das Hauptproblem des Planers liegt daher darin, den Bauherrn so kurz, effektiv und vertrauensbildend wie möglich über seine Chancen aufzuklären und die entsprechenden Planungsinstrumente anzubieten.
Für die Praxis ist der wohl interessanteste Aspekt der, dass die Sprünge der Chancenkurve in allen vier Bereichen, vor allem in den drei Bereichen des Planungs- und Bauprozesses realisiert werden können: zur Optimierung der Zeit, der Wirtschaftlichkeit und der Qualität.
Die beiden Grafiken (Abb. 81 und 82) sagen je-

▪ Junkers:
„Bei der Optimierung kann die 20:80-Regel angewendet werden."

▪ Junkers:
„Die Chancensprünge und die effektive Art, sie zu nutzen, sind mir bei der Arbeit mit dem KOPF-System aufgegangen."

▪ Junkers:
„50 Prozent der Optimierungschancen liegen vor dem Vorentwurf."

▪ Junkers:
„Aufklärungsarbeit ist wichtig."

10.7 Das KOPF-System

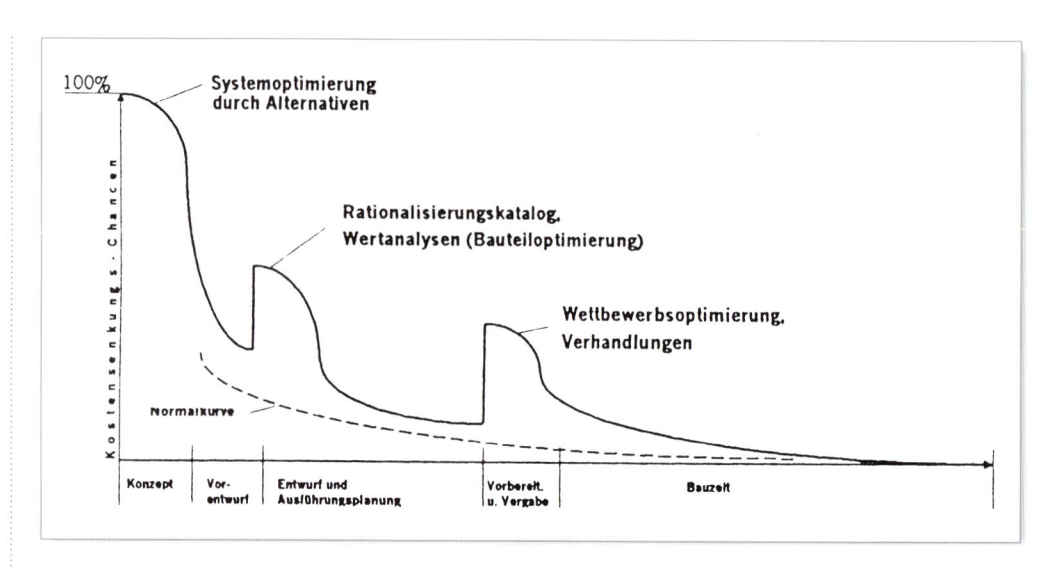

Abb. 81: Chancenkurve der Kostenoptimierung.

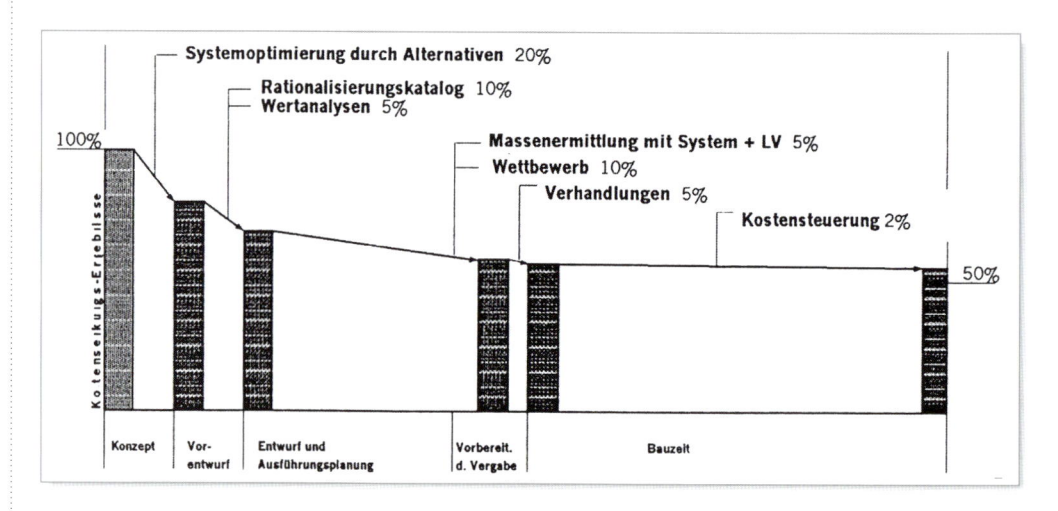

Abb. 82: Systematisch erreichbare Kostensenkung in Stufen gemessen in Prozent.
ANMERKUNG: Die einzelnen Prozentzahlen dürfen nicht addiert, sondern müssen miteinander multipliziert werden: 0,8 x 0,9 x 0,95 x 0,95 x 0,9 x 0,95 x 0,98 = 0,54 oder 54%.

Das KOPF-System   10.7

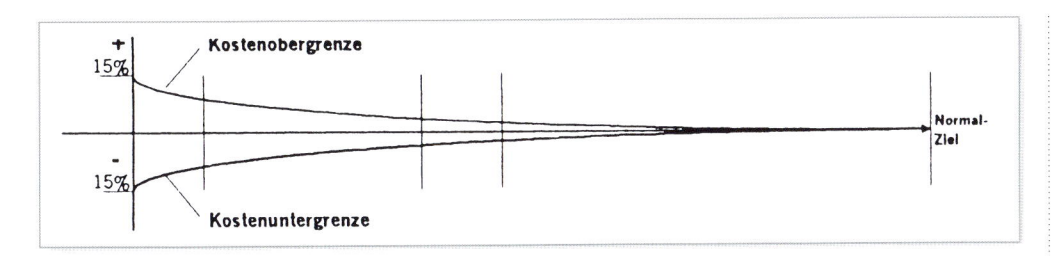

■ Abb. 83: Entwicklung der Kostenwahrscheinlichkeit im normalen Planungsverfahren (anfangs ca. ± 15%).
ANMERKUNG: Das heißt nichts weiter, als dass man die Abweichung vom Ziel immer genauer kennt, je näher man dem Fertigstellungszeitpunkt kommt.

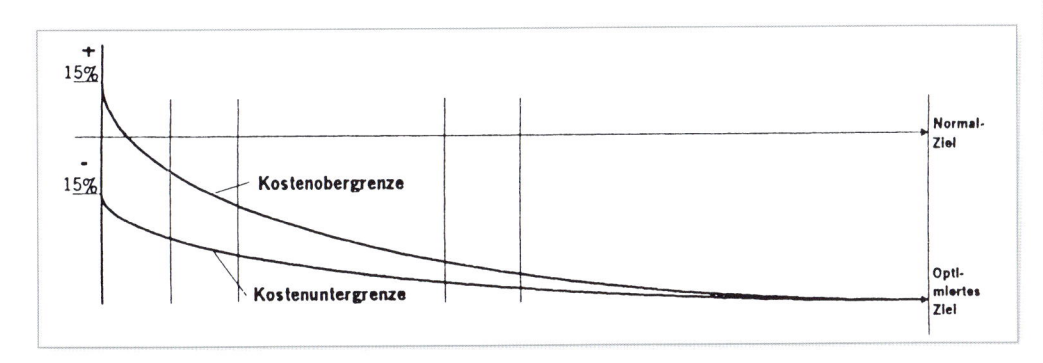

■ Abb. 84: Entwicklung der Kostensicherheit bei Kostenoptimierung.
ANMERKUNG: Dazu gehört die zielgenaue Beeinflussung des Prozesses der Kostenentwicklung bis zur Kostenfeststellung.

Das Wesentliche ist, dass bei normalem Planungsverfahren bis zum Schluss die geplanten Kosten noch überschritten werden können, bei systematischer Kostenoptimierung diese Gefahr aber bereits vor dem Beginn des Vorentwurfs nicht mehr besteht; denn die vorangehende Systemoptimierung in der Konzeptionsphase ist in der Regel höher als 15%! Das optimierte Ergebnis wird letztlich durch die kybernetische Kostenbeeinflussung determiniert.

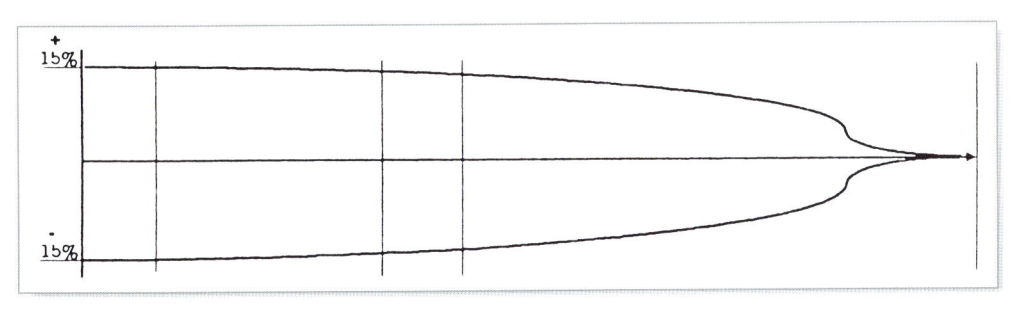

■ Abb. 85: Entwicklung der Zielsicherheit bezüglich des Endtermins ohne kybernetische Projektsteuerung.

10.7 Das KOPF-System

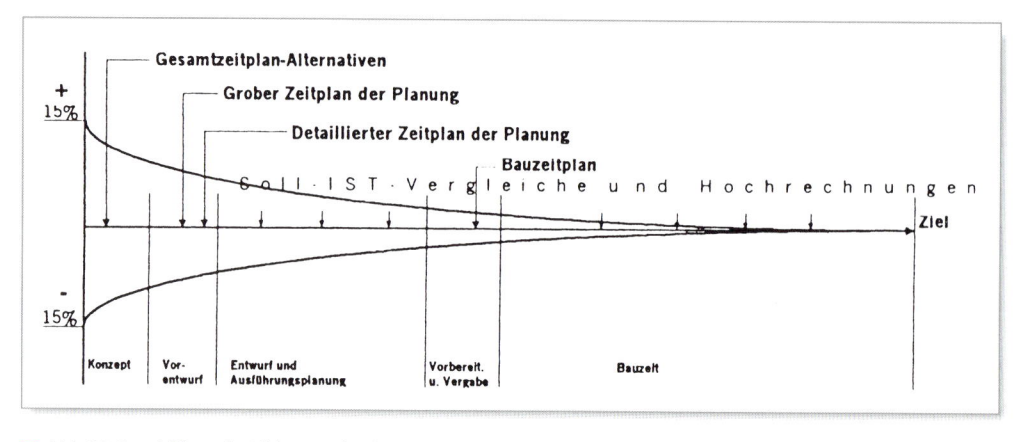

Abb. 86: Entwicklung der Zielsicherheit bezüglich des Endtermins mit kybernetischer Projektsteuerung.
ANMERKUNG: Von entscheidender Bedeutung ist die Anwendung des KOPF-Systems. Ohne diese kybernetische Projektsteuerung bleibt der Endtermin praktisch bis zum Schluss offen – bis er „offensichtlich" ist. Mit dem KOPF-System steht der Endtermin bereits vor dem Baubeginn fest.

Junkers:
„Mit KOPF steht der Endtermin bereits vor dem Baubeginn fest."

weils etwas ganz unterschiedliches aus. Die obere Grafik gibt die Möglichkeiten an, die für systematische Kostenoptimierung bestehen. Ein Kurvensprung nach oben besagt, dass diese Möglichkeit an dieser Stelle besteht und mit Hilfe der genannten Methode wahrgenommen werden kann.

Die untere Grafik zeigt die Ergebnisse, die dabei zu erreichen sind. Beispiele aus der Praxis belegen die einzelnen Schritte mit ihren Prozentangaben. Das jeweilige Gesamtergebnis hängt nicht nur von den angewendeten Methoden, sondern auch von den Gegebenheiten des Projekts und vor allem von der Mitwirkung des Bauherrn ab.

Beispiel systematischer Kostenoptimierung in 2 Projekten

Der Planungsprozess der folgenden zwei Projekte ist insofern aus der Praxis entnommen, als das erste Projekt, im Folgenden A genannt, fertiggestellt, abgerechnet und seit Mitte 1999 in Betrieb ist, und das zweite Projekt B den konkreten Entwurfsstatus erreicht hat, also umgesetzt werden kann. Die im ersten Projekt umgesetzten Optimierungsmethoden werden im zweiten systematisch intensiviert und erweitert. Ziele waren/sind in beiden Fällen nicht nur starke Verkürzung der Durchlaufzeit (Zeitmodell der Planung und Bauzeitmodell) und optimale Baukostenergebnisse sondern auch gleichzeitig höhere Qualität und höhere Wirtschaftlichkeit nach der Fertigstellung. Es geht also in keinem Fall um ‚billiges' Bauen im Sinne von ‚schlechter' oder ‚weggelassener' Qualität.

In beiden Fällen dreht es sich um Altenpflegeheime. Die Beispiele sind insofern repräsentativ für die Aussagen über die Methoden, als in DIN 18025 ‚barrierefreies Bauen' die Heimaufsicht und diverse andere Kontrollen eine negative Abweichung vom Qualitätsstandard gar nicht zulassen. Es konnte und kann nicht gemogelt oder geschönt werden.

Ein Unterschied zwischen beiden Projekten besteht darin, dass A ein nicht ausgebautes Dachgeschoss hat, B ein Dachgeschoss mit 8 Dachgartenappartements mit betreutem Wohnen.

Die im zweiten Projekt dargestellten Ergebnisse sind daher teilweise durch Übertragung und Hochrechnung belegt, teilweise wegen der Effizienz der Methodik ganz einfach zu erwarten. Das DG wird im Vergleich aber abgegrenzt und herausgerechnet. Die Kostengrößen sind demnach objektiviert und vergleichbar.

Das erste Projekt wurde mit Hilfe baukybernetischer Methoden in einer Bauzeit von 13 Monaten fertiggestellt. Das zweite Projekt ist trotz rund 25 Prozent mehr Bauvolumen mit der gleichen Bauzeit geplant, um auch hier weiter zu verbessern. Dieses Ziel ist rational und vernünftig dadurch begründet, dass das Baukonzept rationeller gestaltet, mehr Vorfertigung eingeplant und die erforderliche Kapazitätserhöhung auf der Baustelle erreichbar ist.

Alle Planungs- und Realisierungsprozesse im Bauwesen sind hochkomplex, dynamisch, nicht exakt berechenbar und mit logisch-kausalen Instrumenten allein nicht beherrschbar.

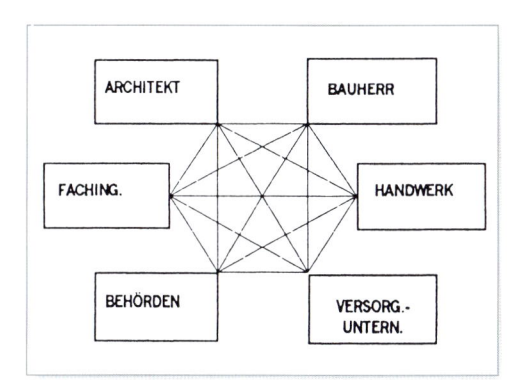

Abb. 87: Die wesentlichen Gruppen der am Bau Beteiligten.

Zu ihrer Koordinierung werden seit 1970 die Erkenntnisse der Kybernetik in der Prozessplanung des Bauens erfolgreich eingesetzt.

Die Baukybernetik untersucht Organisationssysteme und versucht, sie in Modellen zu simulieren und ein hohes Maß an Selbstorganisation bei Planung und Bauausführung einzusetzen.

Ein wichtiger Teil der o. g. Definition ist die Selbstorganisation.

So viel wie möglich sollte flexibel der Selbststeuerung und Selbstverantwortung der Beteiligten übergeben werden. Das allerdings muss aktiv durch Information unterstützt werden.

Die Beteiligten müssen Maßstäbe haben, um ihre Arbeit und deren Fortschritt messen und bewerten zu können. In der Bauplanung und Bauleitung geschieht das an erster Stelle durch Produktionsplanung und (vernetzte) Zeitmodelle.

Bei der Optimierung von Baukosten kommt es z. T. nicht auf die genaue Bestimmung der Kosten an, sondern zunächst nur darauf, aus einer Zahl von Alternativen die trendmäßig kostengünstigste verlässlich herauszufinden.

Unter kybernetischen Gesichtspunkten wird die prinzipielle Unbestimmbarkeit dynamischer Systeme bewusst hingenommen. Dennoch können durch die hohe Varietät der zielgenauen Wegstrecken, die in den Modellen vorhanden sind, die gewollten Ziele und Ergebnisse in planvollen Schritten mit einfachen Methoden verwirklicht werden.

Darstellung des Optimierungsprozesses in beiden Projekten

Bei Altenpflegeheimen ist es üblich, die Baukosten in DM/Bett als Vergleichszahl zu rechnen. Im Folgenden wird diese Vergleichszahl zur Beurteilung herangezogen.

1. Entwicklung des Projektes A (Gesamtkosten ohne Grundstück und Erschließung)
1.1 Erste Kostenberechnung auf der Basis des vorliegenden Entwurfes
10.100.000 DM, 60 Betten
= 168.000 DM/Bett

Junkers: „Das erste Projekt wurde mit KOPF in 13 Monaten fertiggestellt. Das zweite Projekt wird trotz 25 % mehr Bauvolumen nicht länger dauern."

Junkers: „Die Unbestimmtheit wird bewusst hingenommen. Dennoch werden die gewollten Ziele und Ergebnisse verwirklicht."

10.7 Das KOPF-System

1.2 Festlegung der HU-Bau nach der ersten Optimierung
9.324.000 DM, 60 Betten
= 155.000 DM/Bett

1.3 Schlussabrechnung nach fortgesetzter Optimierung in den Planungsphasen 5–8
9.076.504 DM, 62 Betten
= 146.000 DM/Bett

1.4 Schlussabrechnung, die sich ohne einige zur Qualitätserhöhung eingesetzte Zusatzinvestitionen (800.000 DM) ergeben hätte = (134.000 DM/Bett)

2. Planung des neuen Projektes B (Gesamtkosten ohne Grundstück, Erschließung und ohne das Dachgeschoss)

2.1 Baukosten, die sich durch Übernahme des m^3-Preises aus „1.3 Schlussabrechnung" von Projekt ergeben:
9.076.504 DM : 11.580 cbm
= 784 DM/cbm
784 DM/cbm x 12.920 cbm
= 10.130.000 DM
Da das Vergleichsprojekt A ein nicht ausgebautes Dachgeschoss hat, werden 3 % aufgeschlagen:
10.130.000 DM x 1,03 = 10.434.000 DM
10.434.000 DM : 81 Betten
= 129.000 DM/Bett

1.2 Im Projekt A sind Kosten angefallen, die in B vermieden werden können.
Sie rechnen sich hoch zu
550.000 DM : 11.589 cbm x 12.290 cbm
= 613 000 DM
(10.434 000 DM - 613.000 DM) /81 Betten = 122.000 DM/Bett

2.3 Im Projekt B sind höhere Vorfertigung, spezifisch kürzere Bauzeit und baukonstruktiv einfachere Details vorgesehen. Außerdem werden intensivere Optimierungsverfahren und eine Checkliste zur Kostenrationalisierung eingesetzt. Der Effekt kann mit 5–10 % angenommen werden, hier vorsichtig mit 5 %.
122.000 DM/Bett x 95 %
= 116.000 DM/Bett

2.4 Es erscheint sinnvoll und gerechtfertigt, zum Ziel des Kostenmanagements (bei ca. 3 % Reserve) in Projekt zu setzen:
120.000 DM/Bett

2.5 Aus dem dargestellten Prozess sollte bei weitergehender Entwicklung das Ziel entstehen, das „100.000-DM-Bett" zu entwickeln. Dass es dazu Perspektiven gibt, ist im übernächsten Absatz angedeutet.

Fazit:
Im Verlauf der Optimierungsprozesse zweier vergleichbarer Projekte wird eine Kostensenkung in Höhe von mindestens
(168.000 DM –120.000 DM) : 168.000 = 28,6 %
erreicht.
Dabei ist noch nicht berücksichtigt, dass durch die kurze Bauzeit (13 Monate) im Projekt A weitere Vorteile im Bereich Bauzeitinsen und Mieten lagen. Ebenso drückt sich in den Zahlen nicht aus, dass in der ersten und zweiten Kostenberechnung des Projektes A erhebliche Positionen nicht enthalten waren und ebenfalls aus den Rationalisierungs-Reserven bestritten wurden. Letztlich ist noch erwähnenswert, dass im Projekt A nur 26 % Einzelzimmer bestehen, im Projekt B jedoch 56 %.
Die Grundrisse im Projekt B sind so angelegt, dass mit nur ca. 20.000 DM/Bett 5 weitere Betten dadurch geschaffen werden können, dass Funktionen an Dienstleister vergeben werden, z. B. die vorgesehene Wäscherei. Damit entsteht ein Preis von etwas über 110.000 DM-/Bett. Das allerdings ist eine Entscheidung des Betreibers.
Hier soll es nicht darauf ankommen, ‚Rekordpreise' zu diskutieren, sondern darauf, Methoden aufzuzeigen, die durch Vernetzung systematisch zu extremen Kostenreduzierun-

---

Junkers:
„Es kommt nur darauf an, Methoden aufzuzeigen, die zu extremen Kostenreduzierungen führen. 110.000 DM/Bett ist eine Kostensenkung auf zwei Drittel der Anfangskosten bei gesteigerter Qualität und sehr kurzer Planungs- und Bauzeit."

Das KOPF-System **10.7**

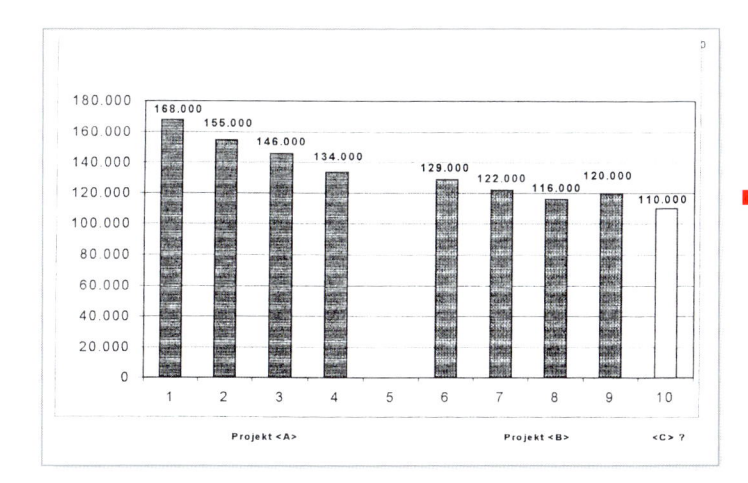

Abb. 88: Kostenoptimierung in zwei Altenpflegeheim-Projekten, Angaben in DM/Bett.
ANMERKUNG: Das Diagramm zeigt zusammengefasst die Optimierungsschritte in Projekt A und Projekt B. Der letzte Balken rechts ist geplante, schon im Projekt B mögliche, aber noch nicht realisierte Zukunft.

gen führen. Denn wenn Kosten von z. B. 110.000 DM/Bett erreicht werden, ist das eine Kostensenkung auf zwei Drittel der Anfangskosten, bei gesteigerter Qualität und sehr kurzer Planungs- und Bauzeit.

Noch nicht angesprochen ist der Folgeprozess. Da ein Gebäude, je nach Nutzungsart, bereits nach 7–10 Jahren Folgekosten in der Höhe der Erstellungskosten nach sich zieht, ist die Konzeption der Betriebszeit nach Fertigstellung von noch höherer Bedeutung. Zum einen betragen allein die Zinsen (im langjährigen Schnitt 7–8 %) nach 10 Jahren bereits 70 % der Gesamtkosten. Auch Eigenkapital muss sich bekanntlich verzinsen, im Prinzip sogar wesentlich höher als Fremdkapital. Zum zweiten lassen sich die Nutzungskosten (Personalkosten, Ver- und Entsorgung, Instandhaltung etc.) in ähnlicher Weise konzeptionell und im Detail senken wie die Baukosten. Auch hier dürften von Fall zu Fall 10–30 % möglich sein. Zum dritten ist das Steuermodell von großem Einfluss auf die Wirtschaftlichkeit.

Insgesamt ermöglicht systematische, vernetzte Optimierungsplanung, bezogen auf ‚Normalkosten', nicht nur bis zu 30 % Baukostensenkung (oder mehr), sondern zusammen mit der Folgekostensenkung (in 10 Jahren) das Doppelte, d. h. eine Gesamt-Kostensenkung von 60 % oder mehr. Das Beispiel erscheint vielleicht etwas ausgesucht, ist aber oft durchaus das konkrete Ziel eines Investors. Hier soll nur gezeigt werden, zu welchen extrem unterschiedlichen Ergebnissen eine klare Zielsetzung und eine daraufhin vorgenommene Optimierung führen kann, insbesondere bei Einbeziehung der finanziellen Folgen, zumindest der ersten 10 Jahre.

In der Checkliste der Verfahren nimmt die ‚Optimierung der Koordination' eine Sonderstellung ein:

Der Generalplaner im kybernetischen Sinn fasst alle Planungsbeteiligten, Gutachter und Experten unter einer Regie als Systemmanager zusammen. Er fügt eine Leistung hinzu, die es in den Planungs- und Bauprozessen bis jetzt nur gibt, wenn das KOPF-System angewendet wird: die Planung und Lenkung des Entscheidungs-, Projektierungs- und Ausführungsprozesses auf der Basis von Arbeitsstundendaten für alle Tätigkeiten und Kapazitätsbemessungen für kurze, sichere Bauzeiten und niedrige, abrechnungsgenaue Projektkosten – also die kybernetische Produktionsplanung.

Diese systemische Organisationsform ist für

■ Junkers:
„Auch die Folgekosten werden um 10 bis 30 Prozent gesenkt."

■ Junkers:
„Die Gesamtkostensenkung beträgt 60 %."

■ Junkers:
„Der Generalplaner – mit Baukybernetik – fasst Produktplanung und Produktionsplanung zusammen."

10.7 Das KOPF-System

> Junkers:
> „Bei der Einzelbeauftragung der Planer lassen sich Kostenoptimierungen nur eingeschränkt verwirklichen."

den Bauherrn außerordentlich komfortabel, da er nur einen Planungspartner hat.

Um seinen Koordinationspflichten und erhöhten Risiken gerecht werden zu können, muss der Generalplaner zwangsläufig einige Instrumente einsetzen, die der Gesamtorganisation dienen. Zum Beispiel wird er zumindest ein Zeitmodell für die Planung, Planungschecklisten und ein qualifiziertes Bauzeitmodell verwenden müssen.

Die externe Projektsteuerung kann die genannten Verfahren nicht umfassend einsetzen. Sie kommen optimal nur zur Wirkung, wenn sie mit den Planungsaufgaben des Architekten eine Einheit bilden.

Die systemische Generalplanung ist optimal, weil alle Beteiligten auf Zeit- und Kostenoptimierung hin verpflichtet werden können. Das hat insofern eine noch weiter führende Bedeutung, als sich viele Optimierungen nur im Team erarbeiten lassen. Bei der klassischen Einzelbeauftragung der Planer lassen sich Kostenoptimierungen nur sehr eingeschränkt verwirklichen. Der Architekt kann bei den bestehenden Einzelverträgen mit dem Bauherrn seine Initiativen und Vorschläge nicht in jedem Fall umsetzen, weil ihm die Weisungsbefugnis fehlt.

Zusammenfassung:

Die genannten Verfahren zur Optimierung von Bau- und Baufolgekosten eröffnen zum Teil extreme Möglichkeiten, die Wirtschaftlichkeit eines Projektes zu beeinflussen. Das gilt insbesondere dann, wenn sie nicht nur vereinzelt angewendet, sondern konsequent zu einem System zusammengefasst werden. Die Effektivität der Methoden ist unterschiedlich, im Durchschnitt jedoch beträgt das Nutzen-Kosten-Verhältnis 10:1!

> Junkers:
> „Bei systemischer Generalplanung ist das Nutzen-Kosten-Verhältnis 10:1."

Die meisten der damit verbundenen Tätigkeiten können vom Bauherrn delegiert werden, am einfachsten durch Generalplanung mit integriertem baukybernetischem Projektmanagement. Die obersten Zielsetzungen und die Entscheidungen bleiben jedoch Privileg und Aufgabe des Bauherrn."

10.7.2

Projektleitung mit dem KOPF-System durch Richard Schaufelberger
Fallbeispiel Laupen am Wald im Kanton Zürich

Das Projekt umfasst 8 Eigenheime in 4 Doppelhäusern, die von August 1999 bis März 2000 schlüsselfertig errichtet wurden.

„Ganzheitlich, selbstorganisierend, erfolgreich", das ist die Leitidee der Arbeitsgemeinschaft für Baurealisationen (AFB) des Bauingenieurs Richard Schaufelberger in Fehraltorf. Als die Bauleitung im März 1999 ihre Zielplanung offen legte, gab es herbe Kritik von Fachleuten:

„Bei einem Baubeginn Anfang August 1999 können Sie wohl die Einhaltung eines spätesten Bezugstermins Anfang April 2000 intendieren – aber schon wegen des unsicheren Winterwetters ist es leichtfertig, ihn als absolut sicher zu bezeichnen."

„Wir arbeiten mit dem KOPF-System", entgegneten der Geschäftsführer der AFB, Richard Schaufelberger, und sein Projektmanager Hartmut Schwarz, „darum wissen wir jetzt – ein Jahr vorher –, dass wir das Terminziel sicher erreichen werden."

■ Abb. 90: Meilensteinplan mit Zahlungsplan für das Projekt Laupen am Wald im Zürcher Oberland.
ANMERKUNG: Hier mit der Eintragung des Leistungsstandes am 27. Oktober 1999.

Das KOPF-System **10.7**

Abb. 89: 8 Eigenheime in 4 Doppelhäusern in Laupen am Wald.

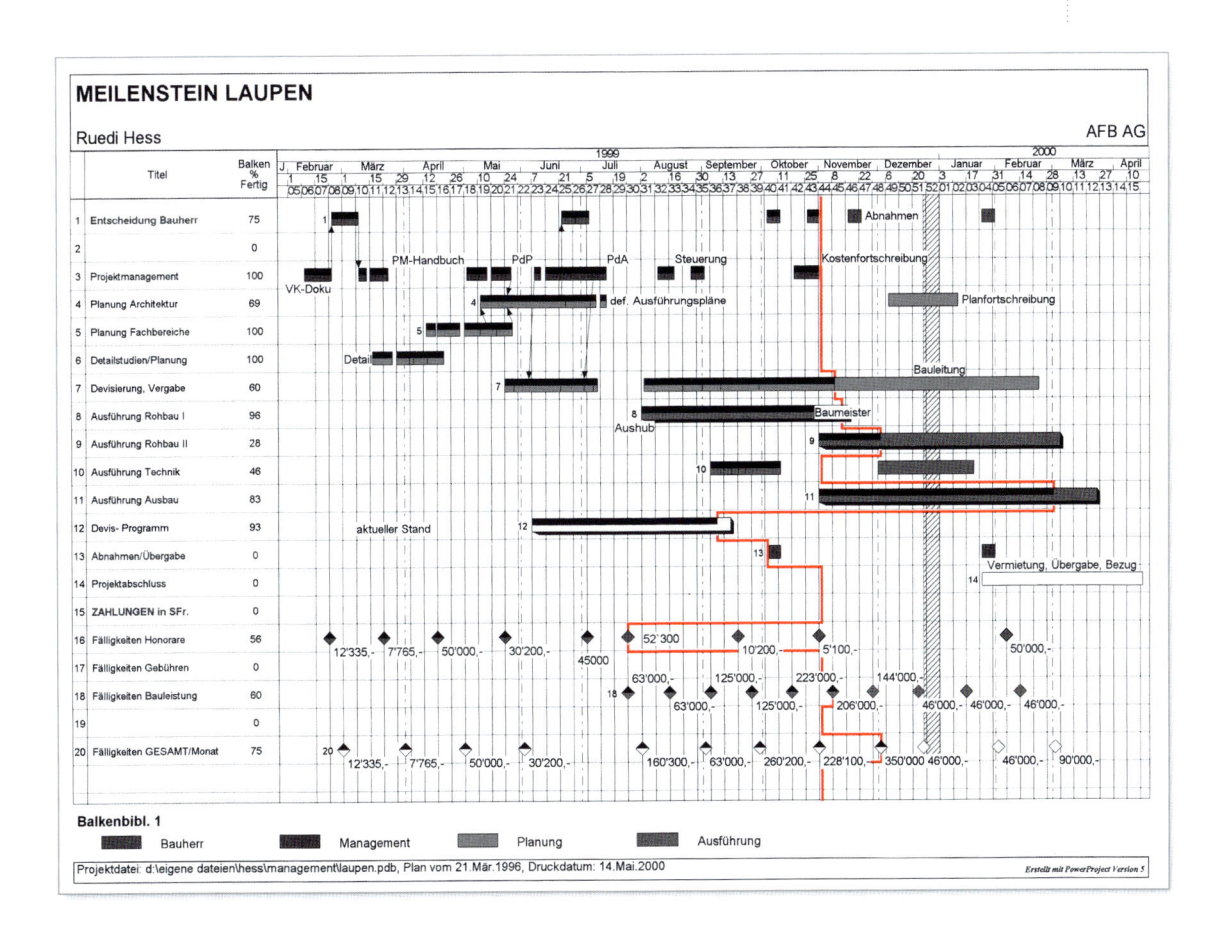

MEILENSTEIN LAUPEN

Ruedi Hess — AFB AG

Nr	Titel	% Fertig
1	Entscheidung Bauherr	75
2		0
3	Projektmanagement	100
4	Planung Architektur	69
5	Planung Fachbereiche	100
6	Detailstudien/Planung	100
7	Devisierung, Vergabe	60
8	Ausführung Rohbau I	96
9	Ausführung Rohbau II	28
10	Ausführung Technik	46
11	Ausführung Ausbau	83
12	Devis- Programm	93
13	Abnahmen/Übergabe	0
14	Projektabschluss	0
15	ZAHLUNGEN in SFr.	0
16	Fälligkeiten Honorare	56
17	Fälligkeiten Gebühren	0
18	Fälligkeiten Bauleistung	60
19		0
20	Fälligkeiten GESAMT/Monat	75

Balkenbibl. 1: Bauherr — Management — Planung — Ausführung

Projektdatei: d:\eigene dateien\hess\management\laupen.pdb, Plan vom 21.Mär.1996, Druckdatum: 14.Mai.2000

Erstellt mit PowerProject Version 5

10.7 Das KOPF-System

Dipl.-Ing. Heinz Grote
Viktoria-Luise-Weg 4
D-37603 Holzminden
Tel. 0 55 31 / 78 23 · Fax 78 93

Mitkalkulation PLANUNG | AG für Baurealisationen — AFB, Undermülistr. 16, 8320 Fehraltorf | Projekt: Neubau 4 DEFH Hess, Laupen | Monat: APRIL 1999 GESAMMT | Seite 1

Nr.	Arbeitspaket	KOPF Std.	Ist-Std.	Rest-Std.	1	6	7	8	9	12	13	14	15	16	19	20	21	22	23	26	27	28	29	30
1	Vorprojekt Grundlagen	0	0	0																				
2	Vorprojekt Planung	0	0	0																				
3	Bewilligungsplanung	0	10	-10	3					3	3	1												
4	Ausführungsplan 1.Stufe	300	71	229		5	6	3		4	1	7	4	6	6	6	3		1	5	6	6	2	
5	Ausführungsplan 2.Stufe	100	0	100																				
6	Detailplanung	95	13	82														6	6	1				
7	Integration Fachplanung	75	0	75																				
8	Mengenermittlung	100	0	100																				
9	Devisierung, Vergabe	140	8	132						3	2							3						
10	Bauherrenmanagement	120	4	116			1	2		1														
11	Bauleitung	900	0	900																				
12	Abrechnung, Garantie	190	0	190																				
13																								
14	Verkaufsdokumentation																							
15																								
	TOTAL	2020	106	1914	3	5	6	7	8	7	2	7	4	6	6	6	6	7	6	6	6	2	0	0	0	0

Korrekturblatt — Richard Schaufelberger
Dipl.-Ing. Heinz Grote
Viktoria-Luise-Weg 4
D-37603 Holzminden
Tel. 0 55 31 / 78 23 · Fax 78 93

Haus 7/8

teamBAU ® — ProStep 4.2.1
Datum 06.09.1999 — Seite 2
Projekt: 4DP-HAUS - R. Hess Laupen / Wald

KORREKTURBLATT SOLL — Arbeitspaket 7 Bodenplatte 1, KG

U	LV	Ordnung	Leistung	Einh.	Soll-Menge	Vorgabestunden /E	Gesamt	NEUES AUFMASS [+]	[-]	Menge	VORGABEZEITEN [+]	[-]	Gesamt	Anerkannt Datum/Unterschrift
	3	313.712f	Betonstahl S500 Bearbeitet	kg	20,000	0,018	0,4	—	—	—	—	—	—	
	3	313.712g	Betonstahl S500 Bearbeitet	kg	155,000	0,018	2,8	5	—	160	0,2	—	3	
	3	313.712i	Betonstahl S500 Bearbeitet	kg	10,000	0,018	0,2	30		40	0,8	—	1	
	3	313.712j	Betonstahl S500 Bearbeitet	kg	10,000	0,018	0,2	—	—	—	—	—	—	
	3	313.712k	Betonstahl S500 Bearbeitet	kg	10,000	0,018	0,2		5	5	—	0,1	0,1	
	3	313.712l	Betonstahl S500 Bearbeitet	kg	10,000	0,018	0,2	—	—	—	—	—	—	
	3	313.714	Zuschläge	St	11,000	0,000	0,0	1	10	—	—	—		
	3	313.715	Bewehrungsnetz	kg	400,000	0,020	8,0	200	200		0,3	0,5		
	3	313.715a	Bewehrungsnetz	kg	100,000	0,020	2,0							
	3	313.715b	Bewehrungsnetz	kg	70,000	0,020	1,4							
	3	313.716	Zuschlag Lagernetz	LE	200,000	0,000	0,0							
	3	313.716b	Positionen	St	5,000	0,000	0,0							
	3	313.721	Stützbewehrung 11	m	36,000	0,550	20,9	—	3	35	—	1,9	15	
	3	313.721a	Stützbewehrung 16	m	18,000	0,550	9,9	—	8	10	—	4,4	5	
	3	313.721b	Stützbügel 16	St	11,000	0,010	0,1							

Das KOPF-System **10.7**

Abb. 93: Auszug aus der Selbststeuerung des Ausführungsprozesses.

Die AFB ermittelte die Arbeitsstunden zuerst für die beteiligten Planungsbüros. Abb. 91 zeigt einen Ausschnitt aus der Mitkalkulation im Architekturbüro.

Auch für alle beteiligten Gewerke wurden dann die Arbeitsstunden ermittelt, die an der Baustelle aufzuwenden waren.

Abb. 92 zeigt einen Ausschnitt aus dem „Korrekturplan" zum Arbeitspaket Nr. 7. Im Korrekturplan werden die Arbeitsstunden je Leistungsposition ermittelt. Mengenkorrekturen während der Ausführungsphase sind dort ebenfalls erkennbar.

Im Formular „Mitkalkulation" werden die Soll-Arbeitsstunden für das jeweilige Arbeitspaket zusammengefasst. Der Polier schreibt die aufgewendeten Ist-Stunden an der Baustelle mit.

Abb. 91: Auszug aus der Selbststeuerung des Planungsprozesses.

Abb. 92: Mengenkorrekturen während des Ausführungsprozesses.

Die passen in den meisten Fällen nicht so überein wie hier. Die Mitkalkulation ist ein wesentliches Mittel zur zielgenauen Steuerung. Mit ihrer Hilfe werden Abweichungen vom Soll frühzeitig erkennbar und rechtzeitige zielbestimmte Korrekturentscheidungen möglich.

Abb. 94 zeigt einen Ausschnitt aus dem Ablaufmuster für das Bauhauptgewerk mit der Angabe von Arbeitsdauer und Arbeitskräften. Man kann die Zahl der Arbeitskräfte im Rohbau bis zu 50 Prozent erhöhen, wenn Zeitverluste durch Störungen das erforderlich machen. Erkennbar ist der Leistungsstand für die einzelnen Arbeitspakete am 11. Oktober 1999.

Ausschnitte aus den Ablaufmustern für die Technik- und die Ausbaugewerke zeigen die Abbildungen 95 und 96 – mit Kontrollen der Leistungsstände am 7. Dezember 1999 und am 15. Februar 2000.

Ein Vergleich der Leistungsstände an den beiden Kontrolltagen lässt leicht erkennen, dass die Abweichungen vom Soll-Stand durch die gekonnte Beeinflussung des Prozessverlaufs immer geringer werden, je näher man dem Ziel kommt.

Am 28. März 2000 wurde das letzte der acht Eigenheime bezogen.

Über den Bauablauf gibt es eine objektive Dokumentation wie sie besser nicht sein kann. Die

10.7 Das KOPF-System

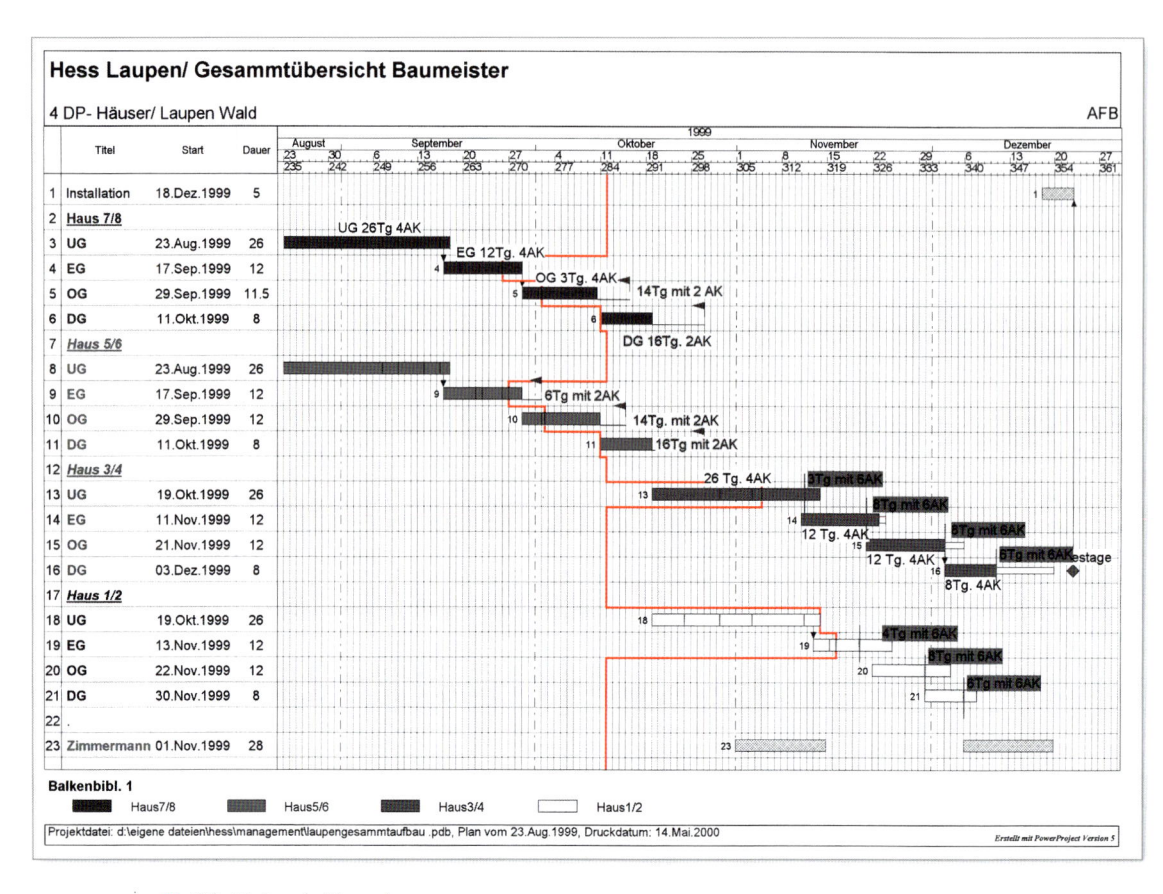

Abb. 94: Ausschnitt aus dem Ablaufmuster Bauhauptgewerk mit Leistungstand 11. Oktober 1999.

Durch die gekonnte Beeinflussung des Prozessverlaufs werden die Abweichungen vom Sollstand immer geringer, je näher man dem Ziel kommt.

massive Kritik von Fachleuten an der frühzeitigen Festlegung des Fertigstellungstermins hatte die Presse auf den Plan gerufen. Außerdem war eine Diplomarbeit über das KOPF-System bekannt geworden, die der Diplom-Ingenieur Christoph Saxer im Sommersemester 1999 an der Eidgenössischen Technischen Hochschule Zürich vorgelegt hatte und die ähnliche positive Bewertungen enthält.[43)]

So kam es, dass der Redakteur Reto Riesch den Bauprozess distanziert und kritisch begleitete und den Ablauf im Zürcher Tages-Anzeiger in sieben Artikeln kommentierte. Diese Kommentare machen die termingenaue Beeinflussung des Bauablaufs für jedermann so gut deutlich, dass ich Auszüge hier aufnehme.

Aus dem Artikel Nr. 1 vom 22. Oktober 1999 „Kosten- und Zeitüberschreitungen im Visier":
„In der Schweiz wird kräftig gebaut, aber die Kalkulation des Traumhauses wird zur Makulatur,

Das KOPF-System **10.7**

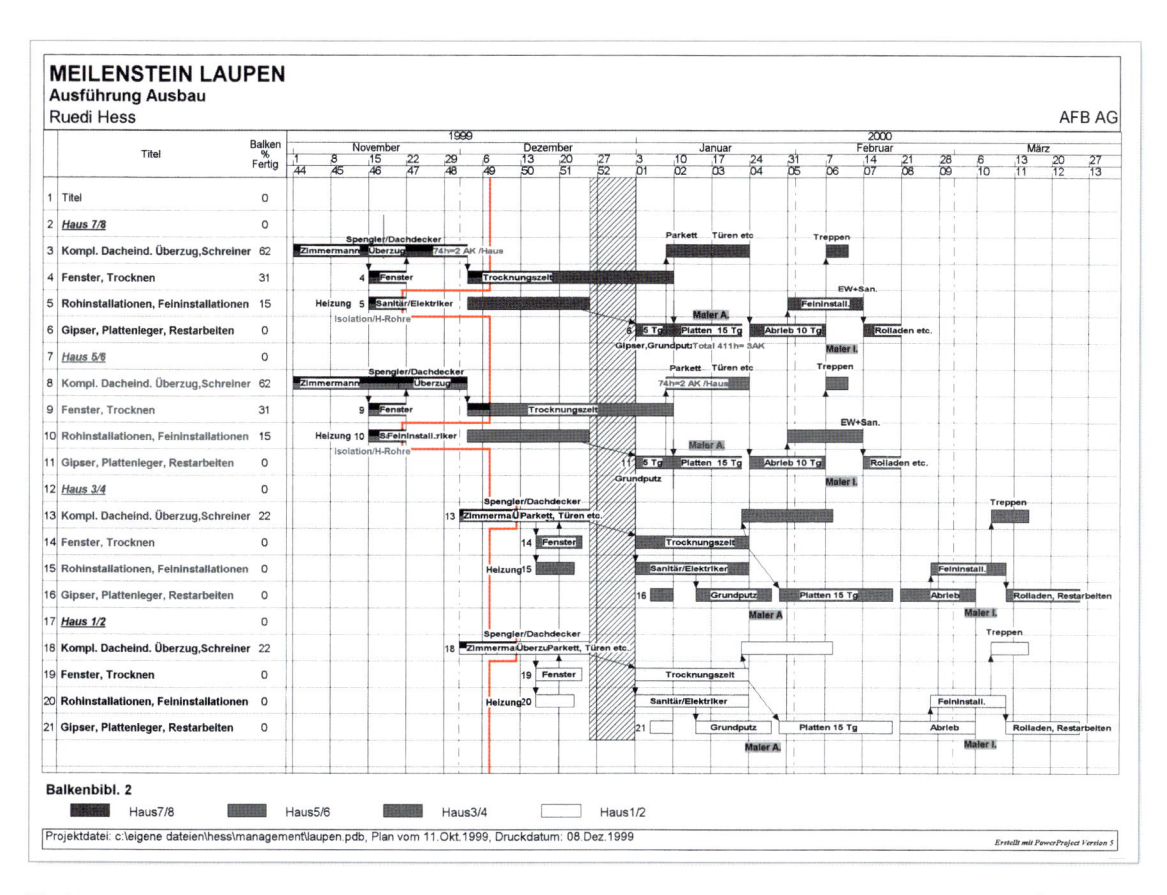

Abb. 95: Ausschnitt aus dem Ablaufmuster Technik und Ausbau.
ANMERKUNG: Hier wurde der Leistungsstand per 7. 12. 1999 eingetragen.

wenn durch Kosten- und Zeitüberschreitungen die Finanzierungssumme erhöht werden muss."
Und dann zitiert er den Geschäftsführer Richard Schaufelberger: „Wir werden durch die Selbstorganisation eine kurze Bauzeit mit niedrigen Kosten erzielen."
Aus dem Artikel Nr. 2 vom 29. Oktober 1999 „Die Planeten nehmen zeitgemäß Gestalt an": Man hatte den Häusern Namen der Planeten des Sonnensystems gegeben.

„Man kann beim Bau nie genau voraussehen, welche Probleme auftreten könnten. Wer dann mit dem Anspruch auftritt, diese Verzögerungen und Überscheitungen seien mit der KOPF-Methode nicht möglich, der muss sich auch einer Überprüfung unterziehen ...
Im August wurde mit den Erdarbeiten begonnen. Es gab beim Bauen am Hang Fels, wasserführende Sand- und Schlammschichten – fließenden Boden.

10.7 Das KOPF-System

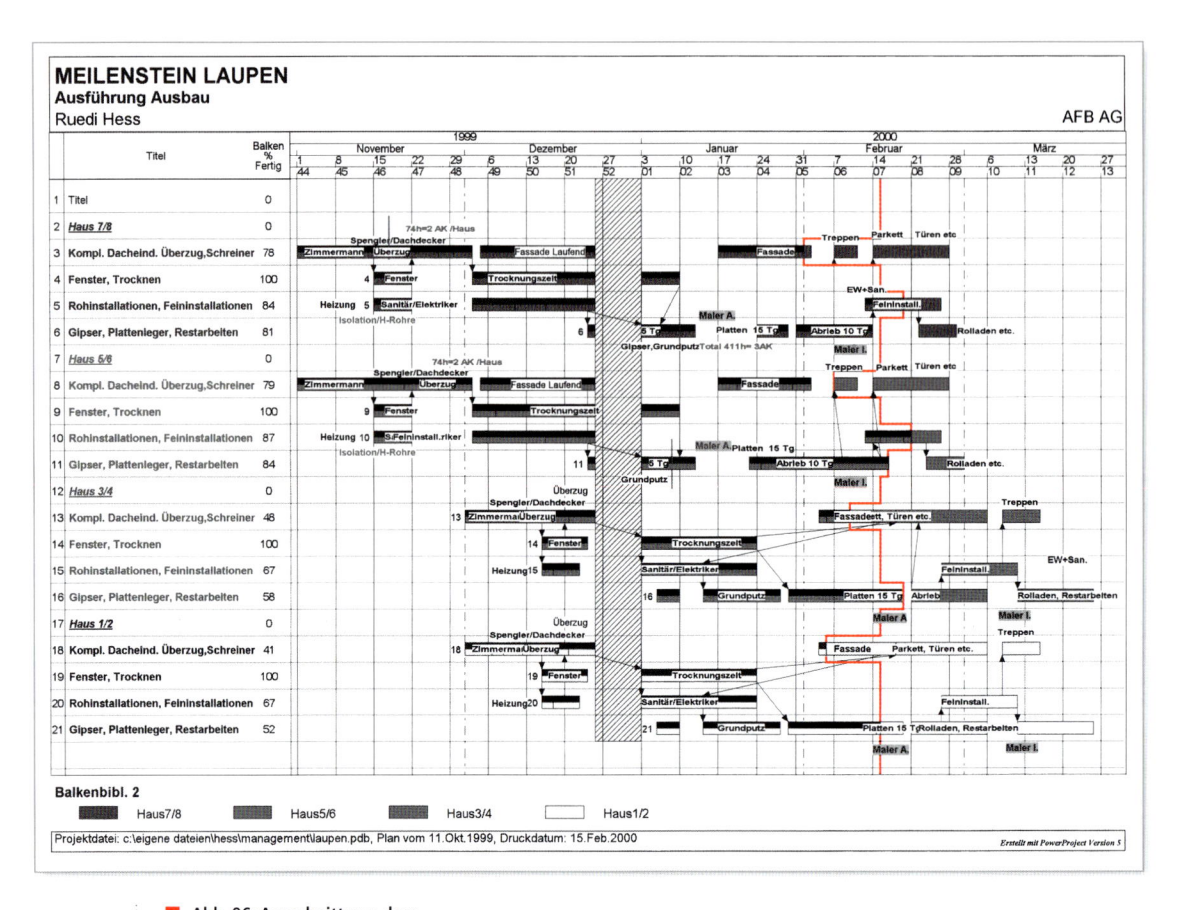

Abb. 96: Ausschnitt aus dem Ablaufmuster Technik und Ausbau.
ANMERKUNG: Hier wurde der Leistungsstand per 15. Februar 2000 eingetragen.

Für den Projektmanager sind die Unternehmer und Handwerker Kunden.

Ob ein Konzept funktioniert, stellt sich in solchen Krisensituationen heraus.
Der Erdbauunternehmer gab zu Protokoll, dass ‚immer zügig Entscheidungen getroffen werden konnten, denn in dieser für uns kritischen Situation war stets der entsprechende Fachmann zur Stelle'. So befinden sich die ‚Planetenhäuser' im Oktober noch ganz auf Kurs ..."

„Für uns sind auch die Unternehmer und Handwerker Kunden", sagte der Projektmanager Hartmut Schwarz dazu, „Bei Problemen ist der Projektleiter Helfer. So werden sie schnell gemeinsam gelöst."
Aus dem Artikel Nr. 3 vom 5. November 1999 „Mit detailliertem Plan und geschultem Auge": „In der ersten Novemberwoche sind programm-

gemäß an vier Häusern die Zimmerleute im Einsatz. Auch für zwei weitere Häuser müssen die Zimmerarbeiten bis Weihnachten abgeschlossen sein."

Dann schildert Reto Riesch den Einsatz des Projektmanagers Hartmut Schwarz, der bei absehbaren Verzögerungen sofort entscheidet, wie durch eine Änderung des Programms ein Zeitverlust wettgemacht werden kann, und wie er beim Gang über die Baustelle den Begleitern in kurzer Zeit etliche Möglichkeiten aufzeigt, wie sie mit wenig Aufwand viel an Effizienz gewinnen können.

Das ist gemeint, wenn ich sage: „in der Kybernetik liegen Planen und Führen in einer Hand". (der Verfasser)

Während des gesamten Projektierungs- und Ausführungsprozesses wurde auch hier immer wieder ein Stück neuer Planung durch den Führenden geleistet. Immer wieder musste er eine Wegvariante aus dem hochvariablen Prozessmodell in die Realität einführen, um zielsicher zu bleiben. Das ist etwas völlig anderes als die Fortschreibungen von Netzplänen, der nur Informationen aus der Vergangenheit bis zur Gegenwart des Prozesses zugrunde liegen. Mit dem KOPF-System lagen auch hier der Einführung zielgenauer Wegvarianten Informationen aus der Zukunft des Prozesses zugrunde. Ich erinnere an den dargestellten Unterschied zwischen Kausal-Logik und kybernetischer Logik.

Aus dem Artikel Nr. 4 vom 12. November 1999 „Das Zwischenzeugnis fällt erfreulich aus":

„Trotz frühen, heftigen Wintereinbruchs im Zürcher Oberland ist das ambitiöse Bauprogramm in Laupen vollständig eingehalten worden. Dem Bauherrn fällt die funktionierende Koordination, die keine Leerlaufzeiten entstehen lässt, besonders auf. Natürlich läuft nicht alles genau nach Plan. Gegen die Natur ist das ausgeklügelste Programm machtlos. Die Arbeiten der Zimmerleute mussten wegen starken Schneefalls unterbrochen werden. Aber die Hälfte der Häuser ist termingemäß eingedeckt, und die Baustelle hat durch Zeitgewinn im Vorfeld einen Vorlauf von 14 Tagen."

Aus dem Artikel Nr. 5 vom 17. Dezember 1999 „Trotz Schneefall, Nässe und falscher Ziegel":

„ ... Starker Schneefall führte zu großen Schwierigkeiten. Nach dem Tauwetter führte ein matschiger Untergrund zu Problemen. Sturmschäden mussten behoben werden. Ein anderes Mal wurden falsche Ziegel für das Dach geliefert. Aber die Arbeiten laufen termingerecht ..."

Es gab Störungen, die in den Zeitungsartikeln nicht erwähnt werden:

■ Schwerwiegende Störungsfolgen wurden kompensiert.

Beim Gewerk „Platten und Fliesen" gab es immer wieder erhebliche Mängel. Der Unternehmer hatte auch weniger Mitarbeiter an der Baustelle als vereinbart waren. Nach den vertragsgemäßen Fristsetzungen, die unbeachtet blieben, wurde der Auftrag entzogen. Drei Wochen gingen verloren. Mit einer Nachfolge-ARGE wurde der Einsatz einer größeren Zahl von Arbeitskräften vereinbart. Der Zeitverlust wurde aufgeholt.

Die Ortgangbretter zeigten Verwerfungen. Sie mussten ersetzt werden. Die Lieferung der neuen Bretter wurde wegen eines Zollproblems dazu noch einige Tage lang an der Grenze aufgehalten.

In diesem Fall wurde der Zeitverlust, soweit er nicht in eine Pufferzeit fiel, durch Überstunden wettgemacht.

■ Richard Schaufelberger praktizierte Selbstorganisation.

Aus dem Artikel Nr. 6 vom 25. Februar 2000 „Volle Konzentration vor dem Zielstrich":

„Um ein Bauvorhaben bezüglich Kosten und Termin punktgenau zu vollenden, ist vor allem das selbständige Mitdenken der Handwerker gefragt. Dass dies nicht leicht umzusetzen ist, kann man sich vorstellen. Wie soll ein Berufsmann, der jahrelang darauf konditioniert wurde, genau das zu tun, was der Chef sagt, plötzlich für sich und seinen Nebenmann Verantwortung im Rahmen eines gesamten Projektes übernehmen?"

Riesch:
„Üblicherweise wären die Bauarbeiten in Rückstand geraten. Die widrigen Bedingungen hätten Ausreden in großer Zahl ermöglicht."

Die Käufer mussten ihre Wünsche bis zu einem bestimmten Stichtag vorbringen.

Am 28. März 2000 zog der letzte Käufer ein.

Das ist ein entscheidender Punkt.
Bei meinem Baustellenbesuch konnte ich mir ein Bild davon machen, wie das in Laupen funktionierte. Organisationen neigen zum Chaos. Um vor allem die Zeitverluste durch die Winterwitterung aufzuholen, mussten mehr Arbeiten verschiedener Gewerke parallel zueinander laufen, als ursprünglich vorgesehen waren. Das brachte die Handwerker zeitweise durcheinander.
Richard Schaufelberger skizzierte, wie diese dichtere Zusammenarbeit geordnet verlaufen könnte, und gab den Arbeitern eine Auszeit:
„Setzt euch ein oder zwei Stunden lang zusammen und sprecht die beste Möglichkeit ab."
„Das geht nicht", entgegnete einer, „wenn mein Chef kommt, macht er Krach, weil ich rumsitze und nicht arbeite."
„Ich rede mit deinem Chef – keine Sorge."
Nach gut einer Stunde hatten die Werker einen Weg gefunden. Die Zusammenarbeit funktionierte reibungslos mit dem gewollten, zielsicheren Ergebnis.
Reto Riesch schreibt dazu weiter:
„Dass die Mannschaft in Laupen rd. einen Monat vor Beendigung der Arbeiten sowohl terminlich als auch finanziell voll auf Kurs ist, ist also nicht selbstverständlich. Die offene Kommunikation und für jeden einsehbare Pläne sind wohl entscheidend.
Wären die Bauarbeiten in Laupen heute im Rückstand, hätten allein die äußeren Bedingungen zu Ausreden in großer Zahl geladen: Nicht nur der äußerst frühe Wintereinbruch im Zürcher Oberland, auch die permanente Nässe auf dem Bauplatz sowie die Schäden, die Wintersturm ‚Lothar' hinterließ, haben Unternehmer und Handwerker in weit höherem Maße gefordert, als dies erwartet werden konnte.
Alle Schwierigkeiten wurden jedoch gemeistert – auch weil durch die Selbstorganisation genügend Flexibilität vorhanden war."
Aus dem Artikel Nr. 7 vom 7. April 2000 „Bananenschachteln statt Baumaschinen":

„Der vom Tages-Anzeiger verfolgte Bau ist pünktlich beendet.
In den Bananenschachteln transportierte zum letzten Einzug Peter Döme – einer der glücklichen Hauskäufer – einen Teil seines Umzugsgutes. Am 28. März hat er sein neues Zuhause in Laupen bezogen.
Heute lacht Peter Döme, wenn er an den vergangenen Herbst zurückdenkt.
Er erzählt, während er in seinem neuen Heim Kaffee, Weinbrand und Gebäck serviert, dass er damals vor der Vertragsunterzeichnung einige schlaflose Nächte hatte. Er wollte den Fortgang der Arbeiten an seinem neuen Haus verfolgen. Weil Döme in den vergangenen Jahren schon manches Bauprojekt im Kanton Zürich unter die Lupe genommen hat, war ihm ein Vergleich möglich. Und sofort fiel ihm in Laupen das hohe Tempo der Bauarbeiter auf. Dies führte allerdings auch dazu, ‚dass wir als neue Bewohner unter Druck gerieten, unsere individuellen Ausbauwünsche unwiderruflich am Stichtag X mitzuteilen'."
Auch der Entscheidungsprozess wird im KOPF-Modell also zielsicher abgebildet.
Jeder Käufer kennt den jeweils letzten Entscheidungstermin für jeden Sonderwunsch und weiß, welche Folgen es für ihn hat, wenn er diesen Termin überschreitet (der Verfasser).

10.7.3

Fallbeispiel Humanomed Privatklinik Graz, Projektsteuerer Dipl.-Ing. Dr. Otto Greiner

Im Journal Graz 37 erklärte der Auditor Ing. Alfred Leitner von der ÖQS:
„Die Zertifizierung eines Managementsystems bei einem Hochbauprojekt nach den Regeln der ISO 9001 ist Neuland. Zwar gibt es im Tiefbau, nämlich beim Sieberg-Tunnel, bereits eine Zer-

tifizierung. Im Hochbau mit weitaus komplexeren Abwicklungen aber handelt es sich um eine Weltpremiere."
Die Klinik umfasst 146 Betten. Sie kostete 450 Millionen Schilling.
Die Bauzeit betrug 18 Monate, vom 15. 2. 99 bis 31. 8. 2000.
Das Projektmanagement lag in den Händen des Ingenieurbüros Dipl.-Ing. Lugitsch im österreichischen Feldbach. Lugitsch war einer der ersten Anwender des KOPF-Systems in Österreich. Er arbeitete zusammen mit dem Baumeister Mahlknecht, der die Kostenplanung und -steuerung nach baukybernetischen Methoden durchführte.
Die Terminplanung hatte Dipl.-Ing. Dr. Greiner übernommen.
Dr. Otto Greiner leitet den Studiengang Hochbau – Projektmanagement an der Fachhochschule Technikum Kärnten in Spittal an der Drau. Otto Greiner hatte leitende Positionen bei den Tauernkraftwerken in Salzburg inne und war vor seiner Berufung nach Spittal Universitätslektor in Graz. Er hat seit 1980 Bauvorhaben für die Tauernkraftwerke bzw. deren Tochter Tauernplan und in freier Praxis verschiedene Hochbauprojekte mit dem KOPF-System erfolgreich gesteuert.[45)]
Er ist Präsident der Österreichischen Gesellschaft für Baukybernetik, die wir 1987 gemeinsam ins Leben gerufen haben.
„Zufälle bzw. Störungen im Planungs- und Bauprozess sind nicht als Ausnahmen, sondern als Regelfall zu verstehen", beschreibt Dr. Greiner einen der wesentlichsten Unterschiede zwischen „normaler" und „kybernetischer" Terminsteuerung.
„Um Störungen zu neutralisieren, haben wir mit den ausführenden Firmen die Kapazitätsplanung vereinbart und zusätzlich ausreichende Reservezeit eingeplant. Ein permanenter Soll-Ist-Vergleich der Arbeitsstunden wird gemeinsam mit den Ausführenden vorgenommen.

Auch hier wird soviel Entscheidungskompetenz wie möglich an die ausführenden Teams delegiert, um rasch auf Störungen vor Ort reagieren zu können."
Otto Greiner erläutert die Terminplanung wie folgt:

„Die Projektstrukturierung
Entsprechend dem Strukturplan wurde der zu erstellende Baukörper in ausführungstechnisch sinnvolle Abschnitte unterteilt. Im Hochbau geschieht dies meist in vertikaler Richtung geschossweise und horizontal in Arbeitsflächen von 100 bis 300 m^2 Größe (Dehnfugenabschnitte). Dies gilt nicht nur für die Baumeisterarbeiten, sondern grundsätzlich auch für alle Ausbaugewerke. Aktivitäten, die sich über mehrere Abschnitte erstrecken, wurden in einem zusammenfassenden Arbeitspaket erfasst (z. B. Steigleitungen, Arbeiten an der Fassade etc.).

Der Produktionsplan
Für die im vorbeschriebenen Punkt gegliederten Arbeitsabschnitte (Arbeitspakete) wurden dann gewerkweise alle Arbeitsschritte aufgelistet. Diese einzelnen Arbeitsschritte wurden im Produktionsplan tabellarisch aufgeführt, wobei auch gleichzeitig ein Bezug zu entsprechenden Positionen im Leistungsverzeichnis hergestellt wird. Die Arbeitsschritte werden im Produktionsplan in der Reihenfolge dargestellt, in der sie praktisch erfolgen, was für die entsprechenden Leistungspositionen in den Leistungsverzeichnissen leider nicht zutrifft. Danach wurden die in den Arbeitsschritten dargestellten Leistungen mit Arbeitsstundenansätzen multipliziert.
Zum Zeitpunkt der Terminplanerstellung (Ausführungsterminplan) und der Produktionsausarbeitung ist in den seltensten Fällen die gewerkausführende Firma bekannt. Deshalb sind die vorgegebenen Zeitansätze vorerst eine Rahmenvorgabe bzw. ein Vorschlag des Terminplaners. Nach Überprüfung und gegebenenfalls

▎ Greiner:
„Die Arbeitspositionen wurden in der wirklichen Folge der Arbeitsschritte dargestellt, was in den Leistungsverzeichnissen leider nicht geschieht."

▎ Greiner:
„Störungen sind der Regelfall."

▎ Greiner:
„Die Arbeitsstunden und Arbeitskräfte wurden mit den Unternehmen abgestimmt."

▎ Greiner:
„Zuerst wurden Arbeitspakete gebildet."

10.7 Das KOPF-System

Adaptierung durch den ausführenden Unternehmer wurden die Werte des Produktionsplanes als Grundlage für die Kapazitätsvereinbarung herangezogen. Soweit sich während der Ausführung herausstellte, dass die Produktivität nicht richtig eingeschätzt war, diente der Produktionsplan als Basis für deren Neufestlegung.

Der Kapazitätsplan

Nachdem die Zeitansätze im Produktionsplan mit der ausführenden Firma abgestimmt und vereinbart waren, wurden jedem Vorgang im Terminplan (Ausführungsabschnitt bzw. Arbeitspaket je Gewerk) die im Produktionsplan errechneten Zeitsummenstunden zugeordnet. Durch die Balkenlänge lässt sich einfach für diesen Vorgang die erforderliche Arbeitskräfteanzahl ermitteln. Gegebenenfalls haben wir in einem Vorgang mit hoher Arbeitskräftezahl, die zu einer unausgewogenen Baustellenkapazität geführt hätte, die Zahl der Arbeitskräfte dadurch verringert, dass wie die Dauer des Vorgangs verlängert haben – der Balken wurde also länger gemacht.

Bei der grafischen Darstellung der Gesamtkapazität in einem Histogramm unter dem Ablaufmuster wurde der Arbeitskräfteeinsatz ausgeglichen. Dazu wurden auch Balken gegeneinander verschoben.

In gleicher Weise haben wir die Ermittlung der Arbeitsstunden und die Bemessungen von Arbeitskräfteeinsatz und Arbeitsdauer für Planungsleistungen durchgeführt.

Mit der Produktions- und Kapazitätsplanung wurde auch in diesem Fall zweierlei erreicht:
– Den Beteiligten wurden ihre eigenen Produktionsprobleme bewusst gemacht, d. h. sie mussten sich (überhaupt) damit beschäftigen.
– Gleichzeitig erhielten wir verlässliche Daten, die den planmäßigen Verlauf der Arbeitsprozesse vom ersten Tag an kontrollierbar und steuerbar machten.

Soweit Produktivitätsengpässe auftraten, wurde über den vertraglich vereinbarten Produktionsplan bei gleichbleibendem Endtermin eine entsprechende Kapazitätsveränderung ermittelt und beigebracht. Wichtig ist, dass wir nicht erst am Ende einer vereinbarten First feststellen, dass eine Überschreitung droht, sondern dass auf diese Weise korrigierende Eingriffe frühzeitig geschehen können, um Fristüberschreitungen zu vermeiden.

Die Terminsteuerung

Nachstehend wird dargelegt, wie die einleitend aufgezeigten Anforderungen an ein flexibles Managementsystem erfüllt werden. Gleichzeitig wird das kybernetische Terminmanagement (Termine und Kapazitäten) zusammengefasst.
– Zielgerichtete Selbstorganisation und zielgerichtete Steuerung.

Äußerst komplexe soziotechnische Systeme lassen sich nicht im Voraus berechnen. Mit den dargestellten Rahmensetzungen machen wir sie zielsicherer beeinflussbar. Dabei muss der Projektmanager bewirken, dass ein hoher Grad von Selbststeuerung entsteht. Nur so ist die ‚erforderliche Varietät' der Beeinflussungskapazität zu erzielen. Die übliche zentrale Projektsteuerung kann ähnlich einer zentralen Planwirtschaft Zielgenauigkeit nicht erreichen. Die zentrale Steuerungskapazität, mit der man von außen das System ins Ziel steuern will, hätte auch hier zur Neutralisierung der vielen unerwarteten Störungen und ihrer nachteiligen Folgen nicht ausgereicht. In der Baukybernetik wird der Steuermann zum Teil des Systems.

Die ausführenden Unternehmer konnten mit Hilfe der Daten des Produktionsplanes die Arbeit weitgehend selbst einteilen und Störungsfolgen frühzeitig weitgehend selbst korrigieren. Dies gilt entsprechend für die Mitarbeiter in den Ausführungsteams.

Kompetenz und Verantwortung wird in die Arbeitsgruppen verlegt. Das steigert Wert,

---

Greiner:
„Ein weitgehend gleichmäßiger Kapazitätseinsatz wird vereinbart."

Greiner:
„Während des Ablaufs werden die Kapazitäten so angepasst, dass der Endtermin fest bleibt."

Greiner:
„Selbststeuerung muss herbeigeführt werden. Zentrale Projektsteuerung kann wie zentrale Planwirtschaft keine Zielgenauigkeit bringen."

Das KOPF-System 10.7

Sinn und Zugehörigkeitsgefühl und weckt die Motivation des Einzelnen. Allerdings ist die rechtzeitige Beschaffung aller Arbeits- und Entscheidungsfaktoren eine wesentliche Voraussetzung für die Aufrechterhaltung der Selbstorganisation – für die Bereitschaft der Projektbeteiligten, sich selbst einzubringen und bei Problemen und Störungen auch selbst Lösungen zu suchen.

- Frühwarnung bei Zielabweichung.

Die für Termine und Kosten maßgeblichen Daten wurden für alle Phasen der gesamten Projektabwicklung bereits bei der Planung ermittelt. Während der Ausführung wurden die Abweichungen laufend aufgezeigt. Dadurch erfolgte rechtzeitig die Warnung ‚Gefahr einer Terminüberschreitung' (z. B. durch unzureichende Produktivität in einem Gewerk). Das geschah lange bevor ein Zwischentermin – eine Einzelfrist – überschritten werden konnte. Das machte letztendlich den Erfolg aus."

■ Greiner:
„Die Gefahr einer Abweichung wird lange vor der Überschreitung einer Einzelfrist offenbar. So kann rechtzeitig agiert und die Überschreitung vermieden werden."

11

Das Ausschalten regelwidriger Muster

In dynamischen Sozialstrukturen müssen die Vertragsregeln eindeutig sein. Regelwidriges Verhalten Einzelner darf im Interesse der Sache und im Interesse aller übrigen Beteiligten nicht geduldet werden.

11.1

Sicherstellen der Ausführungsfristen durch Anwenden der VOB-Regeln

Die Regel Nummer 1 für einen zielgenauen Bauprozess lautet: Jedem Beteiligten, der sich regelgerecht, also vertragskonform, verhält, wird jede Unterstützung gewährt, damit die vereinbarten Ziele im Zusammenwirken erreicht werden können.

Treffende Beispiele dafür, wie das praktisch gehandhabt wird, sind das beschriebene Zusammenwirken mit dem ausführenden Teilsystem aus Polen beim Bau des Kurzentrums in Lüneburg oder die Dienstleistung der Manager beim Bauvorhaben Laupen am Wald.

Aber gegen hartnäckig vertragswidriges Verhalten einzelner Beteiligter muss die Bauleitung im Interesse des Ganzen konsequent vorgehen, um die zielsichere Ordnung des Prozesses aufrecht zu erhalten. Das ist die Regel Nummer 2.

An einigen praktischen Beispielen will ich deutlich machen, wie das geschehen muss. Die Grundregeln für die Ordnung der Struktur sind bei den vertraglichen Vereinbarungen mit den Planern und den Unternehmen immer die Rechtsvorschriften des BGB bzw. der VOB.

Bei den Werkverträgen mit den ausführenden Firmen ist für die Sicherung der Vertragsfristen der § 5 des Teils B der VOB wesentlich. Bei den Verträgen mit den Planungsbeteiligten gilt entsprechend der § 326 des BGB.

Im § 326 BGB heißt es: „Ist bei einem gegenseitigen Vertrag der eine Teil mit der ihm obliegenden Leistung im Verzug, so kann ihm der andere Teil zur Bewirkung der Leistung eine angemessene Frist mit der Erklärung bestimmen, dass er die Annahme der Leistung nach dem Ablauf der Frist ablehne. Nach dem Ablauf der Frist ist er berechtigt, Schadensersatz wegen Nichterfüllung zu verlangen oder von dem Vertrag zurückzutreten, wenn nicht die Leistung rechtzeitig erfüllt ist ...".

Aus dem § 5 „Ausführungsfristen" der VOB/B sind hier die Nummern 3 und 4 relevant:

11.1 Das Ausschalten regelwidriger Muster

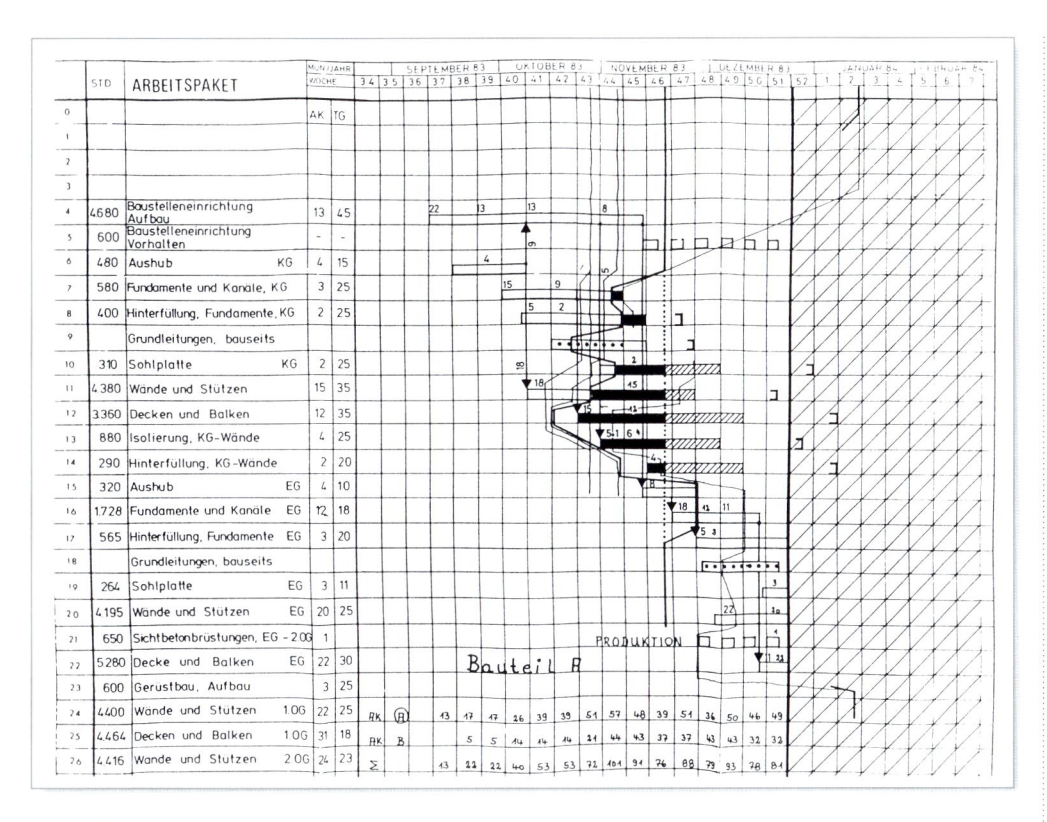

Abb. 97: Rechtzeitiges Offenbarmachen der Ursachen für eine drohende Fristüberschreitung.

– „Wenn Arbeitskräfte, Geräte, Gerüste, Stoffe oder Bauteile so unzureichend sind, dass die Ausführungsfristen offenbar nicht eingehalten werden können, muss der Auftragnehmer auf Verlangen unverzüglich Abhilfe schaffen."
– „Verzögert der Auftragnehmer den Beginn der Ausführung, gerät er mit der Vollendung in Verzug oder kommt er der in Nummer 3 erwähnten Verpflichtung nicht nach, so kann der Auftraggeber bei Aufrechterhaltung des Vertrages Schadensersatz nach § 6 Nummer 6 verlangen oder dem Auftragnehmer eine angemessene Frist zur Vertragserfüllung setzen und erklären, dass er ihm nach fruchtlosem Ablauf der Frist den Auftrag entziehe (§ 8 Nr. 3)."

In Nummer 3 gibt es gleich zwei unbestimmte Rechtsbegriffe: Dass die Ausführungsfristen „offenbar" nicht eingehalten werden können, muss der Bauleiter beweisen, wenn er die Schiedsrichterfunktion für termingenaues Bauen vertragsgemäß erfüllen will. Die jeweils Beteiligten müssen z. B. drei Wochen vor dem Ablauf einer Einzelfrist objektiv wissen können, dass diese Frist überschritten werden wird, wenn nicht ab sofort Überstunden gemacht werden oder die Zahl der Arbeitskräfte erhöht

■ Wer nach § 5.3 VOB/B beweisen will, dass Fristen ohne Kapazitäts- oder Verhaltensänderung überschritten werden, der muss die erforderlichen Arbeitsstunden und Arbeitskräfte vereinbart haben.

11.1 Das Ausschalten regelwidriger Muster

```
Schulzentrum

Leistungsbilanz per 30.11.1983 nach Leistungsmessung der örtlichen
Bauleitung H 3, bezogen auf den Vertragsfristenplan der Fa. H.

BAUTEIL A
          | Tg. + vor            |      | AK | Bilanz
          |    - rück.           |      |    |
Zeile 10  |  -  7   x 8 Std./Tg. |  x   |  2 | =  -   112 Arbeitsstunden
      11  |  - 13   x 8          |  x   | 15 | =  - 1.550 Arbeitsstunden
      12  |  - 23   x 8          |  x   | 12 | =  - 2.208 Arbeitsstunden
      13  |  - 21   x 8          |  x   |  4 | =  -   672 Arbeitsstunden
      14  |  - 12   x 8          |  x   |  2 | =  -   192 Arbeitsstunden
      17  |     0   x 8          |  x   |  3 | =        0 (im Plan)
      20  |     0   x 8          |  x   | 20 | =        0 (im Plan)

Summe A:                                           - 4.734 Arbeitsstunden


BAUTEIL B

Zeile  4  -  5  x 8        x   7  =  -280
       6  - 19  x 8        x  12  =  -1.824
       7  -  5  x 8        x   1  =  -40
       9  -  5  x 8        x   7  =  -280
      10  - 14  x 8        x  16  =  -1.792
      11  -  1  x 8        x  13  =  -104
      13  - 15  x 8        x   2  =  -240

Summe B:                              -4.560 Arbeitsstunden


Summe A + B                           -9.294 Arbeitsstunden


Davon 80% wegen tatsächlicher höherer Leistung als vorgegeben (was
noch einmal überprüft werden soll): -7.435 Arbeitsstunden


Erf. Mehreinsatz ab 48. Woche 1983    14 Wochen lang.
7.435 : 14 : 40 = ± 13 AK
```

Abb. 98: Die Ermittlung des rückständigen Leistungsumfangs in Arbeitsstunden aus den Stundenansätzen des Produktionsplanes.

wird oder der Materialfluss ohne weitere Unterbrechungen erfolgt.

Es gibt keine andere Möglichkeit, diesen Beweis zu führen, als die Vorgabestunden je Arbeitspaket zu vereinbaren, die wirklich aufgewendeten Stunden mitzuschreiben und den Leistungsstand regelmäßig gemeinsam festzustellen. Nur dieser objektive Vergleich auf der Basis der vom Unternehmen selbst angenommenen Arbeitsproduktivität macht im Sinn der VOB-Regel „offenbar", dass und in welchem Ausmaß eine Fristüberschreitung droht, und welche Verhaltensänderung erforderlich ist, damit die Frist eingehalten wird.

Die frühzeitig offenbarte nichtgewollte Zukunft ist die Ursache, die eine rechtzeitige Regelungsentscheidung bewirkt. Sie eliminiert das durch Regelwidrigkeit entstandene, aus der Strukturordnung ausbrechende Muster und ersetzt es durch ein neues, zielkonformes Strukturmuster. In dem folgenden Fallbeispiel war der ausführende Bauunternehmer zu Beginn der Arbeiten uneinsichtig. Er wollte bei weitem nicht so viele Arbeitskräfte einsetzen wie unser Kapazitätsmodell auswies. So kam es zu einem zunehmenden Rückstand der Arbeiten. Abbildung 97 zeigt den zunehmenden Zeitverlust, der durch den unzureichenden Arbeitskräfteeinsatz entstanden war.

Die Aufforderung, unverzüglich die Arbeitskräftezahl so zu erhöhen, dass die Vertragsfrist eingehalten werden konnte, wurde zuerst einmal nicht befolgt.

Wir haben dann gemeinsam mit dem Auftragnehmer die Zahl der Arbeitsstunden errechnet, die durch den Rückstand in den nächsten Wochen zusätzlich geleistet werden mussten (Abb. 98). Daraus ergab sich, dass in einer angemessenen Frist 13 Mitarbeiter zusätzlich eingesetzt werden mussten. Wir bestimmten namens des Auftraggebers diese Frist und erklärten, dass bis zum Einsatz dieser zusätzlichen Arbeitskräfte keine Abschlagszahlung geleistet würde. Die Möglichkeit dieses Einbehalts ist wirkungsvoller – die kompetente Anwendung vorausgesetzt – als jede Vertragsstrafe.

Abb. 98 zeigt die beweissichere Ermittlung der Arbeitskräftezahl auf der Basis der Produktionsplanung.

Die Fristsetzung nach § 5.4 VOB/B und das konsequente Verhalten des Auftraggebers – einschließlich des angedrohten Zahlungseinbehalts – führten durch das zwingende, für jedermann nachvollziehbare Beweismaterial dazu, dass der Auftragnehmer seine Mannschaft um 15 Mann verstärkt hatte, bevor der Brief des zuständigen Stadtbauamtes mit der Fristsetzung bei ihm ankam. Die Ursachen für die drohende Fristüberschreitung waren offenbar gemacht. In dem Brief stand:

„… Sie haben den Beginn der Ausführung verzögert und kommen der in VOB/B § 5.3 erwähnten Verpflichtung nicht im erforderlichen Umfang nach (VOB/B § 5.4).

Wir werden deshalb … unter Aufrechterhaltung des Vertrages Schadensersatz gemäß VOB/B § 6.6 geltend machen müssen …"

Das komplexe Baugeschehen tendiert, wie gesagt, ständig zum Chaos.

Der Führende kann im System den Selbstorganisationsprozess nur aufrechterhalten, wenn er vermeidet, dass Beteiligte behindert werden. Er muss die Zahl der Arbeitsstunden und Arbeitskräfte, die Dauer der Arbeitsschritte und ihre Beziehungen zueinander sowohl für den Planungs- wie für den Ausführungsprozess kennen, um allen Beteiligten rechtzeitig die Voraussetzungen für kontinuierliches Arbeiten schaffen zu können. Auch das Eingreifen als Schiedsrichter bei regelwidrigem Verhalten sorgt dafür, dass Nachfolgegewerke nicht behindert werden.

Störungen dieser Art sind nicht vermeidbar. Sie gehören zum System. Wir versuchen nicht mehr, solche Störungen als etwas Negatives vor dem Baubeginn durch planerische Überlegungen zu vermeiden, weil das prinzipiell nicht möglich ist. Es würde immer wieder etwas Unvorhergesehenes geschehen. Wir müssen damit umgehen können.

Ein weiteres Beispiel, das mit einem Gerichtsurteil endete, behandelt einen Auftragsentzug im Sanitärgewerk beim Neubau des Personalwohnheims zum St.-Ansgar-Krankenhaus in Höxter.

Die Erstellung des Gebäudes fiel in eine Zeitphase öffentlicher Förderung. Dem Investor war ein öffentlicher Zuschuss von 300.000 Mark zugesagt worden, vorausgesetzt das Bauvorhaben war bis Juli 1977 fertiggestellt.

Abb. 99 zeigt den Montageprozess des Sanitärgewerks in drei waagerecht unterteilten Bereichen.

Im oberen 1. Bereich ist die vertraglich vereinbarte Leistung abgebildet. Die Höhe des Balkens ist das Maß für neun Arbeitskräfte, die am Anfang an der Baustelle eingesetzt werden sollten. Der Auftragnehmer hatte sich vertraglich verpflichtet, mit der Baustelleneinrichtung am 15. 12. und mit der Montage am 20. 12. 1976

■ Kennt man die Arbeitsstunden, dann kann man die VOB-Regeln wirksam anwenden. Das ist wirkungsvoller als Vertragsstrafen.

■ Vertragswidriges Verhalten muss kurzfristig abgestellt werden, um Behinderungen Dritter zu vermeiden.

11.1 Das Ausschalten regelwidriger Muster

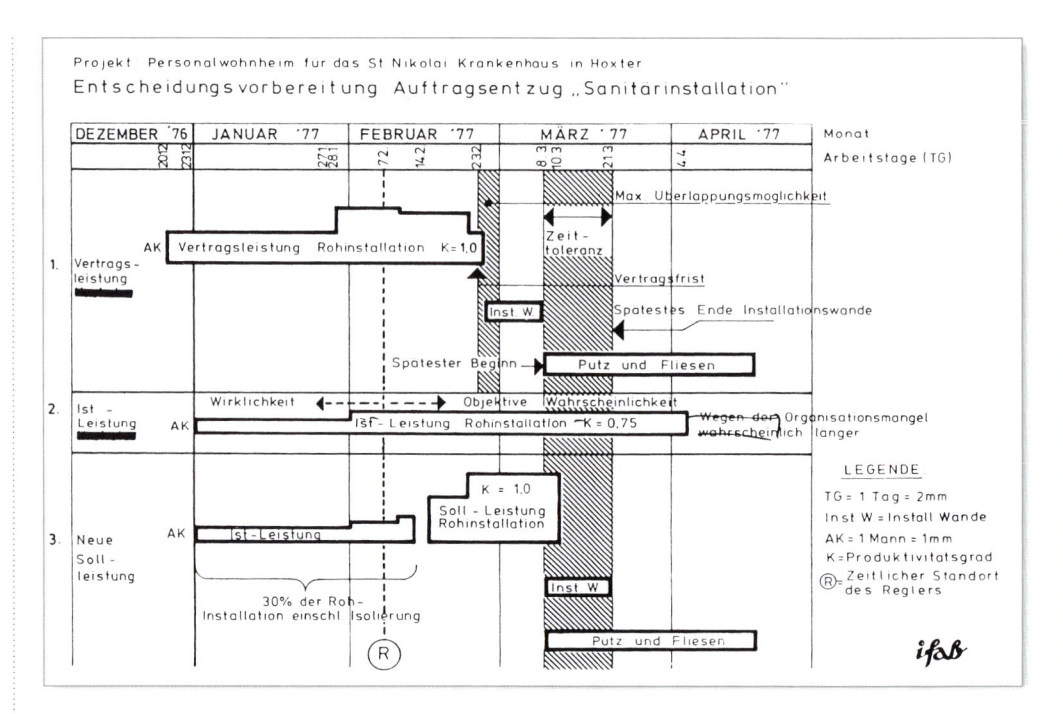

Abb. 99: Entscheidungsvorbereitung für einen Auftragsentzug.

Um den Auftrag entziehen zu können, müssen Fristsetzungen und eine eindeutige Androhung vorweggehen.

zu beginnen. Die Ausführungsfrist für die Rohinstallation endete am 24. Febr. 1977. Die Vorgabestunden, die wir ermittelt hatten, waren vom Auftragnehmer überprüft und nach geringfügigen Korrekturen vereinbart worden. Die Formulare zur Selbststeuerung wurden übergeben und erläutert. Das Mitschreiben der aufgewendeten Stunden in diesen Formularen durch den Auftragnehmer war ein Vertragsbestandteil.

Am 23. 12. wurde in einem Schreiben der Bauleitung an den AN festgestellt, dass mit den Arbeiten nicht begonnen war, obwohl die Voraussetzungen für ein ungehindertes Arbeiten seit dem 20. 12. vorlagen und dass die verlorene Zeit durch vermehrten Einsatz im Januar aufgeholt werden müsse. Dann wurde einige Male telefoniert.

Am 11. Januar 1977 heißt es in einem Einschreiben:

„Sie befinden sich mit dem Beginn der Leistung ... im Verzug ... Sie erklärten das mit Schwierigkeiten bei der Materialbeschaffung ... Sie haben zugesagt, dass Sie am 12. Januar 1977 mit 10 bis 15 Arbeitskräften an der Baustelle voll arbeiten werden ..."

Dann wurden Fristen zur Vertragerfüllung gesetzt und erklärt, dass der Auftrag gemäß § 8.3 VOB/B entzogen wird, wenn diese Fristen nicht eingehalten werden. Abschlagszahlungen wurden einbehalten.

Am 2. Februar schrieb die Bauleitung, dass eine Leistungsüberprüfung einen Rückstand von Leistungen, die mit 1368 Arbeitsstunden bemessen waren, ergeben hatte.

Der Auftraggeber entzog den Auftrag mit Schreiben vom 7. 2. 1977.

Leistungsmessungen, bestätigt durch die Ist-Stunden, die der Obermonteur mitgeschrieben hatte, ergaben einen Leistungskoeffizienten von 0,75 gegenüber den Soll-Stunden, die der Betrieb selbst vorgegeben hatte.

Dem Auftragsentzug war eine Sitzung des Entscheidungsgremiums des Bauherrn vorausgegangen. Ein Nachfolgeunternehmen mit ausreichender Kapazität wurde beauftragt.

In dem mittleren 2. Bereich der Abb. 99 ist die Ist-Leistung dargestellt, so wie sie bis zum 7. 2. 1977 real verlaufen war und wie sie nach den objektiven Wahrscheinlichkeitsfaktoren danach weiter verlaufen würde.

Für den Bauherrn gab es zwei Möglichkeiten: sich entweder für den Auftragsentzug zu entscheiden und den ausscheidenden Betrieb mit den Mehrkosten zu belasten, die durch den teureren Nachfolger entstehen würden, oder bei Aufrechterhaltung des Vertrages den Investitionszuschuss zu verlieren und den Betrieb mit diesem weit höheren Schadensersatz von mindestens 300.000 Mark zu belasten.

Der Auftragsentzug wurde einstimmig beschlossen.

Im unteren 3. Bereich in Abb. 99 ist die Soll-Leistung des Nachfolgebetriebs sichtbar gemacht. Sie wurde dessen Ist-Leistung. Diese Leistung wurde von 14 bis 20 Monteuren erbracht.

Die nutzbar gemachte erforderliche Varietät auf dem Weg zum Ziel wird hier deutlich. Statt 9–15 konnten 20 Monteure beschäftigt werden, ohne dass sie sich gegenseitig störten.

Die Folgetätigkeit „Mauern der Installationswände" rutschte in die Zeittoleranz. Der mängelfreie Gebrauchsabnahmeschein für das Gebäude wurde am 22. Juni ausgestellt. Die schlüsselfertige Übergabe erfolgte zum 30. Juni 1977. Auch dieses konsequente Verhalten ist eine Dienstleistung für das human-soziale Gesamtsystem Baustelle.

Durch hingenommenes vertragswidriges Verhalten eines Einzelnen erleiden alle anderen Verluste. Die Offenlegung der Zusammenhänge, die mit dem KOPF-System geleistet wird, führt dazu, dass die übrigen Betriebe diese Verhaltensweise gegenüber dem Störenfried auch erwarten.

Das Folgeunternehmen war um 60.000 Mark teurer. Der AG hatte 50.000 Mark zurückbehalten. Der entlassene AN klagte auf Herausgabe dieser 50.000 Mark und verlor.

Der AG durfte aufrechnen. Entscheidungsgründe: „… Nach der Beweisaufnahme steht zur Überzeugung der Kammer fest, dass der Kläger die Fristüberschreitungen auch zu vertreten hat."

Es gab zwei Zeugen. Der erste war der Mitunternehmer für Heizungsbau, der die Behauptung, man habe wegen schlechten Wetters nicht arbeiten können, widerlegte. Der zweite war der Obermonteur. Er hatte die Ist-Stunden mitgeschrieben, und deren Vergleich mit den vom Unternehmer selbst angegebenen Soll-Stunden zeigte die um 25 % schlechtere Produktivität. Der Richter hatte diesen Vergleich und seine Bedeutung aus den Unterlagen erkannt. Wir hatten also die Ursachen für die Fristüberschreitung offenbar gemacht. Auf seine Frage nach dem Grund antwortete der Obermonteur: „Was wollten Sie wohl machen, wenn die Rohre nicht rechtzeitig kommen und Sie immer auf irgendetwas warten müssen?"

Die Aufzeichnungen der Soll-Ist-Vergleiche machen in einem etwaigen Rechtsstreit auch dem Gericht den tatsächlichen Sachverhalt offenbar. Das Beweismaterial ist so eindeutig für die damit befassten Juristen, dass kein Bausachverständiger eingeschaltet werden muss. Aber gerade durch dieses Offenbarwerden der Sachverhalte für die Vertragspartner kommt es höchst selten zu einem Rechtsstreit. Offenbar wird ja auch, wie viele Arbeitskräfte und Geräte in solchen Fällen zusätzlich erforderlich sind, um die Fristen einzuhalten.

■ Auch ein solcher Auftragsentzug ist eine Dienstleistung für das human-soziale Gesamtsystem Baustelle.

■ Der Ausgeschiedene verlor die Klage auf Herausgabe der einbehaltenen 50.000,- DM.

■ Die Aufzeichnungen mit der KOPF-Methodik waren so eindeutig, dass der Richter keinen Sachverständigen einschalten musste.

11.2 Das Ausschalten regelwidriger Muster

Der zweite unbestimmte Rechtsbegriff heißt ‚unverzüglich'. Der AN muss auf Verlangen unverzüglich Abhilfe schaffen.

Es hat sich in der Praxis bewährt, im Bauvertrag zu vereinbaren, was die Partner unter dem Begriff ‚unverzüglich' verstehen: 24 Stunden, 3 Arbeitstage, 6 Arbeitstage? Das kommt auf die Größe des Objekts und auf den Auftragsumfang des jeweiligen Gewerks an.

11.2

Trotz größter Abweichungen terminsicher

Beim Bau eines Altenzentrums in Hannover gab es einen enormen Leistungsrückstand beim Sanitärgewerk.

Hier war die AN-ARGE kooperationsbereit. Die Varietät des KOPF-Modells bietet selbst in einem solchen für normales Projektmanagement nicht korrigierbaren Fall die Möglichkeit, durch gezielte Kapazitätsverstärkung eine neue zielsichere Prozessstrecke einzuführen. Wichtig ist das Vorauswissen.

Sie erkennen die geradezu aussichtslose Situation in Abb. 100.

Hier ist am 16. Okt. eine Aufnahme des Leistungsstandes erfolgt.

Der tatsächliche Leistungsstand wird durch die Dreiecke auf den dick gestrichelten Balken markiert. Die Tabelle neben den Balken gibt in Spalte 1 die Menge aus dem Produktionsplan wieder, in Spalte 2 die ermittelten Arbeitsstunden, in Spalte 4 die Aufteilung der ursprünglich ermittelten 10 Arbeitskräfte auf die 6 Arbeitspakete und in Spalte 5 die Arbeitskräftezahl, die nun erforderlich wird, um in der verbleibenden Zeitspanne bis zum 30. Nov. die bis jetzt nicht termingerecht erbrachten Leistungen zusätzlich auszuführen.

Die Sanitär-ARGE hatte in diesem Fall nicht die erforderlichen 15 Arbeitskräfte zur Verfügung. Wir haben dann den Einsatz von 12 Arbeitskräften mit 48 Stunden pro Woche vereinbart – und am 28. Nov. lag die Leistung innerhalb der Vertragsfrist. So groß ist die „erforderliche Varietät" im Prozessmodell. Es kommt darauf an, sie auch für zielgenaues Arbeiten umzusetzen.

Durch diese hohe Varietät im Lenkungssystem wird die Notwendigkeit, vertragsrechtlich eingreifen zu müssen, auf ein Minimum begrenzt. Das zeigen auch die folgenden Beispiele.

Ein großer Teil der gravierenden Störungen liegt im Entscheidungsprozess. Beim Neubau des Herzzentrums in Bad Oeynhausen traten die Hauptstörungen in den Entscheidungsprozessen zur Medizintechnik auf. Das ist eine häufige Erscheinung im Krankenhausbau. Abbildung 101 zeigt den vorgesehenen Entscheidungsprozess bis zur Vergabe für die Bereiche Herzkatheter und Röntgen und darunter die tatsächliche Dauer dieses Prozesses und eine Zeile tiefer den Entscheidungsprozess zur Messtechnik und Datenverarbeitung, der im Juni 1984 noch nicht beendet war.

Mit Hilfe der Varietät des Prozessmodells wurde dennoch bereits Anfang November 1984 die erste Operation am offenen Herzen durchgeführt.

Nach dem Bewilligungsbescheid des Ministeriums war die erste Operation für Anfang 1986

Selbst aussichtslos erscheinende zeitliche Verzögerungen lassen sich ausgleichen.

Auch im Entscheidungsprozess treten häufig Verzögerungen auf. Mit KOPF können sie kompensiert werden.

■ Abb. 100: Bestandsaufnahme und Regulieren von Abweichungen.

■ Abb. 101: Dynamische Strukturen erfordern dynamische Verträge mit wechselnden Arbeitskräftezahlen.

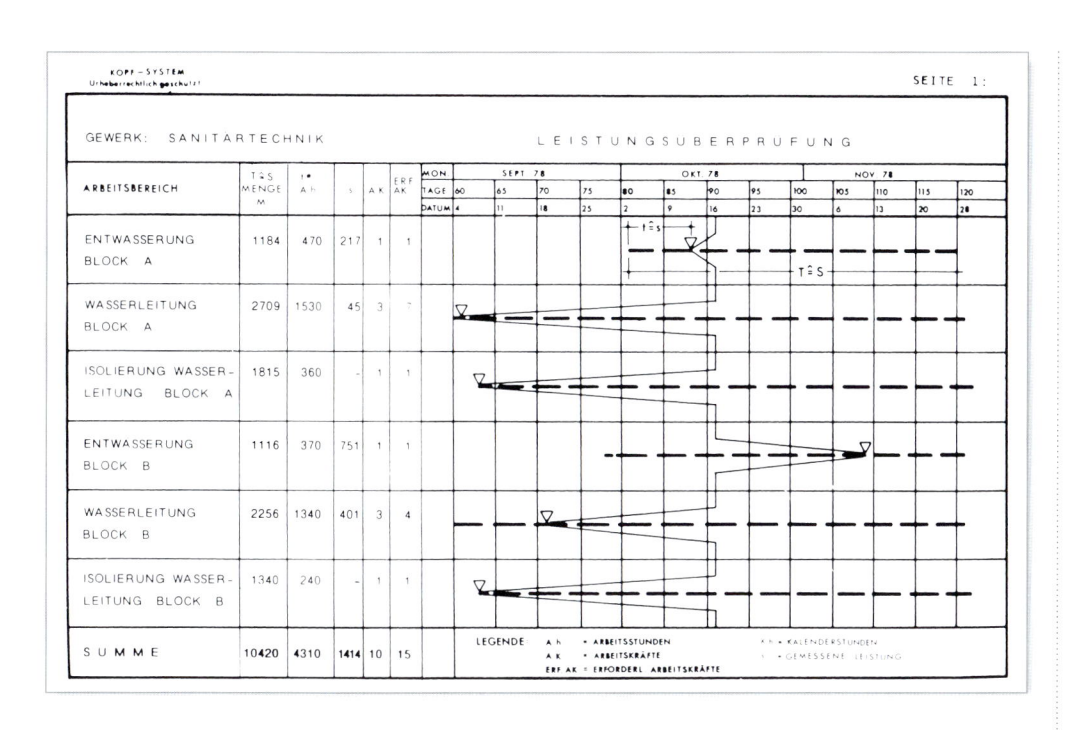

Das Ausschalten regelwidriger Muster **11.2**

KOPF-SYSTEM

GEWERK: SANITÄRTECHNIK — LEISTUNGSÜBERPRÜFUNG

ARBEITSBEREICH	T°S MENGE M	T* Ah	S	AK	ERF AK
ENTWÄSSERUNG BLOCK A	1184	470	217	1	1
WASSERLEITUNG BLOCK A	2709	1530	45	3	7
ISOLIERUNG WASSERLEITUNG BLOCK A	1815	360	-	1	1
ENTWÄSSERUNG BLOCK B	1116	370	751	1	1
WASSERLEITUNG BLOCK B	2256	1340	401	3	4
ISOLIERUNG WASSERLEITUNG BLOCK B	1340	240	-	1	1
SUMME	10420	4310	1414	10	15

LEGENDE: Ah = ARBEITSSTUNDEN, AK = ARBEITSKRÄFTE, ERF AK = ERFORDERL. ARBEITSKRÄFTE, Kh = KALENDERSTUNDEN, T°S = GEMESSENE LEISTUNG

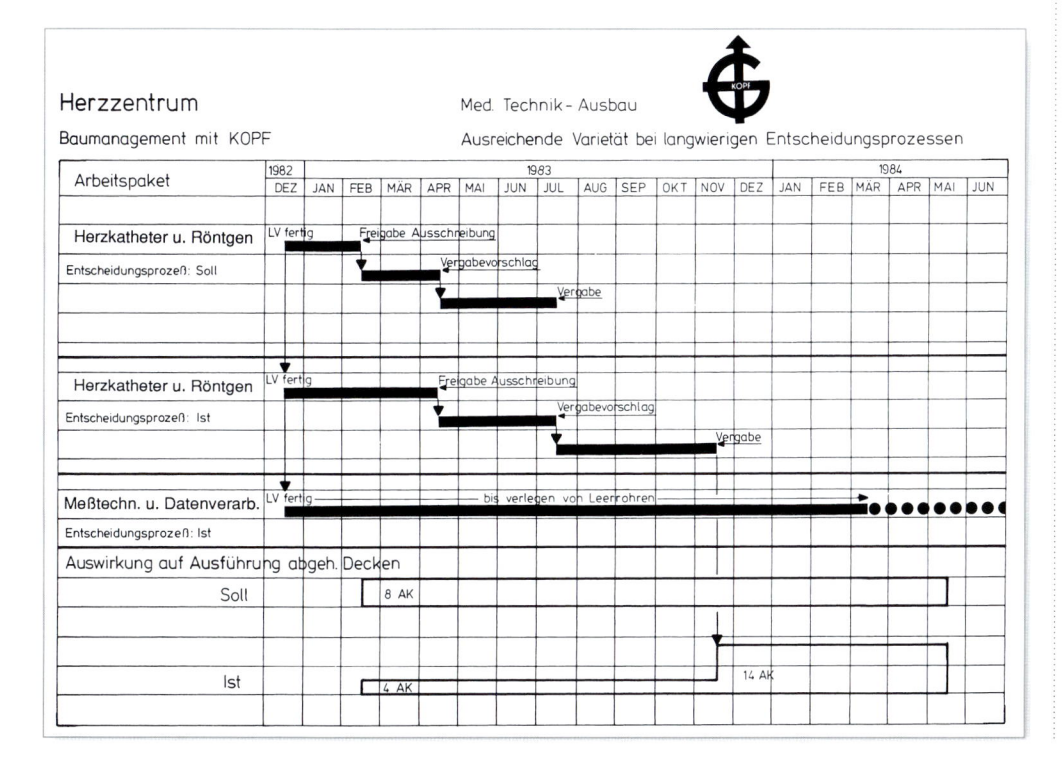

Herzzentrum
Baumanagement mit KOPF
Med. Technik – Ausbau
Ausreichende Varietät bei langwierigen Entscheidungsprozessen

Arbeitspaket	1982 DEZ	1983 JAN–DEZ	1984 JAN–JUN
Herzkatheter u. Röntgen — Entscheidungsprozeß: Soll	LV fertig	Freigabe Ausschreibung → Vergabevorschlag → Vergabe	
Herzkatheter u. Röntgen — Entscheidungsprozeß: Ist	LV fertig	Freigabe Ausschreibung → Vergabevorschlag → Vergabe	
Meßtechn. u. Datenverarb. — Entscheidungsprozeß: Ist	LV fertig	bis verlegen von Leerrohren	••••••
Auswirkung auf Ausführung abgeh. Decken — Soll		8 AK	
Auswirkung auf Ausführung abgeh. Decken — Ist		4 AK	14 AK

11.3 Das Ausschalten regelwidriger Muste

Bei äußerst komplexen Prozessen sollten in den Verträgen variable Arbeitskräfteeinsätze vereinbart werden.

Zeitverluste durch Insolvenzen können immer durch mehr Arbeitskräfte beim Nachunternehmer ausgeglichen werden.

Manche Unternehmer nutzen die Vorteile der Produktionsplanung optimal.

Ein Heizungsbauer erzielte bei einem größeren Sanierungsvorhaben eine Produktivitätssteigerung von 25 %.

vorgesehen. Doch bis dahin waren bereits etwa 2000 Patienten am offenen Herzen operiert.
Es ist wichtig, in dynamischen Systemen auch dynamische Verträge zu schließen und nicht einfach eine durchschnittliche Arbeitskräftezahl festzusetzen. Abbildung 101 zeigt, wie hier im Gewerk der abgehängten Decken zum Beispiel 4 bis 14 Arbeitskräfte je nach Arbeitsfortschritt und Bedarf eingesetzt wurden. Bei dem ermittelten Durchschnitt von 8 AK hätten wir auch 18 AK einsetzen können. Das Modell enthält also die erforderliche Varietät für zielgenaues Arbeiten trotz unverhoffter, zeitraubender Störungen.
Als sich die Verlängerung des Entscheidungsprozesses anbahnte, haben wir das Gewerk in den Bettentrakten mit 4 Arbeitskräften beginnen lassen und konnten im November 1983 im Behandlungsbereich auf 14 Arbeitskräfte aufstocken. So wurde der Zeitverlust kompensiert.
Einfacher ist die neue Zuordnung von Arbeitskräften bei Zeitverlusten, wenn das als Folge eines Ausscheidens durch Insolvenz oder eines Auftragsentzugs geschieht. Man kann dann mit einem Nachfolgeunternehmen neue, passende Verträge schließen.
Wir mussten in Bad Oeynhausen einem Kunststofffensterbauer den Auftrag entziehen. Es kommt in solchen Fällen darauf an, dem neuen Vertragsabschluss einen wirksamen Wettbewerb vorzuschalten. Für diesen öffentlichen Wettbewerb mit besonderer Einladung braucht man selbst bei konzentrierter, straffer Zeitnutzung 3 Wochen. Für diese Zeit ruht die Arbeit. Aber es ist uns immer gelungen, einen Nachfolger zu finden, der gar nicht oder nur unwesentlich teurer war als der Ausgeschiedene, und die Zeitverluste durch angepasste Kapazitäten terminsicher zu kompensieren.
Die optimalen Bauzeiten, die auf diese Weise erzielt werden, führen nicht nur zur Kostensicherheit, sondern auch zu Kosteneinsparungen.

11.3

Clevere Unternehmer profitieren

Aufgeschlossene Unternehmer ziehen aus unserer Produktionsplanung interessante betriebswirtschaftliche Vorteile. Bei einer umfangreichen Wohnungssanierung in Braunschweig, die in drei Jahresabschnitten erfolgte, hatte ein Heizungsbauer im ersten Abschnitt ein günstiges Angebot vorgelegt und den Auftrag erhalten. Er akzeptierte die von uns vorgegebenen, nach Arbeitspaketen unterteilten Arbeitsstunden. Sein Ausführungsteam arbeitete im Rahmen dieser vorgegebenen Produktivität termingenau.
Im zweiten Abschnitt bekam er wieder den Auftrag für ein Teillos. Jetzt stellte der Bauleiter bald fest, dass die Monteure um etwa 25 Prozent schneller waren: „Der wird auf das Vorgewerk auflaufen", sagte er mir am Telefon, „er sollte einen Mann abziehen."
Wir machten den AN auf die Situation aufmerksam und darauf, dass er eine Arbeitsunterbrechung von etwa 2 Wochen haben würde, wenn er seine Arbeitsgruppe nicht um einen Monteur reduzierte.
Was war passiert? Dieser Unternehmer machte bei Neubauten mit seinen Mitarbeitern Leistungslohnverträge. Nur bei derartigen Modernisierungen war er bezüglich der aufzuwendenden Arbeitsstunden unsicher.
In dem ersten Modernisierungsabschnitt hatte er nun feststellen können, dass die Vorgabewerte aus dem KOPF-System die richtige Größenordnung hatten. Jetzt, beim zweiten Abschnitt, hatte er diese Werte als Vorgabestunden in einen Leistungslohnvertrag eingebracht, bei dem die Monteure eine Prämie für eingesparte Stunden erhielten, und sofort stieg die Produktivität um 25 Prozent.
Er zog also einen Mann ab, und der erbrachte an einer anderen Baustelle zur Ertragsverbes-

serung des Betriebes zusätzliche Installationsleistungen.
Die Produktionsplanung nach dem KOPF-System lohnt sich also für jeden aufgeschlossenen Handwerksbetrieb.
Jede Baustelle hat einen mehr oder weniger hohen Grad an Erstmaligkeit. Es gibt immer etwas, was noch nicht vorgekommen ist. Bezüglich der vorzugebenden Arbeitsstunden machen wir in solchen Bereichen Aufwandsmessungen für abgegrenzte Teile auf einfache Weise. So waren wir auch auf die passenden Stundenwerte für den vorgenannten Modernisierungsfall gekommen, die im Schnitt das 1,5fache der Neubauwerte betragen.

11.4

Termingenau auch bei hochgradiger Erstmaligkeit

Den höchsten Grad an Erstmaligkeit hatten wir bei der Verwirklichung des Pueblo-Sport- und Freizeitzentrums in Frankfurt-Niederrad. Als wir im Dezember 1982 an die Baustelle gerufen wurden, waren die Zwischentermine um 5 Monate überschritten.
Die Mauer- und Betonarbeiten liefen noch. Mit den Arbeiten der Gebäudetechnik war begonnen worden. Von kilometerlangen Rohrsystemen waren wenige 100 Meter verlegt. Die Ausbauarbeiten waren größtenteils noch nicht vergeben, teilweise noch nicht ausgeschrieben. Wir haben dann über die kybernetische ganzheitliche Projektsteuerung für das Gebäude hinaus auch die Ausschreibungen und die Bauleitung für die Einrichtungen übernommen. Der Einrichtungsbereich reichte weit in den Ausbau hinein und gerade der wies einen besonders hohen Prozentsatz an Erstmaligkeit auf.
Jede Dekorfliese, jeder Bodenbelag, jede Deckengestaltung, jeder Stuhl- oder Sesselbezug entstand nach Entwürfen des Innenarchitekten. Und dieser Prozess künstlerischer Ideenfindung lag vor uns.
Nach einer exakten Bestandsaufnahme haben wir die Leistungen der einzelnen Gewerke, die noch verwirklicht werden mussten, festgestellt und in sinnvolle Arbeitsabschnitte (Arbeitspakete) unterteilt. Das Ablaufmodell, das wir im Januar vorlegten, hatte das Fertigstellungsdatum 14. 10. 1983. Die Planungs- und Bauleistungen waren so organisiert, dass dennoch das ursprüngliche Ziel des Bauherrn, am 1. 10. mit der Nutzung der wesentlichen Teile, wie Sport- und Gastronomie-Einrichtungen, erreicht wurde. Das kybernetische Modell hilft also, zusammen mit den Handlungen zur zielgenauen Beeinflussung des Prozesses auch mit einem hohen Grad an Erstmaligkeit, mit einer Vielzahl von Sonderwünschen und besonderen Ansprüchen fertig zu werden. Nicht jede Abweichung wirkt gleich wie Sand im Getriebe, wie das beim klassischen Projektmanagement mit seinem rechnerisch festgelegten, zahnradartigen Zusammenwirken der Beteiligten geschieht.
Wir nutzen darüber hinaus die Möglichkeiten zeitlicher Parallelverschiebungen der Leistungen. In der stark vereinfachten Darstellung des Ablaufs in Abbildung 102 können Sie erkennen, dass zum Beispiel die Rohmontage des Whirlpools problemlos von Februar/März in den Mai verlegt werden konnte. Durch eine geringfügige Kapazitätsverstärkung wurde die Ausführungsdauer von 3 Wochen auf das zulässige Maß von 2 Wochen verkürzt.
Wir haben im Ausbaubereich die abgehängten Decken zur Verdeutlichung der Kapazitätsbemessung bei Erstmaligkeit gewählt: die Knüppeldecken aus Rundhölzern.
Mit 9 Arbeitskräften wollte der Auftragnehmer die Arbeit vom 10. 04. bis 15. 06. durchführen. Das war eine grobe Fehleinschätzung.
Solche Decken werden selten gefertigt. Der Arbeitsstundenaufwand dafür war uns vorher

Selbst die ausgefallensten Vorhaben werden zielgenau in kurzer Zeit verwirklicht.

11.4 Das Ausschalten regelwidriger Muster

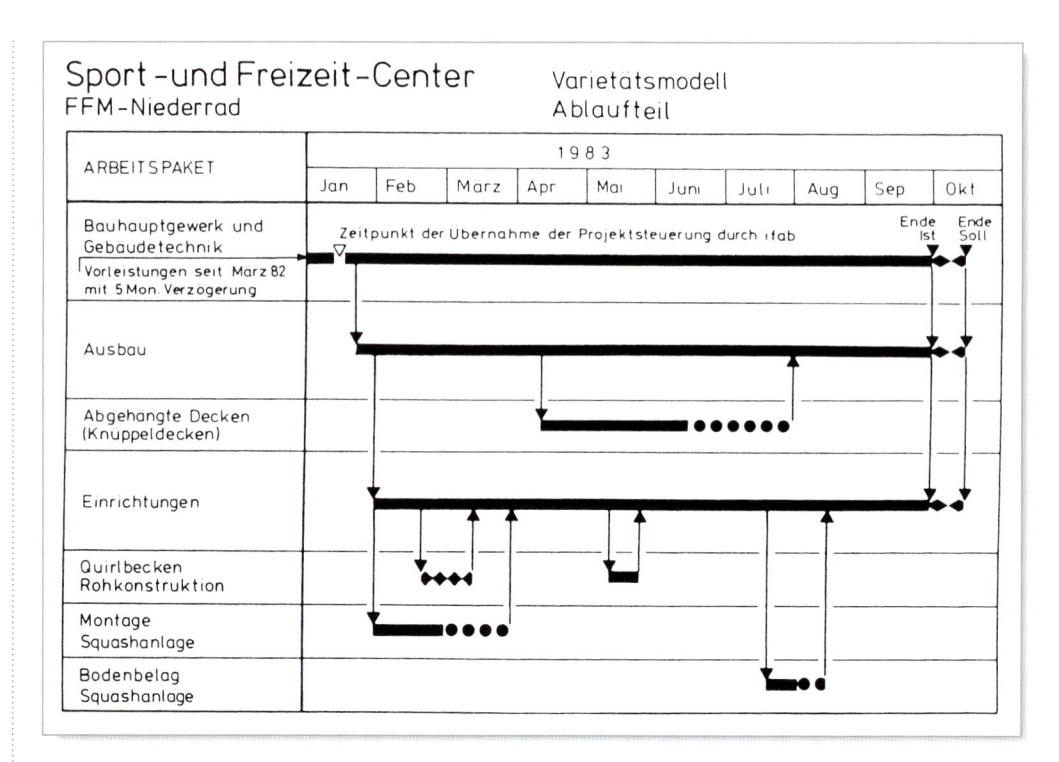

Abb. 102: Vereinfacht zusammengefasstes Ablaufmuster.

Die Auftragnehmer schätzen den Zeitaufwand und die notwendige Arbeitskräftezahl immer wieder falsch ein. Sie merken viel zu spät, dass die Terminüberschreitung droht und erzeugen Stress und Überschreitungen.

nicht bekannt. Wir haben also zu Beginn der Arbeiten in einem begrenzten Bereich den Aufwand gemessen und dann für das Gewerk eine Pufferzeit bis zum 31. 07. gegeben – und die musste der Unternehmer mit seinen 9 Arbeitskräften auch ausnutzen.

Damit ist nicht gesagt, dass ihm die Arbeit keinen Gewinn gebracht hätte; denn die Preise haben viel mehr mit der Marktsituation von Angebot und Nachfrage zu tun als mit dem Zeitaufwand.

Nehmen wir im Einrichtungsbereich als weiteres Beispiel die Squash-Anlage. So etwas machen Spezialisten. In der Hälfte der von uns vorgesehenen Zeitdauer wollten sie mit 4 Mann die Anlage montieren. Sie hatten sich dafür einen Monat bis Ende Februar vorgenommen – aber sie brauchten bis Ende März.

Für das Verlegen des Fußbodens in der Squash-Anlage hatten wir die Zeit vom 20. 7. bis zum 17. 8. vorgesehen.

Dann kam der Unternehmer und erklärte überzeugt: „Das schafft ein Mann bis zum 5. August".

Mir tut dieser Mann heute noch leid. Mit Überstunden bis 22.00 Uhr und über die Wochenenden hinweg schaffte er es bis zum 17. 8. mit Ach und Krach.

Die Ablaufpläne sind deshalb so unrealistisch, weil sich die Bauleiter heute noch überall auf derart unsichere Aussagen stützen müssen. Und wenn dann die erste größere Störung kommt –

und in jedem Bauablauf gibt es mehrere davon, man weiß vorher nur nicht welcher Art sie sind und wann sie eintreten – dann sind die Fristüberschreitungen nicht mehr zu vermeiden.
Mit KOPF dagegen bauen wir termingenau selbst bei hochgradiger Erstmaligkeit und gravierenden Störungen – und das auch noch in kürzerer Zeit und mit weniger Hektik. Wir sollten bei der notwendigen Einsparung von Energien die menschliche Energie nicht außer Acht lassen.

11.5

Regelwidrige Muster im Planungsprozess

Es gibt heute kaum ein Bauvorhaben, bei dem die Pläne nicht zu spät kommen. Im Dezember 1983 wurde ich an die Baustelle des Stadt-Krankenhauses Fürth gerufen. Der Bayerische Kommunale Prüfungsverband hatte sich von den positiven Resultaten, die mit dem KOPF-System erzielt werden, überzeugt und diese Einladung veranlasst.
Die Planer trafen sich zu einem Koordinierungsgespräch. Lauter Experten im Krankenhausbau: der Architekt, die Tragwerksplaner, die Fachingenieure für Medizin- und Betriebstechnik, Sanitär- und Gesundheitswesen, Elektrotechnik und Elektronik, Heizungs- und Klimabau, Brand- und Schallschutz, Grundbau und Bauphysik, Bau- und Projektleitung, Verwaltungs-, Pflege- und Betriebsorganisation, dazu eine Reihe von Bediensteten des Bauamtes und ein eigens für dieses Projekt von der Stadt bestellter Koordinator. Last, but not least gehörten auch Angestellte aus dem Büro eines renommierten Projektsteuerers dazu, die mit einem anspruchsvollen Computerprogramm Netzpläne über einen Baufortschritt erstellten, der nicht stattfand.

Das eben war das Thema des Koordinierungsgesprächs: Wer ist verantwortlich dafür, dass in einer großen Baugrube 3 Krananlagen einer bekannten Bau-Aktiengesellschaft stehen und nicht arbeiten? Der AN hatte dem Bauherrn eine Rechnung über 120.000 Mark geschickt. Damit sollte nicht etwa eine geleistete Arbeit honoriert werden. Nein, damit sollte der Schaden ersetzt werden, der durch das unnütze Herumstehen der Baustelleneinrichtung und durch das Bereitstellen von Personal entstanden war. Die Baupläne waren nicht fertig. Und dann schoben sich lauter humanistisch gebildete Leute gegenseitig die Schuld daran zu, teils mit aggressiver, teils mit listiger Rhetorik. Die Regeln gesellschaftlichen Umgangs waren zeitweise außer Kraft.
Ähnliche Konflikte, Enttäuschungen und Verschwendungen mit ihren wirtschaftlichen und gesundheitsgefährdenden Folgen und den oft gravierenden Kosten- und Zeitüberschreitungen kommen schon beim Bau von Eigenheimen häufig vor.
Planer werden eben nicht zur Teamarbeit, sondern für ein begrenztes Fachgebiet ausgebildet. Sie lernen im Studium nicht, gemeinsam mit anderen ein komplexes Bauproblem zu lösen. Bauingenieure und Elektro- oder Klimaingenieure studieren an ganz verschiedenen Hochschulen, und selbst die Architekten und die Tragwerksplaner üben die Zusammenarbeit bei ganzheitlichen Problemlösungen nicht. Sie lernen auch nicht, ihre Planungsarbeit vorzubereiten. Deshalb sind sie ohne autodidaktische Studien unfähig, die Kapazität zu ermitteln, die sie brauchen würden, um die Vorlagefristen einzuhalten, die sie versprechen.
Am Beispiel eines Gebäudes mit 70 Wohnungen, 3 Arztpraxen, 2 Supermärkten und 25 Einzelläden – BRI = 54.000 m^3 – zeigt sich ebenfalls die Disharmonie zwischen Projektierung und Ausführung. Mitte 1978 hatte der Bauherr die Zielvorstellung, möglichst noch 1978 mit

■ Wir sollten bei den Bemühungen um Energieeinsparung auch an die psychischen Energien denken.

■ Gegenseitige Schuldzuweisungen sind die Folge der Undurchschaubarkeit von Planungs- und Bauprozessen.

■ Die Planungsprozesse sind auch deshalb chaotisch, weil die Planer nicht zur Teamarbeit, sondern für begrenzte Fachgebiete ausgebildet werden.

11.5 Das Ausschalten regelwidriger Muster

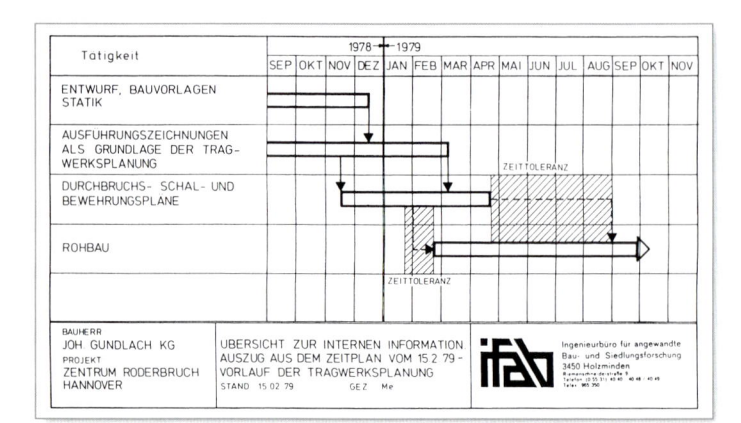

Abb. 103: Zeittoleranzen zwischen Planen und Bauen, ein Teil der erforderlichen Varietät.

Verzögerungen im Planungsprozess können durch Überlappungen mit dem Ausführungsprozess ausgeglichen werden.

Beim Rathaus in Unna führte vertragswidriges Verhalten zum Architektenwechsel.

der Ausführung zu beginnen und die Läden bis Ende September 1980 fertigzustellen. Die Planung des Projektierungs- und Ausführungsprozesses zeigte dann, dass ein Baubeginn vor März 1979 nicht sinnvoll war. Der Planungsprozess brauchte ausreichenden Vorlauf, um spätere Behinderungen der Ausführung auszuschließen. Als Fertigstellungstermin wurde der 1. 10. 1980 festgesetzt.

Die Planung des Projektierungsprozesses war so mit den Planungsbeteiligten abgestimmt, dass die Ausführungspläne größtenteils bei Baubeginn vorliegen sollten. Dann gab es immer wieder Verzögerungen, die dazu führten, dass wir eine weitergehende Überlappung des Planungsprozesses mit dem Ausführungsprozess einführen mussten. Die Zeittoleranz, die Sie sich gerade für die Planer in dem komplexen Baugeschehen außer der Varianz des Arbeitskräfteeinsatzes immer verfügbar machen sollten, wird in Abbildung 103 deutlich.

Wir hatten 1978/79 einen außergewöhnlich strengen Winter. Der Baubeginn musste auf Anfang Mai 1979 verschoben werden. Mit dem Entwurf eines neuen Ablaufmusters und mit teilweise geringfügig erhöhten Kapazitäten konnte die Fertigstellung trotzdem zum 1. 10. 1980 sichergestellt werden.

Beim Neubau des Rathauses in Unna schienen die Probleme, die üblicherweise verhindern, dass Kosten und Termine eingehalten werden, schier unlösbar. Ein Auszug aus dem Hellweg-Anzeiger vom 4. 5. 1988 macht das deutlich (Abb. 105).

Der Vergleich zwischen den Soll- und Ist-Abläufen der Planungs- und Ausführungsprozesse in Abb. 106 zeigt die Auswirkungen der Problematik und die hohe Varietät der möglichen Wege zum Terminziel.

Sie sehen, dass der Planungsprozess durch vertragswidriges Verhalten, das letztlich zum Architektenwechsel führte, von 8 Monaten auf rund 17 Monate verlängert wurde. Die Arbeiten des Bauhauptgewerks wurden von 9,75 Monaten auf 15,5 Monate gestreckt. Das geschah, um Behinderungen aus verspäteter Planvorlage auszuschließen und konnte ohne Mehrkosten geschehen. Mit dem AN wurde eine passende Verringerung der Arbeitskräftezahl vereinbart. Das führte zur Einsparung einer Krananlage.

Die Rohinstallation der Gebäudetechnik wurde später begonnen als ursprünglich geplant. Durch eine Erhöhung der Zahl der Monteure wurde sie von 12,5 Monaten auf 8,5 Monate gekürzt und blieb so terminkonform. Beim Aus-

Das Ausschalten regelwidriger Muster 11.5

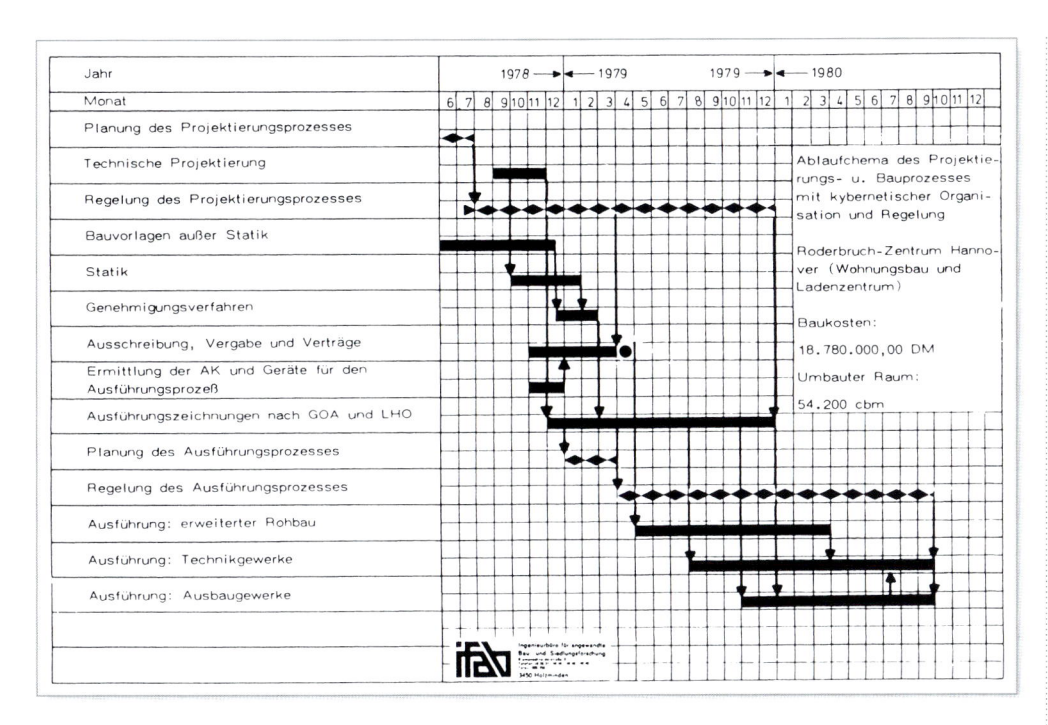

Abb. 104: Vereinfachte Darstellung des Ist-Ablaufs.

bau erzielten wir auf diese Weise eine Reduzierung der Ausführungsdauer von 9,5 Monaten auf 8 Monate.
Wir mussten zwar die im Ablaufmuster vorgesehene Reservezeit ausnutzen, aber der Einzugstermin nach Fertigstellung wirklich aller Ausbauarbeiten wurde exakt eingehalten.
Um den Planungsprozess überhaupt im Griff zu behalten, musste die Stadtverwaltung den Vertrag mit dem Architekten, der mit der Ausführungsplanung beauftragt war, vorzeitig beenden. Immer wieder wurden schriftlich zugesagte Vorlagetermine nicht eingehalten. Das ging bis in das Jahr 1987 hinein.
Gestützt auf die KOPF-Unterlagen, die die drohende Überschreitung der Fristen, die Behinderungen der an der Ausführung Beteiligten und die für alle Beteiligten entstehenden ma-

Aus: Hellweger Anzeiger vom 4. Mai 1988

Mit ´Köpfchen´ Kosten fürs Rathaus voll im Griff

Unna. Noch vor wenigen Wochen orakelten Kritiker, letztlich sei der Kostenrahmen für den Rathaus-Neubau doch nicht zu halten. Sowohl das gesetzte Kostenlimit in Höhe von 26,5 Millionen Mark als auch der Zeitrahmen wurden gehalten.

Damit haben alle Beteiligten nahezu ein kleines Wunder vollbracht: Denn bekanntlich häufen sich schon in der Planungsphase die Probleme, die im zweifachen Architektenwechsel gipfelten. Kosten und Bauzeiten drohten immer wieder davonzulaufen. Genau das wurde vermieden, gestützt auf das "KOPF-System".

Doch der Architekt nannte 1984 noch eine Größenordnung von gut 32 Millionen Mark, zudem mußte das Bauvolumen erweitert werden, dann verzögerten sich die Planungen durch zweifachen Architektenwechsel, dann kam der strenge Winter Anfang 1987. Immer neue Schwierigkeiten türmten sich auf.
Nur durch das KOPF-System ist die Einhaltung der Kostenvoranschläge auch ohne Qualitätsabstriche möglich gewesen.

Abb. 105: „Ein kleines Wunder" – gestützt auf das KOPF-System.

teriellen Verluste offenbar machten, schrieb die Stadt dem verantwortlichen Vertragspartner:
„ ... Sie haben trotz fester Zusagen vereinbarte Vorlagetermine wiederholt nicht eingehalten

Auch hier hätten Planungs- und Ausführungsprozess überlappt werden können, wenn der verantwortliche Architekt sich nicht hartnäckig vertragswidrig verhalten hätte.

197

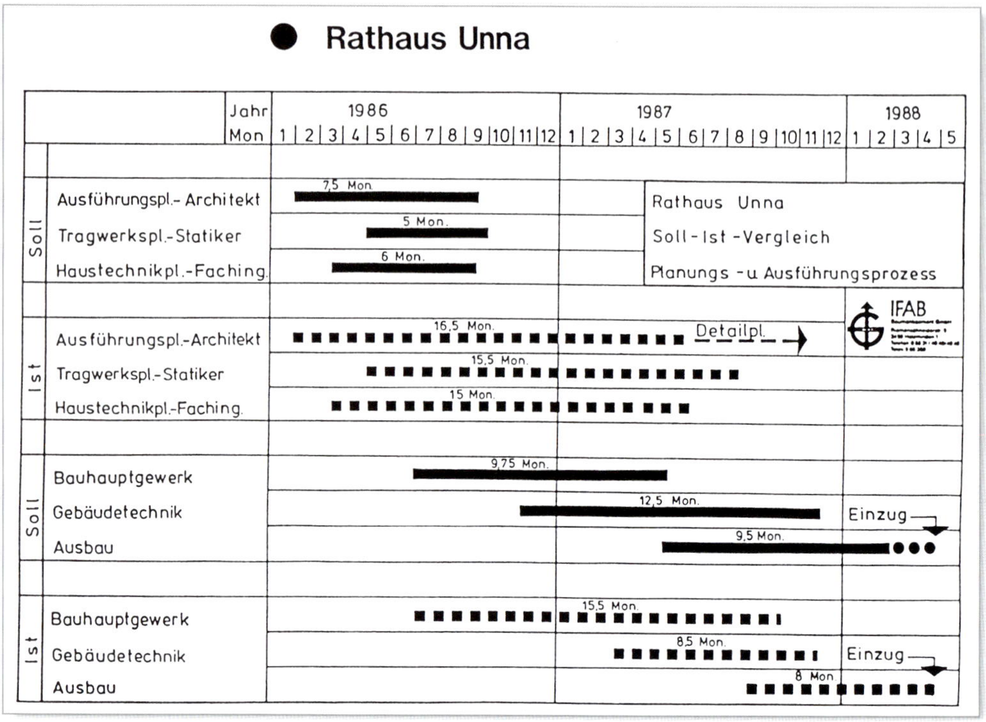

11.5 Das Ausschalten regelwidriger Muster

Abb. 106: Vereinfachte Ablaufgrafik der Planungs- und Ausführungsprozesse. Terminegenau trotz Planungsverzögerung um 9 Monate.

und die ... gesetzte Frist zur Vorlage ... überschritten.

Sie sind mit der Ihnen obliegenden Leistung im Verzug. Wir setzen Ihnen zur Bewirkung der Leistung ... eine angemessene Frist nach § 326 BGB und erklären, dass wir die Annahme der Leistung nach dem Ablauf der Frist ablehnen. ... werden wir einen anderen Architekten mit der ... Ausführungsplanung beauftragen ...".

Das musste dann auch leider geschehen. Der neue Vertragspartner stellte mit ausreichender Bürokapazität sicher, dass die Pläne noch rechtzeitig für die Einhaltung der vorgesehenen Fertigstellungsfrist vorgelegt werden konnten.

Abb. 106 macht deutlich, wie hoch der Varietätsgrad des KOPF-Modells für den Projektierungs- und Ausführungsprozess ist. Man muss ihn sich dann durch konsequentes Handeln nur zunutze machen.

Hätte der anfangs beauftragte Architekt von vornherein mit den Vertretern des Bauherrn kooperiert und offen kommuniziert, dann hätte er die Zustimmung für einen längeren Planungsprozess erreichen und diesen dramatischen Akt gegen sich vermeiden können. Allerdings ist bei dem von ihm gezeigten Verhalten nicht auszuschließen, dass er auch eine verlängerte Frist überschritten hätte.

12

Die immense Zeitverschwendung in den Planungsprozessen und deren Folgen am Beispiel des Autobahnbaus

Auch im Straßen- und Autobahnbau könnten die Bauzeiten um ein Drittel kürzer sein.

In den Planungsprozessen wird ganz allgemein, auch zum wirtschaftlichen Nachteil der Planungsunternehmen und -ämter, viel Zeit verschwendet. Das gilt auch für den Ingenieurbau und das gilt auch für die öffentlichen Planungsinstitutionen.

Wir nehmen als Beispiel Zeitverschwendungen im Autobahnbau. Auch hier führen Mängel im Planungsprozess zu unnötig langen Bauzeiten. Deshalb ist die Produktionsplanung mit der Vorgabe von Arbeitsstunden und der Bemessung der Arbeitskräfte für die Bauausführung und für die Erledigung der Entwurfsarbeiten, der Ausführungsplanung und für den Entscheidungsprozess auch im Straßenbau unbedingt erforderlich.

Behinderungen der Bauausführung, die durch Verzögerungen im Planungs- und Entscheidungsprozess auch heute noch immer wieder auftreten, könnten weitgehend ausgeschlossen werden.

Im Schnitt wären die Bauzeiten und die damit verbundenen Verkehrseinschränkungen um ein Drittel zu vermindern.

1985 ärgerte sich der damalige Niedersächsische Ministerpräsident Albrecht darüber, dass er auf dem Weg ins Ministerium jeden Tag viel Zeit verlor. Sein Auto stand immer wieder im Stau vor einer Autobahn-Baustelle. Und wenn er dann endlich fahren konnte, fiel ihm auf, dass an der Baustelle oft kaum oder gar nicht gearbeitet wurde. „Das muss man doch ändern können", sagte er in einer Kabinettssitzung der zuständigen Ministerin. Die gab die Auffassung weiter an den zuständigen Ministerialdirektor, und so haben wir dann im Auftrag des Landes Niedersachsen den „IST"-Ablauf der Planungsleistungen und der Bauausführung für einen Autobahnabschnitt analysiert und für diese Planungs- und Bauarbeiten einen optimalen Ablauf mit angemessenen Kapazitäten ermittelt und dargestellt (Abbildung 107).

12 Die immense Zeitverschwendung in den Planungsprozessen und deren Folgen am Beispiel des Autobahnbaus

Das mechanistische Planen in Bauämtern führt zu einer immensen Verschwendung von Steuergeldern.

Die Vergleichsdarstellung zeigt, dass durch eine kontinuierliche Arbeitsweise bei den Planungsarbeiten, in den Prüfvorgängen und in der Arbeitsvorbereitung die Bauausführung und die damit verbundenen Verkehrseinschränkungen statt 7 Jahre nur 4 Jahre hätten dauern müssen. Das Problem der viel zu lange dauernden Baustellen an den Autobahnen ist durch die Anwendung der Baukybernetik in den Planungs- und Entscheidungsprozessen zu lösen. Wenn die vorhandenen Erkenntnisse beachtet würden, dann könnten die Verschwendungen und die Gefahren im stauenden Verkehr ganz erheblich gemindert werden.

Im Untersuchungsbericht wird aufgrund eingehender Ermittlungen festgestellt:

„... Die Bauzeit für den untersuchten Abschnitt A von km 234+550 bis km 243+000 hat 7 Jahre betragen. Sie hätte auf 4 Jahre begrenzt werden können.

Die Bauzeit für das gesamte, aus den Abschnitten A und B bestehende Teilstück von km 224+850 bis km 243+000 wird 13 Jahre betragen. Die Arbeiten werden (bei der gegebenen Arbeitsweise) frühestens Mitte 1991 abgeschlossen sein. Sie hätten 1985 nach 7 Jahren beendet werden können."

Hauptursachen sind die hierarchisch organisierte Behördenstruktur und der immer wieder zu früh angesetzte Baubeginn.

Hauptursache ist die hierarchische Behördenstruktur mit ihrer Weisungs- und Eingriffsorganisation und den für enge Aufgabenteilbereiche abgegrenzten Abteilungen mit unsinnigen „Dienstwegen". Eine ganzheitliche Planung und Selbststeuerung der Entscheidungs-, Projektierungs-, Genehmigungs- und Ausführungsaktivitäten mit Rücksicht auf die gegenseitigen Abhängigkeiten vom Vorentwurf bis zur Fertigstellung ist schon aus diesem Grund unmöglich. Dazu kommen Widerstände gegen Veränderungen – auch gegen die Bemessung von Arbeitsstunden sowohl für die eigene Arbeit im Planungsbereich wie für die Leistungen der ausführenden Firmen.

Aber die ganzheitliche Planung und Steuerung eines weitgehend selbstorganisierenden, sozio-technischen Systems ist die einzige Möglichkeit, eine weitere wesentliche Ursache für die langen Bauzeiten auszuschalten: den immer wieder zu früh angesetzten Baubeginn.

Die Regel, dass mit der Ausführung nicht begonnen werden darf, bevor die Unanfechtbarkeit für den letzten Abschnitt festgestellt ist, wird kaum beachtet. Bauabschnitte werden nach vordergründigen Nützlichkeitsgesichtspunkten begonnen – entweder, weil man drängenden Einflüssen nachgibt und so die geringsten Schwierigkeiten erwartet, oder weil aus mangelnder Übersicht politischen Wünschen nachgegeben wird. In jedem Fall liegt die falsche Vorstellung zugrunde, dass ein früher Baubeginn auch eine frühere Fertigstellung zur Folge habe. Tatsächlich folgen ständige Behinderungen und Unterbrechungen des Bauprozesses.

Die Lösung liegt also in einer Erhöhung des Organisationsgrades der Planungs- und Bauabläufe, hin zu mehr Selbstorganisation in ganzheitlich zusammengesetzten Leistungsteams.

Die bis heute praktizierten Methoden der Projektsteuerung sind dafür unzureichend. Baukybernetische Erkenntnisse müssen zwingend umgesetzt werden.

Die Analyse ergab unter anderem folgende Gründe für die immense Zeitverschwendung:

1. Der Abschnitt A sollte ursprünglich in eins geplant werden. Fehlende planerische Entscheidungen bewirkten die Planung in drei Teilstrecken mit erheblichen Zeitverlusten.
2. Der Vorentwurf musste zweimal gemacht werden, weil die Abstimmung über die Grundlagen versäumt wurde. Zum Beispiel wurde nicht beachtet, dass nach einem Erlass des Bundesverkehrsministers in diesem Fall die Mindestradien 5000 m betragen mussten.
3. Die Prüfung ergab am 24. 8. 1975, dass im Bereich der Tank- und Rastanlage eine völ-

Die immense Zeitverschwendung in den Planungsprozessen und deren Folgen am Beispiel des Autobahnbaus — 12

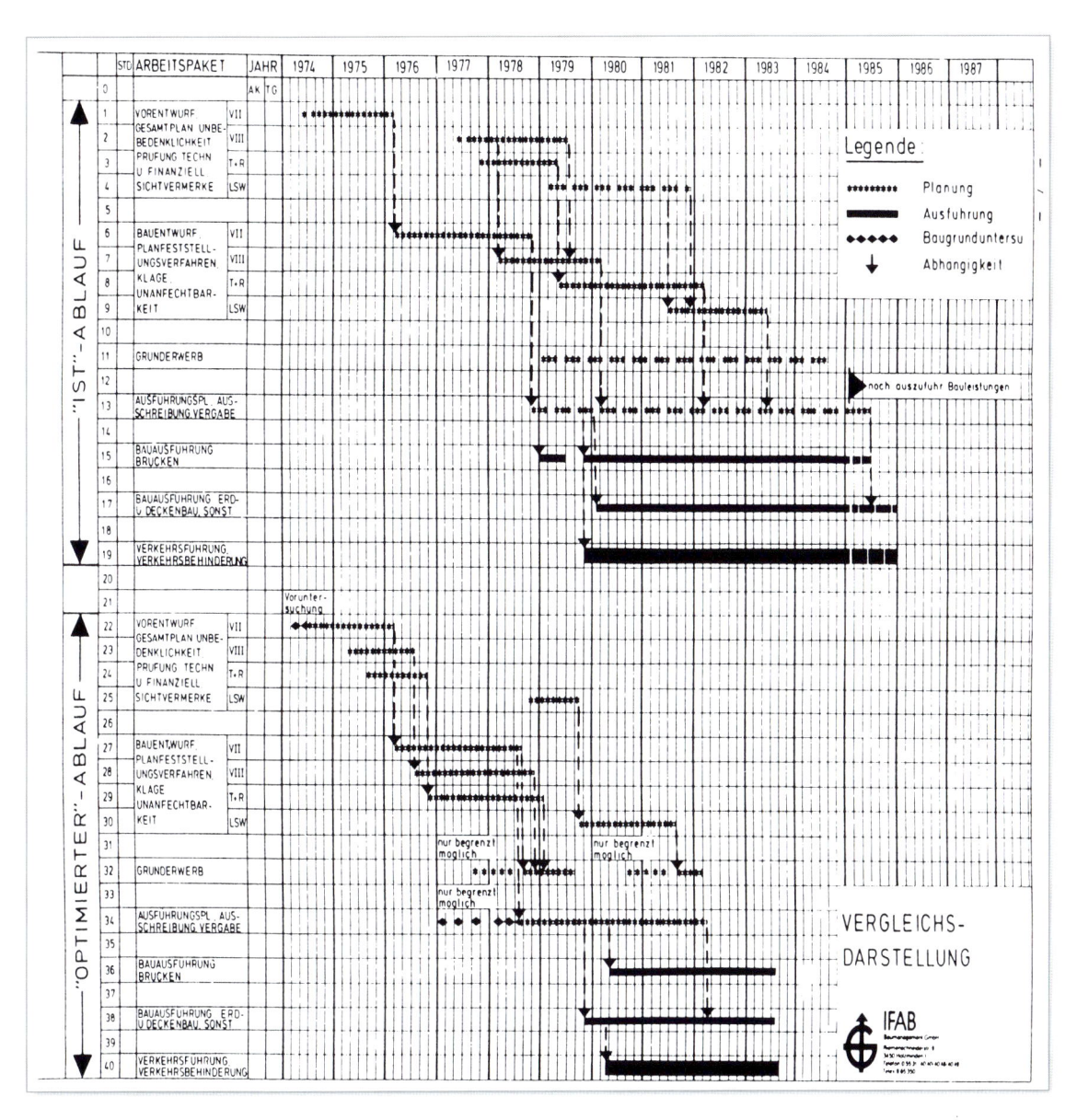

Abb. 107: Optimierung eines Bauablaufs.
ANMERKUNG: Die Bauzeit für den untersuchten 10 km langen Abschnitt hat 7 Jahre betragen. Sie hätte auf 4 Jahre begrenzt werden können.

lig neue Konzeption erarbeitet werden musste, für die ein gesondertes Planfeststellungsverfahren notwendig wurde. Der Zusammenhang dieses neuen Entwurfs mit dem Ausführungsprozess wurde nicht erkannt. Die Bearbeitung wurde bis zum 12. 10. 1979 hinausgezögert. Dadurch wurde der Ausführungsprozess um 38 Monate verzögert.

4. Das Autobahnneubauamt wird am 15. 3. 1976 vom Verkehrsministerium beauftragt, für die Teilstrecke VII das Planfeststellungsverfahren einzuleiten. Am 22. 12. 1976 beantragt das Autobahnneubauamt bei der Bezirksregierung, das Planfeststellungsverfahren durchzuführen. Die stellt am 19. 1. 1977 fest, dass die Unterlagen unvollständig sind …

5. Der Planfeststellungsbeschluss wird am 28. 11. 1977 von den zuständigen Behörden ausgelegt. Die Stadt Garbsen hält die Auslegungsfrist nicht ein. Eine erneute Auslegung bis März 1978 wird notwendig. Dieser Verfahrensfehler kostet zusätzlich 3 Monate Zeit.

6. Der Vorentwurf für die Teilstrecke VIII hätte bei kontinuierlichem Einsatz von zwei technischen Mitarbeitern 6 Monate dauern dürfen. Er hat aber 22 Monate gedauert. Später wurde die „sofortige Vollziehung" der Ausbauarbeiten mit dem schlechten baulichen Zustand der Teilstrecke begründet. Diese „sofortige Vollziehung" wäre ohne die Zeitvergeudung im Planungsprozess gar nicht erforderlich gewesen.

7. Das Autobahnneubauamt überzieht einen Termin zur Erledigung ausstehender Forderungen um 5 Monate. Das Autobahnneubauamt überarbeitet Planfeststellungsunterlagen und legt sie am 21. 4. 1981 der Bezirksregierung vor. 7 Monate später ergeht der Planfeststellungsbeschluss – 4 Monate später als nötig. Zusammen ist das wiederum eine Verzögerung von 9 Monaten.

8. Seit dem 17. 5. 1971 liegen Hinweise auf Lärmbelästigungen vor. Am 24. 7. 1975 regt die Bezirksregierung an, im Bereich „Blauer See" einen bepflanzten Lärm- und Sichtschutzwall zu errichten. Das Autobahnneubauamt legt im Juni 1977 dem Niedersächsischen Landesverwaltungsamt ein Schallgutachten vor, in dem Lärmschutzmaßnahmen nicht für erforderlich gehalten werden, da der Neubau keine „wesentliche Änderung"der Lärmsituation mit sich bringe.
Am 3. 10. 1978 wird durch das Bundesverkehrsministerium bestimmt, dass der 6-spurige Ausbau der A 2 als „wesentliche Änderung" im Sinne des Verkehrslärmschutzgesetzes zu werten ist und daher ein aktiver Lärmschutz erforderlich sei.
Am 11. 12. 1981 beantragt das Autobahnneubauamt bei der Bezirksregierung, das ergänzende Planfeststellungsverfahren für den Lärmschutz durchzuführen.
Am 10. 5. 1982 ergeht der Planfeststellungsbeschluss. Gegen den Beschluss reichen am 15. 11. 1982 drei Anlieger Klage ein. Die Klage wird am 20. 6. 1983 zurückgenommen.
Die zuständigen Beamten erklären später: „Die Lärmschutzbauten haben so lange gedauert, weil drei Anlieger dagegen geklagt haben …".

9. Während der gesamten Bauzeit wurden nacheinander Teilabschnitte ausgeschrieben. Eine solche Stückelung der Ausführung erhöht die Baukosten und verlängert die Bauzeit.
Der Bauablauf erfolgte auch deshalb nicht in einem Zug, weil im Bereich der Tank- und Rastanlage der Planfeststellungsbeschluss fehlte. In dem betreffenden Abschnitt konnten deshalb Baumaßnahmen nur vereinzelt ausgeführt werden.
Unnötig lange Verkehrsbehinderungen verursachten volkswirtschaftliche und für die Verkehrsteilnehmer private Nachteile. Im-

mer wieder kamen andererseits wegen zu frühen Baubeginns Pläne und Entscheidungen zu spät. Das führte zu unterbrochenen überlangen Bauzeiten.

10. Die Leistungspositionen in den Ausschreibungsunterlagen sind nicht in der Reihenfolge der Arbeitsschritte geordnet. Nur eine Neuordnung nach dem tatsächlichen Arbeitsverlauf macht eine optimale Arbeitsvorbereitung möglich. Diese Neugliederung ist unterblieben.

Bei einer ganzheitlichen Organisation des Bauablaufs wären eine Reihe von Leistungen überflüssig gewesen: z. B. provisorische Deckenbauarbeiten, Verkehrsführungen, Mittelstreifenüberfahrten.

Das Modell des optimierten Ablaufs im Gutachten macht deutlich: Die gesonderten Umfahrungen Süd mit provisorischen Befestigungen zum Bau der Brücken wären nicht erforderlich geworden. Der Deckenbau Süd hätte zeitlich so angeordnet werden können, dass die provisorischen Verbreiterungen überflüssig gewesen wären.

Soweit ein Ausschnitt aus dem Gutachten.

13

Autobahnbau mit KOPF

Der Dreisatz des Widerstands:
1. Das haben wir schon immer so gemacht.
2. So haben wir das noch nie gemacht.
3. Das hat uns gerade noch gefehlt.

13.1

Projektierung der Planungs- und Genehmigungszeit

Die Bemessungstabelle in Abb. 108 ermöglicht die Projektierung der Planungs- und Genehmigungszeit im Autobahnbau in drei Phasen.

1. Die Bemessungszeiträume dienen zur groben Ablaufplanung und Koordination verschiedener Projekte über einen größeren Zeitraum.
2. Mittelfristige Ablaufplanung: Die hierunter erfassten Bemessungszeiträume gelten als Meilensteinplanung und Koordination mehrerer Teilstrecken eines Abschnittes. Die Bauzeit kann für einen Abschnitt (6–10 km) mit 3 1/2 Jahren angesetzt werden.
3. Detaillierte Ablaufplanung: Diese Bemessungszeiträume werden zur detaillierten Planung und Koordination der Planungs- und Genehmigungsphasen für die einzelnen Teilstrecken eines Abschnitts angesetzt.
   Die Leistungsmengen des Vorentwurfs (VE), des Bauentwurfs (BE) und der Arbeitsvorbereitung (AV) werden genau ermittelt und mit Vorgabestunden und Kapazitäten bemessen. Der Bauablauf für den gesamten Abschnitt wird hierauf abgestimmt.

		Bemessungszeitraum für DETAILIERTE ABLAUFPLANUNG	MITTELFRIST. ABLAUFPLANUNG	LANGFRIST. ABLAUFPLANUNG
VE	VORENTWURF	WIRD GENAU BEMESSEN	6 MONATE	1,5 JAHRE
VE - INTEGRATION	PRÜFUNG DURCH BEZIRKS-REGIERUNG GESAMTPLANERISCHE BELANGE	ø 3,3 MONATE	10 MONATE	
	PRÜFUNG VORENTWURF TECHNISCH UND FINANZIELL DURCH NLVWA	ø 1 MONAT		
	VORLAGE BEIM MW, BMV SICHTVERMERKE	ø 6 MONATE		
BE	AUFSTELLUNG BAUENTWURF	WIRD GENAU BEMESSEN	6 MONATE	2,5 JAHRE
PLANFESTSTELLUNGSVERFAHREN	ANTRAG AUF PLANFESTSTELLUNGSVERFAHREN, PRÜFUNG DER UNTERLAGEN AUF VOLLSTÄNDIGKEIT	ø 1,5 MONATE	13 MONATE	
	PRÜFUNG DER UNTERLAGEN DURCH BETEILIGTE BEHÖRDEN, ÖFFENTLICHE AUSLEGUNG, STELLUNGN. DER BETROFFEN	ø 2,5 MONATE		
	BEARBEITUNG DER STELLUNGNAHMEN IM ANA, ERÖRTERUNGSTERMIN	ø 3 MONATE		
	ÜBERARBEITUNG DER UNTERLAGEN, PLANFESTSTELLUNGSBESCHLUSS	ø 3 MONATE		
	ÜBERSENDUNG AN BETEILIGTE BEHÖRDEN UND ÖFFENTLICHE AUSLEGUNG, EINSPRUCHSFRIST	ø 3 MONATE		
EINSPRUCH	KLAGE	ø 11 MONATE	12 MONATE	
	FESTSTELLUNG DER UNANFECHTBARKEIT	ø 1 MONAT		
AV	VERMESSUNG, GRUNDERWERB, AUSFÜHRUNGSENTWURF, BAUGRUNDUNTERSUCHUNG, VORBEREITUNG DER VERGABE, WETTBEWERB, VERGABE	WIRD GENAU BEMESSEN	18 MONATE	1,5 JAHRE
				5,5 JAHRE

o Bei hohem Schwierigkeitsgrad alle Zeiten mit Faktor bis 1,3 beaufschlagen

o Mehrere Verfahren in einem Abschnitt in Intervallen von 4-6 Monaten beginnen

Abb. 108: Der Zeitbedarf für die Planungs- und Genehmigungsphase in einem konkreten Fall.

Autobahnbau mit KOPF **13.2**

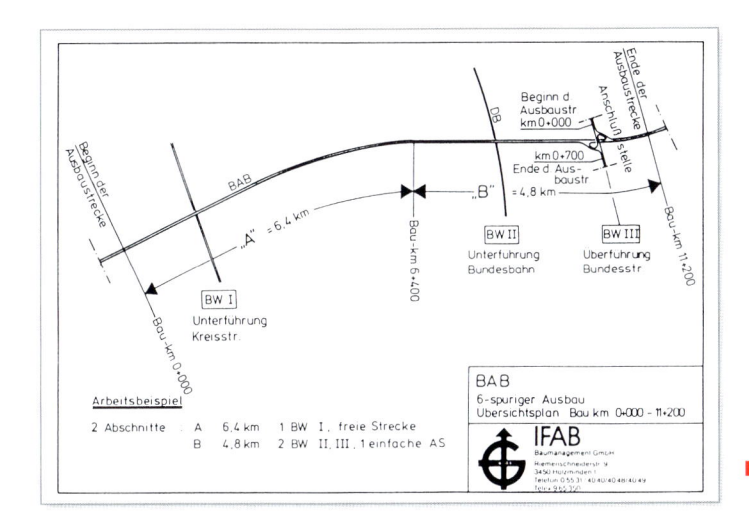

Abb. 109: Skizze der untersuchten Autobahnabschnitte.

Abb. 110: Durch die Zuordnung der Schwierigkeitsfaktoren zu den grundlegenden Bemessungszeiträumen ergeben sich die realistischen Zeitspannen für den konkreten Fall.

Mittelfristige Planung der Projektierung								
Abschnitt		**A**		**B**		**C**		**D**
Verfahrensschritte	Zeitwert (Monate)	Faktor	Bem.-Zeit (Monate)	Faktor	Bem.-Zeit (Monate)	Faktor	Bem.-Zeit (Monate)	Faktor	Bem.-Zeit (Monate)
Vorentwurf	6	1,0	6	1,1	7				
Vorentwurf-Integration	10	1,0	10	1,1	11				
Bauentwurf	6	1,0	6	1,1	7				
Planfeststellungsverfahren	13	1,0	13	1,1	14				
Einspruch, Klage	12	1,0	12	1,1	13				
Arbeitsvorbereitung (AV)	18	1,0	18	1,1	20				

Je nach Schwierigkeitsgrad werden die Arbeitsstunden der einzelnen Verfahrensschritte mit einem Faktor bis zu 1,3 erhöht. Beispiele:
- Freie Strecke Faktor 1,0
- Abschnitt mit einfacher Anschlussstelle Faktor 1,1
- Abschnitt mit erhöhtem Aufwand für Anschlussstellen und schwierige Integration Faktor 1,2
- Abschnitt mit sehr komplizierter Anschlussstelle, sehr schwierige Integration Faktor 1,3

13.2

Verbreiterung der BAB 2 – Bau-km 0+00 – 11+200

Abschnitt A: Bau-km 0+00 – 6+400 = 6,4 km, 1 Brückenbauwerk BW I. Freie Strecke, Integration normal, Faktor 1,0.

Abschnitt B: Bau-km 6+400 – 11+200 = 4,8 km, Brückenbauwerke BW II und BW III, eine einfache Anschlussstelle, Integration erschwert, erhöhter Schwierigkeitsgrad, Faktor 1,1.

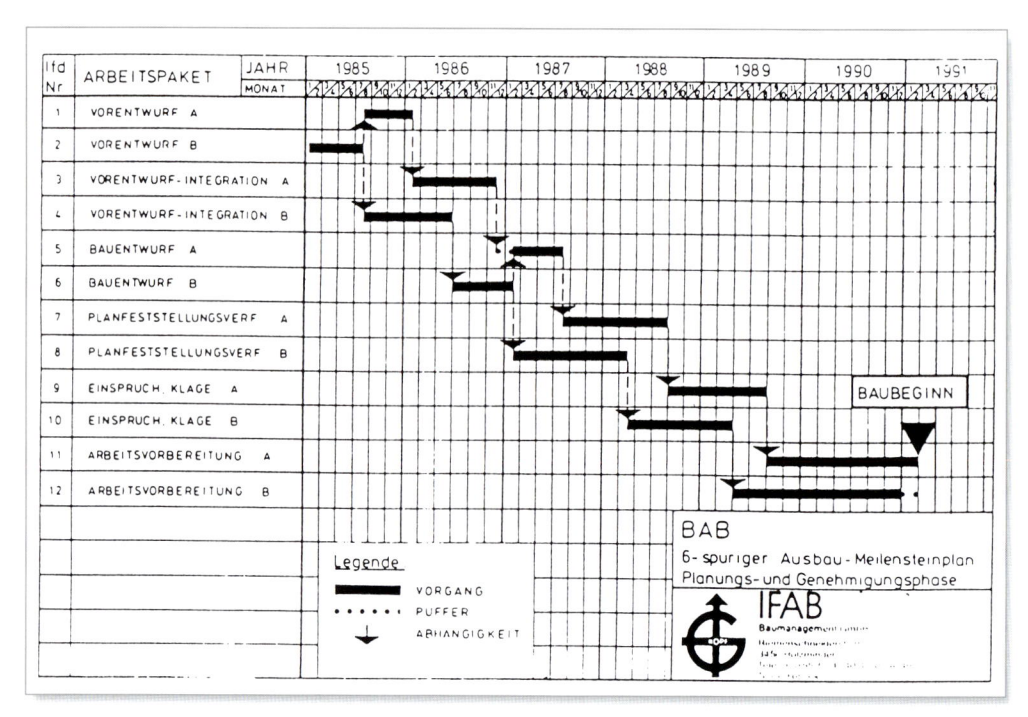

13.3

Detaillierte Bemessung der Planungsleistung für Vorentwurf, Bauentwurf, Ausführungsplanung und Ausschreibung

Grundlagen der Mengenermittlung zur Bemessung des Projektierungsprozesses:

1. Art und Umfang der erforderlichen Unterlagen nach RE.
2. Die Mengen werden in DIN-A0-Zeichnungseinheiten ermittelt.
3. Lagepläne und Höhenpläne 1:1000 = 0,800 km pro DIN A0
4. Lagepläne und Höhenpläne 1:500 = 0,400 km pro DIN A0
5. Lagepläne 1:200 = 0,160 km pro DIN A0
6. Querprofile im Streckenabschnitt, Abstand a = 40 m
7. Querprofile von Anschlussstellen etc., Abstand a = 20 m
8. 1 Querprofil = 0,25 DIN-A0-Zeichnungseinheiten

Abb. 111: Die Untersuchungen von Fallbeispielen ermöglichen es, zu einem sehr frühen Zeitpunkt den richtigen Baubeginn festzulegen und damit Behinderungen im Ausführungsprozess in tolerablen Grenzen zu halten.

Abb. 112: Bei den Unwägbarkeiten im Genehmigungsverlauf ist es besonders wichtig, die eigentliche Planungsarbeit genau zu bemessen.

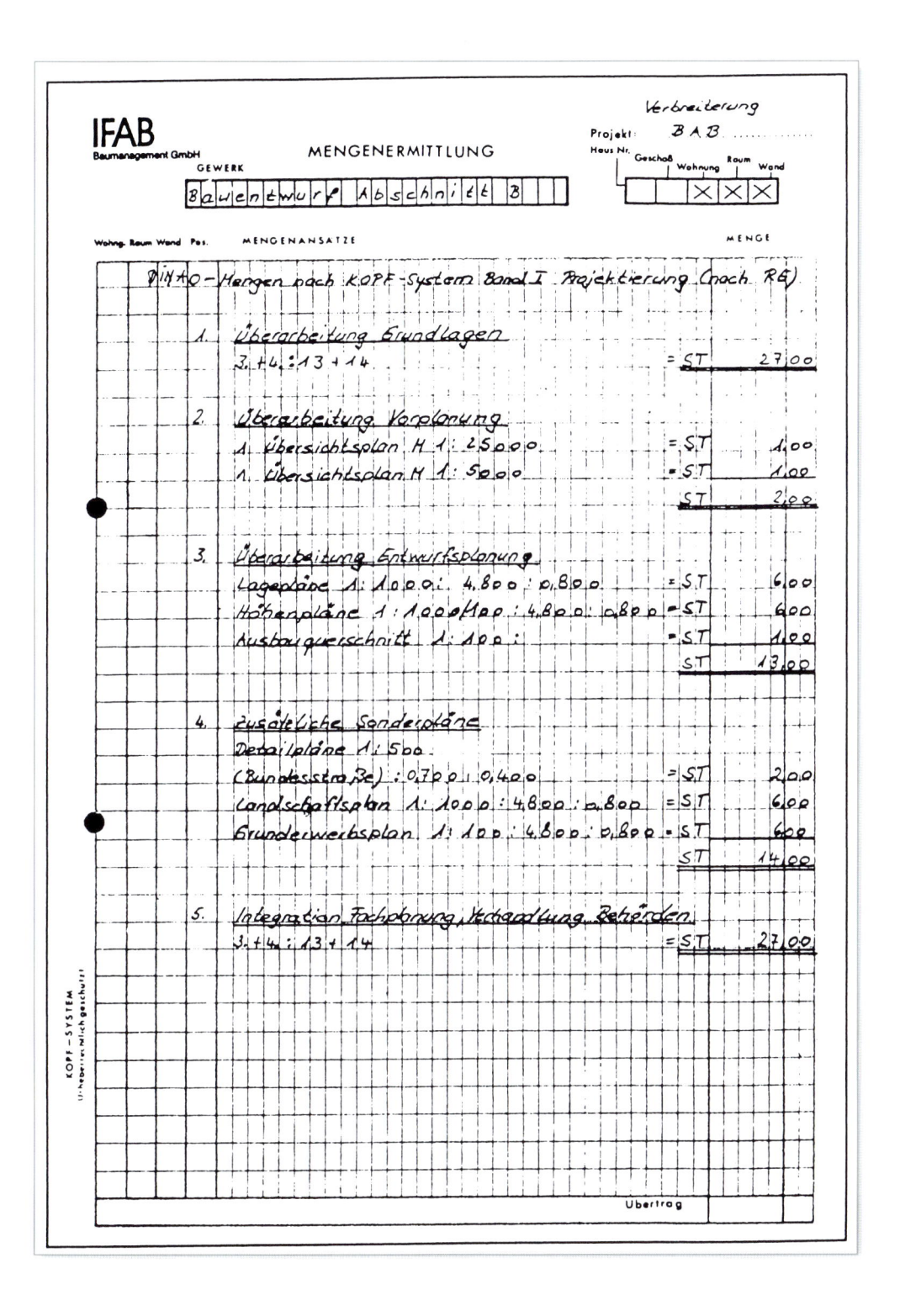

MENGENERMITTLUNG

IFAB Baumanagement GmbH

Projekt: BAB — Verbreiterung

GEWERK: Bauentwurf Abschnitt B

Wohnung/Raum/Wand: ×××

Pos.	MENGENANSÄTZE		MENGE

DIN4O-Mengen nach KOPF-System Band I Projektierung (nach RE)

1. Überarbeitung Grundlagen
3 + 4 ; 13 + 14 = ST **27,00**

2. Überarbeitung Vorplanung
1. Übersichtsplan M 1:25000 = ST 1,00
1. Übersichtsplan M 1:5000 = ST 1,00
ST **2,00**

3. Überarbeitung Entwurfsplanung
Lagepläne 1:1000 : 4,800 : 0,800 = ST 6,00
Höhenpläne 1:1000/100 : 4,800 : 0,800 = ST 6,00
Ausbauquerschnitt 1:100 : = ST 1,00
ST **13,00**

4. Zusätzliche Sonderpläne
Detailpläne 1:500
(Bundesstraße) : 0,700 : 0,400 = ST 2,00
Landschaftsplan 1:1000 : 4,800 : 0,800 = ST 6,00
Grunderwerbsplan 1:100 : 4,800 : 0,800 = ST 6,00
ST **14,00**

5. Integration Fachplanung, Verhandlung Behörden
3 + 4 ; 13 + 14 = ST **27,00**

KOPF-SYSTEM (urheberrechtlich geschützt)

Übertrag

13.4 Autobahnbau mit KOPF

9. 1 Ausbauquerschnitt 1:100 = 1 DIN A0
10. 1 Übersichtsplan 1:25.000 = 0,5 DIN A0
11. 1 Übersichtsplan 1:5000 = 1 DIN A0

Die Mengenermittlung wird übersichtlich und für alle Beteiligten nachvollziehbar aufgestellt.

13.4 Grundlagen für die Ermittlung der Arbeitsstunden

Die ermittelten Mengen werden in die Stundenermittlungsformulare eingetragen und die entsprechenden Arbeitsstundendaten werden den Mengen zugeordnet.

Die Stundendaten können der KOPF-Datei Band I (Projektierung) entnommen werden.

Zur Berechnung der Gesamtstundenzahl werden noch zwei Faktoren I und II berücksichtigt. Der Faktor I drückt, angelehnt an die HOAI, den Schwierigkeitsgrad der Ingenieurleistungen aus, der Faktor II wird entsprechend der Informationsdichte und der damit zusammenhängenden Arbeitsintensität angesetzt, da z. B. die Planungsleistungen für die Verbreiterung der Autobahn unter Verkehr arbeitsintensiver sind als für die Planung einer Neubaustrecke gleicher Art.

Durch Multiplikation der Mengenansätze mit den Vorgabestunden je Einheit und den Faktoren I und II werden die aufzuwendenden Arbeitsstunden für die Bereiche Vorentwurf, Bauentwurf, Ausführungsplanung und Vorbereitung der Vergabe bemessen.

Die ermittelten Arbeitsstunden für die Arbeitspakete werden dann, getrennt nach den Bauabschnitten A und B, in das Formular für den Stundenvergleich eingetragen. Das Formular dient zum Mitschreiben der aufgewendeten Arbeitsstunden durch die planenden Mitarbeiter, zur stetigen Aktualisierung des Leistungsstandes und der Vorgabestunden und zur zielkonformen Selbststeuerung des Planungsprozesses.

13.5 Planung der Arbeitsvorbereitung (Vermessung, Ausführung, Ausschreibungen)

– Beginn der Arbeiten jeweils nach Erhalt der Unanfechtbarkeit der Planfeststellungsbeschlüsse
– Bodenuntersuchungen sind abgeschlossen
– Unabhängige Arbeitsgruppen für die Vermessung, die Planung der Brückenbauwerke, die Ausführungsplanung, die Ausschreibung der Brücken, die Ausschreibung für Erd-, Deckenbau und Sonstiges
– Wettbewerb, Prüfung und Vergabe ca. 6 Monate für Brückenbau, 4–5 Monate für Erd- und Deckenbau

■ Abb. 113: Auszug aus der Arbeitsstundenbemessung (Planfeststellungsunterlagen Abschnitt B, Arbeitspaket Nr. 4).

■ Abb. 114: Vorbereitung des Soll-Ist-Vergleichs und der Steuerung des Planungsprozesses (vergleiche Arbeitspaket Nr. 4).

Autobahnbau mit KOPF **13.5**

KYBERNETISCHE PRODUKTIONSPLANUNG – ARBEITSVORBEREITUNG – STUNDENERMITTLUNG

Projekt: Verbreiterung der BAB
Bau-Entwurf Abschnitt B

Nr. LV	Leistungstext	Einheit	KOPF E	Vorgabe Stunden KOPF Faktor I	Faktor II	Menge	Std.	AN E	Vorgabe Stunden AN Faktor I	Faktor II	Menge	Std.
	Überarbeitung Grundlagen	DIN A0	6	1,20	1,50	27	292					
	Übersichtsplan 1:25000	-"-	6	" "	" "	1	11					
	Übersichtsplan 1:5000	-"-	13	" "	" "	1	23					
	Lagepläne 1:1000	-"-	11	" "	" "	6	119					
	Höhenpläne 1:1000/100	-"-	11	" "	" "	6	119					
	Ausbauquerschnitt 1:100	-"-	11	" "	" "	1	20					
	Detailpläne 1:500	-"-	24	" "	" "	2	86					
	Landschaftsplan 1:1000	-"-	22	" "	" "	6	238					
	Grunderwerbsplan 1:1000	-"-	22	" "	" "	6	238					
	Integration Fachplanung Verhandlung mit Behörden	-"-	17	" "	" "	27	826					
							1.972					
	Std.-Summe/Übertrag						1.972					

Arb.-Pkt.-Nr.: 4
Bezeichnung: Planfeststellungsunterlagen
Datum und Name des Aufstellers: 05.12.1984 gez. Siemer
KOPF-SYSTEM Urheberrechtlich geschützt

KYBERNETISCHE PRODUKTIONSPLANUNG – ZUSAMMENSTELLUNG DER STUNDEN NACH ARBEITSPAKETEN FÜR DEN STUNDENVERGLEICH

Bauvorhaben: Verbreiterung der BAB
Gewerk: Entwurf und Planung Blatt:
Ausführungsabschnitt: 0 + 000 – 11 + 200

Nr. LFD	Arbeitspaket	Vorgabe Stunden KOPF	Vorgabe Stunden AN *	geleistete Wochenstunden *
1	Vorentwurf A	1.120		
2	Vorentwurf B	1.259		
3	Bauentwurf A Planfeststellungsunterl.	1.715		
4	Bauentwurf B Planfeststellungsunterl.	1.972		
5	Vermessung A	1.074		
6	Vermessung B	1.208		
7	Ausführungsplanung A	1.028		
8	Ausführungsplanung B	1.157		
9	Brückenentwürfe A	304		
10	Brückenentwürfe B	1.216		
	Summe	12.053		

* Ausfüllen nach Auftragserteilung

Auftragnehmerstempel
KOPF-SYSTEM Urheberrechtlich geschützt
05.12.1984 gez. Siemer

13.5 Autobahnbau mit KOPF

KYBERNETISCHE PRODUKTIONSPLANUNG — ARBEITSVORBEREITUNG — STUNDENERMITTLUNG

Projekt: Verbreiterung BAB — Brückenentwürfe B – BW II

Nr. LV	Leistungstext	Einheit	KOPF E	Vorgabe Stunden KOPF Faktor I	Faktor II	Menge	Std.	AN E	Vorgabe Stunden AN Faktor I	Faktor II	Menge	Std.
	Grundlagenermittlung	DIN A0	10,5	1,2	1,5	2	38					
	Vorplanung	-"-	24,5			2	88					
	Entwurfsplanung Zeichn. Lösung, Systeml.	-"-	22,0			2	80					
	Integration der Fachplanung u. Behörden	-"-	17,0			2	62					
	Genehmigungsplanung	-"-	21,0			2	76					
	Ausführungsplanung 1. Stufe	-"-	26,0			2	94					
	Ausführungsplanung 2. Stufe	-"-	12,0			2	44					
	Integration Fachplanung	-"-	6,0			2	22					
	Mengenermittlung	-"-	29,0			2	104					
							608					
	Aufstellen Leistungsverzeichnisse	-"-	80,0			2	288					
	Prüfung und Wertung der Angebote	-"-	40,0	1,2	1,5	2	144					
	Std.-Summe/Übertrag											

Arb.-Pkt.-Nr.: 7 — Bezeichnung: Ausschreibungsverfahren – Aufstellen LV BW II

Datum und Name des Aufstellers: 05.12.1984 gez. Siemer

KOPF-SYSTEM — Urheberrechtlich geschützt

KYBERNETISCHE PRODUKTIONSPLANUNG — ZUSAMMENSTELLUNG DER STUNDEN NACH ARBEITSPAKETEN FÜR DEN STUNDENVERGLEICH

Bauvorhaben: Verbreiterung der BAB
Gewerk: Ausschreibungsverfahren
Ausführungsabschnitt: 0 + 000 – 11 + 200

Nr. LFD	Arbeitspaket	Vorgabe Stunden KOPF	Vorgabe Stunden AN	geleistete Wochenstunden *
1	Verkehrsführungen 3/1, 4/0 Nord, 4/0 Süd	241		
2	Erd- und prov. Deckenbau Nord A + B	678		
3	Erdbau Süd A + B	452		
4	Erdbau Nord A + B	452		
5	Deckenbau A + B	241		
6	BW I	144		
7	BW II	288		
8	BW III	288		
9	Umlegung von Leitungen A + B	366		
10	Holzungen A + B	50		
11	Pflasterarbeiten Pflanzarbeiten	294		
12	Markierungsarbeiten Ausstattung, Beschilderung	241		
	Summe:	3.735		

* Ausfüllen nach Auftragserteilung

Auftragnehmerstempel

KOPF-SYSTEM — Urheberrechtlich geschützt

05.12.1985 gez. Siemer

Autobahnbau mit KOPF **13.6**

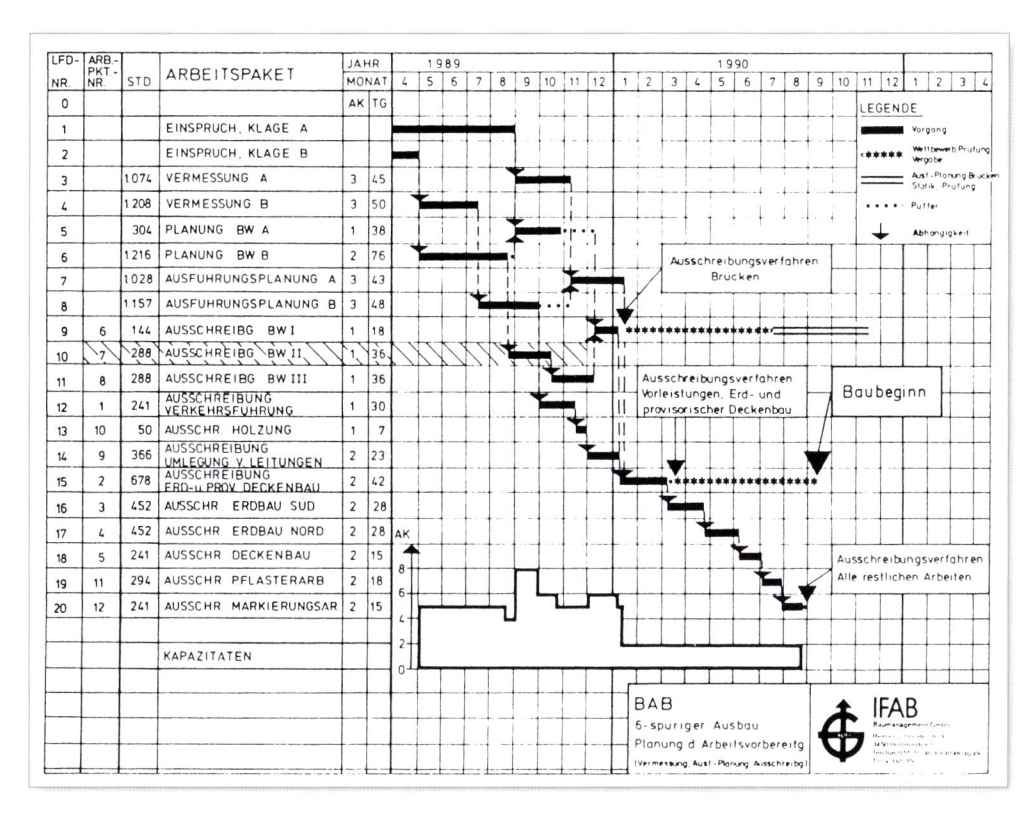

■ Abb. 117: Muster eines Genehmigungs- und Planungsprozesses mit Kapazitätszuordnung und Festlegung des Baubeginns (vergleiche auch hier Ausschreibung BW II, Arbeitspaket 7, lfd. Nr. 10).

■ Abb. 115: Ermittlung der Arbeitsstunden im Einzelnen, z. B. Aufstellung von Leistungsverzeichnissen für ein Brückenbauwerk.

■ Abb. 116: Formular für den Stundenvergleich für die Ausschreibung (s. Beispiel BW II, lfd. Nr. 7).

– Bei Brücken nach Auftragsvergabe ca. 4 Monate für Statik und Prüfung bis Baubeginn
– Baubeginn ca. 18 Monate nach Erhalt der Unanfechtbarkeit.

Mit der Zuordnung der erforderlichen Arbeitskräftezahlen wird dann das Ablaufmuster mit Kapazitätshistogramm gefertigt (s. Abb. 117).

13.6

Produktionsplanung im Autobahnbau

Die Bauleistungen sind nach Einzellosen gegliedert (z. B. Brückenbauwerke, Erdbau, Deckenbau usw.). Für jede dieser Einzelleistungen wird ein gesondertes Produktions- und Ablauf-

211

13.6 Autobahnbau mit KOPF

KYBERNETISCHE PRODUKTIONSPLANUNG
ZUSAMMENSTELLUNG DER STUNDEN NACH
ARBEITSPAKETEN FÜR DEN STUNDENVERGLEICH

Bauvorhaben: BAB
Gewerk: Brückenbau/Durchlässe
Ausführungsabschnitt: BW. II - Süd
Blatt: 1

Nr. LFD	Arbeitspaket	Vorgabe Stunden KOPF	Vorgabe Stunden AN	geleistete Wochenstunden
1	Statik u. Prüfung	3Mo		
2	Baustelleneinrichtung	624		
3	Baugelände räumen	125		
4	Verkehrsführung Nord	200		
5	Baugrubenverbau	2.880		
6	Abbrucharbeiten	4.163		
7	Anlage Wasserhaltung	80		
8	Erdarbeiten	415		
9	Tiefgründung	765		
10	Fundamente	1.438		
11	Widerlager	3.154		
12	Abdichtung erdberührter Flächen	97		
13	Widerlagerhinterfüllung	1.350		
14	Stahlüberbau	3.011		
	Übertrag:	18.302		

Auftragnehmerstempel
KOPF-SYSTEM
Urheberrechtlich geschützt
29.11.1984 gez. Niederheide

KYBERNETISCHE PRODUKTIONSPLANUNG
ZUSAMMENSTELLUNG DER STUNDEN NACH
ARBEITSPAKETEN FÜR DEN STUNDENVERGLEICH

Bauvorhaben: BAB
Gewerk: Brückenbau/Durchlässe
Ausführungsabschnitt: BW. II - Süd
Blatt: 2

Nr. LFD	Arbeitspaket	Vorgabe Stunden KOPF	Vorgabe Stunden AN	geleistete Wochenstunden
-	Übertrag:	18.302		
15	Lagereinbau	18		
16	Einschwimmen Absenken	200		
17	Ausbau Verschubbahn	17		
18	Entwässerung Brücke	135		
19	Überbau	3.659		
20	Überbau vorspannen	300		
21	Kammerwände	1.027		
22	Abdichtung, Fugen und Belag	1.835		
23	Kappen	156		
24	Übergänge, Geländer	514		
25	Straßenbau, Pflaster	135		
26	Verkehrsumlenkung Süd	200		
	Summe:	26.558		

Auftragnehmerstempel
KOPF-SYSTEM
Urheberrechtlich geschützt
29.11.1984 gez. Niederheide

13.6 Autobahnbau mit KOPF

KYBERNETISCHE PRODUKTIONSPLANUNG ARBEITSVORBEREITUNG STUNDENERMITTLUNG				Projekt: BAB						Gewerk: Brückenbau/Durchlässe						Menge Gesamt bzw. Übertrag
				Ausführungsabschnitt: Widerlager												
Nr. LV	Leistungstext	Einheit	KOPF E	BW I.-Süd		BW I.-Nord		BW II.-Süd		BW II.-Nord		BW III.-Süd		BW III.-Nord		
				Menge	Std.	Menge	Std.	Menge	Std.	Menge	Std.	Menge	Std.	Menge	Std.	Menge Std.
	Bn Widerlager und Flügelwand B25	M3	1,20	70	84	70	84	652,5	783	652	783	803	964	803	964	
	Schalung Widerlager und Flügelwand	M2	1,45	225,5	327	225,5	327	1.048,7	1.520	1.048,7	1.520	557,6	808	557,6	808	
	Betonstabstahl III K Widerlager u. Flügelwand	T	20,0	5,5	110	5,5	110	39,0	780	39,0	780	50,3	1.006	50,3	1.006	
	Bn für Lagersockel zum Absenken	M3	1,00	-	-	-	-	1,80	2	1,80	2	-	-	-	-	
	Schalung für Lagersockel	M3	2,70	-	-	-	-	7,20	19	7,20	19	-	-	-	-	
	Bn für Verschubbahn B10	M3	1,0	-	-	-	-	50,0	50	50,0	50	-	-	-	-	
Std.-Summe/Übertrag					521				3.154		3.154		2.778		2.778	

Arb.-Pkt-Nr	Bezeichnung	Datum und Name des Aufstellers
11	Widerlager	29.11.1984 gez. Niederheide

KOPF-SYSTEM
Urheberrechtlich geschützt

■ Abb. 119: Ermittlung der Arbeitsstunden nach Arbeitspaketen (Ausführungsabschnitten).

■ Abb. 118a.

■ Abb. 118b: Brückenbauwerk II-Süd: Aufteilung der Arbeitsstunden nach Arbeitspaketen für die zielgenaue Steuerung des Arbeitsprozesses.
ANMERKUNG: Die Ermittlung der Arbeitsstunden wird beispielhaft für das Arbeitspaket 11 „Widerlager" in Abb. 119 gezeigt.

modell erarbeitet, mit Mengenermittlung, Stundenermittlung und daraus ermittelten Arbeitsdauern und Arbeitskapazitäten.

Die Einzelabläufe werden dann unter Beachtung der technischen und organisatorischen Abhängigkeiten in die Planung des Gesamtablaufs übernommen.

Um Art und Wirkung baukybernetischen Planens und Führens deutlich zu machen, zeige ich die Produktionsmodelle mit der erforderlichen Varietät für zwei Brückenbauwerke im Abschnitt B und die zielgenaue Steuerung der Arbeitsabläufe.

a) Brückenbauwerk II-Süd:

Die Ausführungsleistungen für das Brückenbauwerk sind in Arbeitspakete unterteilt (s. Abb. 118a und 118b).

Für jedes Arbeitspaket werden die Arbeitsstunden positionsweise ermittelt. Dazu werden die Mengen mit den Arbeitsstunden je Leistungs-

13.6 Autobahnbau mit KOPF

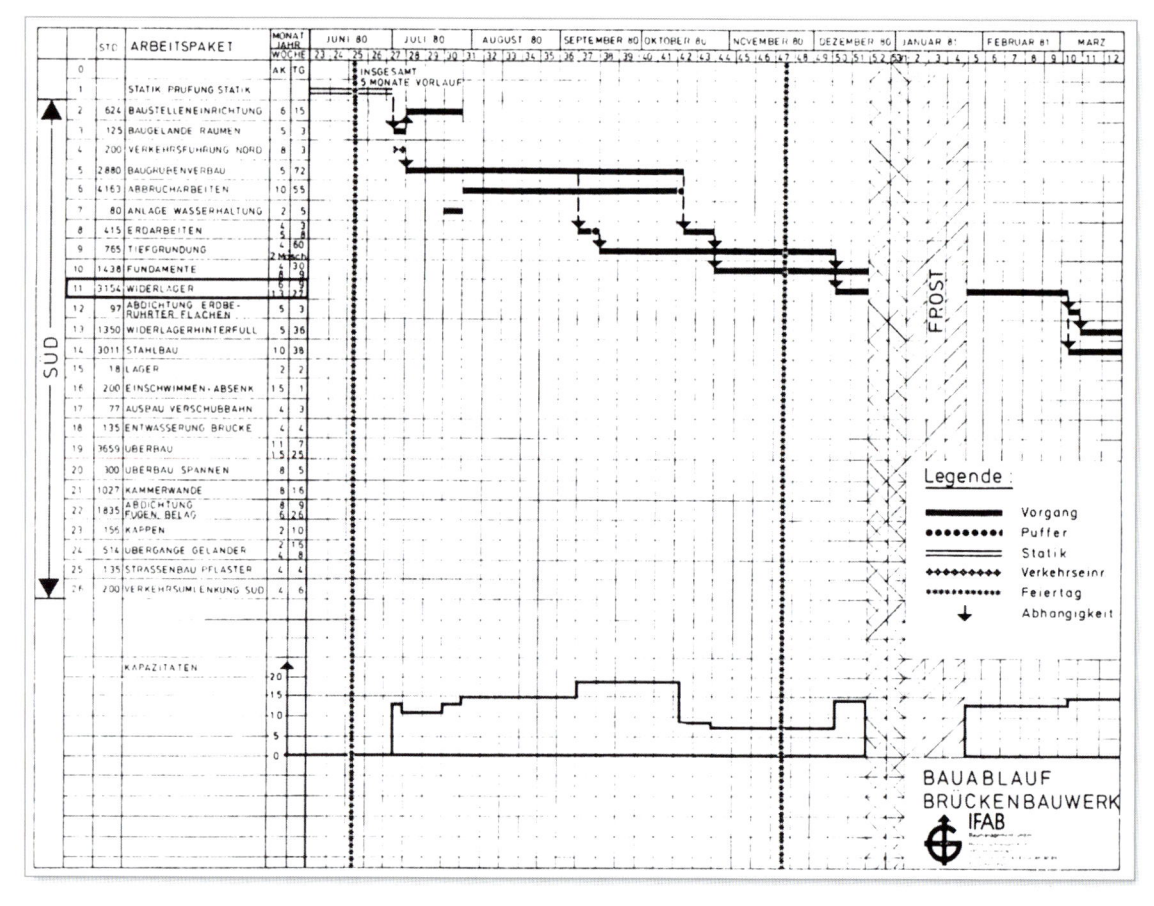

■ Abb. 120: BW II-Süd: Bauablauf mit Kapazitätsdiagramm.

einheit aus der KOPF-Datei multipliziert. Die Addition der Resultate ergibt dann die Arbeitsstunden je Arbeitspaket (s. Abb. 119): Arbeitspaket (Ausführungsabschnitt) BW II-Süd = 3154 Arbeitsstunden.

Die 3154 Arbeitsstunden für das Arbeitspaket BW II-Süd finden Sie, wie gesagt, unter Nr. 11 in Abb. 118a wieder.

Die Arbeitspakete bilden vernetzbare Ausführungsabschnitte als Vorgänge in einem Netzplan im Zeitmaßstab.

Jedes Arbeitspaket ist im Ablaufmuster durch einen Balken dargestellt. Dazu sind die Arbeitsstunden, die Zahl der Arbeitskräfte (AK) und die Arbeitstage (TG) angegeben (s. Abb. 120).

Auch in dieser Abbildung finden Sie unter Ziffer 11 die 3154 Arbeitsstunden für die Errichtung des Widerlagers wieder. Unter dem Ablaufmuster zeigt das Kapazitätshistogramm den erforderlichen Arbeitskräfteeinsatz während des Ausführungsprozesses. Aber auch hier erlaubt die Varietät des Modells eine Überschreitung um 50 Prozent.

b) Erdarbeiten, Ausführungsabschnitt I:

Autobahnbau mit KOPF **13.6**

\multicolumn{11}{l}{Anlage 2, Bl.: 1}										

KYBERNETISCHE PRODUKTIONSPLANUNG ARBEITSVORBEREITUNG STUNDENERMITTLUNG		Projekt: BAB Ausführungsabschnitt: I				Gewerk: Erdarbeiten				
Nr. LV	Leistungstext / Einzelleistung	Geräte, Kolonne		Menge	Einheit	KOPF-E		Stunden	
		Stück	Bezeichnung, Hinweis			Kolonne	Einzel	Kolonne	Einzel
2	Oberboden abtragen und lagern	1 1 1 1 -- 4 AK	Planierraupe Bagger Vorarbeiter Helfer	5.349	M3	0,01	0,04	57	214
4	Ungeeigneten Boden abtragen und abfahren 10 km	1 6 1 -- 8 AK	Bagger Dreiachser Vorarbeiter	1.103	M3	0,016	0,125	18	138
5	Auskofferung auffüllen	1 1 5 1 -- 8 AK	Rampe Rüttelverdichter Dreiachser Vorarbeiter	1.103	M3	0,0125	0,10	14	110
3	Betondecken aufnehmen	1 1 4 1 -- 7 AK	Zertrümmerungsgerät Bagger Dreiachser Vorarbeiter	3.146	M2	0,02	0,12	54	378
	Std.-Summe / Übertrag:								

Arb.-Pkt.-Nr. | Bezeichnung: | Datum und Name des Austellers: 06.02.1985 gez. Siemer
KOPF-SYSTEM Urheberrechtlich geschützt

■ **Abb. 121: Ermittlung der Arbeitsstunden für Erdarbeiten (auch kolonnenweise).**

Im Produktionsmodell werden die Vorgabestunden für die Ausführungsabschnitte (Arbeitspakete) ermittelt, wie das in Abb. 121 gezeigt wird. Wir beachten hier beispielhaft das Arbeitspaket Nr. 4: „Ungeeigneten Boden abtragen und abfahren".
Zur Ermittlung der Vorgabewerte dient die Arbeitsstundenzahl für die Einheit aus der KOPF-Datei „KOPF-E". Je nach Geräteeinsatz wird dann die Kolonnenstärke bestimmt. Dann wird, bezogen auf den Einsatz des erforderlichen Geräts (für das Abtragen und 10 km weit Abfahren des Bodens: 1 Bagger und 6 Dreiachser), die erforderliche Arbeitskräftezahl bestimmt. Erfahrungsgemäß werden dabei immer wieder unnötig viele Arbeitskräfte eingesetzt. Auch das führt zur Verschwendung von Arbeitsstunden. Der Stundenwert aus der KOPF-Datei wird durch die Anzahl der Arbeitskräfte dividiert. So erhält man den Vorgabewert für die Kolonne. Um im Beispiel zu bleiben: 0,125 : 8 = 0,016.
Durch Multiplikation mit der Leistungsmenge werden die aufzuwendenden Stunden für das Arbeitspaket und die Kolonnen-Stunden ermittelt. In unserem Fall werden die 138 Vorgabestunden in das Formular für den Stundenvergleich (Abb. 122, Nr. 4) übernommen.
Wenn Sie in Abb. 123 das Arbeitspaket 4 im Ablaufplan vergleichen, dann sehen Sie eine weitere Quelle von Zeit- und Geldverschwendung in dem großzügigen Dauer-Ansatz von 3 Arbeitstagen. Die Berechnung bei einem 8-

13.6 Autobahnbau mit KOPF

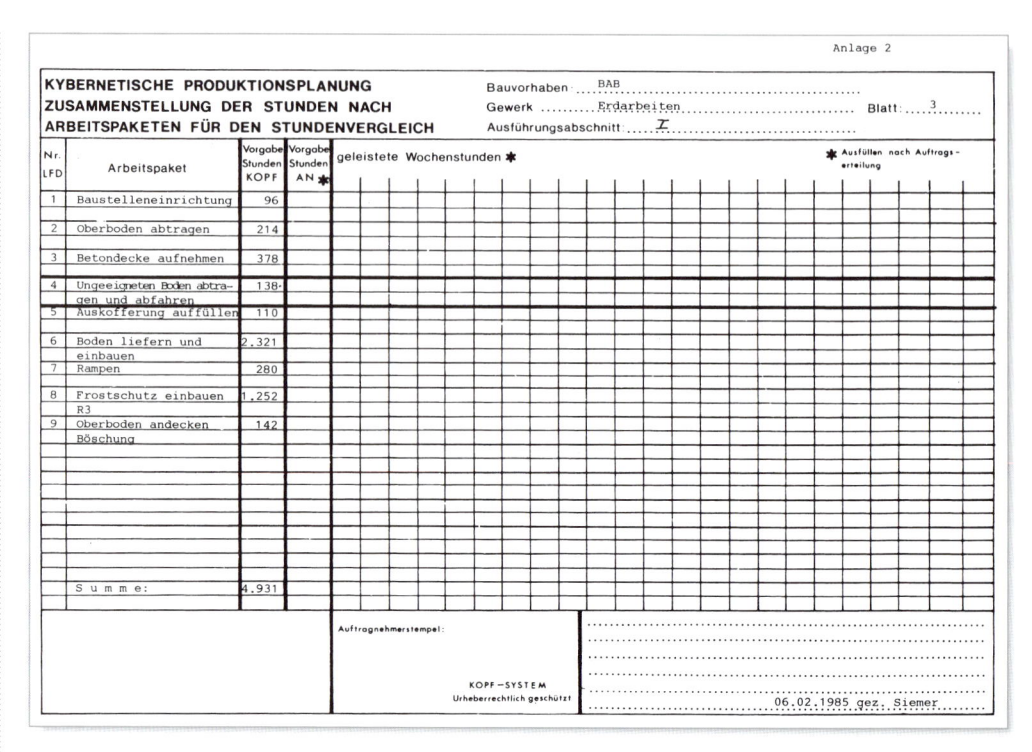

Anlage 2

KYBERNETISCHE PRODUKTIONSPLANUNG
ZUSAMMENSTELLUNG DER STUNDEN NACH
ARBEITSPAKETEN FÜR DEN STUNDENVERGLEICH

Bauvorhaben: BAB
Gewerk: Erdarbeiten
Blatt: 3
Ausführungsabschnitt: I

Nr. LFD	Arbeitspaket	Vorgabe Stunden KOPF	Vorgabe Stunden AN	geleistete Wochenstunden
1	Baustelleneinrichtung	96		
2	Oberboden abtragen	214		
3	Betondecke aufnehmen	378		
4	Ungeeigneten Boden abtragen und abfahren	138		
5	Auskofferung auffüllen	110		
6	Boden liefern und einbauen	2.321		
7	Rampen	280		
8	Frostschutz einbauen R3	1.252		
9	Oberboden andecken Böschung	142		
	Summe:	4.931		

KOPF–SYSTEM
Urheberrechtlich geschützt
06.02.1985 gez. Siemer

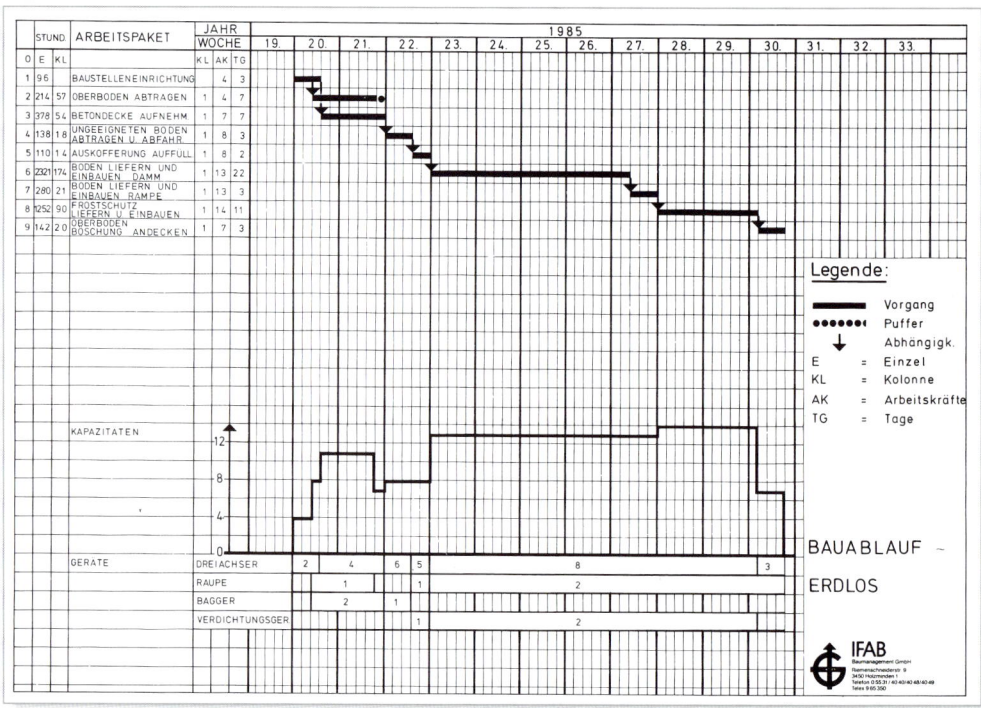

BAUABLAUF ERDLOS

STUND. O E KL	ARBEITSPAKET	JAHR WOCHE KL AK TG	1985 (Wochen 19–33)
1 96	BAUSTELLENEINRICHTUNG	4 3	
2 214 57	OBERBODEN ABTRAGEN	1 4 7	
3 378 54	BETONDECKE AUFNEHM.	1 7 7	
4 138 18	UNGEEIGNETEN BODEN ABTRAGEN U. ABFAHR.	1 8 3	
5 110 14	AUSKOFFERUNG AUFFÜLL	1 8 2	
6 2321 174	BODEN LIEFERN UND EINBAUEN DAMM	1 13 22	
7 280 21	BODEN LIEFERN UND EINBAUEN RAMPE	1 13 3	
8 1252 90	FROSTSCHUTZ LIEFERN U. EINBAUEN	1 14 11	
9 142 20	OBERBODEN BÖSCHUNG ANDECKEN	1 7 3	

Legende:
— Vorgang
••••• Puffer
↓ Abhängigk.
E = Einzel
KL = Kolonne
AK = Arbeitskräfte
TG = Tage

KAPAZITÄTEN

GERÄTE:
- DREIACHSER: 2, 4, 6, 5, 8, 3
- RAUPE: 1, 1, 2
- BAGGER: 2, 1
- VERDICHTUNGSGER: 1, 2

IFAB Baumanagement GmbH

Stunden-Tag und 8 Arbeitskräften ergibt 138 : 64 = 2,16 Tage oder 18 : 8 = 2,25 Arbeitstage (Dabei ist zu beachten, dass die Kolonnenstunden schon großzügig bemessen wurden, denn 138 Std. : 8 AK = 17,25 – man hätte also nur 17 Kolonnenstunden ansetzen sollen. Und 17 : 8 = 2,13.)

Die Bauleitung des Auftraggebers gibt hier 3 Tage vor, um Sicherheit für einen termingenauen Bauablauf zu haben.

Aber leider findet man auch in den Unternehmen derartige „Großzügigkeit". So werden überall immer wieder selbst bei scheinbar gewissenhafter Arbeitsvorbereitung unnötige Anwesenheitsstunden und damit überflüssige Lohnkosten produziert.

Die Varietät steckt im Kolonnen-Modell wegen der Abhängigkeit vom Geräteeinsatz nicht in der Zuordnung der Arbeitskräfte, sondern in der Gerätezuordnung, soweit die Arbeitsflächen das hergeben (z. B. 2 Bagger statt 1 Bagger).

Es geht hier um die Bemessung eines optimierten Bauablaufes unter Verkehr. Die Ablaufstruktur entspricht folgenden Anforderungen:

– Wenige, die ganze Baustelle umfassende Verkehrsführungen werden eingerichtet und solange vorgehalten, bis die auszuführenden Leistungen auf der jeweils freien Seite der ganzen Baustrecke so weit erledigt sind, dass die Einrichtung der andererseitigen Verkehrsführung möglich wird.

– Die Bauarbeiten aller Brückenbauwerke werden zeitlich parallel im Bereich der Verkehrsführungen ausgeführt, um zusätzliche Verkehrsführungen und Umfahrungen, die speziell eingerichtet werden müssten, zu vermeiden.

– Alle übrigen Maßnahmen werden durch eine Teilung der Gesamtbaustrecke in technologisch zusammenhängende Abschnitte und durch die Zuordnung ausreichender Kapazitäten während der Brückenbauzeiten ausgeführt. Nur für die Deckenbauarbeiten wird ein technologisch bedingter Nachlauf eingeplant.

Bei einer anderen Arbeitsweise lassen sich längere Verkehrsbehinderungen nicht vermeiden. Außerdem würden dann zusätzliche Leistungen notwendig (z. B. provisorische Deckenbauarbeiten, Verkehrsführungen, Mittelstreifenüberfahrten).

Bis jetzt werden ganzheitliche Vorplanungen mit Arbeitsstunden- und Kapazitätszuordnungen kaum irgendwo durchgeführt. Die Zuständigen stehen größtenteils noch immer auf dem Standpunkt, man solle das den Baubetrieben allein überlassen. Unsere Studien und praktischen Erfahrungen zeigen jedoch eindeutig:

Die Einbeziehung dieser Arbeitsplanung in den Projektierungsprozess und die damit entstehende Übersicht und verbesserte Beeinflussbarkeit der Realisierungsprozesse führt zu einer generellen Verkürzung der Bauzeiten – auch im Autobahnbau – um ein Drittel.

Das macht auch das folgende Beispiel deutlich.

■ Abb. 122: Vorbereitung zum Vergleich der Arbeitsproduktivität.

■ Abb. 123: Ablaufmuster mit Kapazitätsdiagramm.

KYBERNETISCHE PRODUKTIONSPLANUNG ARBEITSVORBEREITUNG STUNDENERMITTLUNG				Projekt: Bauwerk II								Gewerk: Beton- u. Stahlbetonarbeiten					
				Ausführungsabschnitt: Überbau													Menge Gesamt bzw. Übertrag
Nr. LV	Leistungstext	Einheit	KOPF E	Nord		Vert.-Nord		Süd		Vert.-Süd							
				Menge	Std.	Menge	Std.	Menge	Std.	Menge	Std.	Menge	Std.	Menge	Std.	Menge	Std.
	Beton Überbau	M3	1,0	212	212	134	134	212	212	212	212						
	Schalung	M2	0,72	232	167	150	108	232	167	277	199						
	Betonstahl U III K	T	20,0	21	420	15	300	21	420	21	420						
	Std.-Summe/Übertrag				799		542		799		831						

■ Abb. 124: Bauwerk II, Überbau, Ermittlung der Arbeitsstunden.

13.7

Beeinflussung der Bauausführung von zwei Brücken im Autobahnabschnitt B

Der Auftragnehmer soll 2 Einfeld-Brücken bauen, die 400 m voneinander entfernt sind.
Die Ausführung des Bauwerks II beginnt er wegen des größeren Umfangs mit einer größeren Zahl von Arbeitskräften.
Als dann beim Bauwerk I der Arbeitsfortschritt unzureichend ist, und wir als Ursache eine zu geringe Besetzung offenbar machen, zieht der AN so viele Arbeitskräfte vom Bauwerk II ab, dass er die Ausführungsfrist für Bauwerk I einhalten kann.

Jetzt ist aber die Fertigstellung des Bauwerks II in der Vertragsfrist mit der dort verbleibenden Kapazität nicht mehr zu erreichen; es wird im Sinn der VOB/B 5.3 nun auch hier offenbar, dass die Vertragsfrist nicht eingehalten werden kann.
Die Stundenvereinbarung ist unabdingbar, um die Kapazitätsverstärkung, die verlangt werden muss, quantifizieren zu können. Abbildung 124 zeigt einen Ausschnitt aus der Stundenermittlung für Bauwerk II.
Wir haben frühzeitig (5 Wochen vor Ende der Vertragsfrist) nachvollziehbar ermittelt, dass die Ausführungsfrist für das Bauwerk II um 9 Arbeitstage überschritten wird, wenn weiterhin nicht mehr als 12 Arbeitskräfte eingesetzt werden. Dadurch würden die Folgegewerke des

13.7 Autobahnbau mit KOPF

Bereich	lfd. Nr.	h	Arbeitspaket	Monat	Juni '85	Juli 1985				August 1985	
				Datum	24–28	1–5	8–12	15–19	22–26	29–2	5–9	12–16
	0			AK	AT							
Bauwerk II	1	960	Lehrgerüstaufbau	12	1							
	2	799	Überbau Hauptf. Nord	12	8							
	3	100	Abdichtg. u. Kappen	3	4							
	4	231	Kappen	4	7							
	5	416	Belagsarbeiten	5	11							
	6	115	Oberflächenschutz	3	5							
	7	56	Ausstattung	3	3							
Stützwände	8	70	Fund.-bögen West	4	4							
	9	112	Stützw.-bogen West	5	4							
	10	138	Fund.-bögen Ost	4	4							
	11	286	Stützw.-bogen Ost	5	7							
	12	330	Abdichtung	4	10							
	13	264	Stützwandabdeckg.	5	7							
	14	458	Hinterfüllung	5	12							

Legende:
▨ Erhöhte Kapazität = fristgerechte Fertigstellung
▢ Keine Kapazitätserhöhung = Terminüberschreitung
▧ Vorhandene Kapazität

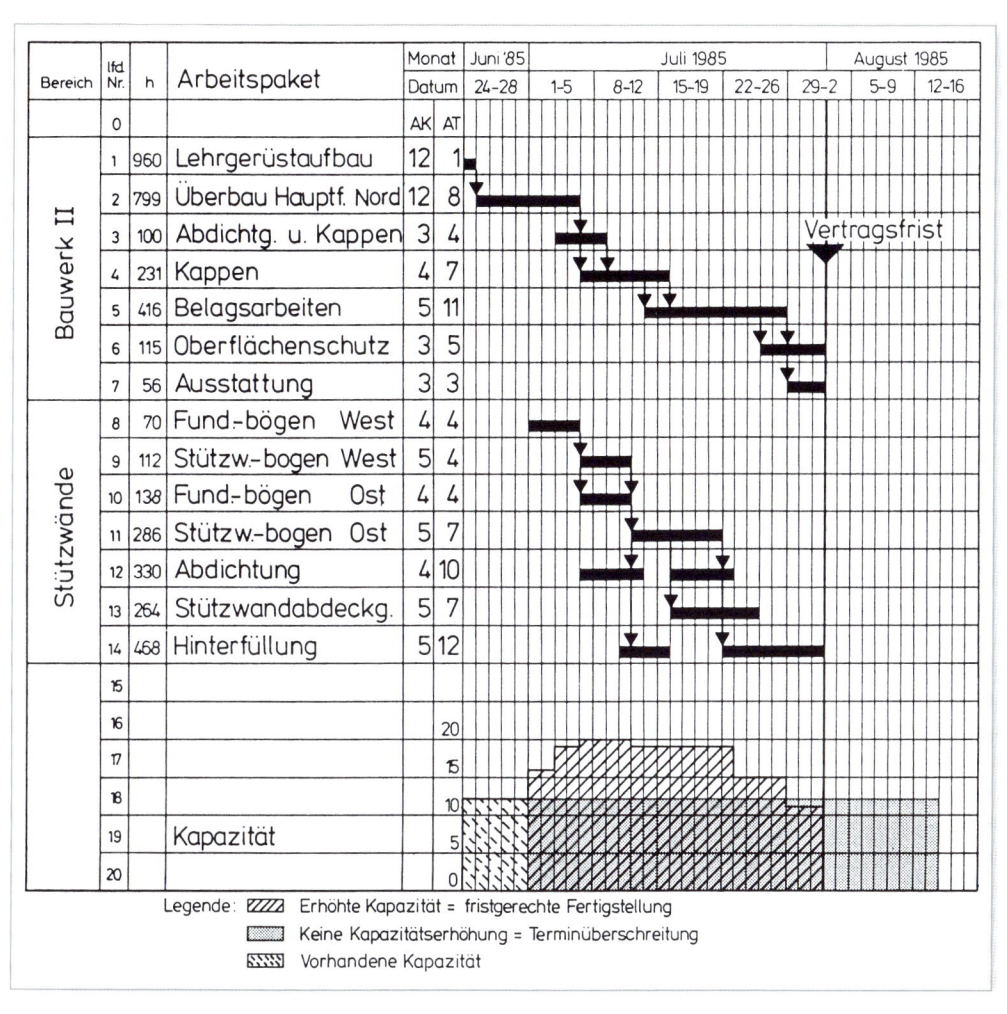

■ Abb. 125: Neues Ablaufmuster mit bis zu 20 Arbeitskräften, um die drohende Fristüberschreitung zu vermeiden.
ANMERKUNG: Dieses Muster zeigt, dass ein Projektmanagement unbedingt termingenau arbeiten kann, wenn die Kapazitätsvarietät dem Gesetz der erforderlichen Varietät entspricht und wenn die rechtzeitige Beeinflussung dadurch erfolgt, dass die kybernetische Logik praktisch umgesetzt wird.

Erd- und Deckenbaus entsprechend behindert. Wir haben dann für die noch auszuführenden Arbeiten aus dem Ablaufmodell ein neues Ablaufmuster generiert, mit dessen Hilfe die Vertragsfrist eingehalten werden konnte. Das Ablaufmuster zeigt Abb. 125.

Die erforderliche Kapazität wurde auch wegen der bereits entstandenen Zeitverluste mit i. M. 17, max. 20 Arbeitskräften festgestellt (s. Histogramm in Abb. 125). Die Abbildungen 126a

13.7 Autobahnbau mit KOPF

```
Noch auszuführende Arbeiten in der Zeit
vom 1.–31. Juli 1985 = 23 Arbeitstage

Restliche Arbeiten Überbau Hauptfahrbahn Nord:   415
Abdichtung unter Kappen:                         100
Kappen:                                          231
Belagsarbeiten:                                  416
Oberflächenschutz:                               115
Ausstattung:                                      56
Fundamentbogen West:                              70
Stützwandbogen West:                             112
Fundamentbogen Ost:                              138
Stützwandbogen Ost:                              286
Abdichtung:                                      330
Stützwandabdeckung:                              264
Hinterfüllung:                                   468

Vorgabesstunden:                                2997
```

■ Abb. 126a: Arbeitsstunden für restliche Arbeiten.

```
Überprüfung des Leistungskoeffizienten:

Kontrolle am 28. 6. 1985,
Überbau Hauptfahrbahn 50% fertiggestellt.

Vorgabestunden nach Stundenermittlung: 799x0,5 = 400

Aufgewendete
Arbeitsstunden laut Mitschreibung: 384

Leistungskoeffizient: 400/384 = 1,04 ~ 1

Daraus folgt, daß die berechneten Vorgabestunden
auch tatsächlich abgearbeitet werden müssen.
```

■ Abb. 126b: Ermittlung der Produktivität.

und 126b zeigen die Zahl der noch aufzuwendenden Arbeitsstunden und den ermittelten Leistungskoeffizienten (Produktivitätsgrad), der ca. 1,00 beträgt.

Die Ermittlung der erforderlichen Arbeitskräfte erfolgt dann durch die Berechnung der durchschnittlichen täglichen Arbeitsstunden:
23 Arbeitstage x 7,8 Stunden = 179 Std. pro Tag.
Die Gesamtstunden, die noch geleistet werden müssen, werden dann durch diese Zahl dividiert:
2997 Stunden : 179 Std./Tag = 16,7, das sind 17 Arbeitskräfte.
Abbildung 125 bildet den tatsächlichen Ablauf ab, weil der AN dem Verlangen des AG bezüglich des Arbeitskräfteeinsatzes folgte.
Hier komme ich noch einmal auf die drei wesentlichen kybernetischen Grundgesetze zurück, deren Anwendung zielgenaues Lenken bewirkt, weil sie uns in die Lage versetzen, die Arbeitsprozesse, die prinzipiell zur Desorganisation neigen, immer wieder neu, zielgerichtet zu ordnen:

1. Wir haben durch die Produktionspläne und ihre frühzeitige Abstimmung mit den Beteiligten einen hohen Grad an Selbstorganisation erreicht.
2. Wir haben im Prozessmodell zum Ausgleich von Zeitverlusten die erforderliche Handlungsvarietät geschaffen.
3. Wir können den Entscheidungen Informationen über zukünftige Ereignisse (drohende Fristüberschreitung) zugrundelegen. Diese Information aus der Zukunft ist die Ursache, die eine gegenwärtige, zielgenaue Entscheidung bewirkt (kybernetische Logik).

Auf diese Weise lassen sich nichtgewollte Entwicklungen vermeiden und gewollte Ereignisse herbeiführen.
Die öffentlichen Bauverwaltungen können es noch immer nicht: „Wir sollen Stunden ermitteln? – Das hat uns gerade noch gefehlt!"

14

Unternehmenserneuerung mit KOPF

Vertrauen ist für alle Unternehmungen das große Betriebskapital, ohne das kein nützliches Werk auskommen kann.
Albert Schweitzer

„Ich kenne ein Textilunternehmen, in dem feine englische Wollwaren gewebt wurden. Die 200 Mitarbeiter arbeiteten in einer Fabrik voller Maschinen, die sich in einer Art Industriepark auf der grünen Wiese befand. Der Generaldirektor war ganz entschieden leistungsorientiert, und das begann bei ihm selbst: Er kam früh, ging spät und traf dazwischen alle wichtigen Entscheidungen. Die Fabrik war in spezialisierte Produktionsbereiche eingeteilt, und jeder hatte einen eigenen Boss. Jedem Boss wiederum unterstand eine Gruppe von Vorarbeitern, die ihrerseits die Arbeiter beaufsichtigten. Die Leute von der Buchhaltung und vom Vertrieb waren im Zwischengeschoss untergebracht und ihren jeweiligen Abteilungsleitern unterstellt. Hier ging es streng hierarchisch zu – die klassische Pyramide.
Als ich vor noch nicht allzu langer Zeit dieses Unternehmen auf einer internationalen Tagung für Telekommunikation beschrieb, sah ich, wie einige Leute im Publikum mich immer verdutzter anblickten. Was sollte das eigentlich, schienen sie sich zu fragen. Das war doch ein ganz normales Unternehmen – was war daran so besonders?
Nun: Diese Textilfabrik gab es bereits im Jahre 1633. Und die Moral der Geschichte: Unser technischer Fortschritt hat unseren mentalen Fortschritt weit hinter sich gelassen. Das war genau die richtige Botschaft für diese Zuhörer, die unsere technischen Grundlagen alle Jahre wieder auf den Kopf stellen. Sie haben es ermöglicht, dass es simultane Telefon-Konferenzen mit China gibt, und sie rufen aus dem Bauch einer 747 über dem Pazifik zu Hause an.
Und doch sind die meisten Branchen noch fast genauso organisiert wie im Jahre 1633: mit einer lähmenden, von oben nach unten abgestuften Struktur, einer scharfen und misstrauischen Aufsicht und wenig Raum für Kreativität.
Dieses Auseinanderklaffen von moderner Technik und archaischer Mentalität ist meines Erachtens eine der entscheidenden Ursachen dafür, dass es am heutigen Arbeitsplatz so viel Unzufriedenheit, Frustration, Stress und Mangel an Flexibilität gibt.
Wenn sich das Denken doch nur so leicht verändern ließe wie die Maschinen! Ich wette, dass es einfacher ist, eine neue Generation von Mikrochips zu erfinden, als eine Generation von mittleren Managern dazu zu bewegen, die Route zu ändern, die sie täglich auf der Fahrt zum Arbeitsplatz nehmen. Die Technik kann sich über Nacht wandeln – bis sich eine Mentalität ändert, braucht es Generationen ...Für mich steht eines fest: Seit 1633 ist uns die Technik zwar über den Kopf gewachsen, aber die Lebensqualität ist im Eimer ... Darum möchte ich eine neue Definition vorschlagen: Das wahrhaft moderne Unternehmen hütet sich vor einer Fixierung auf die Technik und stellt die Lebensqualität an die erste Stelle.
Wir brauchen einige Zeit, um das klar zu erkennen. Aber wir sollten uns auf Innovationen konzentrieren, die es uns ermöglichen, besser miteinander zu arbeiten ...
In meinem Unternehmen gibt es deshalb eine neue Kultur von Freiheit und Vertrauen."
Ricardo Semler [47]

PRODUKTIONSPLAN

BAU: TAUNUSSTRASSE KOLONNE: ______

LFD NR	NR. D. LV.	ART DER ARBEIT	E.	AN-ZAHL	VORGABE-STD. E.	ZUSAMMEN SCH	ZUSAMMEN ST	ZUSAMMEN B/M	KALKUL. STD. E.	KALKUL. STD. GES.	PREISE/LV DM E.	PREISE/LV DM GES.	LÖHNE DM E.	LÖHNE DM GES.	MASCH DM E.	MASCH DM GES.	SCHAL DM E.	SCHAL DM GES.	STOFFE DM E.	STOFFE DM GES.	FR-LEIST DM E.	FR-LEIST DM GES.
		KELLERGESCHOSS																				
10	23	MAUERWERK HBL 50/1,4/II 30cm	m³	16.39	3.60			57.60	4.35	71.30	205	3363	39	647	2,3	38			71	1165		
11	24	–·– –·– –·–·– 24cm	m³	29.22	4.30			125.64	5.10	149.02	230	6721	46	1352	2,3	67			74	2180		
12	27	–·– KSV 150/II 1.6NF	m³	12.50	5.50			68.75	6.20	77.50	238	2978	56	703	2,3	29			55	692		
13	68	STAHLBETONWANDE 24cm B 225	m³	4.31	8.33	21.12		7.76	9.67	41.78	348	1501	87	379	3,7	13	22	95	66	287		
		4.90+1.63+1.80				7.03																
14	29	WANDE KSV 150/II 11.5cm	m²	12.55	0.80			10.04	0.95	11.92	34	430	8,6	108	0,3	4			6	83		
15	30	LEEROFFUNG ANLEGEN	m²	4.00	0.50			2.00	0.60	2.40	16	66	5,4	22								
16	31	BIMSDIELENWANDE 6cm	m²	6.83	0.65			4.44	0.80	5.46	29	207	7,2	49	0,3	2			6	41		
17	102	KAMINVORLAGE PLEWA 14/14	m	2.35	0.91			2.14	1.05	2.47	46	110	9,5	22	0,7	-			15	36		
18	104	REINIGUNGSTÜRCHEN	ST	1	0.50			0.50	0.60	0.60	36	36	5,4	5					16	16		
19	4	TÜRZARGE 88⁵/200	ST	2	3.50			12.00	3.50	7.00	98	198	31	64					1	3		
20	138	WAAGRECHTE JSOL 500er PA	m²	22.06	0.20			4.41	0.25	5.52	8	182	2,2	50					1	25		
21	139	VERTIKALISOL. PUTZ+2×ANST	m²	67.35	0.50			33.68	0.65	43.78	20	1413	5,9	397	0,1	4			2	168		
		0.30+0.20																				
22	70	TREPPENWANGE 24cm B 120	m³	1.64	9.47	9.53		3.28	10.50	17.22	386	634	95	156		5	24	41	58	96		
		5.81+1.66+2.00				2.72																
23	76	BETONSTUFEN VERLEGEN	ST	11	0.35			3.85	0.50	5.50	27	297	4,5	50	0,1	1					11	124
24	F7	FENSTERSTÜRZE 1.76/0.30/0.25	ST	5	0.40			2.00	0.50	2.50	41	206	4,5	23	0,4	2					23	116
25	F5	TÜRSTÜRZE 1.36/0.24/0.20	ST	2	0.30			0.60	0.38	0.76	25	51	3,4	7	0,2	1					13	25
26	16	KELLERFENSTER 120/0.80	ST	5	3.10			15.50	3.50	17.50	97	487	31	150					0,3	2		
27	152	STAHL IV. b	t	0.171	27.50		4.70		32.0	5.47	1930	330		50					0,00	154		
		KELLERGESCHOSS ZUSAM.				40.40	4.70	354.19		467.70		19204		4243		166		136		4948		265
							399.29								FRD.LST. + 15 %							306
															STOFFE + 15 %							5720
															SCHALUNG + %							136
															MASCH. + %							166
															LÖHNE + 205 %							12876
															ZUSAMMEN							19204

Abb. 127a: Produktionsplan für das Kellergeschoss

14.1

Der Vordenker Erich Koß

Der Baumeister Erich Koß forderte schon 1974 „eine völlige Revolution des Denkens sowohl auf der Seite des Baumanagements wie auf der Seite der Facharbeiter".

Wir wollen eine Produktivitätskultur entwickeln. Das höchste Ziel der Produktivitätssteigerung ist die Verbesserung der Lebensqualität der mitarbeitenden Menschen.

Ab 1980 gab es eine zunehmende Zahl von Bauunternehmen und Handwerksbetrieben, die kybernetisches Management einführen wollten. Damals lernte ich Erich Koß kennen. Der hatte 1974 in einer Schriftenreihe der Rationalisierungs-Gemeinschaft Bauwesen im RKW (RG Bau) das Fachbuch „Herkömmlich bauen – Rationell bauen" geschrieben.[3] Erich Koß hatte große und mittlere Bauunternehmen erfolgreich auf der Basis des „Scientific Management" geleitet, einer wissenschaftlichen Betriebsführung, die der Bauingenieur Frank Bunker Gilbreth in der Nachfolge von Frederick Winslow Taylor in den USA eingeführt hatte.

Nach Koß erfordert die Umsetzung der Lehren und Erkenntnisse, die sich aus den Theorien und praktischen Erfolgen von Gilbreth ergeben, eine völlige Revolution des Denkens sowohl auf der Seite des Managements wie auf der Seite der Arbeiter. Er schreibt:

„Im Hinblick auf den augenblicklichen Stand unserer Arbeitsverfahren und auf die vielen

PRODUKTIONSPLAN

BAU: TAUNUSSTRASSE KOLONNE ______

LFD NR	NR. D LV	ART DER ARBEIT	E.	ANZAHL	VORGABE-STD E.	ZUSAMMEN SCH	ST	B/M	KALKUL STD E.	GES	PREISE LV DM E.	DM GES	LÖHNE DM E.	GES	MASCH DM E.	GES	SCHAL DM E.	GES	STOFFE DM E.	GES	FR LEIST DM E.	GES
		DECKE ERDGESCHOSS																				
30	36	DECKE d = 16cm, SCH	m^2	196	0.60	118			1.36	267	54	10584	13	2392	0,5	86	2	392	11	2088		
		ST. 5kg/m^2 × 0.03			0.15		29															
		BETON B 225 0.16 × 1.75			0.28			55														
31	44	UNTERZUG 24/40. SCH 1.04 × 1.0	m	21	1.04	22			2.10	44	71	1490	19	394	0,40	7	3,5	74	6	135		
		ST. 8kg/m × 0.03			0.24		5															
		BETON B 225 0.10 m^3 × 1.80			0.18			4														
32	39	BALKONPLATTE d = 16cm, SCH	m^2	16	0.73	12			1.80	29	69	1105	16	260	0,5	8	4	64	11	187		
		ST. 10.2 kg/m^2 × 0.03			0.31		5															
		BETON B 225 0.16 × 1.75			0.28			4														
33	63	PODESTE d = 16cm. SCH	m^2	5	0.70	4			1.67	9	67	328	16	81	0,5	3	3,5	18	11	54		
		ST. 7.3 kg/m^2 × 0.03			0.22		1															
		BETON B 225 0.16 × 1.75			0.28			2														
34	66	LAUFPLATTE d = 14cm. SCH	m^2	5	2.10	11			3.06	15	102	570	27	134	0,4	2	4,5	23	10	51		
		ST. 6.5 kg/m^2 × 0.03			0.20		1															
		BETON B 225 0.16 × 1.75			0.25			1														
35	71	STUFENKERNE 18³/25. SCH	m	15	0.27	4			0.63	9	22	328	5,4	81	0,04	1	0,8	13	3	57		
		BETON			0.10			2														
36	84	BALKONBRÜSTUNG MONTIEREN	m^2	10	1.00	11			1.65	18	116	1166	16	161	0,3	4	0,4	4			56	560
		DECKE ZUSAMMEN				183	41	68		391		15511		3503		110		588		2566		560
		STUNDEN ZUSAMMEN					292								FRD. LST. + 15 %							647
		AUSSCHALEN					49								STOFFE + 15 %							2966
		196 + 22 + 16 + 5 + 5 + 1													SCHAL + %							588
		VORGABE STUNDEN INSGES.					341								MASCH. + %							110
															LÖHNE + 220 %							11200
															ZUSAMMEN							15511

Abb. 127b: Produktionsplan für eine Geschossdecke.

Empfehlungen zu den Problemen der Industrialisierung unserer Bauwirtschaft erscheint mir ... die Bemerkung angebracht, dass weder die Bauforschung noch die totale Vorfertigung, weder der General- noch der Totalunternehmer, weder die Netzplantechnik noch andere Methoden an sich die Garanten für eine kostensenkende Erhöhung der Produktivität sind.

Die angestrebte Industrialisierung des Bauwesens, die Rationalisierung der Arbeitstechniken und das Arbeiten nach den Grundsätzen einer ‚Wissenschaftlichen Betriebsführung' setzen eine geistige Umstellung, einen neuen Denk- und Lernprozess voraus, der alle durch die Technik gebotenen Mittel mit schöpferischen Vorstellungen für die Gestaltung einer rationellen Bauproduktion verbindet. Nach den in jahrzehntelanger praktischer Tätigkeit gewonnenen Erkenntnissen und erprobten Experimenten scheint mir ein wichtiger Schritt in diese Richtung der Umbau der ‚Leistungsverzeichnisse' mit regellos aufgezählten Arbeiten in ‚Produktionspläne' mit rationell organisierten Arbeitsabläufen zu sein."

Auch die noch bestehenden Unvollkommenheiten der Leistungsverzeichnisse, die immer wieder festzustellenden unzureichenden zeichnerischen und rechnerischen Unterlagen für die Bauausführung, dürfen für den Unternehmer kein Hindernis sein, einen Produktionsplan (ein

Alle Ausführungsunterlagen müssen sorgfältig studiert und danach eine unternehmenseigene Massenermittlung aufgestellt werden.

14.1 Unternehmenserneuerung mit KOPF

Koß:
„Mit der Übergabe der Pläne muss dem Polier ein durchdachter Produktionsplan ausgehändigt werden." Das genügt nicht mehr. Er muss ihn selbst mit erarbeiten. (Der Verfasser)

Drehbuch) für den rationellen Ablauf aller Arbeiten aufzustellen.

Als Richtschnur für die Aufstellung des Produktionsplanes sollte der Satz von Gilbreth dienen:

„Der günstigste Arbeitsvollzug ist die Folge der Ausschaltung aller unnötigen Elemente der Bewegung und des sparsamsten Vollzuges der notwendigen Elemente der Bewegung."

Die mit der Realisierung dieses Grundsatzes zu erreichende wirtschaftliche Abwicklung der Bauarbeiten setzt ein sorgfältiges Studium aller Ausführungsunterlagen, der Pläne, der Berechnungen, der Baubeschreibung und des Leistungsverzeichnisses voraus. Danach werden unter Berücksichtigung der spezifischen betrieblichen Gegebenheiten der Produktionsplan aufgestellt und die genauen Massen berechnet.

Diese Vorarbeit lässt noch bestehende Unklarheiten erkennen. Mangelhafte Unterlagen können sofort vervollständigt werden, um die Voraussetzungen für die störungsfreie und effektivste Durchführung des Arbeitsprozesses zu schaffen.

Ein derartiges Vorgehen, die vorausschauende Durchleuchtung aller anfallenden Arbeiten, die Aufstellung eines „Drehbuches" für den angestrebten, fließend verzahnten Ablauf der Produktion, ist ausschließlich von dem Vorstellungsvermögen, dem Wollen und Wissen des Fachmannes abhängig.

Mit der Übergabe der üblichen Unterlagen, wie Pläne, Leistungsverzeichnis usw., muss dem Polier ein bis in alle Einzelheiten durchdachter und fixierter Arbeitsablaufplan ausgehändigt werden. Das übliche Leistungsverzeichnis kann und darf dem Führungspersonal der Baustelle nur noch zum Nachschlagen bei Unklarheiten in der Bauausführung zur Verfügung stehen.

Für die Entwicklung der Arbeiten ist ausschließlich der Produktionsplan maßgebend. An die Stelle der Improvisation, der persönlichen Vorstellungen über die Bestgestaltung der Arbeitsausführung tritt ein zwischen allen Beteiligten abgestimmter, bis in die letzten Einzelheiten festgelegter Produktionsplan.

Die Abbildungen 127a und 127b zeigen die Produktionspläne für die Maurerarbeiten im „Keller" und die Stahlbetonarbeiten an einer „Geschossdecke". Sie sind nach einem der Praxis entnommenen Leistungsverzeichnis aufgestellt worden. Die auffälligen zahlenmäßigen Differenzen zwischen den laufenden Nummern und den Nummern des Leistungsverzeichnisses belegen die fehlende Übereinstimmung zwischen dem Leistungsverzeichnis und einem nach Arbeitsschritten geordneten Arbeitsablauf. Das in der Bauwirtschaft fehlende Denken im Sinne der Produktionsvorgänge wird hier deutlich.

„Dem Auftragen der Arbeitsabschnitte in einem Balkenplan geht die Zusammenfassung der Leistungspositionen in Arbeitspaketen voraus. Mit ihrer Niederschrift auf dem Hauptblatt wird der die Massen und Vorgabezeiten enthaltende vordere Teil gleichzeitig kopiert.

Aus den Kalkulationsunterlagen werden dann die Einheitsansätze für den Arbeitszeitverbrauch und für den ihm entsprechenden Lohnaufwand auf der Basis des Mittellohnes ohne Zuschläge übernommen. Ebenso werden nur die Selbstkosten der Einheitspreise für Stoffe, Maschinen und Schalungsaufwand ohne Geschäftskosten übertragen. Unter Benutzung der eingesetzten Massen werden dann die kalkulierten Zuschläge für Lohnneben- und Geschäftskosten hinzugerechnet. Die dann festgestellte Gesamtsumme muss mit dem durch die Einheitspreise und Massen ermittelten Abrechnungsbetrag übereinstimmen. Damit ist der Rahmen für den möglichen Zeit- und Kostenaufwand jeder Produktionsphase festgelegt. Jeder mit knappen Preisen hereingenommene Auftrag ist mit der Ungewissheit über das Abrechnungsergebnis verbunden. Mit Hilfe des

Produktionsplanes ist es möglich, an Stelle dieser Unsicherheit die Gewissheit von der Realisierung eines Ertrages zu bekommen. Diese Behauptung hat in Fachkreisen stets Zweifel und Widersprüche ausgelöst. Diese Ungläubigkeit ist das natürliche Produkt überalterter Denkprozesse. Es fehlt in der Bauwirtschaft oft noch an dem nötigen Wissen über die Grundsätze einer „Wissenschaftlichen Betriebsführung". Die mit den Methoden der industriellen Fertigung gesammelten Erkenntnisse werden nicht genutzt. Dabei ist es eine bewiesene Tatsache, dass eine Erhöhung der Produktivität mit kostensenkender Wirkung nicht nur über kostspielige Investitionen zu erreichen ist. Die Verbesserung der Arbeitstechnologien, die Rationalisierung über eine geistige Durchdringung der Arbeitsvorgänge, führen, wie die Erfahrungen lehren, zu erheblichen wirtschaftlichen Auswirkungen.

Als Beweise für den unschätzbaren Wert der Produktionspläne zur Durchführung der Arbeiten im Rahmen der kalkulierten Angebote und zur Sicherung eines wirtschaftlichen Ergebnisses folgen einige Beispiele aus der Praxis. Es handelt sich dabei um Sonderfälle aus einer betriebwirtschaftlichen Organisationsmethode, in welcher die Produktionspläne das Kernstück darstellen.

Der anstehende Konkurs eines etwa 200 Beschäftigte umfassenden Unternehmens konnte durch die Umstellung der betrieblichen Organisation, in Verbindung mit der sofortigen Hereinnahme eines größeren Auftrages, abgewendet werden. Um für die Ausführung der von der Stadtverwaltung öffentlich ausgeschriebenen gesamten Rohbau- und Putzarbeiten für 20 Einfamiliendoppelhäuser den Auftrag zu bekommen, musste vorsorglich ein knapp kalkuliertes Angebot abgegeben werden. Die Öffnung der Angebote war angesichts der bekannten prekären Lage des Unternehmens eine Sensation. Mit 33 Prozent unter dem Nächstbietenden wurde dem Betrieb, nach Erläuterung der geplanten organisatorischen und technologischen Maßnahmen, der Auftrag erteilt. Die Arbeiten wurden nach einem bis in alle Einzelheiten ausgearbeiteten Produktionsplan ausgeführt, vorfristig fertiggestellt und mit einem den kalkulierten Gewinn um ein Mehrfaches überschreitenden Ertrag abgerechnet. Mit der Verbesserung der betrieblichen Organisation nach den Grundsätzen einer wirtschaftlichen Betriebsführung entwickelte sich das Unternehmen mit vier Niederlassungen in vier Jahren zu einem der leistungsfähigsten Betriebe seines Landesbezirks.

In einem anderen Falle ging es im Stadium einer rezessiven Entwicklung unserer Bauwirtschaft um die Sicherung eines Auftragsbestandes, der für die Erhaltung der wirtschaftlichen Betriebsgröße und ihren weiteren Ausbau erforderlich war.

Der Selbsterhaltungstrieb aller Unternehmen führte zum Ansturm bei den Submissionen und zu niedrigsten Angeboten. Durch einen Zufall erfuhren wir den Basispreis des schärfsten Konkurrenten für die ausgeschriebene schlüsselfertige Ausführung von 200 Wohnungseinheiten. Obwohl dieser Preis, nach unserer Auffassung, bedeutend unter der vertretbaren Angebotssumme lag, wurde er von uns unterboten. Nach der Auftragserteilung wurden gemeinsam mit allen Subunternehmern auf der Grundlage spezifizierter Produktionspläne sämtliche Kalkulationsunterlagen überarbeitet. Der nach Abstimmung mit dem Angebot neu geschaffene Preisrahmen bildete die Basis für die zeitlichen Grenzen der einzelnen Arbeitsphasen. Das Endergebnis der gemeinsamen Produktionsplanung war eine im Taktverfahren ausgeführte Baustelle. Nach der sehr schnell erfolgten schlüsselfertigen Übergabe des ersten Hauses wurde an jedem neuen Wochenende ein weiteres Haus bezugsfertig abgeliefert. Alle Beteiligten waren mit dem Abschlussergebnis sehr

▪ Koß:
„Mit dem Produktionsplan tritt an die Stelle der Unsicherheit über die Abrechnungssumme die Gewissheit über den Ertrag. Die Ungläubigkeit der Fachkreise ist ein Zeichen für die überalterten Denkprozesse."

▪ Koß:
„Wir erhielten den Auftrag auf ein Angebot 33 Prozent unter dem Nächstbietenden und schlossen mit einem Gewinn ab, der um ein Mehrfaches über dem kalkulierten lag."

▪ Koß:
„Wir hielten unseren Preis zu Anfang selbst nicht für auskömmlich. Aber mit spezifizierten Produktionsplänen war das Abschlussergebnis sehr zufriedenstellend."

14.1 Unternehmenserneuerung mit KOPF

Koß:
„Die Errichtung meines eigenen Unternehmens und dessen schnelle Ausweitung wäre ohne die Produktionspläne und deren geläufige Handhabung nicht möglich gewesen."

zufrieden. Die für die einzelnen Arbeitsabschnitte gesetzten Grenzen für die Zeit- und Lohnaufwendungen führten zu Rationalisierungsmaßnahmen, deren produktive Auswirkungen die in sie gesetzten Erwartungen noch übertrafen.

Die Errichtung eines eigenen Unternehmens mit der sofortigen Übernahme eines Auftrages für die Ausführung sämtlicher Rohbau- und Putzarbeiten für 60 Einfamilienhäuser wäre in Ermangelung eines eingespielten technischen Büros, ohne die geläufige Handhabung des Produktionsplanes, nicht möglich gewesen. Ein hinzugezogener Architekt stellte nach einem übergebenen Programm, unter Benutzung der vorhandenen Pläne, der Baubeschreibung und des Leistungsverzeichnisses, die Arbeitsphasen im Sinne eines Produktionsplanes zusammen (Abb. 127a und 127b). Mit den genau errechneten Massen, dem Einsetzen der kalkulierten Kosten und den zeitlichen Vorgabewerten bildeten die Produktionspläne die Grundlage für die Ausführung und Überwachung der Arbeiten sowie für ihre verwaltungsmäßige Abwicklung. Da mit den Produktionsplänen auch die ertragsmäßige Entwicklung des Unternehmens sichtbar wurde, war eine relativ schnelle und risikolose Ausweitung des Betriebes durch die Übernahmen größerer Aufträge möglich.

Anfang der 60er Jahre war mir die Aufgabe gestellt worden, eine Anzahl von über die Bundesrepublik verteilten Baubetrieben zu einer Gesellschaft zusammenzufassen. Unter Anwendung der den Produktionsplänen zugrunde liegenden Grundsätze einer wirtschaftlichen Betriebsführung, ist es in relativ kurzer Zeit gelungen, auch die bis dahin unwirtschaftlich arbeitenden Unternehmen zu ertragreichen Gesellschaften auszubauen. Die über die Erhöhung der Produktivität erzielten Erträge gestatteten es sehr bald, neben einer guten Dividende auch aus dem allgemeinen Rahmen fallende übertarifliche Leistungen zu gewähren.

Koß:
„Erst wenn man sich von überlieferten Vorstellungen geistig löst, ist der Erfolg gesichert."

Die Umstellung von überlieferten betriebsorganisatorischen und produktionstechnischen Maßnahmen auf die Anwendung von Grundsätzen einer wissenschaftlichen Betriebsführung vollzog sich nur in dem Umfange der vorhandenen Qualität der Führungskräfte, insbesondere über die geistige Einstellung zu der Entwicklung rationeller Methoden in der Baubetriebswirtschaft und in der Bauproduktion. Auch hier waren nicht nur die formalen Anweisungen, Formulare, Betriebsblätter oder andere Unterlagen die Hebel, um den Durchbruch zu erzielen. Erst, wenn man sich von überlieferten Vorstellungen geistig löst, ist der Erfolg gesichert.

Mit einem die endgültigen Massen ausweisenden Produktionsplan stehen gleichzeitig die Ausgangswerte für die Aufstellung

1. einer nach Arbeitsabschnitten gegliederten Baustoffbedarfsliste,
2. eines Bauzeitenplanes,
3. der Arbeitskolonnen und des Maschineneinsatzes in optimaler Größenordnung,
4. eines Gerätebedarfs- und Baustelleneinrichtungsplanes,
5. einer Liste der vorzufertigenden Bauteile,
6. der geleisteten Arbeitsstunden auf den Lohnlisten, unterteilt nach Arbeitsphasen,
7. einer auf der Baustelle geführten Mitkalkulation,
8. der Zwischenrechnungen,
9. monatlicher oder zwischenzeitlicher Kosten- und Erfolgskontrollen für jede einzelne Baustelle und damit für den gesamten Betrieb und
10. der Schlussrechnung zur Verfügung.

Die Baustoffbedarfsliste mit ihrem Überblick über den Gesamtbedarf und den zeitlichen Einsatz der Teilmengen ermöglicht die Aufstellung von Liefer- und Transportplänen.

Die Realisierung der mit den Produktionsplänen festgelegten Planziele setzt mit voraus, dass die endgültige Festlegung der Arbeitsabschnitte mit ihren Zeitansätzen in Zusammenarbeit mit dem Bauführer und dem Polier erfolgt. Aus unterschiedlichen Gründen wird es nicht immer möglich sein, bei jeder Einzelarbeit die vorzugebende Zeit mit der kalkulierten Zeit in Übereinstimmung zu bringen. Aber in vielen Jahren der praktischen Anwendung dieses Verfahrens ist es niemals unmöglich gewesen, abgesehen von den sehr seltenen nicht korrigierbaren Fällen, die in den Produktionsplänen ausgewiesenen Zeiten, sei es für eine Phase oder für die gesamte Bauausführung, auf die kalkulierten Gesamtstunden abzustimmen und in ihrem Rahmen abzuwickeln."

Erich Koß war es schon 1930 gelungen, die von ihm geleiteten Bauhütten durch ein hochentwickeltes Management und eine wesentliche Verbesserung der Arbeitsgeschicklichkeit auf ein um 30 Prozent höheres Produktivitätsniveau zu führen, als es im Durchschnitt erreicht war. Auch an den Baustellen, die noch in den sechziger Jahren unter seiner Gesamtleitung standen, lag die Produktivität um diese Größenordnung höher als anderswo.

1965 ließ er auf einem Baugrundstück in Frankfurt am Main zwei vergleichbare Bauwerke mit unterschiedlichem Management errichten:

Das eine mit Leuten, die sich bei ihrer auf konventionelle Weise geleisteten Arbeit viel Mühe gaben und das andere mit solchen, die seine Produktionsplanung und auch die von ihm angeregten Arbeitshilfen, wie richtige Gerüsthöhen und Mauerlehren, einsetzten.

Im zweiten Fall war der Baustellengewinn dreimal so hoch. Die Arbeitsproduktivität (Koß schreibt: die Kapazität) stieg um 30 Prozent. (s. Abb. 2)

Erich Koß wurde 1899 in Schwerin geboren und starb 1982 in Frankfurt am Main. Koß war Maurermeister und bestand sein Ingenieurexamen 1922 an der Baugewerkschule in Lübeck. Er ging zu den Bauhütten, dem damaligen Verband sozialer Baubetriebe. Dort entwickelte er sich bald zum Fachmann für die Steigerung der Bauproduktivität durch Vereinfachung und Erleichterung der Arbeit. Schon 1924 wurde er Geschäftsführer der Bauhütte in Grünberg in Schlesien, 1928 wurde er in den „Engeren Technischen Ausschuss" des Verbandes berufen und zum Geschäftsführer der Bauhütte für die Oberlausitz in Görlitz bestellt.

Nach einigen Jahren Arbeit in Frankreich gründete er 1935 in Dessau ein eigenes Bauunternehmen, das er bis zum Kriegsende erfolgreich führte. Von 1946 bis 1950 war Erich Koß Stadtbaurat in Magdeburg. Seine Organisation des Wiederaufbaus war damals auch für westdeutsche Städte vorbildlich. Er regte die Gründung einer „Neuaufbau Magdeburg GmbH" an, deren Geschäftsführer er wurde, und finanzierte den Aufbau mit der von allen Beschäftigten geleisteten zusätzlichen Arbeit, deren Gegenwert von den Betrieben an diese städtische Gesellschaft abgeführt wurde.

Der Oberbürgermeister von Magdeburg schreibt dazu 1950 in einer Würdigung der außergewöhnlichen Koß'schen Leistung: „Von Mitte 1946 bis jetzt wurden rund 12 Millionen Mark aufgebracht. Das augenblickliche jährliche Aufkommen beträgt nach einer Reduzierung der Aufbauarbeit noch 2,5 bis 3 Millionen. Die organisierte Trümmerverwertung und die Entwicklung eines Bindemittels bieten die Möglichkeit, die Trümmer weitestgehend für den Aufbau durch ihre Umformung zu neuen wirtschaftlichen Bauelementen nutzbar zu machen."

Nach seiner politischen Gefangenschaft in Magdeburg kam Erich Koß 1955 in die Bundesrepublik. 1958 wurde er Geschäftsführer der neu gegründeten Bauhütten GmbH, die er bis zu seiner Pensionierung leitete.

Koß war schon bei seinen Arbeiten in den zwanziger Jahren den Erkenntnissen des bekannten amerikanischen Bauingenieurs Frank Bunker Gilbreth gefolgt, der einen anderen Rationali-

▪ Keine funktionierende Logistik ohne Produktionspläne unterteilt nach Arbeitspaketen.

14.1 Unternehmenserneuerung mit KOPF

Zeitstudien sind „das Papier nicht wert, auf dem sie aufgezeichnet sind".

Der „Gilbreth'sche Maurer" organisierte sich selbst und verdiente 50 Prozent mehr als seine Kollegen.

Die Arbeitstechniken verbessern – die Arbeit erleichtern.

sierungsansatz hatte, als er in der deutschen Industrie damals vertreten wurde. Im Gegensatz zu Taylor, dem Befürworter der Zeitstudien mit der Stoppuhr, vertrat Gilbreth die Auffassung, mit der auch Koß außerordentliche Erfolge erzielte: „Es gibt keine Möglichkeit, den besten Weg für den Arbeitsvollzug mit Hilfe geheimer Zeitstudien zu bestimmen, und ebenso wenig lassen sich die Ursachen für die Arbeitsgeschicklichkeit auf diese Weise untersuchen. Zeitstudien sind das Papier nicht wert, auf dem sie aufgezeichnet sind."

Koß wie Gilbreth ging es um die Verbesserung der Organisation der Arbeit, nicht um das Intensivieren des Kraftaufwandes der einzelnen Mitarbeiter.

In einem vielbeachteten Vortrag, den der junge Baumeister Erich Koß 1930 vor dem Engeren Technischen Ausschuss des Verbandes sozialer Baubetriebe hielt, kommt das zum Ausdruck:

„… nicht Leistungssteigerung um jeden Preis, die wie in der Industrie die Reduzierung der Akkordsätze zur Folge hat … Der Mensch muss der wertvollste Faktor des Betriebes sein … Im Verhältnis zu dem systematischen Aufbau der Berichterstattung haben wir die Baustelle zu Unrecht vernachlässigt … Dort versuchen wir nun nicht mehr, die Steigerung der Arbeitsleistung durch höheren Kraftaufwand, sondern durch Erleichterung mit Hilfe einer Verbesserung der Zuordnung von Produktionsmittel und Arbeitskraft …

… Gilbreth beschreibt einen interessanten Vorgang: Ein Professor für angewandte Psychologie teilte von einem Arbeiter aus Sydney mit, dass derselbe im Akkordlohn stets 50 Prozent und mehr über dem Verdienst der anderen lag. Dabei besaß er auf den ersten Blick keinerlei besondere Fähigkeit oder bessere Gewandtheit. Bei genauerem Betrachten seiner Arbeitsmethoden fand man die Ursache seines Erfolges: Er verwandte jeden Morgen eine halbe Stunde zum Ordnen seiner Werkzeuge und Hilfsmittel.

Durch diese Vorbereitung war er im Stande, später im Laufe des Tages richtig und automatisch zu arbeiten, ohne eine besondere Aufmerksamkeit oder Willensanstrengung aufbringen zu müssen. Jeder Griff zu seinem Werkzeug war für ihn zu einer selbstverständlichen, keinerlei Denk- und Umstellungsarbeit erfordernden Tätigkeit geworden. Die Ermüdung musste geringer und die Produktivität höher werden, weil sich mit dem ununterbrochenen Arbeitsfluss ein gleichmäßiger Arbeitsrhythmus einstellt.

Gerade diese Vereinfachung des Denkprozesses in Routine durch Vordenken und Vorsorgen sollte uns aufmerksam werden lassen.

Denken Sie an die Umstellung des Maurers, der die Kelle weglegt und die Wasserwaage nimmt, um seine Ecke oder die Fensterleibung einzuloten. Denken Sie an das Anlegen der Mauerverbände bei den Schornsteinen, den Fensterecken usw. Jede Schicht ist anders. Bei jeder neuen Schicht muss er sich neu konzentrieren, innere Kraft verbrauchen…

Die praktischen Erfahrungen der letzten fünf Jahre haben meine Überzeugung gestärkt, dass die Stoppuhr und die sonst zur Messung der Dauer von Arbeitsverrichtungen benutzten Instrumente nicht den ihnen zugeschriebenen Wert besitzen. Man braucht sie nicht … Die Bewegungsstudien, die keine Stoppuhr benötigen, sind das Primäre…

Benötigen wir, um festzustellen, dass der Mörtel fehlt, die Ziegelsteine nicht vorhanden sind, eine Stoppuhr? Um zu erkennen, was die wirtschaftliche Abwicklung der Arbeitsprozesse unterbindet, brauchen wir keine Stoppuhr …

Die Bewegungsstudien müssen den Sinn haben, überflüssige Bewegungen zu beseitigen, die Teilbewegungen zu vervollkommnen, die den Arbeiter ermüden und die er nur ausführt, weil er zweckmäßigere Methoden und Einrichtungen des Arbeitsplatzes nicht kennt.

Wenn wir zum Beispiel die Ecklehre verwenden, braucht sich der Maurer nicht der wechselnden Fugenstärke durch Aufnahme verschiedener Mengen Mörtel anzupassen. Er spart das Aufklopfen bei zu engen Fugen oder das Nachgeben von Mörtel bei zu großen Fugen. Der Arbeitsrhythmus, der sich einstellt, geht dem Maurer in Fleisch und Blut über ...

Beobachten Sie Ihre Maurer einmal! Sie werden verrenkte Stellungen sehen, die übermäßige Anstrengungen zur Folge haben. Worauf wäre es wohl sonst zurückzuführen, dass der eine Betrieb behauptet, die Maurer könnten höchstens 800 bis 900 Ziegel je Tag vermauern, während an anderer Stelle bewiesen wird, dass 1600 Ziegel je Tag vermauert werden können. Ich habe hochqualifizierte Maurer im Taglohn in starkem Mauerwerk 2300 Ziegel vermauern sehen.

Dazu sind natürlich weitere Verbesserungen nötig. An meinen Baustellen darf zum Beispiel kein Polier die Maurer höher als 1,30 Meter über Rüstung mauern lassen, weil in den Schichten darüber der Zeitaufwand immer mehr steigt ...

Es ist ein beruhigendes Gefühl, die Arbeiten nach dem Kalender planmäßig fertig werden zu sehen ... Mit einem durchdachten Produktionsplan haben wir bei den Maurerarbeiten für eine Reihe Zweifamilienhäuser die Konkurrenz um ein Drittel unterboten.

Der wirtschaftliche Erfolg, den wir dabei trotzdem erzielt haben, hat mich veranlasst, der Abwicklung der Arbeiten an den Baustellen immer größere Aufmerksamkeit zu widmen ...

Hat man es erst einmal fertiggebracht, sich von dem Gedanken zu lösen, dass die bisher praktizierte die einzig richtige Ausführungsart sei, dann ist man erstaunt, wie einem neue Ideen zufließen ...

Die Erfolge sind erfreulich. Das Wichtigste ist die Unterweisung, nicht die Berichterstattung. Die zeigt die Schwächen auf, sagt uns aber nicht, wie wir sie abstellen sollen ...

Sehen Sie die Entwicklung unserer Umsatzzahlen im Verhältnis zu den Lohnsummen:

1927	Umsatz:	950.000,– Mark
	Lohn:	350.000,– Mark
1928	Umsatz:	850.000,– Mark
	Lohn:	340.000,– Mark
1929	Umsatz:	990.000,– Mark
	Lohn:	240.000,– Mark"

Die Aktualität dieses Vortrages von 1930 ist frappierend. Auch als Geschäftsführer der Bauhütten GmbH hatte Koß vergleichbaren Erfolg. Der Umsatz stieg von 1958 bis 1963 von 40 auf 72,5 Millionen Mark. Der Anteil der Lohnsumme sank im gleichen Zeitraum von 42 auf 31 Prozent.

1963/64 wurden die Mitarbeiter am Erfolg beteiligt.

Der Versuch, die Ergebnisse durch eine bessere Abstimmung mit der Planung weiter zu verbessern, scheiterte. Koß versuchte alles, ein beispielhaftes Zusammenwirken zwischen der Bauhütten GmbH und der Neuen Heimat (beides Gewerkschaftsunternehmen) zu erreichen – vergebens. Nach seinem Ausscheiden ging es auch mit den Bauhütten rapide bergab. Die unveröffentlichten Schriften von Koß sind Dokumente dafür, wie gnadenlos die Wirtschaftsdynamik Unternehmen eliminiert, die ihre Angelegenheiten inkompetenten Funktionären überlassen.

Die Bauwirtschaft hat den Appell zum Umdenken bis heute nicht aufgenommen.

Im März 1980 schrieb Koß:

„Wenn man heute sieht, wie auf Baustellen gearbeitet wird ... weil anscheinend die Preise ausreichend Spielraum für die entstehenden Mehrkosten lassen, dann kommt einem die aufgegebene Chance mit erschreckender Deutlichkeit zum Bewusstsein ...

Ihre volle Bestätigung haben die gegebenen, ungenutzten Möglichkeiten zu einer enormen Produktivitätssteigerung in der Bauwirtschaft in meinem eigenen Unternehmen gefunden.

■ Koß:
„Das wichtigste ist die Unterweisung, nicht die Berichterstattung."

■ Trotz der auffälligen Erfolge wissenschaftlicher Betriebsführung ist der Appell zum Umdenken bis heute nicht aufgenommen worden.

■ Koß 1980:
„Statt sich um die schöpferische Einbeziehung des Menschen in den Produktionsprozess zu bemühen, bedient man sich der Absprache von Preisen."

14.1 Unternehmenserneuerung mit KOPF

Koß 1980: „Statt sich um die schöpferische Einbeziehung des Menschen in den Produktionsprozess zu bemühen, bedient man sich der Absprache von Preisen."

Bei der richtigen Anwendung des Produktionsplanes muss nicht mehr, sondern weniger geschrieben werden.

Koß: „Mit den Abschlagszahlungen nach Arbeitspaketen sind sofort alle Kosten für den Abschnitt gedeckt. Im Zusammenhang mit den Zahlungszielen der Lieferanten ist das eine interessante Sache."

Man kann bald ein Unternehmen aus der Verlust- in die Gewinnzone führen.

Die Bauwirtschaft hat infolge der noch fehlenden, alle Grenzen überschreitenden Konkurrenz noch nicht die erforderliche geistige Umstellung vollzogen ... Das Arbeiten nach einem ... Produktionsplan erfordert .. die Aufgabe der überlieferten Arbeitsgewohnheiten ... Statt sich um die schöpferische Einbeziehung des Menschen in den Produktionsprozess zu bemühen, bedient man sich der Absprache von Preisen. Große Verluste sind der Volkswirtschaft in den letzten Jahren entstanden ..."

Vor allem haben wir bei allen Bemühungen um die Verbesserung der Produktivität übersehen, dass der „Gilbreth'sche Maurer", der durch die Selbstorganisation seiner Arbeit 50 Prozent mehr verdiente als seine Kollegen, ein wichtiges Zeichen gesetzt hat. Er sollte uns deutlich machen, dass schon aus betriebswirtschaftlichen Gründen die Arbeitsvorbereitung stärker dezentralisiert werden muss. Auch da versagen die zentralen Taylor'schen Ansätze. Diese Fähigkeit zur Selbstorganisation kann überall geweckt und entwickelt werden.

Heute können wir noch immer die Erträge erheblich verbessern, wenn wir die von Koß erfolgreich praktizierte Produktionsplanung anwenden. Mehr Selbststeuerung muss allerdings hinzukommen um die erforderliche Varietät zum Ausgleich der Störungspotentiale in den komplexen Arbeitsprozessen zu entwickeln.

Zu den immer wieder zu hörenden Einwänden, dass dabei Zeit an den Baustellen verloren gehe, weil mehr geschrieben werden müsse, sagte Koß in einem Vortrag 1981 am Beginn der Baukrise der 80er Jahre:

„Meine praktischen Erfolge beruhen vor allem darauf, dass ich alles das, was man heute immer noch im Laufe der Bauausführung stückchenweise entscheidet, mit dem Produktionsplan vorausplanend erledige.

Wer möchte aus diesem Kreise bestreiten, dass er bei den überlieferten Arbeits- und Verwaltungsmethoden nicht mehrfach im Laufe der Bauausführung Abrechnungen, Zwischenrechnungen, Massenberechnungen, und Sie wissen, was sonst noch, machen muss; dass er Tagesberichte, Wochenberichte, Maschinenberichte und was weiß ich sonst glaubt entgegennehmen zu müssen, um einen Überblick über den Ablauf der Arbeiten zu bekommen.

Nein, das alles fällt weg!

Und ich stelle hier zum wiederholten Male noch etwas anderes in den Raum: Ich behaupte aufgrund meiner praktischen Erfahrungen – obwohl ich seit über 20 Jahren von den meisten die Antwort erhalte: ‚Das ist nicht möglich'–, der Unternehmer kann mit Hilfe des Produktionsplans nach meinen Vorschlägen verhindern, dass er Verluste macht – oder zumindest erreichen, dass die Kosten seiner Bauausführung sich im Rahmen seiner Vorkalkulation bewegen.

Und ich meine, das wäre doch heute schon etwas.

Dann sehen Sie sich bitte am Beispiel der Abschlagsrechnung einmal an, welche verwaltungstechnischen Vorteile mit der abschnittsweisen Aufstellung des Produktionsplanes verbunden sind. Das macht Ihre junge Dame im Büro ganz allein. Sie schreibt den betreffenden Abschnitt nach dem Stand der Arbeiten ab, – und die Abschlagsrechnung ist fertig.

Wenn Sie sich nun noch dazu durchringen können, mit Ihrem Architekten offen über die Produktionsplanung zu reden, dann können Sie ihm mit der exakten Massenberechnung die abschnittsweise Zusammenstellung der Massen und Kosten vorher geben. Am Tag nach der Fertigstellung eines Abschnitts geht dann die Abschlagsrechnung hinaus. Ich habe mit dieser Methode und bei entsprechender Offenheit immer auch Aufgeschlossenheit bei Architekten und Bauherren gefunden.

Versuchen Sie es, – und Sie werden gleiches erleben. In wenigen Tagen haben Sie das Geld auf dem Konto. Das bedeutet, alle Ihre Kosten für

Löhne, Baustoffe, Fremdleistungen usw. werden sofort für alle Leistungen des Abschnitts gedeckt; denn der Abschnitt des Produktionsplanes umfasst die jeweils fertige Leistung – es bleibt keine Nebenleistung zurück. Im Zusammenhang mit den Zahlungszielen gegenüber Ihren Lieferanten ist das eine ganz interessante Sache. Ich habe damit ein großes Bauunternehmen in kürzester Zeit aus der Tiefe der roten Zahlen herausgeholt. Das Unternehmen mit 13 Niederlassungen hatte einen Verlust von 900.000,- DM ausgewiesen, als ich es übernahm. In den folgenden fünf Jahren wurde der Verlust beseitigt. Im fünften Jahr konnte den Gesellschaftern eine Dividende von 15 Prozent gezahlt werden. Außerdem haben wir den Mitarbeitern aus dem Gewinn eine Ertragsbeteiligung von rd. 1.000.000,- DM auszahlen können."

Um für meine Arbeit als Bauleiter und Betriebsberater zu lernen, habe ich damals auf Empfehlung von Erich Koß eine KOPF-Werkstatt mit vier Maurern und einem Polier gegründet. Wir haben zwei Jahre lang die Mauer- und Betonarbeiten für Ein- und Zweifamilienhäuser auf der Grundlage der von Koß eingeführten Produktionspläne ausgeführt. Nach einer Lernperiode von einigen Wochen hatten wir vergleichbare Erfolge. Wir hatten durch den ständigen Vergleich von Soll- und Ist-Stunden, den wir seit 1975 für alle Gewerke an unseren Baustellen durchführten, für die Mauer- und Betonarbeiten Durchschnittswerte ermittelt. Die haben wir als Vorgabestunden mit den Maurern vereinbart. Nach zwei Jahren hatte das Team im Vergleich zu diesem Ausgangsniveau die Produktivität um 42 Prozent verbessert. Für drei Verbesserungskonstruktionen an einem Mauerlehrensystem, das wir aus den Niederlanden eingeführt hatten, war vom Patentamt der Gebrauchsmuster-Schutz verliehen worden. Die Verbesserungen hatten Maurer erfunden. Man muss den Mitarbeitern – bei ständig wiederholter Schulung – Zeit lassen zum Lernen und ihnen die Freiheit zum Mitdenken geben, dann steigen mit den Erfolgserlebnissen Engagement und Selbstverantwortung. Das lernende Unternehmen wird zum erfindenden Unternehmen. Aber die Umstellung verlangt auch Regeln. Sie geht nur auf der Basis einer Betriebsvereinbarung, die von allen befolgt werden muss.

Für das zielgenaue Planen und Lenken in den Büros und Betrieben enthält das KOPF-System:
1. Die Kenntnisse, wie man kundenkonzentriert arbeitet.
2. Die Umstellung von hierarchischen zu selbststeuernden Betriebsstrukturen.
3. Das Wissen zur Optimierung der Wertschöpfung aller Geschäftsprozesse.
4. Eine vereinfachte praxisgerechte G.u.V.-Rechnung zur Angebotsbearbeitung mit hohen Auftragsquoten.
5. Die Statistik über die wirkliche Baupreisentwicklung und eine Sammlung von Vergleichsobjekten zur frühzeitigen marktgerechten Kostenbestimmung. Die Beobachtung des Konkurrenzverhaltens zur retrograden Erfolgsermittlung.
6. Eine Datensammlung mit Arbeitsstundenwerten, Schwierigkeitskoeffizienten und Mengenermittlungsregeln zur ganzheitlichen Modellierung des Projektierungs- und Entscheidungsprozesse und zur rechtzeitigen Bestimmung des Baubeginns für einen kontinuierlichen Bauablauf.
7. Eine Datensammlung mit Arbeitsstundenwerten für alle Ausführungsgewerke zur Bildung von Ausführungs-Modellen mit der „erforderlichen Varietät" und Produktionsplänen mit ablaufgerechter Sortierung der Leistungspositionen in Arbeitspaketen.
8. Die flexible Wahlarbeitszeit.
9. Eine liquiditätsfördernde Rechnungslegung.
10. Die Sicherheit im Bau- und Vertragsrecht.
11. Eine nookybernetische Führungslehre, die

■ Die KOPF-Werkstatt verbesserte die Produktivität in 2 Jahren um 42 Prozent.

■ Das lernende Unternehmen wird erfinderisch.

14.2 Unternehmenserneuerung mit KOPF

Sofort nach Auftragseingang Ausschreibung und Pläne prüfen.

zielgenaues Führen mit „kybernetischer Logik" auf der Basis der Varietäts-Modelle erst möglich macht.

Alle Prozesse, in denen Menschen zusammenwirken, sind äußerst komplex: der Bau eines Eigenheims ebenso wie der Bau eines Krankenhauses; die Malerarbeiten ebenso wie der Maschinenbau für ein Klärwerk; die optimale Entwicklung von Planungsbüros ebenso wie die von Bauunternehmen und Handwerksbetrieben. Gefordert ist Komplexitätskompetenz, zielgenaues Führen als Dienstleistung in lernenden Sozialsystemen.

14.2

Produktionsplan und Produktivitätsmanagement heute

Zuerst wird ein Ausführungs-Leistungsverzeichnis erstellt. Dazu darf man auf keinen Fall die Leistungspositionen des Angebots einfach per Computerbefehl vom Angebotsprogramm in ein AV-Programm übertragen.

14.2.1

Fallbeispiel Rosenstraße Höxter

Die umfassende Information der Mitarbeiter ist mitentscheidend für den Erfolg.

Bauleiter und Polier grenzen stattdessen gemeinsam die vernetzbaren Ausführungsabschnitte (Arbeitspakete) ab und bestimmen die für jedes Arbeitspaket tatsächlichen Ausführungspositionen und deren Reihenfolge nach Arbeitsschritten. Eine solche Unterteilung zeigt Abb. 128 für das Wohnprojekt Rosenstraße in Höxter, das in der Rezessionsphase der 80er Jahre bei äußerst niedrigen Preisen ausgeführt wurde.

Diese Unterteilung wird immer vorgenommen, unabhängig davon, ob es sich um einen Neubau oder um eine Modernisierungsaufgabe handelt. Sie betrifft alle Gewerke bis auf solche Tätigkeiten, die über mehrere Abschnitte reichen wie Verteilungsleitungen im Kellergeschoss, Steigeleitungen über mehrere Geschosse oder Fassadenteile, die dann nach dem jeweiligen Arbeitsablauf sinnvoll unterteilt werden müssen.

Diese Unterteilung bzw. Neusortierung der Leistungen zwingt zur Durchsicht der Pläne, zur Prüfung der Vollständigkeit, zur Feststellung von Ungereimtheiten, von nicht ausgeschriebenen Leistungsteilen und damit zur frühzeitigen Vertragskorrektur; denn Mehrleistungen – und damit Mehrkosten – müssen nach den VOB-Regeln sofort angemeldet werden, wenn sie erkennbar sind.

Bauleiter und Polier besichtigen gemeinsam die Baustelle, erkunden dort Leitungsführungen, Baufreiheit etc., um nachteilige Überraschungen auszuschließen.

Dann werden für jedes Arbeitspaket Vorgabestunden ermittelt. Dazu müssen auch Arbeitspakete gebildet werden, die möglicherweise aus dem Leistungsverzeichnis nicht direkt zu entnehmen sind: für die Baustelleneinrichtung beispielsweise oder – bei umfangreichen Stahlbetonarbeiten – für das Ausschalen.

Der Produktivitätsgrad der Arbeit hängt stark von Emotionen ab. Es geht darum, von Anfang an Demotivation zu vermeiden. Wo sollen z. B. die Mitarbeiter die aufgewendeten Stunden für die Baustelleneinrichtung hinschreiben, wenn es dafür kein Arbeitspaket mit Vorgabestunden gibt? Wahrscheinlich schreiben sie die Einrichtungsstunden in das Paket Erdarbeiten, merken bald, dass dort die Vorgabestunden nicht ausreichen und zweifeln das ganze Verfahren an, ehe sie überhaupt recht begonnen haben. Selbststeuerung funktioniert nur, wenn die Führung sich richtig verhält. Die produzierenden

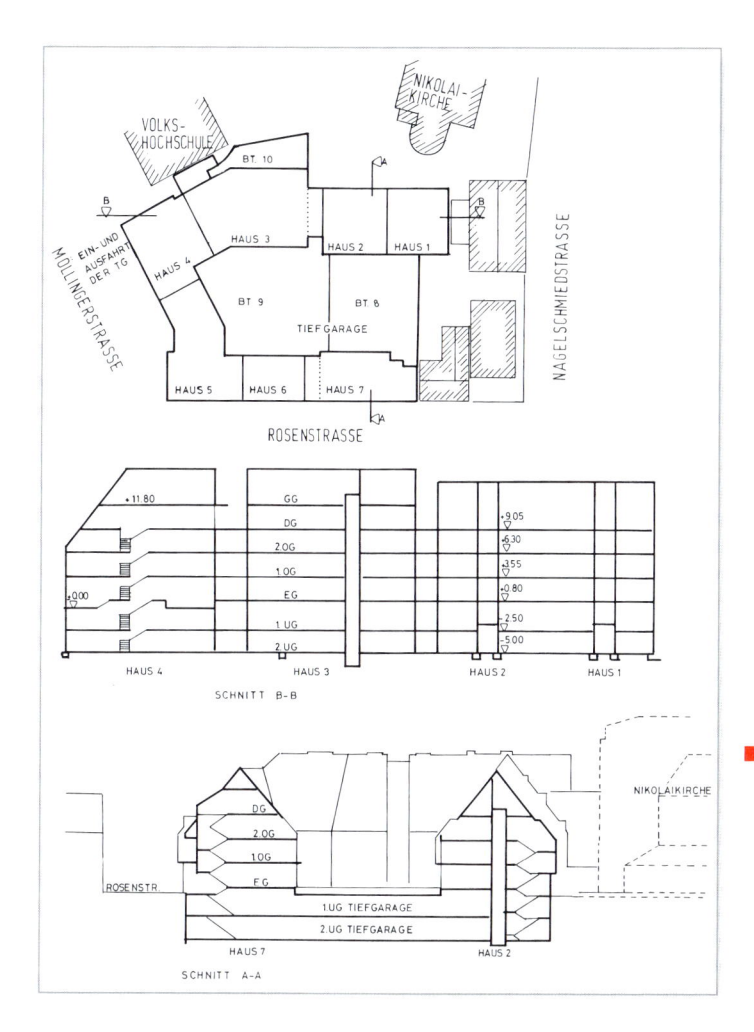

Abb. 128: Unterteilung nach Ausführungsabschnitten (Arbeitspaketen).
ANMERKUNG: Bei Mauer- und Betonarbeiten gilt als Unterteilung von Bauteilen eine Grundfläche von etwa 100 bis 300 m². Die waagerechte Unterteilung wird geschossweise vorgenommen.

Mitarbeiter müssen über den Inhalt und die Funktionsweise der Produktionsplanung informiert werden – über die Produktivitätserfordernisse zur Vermeidung von Verlusten ebenso wie über die Gewinnerwartungen.

Informationslücken werden sofort von Gerüchten besetzt.

Wir hatten an einer Baustelle die Produktivität um 30 Prozent gesteigert. Im November kam das Gerücht auf: die Firma hat keinen Anschlussauftrag. Schon war die Produktivität um 30 Prozent gefallen. Man hält sich an der Arbeit länger fest, um mögliche Kurzarbeit oder Schlimmeres zu vermeiden – oder weil eine solche Nachricht einfach frustrierend wirkt.

Sie können nichts besseres tun, als durch rechtzeitige, umfassende, wahrhaftige Information ein Klima des Vertrauens zu schaffen.

Auch in diesem Zusammenhang wirkt sich rechtzeitige, richtig bemessene Akquisition positiv aus.

An jeder Produktionsstätte sollte nicht nur das

14.2 Unternehmenserneuerung mit KOPF

Werkzeug und Geräte müssen dauerhaft funktionsfähig sein.

Ablaufmuster mit dem Fertigstellungs- und Abräumtermin ausgehängt sein, sondern auch der unübersehbare Hinweis darauf, welche neue Baustelle schon auf die Mitarbeiter wartet.

Die Einrichtung der Baustelle muss bis hin zum Kleingerät gewissenhaft vorbereitet werden. Der Bauleiter prüft rechtzeitig das Gerät auf seine Funktionsfähigkeit. Die Baucontainer müssen so eingerichtet sein, dass man nicht für jede kleine Reparatur den Bauhof oder die Werkstatt braucht und dass die Mitarbeiter vor Ort die Wartung der Geräte selbst durchführen können.

Ganz erhebliche Produktivitätsverluste entstehen durch den Frust über nicht funktionierendes Gerät. Die Arbeiter merken immer erst, wenn sie das Gerät benutzen wollen, dass es nicht funktioniert. Die Erfahrungen mit vielen Baustellen und großen wie kleinen Unternehmen zeigen:

Es gibt in Deutschland keinen Baubetrieb, bei dem Bauhof und Baustelle auch nur einigermaßen zufriedenstellend zusammenarbeiten. Die doppelte Verschwendung aus Zeitverlust und Unlust, die daraus resultiert, kostet die Bauwirtschaft allein jedes Jahr Milliarden.

Dass es so schwierig gar nicht ist, auch bei niedrigstem Preisniveau noch Gewinn zu machen, kann an dem Beispiel Rosenstraße gezeigt werden.

Gebaut wurde eine Wohnanlage mit Tiefgarage in einem Innenstadtbereich. Die Kosten des Bauhauptgewerks betrugen rd. 3 Mio. DM.

Ein Deckungsbeitrag von 30 Prozent war zu erzielen. Leider gab es die üblichen Zeitverluste.

Die Baufirma brauchte, einen angestrebten Gewinn eingeschlossen, einen Deckungsbeitrag von 30 Prozent der produktiven Kosten. Die Abbildungen 129a und 129b zeigen die Zusammenstellung der einzelnen Arbeitspakete.

Die Ausführungskalkulation zeigt, dass bei den niedrigen Preisen selbst bei dem hier gegebenen durchschnittlichen Produktivitätsniveau dieser Deckungsbeitrag durchaus zu erzielen war. Die Produktivität hätte sich sogar steigern lassen, wenn man arbeitswissenschaftliche Erkenntnisse, die in Deutschland seit jahrzehnten vernachlässigt werden, umgesetzt hätte. Im Kapitel „Produktivitätsfördernde Arbeitstechnik – ein versunkener Schatz" komme ich darauf zurück.

Schon bei der Ausführungskalkulation sollten Polier und Bauleiter Möglichkeiten der Produktivitätssteigerung prüfen: Soll man z. B. eine ausgeschriebene Herstellung in Ortbeton durch ein Fertigteil ersetzen? Die Qualität lässt sich dadurch oft verbessern. Die Kosten lassen sich senken. Der Einheitspreis bleibt fest. Die Arbeitsproduktivität steigt.

Die Abbildungen 130a und 130b zeigen die Ausführungskalkulation für das Arbeitspaket Mauerarbeiten im Bauteil 1+2 / 2. OG. Diese Aufbereitung von Kosten und Preisen nach Arbeitspaketen bildet auch die Grundlage für die Verbesserung der Liquidität durch Abrechnung parallel zur Ausführung. Damit wird die verspätete Vorlage von Abrechnungsunterlagen vermieden, die den Zahlungsfluss verzögert. Die Finanzierungskosten in den Unternehmen sind nicht nur wegen der beklagten zögerlichen Zahlungsweise der Auftraggeber zu hoch, sondern oft wegen der verspäteten Abrechnungen durch immer wieder aufgeschobene Abrechnungsarbeiten. Millionen Mark, die eigentlich in die Unternehmen gehörten, liegen deshalb bei den Auftraggebern. Die Abrechnung nach Arbeits-

■ Abb. 129a.

■ Abb. 129b: Produktionsplanung Rosenstraße: Auszug aus der Zusammenstellung der Ausführungskalkulation für die einzelnen Arbeitspakete nach dem Vorbild von E. Koß.

Unternehmenserneuerung mit KOPF 14.2

PRODUKTIONSPLAN / AUSFÜHRUNGSKALKULATION

Bauvorhaben: BHH Rosenstr. Kolonne: Bauhauptgewerk Blatt: 9
Ausführungsabschnitt: Zusammenstellung

Lfd Nr	Nr LV	Leistungstext	E	Anzahl	Vorgabe-Std zus E / Ges	Produktive Lohnkosten Mi-Lohn DM E / Ges	Mi-Lohn+Sozialzuschl DM E / Ges	Masch DM E / Ges	Schal DM E / Ges	Stoffe DM E / Ges	Fremd-Leist DM E / Ges	Produktive Kosten DM E / Ges	Preise im LV DM E / Ges
		Übertrag			36.205	578.254,41	1.060.583,11	67.459,59	35.767,02	990.118,64	—	2.153.928,36	2.778.507,82
101		Stb-Wände + Stützen, 2.OG, Bt.4			494	7.913,53	14.483,65	12,55	162,43	8.798,68		23.457,31	29.629,93
102		-"- 2.OG, Bt.5			657	10.534,72	19.283,20	12,23	163,30	11.955,46		31.413,19	39.604,29
103		-"- 2.OG, Bt.6			9	135,74	248,42	0,69	6,96	99,27		355,34	457,79
104		-"- 2.OG, Bt.7			106	1.667,04	3.050,08	11,45	113,82	1.662,41		4.838,36	6.209,44
105		Mauerwerk 2.OG, Bt.1+2			263	4.245,68	7.774,28	161,58	—	5.220,92		13.096,78	16.952,62
106		-"- 2.OG, Bt.3			342	4.968,32	9.092,05	199,53	—	6.616,50		15.908,08	20.608,61
107		-"- 2.OG, Bt.4			336	5.374,24	9.953,79	224,68	—	7.347,05		17.525,52	22.692,45
108		-"- 2.OG, Bt.5			298	4.751,68	8.695,16	194,59	—	5.965,14		14.854,89	19.242,46
109		-"- 2.OG, Bt.6			190	3.029,16	5.541,32	211,96	—	4.442,24		9.795,52	12.703,72
110		-"- 2.OG, Bt.7			284	4.526,88	8.306,53	170,58	—	5.975,66		14.352,27	18.604,96
111		Decken + Unterzüge, 2.OG, Bt.1+2			31	542,81	938,72	11,18	50,42	923,62		1.923,64	2.460,10
112		-"- 2.OG, Bt.3			418	6.673,71	12.211,40	14,22	750,51	10.000,21		23.076,90	29.645,91
113		-"- 2.OG, Bt.4			399	6.370,03	11.657,15	102,56	719,94	9.093,97		21.573,62	27.731,65
		Übertrag / Summe			40.002	639.529,27	1.171.651,22	68.787,39	37.734,40	1.067.919,77		2.346.099,78	3.025.051,64

Stempelfeld — Sozialzuschlag auf Löhne = 83 %

Preise im LV		Fremd-Leist.	
Produktive Kosten		Stoffe	
Nichtproduktive Kosten		Schal	
= % von den prod. Kosten		Masch	
		Löhne	
		Produktive Kosten	
nach KOSS		Preise im LV	

PRODUKTIONSPLAN / AUSFÜHRUNGSKALKULATION

Bauvorhaben: BHH Rosenstr. Kolonne: Bauhauptgewerk Blatt: 10
Ausführungsabschnitt: Zusammenstellung

Lfd Nr	Nr LV	Leistungstext	E	Anzahl	Vorgabe-Std zus E / Ges	Mi-Lohn DM E / Ges	Mi-Lohn+Sozialzuschl DM E / Ges	Masch DM E / Ges	Schal DM E / Ges	Stoffe DM E / Ges	Fremd-Leist DM E / Ges	Produktive Kosten DM E / Ges	Preise im LV DM E / Ges
		Übertrag			42.637	681.586,57	1.248.413,32	69.581,96	40.977,33	1.123.069,34	—	2.482.041,95	3.200.270,75
129		Mauerwerk DG, Bt.5			167	2.611,36	4.744,35	105,09	—	3.506,27		8.355,71	10.831,39
130		-"- DG, Bt.6			66	1.044,72	1.911,44	43,87	—	1.409,94		3.365,25	4.360,78
131		-"- DG, Bt.7			168	2.675,20	4.895,34	117,27	—	3.507,53		8.520,14	11.033,33
132		Mauerwerk GG, Bt.3			76	1.198,08	2.192,51	46,86	—	1.738,44		3.977,81	5.159,45
133		-"- GG, Bt.4			60	960,-	1.756,59	39,98	—	1.389,22		3.185,79	4.128,46
134		-"- GG, Bt.5			77	1.225,28	2.241,97	50,10	—	1.857,92		4.149,99	5.381,90
135		Lüftungsanlagen Bt.1+2			121	1.929,19	3.530,42	—	—	3.410,44		6.940,86	8.995,74
136		-"- Bt.3			114	1.846,02	3.378,22	—	—	3.260,82		6.639,04	8.604,22
137		-"- Bt.4			71	1.151,22	2.106,71	—	—	1.957,76		4.064,47	5.267,82
138		-"- Bt.5			121	1.987,40	3.637,-	—	—	3.343,87		6.980,87	9.047,52
139		-"- Bt.6			68	1.117,46	2.044,83	—	—	1.888,79		3.933,62	5.098,80
140		-"- Bt.7			71	1.144,88	2.095,13	—	—	1.977,84		4.072,97	5.278,73
141		Baustelleneinricht. Abbau			277	4.426,56	8.100,61	—	—	—		8.100,61	10.498,90
		Übertrag / Summe			44.094	704.903,94	1.291.048,44	69.985,13	40.977,33	1.152.318,18		2.554.329,08	3.293.957,19

Stempelfeld — Sozialzuschlag auf Löhne = 83 %

Preise im LV	3.293.957,19	Fremd-Leist.	—
Produktive Kosten	2.554.329,08	Stoffe	1.152.318,18
Nichtproduktive Kosten	739.628,11	Schal	40.977,33
= 29,6 % von den prod. Kosten		Masch	69.985,13
		Löhne	1.291.048,44
		Produktive Kosten	2.554.329,08
nach KOSS		Preise im LV	3.293.957,19

KOPF-SYSTEM
Urheberrechtlich geschützt

PRODUKTIONSPLAN / AUSFÜHRUNGSKALKULATION

Bauvorhaben BHH Rosenstr. Kolonne Mauerarb. Blatt 1
Ausführungsabschnitt Bt. 1+2 2.OG.

1	2	3	4	5	6	7	8	9	10	11	12	13	14	15	16	17	18	19	20	21	22	23
Lfd Nr	Nr. D. LV	Leistungstext	E.	Anzahl	Vorgabe-Std. zus		Produktive Lohnkosten Mi-Lohn DM		Mi-Lohn + Sozialzuschl DM		Masch DM		Schal DM		Stoffe DM		Fremd-Leist DM		Produktive Kosten DM		Preise im LV DM	
					E	Ges.	E	Ges.	E	Ges.	E	Ges.	E	Ges.	E	Ges.	E	Ges.	E	Ges.	E	Ges.
1	73	HWK 24 cm KSL 12/1,2	H3	15,46	4,35	67	16,-	1076,-	29,28	1.969,08	3,0	46,38			110,63	1.710,34			241,-	3.725,80	312,5	4.831,25
2	75	HWK 24 cm KS 12/1,8	H3	14,74	4,35	64		1025,92		1.877,40	3,0	44,22			110,63	1.630,69			241,-	3.552,31	312,5	4.606,25
3	77	HWK 11,5 cm KS 12/1,8	H2	60,16	0,61	37		587,20		1.074,51	0,5	30,08			11,80	709,89			30,16	1.814,48	39,0	2.346,24
4	78	HWK 11,5 cm Bims V50	H2	—	0,57	—		—		—		—				—				—		—
5	79	HWK 11,5 cm Steanit V	H2	—	0,87	—		—		—		—				—				—		—
6	74	Zulage Nr. 73 HG III	H3	—	—	—		—		—		—				—				—		—
7	76	Zulage Nr. 75 HG III	H3	—	—	—		—		—		—				—				—		—
8	83	überdecken-Türöffn. 88^5/2,13/24	St	4	0,65	3		41,60		76,13		—			9,-	36,-			28,03	112,13	36,5	146,-
9	84	-"- 76/2,13/24	St	—	0,65	—		—		—		—				—				—		—
10	86	-"- 88^5/2,13/11^5	St	2	0,65	1		20,80		38,06		—			5,40	10,80			24,43	48,86	31,5	63,-
11	87	-"- 76/2,13/11^5	St	5	0,65	3		52,-		95,16		—			5,40	27,-			24,43	122,16	31,5	157,50
12	88	-"- 63^5/2,13/11^5	St	—	0,65	—		—		—		—				—				—		—
13	89	Abmauerungen Install. 11,5 cm	H2	17,73	0,87	15		246,88		451,65	0,5	8,87			11,80	209,21			37,77	669,73	49,0	868,77
14	90	HWK-Install. Bims 6cm	H2	10,67	0,61	7		104,16		190,57	0,5	5,34			9,55	101,90			27,91	297,81	36,0	384,12
15	91	HWK-Spinden Bims 6cm	H2	17,75	0,61	11		173,28		317,03	0,5	8,88			9,55	169,51			27,91	495,42	36,0	639,-
16	92	überdecken-Türöffn. 76/2,13/6	St	5	0,65	3	16,-	52,-	29,28	95,16		—			5,40	27,-			24,43	122,16	31,5	157,50
		Übertrag / ~~Summe~~				211		3379,84		6.184,75		143,77		—		4632,34		—		10.960,86		14.199,63

Stempelfeld			Fremd-Leist
	Sozialzuschlag auf Lohne = 83 %	Preise im LV	Stoffe
		Produktive Kosten	Schal
		Nichtproduktive Kosten	Masch
		= % von den prod Kosten	Lohne
			Produktive Kosten
nach KOSS			Preise im LV

Abb. 130a: Ausführungskalkulation im Bauteil 1+2 / 2. OG. Blatt 1.

paketen setzt die vollständige Erledigung der Leistungen, die zu einem Arbeitspaket gehören, voraus, so dass ohne Aufmass auf einen Blick der Leistungsstand geprüft werden kann. So kommt das Bäcker-Prinzip zum Tragen: backen, verkaufen, kassieren.

Die Finanzierungskosten sind hauptsächlich wegen verspäteter Abrechnungen zu hoch. Erich Koß praktizierte das „Bäcker-Prinzip": backen, verkaufen, kassieren.

Die Preisfeststellung für jedes einzelne Arbeitspaket hat mehrere Vorteile:

- Man kann die Stoffe rechtzeitig so bestellen, dass sie vom Polier abgerufen werden können, wie sie gebraucht werden. Überfrachtungen werden vermieden, Arbeitswege und Baufelder werden freigehalten.
- Sofort nach Lieferung der Ausführungs- und Bewehrungspläne werden die Mengen übersichtlich, exakt gerechnet. Die Mengenprüfung durch den AG kann bis zur Durchführung der betreffenden Arbeiten erfolgt sein. Dazu ist die rechtzeitige Planlieferung so wichtig, die wir durch die beschriebene Steuerung des Projektierungsprozesses sicherstellen.
- Zahlungsverpflichtungen entstehen in der Regel auf diese Weise für das Unternehmen erst, wenn es selbst bereits für die betreffenden Leistungen bezahlt worden ist.
- Wird eine zweiwöchige Zahlung vereinbart, stellen die Bauleiter der Vertragspartner den Leistungsstand gemeinsam fest. Sie können leicht erkennen, welche Arbeitspakete erledigt sind und zu wieviel Prozent andere fertiggestellt sind und sich so auch über den Stand der teilfertigen Arbeiten verständigen.

Wichtig ist, wie gesagt, die Endfertigstellung der Arbeitspakete – also zum Beispiel auch das Mitnehmen der Innenwände. Das hat auch den Vorteil, dass an den Innenwänden nicht über

KOPF-SYSTEM
Urheberrechtlich geschützt

PRODUKTIONSPLAN / AUSFÜHRUNGSKALKULATION

Bauvorhaben ...B.H.H....Rosenstr.............. Kolonne ..Maurerarb.................... Blatt ....2...

Ausführungsabschnitt ..Bt. 1+2 ..... 2.OG.

1 Lfd. Nr.	2 Nr. D. LV	3 Leistungstext	4 E	5 Anzahl	6 Vorgabe-Std. zus E	7 Vorgabe-Std. Ges	8 Produktive Lohnkosten Mi-Lohn DM E	9 Mi-Lohn DM Ges	10 Mi-Lohn+Sozialzuschl DM E	11 Mi-Lohn+Sozialzuschl DM Ges	12 Masch DM E	13 Masch DM Ges	14 Schal DM E	15 Schal DM Ges	16 Stoffe DM E	17 Stoffe DM Ges	18 Fremd-Leist DM E	19 Fremd-Leist DM Ges	20 Produktive Kosten DM E	21 Produktive Kosten DM Ges	22 Preise im LV DM E	23 Preise im LV DM Ges
		Übertrag				211		3379,84		6.184,75		143,77		—		4.632,34		—		10.460,96		14.199,63
17	104	HWK 11,5 cm Brüst. KSL 12/1,2	M2	13,59	0,61	8	16,-	132,64	29,28	242,73	0,5	6,80			11,80	160,36			30,16	409,89	39,0	530,01
18	105	Schlitze herst u. schließen	M3	0,30	5,65	2		27,20		49,63	3,-	0,90			110,63	33,19			279,06	83,72	361,5	108,45
19	107	Odenwaldplatte einbauen	M2	—	0,26	—		—		—		—				—						
20	112	Einbauteile - Aufzug	St	0,40	0,22	0		1,44		2,58		—			32,-	12,80			38,44	15,38	50,0	20,-
21	100	Sparrenausmauerung	M3	3,37	12,17	41		656,16		1.200,86	3,-	10,11			110,63	372,82			469,97	1.583,79	605,0	2.038,85
22	111	Montagegerüst - Aufzug	M2	3,84	0,30	1	16,-	18,40	29,28	33,73		—			2,45	9,41			11,23	43,14	14,5	55,68
		~~Übertrag~~ / Summe Nr. 105				263		4215,68		7.714,28		161,58		—		5.220,92		—		13.096,78		16.952,62

Stempelfeld

Sozialzuschlag auf Löhne = 83 %

Preise im LV	16.952,62
Produktive Kosten	13.096,78
Nichtproduktive Kosten	3.855,84
= 29,6 % von den prod. Kosten	

Fremd-Leist	—
Stoffe	5.220,92
Schal.	—
Masch.	161,58
Löhne	7.714,28
Produktive Kosten	13.096,78
Preise im LV	16.952,62

nach KOSS

Abb. 130b: Ausführungskalkulation im Bauteil 1+2 / 2. OG. Blatt 2.

Kopf gemauert werden muss, weil die Decke im Wege ist. Hier gibt es hohe Produktivitätsverluste mit unnötigen Arbeitskosten; denn eine Steinschicht in einer Höhe von 1,60 m über der Standfläche zu mauern, kostet schon doppelt so viele Arbeitsstunden wie bei einer Höhe von 1,10 m. (s. Abb. 138).

Bei der heute üblichen Abschätzung des Leistungsstandes, ohne diese Übersicht und ohne die Endfertigstellung nach Arbeitspaketen, täuschen sich die Unternehmen oft bei der Herstellung der tragenden Teile über den wirklichen Leistungsstand. Das Ende trägt dann die beklagte Last, obwohl doch während der Phase der Hauptarbeiten die Leistungs-Kosten-Vergleiche so gut ausgesehen hatten.

In unserem Fall kann der Bauleiter des Auftraggebers leicht parallel zur Ausführung den Leistungsstand prüfen. Das spart Zeit und schafft Sicherheit.

In unserem Beispiel beträgt der Nettopreis für das betrachtete Arbeitspaket 16.952,62 DM,
die produktiven Kosten betragen 13.096,79 DM,
die Lohnkosten 7.714,30 DM,
der Deckungsbeitrag in diesem Abschnitt beträgt 29,6 %
der produktiven Kosten.

Wenn man die eigentlich obsolete, allgemein übliche Kalkulationspraxis anwendet, dann errechnet man für diesen Fall einen Geschäftskostenzuschlag auf die Lohnkosten von 91,5 %.[48)]

Wir erreichen den Deckungsbeitrag von rd. 30 Prozent der produktiven Kosten unter der Bedingung, dass wir den vorgesehenen Produkti-

Im Produktionsplan wird der Preis für jedes Arbeitspaket ausgedruckt.

14.2 Unternehmenserneuerung mit KOPF

Zeitverschwendung führte auch hier zu einer Minderung des Deckungsbeitrages. Schon in der Baugrube wurden 1000 Stunden verschwendet.

Durch die Verschwendung von 10.000 Arbeitsstunden sank der Deckungsbeitrag von 30 auf 17,6 Prozent.

Der Baustahl wurde falsch gelagert. Fertigteile passten nicht. 7000 Stunden wurden verschwendet.

vitätsgrad einhalten – also nicht mehr Arbeitsstunden aufwenden als vorgegeben bzw. vereinbart worden sind.

Leider gab es auch an dieser Baustelle die symptomatische Zeitverschwendung. Der Bauleiter des Unternehmens verursachte Zeitverluste, die zu einer erheblichen Minderung des Deckungsbeitrages führten. Ich nehme hier zwei Beispiele auf:

1. den Einbau der schweren Schalungselemente im unteren Tiefgaragengeschoss.

   Die Baustelle lag, wie gesagt, im Innenstadtbereich. Es gab nur einen kleinen dreieckigen Lagerplatz von etwa 300 m^2 Größe. Dort waren die Schaltafeln zusammengebaut worden. Die Baustelle sollte mit 3 Hebezeugen besetzt werden. Der Kran, der zuerst aufgebaut wurde, sollte diese Schalelemente transportieren. Aber als die Leute das erste Element anhängten, neigte er sich bedenklich. So wurden dann die Schalungen bis 100 m diagonal durch die Baugrube getragen. Die Arbeiter bezeichneten den Kran als „Apfelpflücker". Das Unternehmen hatte schon über 1000 Stunden in den Sand gesetzt, bevor mit den Arbeiten richtig angefangen war, weil ein „Baubetriebsingenieur"', der mit jahrelanger Erfahrung und ungebrochenem Selbstbewusstsein seine Baustelle aus dem Handgelenk „führt", nicht einen Gedanken dafür aufwendete, ob denn der Kran auch die Tragkraft für die Gewichte hatte, die er bewegen sollte.

2. Der Statiker hatte die Bewehrungen für Wände und Stützen der beiden Tiefgaragengeschosse auf ein Blatt gezeichnet. So lassen sich Überdeckungslängen leicht erkennbar darstellen. Unser Baubetriebsingenieur nimmt die Bewehrungspläne und schickt sie ohne Kommentar an eine auswärtige Lieferfirma, die den Stahl fertig geschnitten und gebogen günstig an die Baustelle bringt. Eines Tages kam ein Lastzug mit fertig ge-

schnittnem und gebogenem Baustahl. Der Stahl wurde auf engem Raum immer höher aufgetürmt. Als die Bewehrer mit dem Verlegen beginnen wollten, lag das, was sie zuerst brauchten, unten.

Ein Polier und 3 bis 4 Mann hatten wochenlang zusätzliche Such- und Sortierarbeit zu leisten. Die Bezeichnungen gingen von den Stählen ab. Das war zum Weglaufen. Die Mitarbeiter waren so demotiviert, dass auch bei den einfachen Arbeiten mit den Filigrandecken in den Wohngeschossen keine befriedigende Produktivität mehr erzielt werden konnte.

Dieser Managementfehler kostete 7000 Arbeitsstunden.

Leider sind das keine Ausnahmen. Man könnte derartige Beispiele von Missmanagement an dieser und an anderen Baustellen seitenweise fortsetzen. Gerade an dieser Stelle der Manuskriptbearbeitung am 13. Juli 2001 beschwert sich ein Unternehmer telefonisch bei mir über einen Bauleiter, der trotz angeblich eingehender Überlegung ein Hebezeug an eine Baustelle beordert hatte, mit dem die Stahlbetonbalken, die dort aufgelegt werden sollen, nicht zu transportieren sind. Das Gerät ist zu schwach.

Das Beispiel mit dem Baustahl zeigt, dass es sehr wichtig ist, auch die Stoffmengen getrennt nach den Arbeitspaketen zu kennen und zu bestellen.

An dieser Baustelle waren am Ende allein im Bauhauptgewerk rund 10.000 Arbeitsstunden verschwendet. Der Deckungsbeitrag wurde dadurch von 30 Prozent auf 17,6 Prozent geschmälert.

Der Umsatz, der mit den verschwendeten Arbeitsstunden hätte erzielt werden können, betrug ohne Stoffkosten rund 650.000 DM.

Gehen wir nun auf die Abbildungen 130a und 130b zurück und betrachten die obere Zeile:

Spalte 1	enthält die laufende Nummerierung der Leistungspositionen,
Spalte 2	die Neusortierung der Positionen des Leistungsverzeichnisses nach der Reihenfolge der Arbeitsschritte,
Spalte 3	die Kurzbezeichnung der Leistungen,
Spalte 4	die Einheiten für die Mengenbestimmung,
Spalte 5	die ermittelten Mengen,
Spalte 6	den Stundenansatz je Mengeneinheit,
Spalte 7	die Arbeitsstunden je Leistungsposition,
Spalte 8	den Mittellohn je Arbeitsstunde,
Spalte 9	den Mittellohn je Position ohne Zuschläge,
Spalte 10	den Mittellohn je Arbeitsstunde einschl. Sozialzuschlag,
Spalte 11	den Mittellohn je Position einschl. Sozialzuschlag (die produktiven Lohnkosten je Position),
Spalte 12	die Maschinenkosten je Mengeneinheit,
Spalte 13	die Maschinenkosten je Position,
Spalte 14	die Schalkosten je Mengeneinheit,
Spalte 15	die Schalkosten je Position (in unserem Arbeitspaket = 0),
Spalte 16	die Stoffkosten je Mengeneinheit,
Spalte 17	die Stoffkosten je Position,
Spalte 18	die Fremdleistungen je Mengeneinheit,
Spalte 19	die Fremdleistungen je Position (in diesem Arbeitspaket = 0),
Spalte 20	die produktiven Kosten je Mengeneinheit (Summe aus den Spalten 6x10+12+14+16+18=20) Beispiel lfd. Nr. 1: 4,35 x 29,28 + 3,0 + 110,63 = 241 DM
Spalte 21	die produktiven Kosten je Position,
Spalte 22	die Einheitspreise,
Spalte 23	die Preise je Position.

In den EDV-Ausdrucken (Abbildungen 131a und 131b) werden die Zahlen der Spalten 8–11 nicht gezeigt, dafür aber die produktiven Lohnkosten je Einheit, also das Resultat aus den Spalten 6 x 10. Die Software arbeitet jedoch intern auch mit diesen Werten.

Bei der Einführung des KOPF-Systems verstehen die Mitarbeiterinnen und Mitarbeiter die Zusammenhänge besser und schneller, wenn sie zuerst üben, die Ausführungskalkulation mit der Formulartechnik, ohne EDV-Programm, zu beherrschen.

Das Computer-Programm druckt zur Unterstützung der Materiallogistik auch den Stoffbedarf für jeden Ausführungsabschnitt aus (z. B. wie viele Steine welcher Art und wie viel Liter Mörtel werden gebraucht.)

Im Ablaufmuster des Vertragsfristenplanes für die betreffenden Arbeiten können Sie im Arbeitspaket 42 das Mauerwerk für das 2. OG in einem Balken zusammengefasst wiederfinden. Es ist mit den anderen Arbeitspaketen des Bauhauptgewerks sinnvoll vernetzt. Unter dem Ablaufmuster ist der variable Arbeitskräfteeinsatz in einem Histogramm dargestellt.

Ebenso ist das Arbeitspaket 42 in das Formular für den Stundenvergleich aufgenommen worden (Abb. 134).

Das Formular begleitet den Bauablauf. In die freien Spalten bzw. Zeilen werden die aufgewendeten Stunden zum Vergleich eingetragen. Für die KOPF-Datei erhält man durch diese „Mitkalkulation" Informationen z. B. über die Auswirkungen technischer Neuerungen und kann den Datenspeicher fortwährend aktualisieren.

▪ Die Übenden verstehen die Zusammenhänge besser, wenn sie die Ausführungskalkulation zuerst mit Hilfe der Formulartechnik lernen.

14.2 Unternehmenserneuerung mit KOPF

■ Abb. 131a.

Arbeitspaket	5 Mauerarbeiten KG			Projekt PROCASH1 - Rohbau Einfamilienhaus Datensätze über Markierungen ausgewählt		
Nr.	Artikel-Kürzel / Artikel-Nr.	Artikelbeschreibung	Einh.	Ist-Menge	E.-Preis [EU]	Ges.-Preis [EU]
1	BETON-STURZ 17,5 cm	Beton-Fertigsturz 3 DF b=17,5 cm h=11,3 cm, l=1,00 m	m	2,066	5,88	12,15
2	BITU-DACHBAHN R 500	Bitumendachbahn R 500 DIN 52 128 b=50 cm	m2	38,074	1,90	72,34
3	KS L 12-1,6- 2DF 240X115 X113	Kalksandstein Lochstein DIN 106 12 N/mm2 1,6 kg/dm3 2 DF 240 X 115 X 113	St	544,128	0,38	206,77
4	KS L 12-1,6- 3DF 240X175X113	Kalksandstein Lochstein DIN 106 12 N/mm2 1,6 kg/dm3 3 DF 240 X 175 X 113 mm	St	199,456	0,44	87,76
5	KS L 12-1,6- 6DF 365X240 X113	Kalksandstein Lochstein DIN 106 12 N/mm2 1,6 kg/dm3 6 DF 365 X 240 X 113	St	128,248	0,64	82,08
6	KS L-R 12-1,4-. 6DF (365)	Kalksandstein Hohlblockst DIN106 12N/mm2 1,4 kg/dm3 6 DF 248 X 365 X 113	St	2.477,430	0,64	1.585,56
7	KS L-R 12-1,6- 6DF (240)	Kalksandstein Hohlblockst DIN106 12N/mm2 1,6 kg/dm3 6 DF 373 X 240 X 113	St	465,570	0,64	297,96
8	KS-STURZ 11,5/11,3. HM	Kalksandstein-Flachsturz 2 DF b=11,5 cm h=11,3 cm, l=1,00 m für Hintermauerwerk	m	18,266	13,80	220,88
9	KS-STURZ 17,5/11,3, HM	Kalksandstein-Flachsturz 3 DF b=17,5 cm h=11,3 cm, l=1,00 m für Hintermauerwerk	m	2,066	18,92	39,09
10	MÖRTEL MG IIa, KP	Werk-Frischmörtel MG IIa	l	5.538,108	0,12	475,67
11	kamin 1züg ml/12101040180 12101040180	Kamin Schiedel SIH220 1xd18 mL	m	2,410	82,37	198,51
12	kamin grundpak/12105100180 12105100180	Grundpaket Kamin d18	Stck	1,000	168,11	168,11
13	kellerfenster/21500489 21500489	Kellerfenster Kunststoff 100/60cm Kipp Wandstärke 36,5cm Isovergl.	ST	3,000	157,99	473,97
14	mealichtschacht/21003360 21003360	MEA Lichtschacht 125/100/60cm Streckmetall-Rost	ST	3,000	111,97	335,91
15	mörtel/11141020250 11141020250	Mörtel MG III	Ltr	14,460	0,15	2,17

Abb. 132: EDV-Ausdruck: Auszug aus einer Stoffbedarfsliste, geordnet nach Artikeln und Arbeitspaketen.

Abb. 131b: Die Ausführungskalkulation für das Arbeitspaket Mauerarbeiten Bauteil 1+2 / 2. OG mit Hilfe der KOPF-Software.

14.2.2

Die retrograde Ermittlung des Geschäftserfolgs

Mit der Produktionsplanung hängt eine neue Art der Angebotsbearbeitung direkt zusammen: die „retrograde" Gewinnermittlung. Nicht der Preis wird ermittelt – den bestimmt der Markt (man kann auch sagen: die Konkurrenz) – der gewollte Erfolg wird vorherbestimmt!

Die revolutionierte Kalkulationsweise ist Voraussetzung für den Abbau der Verschwendung.

14.2 Unternehmenserneuerung mit KOPF

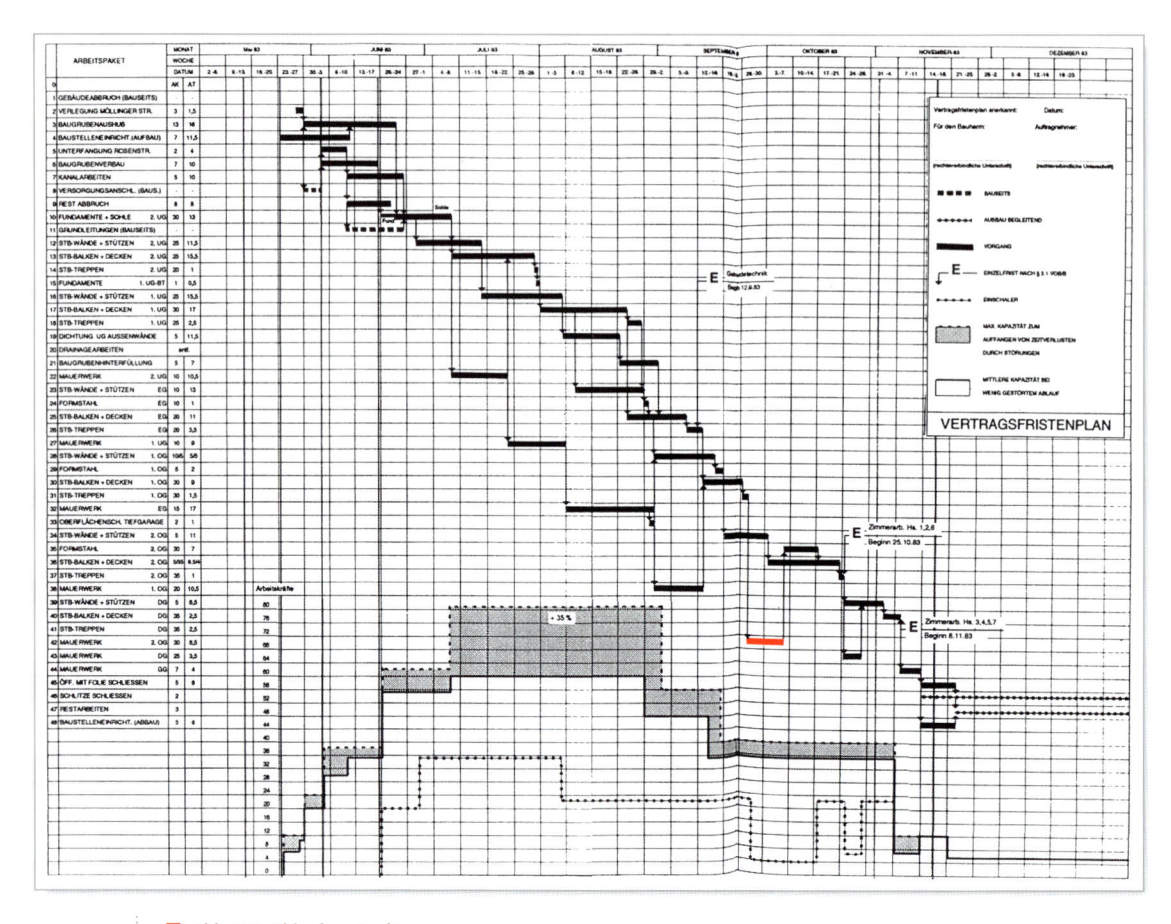

Abb. 133: Ablaufmuster für Leistungen des Bauhauptgewerks. Auftragssumme ca. 3,3 Mio. Mark netto mit grafischer Darstellung der optimalen und der maximalen Kapazität.

Die Kalkulationsformel lautet nicht mehr
　　　Kosten + Zuschlag = Preis
sondern
　　　Preis ./. Kosten = Erfolg.
Nur mit dieser Umkehrung der Kausalität – dieser geradezu revolutionierten Denkweise – werden die Kosten als hochvariable Größe wahrgenommen, und nur so wird der Abbau jedweder Verschwendung im gesamten Prozess des Planens und Bauens möglich.

Nicht die Ausgaben sind die eigentlichen Kosten. Ausgaben für Maschinenmieten, für ein externes Produktivitäts- oder Logistik-Management sind beispielsweise eigentlich Voraussetzungen dafür, ein Vielfaches an Kosten zu sparen.

Unternehmenserneuerung mit KOPF **14.2**

Abb. 134: Vorgabestunden je Arbeitspaket.

Eine hohe, fortwährende Produktivitätssteigerung führt zu einer permanenten, effizienten Kostensenkung.
Es geht um eine Mentalitätsveränderung vom Kosten- zum Produktivitäts-Denken.
Mit dieser retrograden Erfolgsermittlung nutzt das Unternehmen in günstigen Konjunkturlagen die besseren Möglichkeiten aus, die der Markt bietet. Der Zuschlag zu den produktiven Kosten (die reale Größe des Deckungsbeitrages, wie wir ihn definieren – einschließlich Unternehmensgewinn) kann bis 50 Prozent steigen. Wie hoch er jeweils bei der Angebotsbearbeitung angesetzt werden soll, ergibt sich aus der Beobachtung des Konkurrenzverhaltens. Jedenfalls gibt es bei ungünstiger Baukonjunktur keinen Konkurrenzpreis, der nicht unterboten werden könnte, ohne Verluste zu machen.

Eine grafische Darstellung solcher Beobachtungsergebnisse zeigt Abbildung 135.
Bei der Beobachtung des Konkurrenzverhaltens interessiert uns nur der Gesamtpreis der Angebote. Bei den öffentlichen Angebotseröffnungen erfahren wir den immer. Wird die Öffentlichkeit bei der Öffnung der Angebote nicht hergestellt, genügt oft ein Anruf oder die schriftliche Bitte um Mitteilung, wenn man einen frankierten Rückumschlag beilegt. Sie sollten in Gesprächen mit den ausschreibenden Stellen darlegen, dass das Wissen der Unternehmen über das Preisniveau der Konkurrenz im Ganzen gesehen zu günstigeren Preisen führt.
Die Autoren der VOB wussten sehr gut, weshalb sie die öffentliche Angebotseröffnung zur Regel gemacht haben. Markttransparenz führt zu günstigeren Preisen.

■ Das Preisverhalten der Konkurrenz wird laufend beobachtet.

14.2 Unternehmenserneuerung mit KOPF

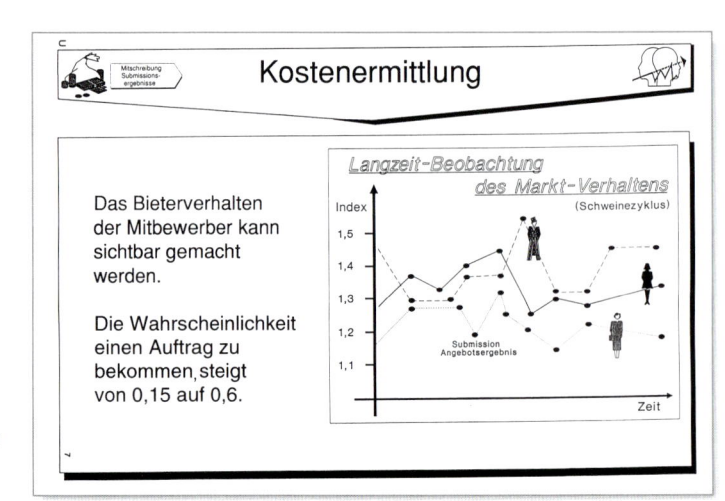

Abb. 135: Angebotsverhalten von Konkurrenzbetrieben zum Vergleich mit den eigenen Angeboten.

Das Bieterverhalten der Mitbewerber kann sichtbar gemacht werden.

Die Wahrscheinlichkeit einen Auftrag zu bekommen, steigt von 0,15 auf 0,6.

Produktivitäts-Management verringert die Kosten durch Produktivitätssteigerung – vor allem durch das Ausschalten von Zeitverschwendung.

Die Auswertungen der Konkurrenzbeobachtung kann per Computerprogramm erfolgen. Abbildung 136a zeigt einen Ausschnitt aus der Beobachtungsauswertung. Hier sind aus einer Reihe von Submissionen die Angebotsvergleiche zwischen den eigenen Angeboten und denen der Mitbieter dargestellt.

In Abbildung 136b wird das Angebotsverhalten des Mitbieters 003 im Verhältnis zu den eigenen Angebotspreisen gezeigt.

Für die Konsequenz, die wir aus diesen Vergleichen ziehen, ist nun unsere Kalkulationsweise wichtig. Wir können aus dem Beispiel der Ausführungskalkulation erkennen: wir definieren den Deckungsbeitrag (z. B. mit 30 Prozent) als einen Zuschlag zu den ermittelten produktiven Kosten. Dieser Zuschlag enthält den gewollten Gewinn, der je nach Marktsituation variiert. Das ganze Produktivitätsmanagement ist nun darauf ausgerichtet, die produktiven Kosten durch ständige Produktivitätssteigerung – also durch ständige Verringerung der aufgewendeten Arbeitsstunden – zu verringern. Dazu wird vor allem jede Art von Zeitverschwendung ausgemerzt. Gelungene Selbstorganisation ist der Kampf des gesamten Sozialsystems Unternehmen gegen jede Art von Zeitverschwendung. Wenn es an Baustellen irgendeinen Krieg geben darf, dann ist es dieser gemeinsame Krieg. Dem Kostenteil „produktive Kosten" ordnen wir den Faktor 1,0 zu. Die Obergrenze unserer produktiven Kosten bildet also eine Art „Meterstrich", an dem wir die Angebote aller Bieter messen. So können wir ihnen Faktoren des Angebotsverhaltens zuordnen: 1,33, 1,46, 1,28 usf. Im Laufe der Zeit erhalten wir auf diese Weise für jeden Mitbieter ein Profil seines Angebotsverhaltens und können die Untergrenzen der Konkurrenzangebote grafisch deutlich machen (s. Abb. 135).

Abb. 136a: Beobachtung des Konkurrenzverhaltens.

Abb. 136b: Vergleich mit den Angeboten des schärfsten Konkurrenten.

Unternehmenserneuerung mit KOPF **14.2**

```
┌─────────────────────────────────── KOPF-System (R) V 3.13 ───────────────────────────────────┐
│                                                                Auswertungen ab 01.01.1992     │
│ Bauwerksart :                                                                                  │
│ Baugebiet   :                                                                                  │
│                                                                                                │
│ KÜRZEL   Bauvorhaben            |Sub.-Datum| E-Index |Eigene Netto-Summe |B-Index |Bieter-Netto    |Z|Bieter          │
│                                                                                                │
│ WK1182   Wohnhaus WK 11/82      |25.02.1992|  1,35   |     294.609,15 DM |  1,48  |  322.979,05 DM |N|Unternehmen 001 │
│ WK1182   Wohnhaus WK 11/82      |25.02.1992|  1,35   |     294.609,15 DM |  1,33  |  290.244,67 DM |N|Unternehmen 003 │
│ G182     Bürogebäude G 1/82     |25.02.1992|  1,28   |     121.633,73 DM |  1,70  |  161.544,82 DM |N|Unternehmen 001 │
│ G182     Bürogebäude G 1/82     |25.02.1992|  1,28   |     121.633,73 DM |  1,32  |  125.128,64 DM |N|Unternehmen 002 │
│ G182     Bürogebäude G 1/82     |25.02.1992|  1,28   |     121.633,73 DM |  1,46  |  138.399,85 DM |N|Unternehmen 003 │
│ G182     Bürogebäude G 1/82     |25.02.1992|  1,28   |     121.633,73 DM |  1,37  |  129.868,36 DM |N|Unternehmen 004 │
│ B182     Sparkasse              |13.09.1992|  1,30   |     283.225,15 DM |  1,42  |  309.369,64 DM |N|Unternehmen 001 │
│ B182     Sparkasse              |13.09.1992|  1,30   |     283.225,15 DM |  1,28  |  278.868,42 DM |J|Unternehmen 003 │
│ B182     Sparkasse              |13.09.1992|  1,30   |     283.225,15 DM |  1,36  |  297.216,84 DM |N|Unternehmen 004 │
│ WE883    Reihenhaus             |16.12.1992|  1,29   |     593.942,87 DM |  1,28  |  589.338,67 DM |N|Unternehmen 002 │
│ WE883    Reihenhaus             |16.12.1992|  1,29   |     593.942,87 DM |  1,30  |  598.547,07 DM |N|Unternehmen 003 │
│ WE883    Reihenhaus             |16.12.1992|  1,29   |     593.942,87 DM |  1,27  |  584.734,44 DM |J|Unternehmen 004 │
│                                                                                                │
└────────────────────────────────────────────────────────────────────────────────────────────────┘
```

```
┌─────────────────────────────────── KOPF-System (R) V 3.13 ───────────────────────────────────┐
│ Mitbieter :   Unternehmen 003                                  Auswertungen ab 01.01.1992     │
│ Bauwerksart :                                                                                  │
│ Baugebiet   :                                                                                  │
│                                                                                                │
│ KÜRZEL   Bauvorhaben            |Sub.-Datum| E-Index |Eigene Netto-Summe |B-Index |Bieter-Netto    |Z|Bemerkung       │
│                                                                                                │
│ WK1182   Wohnhaus WK 11/82      |25.02.1992|  1,35   |     294.609,15 DM |  1,33  |  290.244,67 DM |N|                │
│ G182     Bürogebäude G 1/82     |25.02.1992|  1,28   |     121.633,73 DM |  1,46  |  138.399,85 DM |N|                │
│ B182     Sparkasse              |13.09.1992|  1,30   |     283.225,15 DM |  1,28  |  278.868,42 DM |J|                │
│ WE883    Reihenhaus             |16.12.1992|  1,29   |     593.942,87 DM |  1,30  |  598.547,07 DM |N|                │
│                                                                                                │
└────────────────────────────────────────────────────────────────────────────────────────────────┘
```

Schon nach wenigen Monaten steigt die Wahrscheinlichkeit dafür, dass Sie einen Auftrag, den Sie haben wollen, auch bekommen auf etwa 50 Prozent – und Sie liegen dabei nur unwesentlich unter dem Nächstbietenden. Fast jedes zweite Angebot gewinnt und nicht mehr nur jedes 12. oder jedes 15.

14.2.3

Die Angebotsbearbeitung

Die Bürovereinfachung ist erheblich. Damit hängt eine weitere Erhöhung der Wettbewerbschancen zusammen:
1. könnten mit weniger Stundenaufwand mehr Angebote bearbeitet werden und
2. kann die eingesparte Zeit zur Entwicklung der produktivitätssteigernden Arbeitsplanung verwendet werden.

Die „produktiven Kosten" aus der Produktionsplanung (s. Abb. 130 a/b, Spalte 20) bilden die Grundlage für die Angebotsbearbeitung. Sie werden mit den jeweils passenden Faktoren aus dem Angebotsverhalten der Konkurrenz (Deckungsbeitragszuschlag) malgenommen. Mit der KOPF-Software geht das automatisch und nach kürzester Zeit ist das Angebot abgabefertig.

Die produktiven Kosten je Leistungsposition werden in einer EDV-Datei gespeichert. Es ist wichtig, dabei Unschärfen zuzulassen, die prinzipiell nicht zu vermeiden sind und nicht in buchhalterisches Erbsenzählen zu verfallen. Man muss nicht jedes Mal wieder Preise bei Lieferanten abfragen. Das erübrigt sich ohnehin bei den empfehlenswerten Jahresverträgen. Es genügt völlig, einmal jährlich diese produktiven Anteile der Einheitspreise anzupassen.

Denken Sie daran, dass Sie die Unschärfe durch das Abfragen der Stoffkosten beim Handel schon deshalb nicht vermeiden können, weil Sie unterschiedliche Antworten erhalten, je nachdem, ob Sie zum Zeitpunkt der Anfrage ein Angebot bearbeiten oder den Auftrag bereits haben.

Also: Die Angebotsbearbeitung besteht nach anfänglicher Zeitinvestition für Programm und Datei weitestgehend darin, dem Computer den Zuschlagsprozentsatz für den Deckungsbeitrag anzugeben, den Sie aus der Konkurrenzbeobachtung ableiten. Bis auf wenige, gesondert zu kalkulierende Positionen, rechnet das Programm dann das passende Angebot.

Der größere Aufwand für das Kalkulieren sollte erst dann konsequent eingebracht werden, wenn der Auftrag im Haus ist: für die Ausführungskalkulation und die Produktionsplanung, für Verhandlungen von Preisen mit Lieferanten und Mitunternehmern und vor allem für die Lenkung der Arbeitsprozesse.

Die Rationalisierung der Büro- und Leitungstätigkeit wird optimiert, wenn mit den Lieferanten Jahresverträge abgeschlossen werden und je mehr die Ausführungsprozesse selbstorganisiert, und das heißt weitgehend führungsfrei laufen.

Das Zusammenspiel von Arbeitsplanung und Angebotsbearbeitung sollte dazu führen, Kalkulatoren und Arbeitsvorbereiter zu einem Team mit der Bauleitung zusammenzuschließen.

Dieses Unterstützungsteam für die Produktion übernimmt die Gesamtverantwortung für einen optimalen Arbeitsablauf und sorgt auch für die rechtzeitige Bereitstellung der Pläne und im Zusammenhang damit für die richtige zeitlich Bestimmung des Baubeginns. Sein Hauptziel ist es, den Nutzen der Kunden sichtbar zu vermehren und ausreichend Aufträge zu akquirieren.

Unternehmer müssen lernen, wie man erfolgreich mit der Wurst nach der Speckseite wirft, – anders gesagt: den „Egoismus 2. Ordnung" zu praktizieren.

Die Planung der Planung ohne Bezahlung für

Die Angebotsbearbeitung wird enorm vereinfacht.

Akquisiteure, Kalkulatoren, Arbeitsvorbereiter und Bauleiter bilden ein Unterstützungsteam für die Ausführung und übernehmen gemeinsam die Gesamtverantwortung.

die Planungsbeteiligten durchzuführen und so für den richtigen Baubeginn zu sorgen und die Steuerung der Vorgewerke mit KOPF zu übernehmen, das bringt zum Beispiel eine erhebliche Einsparung von Arbeitskosten.

14.2.4

Der praktizierte Egoismus zweiter Ordnung

Ein junger Bauingenieur in der Nähe von Passau hat das schon vor 12 Jahren vorgemacht. Der Erfolg war für das Unternehmen frappierend. Darum ist das Beispiel nachahmenswert. Eigentlich sollte er mit seinen 27 Lenzen als zweiter Bauleiter für einen größeren Hotelbau fungieren. Aber dann wurde sein älterer Kollege krank. Der junge Bauingenieur Thomandl hatte vorher im KOPF-Institut eingeübt, wie man mit den passenden Arbeitsstundendaten einen variablen Projektierungsprozess modelliert.

Der Ablaufplan des Architekten passte ihm nicht, weil er sich für das Bauhauptgewerk eine andere, günstigere Taktfolge vorstellte. Er war besorgt, dass er die Bewehrungspläne nicht in der Reihenfolge bekommen würde wie er sie brauchte, wenn sich der Statiker nach dem Ablaufplan des Architekten richtete.

Also fragte er die Planungsbeteiligten nach dem Stand der Planungsarbeiten und ließ sich von den einzelnen Büros die Zahl der Mitarbeiter nennen, die an den Plänen und Berechnungen für das Projekt arbeiteten.

Dann ermittelte er mit Hilfe der KOPF-Daten die erforderlichen Arbeitsstunden für alle Planungsleistungen, die in den Büros noch erbracht werden mussten. So konnte er am Verhältnis der Arbeitsstundenzahlen zur jeweiligen Anzahl der Mitarbeiter aufzeichnen, bis wann der erste Bewehrungsplan fertig sein würde

Die grafische Darstellung des Ablaufmusters machte für alle Beteiligten deutlich, dass mit der Ausführung des Bauwerks nicht im April begonnen werden konnte, wie Auftraggeber und Architekt sich das vorgestellt hatten. Der Baubeginn musste um 4 Wochen verschoben werden, wenn kostspielige Baubehinderungen vermieden werden sollten.

„Wenn wir 4 Wochen später beginnen, dann habe ich bei weiterer zügiger Planung keine Behinderungen und kann 2 Wochen früher fertig sein als vorgesehen." Nun wurde allerdings auch aufgedeckt, dass die vom Statiker angegebene Zahl der Bearbeiter nicht ausreiche, um die Schal- und Bewehrungspläne in der von ihm angegebenen Zeitdauer fertig zu stellen. Diese Feststellung wollte dem jungen Bauingenieur anfangs keiner abnehmen. Er bat um ein Gespräch mit allen Beteiligten, erläuterte seine Zahlen und die Zusammenhänge – und dann wurde sachverständig diskutiert. Die Fakten regierten das Geschehen. Nur der Statiker zeigte sich erst einmal uneinsichtig – bis Thomandl ihm vorhielt, dass sein Honorar für die betreffende Leistung bei der von ihm angegebenen Bearbeiterzahl und Zeitdauer fast 300,– DM je Arbeitsstunde betragen würde.

Man einigte sich dann darauf, ein zweites Büro zusätzlich einzuschalten, um die rechtzeitige Fertigstellung der Pläne sicherzustellen.

Diese frühzeitige Organisation des Planungsprozesses und seine zielbestimmte Beeinflussung in mehreren Jour-fixe-Terminen sorgten dann für rechtzeitige Planvorlagen. Das bewirkte einen ununterbrochenen Arbeitsfluss und zur allgemeinen Überraschung wurde die Prognose unseres Bauleiters Wirklichkeit.

Ich erfuhr das später von seinem Chef. Der rief mich an, um mir das erfreuliche Ergebnis mitzuteilen. 6 Wochen von der kalkulierten Bauzeit waren gespart – für 35 Arbeitskräfte. Das sind 210 Mann-Wochen oder
210 Wochen x 40 Stunden x 60 Mark = 504.000 Mark.

■ Den Egoismus 2. Ordnung praktizieren: Neue Chancen erkennen. Für andere etwas tun und selbst ein Mehrfaches gewinnen.

14.2 Unternehmenserneuerung mit KOPF

Den Vorgänger unterstützen und den Nachfolger als Kunden betrachten – das bringt Vorteile.

Für diese enorme Einsparung durch das Vermeiden von Zeitverschwendung wurde eine Woche aufgewendet von einem Ingenieur und einem Techniker mit einem Aufwand von zusammen rund 5000 Mark.

Das Verhältnis von Aufwand und Erfolg ist ungefähr 1:100. Und wenn es in anderen Fällen auch nur 1:10 wäre, so lohnte sich dieser Aufwand.

„Wenn der Bauleiter mir vorher gesagt hätte, was er da für die Planer tun wollte", so der Chef am Telefon, „dann hätte ich ihm geantwortet: Du spinnst wohl! Wofür kriegen die Architekten und Ingenieure ihre Honorare? Wer bezahlt uns das, wenn wir die Arbeiten der Planer organisieren?"

Aber eben das ist „Egoismus 2. Ordnung": die Chancen erkennen, und für andere etwas tun, um selbst mehr zu gewinnen.

Das hatten wir seit der Unterstützung des polnischen Unternehmens in Lüneburg 1970 immer wieder erfahren. Es funktioniert gesetzmäßig.

Das bayerische Unternehmen schickte mir die Unterlagen und schrieb dazu:

„Wir können außerdem als Erfolge verbuchen:
– Vom Bauherrn und den Planern wird dieser Einsatz sehr positiv aufgenommen.
– Jeder Beteiligte hat rechtzeitig einen Leitfaden, nach dem vorzugehen ist.
– Es gibt kein Planen am Bedarf vorbei.
– Rechtzeitiges Erkennen von Problemen wird möglich
– Rechtzeitiges Eingreifen bei zu geringen Planungskapazitäten ist möglich.
– Ein relativ reibungsloser Arbeitsablauf ist die Folge.
– ARGE-Partner arbeiten den Planungsfortschritt betreffend nicht gegeneinander.
– Arbeitsersparnis für ARGE-Partner."

Wir müssen uns hier einmal folgendes klarmachen: 99 Prozent der Führungskräfte fragen in solchen Fällen: Wer bezahlt uns das?

Aber der Sprung zum neuen Produktivitätsdenken ist erst vollzogen, wenn man diese Krämerphilosophie überwunden hat und den großen Nutzen solcher „Geschenke" erkennen kann, der in der Minimierung von Leerlaufstunden im Produktionsprozess liegt.

Hat man den Projektierungsprozess im Griff – und das geht besser durch eine derartige Unterstützung des Planungsteams als durch rechtlich gesicherte Machtausübung ohne die hier geschaffenen Fakten – dann läuft die Bauausführung wesentlich erfolgreicher.

Für die beteiligten Gewerke gilt mit analogem Effekt: hat man das Vorgewerk im Griff, kommt man zum Optimum. Wichtig für die Ausnutzung der Ertragspotentiale ist diese an den jeweiligen Schnittstellen übergreifende Vernetzung. Es lohnt sich für den Nachfolger, den Vorgänger zu unterstützen und es lohnt sich für den Vorgänger, den Nachfolger als seinen Kunden zu begreifen.

Wie ein Bauunternehmer auch für die Gewerke, die seinen Arbeitsablauf tangieren, die Arbeitsstunden und die Kapazitäten bemisst und sie in sein Ablaufmuster einfügt, und wie er Planungs- und Ausführungsprozess harmonisiert, zeigen die Abbildungen 137a und 137b.

■ Abb. 137a: Ablaufmuster. Das Bauunternehmen hatte den Auftrag, die Arbeiten des Bauhauptgewerks und die Putzarbeiten auszuführen. Tangierende Leistungen wurden einbezogen (s. Zeilen 42–46 Zimmerer-, Dachdecker-, Klempner-, Fenster- und Gebäudetechnik). (s. auch Abb. 67).

■ Abb. 137b: Wer später beginnt, kann früher fertig sein. Ablaufmuster zur Bestimmung des Baubeginns.

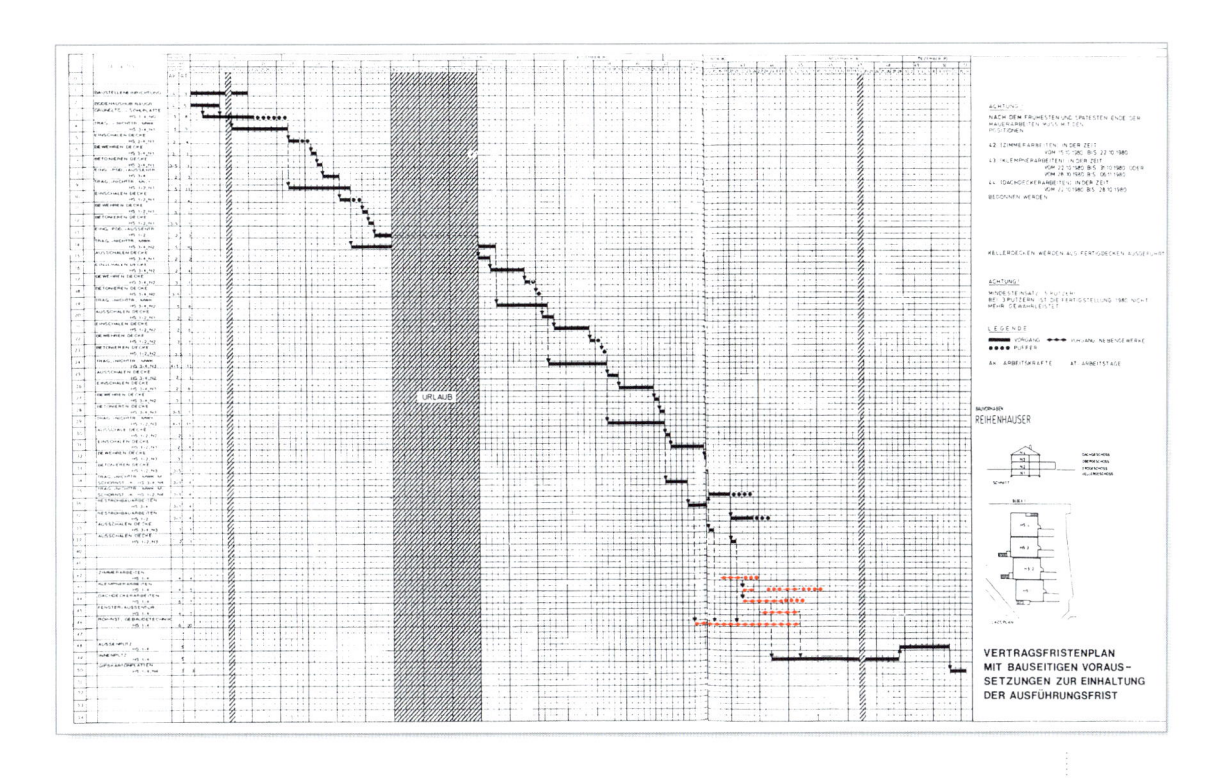

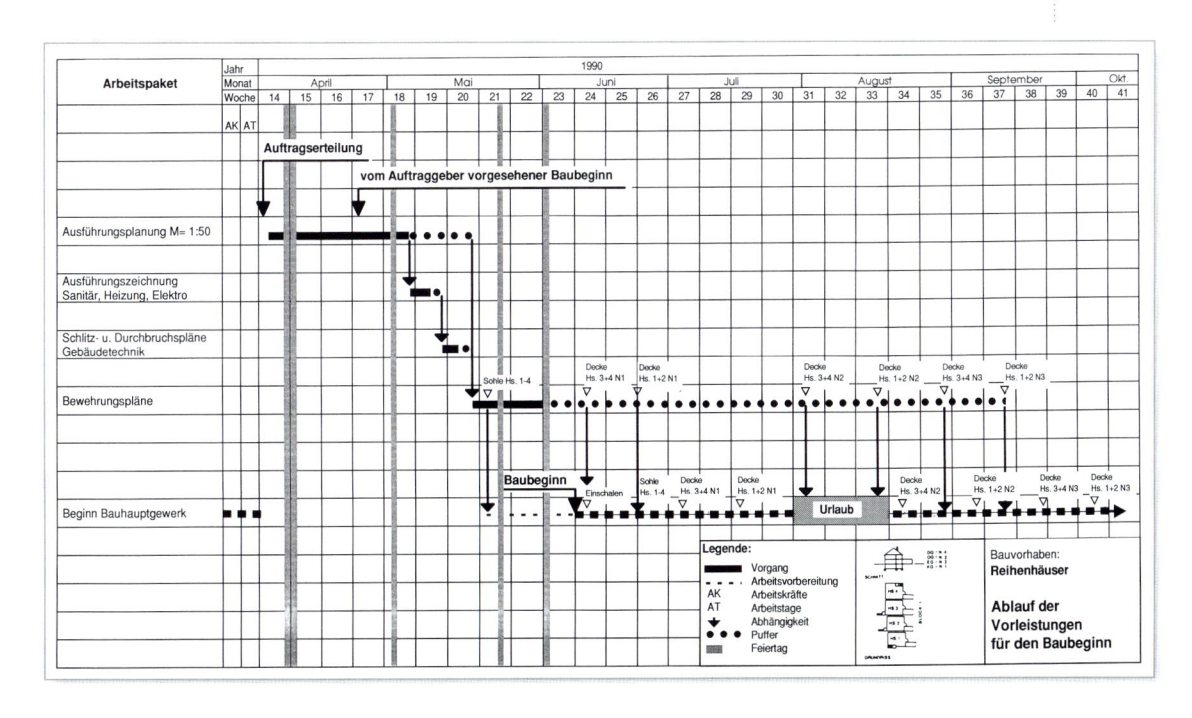

Unternehmenserneuerung mit KOPF 14.2

14.2 Unternehmenserneuerung mit KOPF

Der erforderliche Zeitaufwand für die Planungsleistungen wird von den Planern immer wieder unterschätzt.

Produktivitätsgewinne gehen verloren, wenn nicht ausreichend akquiriert wird und zwischen den Aufträgen Lücken entstehen.

Zum Vorteil aller Beteiligten wurde hier der Baubeginn vom 22. April auf den 8. Juni verschoben.

Der wirkliche Zeitaufwand für die Ausführungsplanung wird von den Planern immer wieder erheblich unterschätzt. Andererseits sind sie ständig in Sorge, dass die angestrebten Fertigstellungstermine nicht eingehalten werden können, wenn nicht sofort nach der Auftragsvergabe begonnen wird und dass Bauferien zur Überschreitung von Fristen führen müssen.

Nach der Erläuterung der Ablaufpläne, die in den Abbildungen 137a und 137b dargestellt sind, und der zugehörenden Ermittlung der Arbeitsstunden, wurde für den Baubeginn der 8. Juni zusammen mit dem Vertragsfristenplan vereinbart, wie in Abbildung 137b zu erkennen ist.

Wenn Sie überzeugende Fakten schaffen und die Resultate verbindlich vereinbaren, richtet sich auch jeder danach – oder sagen wir: fast jeder.

Allen Beteiligten bleibt viel Verdruss erspart, wenn diese eindeutigen Fakten das Geschehen bestimmen statt der unzulänglich informierten Personen, die oft Unmögliches anordnen oder versprechen und an den Baustellen eine Art Kriegführung auslösen.

Wenn Sie die Termine mit Hilfe einer ganzheitlichen Produktionsplanung einhalten, haben Sie in zweifacher Hinsicht optimale Überlebens- und Entwicklungsbedingungen für Ihren Betrieb geschaffen:
– es gibt keinen Auftragsmangel, und
– die Betriebsergebnisse sind positiv.

Zusätzlich müssen Sie allerdings den Kalender so führen, dass die Bauherren oder die Architekten einige Wochen vor einem Entscheidungstermin (z. B. den Auftrag für ein Nebengewerk vorzubereiten) erinnert werden können. Und wenn Sie nun einwenden: „Was mache ich denn in der Zwischenzeit mit den Leuten, wenn der Baubeginn um 4 oder 6 Wochen verschoben wird?" – Dann akquirieren Sie nicht genug. Bei ausreichender Akquisition brauchen Sie solche Zeittoleranzen. Viel gefährlicher ist es, wenn die Anschlussaufträge mit den erforderlichen Überlappungen nicht rechtzeitig beschafft werden. Es gibt Unternehmen, die an einzelnen Baustellen die Produktivitäten verbessern. Aber weil die Anschlussaufträge nicht rechtzeitig da sind, gehen die Gewinne in den Lücken zwischen den Aufträgen wieder verloren.

15

Produktivitätsfördernde Arbeitstechnik – ein versunkener Schatz

„Leben ist Lernen"
Konrad Lorenz

Versunkene arbeitstechnische Kenntnisse ins Bewusstsein heben und dann bis zur unterbewussten Routine trainieren, das sollte für alle Betriebe eine vorrangige Aufgabe sein. Wäre das im Fall Rosenstraße geschehen, dann hätte die Produktivität um mindestens 20 Prozent besser sein können als wir sie in der Ausführungskalkulation angenommen hatten. Statt 44.000 Stunden – oder gar 54.000 Stunden – hätte der Aufwand nur 35.000 Stunden betragen. Rechnen Sie einmal aus, welchen Vorteil das für die Preisgestaltung in der Rezession bedeuten kann.

Schon für die Parallelabrechnung und die Liquidität ist die Endfertigstellung der Ausführungsabschnitte oder Arbeitspakete in einem Zug vorteilhaft. Das gilt ebenso für die Verbesserung der Produktivität.

Das Mauerwerk eines Geschosses zum Beispiel sollte fertig sein, bevor die Decke eingeschalt wird – einschließlich der Innenwände. Die Steine für die Schichten, die wegen etwaiger Schalungsträger zurückbleiben müssen, sollten am Fuß der Wand bereitliegen, um waagerechte Transporte zu vermeiden. Das Auflegen der Außenfensterbänke sollte direkt ohne Unterfütterung möglich sein.

Tun Sie alles, was Bewegungsminuten spart, und trainieren Sie zeitsparende Arbeitsweisen, bis sie routinemäßig aus dem Unterbewussten ablaufen wie beim routinierten Autofahren.

Beim Mauern gehören vorher festgelegte Schichtmaße mit gleichmäßigen Fugenstärken dazu, um das Nachlegen von Mörtel oder das Nachklopfen zu vermeiden.

Leider sind grundlegende arbeitstechnische Kenntnisse in der Bauwirtschaft abhanden gekommen – sehr zum Nachteil der notwendigen Kapitalbildung der Betriebe.

Ich will nur einige wesentliche Punkte ansprechen, mit denen der Prozess zu ständiger Produktivitätsverbesserung durch rationale Arbeitstechniken eingeleitet werden kann.

a) Ein Maurer hat den höchsten Leistungsfaktor, wenn die Wandhöhe, von der Standfläche aus gemessen, 60 bis 90 cm beträgt. Bei

■ Waagerechte Transporte vermeiden.

■ Mauere nie über 1,20 m.

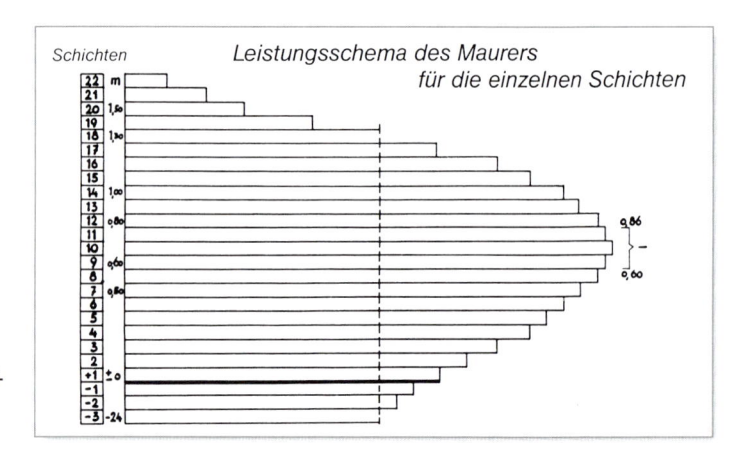

15 Produktivitätsfördernde Arbeitstechnik – ein versunkener Schatz

■ Abb. 138: Die Arbeitsproduktivität ist abhängig von der Mauerhöhe (nach Schulte).[3]

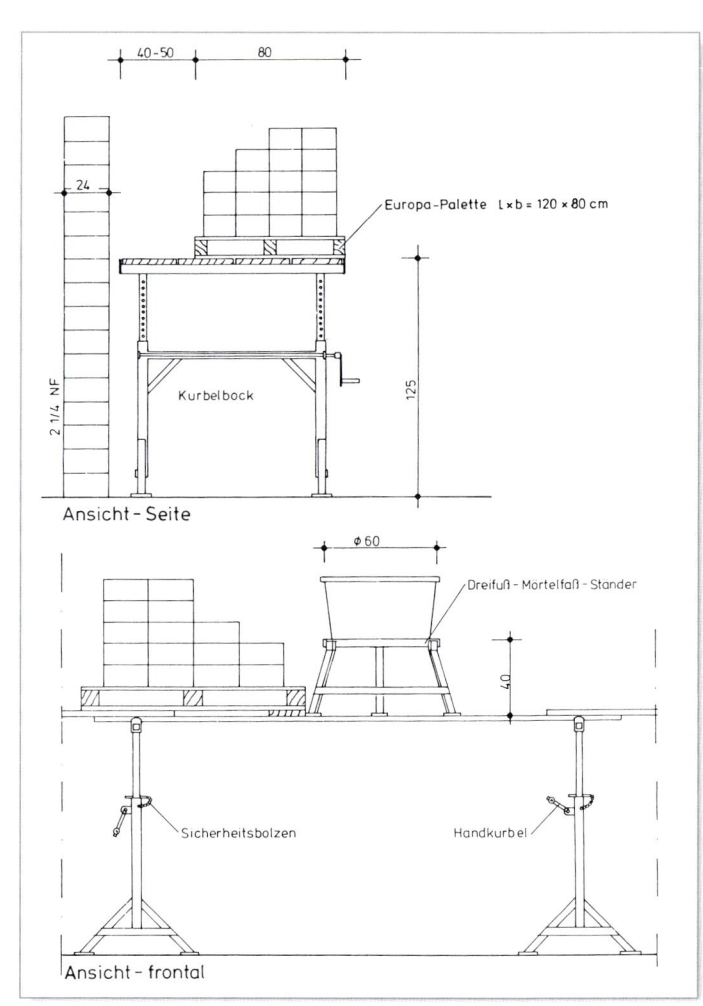

■ Abb. 139: Die optimale Mauerhöhe lässt sich leicht einstellen, wenn die Kurbelböcke gut gewartet und die Gerüste nicht überladen sind. Aufgebockte Mörtelkübel erleichtern die Arbeit, unnötiges Bücken wird vermieden. Gesundheit und Produktivität werden gleichzeitig gefördert.

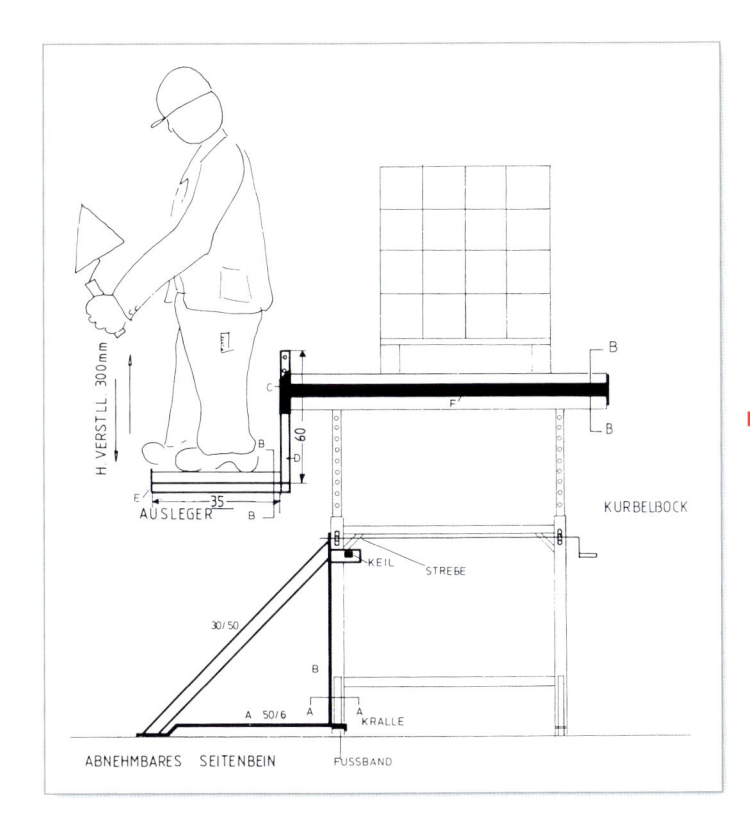

Abb. 140: Auch mit der Standkonsole werden unnötige Bewegungen ausgeschlossen. Nicht ganze Steinpakete auf die Gerüste stellen, mit dem Steinkorb arbeiten.
ANMERKUNG: Wolfgang Baumann, der Gründer der Baumann-Gruppe, hat sich um die gesundheitsfördernde Ergonomie am Arbeitsplatz verdient gemacht. Er bietet u. a. den „Kurbelbock mit ergonomischem Bockaufsatz" an. www.baumann-bau.de.

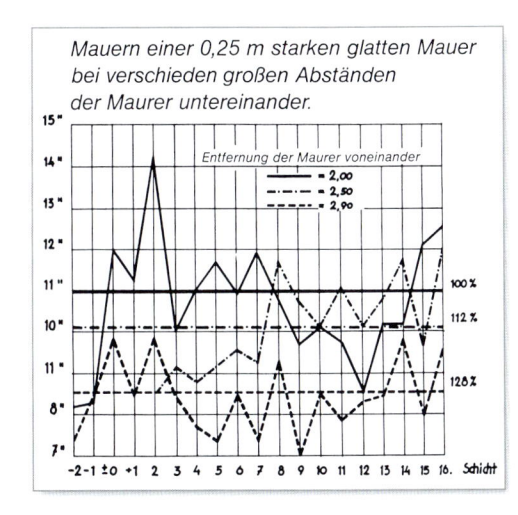

Abb. 141: Der Abstand zwischen den Maurern beeinflusst die Arbeitsproduktivität (nach Schulte). [3]

1,50 m schafft er nur noch die Hälfte (s. Abb. 138). Darum gilt die wichtige Arbeitsregel: Mauere nie über 1,20 m.

Diese Regel wird kaum irgendwo eingehalten. Viele unnötig aufgewandte Arbeitsstunden sind die Folge.

b) Die bessere Kontinuität des Arbeitsflusses, der Arbeitsrhythmus und damit das Produktivitätsoptimum stellen sich bei einem Abstand der Maurer von rd. 3 m ein. Bei einem Abstand zwischen den Facharbeitern von nur 2 m müssen schon im Schnitt 28 Prozent mehr Arbeitsstunden aufgewendet werden (s. Abb. 141).

„Lean Administration" lautete die Überschrift eines Artikels in den VDI-Nachrichten vom 9. Juli 1993. Es ging um die zeitliche Verkürzung der Baugenehmigungsverfahren. Die ist notwendig.

■ Der Abstand zwischen den Maurern muss mindestens drei Meter sein.

■ Wie schlimm muss es mit der Konjunktur noch kommen, bis die Bauwirtschaft aus der Misere der Verschwendung herausfindet.

15 Produktivitätsfördernde Arbeitstechnik – ein versunkener Schatz

Aber der Hauptgrund unserer Kostenmisere liegt darin, dass wir rationelle arbeitstechnische Regeln vergessen haben.

In einem Bild von arbeitenden Maurern, das dort veröffentlicht wurde, wird die ganze arbeitstechnische Beschränktheit der Baubranche deutlich. Da wird über Kopf gemauert und die Maurer rücken sich behindernd auf den Leib. Wir könnten solche Aufnahmen auch noch im Juli 2002 und danach erleben, denn es gibt offenbar selbst unter Fachleuten kaum jemanden, der das bemerkt. Wie schlimm muss es mit der Konjunktur eigentlich noch kommen, bis die Bauwirtschaft aus der Misere der Verschwendung herausfindet, die zum Teil auch von der arbeitstechnischen Unkenntnis verursacht wird.

> Mauerlehren einsetzen.

c) Im Mauerwerksbau gehört die Mauerlehre mit der Schichteneinteilung zu den arbeitstechnischen Mitteln, die eingesetzt werden sollten. Der Arbeitsfluss sollte nicht ständig durch den Griff zur Wasserwaage oder durch Aufenthalte bei ungleichmäßigen Fugenstärken unterbrochen werden. Schon wenn man beispielsweise Stahlzargen vor dem Aufmauern montiert und als Lehren benutzt, können 25 Prozent der aufgewendeten Arbeitsstunden eingespart werden (s. Abb. 142).

> Beim Lehreneinsatz kann der Tischler die Fenster ohne Aufmaß fertigen.

Beim Einsatz von Ecklehren kommt der Vorteil gleichmäßiger Fugenstärke hinzu. So entsteht der ununterbrochene Arbeitsrhythmus, durch den – alle angesprochenen Managementbedingungen vorausgesetzt – die Arbeitsproduktivität um das 1,4fache steigen kann. Die Eckenmaurer werden zu Einrichtern. Das Einrichten der Baustelle mit Lehren sollte auf dem Rohbeton nach dem Anreißen der Ecken und Öffnungen erfolgen, noch bevor die Kimmschicht gemauert wird. Wir gehen vor wie die Zimmerleute auf dem Schnürboden.

Ich sehe immer wieder, dass die besten Maurer vor dem Aufstellen der Lehren die erste Schicht setzen und damit die Eck- und Öffnungspunk-

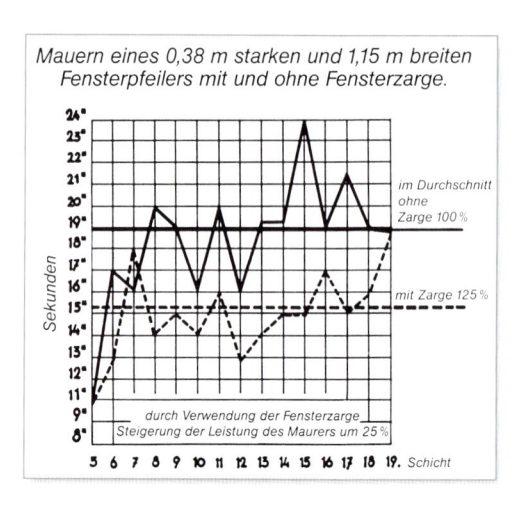

Mauern eines 0,38 m starken und 1,15 m breiten Fensterpfeilers mit und ohne Fensterzarge.

■ Abb. 142: Werden die Zargen vor dem Mauern montiert, lassen sich die Arbeitsleistungen der Maurer um 25 % erhöhen (nach Schulte).[3]

te markieren. Auch dadurch entsteht ein unnötiger Stundenaufwand.

Neben dem Aspekt der Produktivitätsverbesserung soll die verbesserte Maßgenauigkeit und die damit verbundene reibungslose Zusammenarbeit der Handwerker beim schlüsselfertigen Bauen hervorgehoben werden. Der Bautischler kann die Fenster frühzeitig fertigen und muss nicht warten, bis er am Rohbau die Maße nehmen kann.

Der Umgang mit Mauerlehren gehört in den Unterricht der Berufsbildenden Schulen und in die Übungen auf den Bauhöfen. Es muss aufhören, dass sich Maurer mit dem Argument gegen den Lehreneinsatz wehren, gute handwerkliche Arbeit käme gerade durch das Mauern der Ecken mit Hilfe der Wasserwaage zum Ausdruck; die Maurer würden sonst zu Steinlegern degradiert.

Man hätte mit solcher Einstellung wohl nie eine Wasserwaage erfunden und wir müssten uns heute noch mit dem Bleilot begnügen.

Erich Koß setzte in der Bauhütte Görlitz schon 1930 mit Erfolg Mauerlehren ein, und seine Maurer gehörten zu den besten Fachleuten ihrer Zeit.

Ich selbst habe auf Anregung von Erich Koß in der KOPF-Werkstatt mit Erfolg Mauerlehren eingesetzt.

Joachim Borgolte, einer der Maurergesellen aus der KOPF-Werkstatt, hat unter dem Motto „Mauern mit System" ein sehr effizientes Eck- und Öffnungslehren-System aus Metall entwickelt. Das kann man zu günstigen Bedingungen erwerben. Die Einweisung ist einfach und kostengünstig. Nur ein paar Handgriffe sind nötig, um die Lehren einzurichten. Danach entfällt das zeitaufwendige schichtenweise Einloten und mit Hilfe der vorgegebenen Schichtstärken stellt sich der Arbeitsrhythmus ein, mit dem Energie und Zeit gespart werden. Das gilt auch für das Verblendmauerwerk. Bei kniffligen Ecken im Dachgeschoss kann die Produktivität verdoppelt werden. Auch bei Eckvorbauten werden innerhalb kürzester Zeit die Innen- und Außenecken mit Hilfe der Lehren festgelegt. Wo nötig, werden in Verbindung damit stufenlos verstellbare Öffnungslehren eingesetzt.

Straffe Schnurspanner ermöglichen rationelle große Abstände zwischen den Maurern.

Sie erreichen Joachim Borgolte
Im Winkel 2, 37632 Eschershausen,
Telefon 0 55 34/38 57, Fax: 0 55 34/38 57,
Handy: 01 72/6 20 80 66,
Page: http://home.t-online.de/home/joachim.borgolte/.

Eck- und Öffnungslehren aus Metall gibt es auch bei der Steinbrink GmbH, Baugeräte, in Dinslaken. Die Firma stellt auch Kimmschichter und Mörtelschlitten her.

d) Die Arbeit muss so geplant und vorbereitet werden, dass jede Nacharbeit vermieden wird. Jeden Ausführungsabschnitt sollten Sie erst verlassen, wenn er wirklich endfertig hergestellt ist. Nacharbeiten erfolgen meist unter erschwerten Verhältnissen und bringen eine Verschwendung von Arbeitsstunden mit sich. Auch die Wände in den Dachgeschossen können großenteils gemauert werden, bevor der Zimmermann kommt. Man muss nicht die Sparren als Lehren benutzen. In den meisten Fällen ist es möglich, an der Giebelwand senkrecht am Firstpunkt eine einfache Brettlehre anzubringen und eine Schnur so zu spannen, dass die fertige Wandschräge 2 cm tiefer liegt als Unterkante Sparren. Produktivitätsvergleiche aus meiner Praxis zeigen, dass beim Mauern unter fertigen Sparrenlagen der Produktivitätsgrad auf 0,56 abfiel.

e) Auch die Mauerlehren helfen nicht viel, wenn man die Steine für die Restarbeiten in den Geschossen mit der Schubkarre transportiert. Mörtelkübel und Steinpakete müssen griffbereit stehen. Auch mit dem mehrfachen Umsetzen von Stoffen, das man überall an den Baustellen beobachten kann, wird viel Arbeitszeit vergeudet. Die Ursache dafür liegt an der fehlenden Produktionsplanung. Die Stoffmengen werden nicht nach der Folge der Arbeitsschritte und nach Arbeitspaketen sortiert. So passen die bestellten Mengen nicht zum Arbeitsfortschritt, verbauen Arbeitswege und erfordern ständigen Aufwand durch unnötiges Umstapeln und überflüssige Baustellentransporte.

Erst wenn die baustelleninterne Logistik stimmt, kann auch die Zulieferung in kleineren, passenden Mengen zum richtigen Zeitpunkt verschwendungsfrei direkt an die Verwendungsstellen erfolgen.

Die Transporte sollten soweit wie möglich senkrecht erfolgen. An jede kleine Baustelle gehört ein kleiner Kran, mit dem die Arbeitsplätze von oben bedient werden. Auch deshalb darf die Decke erst eingeschalt werden, wenn die Arbeiten im darunter liegenden Ausführungsabschnitt abgeschlossen sind.

Mit der Produktionsplanung geht es auch da-

■ Mit Lehren kann die Produktivität im Dachgeschoss verdoppelt werden.

■ Nacharbeiten vermeiden.

■ Stoffe so ordern, dass Umsetzen vermieden wird.

■ Arbeitsplätze „von oben" bedienen.

■ Die Arbeitsprozesse müssen „führungsfrei" laufen.

15 Produktivitätsfördernde Arbeitstechnik – ein versunkener Schatz

Ständige Weiterbildung ist nötig.

Standards einführen und weiterentwickeln. Mängel vermeiden.

rum, einen hohen Grad an Selbstorganisation an die Baustellen zu bringen. Dort muss selbst dann Gewinn erwirtschaftet werden, wenn eine Epidemie das Management und die Bürobelegschaft einige Wochen ans Bett fesselt.

Der ununterbrochene Arbeitsfluss mit ständiger Produktivitätssteigerung durch Arbeitsvereinfachung und -erleichterung ist das Ziel, auf das sich das technische Unternehmensmanagement konzentrieren muss. Um es zu erreichen, ist zusätzliches Wissen und damit ein Prozess der Weiterbildung in betrieblicher Arbeitstechnik und Arbeitsorganisation vonnöten.

Führen Sie für Arbeitsorganisation, Arbeitstechniken und Arbeitsverhalten vereinbarte, eindeutige Standards ein, die ständig auf neue zeitsparende, produktivere Ebenen gehoben werden und sorgen Sie konsequent für deren Einhaltung.

Diese Standards müssen auch die Qualität der Produkte erfassen. Viel Zeit wird durch die Beseitigung von Mängeln verschwendet.

16

Vom Kostendenken zum Produktivitätsdenken

Hohe Produktivitätssteigerungen entstehen in einer Produktivitätskultur. Wo die Werker selbst die Arbeitsplanung, Terminsteuerung und Qualitätssicherung übernehmen, stellen sich frappierende Erfolge ein.

Ganz wesentlich ist die Ablösung des weitverbreiteten buchhalterischen Kostendenkens durch ein wirklich kostensparendes Produktivitätsdenken. Sie sparen sonst oft an der falschen Stelle.

Nichts ist so gewinnträchtig wie das Einsparen von Arbeitsstunden durch Produktivitätssteigerung. Oft werden auch notwendige Investitionen in Baugeräte und Baumaschinen oder in transportsparende Lagerung von Fertigmörtel etc. aus diesem falschen Kostendenken unterlassen. Aber jedes neue Gerät bringt die Investitionskosten durch eingesparte Arbeitsstunden schnell wieder herein, wenn es unbehindert eingesetzt wird – auch durch die damit verbundene Erhöhung der Leistungsbereitschaft.

16.1

Information „von unten" sichern

In einem Bauunternehmen mit 200 gewerblichen Beschäftigten machten wir 1993 eine Betriebsversammlung und fragten die Mitarbeiter, was man zur Verbesserung der Produktivität ihrer Meinung nach besser machen könnte. Die Führungskräfte hatten Schweigepflicht. Sie fühlen sich mitunter durch kritische Äußerungen der Mitarbeiter angegriffen und neigen dann zu Erwiderungen, die den Informationsfluss „von unten" hemmen.

Es gab bei dieser ersten Anhörung u. a. folgende Anregungen:
- Jede Baustelle muss besser organisiert werden.
- Das Material wird nicht rechtzeitig bestellt.
- Die Bauleiter sind zu viel damit beschäftigt, fehlende Stoffe, Geräte und Hilfsmittel heranzuschaffen.
- Wartestunden könnten vermieden werden.
- LKW-Fahrer wissen oft nicht, wo Material geholt, gebracht oder gekippt werden soll.

■ Buchhalterisches Kostendenken durch Produktivitätsdenken ablösen.

■ Auf die produzierenden Mitarbeiter hören.

- Der Chef darf niemandem mehr versprechen, dass 2 Tage nach der Auftragserteilung mit den Arbeiten begonnen wird.
- Lieferscheine, Stundenzettel etc. müssen korrekt bearbeitet werden.
- Zu oft kommen defekte Geräte auf die Baustelle. Die Baustellen werden nicht vorher besichtigt. Sie sind häufig für den Baubeginn nicht frei. Kolonnen rücken vergebens an.
- Einige LKW sind total veraltet. Alte Teile werden eingebaut, die Reparaturzeiten sind zu hoch. Andere Geräte fallen oft aus.
Die Geräte sollten nach etwa 6 Jahren erneuert werden.
- Die Gerätereparaturen sind nicht ausreichend. Zeitgründe werden vorgeschoben.
- Radladerfahrer sind nicht qualifiziert. Feste Fahrer für Geräte bestimmen.
- Helfer für Baggerfahrer, damit der Fahrer nicht so oft absteigen muss.
- Baucontainer so ausstatten, dass Wartung und kleinere Reparaturen an der Baustelle direkt vorgenommen werden können.
- Seminare mit Werkstattleiter organisieren, um die Mitarbeiter zu befähigen, Maschinen und Geräte selbst zu warten und zu reparieren.
- Mitarbeiter durch Weiterbildung allgemein besser qualifizieren.
- Neues Gerät gemeinsam mit den Mitarbeitern auswählen.

Die Geschäftsleitung erklärte sich sofort bereit, die Vorschläge weitgehend zu realisieren. Als erstes wurden ein neuer Bagger und 2 LKW angeschafft. Man erkannte erhebliche Organisationsmängel, die es im Übrigen überall in den Bauunternehmen gibt. Die erforderliche Entwicklung der Selbstorganisation durch die Verlagerung wesentlicher Teile der Arbeitsvorbereitung und der Arbeitssteuerung an die Baustelle wurde erkannt. Um sie einzuleiten, wurde im August 1993 eine intensive Schulungs- und Übungsarbeit in allen Betriebsbereichen und auf allen Mitarbeiterebenen beschlossen. Die Umsetzung ist schwierig und langwierig und setzt Überzeugungskraft und Zähigkeit bei der Betriebsführung voraus.

Die Herstellung variabler Ablaufmodelle ist für die Effizienz der Methodik unabdingbare Voraussetzung, wird aber immer wieder versäumt. „Wir haben keine Zeit", ist die häufigste Erklärung dafür.

Oft versanden die guten Ansätze, weil solchen Schwächen nachgegeben wird.

Und außerdem scheut man den Aufwand für die erforderliche Qualifizierung. Gerade dieser Aufwand sichert aber den Erfolg. Es gilt sowohl die Führungskräfte wie die produzierenden Mitarbeiter in ständigen Workshops zu schulen. Mindestens ein Tag im Monat muss dafür aufgewendet werden. Es ist ein Fehler, wenn man von den Mitarbeitern zu schnell zu viel verlangt, denn es ist nicht leicht, eine neue ungewohnte Denk- und Verhaltensweise anzunehmen.

Die Umsetzung des KOPF-Systems ist schwierig und langwierig.

Nur wer die erforderliche Qualifizierung leistet, hat Erfolg.

16.2

Lernen beim praktischen Tun

Die Qualifizierung geht mit der praktischen Arbeit an den Baustellen einher. Der Zusammenhang zwischen Verhaltensweisen und Erfolgen und Misserfolgen wird dort schnell sichtbar. Die Aufbereitung von Fehlern in den Workshops führt weiter.

Führen wir uns diesen Zusammenhang an einer Baustelle vor Augen. Das Bauhauptgewerk mit überwiegend Stahlbetonarbeiten für ein Wohn- und Geschäftshaus lief von August bis Oktober 1993. Gebaut wurde in einer Baulücke in Chemnitz zu einem Nettopreis von 1,2 Mio. DM. Der Betrieb erreichte dort eine Produktivitätssteigerung um 30 Prozent. Wir wollten eine weitere Produktivitätssteigerung er-

reichen. Es gab immer noch erhebliche Zeitverschwendung. Das hatte verschiedene Gründe:
- Die Wochenplanung wurde in der Schlussphase unterlassen. Der Arbeitsstundenaufwand zum Schluss einer Auftragsabwicklung wird immer wieder unterschätzt. In unserem Fall liefen die Arbeitsstunden für die Restarbeiten und das Abräumen der Baustelle aus dem Ruder. Das kostete mehr als 800 Stunden – also 50.000 DM. Man lernt daraus, dass bei der Abwicklung der Hauptleistungen ein Produktivitätswert erreicht werden muss, der um mindestens 10 Prozent höher liegt als die angestrebte Durchschnittsproduktivität und dass ein Arbeitspaket für Restarbeiten und Abräumen zum Soll-Ist-Vergleich gebildet werden muss.
- Ein Kran, der nicht alle erforderlichen Lasten tragen konnte, verursachte 500 Stunden Wartezeit – also eine Verschwendung von rd. 30.000 DM. Die Miete für einen stärkeren Kran hätte weniger als 5000 DM gekostet. Aber hier war buchhalterisches Kostendenken – wie fast überall – stärker als Produktivitätsüberlegungen. Und so glaubte der Bauleiter, er habe 5000 DM Kosten gespart, als er den Kran einsetzte, der zufällig auf dem eigenen Bauhof lagerte.

Der Buchhalter glaubte das immer noch, als die Baustelle abgeschlossen war. In seiner Buchhaltung wäre die Rechnung über rd. 5000 DM Miete aufgetaucht, und die Geldverschwendung von 30.000 DM durch unnötig aufgewendete Arbeitsstunden ist für ihn nicht so ohne weiteres erkennbar. Er sieht am Ende nur, dass der Lohnaufwand für die Baustelle zu hoch war, und leitet daraus ab, dass die Firma zu hohe Löhne bezahlt.

Wir hatten am 5. 11. 1993 eine Versammlung der Baustellenbelegschaft, um den Arbeitsablauf gemeinsam kritisch zu betrachten und Verbesserungsmöglichkeiten zu besprechen. Folgende wesentliche Kritikpunkte wurden genannt:

1. Die Tischkreissäge ist nicht für Winkelausschnitte geeignet. Es gibt keine Ersatz-Sägeblätter. Die Sägeblätter wurden nicht rechtzeitig geschärft.
2. Der Baukran war nicht ausreichend leistungsfähig. Das hemmte den Ablauf.
3. Stoffe wurden in zu großen Mengen zu früh geliefert. Abgelegte Filigrandecken behinderten den Ablauf und mussten mehrfach umgelagert werden. Es gab zu wenig Kanthölzer, viele wurden in unzureichenden Längen geliefert.
4. Die Schalungsstützen aus Stahl sind zu schwer. Der Arbeitsstundenaufwand durch schnelles Ermüden kostet mehr als die Miete für leichtere Stützen. (Mit einem ausreichend bemessenen Kran wäre das nicht so ins Gewicht gefallen.)
5. Es war nur ein Bolzenschussgerät an der Baustelle, das von Zimmerern und Maurern gleichzeitig beansprucht wurde. Das und ähnliche Mängel führte zu Wartezeiten. Es wird je ein Werkzeugcontainer für Maurer und Zimmerer benötigt.
6. Geräte unterschiedlicher Fabrikate machen den universellen Einsatz von Werkzeugen und Ausstattungen unmöglich. Beispiel: Bohrmaschinen und Bohrer.

Das Umschalten auf Produktivitätsdenken ist nicht leicht. Wir sollten in allen Büros und an allen Produktionsstätten groß an die Wände schreiben: Unser Geld ist die Zeit!

Weil das so ist, sind auch die so einfach erscheinenden Kontrollen über geleistete Umsätze in Geld überholt.

Aus allen dargelegten Gründen ergibt sich zwingend: Wir können die notwendigen Kosten-einsparungen nur erzielen, wenn wir überflüssige Stundenaufwendungen konsequent eliminieren und so die Produktivität ständig steigern. Das setzt auch voraus, dass die Führungskräfte akzeptieren: Wir schulden den Mitarbeitern ununterbrochene Arbeitsflüsse.

> ■ Mit einem falschen Kran und falschem Kostendenken 30.000,- Mark verschwendet.

> ■ Die Mitarbeiter kommentierten den Bauablauf kritisch.

> ■ Das Umschalten auf Produktivitätsdenken ist nicht einfach.

16.3 Vom Kostendenken zum Produktivitätsdenken

Abb. 143a: 1. EDV-Durchlauf der Ausführungskalkulation mit rd. 53.000 Arbeitsstunden und unzureichendem Deckungsbeitrag.

Stunden	52 975,070		
Lohnkosten	1 592 430,96		
Stoffkosten	2 073 338,96	Preise im LV	7 198 777,50
Gerätekosten	488 610,29	Produktive Kosten	6 212 428,13
Fremdkosten 1	0,00		
Fremdkosten 2	490,00	Deckungsbeitrag	986 349,37
Fremdkosten 3	1 751 284,80	in % von den prod. Kosten	15,88
Schalkosten	306 273,49		

Abb. 143b: 2. EDV-Durchlauf mit rd. 44.800 Stunden und ausreichendem Deckungsbeitrag.

Stunden	44 843,480		
Lohnkosten	1 347 995,04		
Stoffkosten	2 073 338,96	Preise im LV	7 198 777,50
Gerätekosten	488 610,29	Produktive Kosten	5 967 992,58
Fremdkosten 1	0,00		
Fremdkosten 2	490,00	Deckungsbeitrag	1 230 784,92
Fremdkosten 3	1 751 284,80	in % von den prod. Kosten	20,62
Schalkosten	306 273,49		

Die Erfolge erlebbar machen.

Damit erschließen Sie eine weitere Quelle zur Produktivitätssteigerung: die positive emotionale Stimmung in der Mitarbeiterschaft. Die Kontrolle der Produktivitätssteigerung und damit die Kontrolle des Erfolgs kann nur durch die Soll-Ist-Vergleiche der Arbeitsstunden erfolgen. In Verbindung mit der Selbststeuerung der Arbeitsprozesse wird sie zur motivierenden Selbstkontrolle.

16.3
Produktivitätsschwankungen vermeiden

An einer zweiten Baustelle wurde ein Bürohauskomplex errichtet und ein altes Postgebäude saniert. Die Bausumme für die Erstellung des Gebäudes mit 7 Stockwerken und 164 Plätzen in einer zweigeschossigen Tiefgarage betrug rd. 42 Mio. DM.
Der Auftragswert für die Ausführung der Stahlbeton- und Mauerarbeiten lag bei 8 Mio. DM.
Diese Bauaufgabe war wegen des niedrigen Preisniveaus eine besondere Herausforderung für das Unternehmen.
Mit dem Produktivitätsgrad an der vorange-

16.3 Vom Kostendenken zum Produktivitätsdenken

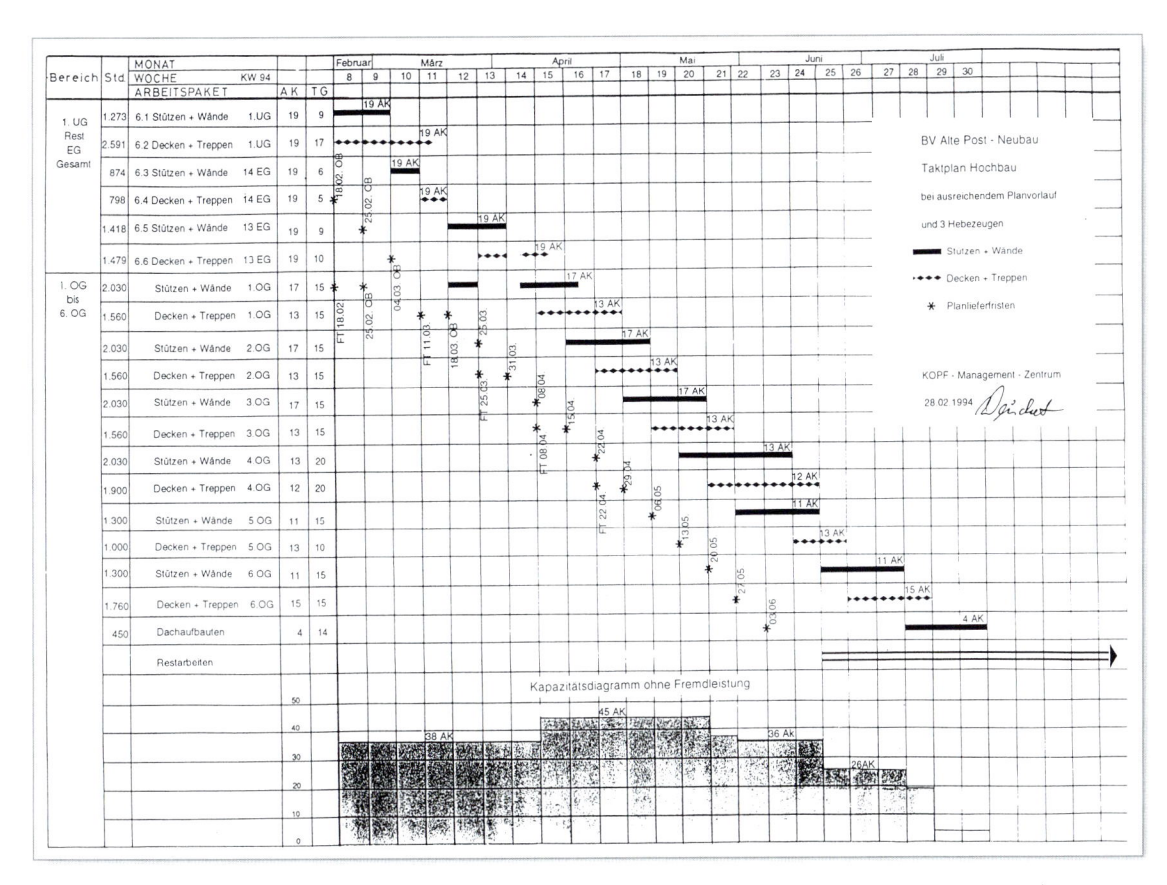

Abb. 144: Ablaufmuster mit Kapazitätsdiagramm und Terminen für die Planlieferungen.
<u>ANMERKUNG:</u> Zu einem gesteckten Ziel führen viele Wege. Dieses Ablaufmuster ist ein neu geordneter Weg zum Ziel nach aufgetretenen Störungen – eine Ordnungsvariable.

gangenen Baustelle hätte man zur Erledigung dieses 8-Mio.-DM-Auftrags 59.000 Stunden gebraucht. Dieses Ergebnis sollte hier übertroffen werden.
Wenn man die Produktivität verbessern will, muss man schon in der Ausführungskalkulation das entsprechende Ziel setzen.

In Abbildung 143a sehen Sie die Resultate aus dem ersten Berechnungsdurchlauf. Geschäftsleitung und Mitarbeiter wollten einen besseren Deckungsbeitrag.
Die Resultate des 2. Programmdurchlaufs zeigt Abbildung 143b.
Von nun an nützt die EDV zur Produktivitätssteigerung nichts mehr. Jetzt helfen nur noch zielkonformes Handeln und die zielgenaue Beeinflussung des Arbeitsprozesses durch die Menschen.
Die Beteiligten waren sich darüber klar, das heißt im Wesentlichen:

■ Schon in der Ausführungskalkulation muss man das Produktivitätsziel setzen.

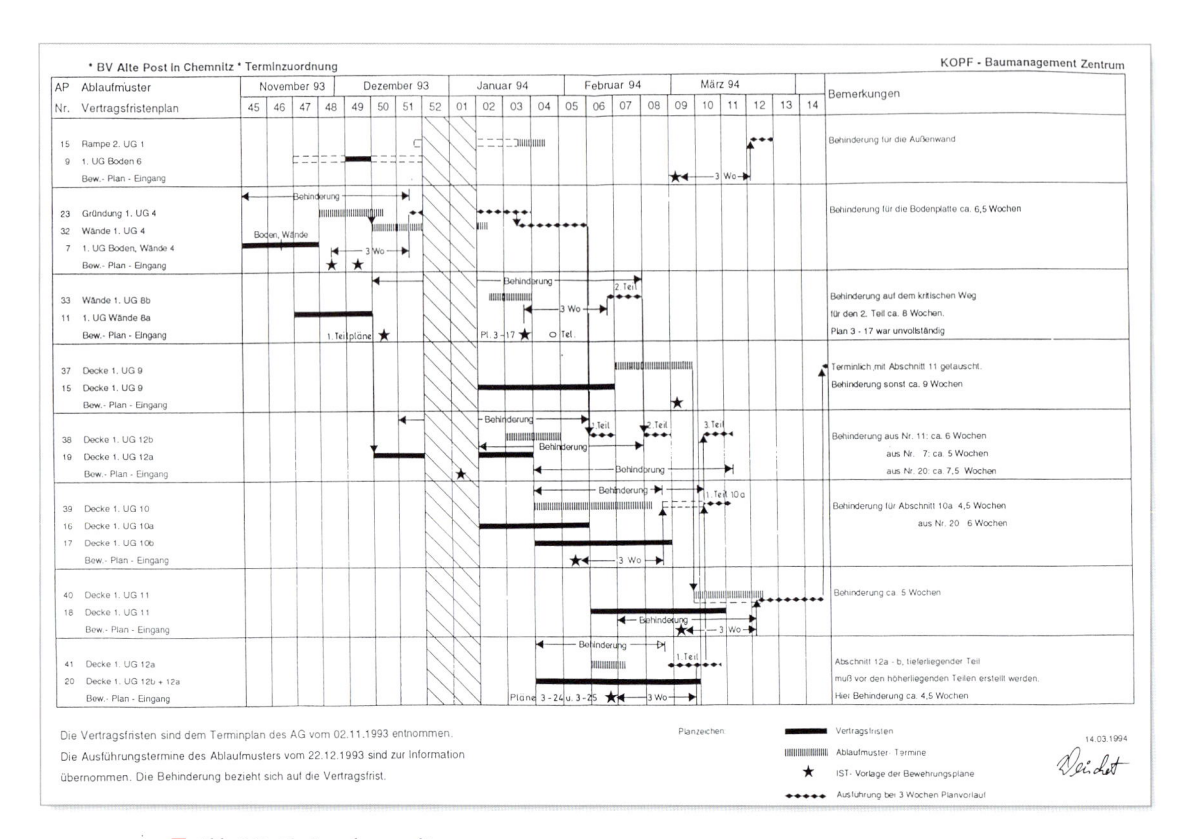

16.3 Vom Kostendenken zum Produktivitätsdenken

Abb. 145: Die Bewehrungspläne kamen in den ersten Monaten an die Baustelle, wenn die betreffenden Arbeiten schon fertig sein sollten. Der Bauprozess tendierte zum Chaos.

- Die Lehren aus der vorangegangenen Baustelle zu ziehen, passendes Gerät einzusetzen;
- die richtigen Arbeitskräftezahlen den Arbeitspaketen zuzuordnen, Überbemessungen zu vermeiden:
- die Arbeitsplanung und -steuerung wochenweise zur Ergebnisverbesserung durchzuführen;
- Arbeiten mit dem Korrekturplan, um Verluste durch Störungen auszugleichen;
- Soll-Ist-Vergleich der Arbeitsstunden zur rechtzeitigen, zielgenauen Steuerung, besser organisierte Arbeitsflüsse ohne Leerlauf;
- Wochen-Vorschau bei Materialabruf, Zwischenlagerungen vermeiden, Arbeitsfelder freihalten, kleinere Betonstahlpartien abrufen;
- gleichzeitig mit der Leistungsbewertung 14-tägig Rechnung legen, um die Liquidität zu optimieren;
- aufpassen, dass die Schlussphase einschl. Abräumen nicht aus dem Ruder läuft.

Diese Zielsetzung ist wichtig. Alle Beteiligten müssen lernen, wie sich unterschiedliche Produktivitätsgrade auf den Deckungsbeitrag auswirken.

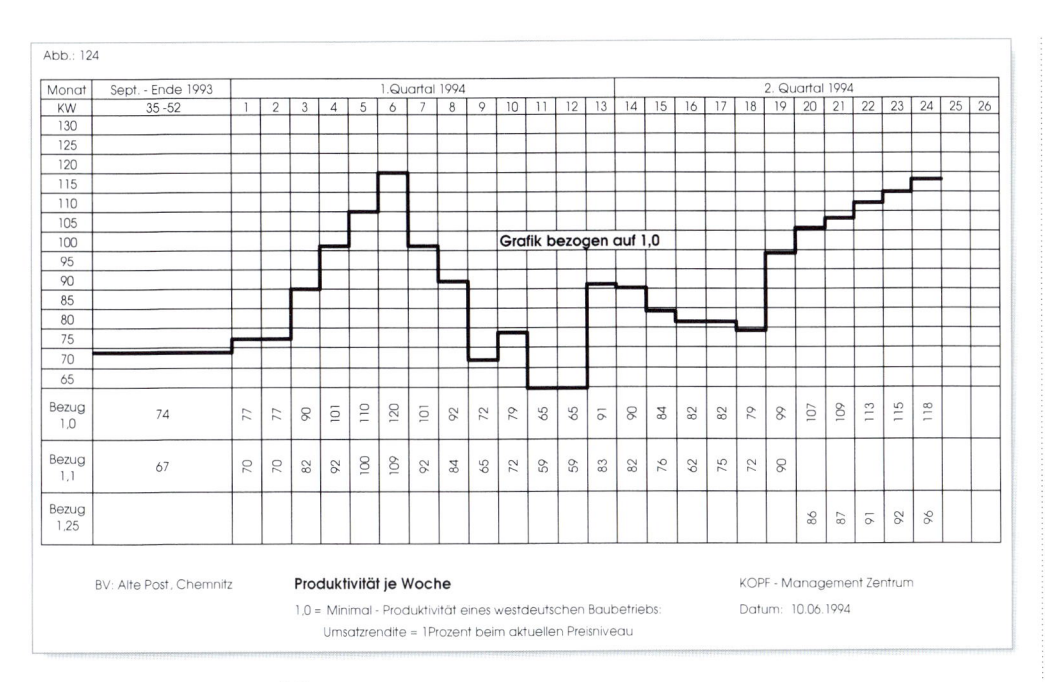

Vom Kostendenken zum Produktivitätsdenken **16.3**

Abb.: 124																											
Monat	Sept. - Ende 1993					1. Quartal 1994												2. Quartal 1994									
KW	35 -52	1	2	3	4	5	6	7	8	9	10	11	12	13	14	15	16	17	18	19	20	21	22	23	24	25	26
Bezug 1,0	74	77	77	90	101	110	120	101	92	72	79	65	65	91	90	84	82	82	79	99	107	109	113	115	118		
Bezug 1,1	67	70	70	82	92	100	109	92	84	65	72	59	59	83	82	76	62	75	72	90							
Bezug 1,25																					86	87	91	92	96		

BV: Alte Post, Chemnitz   **Produktivität je Woche**   KOPF - Management Zentrum
1,0 = Minimal - Produktivität eines westdeutschen Baubetriebs: Datum: 10.06.1994
Umsatzrendite = 1 Prozent beim aktuellen Preisniveau

■ **Abb. 146:** Produktivitätsverfall durch Führungsfehler und verspätete Pläne von der 7. bis zur 13. Woche.

Bis Anfang Mai 1994 gab es Produktivitätsverluste durch erhebliche Verzögerungen bei der Lieferung der Bewehrungspläne. Das hatte der Auftraggeber zu vertreten. 6 Wochen Bauzeit waren verloren. Die Produktivität wurde zum Teil auch durch eigene Fehler reduziert.
Vor allem die Führungskräfte neigen dazu, immer wieder in die alte Arbeitsweise zurückzufallen. Das wochenweise Vordenken und Vorbereiten des Arbeitsflusses geschieht nicht konsequent genug. Die Zuordnung eindeutiger Leistungs- und Verantwortungsbereiche für die Poliere wird aufgeweicht.
Und dann gibt es durch die verspäteten Planlieferungen immer wieder produktivitätsmindernde Umsetzungen der Kolonnen mit teilweisen Überbesetzungen, so dass zum Beispiel an einer Decke 10 Mann arbeiten, obwohl höchstens 6 eingesetzt werden dürfen usw.
Man kann immer wieder sehen, wie viel ein Unternehmen gewinnen kann, wenn es Einfluss auf den Planungsprozess nimmt.
Es dauert lange, bis das neue Denken in den Köpfen ist. Selbstorganisation geht nicht von selbst, sondern setzt mühevollen Trainereinsatz voraus.
Abbildung 144 zeigt ein Ablaufmuster mit Kapazitätszuordnung und den markierten Terminen für die Planlieferungen. Immerhin wurde erreicht, dass die ursprünglich vereinbarte Ausführungsfrist trotz der Behinderungen durch die um 6 Wochen verzögerten Planvorlagen eingehalten werden konnte.
Das geschieht durch immer wieder neu einge-

■ Wieviel ein Unternehmen gewinnen kann, wenn es Einfluss auf den Planungsprozess nimmt, wird immer wieder deutlich.

■ Mühevolles Training ist unabdingbar.

■ Trotz 6 Wochen Verzögerung durch Dritte wurde die Ausführungsfrist nicht überschritten.

16.3 Vom Kostendenken zum Produktivitätsdenken

Abb. 147: Arbeitsplanung und -ergebnis für die 6. Kalenderwoche mit Vorschau bis zur 8. Woche für den Materialabruf.

Auftretendes Prozesschaos wurde immer wieder zielgerichtet neu geordnet.

Produktivitätsschwankungen durch Führungsfehler und verspätete Planlieferungen.

führte zielbestimmte Ordnungsvariablen, mit denen die ständige Neigung zur Desorganisation der Arbeitsprozesse überwunden wird. Es geht darum, auftretendes Prozesschaos immer wieder zielgerichtet neu zu ordnen.
Die Abbildung 144 zeigt eine solche Ordnungsvariable, mit der eine Verzögerung des Ablaufs ausgeglichen wird.
Wie groß die Behinderungen durch die verspäteten Pläne auch hier wieder waren, zeigt Abbildung 145.
Die Ausführungsfrist wurde durch Produktivitätsverbesserungen und durch erhöhten Kapazitätseinsatz eingehalten. Allerdings verursachen derartige chaotische Einlagen erhebliche Produktivitätsschwankungen. Die Grafik in Abbildung 146 macht das deutlich.
Allein die Verluste von der 7. bis zur 13. Woche betrugen bei ca. 2000 Arbeitsstunden pro Woche, die an dieser Baustelle geleistet wurden:

7. Woche 16 %	= 320 Std.
8. Woche 22 %	= 220 Std.
9. Woche 40 %	= 800 Std.
10. Woche 35 %	= 700 Std.
11. Woche 45 %	= 900 Std.
12. Woche 45 %	= 900 Std.
13. Woche 31 %	= 620 Std.
	4680 Std.

Kaum jemand macht sich bewusst,
– dass je nach Produktivitätsgrad, je nach Auslastung der Anwesenheitsstunden mit Arbeit, Produktivitätsunterschiede bis zu 100 % in wenigen Wochen an einer Baustelle auftreten können;
– dass ein um 30 % höheres Produktivitätsni-

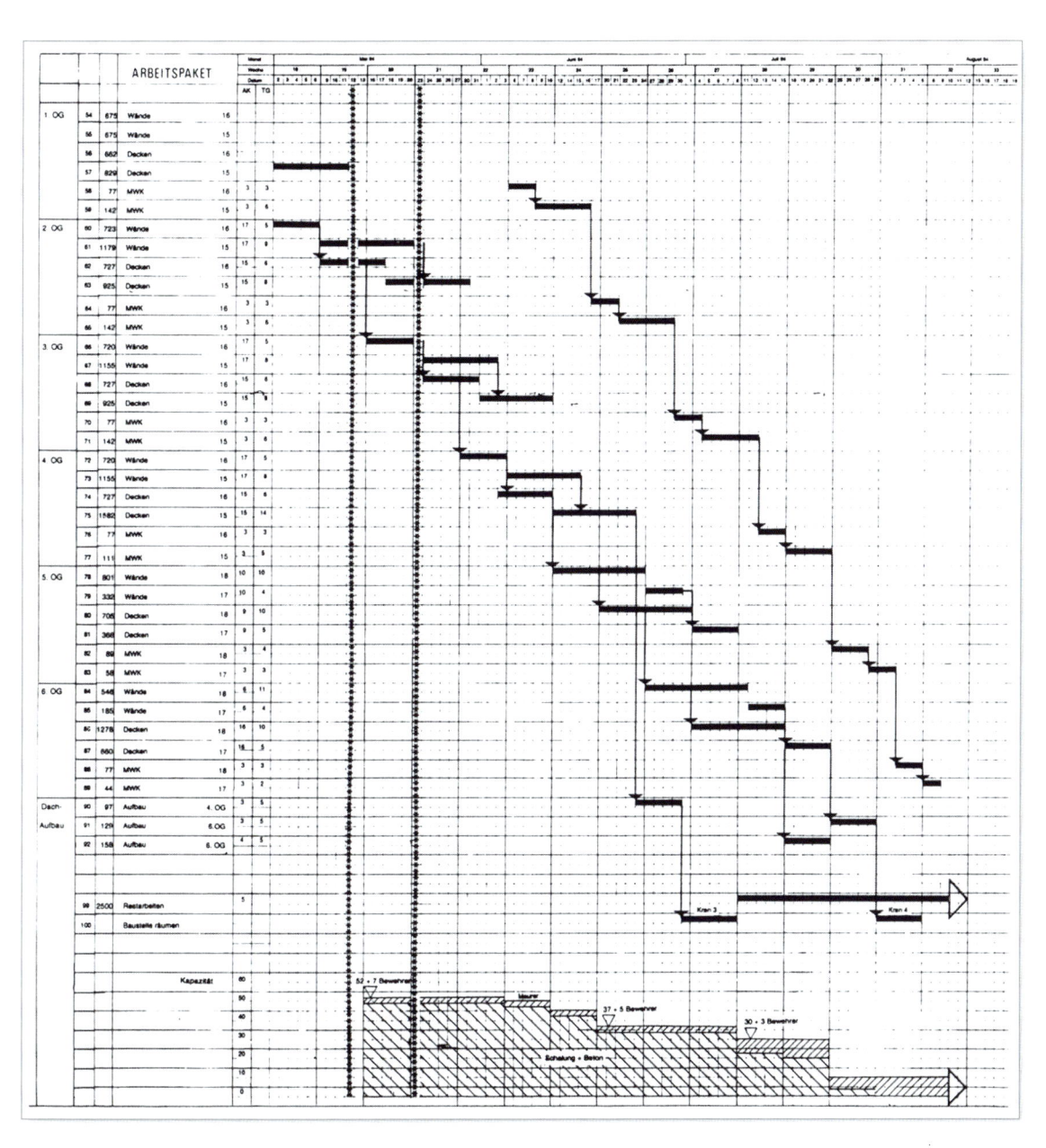

Abb. 148: Das neue zielgenaue Muster. Wir leben und arbeiten im Chaos. Nicht das Kontrollieren, Beklagen und Bestrafen der Abweichungen können einen Fertigstellungstermin determinieren, sondern das Herstellen immer wieder neuer zielgenauer „Ordnung durch Störungen".

ANMERKUNG: Zielgenaues Planen und Bauen setzen baukybernetisches Denken und Handeln voraus. Wenn das Planen und das Lenken der Prozesse, das Vorgeben und Herbeiführen der Ziele, eine Einheit bilden, dann können wochenlange Verzögerungen zielgenau ausgeglichen werden.

16.3 Vom Kostendenken zum Produktivitätsdenken

veau konstant gehalten – ja überschritten werden könnte;
- wieviele Arbeitsstunden in diesem Fall hätten gespart werden können, und wieviel Geld diese verschwendete Zeit kostet.

Abbildung 147 zeigt die Arbeitsplanung und das Arbeitsergebnis für die 6. Kalenderwoche mit dem Produktivitäts-Soll und -Ist und mit der Vorschau auf die beiden Folgewochen zum rechtzeitigen Materialabruf.

An der Alten Post wurde die gewollte Produktivität wiedergewonnen. Die letzte zielgenaue Ordnungsvariable zeigt Abbildung 148.

Bei einfacheren Bauvorhaben bzw. bei weniger gestörten Abläufen genügt oft ein Ablaufmuster für den ganzen Prozess. In vielen Fällen ist allein mit Hilfe des Korrekturplans, durch eine Verbesserung der Baustellenbelieferung oder durch eine Veränderung der Mitarbeiterzahl die zielgenaue Beeinflussung möglich. In jedem Fall müssen wir uns durch die erforderliche Varietät des Prozessmodells die Vielzahl möglicher zielgenauer Wegstrecken verfügbar machen, um trotz der unvermeidlichen Störungen zielsicher arbeiten zu können.

Zielsicherheit wird so zur Regel und bleibt nicht auf seltene Einzelfälle mit oft krankmachendem Stress beschränkt. Konflikte werden vermieden, Gelassenheit tritt an die Stelle von Enttäuschung und Leistungsdruck. Die Produktivität steigt ständig und schwankt, wenn überhaupt spürbar, in tolerablen Grenzen.

Es kommt allerdings für die Unternehmen darauf an, nicht nur termingenau, sondern auch ökonomisch optimal zu operieren. Hohe Kosten entstehen derzeit noch durch verspätete Pläne und Entscheidungen. Deshalb gehört die Selbststeuerung auf eine höhere Ebene. Sie muss auch den Projektierungsprozess umfassen, wie das Fallbeispiel des Bauingenieurs Thomandl es deutlich macht.

17
Hohe Erträge durch selbstorganisierte Arbeit in den Unternehmen

„Manager mit dem Taylorismus in den Köpfen sind fest davon überzeugt, dass der wirtschaftlichste Weg darin besteht, dass die Bosse denken und die Arbeiter an den Schraubenziehern drehen. Aber der Kern effizienten Managements besteht in der Kunst, die intellektuellen Ressourcen aller Mitarbeiter für den Dienst am Unternehmen zu mobilisieren und zu bündeln. Die Intelligenz einer Handvoll Technokraten – so brillant und smart sie auch sein mögen – reicht nicht länger für den realen Erfolg aus."
Konosuke Matsushita

17.1

Produktivitätsfaktor Gesundheitsförderung

Sicherheits- und Gesundheitsschutz bringt mehr Partnerschaft.
425 Menschen starben 1999 während ihrer Arbeit auf deutschen Baustellen. Und für die Folgen von Arbeitsunfällen und Berufskrankheiten gab die Bau-Berufsgenossenschaft allein in dem einen Jahr 3 Milliarden Mark aus.
Die Kosten für Arbeitsausfälle und Lohnfortzahlung kommen noch hinzu. Leid und Behinderungen für viele Menschen sind damit verbunden.

17.1.1

Die Baustellenverordnung

Die Europäische Gemeinschaft verabschiedete 1992 die EG-Baustellenrichtlinie.
Die Mitgliedstaaten werden damit verpflichtet, Gesetze zur Sicherheit und zum Gesundheitsschutz für die Beschäftigten zu erlassen.
Seit 1996 gilt in Deutschland das Arbeitsschutzgesetz und am 10. 6. 1998 ist die Baustellenverordnung in Kraft getreten. Darin werden zuerst die Pflichten des Bauherrn geregelt. Er hat schon nach § 4 des Teils B der Verdingungsordnung für Bauleistungen (VOB) für die Ordnung an der Baustelle zu sorgen.

■ Die Baustellenverordnung regelt den Gesundheitsschutz.

17.1 Hohe Erträge durch selbstorganisierte Arbeit in den Unternehmen

Sicherheitspflichten des Bauherrn können delegiert werden.

Aber die VOB sagt nicht genau genug, was darunter zu verstehen ist. Sie gilt auch nicht an allen Baustellen.

Nun definiert die Baustellenverordnung, was ein Bauherr zur Aufrechterhaltung der allgemeinen Ordnung auf der Baustelle zu tun hat, und verpflichtet ihn gesetzlich dazu.

14 Tage bevor die Baustelle eingerichtet wird, muss er dem Gewerbeaufsichtsamt eine Vorankündigung zustellen, wenn die Bauausführung mehr als 30 Arbeitstage dauert und wenn dabei mehr als 20 Beschäftigte gleichzeitig tätig werden oder der Umfang der Arbeiten 500 Personentage überschreitet.

Ausgenommen sind Einfamilienhäuser; es sei denn, die Baukosten betragen erheblich mehr als 500.000,– DM.

Wenn ein Bauherr die Vorankündigung nicht ordnungsgemäß vorlegt, dann handelt er ordnungswidrig und muss ein Bußgeld bis zu 10.000,– Mark erwarten.

Ein Baufachmann kann die Sicherheits- und Gesundheitsmaßnahmen durchführen.

Allerdings kann er sich nach § 4 der BaustellV von diesen Pflichten befreien: Er kann als Koordinator ein Architektur- oder Ingenieurbüro oder ein Unternehmen, das die baulichen Anlagen plant und errichtet, beauftragen, die betreffenden Maßnahmen durchzuführen:

Das sind vor allem

- die Beachtung der Grundsätze, die im § 4 des Arbeitsschutzgesetzes aufgeführt sind. Dazu gehören auch die koordinierte Bereitstellung von hygienischen Einrichtungen, Aufenthalts- und Waschräumen,
- die Übermittlung der Vorankündigung,
- die Erstellung des Sicherheits- und Gesundheitsplanes und
- die Koordinierung des Planungs- und Ausführungsprozesses.

Der Koordinator muss schon zu Beginn der Planungsphase bestimmt werden. Er hat die Zusammenarbeit der Planungsbeteiligten zu koordinieren. Im Sicherheits- und Gesundheitsplan wird die Einteilung der Arbeiten, die gleichzeitig oder nacheinander ausgeführt werden, nach den Grundsätzen des Arbeitsschutzgesetzes vorgenommen. Die Ausführungszeiten und – über die Anzahl der jeweils aufzuwendenden Arbeitsstunden – die Zahl der einzusetzenden Arbeitskräfte werden frühzeitig schon für die Ausschreibungsunterlagen ermittelt.

Die Anforderungen der Baustellenverordnung werden mit KOPF seit Jahren erfüllt.

Genau das machen wir mit dem Ergebnis erhöhter Sicherheit und wesentlicher Kostensenkung seit Jahren mit dem KOPF-System, und die Auflagen der BaustellV lassen sich auch nur mit kybernetischer Organisation, Planung und Führung oder einer gleichwertigen kybernetischen Planungs- und Koordinierungsmethodik wirklich erfüllen.

Die Ergebnisse dieser Planung sind bei der Ausschreibung und bei der Vergabe der Arbeiten zu berücksichtigen. Die Auftragnehmer müssen bereits bei der Angebotsbearbeitung über die Informationen aus dem Sicherheits- und Gesundheitsschutzplan verfügen.

Es geht hauptsächlich darum:

- Eine Gefährdung für Leben und Gesundheit möglichst gering zu halten, soweit sie nicht überhaupt vermieden werden kann.
- Gefährdungen für unbefugte Dritte, die von der Baustelle ausgehen können, zu verringern.
- Störungen im Bauablauf zu vermeiden,
- die Qualität der Arbeit zu erhöhen und Kosten zu sparen, z. B. durch das Vermeiden von Behinderungen und durch gemeinsam genutzte Einrichtungen – auch Aufenthalts- und Waschräume,
- Gefahrenquellen auszuschalten,
- den Stand von Technik, Arbeitsmedizin und Hygiene und gesicherte arbeitswissenschaftliche Erkenntnisse zu berücksichtigen,
- Technik, Arbeitsorganisation, sonstige Arbeitsbedingungen, soziale Beziehungen und Einflüsse aus der Umwelt auf den Arbeitsplatz sachgerecht darzulegen und in Beziehung zu setzen.

Bei der Ausführung ist darauf zu achten, dass
- die Arbeitgeber ihre Sicherheits- und Schutzpflichten gegenüber den Beschäftigten erfüllen,
- der Sicherheits- und Gesundheitsschutzplan bei erheblichen Änderungen des Ablaufs angepasst wird und
- die Zusammenarbeit der Arbeitgeber organisiert sowie deren ordnungsgemäßes Verhalten überwacht wird.

Die Arbeitgeber sind verpflichtet,
- den Sicherheits- und Gesundheitsschutzplan zu beachten und die Hinweise des Koordinators zu berücksichtigen,
- die Arbeitsmittel instand zu halten,
- Aufenthalts- und Waschräume einzurichten, wenn mehr als zwei Mitarbeiter an der Baustelle beschäftigt werden,
- für die ordnungsgemäße Lagerung und Entsorgung der Arbeits- und Gefahrstoffe zu sorgen,
- die Ausführungszeiten anzupassen, so wie es die Gegebenheiten auf der Baustelle verlangen,
- mit anderen Arbeitgebern zur sauberen, gefahrlosen Abwicklung der Maßnahmen zusammenzuarbeiten,
- Wechselwirkungen mit anderen Arbeiten im Baubereich zu berücksichtigen,
- Ordnung und Sauberkeit an den Arbeitsstätten, in den Aufenthaltsräumen und den hygienischen Einrichtungen zu gewährleisten.

Darüber hinaus haben sie die Beschäftigten in verständlicher Form und Sprache über die betreffenden Schutzmaßnahmen zu informieren.

Die Arbeitgeber sollten zur Rechtssicherheit über die Einweisungen Niederschriften fertigen, die von den Arbeitnehmern unterzeichnet werden.

Dieser Pflicht kann sich ein Arbeitgeber nicht dadurch entledigen, dass er mit der Delegation von Aufgaben automatisch auch die Verantwortung delegiert.

Das macht ein Urteil des Münchener Amtsgerichts deutlich, das einen Prokuristen wegen fahrlässiger Tötung zu einer Freiheitsstrafe von einem Jahr und zwei Monaten ohne Bewährung verurteilte.

Bei Abrissarbeiten waren drei Hilfsarbeiter tödlich verletzt worden. Auch der Vorarbeiter wurde schwer verletzt. Der Prokurist hatte dem Vorarbeiter schriftlich die Unternehmerpflichten übertragen. Aber er machte drei entscheidende Fehler:

1. Er setzte einen nicht ausreichend qualifizierten Vorarbeiter als Bauleiter ein.
2. Der Vorarbeiter wurde nicht ausreichend in seine Tätigkeit eingewiesen.
   Die schriftliche Sicherheitsbelehrung, die er sich vom Vorarbeiter unterschreiben ließ, reichte dazu nicht aus. Es hätte ein detaillierter Ablaufplan unter Angabe der eingesetzten Arbeitnehmer – und deren konkrete Einweisung vorliegen müssen.
3. Der Prokurist hatte die Baukolonne zudem nicht ordnungsgemäß überwacht, was besonders bei den Hilfsarbeitern nötig gewesen wäre. Er delegierte diese Aufgabe an den Vorarbeiter, der aber selbst mitarbeitete, statt zu überwachen. Dieses Fehlverhalten wurde dem Angeklagten besonders zur Last gelegt.

Der Prokurist – so begründete das Gericht das Urteil – hatte seine Organisationspflichten nicht erfüllt. Durch diese Pflichtverletzung wurde der Tod der Arbeiter fahrlässig herbeigeführt.

Nun lässt sich trefflich darüber klagen, dass Bauleiter, Unternehmer und Handwerksmeister durch die Regularien des Arbeitsschutzgesetzes und der Baustellenverordnung ständig mit einem Bein im Gefängnis sind und zusätzliche Kosten zu tragen haben, und ob der Gesetzgeber hier nicht überreguliert.

■ Die Unternehmer haften für die Sicherheit der Beschäftigten.

■ Unterlassungen ziehen Strafen nach sich.

17.1 Hohe Erträge durch selbstorganisierte Arbeit in den Unternehmen

> *Unternehmer, die aus eigener Verantwortung die Gesundheit ihrer Mitarbeiter fördern, können durch mehr Leistungsbereitschaft auch die Kosten wesentlich senken.*

Aktive Gesundheitsförderung steigert die Produktivität erheblich.

Aber es gibt auch Beispiele dafür, wie in einem Betrieb ungeahnte Produktivitätssteigerungen durch aktive Gesundheitsförderung möglich werden.

Die vorausschauende Beseitigung von körperlichen und psychosozialen Gesundheitsgefahren ist in manchen Unternehmen bereits ein fester Bestandteil einer partnerschaftlichen Unternehmenskultur.

Über den Sicherheits- und Gesundheitsschutz an den Produktionsstätten hinaus haben sie Aktivitäten entwickelt, die zu höherer Leistungsbereitschaft und zu enormer Kostenminderung führen. In einem Symposium des KOPF-Instituts wurden einige Beispiele vorgestellt.

17.1.2

Die Dienstleistungskultur der Pinneberger Verkehrsgesellschaft PVG

Die Umsatzrendite stieg auf 10 %, obwohl Verkehrsbetriebe im Schnitt nur 60 % ihrer Kosten decken.

Aus dem Referat des Personalleiters Holger Schlünkes im KOPF-Symposium zum Produktivitäts-Management 1996:
Im Schnitt erwirtschaften die Verkehrsbetriebe in Deutschland sechzig Prozent ihrer Kosten. Die PVG erwirtschaftet regelmäßig eine Umsatzrendite von rund zehn Prozent. Die Mitarbeiter orientieren sich strikt an der Kundenzufriedenheit. Die Gesellschaft hat eine moderne Aufbau- und Ablauforganisation mit flachen Hierarchien geschaffen. Im Durchschnitt der Verkehrsbetriebe in Deutschland ist das Verhältnis von nichtproduktiven zu produktiven Arbeitskräften 1:1,2, bei der PVG 1:4.
Oben steht der Kunde.

Die Mitarbeiter wollen größtenteils mehr Verantwortung übernehmen.

Das Führungsteam hat die Hierarchiepyramide auf den Kopf gestellt. Gleich nach dem Kunden stehen oben die Busfahrer, die den Wert für den Kunden direkt erarbeiten.
Dann folgen Werkstatt und Verwaltung, und das Führungsteam als Hauptdienstleister steht ganz unten.
In der Hierarchiepyramide ganz unten zu stehen, das ist für Manager und Unternehmer schwer einzusehen. Dazu muss man sich von der eigenen Wertsicht lösen. Man muss den Wert der Unternehmensleistung aus der Sicht des Kunden wahrnehmen.
Zu Beginn der Erneuerung war die Lage problematisch:
– hohe Krankheitsquote,
– schlechtes Betriebsklima,
– Abteilungsegoismen,
– Zuständigkeitsdenken statt Kooperation,
– viele Hierarchiestufen.
Eine Mitarbeiterbefragung zeigte: Die Probleme waren hauptsächlich durch die Organisationsstrukturen und die Arbeitsbedingungen verursacht. Zum Beispiel:
– hohe Belastungen durch Wechselschichten,
– unzureichende Anpassung der Kantinenöffnungszeiten an den Schichtdienst,
– fehlende Unterstützung durch den Betrieb bei privaten Problemen, wie Wohnungssuche oder Schuldnerberatung usw.,
– fehlende Schulungsangebote zur Stressbewältigung,
– einseitige Belastung im Fahrdienst,
– mangelnde Informationen über Entscheidungen und Entscheidungsgründe des Managements,
– kaum Mitsprache- und Mitwirkungsmöglichkeiten vor Management-Entscheidungen.
Mitwirken bedeutet auch Mitverantworten. Das Verlangen nach mehr Beteiligung und Mitverantwortung ist Ausdruck des gesellschaftlichen Wertewandels. Anweisung – Erwartung von Gehorsam – und Kontrolle werden abgelöst von Verantwortung und Vertrauen.

Aber die Veränderung ist ein zäher Lernprozess. Regelmäßige Mitarbeiterversammlungen, Arbeitskreise und Initiativen sind hilfreich.
Die Probleme der regelmäßigen Wochenendarbeitszeit und des Wechselschichtdienstes wurden weitgehend gelöst. Es gibt eine „Dienstplanbörse", an der die Mitglieder der Fahrdienstgruppen unerwünschte gegen attraktive Dienste tauschen, und was für den einen unerwünscht ist, kann für den anderen attraktiv sein. Mit entsprechend gutem Erfolg läuft die selbständige Urlaubsplanung.
In Arbeitsgruppen werden Themen wie
– Mitentscheidung beim Kauf von Fahrersitzen,
– Auswahl neuer Dienstkleidung,
– Verbesserung der Leistungszulagen,
– Weiterbildung,
– Kundenservice,
– Zielsetzung (Umsetzung der Leitbilder),
– Gesundheitsvorsorge, Sport usw.
behandelt und entschieden.
Ein Service, der dabei eingeführt wurde, ist der Verkauf der großen Hamburger Boulevardzeitungen in den Bussen. Inzwischen haben mehrere Nahverkehrsunternehmen diese Initiative aufgegriffen. Weitere umgesetzte Mitarbeiterideen sind:
– der Verkauf von Regenschirmen nach dem Motto: „Wir lassen Sie nicht im Regen stehen",
– das Mitnehmen von Fahrrädern,
– der „Daumenstop" und das Aussteigen nach Wunsch außerhalb der Haltestellen,
– Musik im Bus.
Kundenreklamationen, die trotz Leistungssteigerung immer weniger vorkommen, werden vom Mitarbeiter selbst bearbeitet. Der Gruppenleiter gibt Hilfestellung.
Das zentrale „betriebliche Vorschlagswesen" wurde abgeschafft. Mitarbeiter und Gruppenleiter sind für die Umsetzung neuer Ideen verantwortlich.

Stetige Erhöhung der Kundenzufriedenheit und der Wirtschaftlichkeit setzt unternehmerisches Denken und Handeln an jeder Stelle des Unternehmens voraus.
Das Leitbild der PVG spielt dabei eine bedeutsame Rolle. Statt starrer Definitionen von Aufgaben und Zuständigkeiten eröffnet es die Möglichkeiten für eine dynamische Selbststeuerung der Aktivitäten.
Einige Fahrdienstgruppen haben ihre Arbeit bereits durch zusätzliche Tätigkeiten ausgeweitet und übernehmen die Verantwortung für ein umfassendes, inhaltlich zusammengehörendes Aufgabenbündel. Zeitnischen werden genutzt, kleine Reparaturen und das Säubern der Busse selbst zu übernehmen.

> *Die Einsicht, dass der Mitarbeiter ein Experte seines Arbeitsplatzes ist und somit die Umstände besser beurteilen kann als Mitarbeiter aus Technik, Verwaltung und Management, hat sich im Unternehmen weit verbreitet.*

Die Gesundheitsvorsorge ist ein wesentlicher Erfolgsfaktor. Die Förderung der Gesundheitskompetenz ist ein Bestandteil des umfassenden Konzepts der Weiterbildung. Auch hier gilt das Prinzip eigenverantwortlichen Handelns. Die Kompetenz, diesen Grundsatz zu verinnerlichen und zu praktizieren, wird kontinuierlich vervollkommnet. Das gilt, wenn es um kundenorientierte, wirtschaftliche Leistungen geht, und es gilt genauso, wenn es um die eigene Gesundheit geht.
So werden besonders folgende Hilfen gegeben:
– kostenlose Massagen im Unternehmen für alle,
– Kurs „Fit im Fahrdienst" während der Arbeitszeit – Inhalte: gesunde Ernährung, dynamisches Sitzen, rückengerechtes Verhalten, Stressbewältigung, wirkungsvolle Kommunikation, Entspannungstechniken,

---

■ Die Arbeitsgruppen entwickelten weiterführende Ideen und setzten sie um.

■ Dynamische Selbststeuerung löst starre Zuständigkeitsregelungen ab.

■ Bestandteil der Weiterbildung ist die Gesundheitsvorsorge.

■ Hilfen sind: kostenlose Massagen, rückengerechtes Verhalten, gesunde Ernährung, Sport.

271

17.1 Hohe Erträge durch selbstorganisierte Arbeit in den Unternehmen

– Betriebssport, Fitness-Training, Tennis, Squash, Badminton, Fußball u. a. m.,
– Aktionen zur gesunden Ernährung und Gewichtsreduktion,
– Seminare zu speziellen Themen wie:
Rückenschule,
Wirbelsäulengymnastik,
Herz- und Kreislauftraining,
autogenes Training,
Stressmanagement,
Rauchen/Nichtrauchen.

> Es gibt ein „Seminar-Marketing". Die Fehlzeitenquote sank ständig.

In den Gruppen sind regelmäßig 200 Mitarbeiter aktiv. Das sind fünfzig Prozent der Belegschaft. Die speziellen Seminare sind regelmäßig voll belegt.
Die Gesundheitskompetenz gewinnt einen immer höheren Stellenwert. Wir haben allerdings auch ein „Seminar-Marketing" betrieben.

> Investitionen zur Gesundheitsförderung von 1,5 Mio. Mark machten sich in 20 Monaten bezahlt.

Die Fehlzeitenquote sank stetig. Wie sehr sich Investitionen in Organisations-, Personal-, Führungs- und Gesundheitsentwicklung lohnen, zeigen die Einsparungen von weit über einer Million Mark pro Jahr seit 1989.
Effektive Kostensenkung setzt gezielte Ausgaben voraus.

17.1.3

Warum liegen die Krankheitsquoten bei manchen Firmen weit unter dem Durchschnitt?

> Die Verbesserung des Führungsverhaltens ist wichtig.

Auszug aus dem Referat von Heinz Kowalski, AOK-Direktor in Köln, zum Symposium 1996:
Wir haben seit Jahren gute Erfolge bei der Minderung dieser Quoten aufzuweisen. Zu den Maßnahmen gehören immer auch Verbesserungen der Organisation und des Führungsverhaltens. „Was kränkt, macht krank".
Auf die Fragen „Werden die Mitarbeiter/innen gelobt?" antworteten in einem konkreten Fall 54 Prozent „Nie";

> Dass der Arbeitgeber in die Gesundheit investiert, wird anerkannt.

„Werden Ihre Wünsche und Anregungen berücksichtigt?" 46 Prozent „Nie".
Der Industrieausstatter C. und A. Dick hat 1990/91 gemeinsam mit der AOK Rheinland Maßnahmen zur physischen und psychischen Gesundheitsförderung getroffen und u. a. sehr viele Hebehilfen angeschafft. 1,5 Mio. Mark wurden investiert. Allein in einem Jahr – von 1990 bis 1991 – sank der Arbeitsausfall um 1125 Tage. Die Firma hatte ihre Ausfallkosten mit 800 Mark/Tag festgestellt. Das bedeutet allein in diesem Jahr eine Einsparung von 900.000 Mark.
Die Investition hatte sich in 20 Monaten bezahlt gemacht. Die Auswirkungen auf die Produktivität durch höhere Leistungsbereitschaft zahlt sich zusätzlich aus.

17.1.4

Wie man Fehltage reduziert

Auszug aus dem Referat von Jörg Münnekehoff, Prokurist und Personalleiter, zum Symposium 1996:
Gemeinsam mit Heinz Kowalski haben wir in der Firma Berg GmbH & Co. KG bei Gummersbach die Gesundheitsförderung eingeführt. Der Krankenstand wurde von 1993 auf 1994 um ein Viertel reduziert.
Ein Grund dafür sind die saubere Hallenluft, der verringerte Lärm und die verbesserten ergonomischen Bedingungen. Ein weiterer Grund liegt in der erreichten Bewusstseins- und Verhaltensänderung der Mitarbeiter. Dass der Arbeitgeber in die Gesundheit der Mitarbeiter investiert, wird anerkannt.
Bei der Firma Berg konnten Verbesserungen des Führungsverhaltens noch nicht eingeleitet werden. Aber hier liegt eine Möglichkeit zur weiteren Reduzierung der Krankheitsquote; denn auf die Frage „Werden Sie gelobt?" antworte-

ten 46 Prozent „Nie", 15 Prozent „Selten" und 29 Prozent „Gelegentlich". Offene Kommunikation, gerechtes, höfliches Verhalten sind wichtige Voraussetzungen für die Minderung von Krankheitstagen.

Wir wissen inzwischen um die Bedeutung psychischer Einflüsse auf den Krankenstand. Hier gibt es also bei entsprechender mentaler Veränderung Möglichkeiten zu weiterer nachhaltiger Reduzierung. Nehmen wir ein Beispiel: Da arbeitet eine Frau im Stückakkord. Der Meister gibt ihr immer wieder Sonderaufträge: kleine komplizierte Serien. Immer wieder kriegt sie Rückenschmerzen und lässt sich krankschreiben. „Ich weiß immer schon, dass mein Rücken wieder weh tut, wenn ich Angst habe, nicht auf meine gewohnten Stückzahlen zu kommen. Warum gibt man mir immer diese komplizierten Sachen?" Der Meister dazu: „Sie ist mein bestes Pferd im Stall". „Haben Sie ihr das mal gesagt?" „Das muss sie doch wissen, warum gebe ich ihr wohl sonst die schwierigsten Sachen?"

Immerhin gab es auch in unserem Unternehmen bereits im ersten Jahr ein Einsparung von 880.000 Mark – und das war mehr als die Investitionssumme.

Fachleute – auch von der Bundesanstalt für Arbeitsschutz und vom RKW – haben errechnet, dass ein Fehltag bei Berücksichtigung der betriebswirtschaftlichen Einflüsse ein Unternehmen mindestens 800 Mark kostet. Bei der Firma Berg – unserem Beispiel – sind es sogar 1034 Mark.

Eine Reduzierung der Krankheitsquote um 5 Tage je Mitarbeiter im Schnitt ist fast überall möglich. Ein Betrieb mit hundert Beschäftigten spart dabei 800 Mark x 100 x 5 = 400.000 Mark im Jahr.

Wir haben in Deutschland rund 28 Mio. Beschäftigte. Ohne das in den reinen Wein geschüttete Wasser wäre das ein jährlicher Nutzen von rd. 140 Milliarden Mark. Dazu kommen zig Milliarden, die bei den Krankenkassen Jahr für Jahr eingespart werden könnten.

Bis jetzt suche ich das Bauunternehmen noch vergebens, das sich mit seiner Berufsgenossenschaft oder mit seiner Krankenkasse verbündet und in die Gesundheitsförderung seiner Mitarbeiterinnen und Mitarbeiter effektiv investiert. Dabei nehmen nach Aussage der Innungskrankenkassen die Arbeitsunfähigkeitstage in den Baugewerken mit 28,7 Prozent die nachteilige Spitzenposition ein – in den letzten Jahren mit steigender Tendenz.

Oft bleibt als letzter Ausweg nur der Gang in die Frührente.

Man erlebt es auf den Baustellen täglich: Keiner scheint zu wissen, was Ergonomie ist. Dabei kommt es gerade am Bau auf die bestmögliche Anpassung der Arbeitsbedingungen an den menschlichen Bewegungsapparat an.

In Kapitel 15 habe ich Beispiele für ergonomische Arbeitsgeräte und Arbeitsweisen angeführt.

Möglichst sollten auch Hebehilfen zur Entlastung des Rückens eingesetzt werden.

Viele Arbeitsabläufe sind wirbelsäulenfeindlich. Verschiedene Bau-Berufsgenossenschaften haben deshalb bereits bauspezifische Programme zum Rückentraining entwickelt. Die Innungskrankenkasse Sachsen und die Bayerische Bau-Berufsgenossenschaft haben entsprechende Projekte in Ausbildungszentren erfolgreich durchgeführt.

Auch Dachdecker, Zimmerleute, Estrichleger, Betonbauer und andere Bauberufe gehören zu den Risikogruppen, die Muskel- und Skelettbeschwerden haben.

Wer den Beschwerden den Kampf ansagt und in die Gesundheit der Belegschaft investiert, wie das die vorher beschriebenen Pionier-Unternehmen tun, der spart immense Kosten.

Der Gewinn für die Menschen zieht den ökonomischen Erfolg nach sich.

■ Die Bedeutung psychischer Einflüsse auf den Krankenstand wird weitgehend unterschätzt.

■ Wir haben im ersten Jahr mehr als die Investitionen eingespart.

17.2 Hohe Erträge durch selbstorganisierte Arbeit in den Unternehmen

17.1.5

Der Ansatz zu noch größerem Erfolg: Das Hasenkopf-Modell „Flexible Arbeitszeit"

„Es ist gut, dass sie nicht da sind, wenn keine Arbeit da ist".
Aus dem Referat von Didymus Hasenkopf, Burghausen, im Symposium 1996:
Wir stellen über 40.000 verschiedene Typen von Schubläden her. Die Firma Hasenkopf sitzt in Mehring bei Burghausen a. d. Salzach und bedient 3500 Kunden in Deutschland, der Schweiz und Österreich.
Wir stellen nur nach Auftragserteilung her. Schnelle Werkzeugwechsel machen Lieferungen innerhalb von 48 Stunden möglich. Zuverlässig feste Liefertermine erfordern flexible Kapazitäten, denn die Auftragsmenge schwankt.
Deshalb habe ich in Abstimmung mit meinen damals 20 Beschäftigten – heute sind es 80 – schon vor 13 Jahren die freie Wahl der Arbeitszeit eingeführt.
Die Mitarbeiter vereinbaren untereinander, wer wann mehr oder weniger Stunden arbeitet. Über die Durchschnittsarbeitszeit von 38 Stunden je Woche hinausgehende Stunden werden mit einem Zuschlag von zwanzig Prozent im Zeitkonto gutgeschrieben. Hat jemand z. B. 48 Stunden gearbeitet, werden 12 Stunden gutgerechnet.
Der Ausgleich soll möglichst innerhalb eines Jahres erfolgen. Aber die nicht ausgeglichenen Stunden verfallen nicht. So gibt es Fälle, in denen Mitarbeiter Zeit für einen längeren Aufenthalt in Übersee ansparen oder für den Bau eines Hauses.
Wie gesagt: die Sache funktioniert seit 13 Jahren einwandfrei. Die Freiheit und das Vertrauen honorieren die Mitarbeiter mit hoher Leistungsbereitschaft und einer niedrigen Krankheitsquote von unter drei Prozent. Die Abwesenheit zu verabredeten Zeiten zu fördern, bringt größeren Erfolg als die Gesundheitsförderung allein.
Wir haben jährliche Einsparungen von rund 200.000 Mark und haben im letzten Jahr wieder vier neue Mitarbeiter eingestellt.
In Deutschland werden jährlich etwa 1,7 Milliarden bezahlte Überstunden geleistet. Dazu kommt eine weitere runde Milliarde, die schwarz gearbeitet werden. Bei einer Jahresarbeitszeit von 1600 Arbeitsstunden hätten wir gut eine Million Arbeitslose weniger, wenn das bewährte Modell Allgemeingut würde.

> Auf einer Tafel im Foyer der Landert-Motoren AG in Bulach bei Zürich steht folgende Aussage zur Firmenkultur:
>
> *„Je länger ich darüber nachdenke, um so anmaßender erscheint es mir, wenn irgendwelche Funktionäre oder Organisationen – seien es nun Firmen, Verbände, Politiker, Behörden – einem mündigen erwachsenen Menschen vorschreiben wollen, wie lange er arbeiten soll und wieviel Ferien er beziehen darf. Seit mehreren Jahren wird dies deshalb in unserer Firma von jedem Mitarbeiter individuell vereinbart."*

17.2

Die flexible Wahlarbeitszeit

In allen Unternehmen aller Gewerke und Branchen schwanken die Arbeitsmengen – oft von 50 bis 200 Prozent. Schon von daher sind die Mitarbeiter zeitweise nicht ausgelastet und bei großen Mengen müssen Überstunden bezahlt werden.
Auch das ist ein Grund für zu hohe Arbeitskosten.
In vielen Unternehmen der stationären Industrie hat man deshalb inzwischen die flexible Arbeitszeit eingeführt:
Gearbeitet wird, wenn Arbeit da ist.

Bei Hasenkopf funktioniert die Wahlarbeitszeit inzwischen seit 13 Jahren.

Die Arbeitsmengen schwanken von 50 bis 200 %.

17.2 Hohe Erträge durch selbstorganisierte Arbeit in den Unternehmen

G.u.V - Übersicht	1997 DM	1998 Produktivität + 25 % DM
Erlöse	9.201.123,-	11.500.000,-
produktive Lohnkosten	3.628.061,-	3.633.503,-
Stoffkosten	1.081.077,-	2.251.346,-
Maschinen/Fuhrpark	898.798,-	1.015.642,-
Fremdleistungen	639.830,-	799.788,-
Produktive Kosten	**6.967.766,-**	**7.694.837,-**
Gehälter	1.559.009,-	1.559.009,-
sonstige Festkosten	694.899,-	694.899,-
Abschreibungen	436.305,-	436.305,-
Investitionen/Verschiedenes	383.098,-	383.098,-
Nichtproduktive Kosten	**3.073.311,-**	**3.073.311,-**
Ertrag + / Verlust ./.	./. 839.954,-	+ 732.089,-

■ Abb. 149: Betriebswirtschaftliche Jahresrechnung nach KOPF mit Zielzahlen. Durch Produktivitätssteigerung kann aus einem Verlust von 9 % ein Ertrag von 6 % werden.

17.2.1

Die flexible Arbeitszeit im Baubetrieb

1997 haben wir in einem Straßenbaubetrieb die ganzheitliche Einführung des KOPF-Systems versucht. Dazu gehört auch die Wahlarbeitszeit.

Zuerst wird zur Information der Mitarbeiter die G.u.V.-Rechnung übersichtlich zusammengefasst und allgemeinverständlich dargestellt. Diese Zusammenfassung ist die Grundlage für die Vereinbarung von Umsatzzielen (s. Abb. 149).

Der Jahresumsatz für 1998 von 11.500.000 DM wird auf die einzelnen Monate verteilt. Je nach Anwesenheit der gewerblichen Mitarbeiter differiert der mögliche Monatsumsatz. Und damit kommen wir zur flexiblen Arbeitszeit.

Die Arbeiter müssen auch für sich Vorteile erkennen. Sie müssen Privates und Geschäftliches besser harmonisieren können. Kurzarbeit muss weitgehend vermieden werden. Aber die flexible Arbeitszeit ist auch die Voraussetzung für den Erhalt der Arbeitsplätze und für höhere Entgelte.

Nun ist die flexible Arbeitszeit in der stationären Industrie auch erfunden worden, um die oft extremen Schwankungen der Auftragsmengen kostengünstig auszugleichen.

Solche Schwankungen sind im Baugewerbe schon jahreszeitlich bedingt.

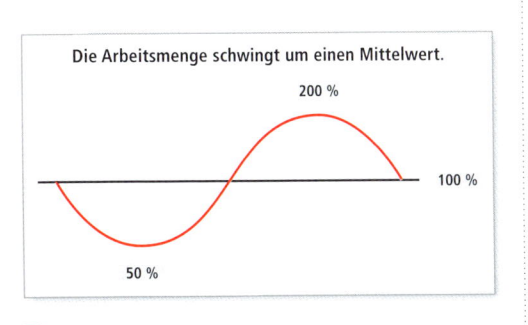

■ Abb. 150: Die Schwankung der Auftragsmengen.

■ Zum KOPF-System gehört die Wahlarbeitszeit.

Die Auftragsmengen schwingen oft um 100 Prozent und mehr nach oben und unten. Man vereinbart Mehr- und Minderstunden für den Arbeitseinsatz. Bei geringen Arbeitsmengen nimmt ein Teil der Belegschaft Freizeit, arbeitet also weniger Stunden pro Woche, bei großen Arbeitsmengen leisten die Mitarbeiter mehr Stunden ohne Überstundenzuschläge. Das ist ein wichtiger Schritt zur Wettbewerbsfähigkeit. Aber auch dabei werden private Erfordernisse mit den betrieblichen Notwendigkeiten harmonisiert.

In der Bauwirtschaft werden die Vorteile der flexiblen Arbeitszeit durch vorzeitliches Funktionärsdenken gebremst.

Hätte nicht die Bauwirtschaft mit ihren Witterungsproblemen zuerst auf diese Idee kommen müssen? Fest geprägt sitzt da in den Kleinhirnen vorzeitliches Verhalten. Im Winter blieben die Arbeiter zu Hause. Mancher arbeitete als Hausschlachter. Aus dieser hundertjährigen Tradition kommen wohl die Extrawürste, die sich die Branche noch leisten darf:

– Das Winterausfallgeld und
– das einzigartige Arbeitsstundengeschenk.

Nach den geltenden Tarifverträgen müsste jeder Bauarbeiter – je nach der Zahl der gesetzlichen Feiertage – 1705 bis 1730 Stunden im Jahr arbeiten. Diese Stundenzahl wird kaum erreicht. Die tatsächlich geleisteten Stunden liegen zwischen 1500 und 1600 – von ganz wenigen Ausnahmen abgesehen. Das führt zu einer sehr hohen Fixkostenbelastung pro Stunde und bedeutet bei niedrigen Preisen eine Gefahr für die Arbeitsplätze.

In jedem anderen Wirtschaftszweig werden die tariflich vereinbarten Stunden auch geleistet. „Bei uns", hört man in der Baubranche, „geht das nicht besser. Wir sind den Unbilden des Wetters ausgesetzt."

Die Lohngemeinkosten sanken von 98 auf 78 %. Neue Arbeitsplätze wurden geschaffen.

Und da haben wir die zweite Extrawurst. Wieviele Arbeiter gibt es wohl in Deutschland, die den Unbilden des Wetters ebenso ausgesetzt sind – in Steinbrüchen, Schotterwerken und Forsten. Sie haben noch nie ein tariflich oder gar gesetzlich verbrieftes Schlechtwettergeld bekommen und haben auch an dem neuerlich gesetzlich verfügten Winterausfallgeld, das die deutschen Steuerzahler jährlich mindestens 50 Mio. Mark kosten soll, keinen Anteil.

Die Bauwirtschaft brauchte diese Extrawürste nicht – und schon gar nicht die falsche Fürsorge der Funktionäre. In einigen Bauunternehmen wird seit Jahren vorgemacht, wie das ohne Umlagen und Subventionen gehen kann.

17.2.2

Die Bauunternehmung Xaver Riebel – ein Pionier-Beispiel

Die Xaver Riebel Bauunternehmung GmbH & Co. in Mindelheim gehört zu den Pionieren der ganzjährigen Beschäftigung der Mitarbeiter. Die mittlere Stundenleistung pro Werker liegt bei 1730 Stunden pro Jahr. Die Lohngemeinkosten pro Stunde sinken von einem Branchendurchschnitt gleich 98 Prozent auf 78 Prozent. So senkt man Nebenkosten.

Riebel schreibt auch in den Krisenjahren schwarze Zahlen und hat 100 neue Arbeitsplätze geschaffen.

Aber man muss auch sehen, dass bei ihm schlechtere Ergebnisse im Tiefbau durch Erfolge in den Bereichen Projektentwicklung und schlüsselfertiges Bauen überdeckt werden. Auch in dem Unternehmen stecken noch erhebliche Produktivitätsreserven, die nur durch einen Wandel zu mehr Selbststeuerung in einer lernenden Unternehmensstruktur wirksam gemacht werden können.

17.2.3

Die flexible Arbeitszeit bei Heilmann

Im Bauunternehmen Friedrich Heilmann GmbH & Co. KG in Blaufelden wurde von der Mitinhaberin und Geschäftsführerin Adelheid Traub die flexible Arbeitszeit eingeführt. Dort erbringen 45 gewerbliche Mitarbeiter im Schnitt 1620 Arbeitsstunden pro Jahr. Das sind zusammen ca. 72.000 Stunden. Vor der Einführung waren es rd. 60.000 Stunden. Auch hier sanken die Lohngemeinkosten durch die günstigere Verteilung um 16 Prozent.

Für das Unternehmen bedeutet diese Minderung eine Senkung der Lohnkosten um 280.000 Mark pro Jahr, obwohl die Arbeiter von Januar bis Dezember gleichen Monatslohn bekommen. Die Mitarbeiter müssen nicht 30 Arbeitsstunden als Vorleistung einbringen oder auf drei Urlaubstage verzichten, wie das Gesetz es vorsieht, und sie werden bei Arbeitsausfall nicht mit 60 Prozent oder – wenn sie Kinder haben – mit 67 Prozent ihres Tariflohnes abgespeist. Sie erhalten von Januar bis Dezember den vollen Monatslohn. Die Ausfallzeiten wurden durch angesparte Mehrstunden ausgeglichen, bevor das neue Gesetz die fortschrittliche Entwicklung stoppte.

Die Firma hatte sich durch diese Maßnahme erheblich besser gestellt, obwohl sie die gesetzlich vorgeschriebene Umlage von derzeit 1,7 Prozent des Stundenlohns bezahlt und auf das Witterungsausfallgeld verzichtet.

Die Ausfallzeit wird teilweise zur Weiterbildung genutzt:
- Teamarbeit stärken,
- Mängel vermeiden,
- Organisation verbessern,
- Geräte und Maschinen selbst instand halten,
- jede Art von Zeitverschwendung ausschließen,
- Selbststeuerung entwickeln.

Was fehlt, ist z. B. die Gesundheitsvorsorge. Die Weiterbildung erfolgt nicht kontinuierlich.

Für ein Bauunternehmen ist die selbstgeschaffene Minderung der Lohnkosten je Arbeitsstunde besonders wichtig; denn die Tarifpartner haben durch die Umlagen für Urlaubs-, Wintergeldkassen und ähnliches in den letzten Jahrzehnten die Zuschläge zu den Lohnkosten erheblich gesteigert. So sind in der Bauwirtschaft per se die Lohnnebenkosten spürbar höher als in anderen Wirtschaftszweigen. Die Umlagelast wird durch das neue Schlechtwettergesetz noch höher werden.

■ Die Lohngemeinkosten sanken hier um 16 %. So senkt man Nebenkosten.

Viele Unternehmen werden im Winter weiterhin Entlassungen vornehmen, um die hohe Lohnkosten-Belastung zu mindern. Die Entscheidung muss schon im September getroffen werden; denn Kündigungsfristen sind einzuhalten und Entlassungen können nicht mit Witterungseinflüssen begründet werden – wozu hat man schließlich das Winterausfallgeld. Also wird ab September kaum noch akquiriert. Jeder Entlassene kostet aber die Arbeitsverwaltung nach unabhängigen Feststellungen in verschiedenen Unternehmen rd. 7000,- DM im Jahr.

In der Firma Heilmann wird akquiriert, als gäbe es keinen Winter. Jeder Tag, an dem gearbeitet werden kann, wird auch genutzt. Mitarbeiter, die den Winter durch bezahlt werden, wollen nicht zu Hause sitzen. Sie müssen geradezu davon abgehalten werden, bei riskanten Witterungsbedingungen zu arbeiten, um Baumängel auszuschließen.

■ Die gesetzliche Neueinführung des Schlechtwettergeldes ist ein Rückschritt.

Aus all dem folgt, dass die tarifliche Vereinbarung zur Einführung von Arbeitszeitkonten weiterentwickelt werden sollte.

Die gesetzliche Neueinführung des Winterausfallgeldes war überflüssig. Sie ist ein Rückschritt, der nur Nachteile bringt. Die Produktivitätskrise wird damit nicht überwunden, die Zahl der Arbeitslosen wird nicht geringer.

17.3

Die Einführung ganzheitlichen Produktivitäts-Managements

Mehr Arbeitsstunden allein bringen noch nicht die Leistung, die das Unternehmen braucht, um bei niedrigen Preisen Gewinne zu erzielen. Zeitverschwendung ist in erster Linie die Folge von Organisationsmängeln. Deshalb kann die Einführung der flexiblen Arbeitszeit nicht allein die Unternehmenserneuerung bewirken, die wir so dringend brauchen.

Die Einführung der Wahlarbeitszeit mit Arbeitszeitkonten ist ein unabdingbarer Teil ganzheitlichen Produktivitäts-Managements, nicht mehr und nicht weniger.

Ermittlung der Jahresarbeitszeit
Ermittlung der tariflichen Arbeitsstunden
für die Zeit vom 01.04.97 bis zum 31.03.98:

261 Arbeitstage,		
davon 105 Tage vom 01.01. bis 21.03 (1.-12.KW)		
und vom 27.10. bis 31.12. (44. bis 52. KW)		
je 7,5 Std	=	787,5 Std
und 156 Tage vom 24.03. bis 24.20. (13. bis43. KW)		
je 8 Std	=	1.248,0 Std
tariflich zu bezahlende Zeit:		**2.035,5 Std**
./. 5 Feiertag (01.05., 08.05., 19.05., 03.10.)		
je 8,0 Std	=	40,0 Std
./. 1 Feiertag (06.01.) je 7,5 Std	=	7,5 Std
bleiben		1.988,0 Std
./. 5 Tage Lohnausgleich (24../25./26./31.12./01.01.)		
je 7,5 Std	=	37,5 Std
bleiben		1.950,5 Std
./. 18 Tage Urlaub		
je 8,0 Std	=	144,0 Std
bleiben		1.806,5 Std
./. 12 Tage Urlaub		
je 7,5 Std	=	90,0 Std
tarifliche Anwesenheitszeit:		**1.716,5 Std**

Die zu bezahlende Zeit je Monat beträgt:
2.035,6 Jahresstunden : 12 = **169,6 Stunden**
Diese 169,6 Stunden multipliziert mit dem Stundenlohn ergeben den persönlichen Monatsfestlohn.
Urlaubszahlungen der ZVK werden gegengerechnet.

Diese Berechnung wird Bestandteil der Betriebsvereinbarung

vom ....

....
Ort, Datum Unterschriften

■ **Abb. 151: Ermittlung der Jahresarbeitszeit.**

Arbeitszeitplan 1997/98

1997	1	2	3	4	5	6	7	8	9	10	11	12	13	14	15	16	17	18	19	20	21	22	23	24	25	26	27	28	29	30	31	Ges.	Summe 1		Diff.
April					Sa	So						Sa	So						Sa	So						Sa	So								
	9,5	9,5	9,5	7			9,5	9,5	9,5	9,5	7			9,5	9,5	9,5	9,5	7			9,5	9,5	9,5	9,5	7			9,5	9,5	9,5		199,0	176,0	+	23,0
Mai			Sa	So						Sa	So						Sa	So						Sa	So						Sa				
	F	U			9,5	9,5	9,5	F	U			9,5	9,5	9,5	9,5	7			F	9,5	9,5	9,5	7			9,5	9,5	9,5	F	U		137,5	120,0	+	17,5
Juni	So						Sa	So						Sa	So						Sa	So						Sa	So						
		9,5	9,5	9,5	9,5	7			9,5	9,5	9,5	9,5	7			9,5	9,5	9,5	9,5	7			9,5	9,5	9,5	9,5	7			9,5		189,5	168,0	+	21,5
Juli					Sa	So						Sa	So						Sa	So						Sa	So								
	9,5	9,5	9,5	7			9,5	9,5	9,5	9,5	7			9,5	9,5	9,5	9,5	7			9,5	9,5	9,5	9,5	7			9,5	9,5	9,5	9,5	208,5	184,0	+	24,5
Aug.		Sa	So						Sa	So						Sa	So						Sa	So						Sa	So				
	7			U	U	U	U	U			U	U	U	U	U			U	U	U	U	U			9,5	9,5	9,5	9,5	7			52,0	48,0	+	4,0
Sept.						Sa	So						Sa	So						Sa	So						Sa	So							
	9,5	9,5	9,5	9,5	7			9,5	9,5	9,5	9,5	7			9,5	9,5	9,5	9,5	7			9,5	9,5	9,5	9,5	7			9,5	9,5		199,0	176,0	+	23,0
Okt.				Sa	So						Sa	So						Sa	So						Sa	So									
	9,5	9,5	F			9,5	9,5	9,5	9,5	7			9,5	9,5	9,5	9,5	7			9,5	9,5	9,5	9,5	7			7,5	7,5	7,5	7,5	7,5	191,5	173,5	+	18,0
Nov	Sa	So						Sa	So						Sa	So						Sa	So						Sa	So					
			7,5	7,5	7,5	7,5	7,5			7,5	7,5	7,5	7,5	7,5			7,5	7,5	7,5	7,5	7,5			7,5	7,5	7,5	7,5	7,5				150,0	150,0		0,0
Dez						Sa	So						Sa	So						Sa	So						Sa	So							
	7,5	7,5	7,5	7,5	7,5			7,5	7,5	7,5	7,5	7,5			7,5	7,5	7,5	7,5	7,5			7,5	7,5	LA	LA	LA			U	U	LA	127,5	127,5		0,0
998	1	2	3	4	5	6	7	8	9	10	11	12	13	14	15	16	17	18	19	20	21	22	23	24	25	26	27	28	29	30	31	Summe 1	Tarif		Diff.
Jan			Sa	So						Sa	So						Sa	So						Sa	So						Sa				
	LA	U			U	F	U	U	U			U	U	U	U	U			7,5	7,5	7,5	7,5	7,5			7,5	7,5	7,5	7,5	7,5		75,0	75,0		0,0
Febr.	So						Sa	So						Sa	So						Sa	So						Sa							
		7,5	7,5	7,5	7,5	7,5			7,5	7,5	7,5	7,5	7,5			7,5	7,5	7,5	7,5	7,5			7,5	7,5	7,5	7,5	7,5					150,0	150,0		0,0
März	So						Sa	So						Sa	So						Sa	So						Sa	So						
		7,5	7,5	7,5	7,5	7,5			7,5	7,5	7,5	7,5	7,5			7,5	7,5	7,5	7,5	7,5			9,5	9,5	9,5	9,5	7			9,5	9,5	176,5	168,5		8,0
																																1856.0	1716.5		139.5

MA	Mehrstunden-Ausgleich
BV	Betriebs-Vorlage
BU	Betriebs-Urlaub
FU	Freier Urlaub
LA	Lohnausgleich
F	Feiertage
Sa/So	Samstage/Sonntage
	Arbeitstage

Der Arbeitszeitplan wird Bestandteil
der Betriebsvereinbarung vom 01.04.97

Minusstunden
Plusstunden 139.5
Differenz 139.5

Ort/Datum Unterschriften

■ **Abb. 152: Der Arbeitsstundenplan.**

17.3.1 Ganzheitliches Produktivitäts-Management kann mit der Einführung der Wahlarbeitszeit mit Arbeitszeitkonten beginnen

Ich habe die Einführung in mehreren Firmen begleitet. Der gewünschte Erfolg trat schnell und sicher immer dann ein, wenn die betreffende Betriebsvereinbarung durch die Betroffenen selbst vorbereitet wurde.

Zuerst informieren sich die Arbeitsgruppen aus jeweils fünf Mitarbeitern über die Jahresarbeitszeit und die daraus abzuleitende Höhe ihres Monatslohns.

Dann erarbeiten die Gruppen Arbeitszeitpläne nach ihren Vorstellungen. Ein Beispiel, wie es dann später in einer Betriebsversammlung von allen angenommen wurde, zeigt Abbildung 152. Auf diese Weise wissen die Mitarbeiter im Voraus, dass die Ausgleichsstunden ausreichen. Sie können darüber hinaus weitere Stunden gutmachen. Auf jeden Fall können die Arbeitsausfälle durch schlechtes Wetter und durch Schwankungen der Arbeitsmengen damit ausgeglichen werden. Kurzarbeit wird vermieden.

In Abbildung 152 sehen Sie, dass die Werker

■ Die Betriebsvereinbarung wird mit KOPF durch die Mitarbeiter selbst vorbereitet.

Betriebsvereinbarung

1. Die flexible Arbeitszeit gilt dem Ausgleich von Witterungsausfällen und dem Ausgleich von Schwankungen der Auftragsmengen. Die Arbeitnehmer können auch Arbeitsstunden für Freizeitblocks ansparen.
2. Die Laufzeit der Betriebsvereinbarung dauert vom 1. 4. 97 bis zum 31. 3. 98.
3. Der Monatslohn beträgt 169,6 Stunden x dem persönlichen Stundenlohn (die Berechnung liegt an und wird zum Bestandteil der Vereinbarung).
4. Das Wintergeld (Zeitraum 15 .12. 97 bis 28. 2. 98) in Höhe von 2 DM wird für jede geleistete Stunde gezahlt.
5. Überstundenzuschläge werden auf geleistete Mehrstunden nicht bezahlt.
6. Die Zeitkonten werden von der Lohnbuchhaltung geführt. Der Stand des Jahresausgleichskontos wird aus der Lohnabrechnung ersichtlich.
7. Der Arbeitgeber bildet für das Arbeitnehmerguthaben auf dem Zeitkonto eine gesonderte Geldrücklage bei einer Bank, über deren Stand sich der Arbeitnehmer jederzeit informieren kann. Bei einer Beendigung des Arbeitsverhältnisses kann der Arbeitnehmer über ein etwaiges Bankguthaben einschl. Zinsen direkt verfügen.
8. Der Arbeitgeber ist berechtigt, etwa geleistete Stunden-Vorlagen im Sinne einer Lohnvorauszahlung gegen den Lohn des Arbeitnehmers aufzurechnen.
9. Neben der Berechnung der Jahresstunden wird auch ein Blatt Arbeitszeitplan als Anlage Bestandteil der Vereinbarung.
10. Während der witterungsbedingten Ausfallzeit von Dezember bis einschließlich März werden innerbetriebliche Qualifizierungen durchgeführt. Die Inhalte der Veranstaltungen werden frühzeitig abgestimmt. Die Veranstaltungen selbst werden je nach Witterung kurzfristig angekündigt. Die Mitarbeiter verpflichten sich, an den Veranstaltungen teilzunehmen. Die Veranstaltungen werden als normale Arbeitszeiten gewertet. Pro Jahr werden für die innerbetriebliche Qualifizierung pro Beschäftigten bis zu 80 Arbeitsstunden aufgewendet.
11. Fünfzehn Urlaubstage liegen im Bereich der Sommerferien. Es gibt während der Sommerferien keinen generellen Betriebsurlaub. Die Kolonnen stimmen sich so untereinander ab, dass mindestens drei Kolonnen immer anwesend sind. Der Urlaub muss in dringenden Fällen verschoben werden können, wenn es das Interesse des Unternehmens erfordert. Die im Arbeitsplan vom 12.–16. Januar 98 eingetragenen Urlaubstage sind flexibel. Sie können in der Zeit vom 15. Dezember 1997 bis 28. Februar 1998 nach Wahl des Arbeitnehmers in Absprache mit dem Bauleiter genommen werden.
12. Die Vereinbarung kann drei Monate vor Ablauf gekündigt werden.

Ort / Datum / Unterschriften

■ Abb. 153: Betriebsvereinbarung.

17.3 Hohe Erträge durch selbstorganisierte Arbeit in den Unternehmen

Wenn das Produktivitätsziel um 25 % höher gesteckt wird, muss auch das Ziel des Jahreserlöses um 25 % höher sein.

Wir müssen lernen, zwischen den Anwesenheitsstunden, die die Firma bezahlt, und den Leistungsstunden, die sie bezahlt bekommt, zu unterscheiden.

zuerst einmal so tun, als gäbe es keine Ausfälle. So errechnen sie in der Tabellenspalte „Ges." 1856,0 Gesamtstunden. Die Summe der Anwesenheitsstunden, die sich aus dem Tarifvertrag ergibt, wurde in der Spalte „Summe" ermittelt. Sie sehen, dass die Zahl 1716,5 Stunden mit der Stundenzahl in Abbildung 151 übereinstimmt. Die Differenz von 139,5 Stunden liegt unter dem derzeitigen tariflichen Grenzwert von 150 Stunden. Wir rechnen jedoch weiter mit der in dem Beispielfall vereinbarten Mindestanwesenheit von 1620 Stunden je Werker und Jahr.

Dann bleiben 236 Stunden, die zum Ausgleich von Ausfallzeiten genutzt werden können.

Abbildung 153 zeigt, wie eine Betriebsvereinbarung zur Wahlarbeitszeit aussehen kann.

Es gibt kein Patentrezept. Es lohnt sich für jedes Unternehmen, die Wahlarbeitszeit mit den Beschäftigten jedes Jahr neu zu regeln.

Im Fallbeispiel wurden mit den Beschäftigten 180 zuschlagsfreie Ausgleichsstunden vereinbart. Allerdings geht die Firma auch bis zu 90 Stunden in Vorlage, wenn das die Verhältnisse erfordern. Die Stunden, die über die tariflich vereinbarte Stundenzahl hinaus geleistet werden, werden hier mit dem Faktor 1,1 multipliziert. Leistet ein Mitarbeiter beispielsweise 10 Stunden mehr, dann bekommt er im Arbeitszeitkonto 11 Stunden gutgeschrieben.

17.3.2

Die Einführung selbstgesteuerter Arbeitsflüsse

Zusätzlich zur Wahlarbeitszeit haben wir die Selbstorganisation der Arbeit eingeführt, um die erforderliche Produktivitätssteigerung zu erreichen.

Die Geschäftsführerin eignete sich die Methode zuerst selbst an, um den Mitarbeitern bei der Anwendung helfen und alle Fragen beantworten zu können.

Wenn im komplexen Geschehen ein Ziel exakt eingehalten werden soll (zum Beispiel ein Fertigstellungstermin), dann müssen die Steuerungsentscheidungen während des Prozesses vom Ziel her bestimmt werden.

Wir setzen in unserem Fall also ein Akquisitionsziel von 11,5 Mio. Mark – 25 Prozent mehr als der Erlös des Vorjahres. Aus den Submissionsergebnissen war ersichtlich, dass dieses Ziel mit einer durchschnittlichen Preissenkung von 5 Prozent erreicht werden konnte.

Aus der Arbeitszeitvereinbarung ergibt sich die Umsetzung in monatliche Umsatzziele über die monatlichen Anwesenheitsstunden (Abb. 154).

Praktisch setzen wir damit gleichzeitig ein zweites Ziel. Wir wollen mit der gleichen Mannschaft 25 Prozent mehr umsetzen als im letzten Geschäftsjahr. Alle Beteiligten wissen mehr oder weniger über die Zeitverschwendung in den Arbeitsabläufen. Diese Zeitverschwendung konnten wir mit Hilfe des KOPF-Systems an einer ersten Baustelle ausschalten und so die vereinbarten Ziele erreichen.

Die G.u.V-Übersicht in Abbildung 149 zeigt das betriebswirtschaftliche Ergebnis und damit den Produktivitätssprung aus der Verlust- in die Gewinnzone.

Bis hierher haben wir uns mit den Anwesenheitsstunden befasst. Jetzt geht es darum, den Unterschied zwischen den Anwesenheitsstunden und den in den Bauverträgen vereinbarten Leistungsstunden begreiflich zu machen.

Wer bei niedrigen Marktpreisen Gewinne erwirtschaften will, der muss schon den entscheidenden Schritt zur selbstorganisierten Arbeit tun: Die Mitarbeiter müssen lernen, Anwesenheitsstunden, die das Unternehmen ihnen bezahlen muss, und kalkulierte Leistungsstunden, die der Kunde über den Bauvertrag an das Unternehmen bezahlt, auseinander zu halten und

17.3 Hohe Erträge durch selbstorganisierte Arbeit in den Unternehmen

Umsatzziel ~~1997~~ 1998 : 11.500.000 DM
Zahl der Anwesenheitsstunden je AK und Jahr 1.600
(zur Sicherheit 10 bis 20 Prozent mehr akquirieren)

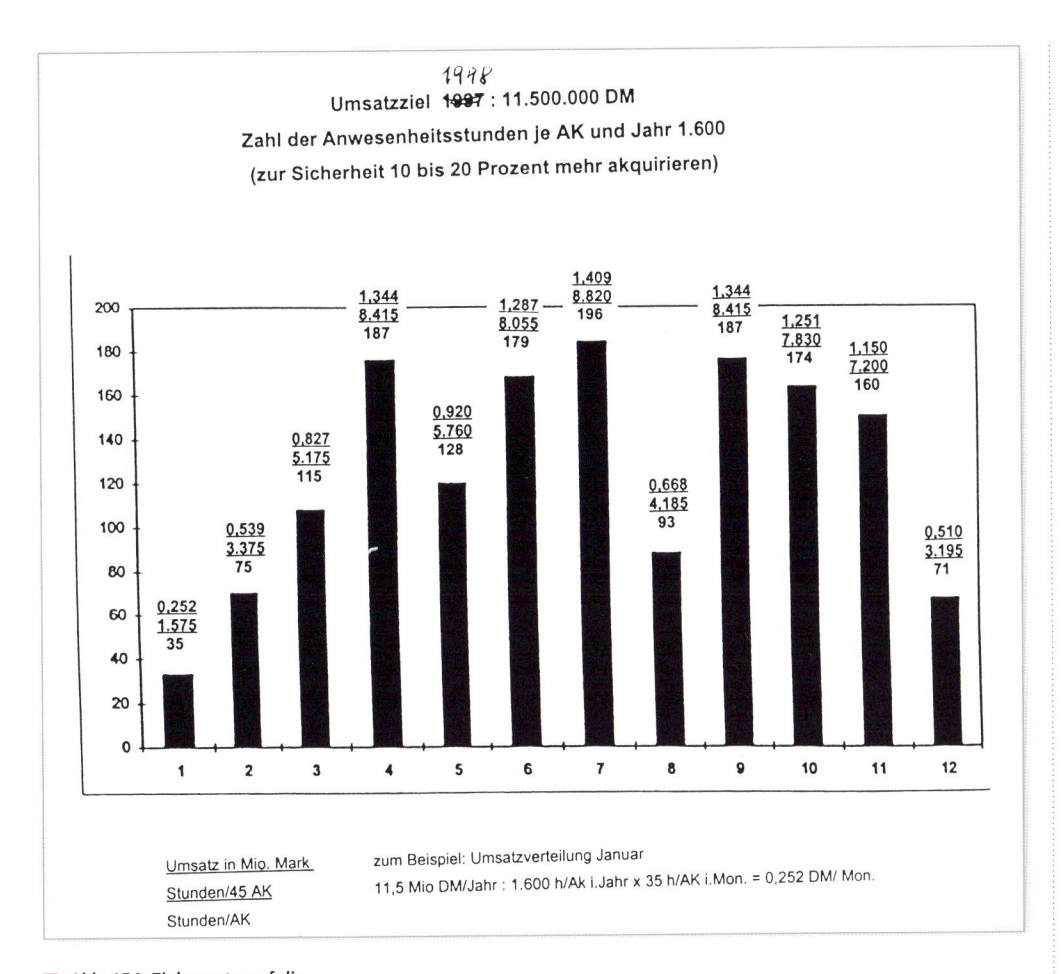

Monat	Umsatz in Mio. Mark	Stunden/45 AK	Stunden/AK
1	0,252	1.575	35
2	0,539	3.375	75
3	0,827	5.175	115
4	1,344	8.415	187
5	0,920	5.760	128
6	1,287	8.055	179
7	1,409	8.820	196
8	0,668	4.185	93
9	1,344	8.415	187
10	1,251	7.830	174
11	1,150	7.200	160
12	0,510	3.195	71

zum Beispiel: Umsatzverteilung Januar
11,5 Mio DM/Jahr : 1.600 h/Ak i.Jahr x 35 h/AK i.Mon. = 0,252 DM/ Mon.

■ Abb. 154: Zielumsatz, auf die Monate verteilt, bezogen auf die vereinbarten Anwesenheitsstunden.

ständig zu vergleichen. Wenden wir uns dazu wieder unserem Beispielunternehmen zu:
Wenn ein Auftrag ins Haus kommt, besuchen Bauleiter und Polier gemeinsam die Baustelle. Danach bestimmt der Polier den Fertigstellungszeitpunkt. Das ist der erste wichtige Schritt, um Zeitverluste zu vermeiden. Von diesem Ziel her steuert er mit seiner Mannschaft den Bauablauf.

Für den 1. Ausbauabschnitt der Landesstraße 1040 im Kreis Schwäbisch Hall waren von der Firma 3700 Arbeitsstunden kalkuliert worden. Die Lohnkosten für 3700 Stunden waren also in dem Angebot enthalten, auf das der Zuschlag erteilt wurde. Diese Lohnkosten plus die vereinbarten Zuschläge bezahlt also der Auftraggeber mit jeder Rechnung. Das Ziel der Mannschaft lautete: „Wir werden die Arbeit so or-

17.3 Hohe Erträge durch selbstorganisierte Arbeit in den Unternehmen

Im Beispielfall der Landesstraße 1040 bei Schwäbisch-Hall wurde die Bauzeit so verkürzt, dass der Fertigstellungstermin von Mai 1998 auf den September 1997 vorgezogen werden konnte.

Aus einem befürchteten Baustellenverlust von 100.000 Mark wurde ein Gewinn von 100.000 Mark.

ganisieren, dass wir die gesamte Bauleistung mit höchstens 3100 Anwesenheitsstunden erbringen. Dazu werden 6 Mann 59 Tage lang je 8,6 Stunden im Schnitt arbeiten. Die Arbeit wird also spätestens am 30. September 1997 abgeschlossen sein."

Voraussetzung für die frühzeitige Festlegung des Fertigstellungstermins ist die Zuordnung der aufzuwendenden Arbeitsstunden zu den einzelnen Positionen des Leistungsverzeichnisses.

Wenn diese Vorbestimmung der Bauzeit unterlassen wird, ist eine ganz erhebliche Zeitverschwendung vorprogrammiert. Damit muss immer die Zielsetzung verbunden sein, auch die scheinbar knapp kalkulierten Stunden durch Organisationsverbesserungen und Arbeitserleichterungen zu unterschreiten. Das Bemühen darum, mit weniger Anwesenheitsstunden die vertragliche Leistung zu erbringen, darf während der ganzen Zeit der Arbeitsplanung und der Ausführung nicht aufhören.

Leider wird in den Unternehmen diese frühzeitige Festlegung der Ausführungsfrist durch Polier und Mannschaft kaum geleistet. Der Auftraggeber hat ja einen Termin vorgegeben. Danach richtet man sich. Der Auftraggeber hatte in diesem Fall verlangt, dass die Verkehrsumleitung in der ersten Oktoberwoche 1997 aufgehoben, die Asphalttragschicht der neuen Trasse also bis dahin fertiggestellt sein müsse. Für die Herstellung der Deckschicht, die Herstellung der Böschungen, der Beplankung und der Markierung hatte er der Firma bis zum Mai 1998 Zeit gelassen. Vor der Einführung des KOPF-Systems hatte die Firma für diesen Auftrag bei den knappen Preisen mit einem Verlust von rd. 100.000,- DM gerechnet.

Aber die Mitarbeiter haben die Gesamtleistung – und zwar einschließlich aller Restarbeiten – bis zum 30. September 1997 erbracht. Das führte zu einem Baustellengewinn von rd. 100.000,- DM.

Dazu gehört allerdings noch einiges mehr: Voraussetzung für den Erfolg ist die Dezentralisierung der Arbeitsplanung.

In der Arbeitsvorbereitung wird die LV-Struktur mit KOPF durch die Neuordnung der Positionsfolge an die Struktur des Arbeitsablaufes angepasst. Damit bewirken wir zielgenaues, verschwendungsfreies Bauen. Das Neuordnen nehmen die produzierenden Mitarbeiter selbst vor. Beispielhaft zeigt das die Abbildung 155.

Die Gestaltung des Formulars in Abbildung 155 zeigt die für zielgenaues Arbeiten notwendige unauflösliche Einheit von Planen und Lenken.

Der Polier – im Idealfall ein Leistungsteam mit seinem Koordinator – plant den Übergangsprozess vom Bauplan zum Bauwerk. Er stellt das Modell des Arbeitsablaufs her, das die Dauer des Gesamtprozesses, die Dauern für die einzelnen Arbeitspakete, die kalkulierten Stunden des Angebots und die aufzuwendenden Anwesenheitsstunden enthält. Daraus werden die Zahl der Arbeitskräfte und Zahl und Art der erforderlichen Maschinen und Geräte abgeleitet. Der in Abbildung 155 gezeigte Korrekturplan ist ein Teil dieses Modells. Der Fertigstellungstermin ist ein festes, unverrückbares Ziel. Die Zahl der Arbeitskräfte und Geräte ist so variabel, dass alle Abweichungen von dem ausgewiesenen möglichen Weg rechtzeitig ausgeglichen werden können.

Das ausgewiesene Ablaufmuster ist auch nur ein Teil des variablen Modells und darf nicht mit einem Ablaufplan, wie er noch allgemein üblich ist, verwechselt werden; denn wir wissen:

Der wirkliche Weg zum Ziel ist nicht planbar. Er muss durch ständige Beeinflussung des realen Ablaufs herbeigeführt werden.

Das Ablaufmodell enthält latent beinahe unendlich viele Wegstrecken zu dem festgelegten Terminziel. Keine der auftretenden Störungen muss zu einer Zielüberschreitung führen. Dabei wird eine Verkürzung der Bauzeit durch

KYBERNETISCHE PRODUKTIONSPLANUNG
Korrekturplan

Projekt / Kostenstelle: 3001 Paket 3 Blatt:
Arbeitspaket / Kolonne: Durchlässe / Kanal

Pos	Leistungstext	E	Menge	Vorgabestunden E	Vorgabestunden Ges.	Korrekturen: Mengen (Neues Aufmaß) +	Mengen (Neues Aufmaß) -	Mengen (Neues Aufmaß) Ges.	Vorgabe - Stunden +	Vorgabe - Stunden -	Bemerkungen / Anweisungen / Datum / Unterschrift
002	Bachdurchlaß DN 1000 Aushub	m³	150	0,12	18		40	110		5	Kanallager 2 Stck.
003	Bachumleitung	Psch	1		13						
007	Ausbau alte Leitung	Psch	1		2						
015	Rohrverlegung DN 1000 (Unterbau Beton)	m	25	0,88	22						
021	Schachtanschluß DN 1000	St	4	2,5	10						
026	Böschungsstück DN 1000	St	2	2,05	4						
028	Schachtfundament	St	2	1,0	2						
029	Schachtunterteil	St	2	1,34	3						
030	Schachtring DN 1500	St	2	0,775	1,5						
031	Schachthals	St	2	1,033	2						
Stempelfeld	Übertrag =			Vorgabe:	77,5					5	
				Veränderung:							
				Neue Vorgabe:							

nach KOSS

KOPF-SYSTEM
Urheberrechtlich geschützt

Abb. 155: Im Korrekturplan wird das Leistungsverzeichnis entsprechend dem Arbeitsfluss geordnet.

Steigerung der Produktivität – also durch geringeren Stundenaufwand – ständig angestrebt und in den allermeisten Fällen auch erreicht.

In unserem Fall wurde die Arbeitsvorbereitung aus der Bürozentrale in die Hände der produzierenden Mitarbeiter gelegt, die für die Qualität, die Produktivität und die Termintreue Verantwortung übernehmen.

Zur Arbeitsvorbereitung dient der linke Teil des abgebildeten Korrekturplans (Abbildung 155) mit den Vorgabestunden – den kalkulierten Stunden – aus dem Bauvertrag, die der Kunde dem Unternehmen bezahlt. Der rechte Teil mit den Korrekturmöglichkeiten dient der zielgenauen Selbststeuerung an der Baustelle. In Abbildung 155 ist eine erste Korrektur eingetragen, die durch eine Veränderung der Aushubmenge in Pos. 002 um 40 m^3 entstanden ist.

Ein weiterer Teil des Modells dient der Ablaufsteuerung, dargestellt in Abbildung 156.

Hier werden die Arbeitspakete jeweils als Ganzes erfasst. Schon in den Korrekturplänen werden die Leistungspositionen ja entsprechend dem Arbeitsablauf nach zusammenhängenden Arbeitspaketen geordnet. Ein Arbeitspaket umfasst in unserem Beispiel mehrere Korrekturplan-Seiten. Die Summen der Vorgabestunden je Arbeitspaket werden nun in den Zeilen des Steuerungsformulars aufgeführt (Abbildung 156).

Wie gesagt: Vorgabestunden sind kalkulierte Stunden aus dem Angebot bzw. aus der Vertragsgrundlage: Leistungsstunden, die der AN vom AG bezahlt bekommt. Im rechten Teil des

Durch die Selbststeuerung des Arbeitsablaufs blieb auch hier die Zahl der Anwesenheitsstunden unter der Zahl der vertraglichen Leistungsstunden.

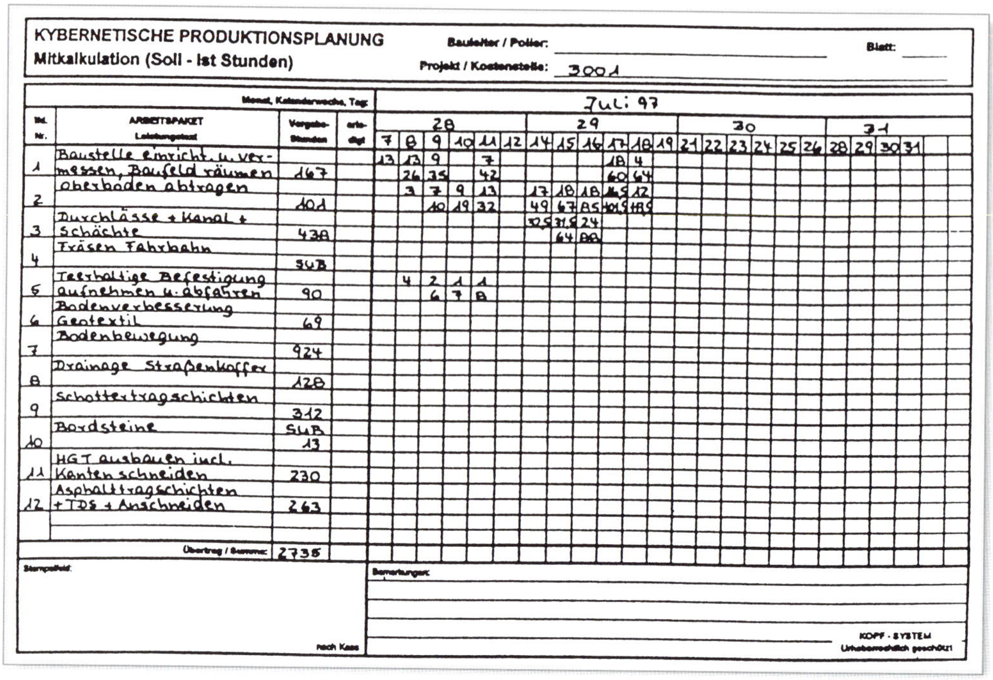

17.3 Hohe Erträge durch selbstorganisierte Arbeit in den Unternehmen

Abb. 156: Die Arbeitsabläufe werden vom jeweiligen Leistungsteam selbst zielgenau gesteuert.

Vorgabestunden bei Unterschreitung nicht kürzen.

Formulars „Mitkalkulation" werden dann die tatsächlich aufgewendeten Stunden mitgeschrieben, die Anwesenheitsstunden, die der AN seinen Mitarbeitern bezahlen muss.

Durch Arbeitserleichterungen und verbesserte Arbeitstechniken und durch die ständige Selbstkontrolle wird selbst bei niedrigstem Preisniveau erreicht, dass die Zahl der aufgewendeten Stunden (Anwesenheitsstunden) unter der Zahl der kalkulierten Stunden (vertraglichen Leistungsstunden) bleibt.

Das setzt allerdings voraus, dass der hierarchische Führungsstil aufgegeben wird und die Führungskräfte gemeinsam mit den Facharbeitern in offener Kommunikation einen ständigen Verbesserungsprozess mit immer neuen Problemlösungen und Qualitätssteigerungen entwickeln. Die Führungskräfte müssen zuerst lernen, um dann die Ausführungsteams trainieren und unterstützen zu können.

Die Produktivitätssteigerungen können dann 30 und mehr Prozentpunkte betragen. Das muss man sich allerdings auch vornehmen. Angst vor der eigenen Courage verschlechtert die möglichen Resultate.

Auf die Dauer lässt sich der Erfolg nur stabilisieren, wenn der Soll-Ist-Vergleich der Arbeitsstunden nicht missbraucht wird.

Leider werden die Soll-Ist-Vergleiche (Mitkalkulation) noch zu oft als Druckmittel missbraucht. Wenn die aufgewendeten Stunden unter den Vorgabestunden liegen, werden beim

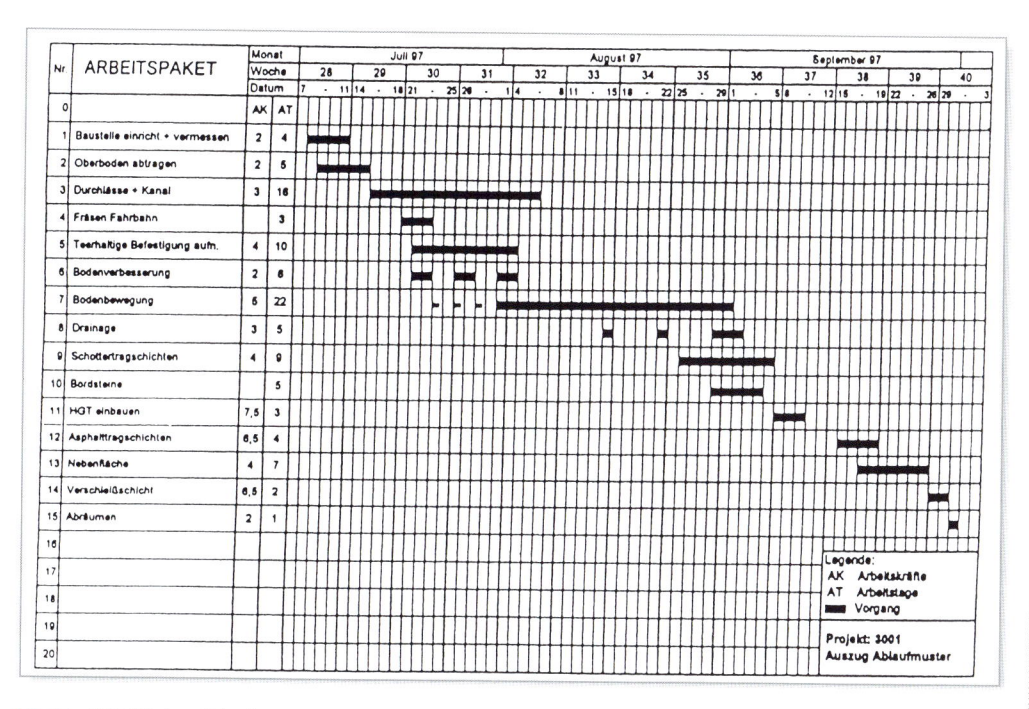

Abb. 157: Mit dem Ablaufmuster ist der Fertigstellungszeitpunkt fixiert. Er darf höchstens unterschritten werden.

nächsten Auftrag die Vorgabestunden gekürzt. Dieses veraltete Refa-Denken führt zu Demotivation und inneren Kündigungen und damit zu großen Produktivitätsnachteilen.

Der Arbeitsstundenvergleich ist ein Instrument zur Selbststeuerung.

Er hilft durch den ständigen Vergleich von Vertrags- und Anwesenheitsstunden, die Produktivitäts- und Terminzeile einzuhalten. Alle Mitarbeiter haben täglich ihre Arbeitsergebnisse vor Augen. Und der Arbeitserfolg wird durch diese Visualisierung verbessert. Bei einem ergänzenden Entlohnungssystem kann der Stundenvergleich auch Grundlage zur Bemessung einer Erfolgsprämie sein.

Wenn Sie in Abbildung 156 das Arbeitspaket Nr. 2 betrachten, sieht es so aus, als ob die angestrebte Unterschreitung der Vorgabestunden nicht gelungen sei. Tatsächlich gelingt das auch nicht jedes Mal in jedem Arbeitspaket. Aber hier wurden wesentlich größere Mengen Oberboden abgetragen als vorgesehen war. Diese Veränderung führt zu einer Erhöhung der Vorgabestunden, die zum betrachteten Zeitpunkt aus dem Korrekturplan noch nicht in das Ablaufsteuerungs-Formular übertragen worden war.

Zum Modell gehört immer das Ablaufmuster, wie es in Abbildung 157 dargestellt ist.

Man erkennt die Übereinstimmung zwischen den Arbeitspaketen im Steuerungsformular (Mitkalkulation) und den Vorgängen im Mus-

Der Fertigstellungstermin darf unterschritten werden.

ter. Diese hergestellte Übereinstimmung der Struktur des LV einerseits und der des Ablaufmusters andererseits ist die Voraussetzung für die flexible Zuordnung der Kapazität und damit für die termingenaue Beeinflussung des Arbeitsprozesses.

Im Ablaufmuster werden die Arbeitspakete zeitlich geordnet und die jeweilige Anzahl der Arbeitskräfte eingetragen. Diese Zahlen sind ein Teil des Musters.

Die Zahl der Arbeitskräfte und Geräte und die beeinflussbare Produktivität sind sehr variabel. Der Polier gewinnt frühzeitig die Informationen, um bei Störungen immer wieder korrigierende, zielgenaue Entscheidungen treffen zu können.

Für die Beteiligten wird rechtzeitig sichtbar, wenn durch eine Störung Zeitverzögerungen drohen. Sie können durch frühzeitig erhöhten Kapazitätseinsatz solche Verzögerungen vermeiden.

Natürlich stimmte auch in diesem Fall das geplante Muster nicht mit dem verwirklichten Ablauf überein. Aber die Grafik in Abbildung 157 wurde deshalb nicht „fortgeschrieben" in dem Sinn, wie das beispielsweise bei konventioneller Anwendung der Netzplantechnik erfolglos geschieht. Was verändert wird, zeigt sich in der wöchentlichen Arbeitsplanung.

Das Bauwerk war am 26. September 1997 vollständig fertiggestellt mit einer Produktivitätssteigerung von 18 Prozent. Das war für den ersten Versuch ganz ordentlich.

Die Wege zum Ziel sind, wie gesagt, ausreichend variabel. Mit dieser erforderlichen Varietät lässt sich das Fertigstellungsziel determinieren. Überschreitungen können ausgeschlossen werden, Unterschreitungen sind erlaubt.

Für die Herstellung des Produktions-Modells dieser 1,3-Mio.-Baustelle haben zwei Mann einen halben Tag gebraucht. Das Ablaufmuster muss gar nicht so schön sein wie in dieser Abbildung und es wird schon gar nicht mit einem Computer gefertigt. Das wäre bei der neu geschaffenen Übersicht und Vereinfachung zu umständlich. Vom Polier freihändig gezogene Linien und handschriftliche Eintragungen genügen. Die produzierenden Mitarbeiter haben sich so in die Aufgabe hineingedacht, dass schon deshalb die Umsetzung in die Praxis viel leichter geht.

An der Baustelle wird dann wegen der unvermeidlichen Störungen zur zielsicheren Lenkung jede Woche eine neue Arbeitsvorbereitung gemacht. Die wird für die Woche vom 14. 7. bis 18. 7. 97 in Abbildung 158 gezeigt.

In der oberen durchgehenden Zeile wurden die vorgesehenen Anwesenheitsstunden ermittelt: 5 Arbeitstage x 5,5 Arbeitskräfte (der Polier wird hier zur Hälfte angerechnet, weil die andere Hälfte seines Gehalts aus dem Fixkostenbudget finanziert wird) x durchschnittlich 8,6 Arbeitsstunden pro Tag = 236,5 Stunden in der Woche.

In der ersten Spalte sind die Nummern der Arbeitspakete aufgeführt, aus denen in dieser Woche Bauleistungen erbracht werden sollen. In der Spalte „Leistungsvorgaben GESAMT" sind die geplanten Leistungsmengen aus den einzelnen Arbeitspaketen, bemessen in kalkulierten Stunden, aufgeführt. Zum Beispiel soll aus dem Arbeitspaket Nr. 1 „Oberboden" ein Leistungsteil erbracht werden, für den 81 Stunden vom AG bezahlt werden. Im Arbeitspaket Nr. 1 sind Leistungen für 125 Stunden zu erbringen. In der Spalte „Leistungs-SOLL" wird die vorgesehene Wochenleistung dann auf 22 kalkulierte Stunden festgesetzt. Der Polier ist also überzeugt, dass aus diesem Arbeitspaket in der Woche eine Teilmenge erledigt werden kann, für deren Herstellung 22 Arbeitsstunden vom AG bezahlt werden.

Die Summe der SOLL-Spalte zeigt: Das Baustellenteam hat sich für die Woche insgesamt Leistungen vorgenommen, für die der AG ver-

---

Trotz vieler Störungen war das Bauwerk selbstgesteuert am 26. September 1997 vollständig fertiggestellt. Die Produktivitätssteigerung betrug 18 Prozent.

Die wochenweise Arbeitsplanung und -steuerung durch Polier und Vorarbeiter war hier trotz anfänglicher Irrtümer ein wichtiges Instrument.

ARBEITSVORBEREITUNG für die 29. Woche vom 14. bis 18.7.97 **Baustelle** 3001

Geplante Wochenleistung

Zur Verfügung stehen / waren: 191,5 Anwesenheits-Std IST*

5 Arbeitstage × 5,5 Arbeitskräfte × 8,6 Mann Std/Tg = 236,5 Anwesenheits-Std SOLL

Nr.	Arbeitspakete	Leistungsvorgaben GESAMT	Leistungsvorgaben REST	Leistungs- SOLL	Leistungs- IST*	Leistungsrest IST*	Anwesenheit / Tag MO	DI	MI	DO	FR	SA	Bemerkung
2	oberboden	81		81 x	56	25	17	18	18	16,5	12		= 81.5
3	Durchlaß DN 1000	124		124	86	38	32,5	31,5					= 64.0
	Durchlaß DN 600	86		86	60	26			24				= 24.0
1	Baust. einricht. u. vermess.	125		22	22	103				18	4		= 22.0
													191.5
													x Aufmaß fehlt

Produktivitäts-steigerung					
SOLL	76,5 Std	32 %	313	Leistungs SOLL	
IST*	32,5 Std	17 %	224	Leistungs IST*	

18.7.97 / 14.7.97 Datum — gez. Polier

KOPF-SYSTEM Urheberrechtlich geschützt

*zum Vergleich am Ende der Woche eintragen

■ **Abb. 158: Die Wochenplanung: Die Arbeitsvorbereitung und die zielgenaue Steuerung werden an die Baustelle verlegt.**

tragsgemäß 313 Arbeitsstunden bezahlen muss. In der unteren Zeile links sieht man dann: Das sind 76,5 zu zahlende „Einnahme-Stunden"-mehr als die geplanten 236,5 Anwesenheitsstunden, die „Ausgabe-Stunden", die das Unternehmen seinen Mitarbeitern bezahlt.

Das würde eine Produktivitätsverbesserung um 32 Prozent bedeuten.

Nun war das die erste Wochenplanung, die der Polier machte.

Als ich ihm sagte, das sei eine sehr mutige Vorgabe, meinte er: „Aber Sie haben selbst gesagt, wir sollten uns viel vornehmen." Ich konnte auf die Varietät des Modells vertrauen und ließ ihn gewähren.

Am Mittwoch musste die Kapazität zurückgenommen werden. Einige Leute waren an anderer Stelle nicht rechtzeitig freizusetzen. Sie sehen das an den Eintragungen unter „Anwesenheitsstunden je Tag". Tatsächlich gab es nur 191,5 Anwesenheitsstunden. Solche Eingriffe mindern immer die vorgesehene Produktivität. Verwirklicht wurden Leistungen mit 224 kalkulierten Stunden, wie man aus der Spalte „Leistungs-IST" erkennen kann. Die Differenz zwischen den 191,5 Anwesenheitsstunden, die vom Unternehmen an die Mitarbeiter bezahlt werden, und der Leistungsmenge mit 224 Stunden, für die Geld in die Unternehmenskasse kommt, beträgt 32,5 Stunden. Also wurde die Produktivität in dieser Woche effektiv um 17 Prozent verbessert.

■ Die Produktivitätsverbesserung geht mit einer Qualitätsverbesserung einher.

17.3 Hohe Erträge durch selbstorganisierte Arbeit in den Unternehmen

Mit der Übersicht steigt auch die Qualität. Jeder weiß, dass die Qualitätsverbesserung zur Produktivitätssteigerung beiträgt: wieviel wird zweimal gemacht und nur einmal bezahlt.
Dieser Erfolg blieb in unserem Beispielbetrieb keine Ausnahme. Die Firma musste noch einmal mit dem Preis runter, um auch den zweiten Bauabschnitt der Landesstraße zu bekommen; denn die Konkurrenz war äußerst hart. Trotzdem: auch hier erarbeitete sie einen Gewinn. Die vom Amt vorgegebene Bauzeit wurde nahezu halbiert.

Der auffallende Erfolg verbesserte das Firmen-Image und die Akquisitionseffizienz.

Und solche Erfolge vermehren das Ansehen. Die Zeitungen schreiben darüber. Auftraggeber und Bauherr gewinnen zusätzlich Vertrauen. Die Möglichkeiten, interessante Aufträge zu erhalten, nehmen zu.
Im „Haller Tageblatt" in Schwäbisch Hall stand am 10. September 1997:
„ ... Das Straßenbauamt ist des Lobes voll: ‚Die haben super geschafft!' Die Straße kann für den Verkehr früher als ursprünglich geplant freigegeben werden. Besonders der Schwerlastverkehr wird's mit Freude vernehmen, denn er muss während der Bauzeit eine zwölf Kilometer lange Umleitung fahren."
Wer die vom Auftraggeber vorgegebenen Bauzeiten so auffallend verkürzt, setzt auch fachkundige Bauherren in Erstaunen. Bürgermeister und Bürger in den Ortschaften, durch die nun schon einige Wochen früher als geplant kein lästiger Umleitungsverkehr mehr rollt, sind dankbar. Alle sprechen darüber und jeder möchte mit einer so guten Firma gern zusammenarbeiten. Auch die Mitarbeiter haben Anteil am Erfolg. „Das haben wir geschafft. Das soll erst mal einer nachmachen."

Die Mitarbeiter sind stolz auf die anerkannte Leistung.

> *Man kann es nicht oft genug wiederholen, weil es offenbar nur schwer in die Köpfe geht:*
>
> *Eine ganz wesentliche Voraussetzung für den Erfolg ist die frühzeitige Fixierung des Fertigstellungsziels durch den Polier auf der Basis der kalkulierten Arbeitsstunden und der Zuordnung der Arbeitskräfte. Das ist selbst für den kleinsten Flickauftrag wichtig. Bis heute geschieht das so selten, dass die wenigen, die es tun, geradezu exotisch wirken. Deshalb grenzen heute nur wenige „Exoten" die immense Zeitverschwendung in den Produktionsprozessen erfolgreich ein.*

Für eine Hofbefestigung wurde zum Beispiel der Auftrag für 23.000,– DM erteilt. Ein Vorarbeiter und zwei Werker sollen die Arbeit ausführen. Der Vorarbeiter muss in die Lage versetzt werden, neben der einwandfreien Ausführung auch den betriebswirtschaftlichen Erfolg sicherzustellen. Er setzt das Fertigstellungsziel:
160 Arbeitsstunden wurden vertraglich vereinbart. 3 Mann arbeiten am Tag 3 x 8,5 Stunden = 25,5 Stunden.
160 Stunden : 25,5 Stunden/Tag = 6 Arbeitstage.
Um 20 Prozent wollen wir besser sein. Die Arbeit wird also in 5 Arbeitstagen erledigt!
Wenn das Produktivitäts-Management die ganze Belegschaft erfasst, dann schafft es dauerhafte Überlegenheit im Wettbewerb und neue Arbeitsplätze.
Die Erfolgsmehrung aus einer immer möglichen Produktivitätssteigerung von 25 Prozent wird in folgendem Beispiel deutlich:

Ein Unternehmen baut vier Häuser im Jahr. Der Preis pro Haus beträgt 360 000 Mark. Die Kosten betragen:

    140.000 Mark für Löhne,
    120.000 Mark für Stoffe etc.,
    100.000 Mark für Allgemeines.

Das heißt: Gewinn wird nicht erzielt.
Nun baut das Unternehmen nach der Produktivitätssteigerung um 25 Prozent fünf Häuser im Jahr mit der gleichen Mannschaft.
Die Kosten für das fünfte Haus betragen: 120.000 Mark für Stoffe.
Löhne und Gemeinkosten entstehen für das fünfte Haus nicht.

Zusammen erhält das Unternehmen:
5 x 360.000 DM   = 1.800.000 DM
Die Ausgaben betragen:
4 x 360.000 DM + 120 000 DM
                            = 1.560.000 DM
Der Gewinn beträgt jetzt: 240.000 DM

*Im Produktivitäts-Management lautet die Frage: „Wieviel mehr Geld kann ich mit jeder gewonnenen Arbeitsstunde gewinnen?"
– und nicht: „Wieviele Kosten kann ich sparen?"*

18

Die Gegensätze: Erfolge, Rückfälle und Festhalten am Gestrigen

Der wahre Unternehmer ist ein Erneuerer.
Heute bedarf es eines revolutionären Aufbruchs, um die in Jahrhunderten verfestigte mentale Prägung aufzubrechen: Der Mensch beherrscht die Natur und er beherrscht auch den Menschen. Der Chef gebietet dem Ingenieur, der Ingenieur dem Meister, der Meister dem Vorarbeiter und der Vorarbeiter dem Arbeiter.
Ein neues Menschenbild ist die Voraussetzung für eine überlegene Unternehmens-Demokratie.

Weil der Auftraggeber eine Frist von 70 Tagen vorgegeben hatte, wurde der Ablaufplan darauf eingestellt. Aber die Produktionsplanung zeigte schnell, dass bei gleich vielen Arbeitskräften nur 45 Tage erforderlich waren.

Leider komme ich immer wieder in Betriebe, in denen sich Geschäftsführer und Bauleiter schlicht und einfach an die Termine halten, die in den Ausschreibungsbedingungen vorgegeben sind. In den allermeisten Fällen muss man die jedoch unterschreiten, wenn man auch bei niedrigen Preisen Geld verdienen will.

18.1

Ein Rückfall

Ich beschreibe einen typischen Fall: Polieren traut man so eine Arbeitsplanung nicht zu – das könnte ja auch an der eigenen Kompetenz kratzen. Die Arbeitsvorbereitung ist etwas für Ingenieure. Davon sitzen mir denn auch drei neben dem Chef gegenüber: ein Oberbauleiter, ein Kalkulator und ein Bauleiter. Wir wollen eine Baustelle vorbereiten. Zwei der Teilnehmer hatten so etwas mit mir schon einmal geübt. Sie legten mir einen Ablaufplan vor – schön farbig, frisch einem Tintendrucker entnommen – mit einer anspruchsvollen Software erarbeitet.

Meine Frage: „Wie lang ist die Bauzeit?"
Antwort: „Dreieinhalb Monate – 70 Arbeitstage."
„Gut, dann lassen Sie uns mal überschlagen: wie viele Arbeitsstunden sind vertraglich vereinbart?"
Nach einigem Blättern antwortet der Kalkulator: „2773."
„Wieviele Leute wollen Sie einsetzen?"
Der Bauleiter: „Sechs Mann im Schnitt."

Die Gegensätze: Erfolge, Rückfälle und Festhalten am Gestrigen **18.3**

„Wieviele Stunden arbeiten die am Tag?"
„Im Mittel 8,6."
„Dann rechnen wir doch mal", sagte ich, „6 x 8,6 = 51,6 Stunden pro Tag. 2773 Stunden : 51,6 Stunden/Tag = 54 Arbeitstage.
Wir wollen aber die Produktivität erhöhen. Ziel: 20 Prozent. Das bedeutet: 54 : 1,2 = 45 Arbeitstage. – Wie kommt Ihr auf 70 Arbeitstage?"
„Die sind in der Ausschreibung so vorgegeben", erklärt der Kalkulator.
„Nun machen wir den Ablaufplan noch mal", rate ich, „um nicht der Zeitverschwendung Tür und Tor zu öffnen. Und dann ordnet der Bauleiter zusammen mit dem Polier die LV-Positionen neu, so dass ihre Reihenfolge dem Arbeitsablauf entspricht ..."

und wieviele Meter die Leute in der Woche schaffen müssen." Und auf meine Einrede, dass sie dann ja bei besseren Preisen mehr Zeit aufwenden dürfen als jetzt bei den niedrigen Preisen, und dass die Preise im Konjunkturzyklus immerhin zwischen plus 25 und minus 25 Prozent schwanken, antwortet er:
„Na ja, die müssen eben jetzt mehr ranhauen. Die schaffen das oft nicht – ich denke, Sie könnten denen sagen, dass sie konzentrierter arbeiten müssen."
Die Firma macht weiter Verluste. Aus unserer Zusammenarbeit wurde nichts.

18.3

Poliere und Facharbeiter ermitteln die Arbeitsstunden besser als mancher Kalkulator

18.2

Sie kalkulieren nicht – sie wetten

Die meisten Betriebe wissen nicht einmal, wieviele Arbeitsstunden sie angeboten haben. Die Kalkulatoren oder die Chefs haben für alle Positionen Einheitspreise parat. Jedes Mal wird spekuliert: „Die Position kommt wahrscheinlich nicht zum Tragen, also mache ich den Einheitspreis ganz niedrig – die andere Position wird sicher ausgeführt, also mache ich dafür den Einheitspreis um so höher ..."
Eine systematische Marktbeobachtung gibt es nicht. Das führt zu einer immensen Zeitverschwendung in den Büros. Die Ursachen habe ich im Kapitel 14.2.2 ausgeführt.
Ich kam vor einigen Wochen in so einen Betrieb. „Na ja", sagte der Chef auf meine Frage, wie er denn die Bauzeit bestimme, „da braucht man doch nicht so einen Umstand zu machen, wie Sie das meinen. Ich ermittle aus den Vertragspreisen, wieviel ein Meter Kanal kostet

In einem anderen Fall ohne Arbeitsstundenkenntnis haben wir gemeinsam die Arbeitsstunden für die einzelnen Leistungspositionen aus den Einheitspreisen ermittelt. Es ging um eine Erschließungsmaßnahme mit einem Auftragswert von 565.000,– DM. Das hat vier Stunden gedauert. Dazu gehört einige Erfahrung; denn je nach Materialeinsatz schwankt der Lohnanteil des Einheitspreises von 20 bis 80 Prozent. Wenn man diesen Lohnanteil durch den Mittellohn teilt, dann erhält man ausreichend genaue Überschlagswerte für die Vorgabe. Die Mitkalkulation während der Ausführung bügelt Ungereimtheiten bald aus.
Auch Poliere und Facharbeiter können ausreichend genaue Vorgabezeiten ermitteln. Ich habe das mehrfach erfahren. Man muss sie nur lassen. Wenn man dann auf die vorher beschriebene Weise eine Plausibilitätsprüfung durchführt, kann man sicher sein, dass die Stunden, die der Auftraggeber bezahlt, richtig erfasst sind. Beim nächsten Mal sind dann die Mitkal-

■ Die orthodoxe Zeitermittlung führt bei Wettbewerbspreisen immer zu Verlusten.

18.4 Die Gegensätze: Erfolge, Rückfälle und Festhalten am Gestrigen

Die frühe Einbindung der Mitarbeiter führt zu einem ständigen Verbesserungsprozess.

Führungskräfte müssen das „richtige Menschenbild" haben.

Bei fünf Arbeitsgruppen in einem Betrieb lagen die Stundendifferenzen unter 10 Prozent und trotz niedriger Preise um 5 Prozent niedriger als die des Kalkulators.

Die Facharbeiterinnen und Facharbeiter lassen sich bei einem partnerschaftlichen Führungsstil zur Minimierung des Stundenaufwands viel einfallen.

kulationsdaten zur Verfügung und das erleichtert sowohl die Vorbereitung als auch die Lenkung der weiteren Abläufe.

Das Einbinden der Mitarbeiter zu diesem frühen Zeitpunkt hat noch immer dazu geführt, dass gemeinsam rechtzeitig überlegt wird, wie man mit den kalkulierten Stunden auskommen kann – auch wenn sie auf den ersten Blick nicht auszureichen scheinen. In aller Regel führt das zum dauerhaftem Erfolg und zu einem ständigen Verbesserungsprozess.

Viel zu oft wird die Fachkompetenz der Arbeiter unterschätzt.

In unserem Fall hatten wir für den Auftragswert von 565.000,– DM aus den Einheitspreisen zusammen 3786 Arbeitsstunden abgeleitet. Fünf Mann mit dem nötigen Gerät sollten eingesetzt werden. Daraus ergaben sich 88 Arbeitstage. Die Produktivitätsverbesserung wurde vorsichtig mit 10 Prozent angesetzt, so dass der Fertigungsprozess nicht mehr als 79 Arbeitstage dauern sollte. Das sind rund vier Monate.

„Donnerwetter, wir wollen aber bis zum Betriebsurlaub fertig sein – und der beginnt in drei Monaten." Nach einigem Nachdenken wurden zwei Kolonnen mit je vier Mann eingesetzt. Nach 49 Arbeitstagen war der Auftrag ausgeführt und die Baustelle geräumt.

So etwas funktioniert aber nicht allein durch die bessere Vorbereitung und Übersicht. Führungskräfte müssen vor allem das „richtige Menschenbild" haben. Die Mitarbeiter müssen Partner werden – und alle gemeinsam müssen durch Erfolgserlebnisse den Ehrgeiz entwickeln, die Kunden nicht nur zufrieden zu stellen, sondern immer wieder mit unerwartet guten Ergebnissen zu verblüffen.

18.4

Das funktioniert in jedem Gewerk, wenn es richtig gemacht wird

Die Selbstorganisation mit dem KOPF-System lässt sich in allen Gewerken entwickeln. Hier folgt ein Beispiel aus dem Garten- und Landschaftsbau.

Dazu wurden 5 Arbeitsgruppen mit je 3 bis 4 Mitarbeitern gebildet. Die Gruppen ordneten zuerst die auszuführenden Leistungen nach Arbeitspaketen (s. Abb. 160) und sortierten dann die Positionen des Leistungsverzeichnisses in der Reihenfolge der Arbeitsschritte in den Korrekturplan-Formularen.

Danach schrieben sie, unabhängig voneinander, die geschätzten Arbeitsstunden für jede Position in die Spalten „Vorgabestunden gesamt" (s. Abb. 161a-e). Die maximalen Stundendifferenzen zwischen den Gruppen lagen unter 10 Prozent. Dann wurden die von den Gruppen geschätzten Arbeitsstundenzahlen an das Niveau angepasst, das vorher bei Abgabe des Angebots vom Kalkulator ermittelt worden war. Dessen Stundenwerte lagen im Schnitt um 5 Prozent höher als das Niveau der Gruppe mit den durchschnittlich höchsten Stundenzahlen – und das bei einem äußerst niedrigen Angebot.

Nun folgten Gespräche über mögliche Einsparungen von Arbeitsstunden, über Ursachen von Stundenvergeudung – und die Mitarbeiterschaft setzte sich begründet das Ziel, die Produktivität um 20 Prozent zu steigern.

Die Facharbeiterinnen und Facharbeiter verstehen vom Stundenaufwand mehr als man ihnen gemeinhin zutraut, und sie lassen sich eine Menge einfallen, um mit weniger Stunden die gleiche Arbeitsqualität herzustellen. Man muss sie nur anregen und dann auf sie hören und sie bei ihrem Bestreben, die Arbeiten ohne Unterbrechung ausführen zu können, unterstützen.

Die Gegensätze: Erfolge, Rückfälle und Festhalten am Gestrigen   **18.4**

Firma Muster		1999	2000 + 20%
Erlöse	in Mio. DM	1,550	1,860
produktive Lohnkosten		0,600	0,600
Stoffkosten		0,450	0,540
Maschinen / Fuhrpark		0,070	0,070
Fremdleistungen		0,080	0,080
Produktive Kosten		**1,200**	**1,290**
Gehälter		0,325	0,325
sonstige Festkosten		0,015	0,015
Abschreibungen		0,015	0,015
Investitionen / Verschiedenes			
Nichtproduktive Kosten		**0,355 = 1,555**	**0,355 = 1,645**
Verfügungsmasse		./. 0,005	+ 0,215
Deckungsbeitrag (%) bezogen auf Prod. Kosten			16,67%
Bemerkungen: Preis- und Lohnflexibilität durch Produktivitätssteigerung			

Abb. 159: Vereinfachte Jahresrechnung mit Produktivitäts- und Umsatzentwicklung.

Wenn die Führungskräfte rechtzeitig alle Voraussetzungen für ununterbrochene Arbeitsflüsse schaffen, dann bleibt auch die Leistungsbereitschaft der Facharbeiterinnen und Facharbeiter hoch.

Für die Firma ging es darum, festzustellen, ob sie bei einer Produktivitätssteigerung um 20 Prozent ihr Preisniveau – wenn nötig – um 10 Prozent senken konnte, um ausreichend viele Aufträge zu bekommen. Diese Frage konnten wir positiv beantworten (s. Abb. 159).

In Abbildung 159 ist zuerst die vereinfachte Jahresrechnung für 1999 dargestellt, die mit einem geringen Verlust abschließt. Erhöht man die Produktivität um 20 Prozent, dann kommt man bei einer entsprechenden Umsatzsteigerung zu einem Ertrag von 215.000 DM. Der Ertrag bzw. die Preisflexibilität werden höher, je weiter man mit der Eliminierung von Zeitverschwendung kommt – je mehr also die Produktivität verbessert werden kann.

Voraussetzung für die generelle Produktivitätssteigerung ist nicht allein die Qualitätsverbesserung an den Baustellen.

Die Akquisition hat einen genauso hohen Stellenwert. Wenn die Anschlussaufträge nicht rechtzeitig vorhanden sind, geht zwischen den Auftragsabwicklungen immer wieder möglicher Gewinn durch Leerlauf verloren. Deshalb ist es wichtig, die Akquisitionssumme immer um etwa 10 Prozent über dem Zielumsatz zu halten. Wenn es eine positive Wirkung irgendeiner Art von Leistungsdruck auf die Arbeitsdurchführung überhaupt gibt, dann entsteht diese Wirkung aus der zu leistenden Arbeitsmenge, vorausgesetzt die Mitarbeiter sind darüber positiv informiert. Alle Mitarbeiter müssen ständig wissen, dass immer wieder neue Arbeit auf sie wartet. Auftragslücken können die Produktivität sehr schnell erheblich mindern und dann hat die G.u.V.-Rechnung für das Folgejahr nicht das angestrebte Ergebnis. Nur wenn die Arbeitsweise mit dem KOPF-System im Ganzen konsequent umgesetzt wird, werden auch bei niedrigen Preisen Erträge erwirtschaftet.

Die Firma hatte bereits 1999 im Schnitt sehr niedrige Preise. Es ist deshalb nicht zu befürchten, dass das Preisniveau im Jahr 2000 total um 10 Prozent niedriger liegt. Aus der Gegenüberstellung in Abb. 159 kann man leicht nachvollziehen, dass der Ertrag für das Jahr 2000 sich bei einem durchschnittlichen Preisniveau von minus 5 Prozent gegenüber 1999 um 200.000 Mark erhöhen würde.

■ Die Firma konnte mit einer erreichten Zunahme der Preisflexibilität um 10 Prozent das Auftragsvolumen vergrößern.

■ Die einzige Art positiven „Leistungsdrucks" kommt aus einer ausreichenden Auftragsmenge.

■ Nur wenn das KOPF-System im Ganzen angewendet wird, lassen sich die Erträge dauerhaft optimieren.

18.5 Die Gegensätze: Erfolge, Rückfälle und Festhalten am Gestrigen

Für den Kunden, den eigentlichen Lohnzahler, muss mehr getan werden. Und die Arbeiter sind die Kunden der Führenden.

In einer partnerschaftlichen Unternehmenskultur ist die herausgehobene Stellung des Kunden wichtig. Dann folgt das Hereinnehmen des Kundenprinzips in das Unternehmen: die Arbeiter sind die Kunden der Führungskräfte.

Die Akquisition ist die vornehmste Dienstleistung der Geschäftsführung. Dann kommt es darauf an, alle Mitarbeiter darauf einzuschwören, dass für den Kunden als dem eigentlichen Lohnzahler viel mehr getan werden muss als bisher, wenn wir in Partnerschaft alle miteinander mehr gewinnen wollen. Mit jeder Auftragserfüllung muss er positiv überrascht werden durch die Qualität, die Schnelligkeit, die Termintreue und die Freundlichkeit der Belegschaft. Der Kunde muss durch unsere Leistungen erkennbare – auch geldwerte – Vorteile erhalten.

18.5
Misslingen durch Informationsdefizite und zentralistisches Führen

Gelingen kann das aber nur, wenn Geschäfts- und Bauleitung die Mitarbeiter rechtzeitig und umfassend über die Auftragsinhalte informieren. Diese Informationspflicht wird nach meiner Erfahrung nicht ausreichend erfüllt:

Bis jetzt wird fast überall schlecht geführt.

– Bauleiter und Polier besichtigen die Baustelle nicht vor Beginn der Arbeitsplanung.
– Das Arbeitsteam soll am Montag ein neues Vorhaben beginnen, hat aber am Samstag vorher noch keine Unterlagen und kennt die Bedingungen des Auftrages nicht.
– Immer wieder kommt das Material zu spät. Hier sollte zentral bestellt, aber dezentral abgerufen werden – der Abruf sollte von den Teamleitern verantwortet werden.
– Die Pläne sind unvollständig. Es kommt darauf an, die Planer über die neue Arbeitsweise zu informieren, so dass mindestens Plan- und Mengenskizzen vorliegen, um die Arbeit wirkungsvoll vorbereiten zu können. Es lohnt sich, darum zu werben.
– Hierarchische Umgangsformen reißen immer wieder ein. Das schafft Demotivation. So sollte zum Beispiel ein Team zur Pflege der Bepflanzung über die Arbeitstermine selbst entscheiden, dann bleibt die Motivation erhalten und die Termine sind besser auf die Erfordernisse abgestimmt.
– Geschäfts- und Bauleitung greifen zu oft in die Arbeitsprozesse ein. Selbstorganisierte Arbeit führt auch dann zu besseren Ergebnissen, wenn die Abläufe anders aussehen als sich das der Chef bei einem Baustellenbesuch vorstellt. Zentrale Eingriffe führen zu Unlust und Demotivation. Das zeigt die typische Aussage: „Der Chef weiß sowieso alles besser – da sagt man besser nichts und macht, was er will, auch wenn es falsch ist."
– Es kommt immer wieder zu Nacharbeiten für die eigenen Mitarbeiter, wenn Subunternehmer eingesetzt sind. Darum ist es wichtig, die Vertragsinhalte so eindeutig zu machen, dass nicht Stunden durch Arbeiten verloren gehen, die eigentlich die Subunternehmer ausführen müssten. Auch die Arbeiten der Subunternehmer müssen mit KOPF gesteuert werden, wenn ein Gesamtoptimum erzielt werden soll. Die Zusammenarbeit kann durch Nahtstellen-Vereinbarungen optimiert werden.

> „84 % der Arbeitnehmer in Deutschland verspüren keine echte Verpflichtung ihrer Arbeit gegenüber, wobei 15 % von ihnen aktiv unengagiert sind. Der gesamtwirtschaftliche Schaden... numeriert sich jährlich auf einen Betrag zwischen 436,4 und 442,9 Milliarden Mark..."
>
> Gallup, 24. 9. 2001

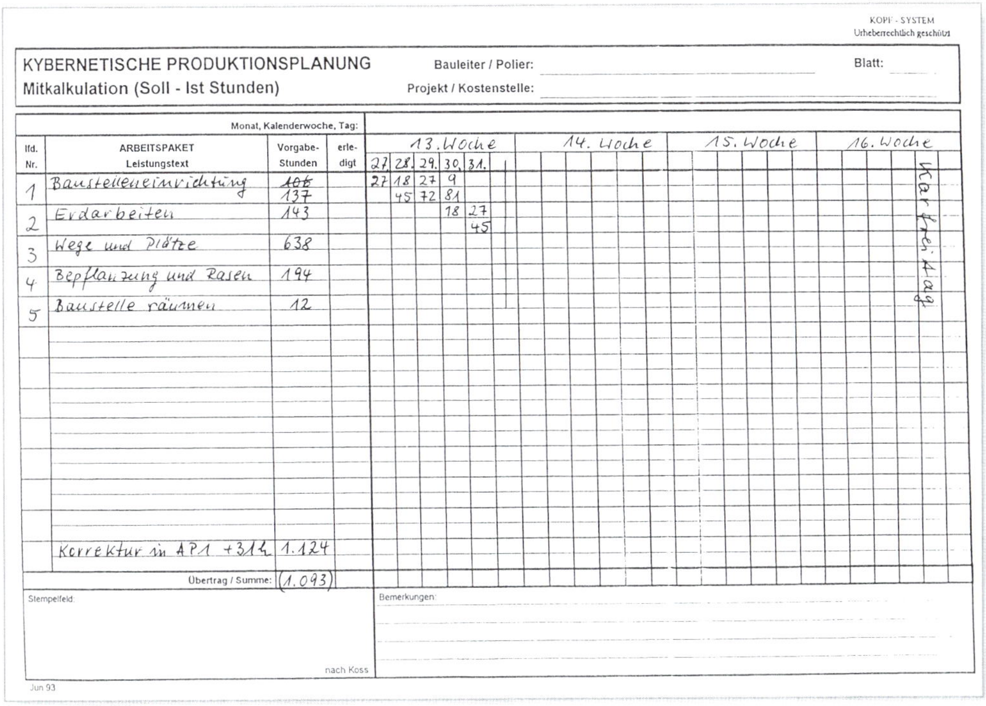

KOPF - SYSTEM
Urheberrechtlich geschützt

KYBERNETISCHE PRODUKTIONSPLANUNG
Mitkalkulation (Soll - Ist Stunden)

Bauleiter / Polier:
Projekt / Kostenstelle:
Blatt:

lfd. Nr.	ARBEITSPAKET Leistungstext	Vorgabe-Stunden	erle-digt	13. Woche 27.	28.	29.	30.	31.	14. Woche	15. Woche	16. Woche
1	Baustelleneinrichtung	~~106~~ 137		27	18 / 45	27 / 72	9 / 81				Karfreitag
2	Erdarbeiten	143					18	27 / 45			
3	Wege und Plätze	638									
4	Bepflanzung und Rasen	194									
5	Baustelle räumen	12									
	Korrektur in AP1 +31 h	1.124									
	Übertrag / Summe:	(1.093)									

Stempelfeld: nach Koss
Bemerkungen:
Jun 93

Abb. 160: Arbeitsstundenvergleich zur zielgenauen Steuerung (Mitkalkulation).

18.6

Eine schematische Darstellung der Arbeitsplanung und -steuerung mit KOPF

1. Schritt:

Sofort nach Auftragserteilung Unterlagen an verantwortlichen Vorarbeiter weitergeben, damit die Arbeitsplanung rechtzeitig erfolgen kann.

2. Schritt:

Der Polier besichtigt die Baustelle gemeinsam mit seinem Vertreter (evtl. mit Bauleiter) und setzt das Fertigstellungsziel, das bei der späteren genaueren Arbeitsplanung mit Festlegung des Einsatzes von Arbeitskräften und Gerät modifiziert werden kann:

Dazu teilt er die Auftragssumme beispielsweise durch 130 DM Durchschnittsumsatz je Arbeitsstunde und erhält die kalkulierten Stunden, die der Kunde bezahlt.

Über die Anzahl der Arbeitskräfte, die eingesetzt werden sollen, bestimmt er die Anwesenheitsstunden pro Tag.

Die kalkulierten Stunden geteilt durch die Anwesenheitsstunden je Tag ergeben die Zahl der Arbeitstage bei gleichbleibender Produktivität. Nun soll aber die Produktivität an der Baustelle beispielsweise um 20 Prozent gesteigert werden. Dann wird die Zahl der Arbeitstage um 20 Prozent reduziert.

18.6 Die Gegensätze: Erfolge, Rückfälle und Festhalten am Gestrigen

Beispiel:
    Auftragssumme = 142.000 DM
    142.000 DM : 130 DM/h
    = 1092 kalkulierte Stunden,
(Einsatz: durchschnittlich 4 AK = 36 Anwesenheitsstunden/Tag)
    1092 h : 36 h/d = 30 Arbeitstage bei Prod.-Grad 1,0,
    Ziel: Prod.-Grad 1,2.
    30 Arbeitstage : 1,2 = 25 Arbeitstage.
So wird der vorläufige Fertigstellungstermin festgelegt.
(Auf dem Arbeitsblatt in Abbildung 162 können Sie vergleichen, dass auch bei späterer differenzierter Zuordnung der Arbeitskräfte 25 Tage herauskommen.)

3. Schritt:
Auf dem Arbeitsblatt in Abbildung 160 werden die Arbeitspakete eingetragen.

4. Schritt:
Auf den Arbeitsblättern in den Abbildungen 161a bis 161e werden, sortiert nach Arbeitspaketen und nach Arbeitsschritten, die Kurztexte der Leistungspositionen eingetragen, die Mengen zugeordnet und die Arbeitsstunden bestimmt.

5. Schritt:
In das Arbeitsblatt „Soll-Ist-Stunden" in Abb. 160 werden die Stundensummen für jedes Arbeitspaket aus den Abbildungen 161a bis 161e eingetragen.

6. Schritt:
Im Arbeitsblatt „Ablaufmuster" in Abbildung 162 wird der Arbeitsprozess grafisch dargestellt. Im Zusammenhang damit werden die Arbeitskräfte und Geräte zugeordnet.
Das Fertigstellungsziel wird festgesetzt. Es darf bei gleichbleibender Arbeitsmenge höchstens unterschritten werden. Abweichungen werden durch die Varietät der Wege zum Ziel bei der Arbeitssteuerung zielgenau ausgeglichen.

7. Schritt:
Im Arbeitsblatt „Arbeitsplanung und -steuerung" in Abbildung 163 wird die Leistung für eine Arbeitswoche bestimmt.
Die SOLL-Anwesenheitsstunden für die jeweilige Arbeitswoche werden in der oberen Zeile ermittelt.
Die Arbeitspakete, aus denen Leistungen erbracht werden sollen, werden mit ihren Gesamtstunden in die Spalten „Arbeitspakete" und „Vertragsleistungsstunden gesamt" eingetragen. Diese Vertragsleistungsstunden dürfen nicht mit den Anwesenheitsstunden verwechselt werden. Es handelt sich um die Leistungsstunden, die Bestandteil des Angebots und damit des Bauvertrages geworden sind. Die Vertragsleistungsstunden waren die Grundlage für die Ermittlung der Lohnkosten und werden über den Angebotspreis vom Auftraggeber an das Unternehmen bezahlt, während die Anwesenheitsstunden vom Unternehmen den Mitarbeitern bezahlt werden müssen.
Aus den Arbeitsblättern in den Abbildungen 161a-e wird dann der Leistungsumfang für die Woche entnommen, d. h. man ermittelt aus den Leistungspositionen so viele SOLL-Stunden, dass die Leistungsstundenzahl um mindestens 20 Prozent höher ist als die Zahl der Anwesenheitsstunden, die in der oberen Zeile ermittelt worden sind.

8. Schritt:
Mit diesem Schritt beginnt die Steuerung des Arbeitsablaufs.
In die Arbeitsblätter in den Abbildungen 161 a-e werden Mengenänderungen und Erschwernisse eingetragen (s. Abb. 161a). Daraus ergeben sich Veränderungen der ursprünglichen Stundenzahlen. Diese Veränderungen werden auch in die „Vorgabestunden" in das Arbeitsblatt in Abbildung 160 übernommen (s. Zeile 1 „Baustelleneinrichtung" in Abb. 160).

9. Schritt:
In dem Arbeitsblatt in Abbildung 163 werden unter der Rubrik „Ist-Anwesenheitsstunden" für jeden Wochentag mitgeschrieben, wieviele

18.6 Die Gegensätze: Erfolge, Rückfälle und Festhalten am Gestrigen

KYBERNETISCHE PRODUKTIONSPLANUNG — Korrekturplan

Arbeitspaket / Kolonne: Baustelleneinrichtung

Pos.	Leistungstext	Einh.	Menge	Vorgabestunden Std. je Einh.	Vorgabestunden Stunden* gesamt	Korrekturen Mengen (neues Aufm.) +	−	gesamt	Korrekturen Vorgabe-Std. +	−	IST"- Stunden	Bemerkungen Datum / Unterschrift
1.2.1	Bauschutt beseitigen	m³	2,75	0,829	2	4			3			
1.2.2	Bauzaun aufstellen	m	210,-	0,043	9							
1.2.5	Plattenbelag Straßenplan.	m²	87,-	0,066	6							
1.2.6	Betondecke aufbrechen 15 cm dick	m²	291,-	0,059	17	30 cm dick =			30			
1.2.7	Plattenbelag 30 × 30	m²	234,3	0,039	9							
1.2.8	Wassergeb. Flächen	m²	72,-	0,032	3							
1.2.9	Feste Fläche	m²	1.788,7	0,014	25	170				2		
1.2.3	Pflanzl. Bodendecke	m²	1.335,9	0,013	17							
1.2.4	Oberboden lagern	m³	266,78	0,068	18							

Vorgabe: 106 | 33 | 2
Veränderung: + 31 | + 31
neue Vorgabe: 137

nach KOSS
Februar 2000

* Arbeitsstunden, die der AG bezahlt
„ Arbeitsstunden, die das Unternehmen den MA bezahlt

Abb. 161 a.

KYBERNETISCHE PRODUKTIONSPLANUNG — Korrekturplan

Arbeitspaket / Kolonne: Erdarbeiten

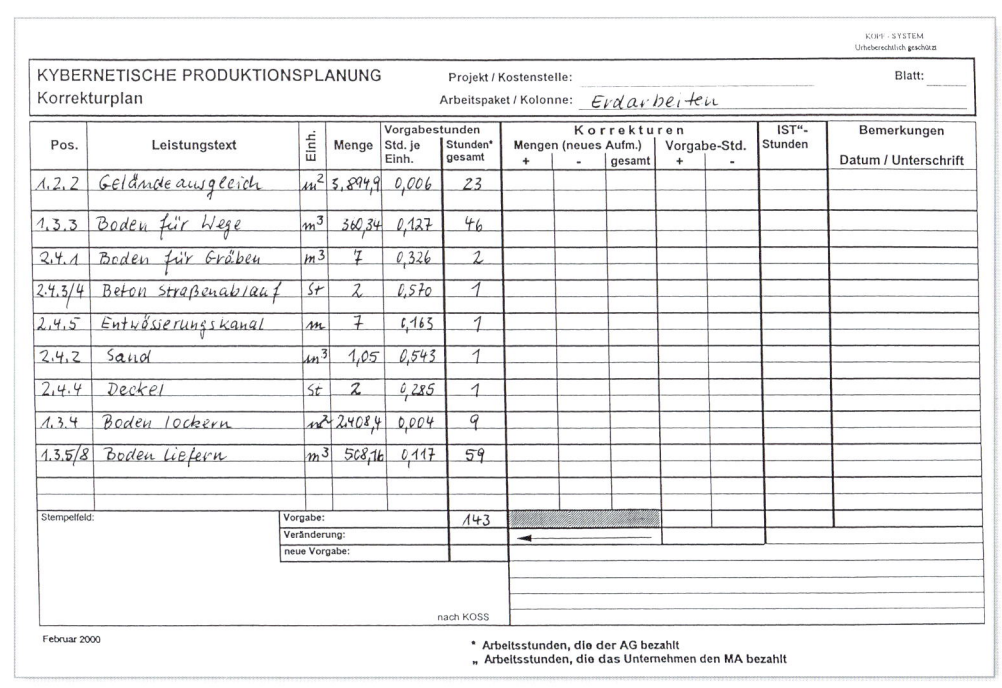

Pos.	Leistungstext	Einh.	Menge	Vorgabestunden Std. je Einh.	Vorgabestunden Stunden* gesamt	Korrekturen Mengen (neues Aufm.) +	−	gesamt	Korrekturen Vorgabe-Std. +	−	IST"- Stunden	Bemerkungen Datum / Unterschrift
1.2.2	Geländeausgleich	m²	3.894,9	0,006	23							
1.3.3	Boden für Wege	m³	360,34	0,127	46							
2.4.1	Boden für Gräben	m³	7	0,326	2							
2.4.3/4	Beton Straßenablauf	St	2	0,570	1							
2.4.5	Entwässerungskanal	m	7	0,163	1							
2.4.2	Sand	m³	1,05	0,543	1							
2.4.4	Deckel	St	2	0,285	1							
1.3.4	Boden lockern	m²	2.408,4	0,004	9							
1.3.5/8	Boden liefern	m³	508,16	0,117	59							

Vorgabe: 143
Veränderung:
neue Vorgabe:

nach KOSS
Februar 2000

* Arbeitsstunden, die der AG bezahlt
„ Arbeitsstunden, die das Unternehmen den MA bezahlt

Abb. 161 b.

18.6 Die Gegensätze: Erfolge, Rückfälle und Festhalten am Gestrigen

KYBERNETISCHE PRODUKTIONSPLANUNG — Korrekturplan
Projekt / Kostenstelle:
Arbeitspaket / Kolonne: Wege und Plätze
Blatt: 1

Pos.	Leistungstext	Einh.	Menge	Vorgabestunden Std. je Einh.	Vorgabestunden Stunden* gesamt	Korrekturen Mengen (neues Aufm.) +	−	gesamt	Vorgabe-Std. +	−	IST"-Stunden	Bemerkungen Datum / Unterschrift
1.4.1	Planum herstellen	m²	1.266,1	0,020	25							
1.4.2	Untergrund verdichten	m²	1.266,1	0,002	2							
1.4.3	Frostschutz einbringen	m³	259,56	0,228	59							
1.4.13	Betonkantenstein	m	39	0,643	25							
1.4.7	Einfassung Betonkantenstein	m	235	0,543	127							
1.4.4	Schottertragschicht	m³	194,07	0,229	44							
1.4.5	Fein-Kies-Sand 0/16	m³	12,82	0,445	6							
1.4.8/10	Pflaster	m²	906,3	0,327	296							
1.4.9	Rückenstütze Beton	m	281	0,033	9							
1.4.11/12	Schotterrasen	m²	172,6	0,053	9							

Stempelfeld: Vorgabe: Übertrag: 602
Veränderung:
neue Vorgabe:

nach KOSS
Februar 2000
* Arbeitsstunden, die der AG bezahlt
„ Arbeitsstunden, die das Unternehmen den MA bezahlt

■ Abb. 161 c.

KYBERNETISCHE PRODUKTIONSPLANUNG — Korrekturplan
Projekt / Kostenstelle:
Arbeitspaket / Kolonne: Wege und Plätze
Blatt: 2

Pos.	Leistungstext	Einh.	Menge	Vorgabestunden Std. je Einh.	Vorgabestunden Stunden* gesamt	Korrekturen Mengen (neues Aufm.) +	−	gesamt	Vorgabe-Std. +	−	IST"-Stunden	Bemerkungen Datum / Unterschrift
	Übertrag:				602							
1.4.6	Deckschicht einbringen	m²	256,4	0,071	18							
1.8.1	Fahrradständer	St	16	1,09	17							
1.8.2	Abfallbehälter	St	4	0,2	1							

Stempelfeld: Vorgabe: 638
Veränderung:
neue Vorgabe:

nach KOSS
Februar 2000
* Arbeitsstunden, die der AG bezahlt
„ Arbeitsstunden, die das Unternehmen den MA bezahlt

■ Abb. 161 d.

Die Gegensätze: Erfolge, Rückfälle und Festhalten am Gestrigen **18.6**

					Vorgabestunden		Korrekturen				IST"-	Bemerkungen
Pos.	Leistungstext	Einh.	Menge	Std. je Einh.	Stunden* gesamt	Mengen (neues Aufm.) +	-	gesamt	Vorgabe-Std. +	-	Stunden	Datum / Unterschrift
1.5.3	Planum f. Pflanzen	m²	816,9	0,007	6							
1.5.1	Gruben ausheben	St	27	0,676	18							
1.7	Pflanzen Sträucher etc.	St	27	3,378	91							
1.5.2	Gruben verfüllen	St	27	0,422	12							
1.6.4	Düngung	kg	24,5	0,047	1							
1.5.5	Mulchen	m²	816,9	0,022	18							
1.6.1	Planum f. Rasen	m²	1.723,9	0,021	37							
1.6.2	Düngung	kg	51,75	0,044	2							
1.6.3	Rasenaussaat	m²	1.723,9	0,005	9							

Vorgabe: 194

Projekt / Kostenstelle:
Arbeitspaket / Kolonne: Bepflanzung und Rasen

nach KOSS
Februar 2000

* Arbeitsstunden, die der AG bezahlt
„ Arbeitsstunden, die das Unternehmen den MA bezahlt

■ Abb. 161 e: Leistungspositionen nach der Folge der Arbeitsschritte sortiert.
ANMERKUNG: Der Korrekturplan dient zur Vorbereitung und zur Steuerung der Arbeitsflüsse. Die „Vorgabestunden gesamt" wurden von den Mitarbeitern selbst geschätzt. Daraus wurden im Büro die Vorgabestunden je Einheit ermittelt, die dann in eine EDV-Datei aufgenommen werden können.

Stunden die Mitarbeiter in den einzelnen Arbeitspaketen anwesend waren. Dann wird je Arbeitspaket die Summe der Anwesenheitsstunden gebildet. Die Bemerkung in Abbildung 163 zeigt, dass auch hier zur Erinnerung die Veränderung der Arbeitsstundenzahl aus Abbildung 161a übernommen wurde (+ 31 h).
Die Anwesenheitsstunden pro Arbeitspaket und Tag werden zum Zweck der zielgenauen Steuerung in das Arbeitsblatt in Abbildung 160 eingetragen. Die Summe der Anwesenheitsstunden in Abbildung 163 (126 h) wird dann in das Kästchen „Anwesenheitsstunden IST" über der Spalte „Wochenleistungsstunden" eingetragen. In Spalte „Wochenleistungsstunden-IST" wird eingetragen, für wieviele Leistungsstunden (kalkulierte Stunden) tatsächlich Arbeit geleistet worden ist – das heißt, welche vertragliche Leistungsmenge erledigt wurde.
Weil die Arbeitsplanung für die Folgewoche bereits am Donnerstagnachmittag geschehen sollte, um für den folgenden Montag rechtzeitig disponieren zu können, werden Anwesenheitsstunden und Leistungsmenge für den Freitag geschätzt.
Differenzen gleichen sich in den Folgewochen aus.
Dann wird der Leistungsrest aus den Arbeitspaketen für die Folgewoche ermittelt und in die entsprechende Spalte eingetragen (In unserem Fall: 137 – 98 = 39 und 143 – 60 = 83). Im Arbeitsblatt für die nächste Woche wird in

18.6 Die Gegensätze: Erfolge, Rückfälle und Festhalten am Gestrigen

die Spalte „Vertragsleistungsstunden gesamt" wieder die Gesamtzahl für jedes Arbeitspaket eingetragen. In die Spalte „Vertragsleistungsstunden, Rest von Vorwoche" werden dann die Reste aus dem vorhergehenden Arbeitsblatt geschrieben (in unserem Beispiel Arbeitspaket Nr. 1: Rest von Vorwoche 39 h, Arbeitspaket Nr. 2: 83 h).

Unten links ist in dem Arbeitsblatt in Abb. 163 beschrieben, wie die Produktivitätssteigerung für die Soll-Vorgabe ermittelt wird und welche Steigerung in der Woche tatsächlich erzielt wurde (im Beispiel bei 32 Stunden Differenz zwischen dem Leistungsstunden-IST und dem Anwesenheitsstunden-IST = 25,4 Prozent).

10. Schritt:

Wir haben in das Arbeitsblatt in Abb. 160 die täglichen Anwesenheitsstunden, getrennt nach Arbeitspaketen, beispielhaft übertragen, die in der Wochenplanung und -steuerung festgehalten worden sind. Durch diese fortgeführte Übertragung und durch die in ein- bis zweiwöchigen Abständen durchzuführende Kontrolle des tatsächlichen Leistungsstandes wird laufend festgestellt, ob die Baustellenproduktivität mit der Vorgabe übereinstimmt oder ob zum Beispiel der vereinbarte Leistungsstand nicht erreicht wurde, weil die Zahl der Anwesenheitsstunden höher liegt als die Zahl der vereinbarten Vorgabe- bzw. Leistungsstunden. In einem solchen Fall werden rechtzeitig die Ursachen für die Produktivitätsminderung festgestellt und Möglichkeiten zur positiven Beeinflussung gefunden. Produktivitäts- und Terminziele werden durch korrigierende Entscheidungen erreicht.

Bei den Kontrollen wird also der Prozentsatz der geleisteten Ausführungsmenge abgeschätzt und in Leistungsstunden ausdrückt. Dieser Leistungsstundenzahl wird dann die Zahl der aufgewendeten Anwesenheitsstunden gegenübergestellt.

Beispielhaft ist das im dem Arbeitsblatt in Abbildung 163 zu erkennen:

In Arbeitspaket Nr. 1 ist Arbeit für 98 vertragliche Leistungsstunden (kalkulierte Stunden) erbracht, dafür wurden 81 Anwesenheitsstunden aufgewendet.

In Arbeitspaket Nr. 2 ist Arbeit für 60 vertragliche Leistungsstunden erbracht, dafür wurden 45 Anwesenheitsstunden aufgewendet.

Wir müssen in den Betrieben durch intensive Schulung und ständige Übung der praktischen Anwendung so schnell wie möglich dahin kommen, dass die Leistungsteams selbstentscheidend und selbstverantwortlich arbeiten und dass Eingriffe von außen in die Arbeitsprozesse unterbleiben. Solange das nicht geschieht, bleiben die Unternehmen entfernt vom erzielbaren Optimum.

■ Abb. 162: Arbeitsablauf mit Festsetzung des Fertigstellungsziels.

■ Abb. 163: Leistungsvorgabe für eine Arbeitswoche mit Darstellung des Wochen-Ergebnisses.

■ Solange die Selbstorganisationskultur nicht verwirklicht ist, bleiben die Betriebserfolge weit weg vom Optimum.

18.7

Bis jetzt fehlen weitgehend die Voraussetzungen und der Wille zur Erneuerung

Es fehlt oft der Mut zur konsequenten Erneuerung der Firmen von einer hierarchischen zu einer selbststeuernden Unternehmenskultur und es bleibt die Gefahr des Rückfalls in hierarchisches Verhalten:

– Die partnerschaftliche Einbindung der Mit-

18.7 Die Gegensätze: Erfolge, Rückfälle und Festhalten am Gestrigen

Die wenigen im globalen Wettkampf wirklich erfolgreichen Unternehmen bringen für die Weiterbildung 5 bis 7 Prozent der Jahresarbeitszeit auf.

Durch richtige Akquisition wurden Verluste vermieden.

Eine systematische Gesundheitsförderung fehlt in der Bauwirtschaft.

Es gibt in der Bauwirtschaft ein ungenutztes wachsendes Produktivitätspotential von 40 bis 50 Prozent.

Die Zweifel an der Führungskompetenz wachsen.

arbeiter fehlt noch weitgehend. Die regelmäßige Weiterbildung fehlt. Die wenigen, wirklich erfolgreichen Unternehmen der stationären Industrie bringen dafür bis zu 7 Prozent der Arbeitszeit auf. Gerade dadurch werden die mit produktiver Arbeit ausgefüllten 93 Prozent superproduktiv. Das bringt die neue Überlegenheit im gnadenlosen globalen Wettkampf. Es genügt eben nicht, die Weiterbildung auf 2 Wintermonate zu beschränken.

– Das Lieferanten-Kunden-Verhältnis (jeder Nachfolger ist der Kunde des Vorgängers) ist kaum irgendwo in die Betriebe hereingenommen worden.

– Die Akquisition hat nicht den ausreichenden Vorlauf. Zwischen den Aufträgen entstehen zu oft Lücken, in denen Produktivitätssteigerungen, die an einzelnen Baustellen erreicht werden, wieder verloren gehen. Die flexible Arbeitszeit wird nicht systematisch, meist halbherzig eingeführt. Man könnte bei passender Akquisition die Auftragsschwankungen minimieren und Restausfälle mit Hilfe der Arbeitszeitkonten ausgleichen. So würde ein großer Teil der unnötigen Verluste vermieden. Ein wesentlicher Produktivitätsfaktor ist die Arbeitsqualität. Auch hier fehlt die systematische Qualifizierung. Das gilt auch für eine rationelle Arbeitstechnik. Zu viele Arbeitsstunden werden für Mängelbeseitigungen aufgewendet, und die bezahlt kein Auftraggeber.

– Nirgendwo sehe ich eine systematische Gesundheitsförderung, die auch zum besten des Unternehmensergebnisses geleistet werden sollte. Das wäre eine gute Vorbeugung gegen die verbreiteten Schäden an Muskulatur und Knochengerüst, von denen viele Mitarbeiter geplagt werden – ob sie nun Schwerarbeit leisten oder überwiegend sitzend arbeiten müssen.

Es ist nicht gut, sich auf den Druck des Arbeitsmarktes zu verlassen, um das Fehlzeitenproblem in den Griff zu kriegen. Die Angst um den Arbeitsplatz fördert nicht die Leistungsbereitschaft.

Wir sind im Allgemeinen von optimalen Arbeitsergebnissen noch weit entfernt.

Was in der Langzeitstudie der Internationalen Produktivitätsberatung Czipin und Partner, Wien, im Jahre 2000 festgestellt wurde, gilt für die deutsche Bauwirtschaft ganz besonders: es gibt ein ungenutztes, wachsendes Produktivitätspotential von mindestens 40 bis 50 Prozent. Die „Mir-doch-egal-Stimmung", die bei vielen Mitarbeitern durch autoritäres Führungsverhalten entsteht, ist die Hauptursache. Daraus resultieren hauptsächlich die zeit- und geldfressenden Verhaltensfehler, die an den Baustellen an der Tagesordnung sind.

Fachleute raten zu einer Verbesserung der zentralen Arbeitsvorbereitung und zu Prämien für Bauleiter und Vorarbeiter, damit die Arbeitsabläufe besser kontrolliert werden.

Diese Ratschläge sind Relikte aus zentral gesteuerten Unternehmensstrukturen. Derartige – noch so gute – Arbeitsvorbereitungen sind durch eine veränderte Wirklichkeit schnell überholt und der Druck durch Vorarbeiter führt zu Demotivationen, zur inneren Emigration und damit zu weiteren Zeitverlusten.

Die Führungskräfte beherrschen ihre Aufgaben nicht. In den Büros wird unzulänglich konstruiert. Die für eine bessere Produktivität so wichtigen Kenntnisse über rationelle Arbeitstechniken und über eine effiziente Organisation der Arbeit sind kaum vorhanden.

Die gewerblichen Mitarbeiter haben immer mehr Zweifel an der Kompetenz derer, die mit Führungsaufgaben betraut sind. Aber auch sie selbst werden unzureichend ausgebildet. Wenn sie gerade noch wissen, wie man mit der Betonschalung richtig umgeht und wie man Mauerwerk im Verband richtig herstellt, dann fehlt auch hier bezüglich moderner Arbeitstechnik und Arbeitsorganisation praktisch alles.

18.8

Beispiele aus dem Bauchaos

Ich will nur beispielhaft anführen, was bei der praktischen Arbeit in den Unternehmen bzw. an den Baustellen dabei herauskommt.

1.
Der Neubau einer Klinik in Norddeutschland soll eine Vormauerschale aus 2DF-Steinen bekommen. Ausgeschrieben und gezeichnet ist ein Läuferverband, dahinter 4 cm Luftschicht und 10 cm Wärmedämmung. Die erste Behinderung hat der Unternehmer, der diese Schale herstellen soll, weil der Statiker die anzubauenden Abfangbalken zweimal rechnen muss. Die erste Berechnung war deshalb unbrauchbar, weil er ein falsches Steingewicht für die Vormauerziegel angenommen hatte. „Der Lieferant hat mir ein falsches Gewicht angegeben", behauptet der Statiker. „Der Statiker hat mich nicht richtig verstanden", behauptet der Lieferant.
Schriftlich haben sie nichts ausgetauscht.
Der Fassadenbauer ist ein Subunternehmer der Rohbau-ARGE. Für ihn entstehen nicht allein durch den Berechnungsfehler immense Zeitverluste. Es kommt viel schlimmer. Die Steine liefert die Rohbau-ARGE. Auf die Bestellmengen und die Lieferungszeitpunkte hat der Subunternehmer ebenso wenig Einfluss wie auf die Lagerstellen der Steine. Selbst wenn er das Schlimmste abwendet, werden zu viele Steine zu schnell an die Baustelle geliefert, so dass sie später ständig mit hohem internen Transportaufwand umgesetzt werden müssen. Teilweise werden durch das Lagern zu großer Liefermengen die Arbeitswege verbaut.
Dass man schon beim Planen des Rohbaus die Mauermaße genau einhalten muss, wenn man eine Vormauerschale dieser Art vorsieht, haben die planenden Architekten in den Wind geschlagen. Aber selbst von den ohnehin schon unpassenden Maßen in den Zeichnungen gibt es zum Teil erhebliche Abweichungen bei der Ausführung des Rohbaus.
Es handelt sich um eine Lochfassade. Die unterschiedlichen Pfeilermaße und Fensterabstände von den Dehnungsfugen führen zu höchst unterschiedlichen Stoßfugenstärken. Der Architekt verlangt aber gleichmäßige Fugen. Um das zu erreichen, schneiden die Maurer einige Steine. Der Architekt lässt daraufhin einen 1,50 m hoch gemauerten Fassadenteil abreißen. Dann wird ein neuer Versuch gemacht. Und als der Architekt bei allen möglichen Vermittlungsversuchen schließlich erkennt, dass die Fugenstärken wegen der Maßabweichungen am Rohbau ohne das Schneiden von Vormauersteinen nicht gelingen kann, wird erneut mit geschnittenen Steinen aufgemauert. Bezahlen will die Mehrarbeit zuerst einmal niemand. Architekt und ARGE haben eine starke Position. „Die Steine wurden zwar geschnitten, aber auf andere Weise und an anderer Stelle, so dass man das Bild der Fassade jetzt vertreten kann."
Nun könnte nach erheblichen Anfangsschwierigkeiten zügig gemauert werden – aber dagegen steht die eigene Unfähigkeit, den Einsatz der Maurer effizient zu organisieren:
Da gibt es eine 45 m lange 5-geschossige Fassade. Nur eine Hälfte davon ist mit 14 Maurern besetzt, obwohl die Einrüstung das gleichzeitige Arbeiten auf ganzer Länge ermöglicht. Dass der Abstand zwischen zwei Maurern in einem solchen Fall 3 m und mehr betragen muss, und also die Vormauerschale für die ganze Fassadenlänge gleichzeitig aufgebaut werden müsste, weiß keiner.
Die Maurer schimpfen darüber, dass der eine Kran, der zur Verfügung steht, ja nicht gleichzeitig Steine und Mörtel auf die Gerüste heben kann und dass dadurch ständige Wartezeiten entstehen. Tatsächlich stehen ständig 3 bis 4 von diesen 14 Maurern auf dem Gerüst und

An den Baustellen werden heute etwa 50 Prozent der Anwesenheitsstunden vergeudet.

18.8 Die Gegensätze: Erfolge, Rückfälle und Festhalten am Gestrigen

warten. Dass man die Gerüste mit Steinen beschicken sollte, bevor die Maurer morgens ihre Arbeit aufnehmen, dass die Leute die Pausen zeitlich versetzt nehmen, um zwischendurch zu beschicken, um so den Kran ausschließlich für den Transport des Mörtels zu nutzen, dass muss ihnen erst von außen erläutert und beigebracht werden – von einem Fachmann für Arbeitsorganisation, der einmal bei Erich Koß in die Lehre gegangen ist. Eigentlich sollten sie so etwas in den Berufsschulen lernen.

Die Zeitverluste, die in diesem Fall entstanden sind, liegen bei 800 Arbeitsstunden – das ist etwa die Hälfte der Anwesenheitszeit.

2.

In einem anderen Fall wurde ein Krankenhaus in Braunschweig aufgestockt.

Um die Patienten und den Krankenhausbetrieb so wenig wie möglich zu stören, wählte man für das Tragwerk eine Stahl-Rahmen-Konstruktion.

Stahlbauer arbeiten gewöhnlich auf den Millimeter genau. In unserem Fall wurden Rahmenständer aus schweren Stahlprofilen an die Baustelle geliefert, die um mehr als einen Meter zu lang waren. Dadurch saßen auch alle Bohrlöcher an falschen Stellen. Alle Teile waren feuerverzinkt. Sie mussten also zurücktransportiert, neu hergestellt, gebohrt und neu verzinkt werden. Der Zeitverlust an der Baustelle betrug 5 Wochen. Der Fertigstellungstermin für das Bauvorhaben wurde trotz weiterer Störungen im Ablauf eingehalten. Das ist in unserer Praxis mit dem KOPF-System niemals ein Problem. Aber für den Stahlbauer bedeutete das einen empfindlichen Produktivitätseinbruch mit 450 Fehlstunden aus Wartezeiten und Doppelarbeit. Auch einige andere Gewerke hatten durch diese Verzögerung Verluste. Es ist nichts so teuer wie die Unterbrechungen der Arbeitsflüsse. Was die wirklich kosten, lässt sich durch Nachträge nur teilweise auffangen.

3.

Bei einem EXPO-Bauwerk umgrenzten 6 m hohe Stahlbetonwände eine Fläche fast von der Größe eines Fußballfeldes. Die Tragwerksplanung hatte die Herstellung dieser Wände in Ortbeton vorgesehen. Die Ausführungs-ARGE hatte sich günstigere Kosten durch den Einsatz von Fertigteilen ausgerechnet. Sie schaltete auf diese veränderte Konstruktionsweise um, als mit den Rohbauarbeiten begonnen wurde.

Es ist faszinierend, die Herstellung dieser 3 x 6 m großen Wandelemente und die Vorbereitung der Fertigung in einem modernen Fertigteilwerk zu beobachten. Die Umstellung der Ortbeton-Statik, der Schal- und Bewehrungspläne mit Hilfe gekonnt eingesetzter CAD-Technik bewirkt eine außerordentliche Beschleunigung der Planungsarbeit. Die CAD-Maschinen stehen in einer ganz anderen Stadt 200 km vom Werk entfernt. Von hier aus werden online die Roboter in der Fabrik gesteuert. Dort holt ein Greifarm automatisch 30 cm lange Magnetstücke mit einem quadratischen Querschnitt herbei und setzt sie in vorprogrammierten Abständen auf eine Stahlplatte. Auf die Magneten werden dann automatisch U-Schienen gesetzt, die genau die Fläche für ein zur Fertigung vorgesehenes Stahlbetonelement begrenzen und die Dicke des Elements auf den Millimeter genau vorgeben.

Danach wird automatisch die Bewehrung eingelegt, und eine Kranbahn beschickt diese vorbereitete Form mit der erforderlichen, passend vorgemischten Betonmenge. Das alles funktioniert wie von Geisterhand gesteuert. Nur ein Mann ist zu sehen, der den Bewehrungsstahl ein wenig zurechtrückt und der nach dem Rüttelvorgang leicht über die Formränder streicht, um sie zu säubern.

Das Element wird automatisch in die Abbindehalle gefahren und dort in ein Regal geschoben – wie der Platenkuchen in der Backstube. In der Abbindehalle herrscht ein feucht-war-

---

Auch beim eigentlich präzise erscheinenden Stahlbau sind die Verluste durch grobe Fehler groß.

Die moderne Vorbereitung und Herstellung von Fertigteilen kann ebenso faszinieren wie die zugehörende Transportlogistik.

mes Tropenklima. Nach relativ kurzer Zeit ist das Element abgebunden. Es ähnelt einer Filigran-Deckenplatte.

Inzwischen wird ein zweites Element in gleicher Weise hergestellt. Das wird aber nicht in die schwüle Abbindehalle gefahren, sondern in eine große Röhre, die dazu dient, die zwei Filigranplatten zu einem Wandelement zusammenzusetzen.

Dazu wird das Element Nr. 1 aus der Abbindehalle ebenfalls in diese Röhre gebracht, dort um 180 Grad gedreht und exakt auf das Element Nr. 2 aufgelegt.

Nun kommt das ganze zusammengesetzte Wandelement wieder in ein Regal in der Abbindehalle. 3 Tage später wird es per Tieflader an die Baustelle gebracht. Dort wird es bereits von der Montagekolonne eines renommierten Baukonzerns erwartet.

Die Logistik ist so gut gestaltet, dass die Elemente genau in der Zeit auf die Fundamente gesetzt werden können, wie die Tieflader den Nachschub liefern. So sollte die Montage im Taktbetrieb vonstatten gehen, und auch das hätte zu einer faszinierend kurzen Montagezeit geführt.

Aber die Bauingenieure der Ausführungs-ARGE hatten die Anschlussbewehrung in den Fundamenten so herstellen lassen, dass sie für den ursprünglich vorgesehenen Wandaufbau mit Ortbeton passten. Für die Fertigteile war der Abstand zwischen den Anschlusseisen zu groß. Die Schaltafeln zur Herstellung von Ortbeton sind 2,4 bis 3 cm dick. Aber die Dicke der Filigranplatten der vorgefertigten Wandelemente beträgt 5 bis 6 cm.

Also mussten die Anschlusseisen mühsam, langwierig und aufwendig von Hand gekröpft werden, für eine Fundamentlänge von mehr als 300 Metern.

Rund 600 Arbeitsstunden waren verschwendet. Aber das ist ja längst nicht alles. Die Tieflader fuhren weiter im Takt. Die Elemente wurden zuerst einmal an einer Böschung zwischengelagert. Durch den umständlichen Transport und die schwierige Montage brachen Ecken aus. Das erforderte zusätzliche Stunden für das Abladen und das erneute Einhängen in die Hebevorrichtung, zusätzliche Stunden für das Hebegerät mit Fahrer und zusätzlichen Aufwand für die Betonkosmetik.

Wir können also die Zahl der direkten Arbeitszeitverluste getrost verdoppeln.

Und das eben sind keine Einzelfälle. Wir finden sie im Mittelstand und an den Baustellen der Baukonzerne. Auch hier liegt eine Ursache für Insolvenzen.

Eine solche Situation drohte auch der hier wirkenden Bau-AG. Die Banken wurden unwillig. Dann gab es ein Kanzlerwort und die Europäische Union hat zugestimmt, dass dem Unternehmen 120 Millionen Mark zu günstigen Bedingungen von der Bank für Wiederaufbau zufließen dürfen. Solange die Verluste auf diese Weise kompensiert werden, wird der Schlendrian wohl weitergehen.

Das Manager-Magazin Nr. 5/01 nennt Beispiele dafür, wie auch der Hoch-Tief-AG Baustellen in Deutschland entgleiten:

Vom Sony-Center über Peek & Cloppenburg in Köln bis zum Fernbautunnel am Berliner Gleisdreieck entstehen mancherorts hohe Verluste, die nach der Reportage des Magazins durch Gewinne anderswo kaum mehr auszugleichen sind.

4.
Es ist im Großen wie im Kleinen:
Da erhält ein kleineres Bauunternehmen den Auftrag, eine Gartenterrasse zu bauen. Das Gelände hat Gefälle: also wird eine 1,20 m hohe Stützmauer errichtet. Dahinter wird Boden angefüllt. Die Terrassenoberfläche erhält einen gefälligen, verfugten Plattenbelag, die Stützmauer einen ansprechenden Außenanstrich. Der Auftraggeber bezahlt einen Preis von rd. 16.000 Mark. Im Spätherbst platzt der Anstrich

■ Aber was nützt die beste Logistik, wenn die Teile nicht zügig montiert werden können?

■ Der Schlendrian wird solange weitergehen wie er öffentlich subventioniert wird.

18.8 Die Gegensätze: Erfolge, Rückfälle und Festhalten am Gestrigen

Der Preis für eine neue Terrasse war 16.000 Mark. Das Beseitigen der Baufehler kostete 18.000 Mark.

von der Stützmauer ab. Ein Sachverständiger stellt die Ursache fest. An der Innenseite der Stützmauer fehlt die Absperrung gegen Bodenfeuchtigkeit.

Nun wird renoviert. Ein großer Teil des Plattenbelags wird aufgenommen, der Boden ausgeschachtet, die Innenseite der Mauer gesäubert, die Absperrung aufgebracht, und dann die Terrasse aufs neue fertiggebaut – allerdings sieht der Plattenbelag nun nicht mehr so schön gleichmäßig aus wie vorher. Die Aktion kostet den Unternehmer rd. 18.000 Mark.

5.

Beim Bau einer Autohalle in Aachen wurde das Chaos offenbar.

Beim Bau einer Autopflegehalle in Aachen hat der Architekt analysiert, was in den beteiligten Gewerken nicht funktionierte:

– *Entsorgungstechnik:*
  unvollständige Materialausstattung, Auftragnehmer musste Anreise wiederholen (einfache Entfernung ca. 100 km mit LKW und Personal),

– *Malerarbeiten:*
  Anfangstermin wurde verpasst, haustechnische Anlagen waren deshalb vor Arbeitsaufnahme montiert, so dass um sie herumgepinselt werden musste,

– *Mauer- und Betonarbeiten:*
  Subunternehmer wurden nicht angemessen beaufsichtigt, daher wurden die Grundleitungen nicht maßgerecht verlegt. Ich konnte das noch im letzten Moment vor dem Betonieren der Bodenplatte feststellen und empfindliche Verluste verhindern.
  Durch fehlenden Baukran, der nach Ansicht des Auftragnehmers nicht benötigt wurde (ca. 1000 m² Baustellenfläche), fielen immense Horizontaltransporte an.
  Für jeden Holzschnitt mussten die Zimmerleute zur Kreissäge laufen (bis zu 30 m); das alles über Stock und Stein.
  Fehlende Meterrisse in Montagenähe führten zu immer wiederkehrenden Fehlern und aufwendigen Nachmessungen. Montagegruben wurden falsch eingeschalt, dadurch entstand Zeitverlust durch doppelte Arbeit.
  Der Gewinn schien total zunichte.

– *Gebäudeeinmessung:*
  Fehlerhafte Einmessung (Gebäude wich bei 30 m Länge um 8 cm vom rechten Winkel ab), wurde vom Stahlbauer rechtzeitig entdeckt. Sämtliche Festpunkte mussten neu vermessen werden.

– *Elektroarbeiten:*
  Wegen zu später und falscher Materialbestellung entstanden Wartezeiten und Unterbrechungen. Personal hatte dadurch Leerlauf und zu viele Baustellenanfahrten.

– *Heizung – Sanitär:*
  Wegen falscher Angaben und Fehlbestellungen wie vor. Doppelte Elektroverdrahtung usw.

– *Türen – Tore:*
  Durch falsche Lieferungen und Einsatz nicht ausreichend qualifizierten Personals entstanden Wartezeiten, und verschiedene Leistungen mussten kostenpflichtig von anderen Handwerkern übernommen werden.

– *Werkstatteinrichtungen:*
  Fehlerhafte Angaben, mangelhaft mit Werkzeug ausgerüstetes Personal, falsch bestellte Stoffe, fehlerhaftes Abrechnungswesen u. v. a. m. führten zu einem nicht befriedigenden Gesamtbild der Leistungen mit Zusatzkosten und Gewinneinbußen.

– *Dachdecker:*
  Dachundichtigkeiten führten zu Überschwemmungen und beeinträchtigten die Bodenbelagsarbeiten.

– *Fassadenarbeiten:*
  Zu wenig Material bestellt, wegen falscher Adresse gingen Materialien an Lieferfirma zurück und mussten neu geordert werden. Einbau einer Dampfsperre vergessen. Die Leistung wurde von einem anderen Handwerker vollbracht.

- *Fliesenarbeiten:*
  Bodenbelag zu spät angefangen, daher Überstunden abends und samstags. Verständigungsschwierigkeiten, da vor Ort nur Personal aus der CR. Oberste Geschäftsleitung zeigte sich nicht kooperationsbereit.
- *Schlosserarbeiten:*
  Niemand konnte mit einem einfachen Nivelliergerät umgehen, daher war zur Einmessung der radabweisenden Schienen Hilfe vom Maurerpolier notwendig.
  Die Flachanker an den genannten Schienen waren um 90 Grad verdreht angeschweißt. Sie mussten aus statischen Gründen abgetrennt und neu angeschweißt werden: Zeitverlust und Zerstörung der Verzinkung im Schweißnahtbereich.
- *Stahlbau:*
  Statt HFF-Schrauben am Katzbahnträger nur normale Schrauben verwendet: extra Anfahrt von weit her.

6.
So ist das auch im Straßen- und Tiefbau. Da macht der Geschäftsführer eines Tiefbauunternehmens aufgrund eines rügenden Briefes seines Auftraggebers eine Baustellenkontrolle und listet die Mängel auf, die ihm bei der Arbeit der eigenen Mitarbeiter aufgefallen sind:
- *Inselabsteckung für Borde im Bereich Anschluß AB-Abfahrt:*
  Obwohl noch kein Asphalt eingebaut ist, erfolgt die Absteckung! Mischgut-LKW fahren die Absteckung aufgrund der engen Verhältnisse um. Neuabsteckung erforderlich.
- *Doppelter Fertigereinsatz:*
  ca. 25 m der Anschlussstrecke sind für den Asphalteinbau nicht vorbereitet; teilweise fehlt der Ausbau, teilweise ist der Erdbaukörper zu hoch. Dieser Anschlussbereich erfordert einen neu terminierten Fertigereinsatz.
- *Falscher Erdbauanschluss:*
  Der Erdbau endet rechtwinklig am alten Straßenkörper. Die Ausrundungen werden angeflickt! Erdbau und Schottertragschicht in Kleinstflächen; die ordnungsgemäße Verdichtung, wenn überhaupt möglich, ist nur mit enorm hohem Aufwand zu erreichen.
- *Falscher Tragschichteinbau:*
  Durch unkoordinierten Bauablauf wird das Tragschichtmaterial auf Halde gekippt und dann nicht mit dem optimalen Wassergehalt eingebaut. Die EV2-Werte werden beim Plattendruckversuch nicht erreicht.
- *Falsche Mischgutbestellung:*
  Die Mischgutbestellung für die L 94 läuft unter L 93. Alle Wiegescheine haben eine falsche Lieferanschrift.
- *Unproduktiver Asphalteinbau:*
  Der Asphalteinbau beginnt erst um 8.30 Uhr, obwohl das Wetter einen Baubeginn um 6.00 Uhr zulassen würde. Die Arbeit wird am Vortag nicht ausreichend vorbereitet. Maschinen werden nicht optimal ausgelastet. Arbeit ist für mehr als 4 Tagesleistungen vorhanden.
- *Unnötiger Stillstand des Fertigers:*
  Die LKW-Fahrer werden durch die Fertigerbesatzung nicht eingewiesen. Ein möglicher Stillstand des Fertigers wird einfach hingenommen.
  Sehr komplizierte Rückwärts-Einfädelung von der L 94 in den Baubereich. Die L 94 ist nicht ordnungsgemäß gesichert, obwohl wir einen „freien Mann" haben und zu diesem Zeitpunkt die gesamte Fertigerbesatzung nichts macht, sondern auf die Beschickung des Fertigers wartet.
  Das Rückwärtsfahren (beim ersten LKW ca. 270 m) ist wegen der engen Radien und der Überhöhungen im Quergefälle sehr schwierig! Selbst hier erfolgt keine Einweisung durch die Fertigerbesatzung.
  Die LKW-Fahrer reinigen ihre Fahrzeuge unmittelbar nach dem Kippvorgang ca. 39 m vor dem Fertiger und blockieren das Vorfahren des nächsten LKWs.

Die Verluste sind auch im Tiefbau im allgemeinen immens.

18.8 Die Gegensätze: Erfolge, Rückfälle und Festhalten am Gestrigen

Die Unternehmensleitung findet kein Rezept. Dass die Mitarbeiter immer so gut oder so schlecht sind wie die Führung, ist schwer einzusehen.

Obwohl die LKW schon im Baustellenbereich „parken" und die notwendige Vorbereitung für den Kippvorgang (Hochklappen der Schmutzfänger) bereits in der Wartephase erfolgen könnte, wird dies erst unmittelbar vor dem Fertiger durch den Kraftfahrer erledigt, so dass eine weitere Verzögerung entsteht.

– *Qualitätsmangel durch oberflächliches Handeln:*
Ein Kraftfahrer „ölt" die LKW-Schütte mit Diesel, damit das Asphaltmischgut besser in den Fertiger gleitet. Daraus resultierende Qualitätsmängel sind voraussehbar.

– *Verkehrte Muldenanordnung:*
Wir bauen Mulden in Bereichen, wo projektseitig keine vorgesehen sind. Der Auftraggeber fordert eine vertragsgerechte Leistung, also müssen die Mulden wieder zugeschüttet werden.

– *Rückbau einer Dammschüttung:*
Durch mangelhafte Abstimmung mit dem Auftraggeber wird eine ca. 7 m hohe Dammschüttung, die wir zunächst aufgebaut hatten, wieder zurückgebaut, um eine vertragsgerechte Leistung zu erbringen. Eine alte im Baufeld vorhandene Rohrleitung, auf die diese Dammschüttung aufgebaut wurde, ist nicht vertragsgerecht verpresst, sondern zugemauert worden.

– *Zu breit gebaute Dämme:*
An der L 94 wurden die Dämme etliche Meter zu breit gebaut. Auch die Schottertragschicht wurde auf einer Länge von ca. 100 m um 1,20 m zu breit gebaut.

– *Terminüberschreitung:*
Für die Sperrgenehmigung der L 93 gibt es 4 durch uns zugesagte, aber nicht eingehaltene Termine. Der letzte Sperrtermin wird mit unglaublich hohem Kostenaufwand realisiert. Für den Autobahnanschluss der L 94 gibt es ebenfalls nicht realisierte Terminzusagen.

– *Mangelhafte Organisation:*
Der Aufwand an Arbeitsstunden, insbesondere beim Asphalteinbau, ist unrealistisch hoch. Der Ablauf ist überwiegend unorganisiert. Obwohl das Mischgut bereits bestellt ist und die beladenen LKW vor Ort stehen, werden durch die Fertigerbesatzung erst die Höhen angeschlagen. Gleichermaßen wird der Fertiger durch unkoordinierten Einsatz mehrfach umgebaut (Anbauteile).

– *Mangelhafte Bestellungen:*
Für die Inseln im Bereich der L 94 werden in der Bestellung 2 Borde vergessen. Anstatt frei Bau geliefert, werden die Borde von uns mit eigenem LKW beim Lieferanten abgeholt.

– *Kanal zweimal gebaut:*
Eine von uns verlegte Leitung, die der Auftraggeber mit Deckenbeton überbaut, wird buchstäblich am letzten Tag abgedrückt. Eine undichte 40-m-Haltung muss wieder ausgebaut werden.

Der Unternehmensleiter findet kein Rezept. Für ihn taugen die Ingenieure nichts und die Arbeiter verstehen ihr Handwerk nicht und haben nichts als ihre eigenen Interessen im Kopf. Sie wollen sich nicht mit den Aufgaben identifizieren, die Firma ist ihnen egal.

So werden vor allem Mitarbeiter gefeuert, die Vorwürfe der Unternehmensleitung nicht wortlos hinnehmen.

Für die Qualifizierung wird nichts getan: „Die Leute müssen das doch können. Die Leute müssen das doch wissen. Die Leute wollen nur nicht."

Die zentrale Arbeitsvorbereitung zu verbessern, hilft in einer solchen Unternehmensatmosphäre kaum etwas. Zentralismus ist bei den sensibler werdenden Mitarbeitern mehr und mehr von Übel. Die wichtigsten Grundlagen für bessere Arbeitsresultate, Vertrauen und Loyalität, kann man nicht befehlen.

Man muss sie entwickeln, indem man Erfolge produziert, in Arbeitsqualität und Arbeitsorganisation immer wieder schult und die Resultate vergleicht, kontinuierliche Arbeitsprozesse auch durch die Entwicklung der Fähigkeit zur Selbstorganisation herbeiführt.

Das alles wird nicht erkannt, und die Möglichkeit, ein partnerschaftliches Unternehmen mit „Firmen in der Firma" zu entwickeln, liegt überhaupt jenseits der Vorstellungskraft der meisten Manager.

All das, was ich an Mängeln hier aufgeführt habe, ist nichts als die kleine Spitze eines gewaltigen Eisbergs, die überall sichtbar wird, wo man mit wachen Augen über Baustellen und durch Betriebe geht.

Mindestens 50 Prozent der Arbeitszeit wird in der Bauwirtschaft auf diese Weise verschwendet.

Hauptsächlich liegt das daran, dass die Verantwortlichen ein falsches Menschenbild und ein falsches betriebswirtschaftliches Verständnis haben. Sie glauben, Lohnkosten dadurch sparen zu können, dass sie Mindestlöhne oder noch weniger bezahlen – und die produzierenden Mitarbeiter fühlen sich ausgebeutet. Überall dauert alles doppelt so lange, und dann betragen die Lohnkosten pro Stunde nicht 16 Mark, sondern 32 Mark.

Auch Architekten verursachen Zeitverschwendung an den Baustellen.

Bei einer Fassadenerneuerung in Hamburg mahnt der Auftragnehmer für das Wärmedämm-Verbundsystem von August bis November vergeblich Details und Vorleistungen durch Dritte an, die der Architekt veranlassen musste. Inzwischen ist die Behinderung so umfangreich, dass die Fertigstellung im Jahr 2001 gefährdet ist. Das Unternehmen kann mehr Geld verlieren als durch Nachträge ausgeglichen werden könnte. Aber auch für die Bewohner ist eine längere Bauzeit und eine längere Standzeit des Gerüsts nachteilig.

Inkompetenz verbunden mit Anmaßung belasten zu oft die Zusammenarbeit an den Baustellen.

> Sie bezahlen Mindestlöhne oder noch weniger. Dann dauert alles doppelt so lange und die Stunde kostet nicht 16, sondern 32 Mark.

19
Ein Blick über den Tellerrand

Aus vielen betrieblichen Wirtschaftswundern könnte ein neues deutsches Wirtschaftswunder werden.

19.1

Die Toyota-Produktion

Die Toyota-Produktion ist ein Beispiel für partnerschaftliches Arbeiten in erfolgreichen Hochleistungsteams.

Der Aufwand für die Weiterbildung ist hoch. „Herrschaftswissen" wurde beseitigt.

W. Edward Deming ist ein Managementlehrer, der ebenso wie Erich Koß stark von Frank Bunker Gilbreth beeinflusst war. W. Edward Deming ist der Erfinder des Total Quality Management TQM. Richtig bekannt wurde er erst, als der japanische Autobauer Toyota mit seiner Hilfe die überlegene „Toyota-Produktion" entwickelte [49]. Die Überlegenheit dieser Produktionsweise führte zur „zweiten Revolution in der Autoindustrie" [50]. So lautet der deutsche Titel des Buches über die Erkenntnisse der damaligen MIT-Forscher Womack, Jones, Roos und Carpenter, das bei uns 1992 in 6. Auflage erschien.
Ein Vergleich zwischen der General-Motors-Montagefabrik Framingham und der Toyota-Montagefabrik ergab:

Montagestunden pro Auto	31:16
(der europäische Durchschnitt lag bei 36),	
Montagefehler pro 100 Autos	130:45
Montagefläche pro Auto	0,76:0,45
Teilelagerbestand (Durchschnitt)	2 Wochen : 2 Stunden

Bei Toyota erkannte man, dass nur die Montagearbeiter Wertschöpfung für das Auto erbrachten und dass sie die meisten Funktionen der Spezialisten übernehmen und viel besser ausüben konnten.
In der klassischen Fabrik aber hatte der Montagearbeiter den niedrigsten Status, und die meisten westlichen Betriebsleiter waren der Meinung, dass die Arbeiter nur benötigt wurden, weil die Automatisierung sie noch nicht ersetzen konnte.
So ist es schließlich das dynamische Arbeitsteam, das sich bei Toyota als das Herz der schlanken Fabrik entpuppt.
Der Aufbau solcher effizienten Teams ist nicht einfach. Die Arbeiter sprechen nur an, wenn ein Geist der gegenseitigen Verpflichtung vorherrscht. Eine bloße Änderung des Organigramms, um „Teams" zu zeigen, und die Einführung von Qualitätszirkeln machen keinen großen Produktivitätsunterschied.
Dann war da die Erkenntnis, dass die Produktion in kleinen Losen riesige Lagerbestände beseitigte und Fehler sofort offenbar machte. Dazu musste der Werkzeugwechsel perfektioniert werden. Ende der 50er Jahre hatte Toyota die

dafür benötigte Zeit von einem Tag auf erstaunliche 3 Minuten reduziert.

Für diese Veränderungen brauchte man äußerst qualifizierte und hochmotivierte Arbeiter. Das erfordert einen hohen, aber lohnenden Aufwand für Weiterbildung. Herrschaftswissen wird beseitigt. Eine kreative Spannung wird erzeugt, in der die neuen „Geistes"-Arbeiter viele Möglichkeiten haben, den Herausforderungen zu begegnen. Diese kreative Spannung, die bei der Lösung komplexer Probleme mitspielt, ist eine Hauptursache für die hohe Produktivität.

Wenn das System funktionieren soll, müssen alle Führungskräfte die Arbeiter uneingeschränkt unterstützen.

Schon damals wandte eine zunehmende Zahl japanischer Unternehmen die Methoden von Deming erfolgreich an.

19.2

Produktivitätsdefizite im Maschinenbau

1992 stand vielen deutschen Firmen des Auto- und Maschinenbaus das Wasser bis zum Hals. Da veröffentlichte das Rationalisierungs-Kuratorium der Deutschen Wirtschaft RKW die Studie „Erfolgsfaktoren des japanischen Werkzeugmaschinenbaus – Eine Analyse des RKW, der IG Metall und des Vereins Deutscher Werkzeugmaschinenfabriken VDW"[51]. Die Verfasser bildeten eine Studiengruppe, der u. a. der Direktor des Instituts für Arbeit und Technik, Abteilung DV-gestützte Produktionstechnik, Dr. Peter Brödner, und der Direktor des Instituts für angewandte Arbeitswissenschaft e. V. Köln, Wolfgang Schultetus, angehörten.

Die deutschen Unternehmen der Werkzeugmaschinenindustrie standen damals unter einem nicht mehr auszuhaltenden Wettbewerbsdruck durch japanische Konkurrenten. Einige von ihnen waren in eine absolute Krisensituation geraten. Im globalen Wettbewerb waren ihre Maschinen zu teuer und kaum noch zu verkaufen. Was macht die japanischen Konkurrenten so stark?

Auf diese Frage hat die Studie herausfordernde Antworten gefunden:

„Es zeigte sich, dass die drei besuchten japanischen Werkzeugmaschinenhersteller, verglichen mit einem durchschnittlichen deutschen Maschinenbauunternehmen, die zweieinhalb bis fünffache Produktivität aufweisen. Die Umsatzrenditen nach Steuern liegen beim Fünf- bis Zehnfachen.

Zur Erklärung kann man bei uns immer noch vordergründige, untaugliche Aussagen hören oder lesen. Da wird immer wieder die längere Arbeitszeit in japanischen Unternehmen ins Feld geführt. Sie vermag aber nur zum geringen Teil den Produktivitätsunterschied zu erklären, der ein Vielfaches beträgt.

Darüber hinaus werden die hohen Löhne und Gehälter, insbesondere die hohen Lohnzusatzkosten, als besonderes deutsches Handicap genannt. Diese haben jedoch so lange keinen Erklärungswert für die Leistungsunterschiede, wie die Produktivität der Arbeit nicht mit berücksichtigt wird.

An den Aufwendungen für Löhne und Gehälter kann die ungleich schlechtere Gewinnsituation der deutschen Unternehmen nicht wesentlich liegen. Die essentielle Schwäche deutscher Unternehmen hat andere Ursachen. Beispielsweise haben sie im Vergleich zu ihren japanischen Gegenstücken zu viel Material im Prozess (angezeigt durch die Lagervolumen). Sie erzielen mit ihrem Personal zu geringen Umsatz. Der Personalaufwand ist aber nicht so hoch, weil sie dem einzelnen Beschäftigten zu hohe Entgelte bezahlten, sondern weil sie von der lebendigen Arbeit keinen angemessenen Gebrauch machen. Das verweist auf Schwächen der Arbeitsorganisation, der Personalführung

▪ Eine Studie des RKW zeigte, dass japanische Werkzeugmaschinenbauer 1992 die zweieinhalb- bis fünffache Produktivität aufwiesen.

▪ Die vergleichbaren deutschen Firmen brauchen viel mehr Arbeitsstunden für das gleiche Produkt.

und der Personalentwicklung – es scheint, als müssten (drastisch gezeichnet) durch dicke Bäuche und riesige Wasserköpfe behinderte ‚Athleten' gegen schlanke und bewegliche Konkurrenten einen Hindernislauf bestehen. Über den Ausgang des Wettlaufs darf man sich keine Illusionen machen. Doping (das heißt technologische Aufrüstung der Betriebe in Gestalt von CIM) hilft in dieser Situation nicht weiter. Schlank werden, abspecken und den Wasserkopf drainieren erscheint viel mehr als einzig aussichtsreiche Therapie."

19.3 Produktivitätsverluste bei Autozulieferern

Von 1993 bis 1997 habe ich mit dem Präsidenten der Fraunhofer-Gesellschaft, Prof. Dr. Hans-Jürgen Warnecke, in einer Initiative zur Produktivitätsentwicklung in Unternehmen und Non-Profit-Organisationen zusammengearbeitet.

Wir hatten uns über Warneckes Fachbuch „Die Fraktale Fabrik"[4] ausgetauscht und ich war an Beispielen mit selbststeuernden Teams in der stationären Industrie interessiert.

Als ich zum ersten Mal einen Autozulieferer genauer unter die Lupe nahm, war ich verblüfft. Wirklich – ich war bis dahin überzeugt davon, Baustellen seien für Chaos prädestiniert. Aber ich stellte bald fest, dass es in den Fabriken nicht weniger chaotisch zugehen kann.

Das 300-Mann-Unternehmen ist in folgende Abteilungen eingeteilt:

– Akquisition und Kundenbetreuung,
– Verkauf innen,
– Kalkulation und Arbeitsvorbereitung,
– Einkauf,
– Personalwesen,
– Finanzen und Controlling,
– Fertigungssteuerung und Logistik,
– Qualitätssicherung,
– Schneiden, Stanzen, Formen (Metall),
– Spritzguss (Kunststoff),
– Lackiererei,
– Montage,
– Zwischen- und Versandlager.

Darüber steht ein geschäftsführender Gesellschafter mit einem Prokuristen für Personal und Finanzen und einem zweiten für Produktion.

Dieser zweite Prokurist ist weitgehend mit Akquisitionsbemühungen ausgefüllt. Da hat er Erfolg. Er hat seine Karriere im Werkzeugbau der Firma begonnen und herrscht dort und im ganzen Fertigungsbereich unumschränkt. Seine Anordnungen kommen spontan – je nachdem, welchen Kundenwunsch er gerade erfüllen will. Die Anordnungen stören die Arbeitsflüsse. Die Folgen muss er nicht vertreten, aber sie bestehen in langen Wartezeiten, Überstunden, Doppelarbeit, Demotivation, Zeitverlusten durch Suchen und Umständlichkeiten, Sonderfahrten, um im letzten Augenblick wenigstens die allereiligsten Teile zum Kunden zu bringen, hohen Fehlerraten und Reklamationen.

In dem Betrieb gibt es ein PPS-EDV-System. Kommt ein Auftrag herein, werden die Mengen- und Zeitdaten eingegeben. Danach soll jede Abteilung in der Lage sein, die relevanten Daten abzurufen.

Aber schon im Einkauf sind oft erhebliche Mengenänderungen erforderlich. Während des Durchlaufs wirken die Änderungswünsche der Kunden als Störungen.

Die Daten im PPS-System stimmen sehr bald nicht mehr mit der Ablaufrealität überein. Man kann das System überlisten. Das geschieht dort, indem man nach jeweils einigen zusammenhängenden Arbeitsgängen Zwischenlager einrichtet, um den geänderten Kundenforderungen durch neue Eingaben Rechnung zu tragen bzw. um Eingabefehler zu korrigieren. Aber dieser Trick bringt nicht die erforderliche Varietät

---

1996 stellte ich bei Studien in deutschen Autozulieferfirmen fest, dass dort das Betriebschaos oft ebenso zu Zeitverlusten führt wie in der Bauwirtschaft.

Der Hauptgrund ist auch hier eine innerbetriebliche zentrale Planwirtschaft.

in den Prozess. Zum Teil sind die Lagerkapazitäten erheblich überlastet – als ich dort war, wurden in einem Nachbarunternehmen zusätzliche Lagerflächen angemietet –, zum anderen sind die Teile, die gebraucht werden, nicht rechtzeitig fertig.

Das geht bis hin zum Versandlager. In den Gängen stehen versandfertige Container. „Die stehen hier mitunter drei bis vier Wochen im Weg. Das nimmt nicht nur Platz weg, sondern verbaut auch die Arbeitswege", sagt der Versandleiter. Und auf meine Erwiderung: „Das ist sicher ein großes Problem", schimpft er: „Mein größtes Problem sind die LKW, die da draußen stehen. Die stehen da, um die zugesagten Teile abzuholen. Aber die können nicht beladen werden, weil die Teile nicht fertig sind."

Das Ganze wird von einem umfangreichen Papierkrieg begleitet, den die Beteiligten oft verlieren. Versandpapiere werden nicht rechtzeitig gefertigt, das Ein- und Ausbuchen in den Zwischenlagern verzögert sich. Dadurch gibt es Unsicherheiten über Lagerbestände und über den tatsächlichen Fertigstellungsgrad der Produkte. Die Kunden beschweren sich. Manche werden ungeduldig und drohen mit Folgerungen.

In solchen Fällen dürfen auch die Kundenbetreuer in die Arbeitsprozesse eingreifen – über die Abteilungsleiter hinweg. Da wird dann zum Beispiel der mühsam zu einer relativen Kontinuität gebrachte Arbeitsfluss in der Kunststoffspritzerei unterbrochen, weil dringend neue Teile bemustert werden müssen – so nennt man den Prüfvorgang für ein neues Werkzeug, für den eine Maschine aus dem Fertigungsfluss genommen werden muss –, auch die Werkzeuge werden nicht rechtzeitig fertig.

Diese spontanen Eingriffe von oben geben den Mitarbeitern von der Arbeitsvorbereitung bis zum Werkzeugbau das Gefühl, sie hätten vier Chefs, und jeder wollte etwas anderes – und alle möglichst zur gleichen Zeit.

„Wenn wir sonnabends arbeiten oder in der Spätschicht, wenn uns keiner reinredet, dann schaffen wir in viereinhalb Stunden mehr als sonst in neun Stunden", sagen die Werkzeugmacher.

Es gibt viele Informations- und Zeitverluste an den Schnittstellen zwischen den Abteilungen. Die Werker werden über die Auftragsentwicklung zu spät oder gar nicht informiert. Die Vorgabestunden weichen wegen der immensen Verschwendung von Arbeitsstunden erheblich von der Realität ab.

Preise werden ohne die Einschaltung der Mitarbeiter gemacht, die für die Fertigung verantwortlich sind. Dann werden von den Auftragssummen Stoff- und Gemeinkosten etc. abgezogen, und von dem, was übrig bleibt, wird die Zahl der Arbeitsstunden abgeleitet, die zur Auftragserfüllung aufgewendet werden dürfen. Die ist fast immer zu gering. Das führt zu Enttäuschungen bei allen Beteiligten. Es ist ein Teufelskreis, bei dem ständig Ursache und Wirkung verwechselt werden.

Der Werkzeugwechsel dauert Stunden. Werkzeugteile werden mühsam zusammengesucht und oft auf provisorischen Unterbauten neben die Pressen gestellt. Die Wege sind zu lang, die Böden unsauber.

Auf den Fräsmaschinen bleiben die Stahlspäne liegen.

Die Programmierung der Maschinen funktioniert oft nicht. Die Mitarbeiter, die sie leisten sollen, wurden nicht ausreichend qualifiziert, weil dem verantwortlichen Prokuristen die Seminare bei der Lieferfirma zu teuer erschienen. „Was brauchen die 4 Seminare, 2 müssen auch genügen." Das Unternehmen ist nach ISO 9000 ff zertifiziert.

Noch gibt es in der Firma ein paar „Helden". Ein Gabelstaplerfahrer kommt beispielsweise morgens um 5.00 Uhr und stellt die Teile für die Montagefrühschicht bereit, die um 6.00 Uhr beginnt. Die Teile waren am Abend vorher nicht

■ Das CIM-System macht vieles eher schlimmer.

■ Verluste werden teilweise eingegrenzt, wenn die Mitarbeiter ausnahmsweise ohne Eingriffe von außen arbeiten können.

■ Die Weiterbildung wird vernachlässigt.

■ Es gibt ungerechtfertigte Zurechtweisungen.

19.4 Ein Blick über den Tellerrand

Die selbststeuernden Hochleistungsteams schaffen neue Überlegenheit.

Die Führungskräfte widersetzen sich der Erneuerung.

Von der Fertigstellung, vom Kunden her, wird der Ablauf gesteuert.

Die Mitarbeiter partizipieren am Arbeitserfolg.

programmgemäß fertig. Lange wird er das nicht mehr machen, denn dieser Einsatz wird nicht anerkannt.

Die Mitarbeiter werden ungerechtfertigt gerügt: „Ich programmiere die Fräse heute Abend", verspricht ein Mitarbeiter dem Chef, der es mit einem Kundenauftrag eilig hat. Um 19.00 Uhr geht der Chef durch den Betrieb. Die Maschine ist nicht vorbereitet. Also sucht er am nächsten Morgen bei Schichtbeginn den Mitarbeiter auf und weist ihn zurecht. Der war aber um 20.00 Uhr in die Firma gekommen und hatte sein Versprechen gehalten. So werden immer mehr Mitarbeiter innerlich kündigen.

80.000 Arbeitsstunden werden hier pro Jahr verschwendet.

Wenn die Firma die Strukturerneuerung hinkriegen könnte, die von einer – leider noch zu langsam – zunehmenden Zahl von deutschen Unternehmen geschafft worden ist, dann würde der Jahresertrag bald um sechs Millionen Mark zunehmen. Aber die Prokuristen widersetzen sich jeder Veränderung. Noch helfen der Eurokurs und das Amerika-Geschäft.

Als ich diese Erfahrung zum ersten Mal veröffentlicht hatte, rief mich der Geschäftsführer eines anderen Autozulieferers an: „Woher kennen Sie meinen Betrieb so gut?" fragte er.

Natürlich. Noch arbeiten 90 Prozent der deutschen Fabriken so wie dieser Autozulieferer und verschwenden einen großen Teil der Arbeitsstunden, die sie „so teuer bezahlen".

19.4

Die neue Überlegenheit der Wenigen

Bis jetzt schaffen nur wenige die „Revolution der Unternehmenskultur". Die arbeiten
1. mit selbststeuernden Teams in ganzheitlichen Fertigungsbereichen.

Die Abteilungen werden aufgebrochen. Die Mitarbeiter in den neuen Fertigungsteams ergänzen sich und können sich vertreten. Sie erarbeiten gemeinsam bestimmte Produktgruppen für bestimmte Kunden vom Ordern des Materials bis zum Versand. Dienstleistungen der Bestellung, der Bemusterung von auswärts gefertigten Werkzeugen, der Abstimmung mit den Kunden, der Logistik und der Reparatur werden teilweise in die Fertigungsbereiche hereingenommen. Alle Mitarbeiter lernen – qualifizieren sich ständig weiter und treffen sich jede Woche, um Verbesserungen einzuleiten und umzusetzen.

2. mit Abrufsteuerung.

Es wird nicht auf Lager gearbeitet. Hergestellt wird, was sofort verkauft wird, in sehr kurzen Lieferzeiten. Begonnen wird mit der Arbeit immer erst dann, wenn der Kunde eine Marge abruft – und vom Abruf her wird der Durchlauf gesteuert. Das setzt schnelle Werkzeugwechsel voraus. Der Fertigungsprozess wird vom Versand her gezogen. Das Kundenprinzip wird in das Unternehmen hereingenommen. Jeder Nachfolger, der eine Teilleistung abruft, ist der Kunde des Vorgängers (pull statt push).

3. mit einer partnerschaftlichen Verfassung.

Die Mitarbeiter steuern ihre Arbeit weitgehend selbst und praktizieren einen kontinuierlichen Verbesserungsprozess. Sie partizipieren am geschaffenen Mehrwert. Am Arbeitsplatz haben sie ihren Arbeitserfolg ständig vor Augen. Reparaturteams und Führungskräfte sind Dienstleister.

Im Team sind alle verantwortlich.

Schuldzuweisungen werden unmöglich.

Die Produktinnovation wird ergänzt um die Prozessinnovation.

Wenn die Erneuerung gelingen soll, dann muss der Erneuerungsprozess Chefsache sein. Der Wille ist oft da. Aber Misstrauen und Ängste lassen zu oft hoffnungsvolle Anfänge scheitern. Selbstveränderung ist entscheidend für den Erfolg.

Das Top-Management muss vom Erfolg überzeugt sein, die Inhalte und Mittel der Veränderung kennen, die Erneuerung wollen, offensiv vertreten und aktiv unterstützen.

Alle müssen Neues lernen – wie eine neue Sprache – und anderen beim Lernen helfen. „Allein zum Einüben von Teamfähigkeit haben wir 1400 Mitarbeiter in Hotels eingeladen", sagte mir der Personalleiter der Löhr und Bromkamp GmbH in Offenbach. „Abends beim Bier haben wird soziale Qualitäten von Leuten erkannt, die privat Führungsaufgaben erfüllen, in der Feuerwehr und in anderen Vereinen."

Die Manager des Filterwerkes Mann + Hummel GmbH in Speyer sind mit den Mitarbeitern in eine Jugendherberge gefahren, um Teamgeist und Teamentscheidungen zu trainieren.

Aus der Ymos AG in Obertshausen kommt die beachtenswerte Erkenntnis: „Wir hätten viel schneller Erfolg haben können, wenn wir die notwendigen Investitionen für die Ausbildung am Anfang nicht unterschätzt hätten."

Die Waagenbaufirma Mettler-Toledo in Albstadt hat eine eigene Technikerschule eingerichtet und eine besondere betriebliche Unterweisung der Auszubildenden. Darüber hinaus wendet der Betrieb etwa 7 Prozent der Arbeitszeit und 2 Prozent des Umsatzes für die Mitarbeiterschulung auf.

1997 zeigte der Wettbewerb „Fabrik des Jahres", wie deutsche Unternehmen wieder zu Weltmarktführern werden können. Über die sechs von der Unternehmensberatung A. T. Kearney und der Zeitschrift „PRODUKTION" prämierten Firmen berichtet Günter Ederer in Videoaufnahmen, die der mi-Verlag herausgebracht hat[52].

Auch in den prämierten Firmen läuft noch nicht alles optimal, aber die Videoaufnahmen geben sehr interessante Hinweise.

„Die Neuentdeckung des Menschen" steht über der Erfolgsstory von Voith-Turbo in Garching bei München, die hauptsächlich automatische Schaltgetriebe für Busse und Lastkraftwagen herstellen.

„Je mehr Computer, umso effizienter die Fertigung", ist immer noch die landläufige Meinung. Und so wurden denn auch bei Voith Millionen investiert: die Computer-Integrated-Manufacturing (CIM) wurde Wirklichkeit. Aber sie kostete nicht nur die hohe Investitionssumme, sondern laufend weitere Millionen und förderte nicht die Wettbewerbsfähigkeit, sondern schadete ihr.

Die CIM-Fabrik ist die letzte und wohl kostspieligste Fehlentwicklung einer überholten mechanistischen Denkweise – einer Denk- und Vorgehensweise, die die Gesetze der Komplexität nicht kennt; die Produktionsprozesse für berechenbar hält, wie Maschinen. Aber zur Beherrschung der beinahe unendlich vielen Aktionsvariablen, die in den betrieblichen Prozessen selbst und in ihren Umgebungen ständig unverhofft auftauchen, sind selbst die anspruchsvollsten Computersysteme viel zu unflexibel. Deshalb wurden bei Voith Turbo die Computer-Terminals ausgemustert.

Es gibt noch eine CIM-Ruine: das Hochregallager. Mit CIM war ein mehrfaches Zwischenlagern von Produktteilen notwendig. Nach der Ausschaltung der Zentralrechner brauchte man 80 Prozent weniger Lagerraum.

Aber die Betriebseffizienz wird nicht schon dadurch besser, dass man entscheidet „Computer raus, Mensch rein" – und sonst bleibt alles wie es vorher war.

Das Problem ist, dass CIM veraltete Strukturen schlicht nachbildet. Die Problemlösung erfordert immer den weiteren, hauptsächlichen Schritt: die Organisationserneuerung zu selbstorganisierenden Strukturen mit Komplexitätskompetenz.

Das bedeutet eine hohe, aber lohnende Investition in die Weiterqualifizierung der Mitarbeiter aller Ebenen.

■ Die Erneuerung muss Chefsache sein.

■ Viele Mitarbeiter warten auf die Befreiung von Zurechtweisungen und Misstrauen. Privat – in der Feuerwehr – dürfen sie Führungsqualitäten zeigen.

■ Bei Voith Turbo in Garching wurden die CIM-Terminals abgeschaltet.

■ Das Hochregallager wurde zur CIM-Ruine.

■ Planer und Leiter sind bei Voith zuerst Dienstleister für die Fertigung.

19.4 Ein Blick über den Tellerrand

Ein dreigeschossiges Bürohaus steht nun leer. Eine Ruine interner zentralistischer Bürokratie.

Die Revolution der Unternehmenskultur ist einschneidend. Aber nur sie führt zum Weltstandard.

Trumpf in Ditzingen ist aus der Krise zur Marktführerschaft gelangt.

Jedes Team arbeitet als Firma in der Firma.

Durch die hohe Produktivität sind die Preise niedrig. Trumpf-Maschinen sind wieder weltweit begehrt.

Werksleiter Erhard Grab stellte klar, wo der Fehler bei der Computerisierung noch fast überall liegt:

„Wir haben den zweiten Schritt vor dem ersten gemacht. Man muss zuerst neu organisieren – dann passend automatisieren."

Zuerst neu organisieren – das beginnt mit dem Vertrauen in die Leistungsbereitschaft und die Fähigkeit der Mitarbeiter.

Leistungsteams steuern heute die Arbeitsabläufe selbst. Große Leistungspotentiale wurden freigesetzt.

Jedes Team muss sich so organisieren, dass es auch das nächste Fertigungsteam – seine innerbetrieblichen Kunden – rechtzeitig mit einwandfreier Qualität beliefern kann.

Auch in den Führungsteams arbeiten alle Betriebsbereiche zusammen – vom Einkauf bis zum Versand. Jedes Team entscheidet selbstständig über Abläufe und Inhalte der Arbeit und hat alle Kompetenzen für die praktische Umsetzung der Entscheidungen. Verantwortung kann nicht abgeschoben, Schuld nicht zugewiesen werden. Alle Planer und Leiter sind zuerst Dienstleister für die Fertigung. Sie sitzen in einem gläsernen Büro mitten in der Produktionshalle. Diese Fertigung auf Sicht erstickt jede bürokratische Entwicklung im Keim. Und hier ist die Erneuerung am deutlichsten sichtbar: Ein dreigeschossiges Bürohaus steht leer – eine Ruine überholter innerbetrieblicher zentraler Planwirtschaft.

Dort saßen die Zentralisten und regierten mit schriftlichen Anweisungen und Mängelrügen. Das eben war die hierarchische Struktur, die das CIM-System stur abbildete. Und die galt es zuerst einmal durch eine selbststeuernde Struktur zu ersetzen.

Heute gibt es eine Synthese aus schlanken Strukturen und sinnvoller Automation. Der Mensch wird nicht mehr fremdgesteuert – nicht von Hierarchen und nicht von Computern. Der Strukturwandel führte auch bei Voith zu sprunghaften Produktivitätssteigerungen. Früher dauerte es Monate, heute Minuten, bis der Kunde bedient ist.

Die Fertigungszeit für ein Getriebe wurde von 3 bis 6 Wochen auf 3 Tage reduziert. Die Durchlaufzeit wurde um 76 Prozent gesenkt, die Liefertreue stieg von 54 auf 97 Prozent, die Produktivität nahm um 43 Prozent zu, der Warenbestand wurde um 58 Prozent verringert und die Qualität verbesserte sich um 40 Prozent.

„Wir haben Weltstandard erreicht", sagt Erhard Grab. „Wir müssen niemand und nichts mehr outsourcen – weil wir kostengünstiger sind."

Mit dem gesamten deutschen Werkzeugmaschinenbau taumelte auch die Firma Trumpf in Ditzingen in den Jahren 1992 und 1993 durch eine existenzbedrohende Krise.

In der Reportage von 1997 berichtet Günter Ederer von dem Aufsehen erregenden Neubau, den Trumpf am Rande von Ditzingen errichtete.

„Über 50 Prozent der Trumpf-Produkte sind heute weniger als 3 Jahre alt. 1992 dauerte die Herstellung einer Werkzeugmaschine noch 1 Jahr – 1997 12 Wochen.

Der Umsatz ist von 1995 bis 1997 um 50 Prozent gestiegen. 20 Prozent des Umsatzes macht Trumpf in Amerika und expandiert auf allen fünf Kontinenten zu Lasten der japanischen Konkurrenz.

‚Der Schock des bedrohlichen Umsatzeinbruchs um 1990 hat bewirkt, dass wir das Unternehmen auf den Kopf gestellt haben', sagt Geschäftsführer Dr. Matthias Kammüller, ‚der Teamgedanke ist der Schlüssel zum Erfolg'. Nicht in einer Dispositionsabteilung, sondern bei den Praktikern laufen die Aufträge ein. Wo die Maschine entsteht, organisiert man ihren Bau. Jedes Team arbeitet als Firma in der Firma und hat sein eigenes Management. Das entscheidet selbst darüber, welche Teile eingekauft oder selbst produziert werden sollen.

Wenn ein neues Produkt entsteht, sind alle Be-

reiche beteiligt: Vertrieb, Einkauf, Controlling und Produktion.
Neue Maschinen haben nur noch 50 Prozent der Teile. Die sind viel leichter zu montieren. Die Entwicklungszeit wurde um 30 Prozent kürzer. Die Produkte passen besser in den Markt. Jedes Team ist selbst verantwortlich für Termintreue und Qualität. Es besteht eine Bringschuld zum Montageplatz. Das Lager ist ein schneller Umschlagplatz, der den Montageplatz rechtzeitig mit den passenden Baugruppen beliefert.
Ordnung und Sauberkeit ist Ehrensache. Die Trumpf-Maschinen sind in der ganzen Welt begehrt. Durch die hohe Produktivität sind die Preise relativ niedrig. 60 Prozent des Umsatzes werden im Ausland erzielt. Mit Ideen und Mut hat die Firma die Standortnachteile ausgeglichen."
Auf die Dauer kann man das nur, wenn der Erneuerungsprozess zu immer wieder neuen Fortschritten führt. Im Geschäftsjahr 1999/2000 steigerte Trumpf auf diese Weise seinen Umsatz um 14,7 Prozent. Die Montage wird immer mehr zu einem Kosten- und Terminengpass der Unternehmen. Trumpf hat ein innovatives Konzept zur Maschinen-Endmontage und der dazugehörenden Materiallogistik entwickelt. Dabei wurden alle Rationalisierungsreserven ausgeschöpft und die Voraussetzungen geschaffen, um von der in Europa noch stark verbreiteten Push-Produktion zu einer effektiveren und flexibleren Pull-Produktion zu kommen. Als Ergebnis zeigte sich eine Reduzierung der Montagezeit um ca. 40 Prozent und der Durchlaufzeit um sogar ca. 94 Prozent gegenüber der herkömmlichen Organisationsform. Eine wesentliche Erkenntnis ist, dass dazu den Mitarbeitern Spielräume zu einer weitestgehenden Selbststeuerung des Montageablaufs ermöglicht werden müssen. Nur so kann man sicherstellen, dass eine verbesserte Montageeffizienz nicht durch erhöhten Planungs- und Steuerungsaufwand aufgezehrt wird.

So wurde das neue Montagekonzept dahingehend gestaltet, dass die Fähigkeiten und die Flexibilität der Mitarbeiter möglichst umfassend genutzt werden und ein etwaiger EDV-Einsatz für Planungs- und Steuerungsaufgaben nicht Funktionen vom Menschen auf den Computer verlagert, sondern mit einfachen Mitteln den Menschen die Durchführung dieser Funktionen erleichtert.
Die neue Konzeption erbringt eine weitere Produktivitätserhöhung im Montageprozess von mindestens ca. 20 Prozent. Die Investitionen haben sich in nur 10 Monaten amortisiert. Die Höhe der jährlichen Einsparung beträgt ca. 1,3 Millionen DM.
Die Unternehmenserneuerung ist also nicht ein Weg von einer Situation in eine neue, bessere Organisationsform, sondern ein unaufhörlicher Prozess. Man ist immer unterwegs zum „perfekten Unternehmen", das man niemals ganz erreicht.
Die Firma GETRAG in Rosenberg ist führend in der Herstellung von Schaltgetrieben. Ihre Produktionsteams heißen GPS, und ein Ganzheitliches Produktions-Segment ist eine Fabrik in der Fabrik. Eine Art Individualisierung am Fließband führt zu hoher Qualität der Produkte und zu einer ständigen überdurchschnittlichen Produktivitätssteigerung. Die Teams sind für den ganzen Arbeitsablauf einschließlich der Qualitätskontrolle selbst verantwortlich. Meister und Teamsprecher legen den Produktionsplan fest: Sie entscheiden im Zusammenspiel über die Stückzahlen der Produktion und bedienen auch innerbetrieblich pünktlich ihre Kunden. Dabei ist beispielsweise die Montagegruppe der Kunde der Produktionsgruppe.
Die ganze Fabrik ist sauber. Wände, Böden und Maschinen sind weiß gestrichen. Alles steht an seinem Platz. Die Werkerinnen und Werker warten ihre Maschinen selbst. Bei einem verdächtigen Geräusch wird die Maschine ausgeschaltet. Der Bediener geht direkt zum Schlosser.

▮ Die Durchlaufzeit ist um 94 Prozent (das ist kein Druckfehler!) kürzer als in der herkömmlichen Organisationsform.

▮ Die Unternehmenserneuerung ist ein unaufhörlicher Prozess.

▮ Die GETRAG ist global überlegen. Die Qualität der Produkte ist hoch. Die Preise sind niedrig. Die Mitarbeiter verdienen bis zu 60 Prozent über Tarif.

19.4 Ein Blick über den Tellerrand

Jetzt ist er dessen Kunde. Auch der Schlosser braucht keine Anweisung von oben. Er tut sofort, was nötig ist, um Stillstand zu vermeiden. Die Stechuhr wird zur Antiquität. Sie bestimmt nur noch den Grundlohn, der im Schnitt per se um 15 Prozent über dem Tariflohn liegt.

Dazu kommt die variable Vergütung. Die wird bei der GETRAG von einer Kommission nach einem Punktesystem ermittelt. Die Kommission setzt sich zusammen aus je einem Mitglied der Leitung, einem des Betriebsrates und einem aus dem betreffenden Arbeitsteam.

Die Punkte werden nach folgenden Kriterien vergeben:
- Ist der Arbeitsplatz sauber – sind die Maschinen o. k., die Werkzeuge an ihrem Platz?
- Stehen die Paletten ordentlich aufgereiht?
- Ist der Fußboden frei von Ölen?
- Ist das Verhalten regelgerecht. Ergeben die Protokolle z. B., dass die vereinbarten Gruppensitzungen und die Meetings einmal im Monat in der Freizeit durchgeführt worden sind?
- Ist die Ausschussquote zielgerecht niedrig, ist sie vermindert worden?
- Ist die Produktivität hoch – ist sie gestiegen?

So wird die Vergütung ein wesentlicher Teil im Umgang mit den unternehmerisch wirkenden Mitarbeitern.

Ein Beispiel:

Tariflohn		3200,- DM
Individuelle Grundvergütung + 15%		
	= + 480,- DM	
Verhaltenszulage	= + 162,- DM	
Qualitätszulage bei 0,24 % Ausschuss		
	= + 220,- DM	
Produktivitätszulage	= + 1072,- DM	= 1934,- DM
		5134,- DM

Das sind 60 Prozent über Tarif. Aber alle Mitarbeiter sind an einem ständigen Verbesserungsprozess beteiligt. Sie messen auch ihre Testergebnisse selbst. Bei Problemen bilden sie auch mit den zuständigen Ingenieuren ein Problemlösungsteam. Optimieren durch Zusammenwirken, Abbau von Hierarchien. Kollegen sind Kunden. Selbst in der sonst rußgeschwärzten Härterei sind die Ofenklappen weiß gestrichen und werden ständig sauber gehalten. Aus Rußlöchern sind saubere Arbeitsplätze mit Grünpflanzen geworden.

Auch die GETRAG verkauft ihre Produkte zu unschlagbaren Preisen mit bester Qualität auf dem Weltmarkt.

Wieder ein Beweis dafür, dass die Arbeitskosten in Deutschland nicht wegen der Löhne zu hoch sind.

Selbstbestimmung und Vergütung führen zu dem Engagement für den Geschäftserfolg. Mitarbeiter werden Mitunternehmer.

Der Produktionsleiter Junginger von Honeywell Deutschland – auch eine Fabrik des Jahres 1997 – macht klar:

„Wir hatten hohe Anfangserfolge, aber man muss die Kultur ändern, wenn sie andauern sollen. Das dauert 3 bis 4 Jahre."

Diese Pioniere erfolgreichen Produktivitäts-Managements schaffen neue Überlegenheit im globalen Wettbewerb trotz der zu recht kritisierten politischen Rahmenbedingungen in Deutschland. Die innerbetriebliche Revolution zur selbstorganisierten Arbeit ist ausschlaggebend. Das muss aufgegriffen und verallgemeinert werden.

20

Die ganze Wertschöpfungskette optimieren
Die höhere Form des Handwerks

Mehr Produktivität bringt mehr Beschäftigung.

Der Kunde will das bestellte Produkt mit der zugesicherten Qualität zu dem vereinbarten Preis in kurzer Zeit. Sonst nichts. Wie wir das im Einzelnen machen, interessiert ihn wenig. Für uns kommt es sehr darauf an, dass wir die Arbeitsprozesse, die zu diesem aus der Sicht des Kunden wertvollen Produkt führen, optimal organisieren. Wir müssen uns unaufhörlich die Frage stellen: welche Tätigkeiten im Herstellungsprozess schaffen den Wert, den der Kunde erwartet – welche sind entbehrlich – und welche werden indirekt zur Unterstützung des Prozesses benötigt?

Wenn wir schlüsselfertig bauen, muss das ständige Bemühen, alles Überflüssige und Umständliche auszuschalten und schlanke Abläufe zu organisieren, weit über die Grenzen des Unternehmens hinausgehen.

Auch dafür gibt es Beispiele in der stationären Industrie, an denen wir uns orientieren können.

20.1

Das Beispiel Porsche

Porsche hat das Zusammenwirken mit den Lieferfirmen mit der Just-In-Time-Methode (JIT) optimiert und sich damit aus einer gefährlichen Wettbewerbskrise befreit.

James P. Womack und Daniel T. Jones berichten darüber in dem 1996 erschienenen Buch „Lean Thinking", das unter dem Titel „Auf dem Weg zum perfekten Unternehmen" 1997 ins Deutsche übersetzt wurde.[53]

Im Dezember 1998 organisierten James P. Womack und Daniel T. Jones einen „Lean Summit" in Stuttgart. Bei diesem Gipfeltreffen von Unternehmenserneuerern beschrieb Dr. Wendelin Wiedeking, der Vorstandsvorsitzende der Porsche AG, die Erfolgsgeschichte der letzten Jahre:

„1993 hatte Porsche bei 1,9 Milliarden Mark Jahresumsatz den größten Verlust seiner Firmengeschichte. Uns stand das Wasser nicht nur bis zum Hals, sondern bereits bis zur Nasen-

■ Das Bemühen, schlanke Abläufe zu organisieren, muss die Mitunternehmer einbeziehen.

■ Wiedeking: „1993 stand uns das Wasser bis zur Nasenspitze. Sechs Jahre später ist Porsche einer der bestverdienenden Autobauer der Welt."

20.1 Die ganze Wertschöpfungskette optimieren – Die höhere Form des Handwerks

spitze. Übernahmeangebote häuften sich. Heute, sechs Jahre später, zählt Porsche zu den am besten verdienenden Automobilunternehmen der Welt. Der Umsatz im abgelaufenen Geschäftsjahr 1997/98 belief sich auf 4,9 Milliarden Mark und das Ergebnis vor Steuern stieg gegenüber dem Vergleichszeitraum des Vorjahres von 165,3 Millionen Mark auf 324,4 Millionen Mark."

Das wichtigste ist die dauerhafte Schulung.

Wie konnte Porsche in so kurzer Zeit diesen Wandel schaffen? Gelungen ist das, indem Lean Produktion, Lean Management und Lean Thinking – als Fortentwicklung von Total Quality Management – konsequent in allen Bereichen umgesetzt wurden. In der Produktion wurde eine völlig neue Teamstruktur eingeführt. Hierarchisches Verhalten wurde abgebaut. Der Verantwortungsbereich der Mitarbeiter wurde ausgeweitet. Das steigert die Motivation.

„Heute können wir jeden erdenklichen Modellmix auf nur einer Produktionslinie fertigen (Einzelstück-Fließfertigung) und auf Nachfrageschwankungen hochflexibel reagieren", so Wiedeking weiter. „Aus der gesamten Belegschaft sprudeln förmlich immer wieder neue Ideen. Dass wir dieses Potential nicht genutzt hatten, war eines der größten Versäumnisse. Das wichtigste ist die Einbindung aller Mitarbeiter auf allen Ebenen und die dauerhafte Schulung."

Die Zulieferer werden in die Schulungen einbezogen.

Am 21. Februar 2001 meldete Porsche für die erste Hälfte des Geschäftsjahres 2000/2001, bis zum 31. 7. 00, einen Konzerngewinn von 139,7 Millionen Euro. Die Aktie hat einen Wert von rd. 3600 Euro. Binnen eines Jahres hatte sich die Zahl der Mitarbeiter um 490 erhöht.

Am 17. 11. 2001 wussten wir: Das Unternehmen hat den Jahresgewinn vor Steuern für 2000/2001 auf die neue Rekordhöhe von 592,4 Millionen EURO gebracht. Das bedeutet eine Steigerung gegenüber dem Vorjahr um 37 Prozent.

Spezialisierte Dienstleister wie Logistik-Unternehmen finden Expansionsnischen.

Und Porsche legt weiter zu. Am 18. 1. 02 erläuterte Wendelin Wiedeking den Bericht für das erste Halbjahr 2001/2002, das am 31. 7. 01 endete: Das vorläufige Ergebnis ist noch einmal um 10,2 Prozent gewachsen auf 154 Millionen EURO vor Steuern. Der Umsatz stieg um 6,3 Prozent auf 1,83 Milliarden EURO.

Auch für Porsche gilt selbstverständlich, dass der Weg der Veränderung zu immer mehr Produktivität und Perfektion unaufhörlich weitergeht.

Immer mehr wächst die Firmenkultur über die eigenen Besitzgrenzen hinaus. Die Zulieferer werden in die Schulungen einbezogen. Die JIT-Methode bringt auch in ihren Betrieben hohe Produktivität und großen Nutzen und es gibt immer neue Verbindungen, die Produktivität und Erfolg für Mitarbeiter, Manager und Unternehmen voranbringen.

„Porsche lagert seine Zulieferlogistik in Sachsen aus"[54], darüber schreibt M. Schulze in den VDI-Nachrichten vom 30. März 2001. Wenn also die Leistungsteams erfolgreich arbeiten, und die innerbetriebliche Logistik stimmt und wenn die Zulieferbetriebe selbst mehr und mehr die JIT-Methode anwenden und kostengünstiger arbeiten können, dann haben spezialisierte Dienstleister eine Expansionsnische, die ihren Kunden weitere Vorteile im Bereich der externen Logistik anbieten können.

Die Baugruppen- und Modulfertigung GmbH BMG richtet derzeit im Leipziger Güterverkehrszentrum die zukünftige Zulieferlogistik für das neue Porschewerk ein. Damit wird die taktgenaue Bereitstellung der zu montierenden Teile erreicht. Die BMG ist ein Mitglied der international agierenden Schnellecke-Gruppe. Das Unternehmen kann bereits auf ausgezeichnete Referenzen bei der Versorgung des VW-Werks in Mosel verweisen. In Leipzig wird jetzt die gesamte Teilelogistik für das Porschemodell „Cayenne" organisiert. Für Porsche bedeutet dieses Auslagern der Zulieferlogistik eine neue Qualität des Just-In-Time: Weil das ohnehin nur mit Beständen für maximal 2 Tage gefahrene Pufferlager in Leipzig zum Dienstleister gehört, wird es künftig praktisch gar keine Lager mehr im Porsche-Werk geben.

„Bei uns laufen wenige Tage vor der Montage des jeweiligen Fahrzeugs die Anforderungen ein", erläutert Gerd Diener, der Geschäftsführer der BMG, „Entsprechend gleichen wir das mit den Beständen und den auf der Strecke befindlichen Teilen ab. Sollte ausnahmsweise ein Zulieferteil nicht rechtzeitig in Leipzig bereitgestellt werden können, wird im Werk der betreffende Wagentyp einfach etwas später an das Band gehängt. Üblicherweise jedoch erfolgt die Produktion exakt in der Reihenfolge, wie die Karosserien bereits auf den Waggons aus Bratislava verladen wurden."

Die verstärkte Verknüpfung von Logistik und Montage ist ein Ansatz für weitere Steigerungen der Produktivität in der Zukunft. Das liegt an der immer weiter fortschreitenden Individualisierung der gefertigten PKW. Für Zulieferer wird es immer interessanter, sich auf Standardmodule zu konzentrieren und diese von den Logistikbetrieben mit Varianten komplettieren zu lassen. Der zuständige Manager bei Schnellecke, Jürgen Knoblauch, erklärt denn auch: „Wir sind längst nicht mehr nur Frachtführer, sondern Prozesskettensteuerer mit wachsender Wertschöpfung."

Im Zusammenhang mit dem Lean Summit in Stuttgart konnte man die erstaunliche Entwicklung der Produktivität bei Porsche in Werksbesichtigungen erleben. Sie hat mit der Übernahme der Toyota-Produktionsweise begonnen, in der alle überflüssigen und umständlichen Operationen – alle „muda", wie die Japaner sagen – rigoros eliminiert werden.

> „Schlankes Denken" enthält die positive Botschaft von einer neuen Art des Wirtschaftens in der Zeit nach dem **Hand**werk, wie wir es heute überwiegend noch ausüben.
> Als die Mitarbeiter bei Porsche eine Verbesserungsmaßnahme nach der anderen durchführten, wurde ihnen immer deutlicher, dass es eine **höhere Form des Handwerks** gibt: Es ist die Art, ständig Probleme geistig vorwegzunehmen und sie anschließend in einem Teamkontext zu lösen. Mit einiger Übung schafft man ständig neue Herausforderungen; denn die Zahl der latenten Probleme, die immer wieder aktiv aufgedeckt werden, liegt nahe bei unendlich.

Fortwährend werden von den Arbeiterinnen und Arbeitern die Organisation der Arbeit und die Wertschöpfung neu überlegt, um „muda" zu beseitigen. Die Arbeitsteams übernehmen viele der traditionellen Arbeiten des Managements und führen Verbesserungsarbeiten sehr viel schneller durch als das Management es allein könnte.

In der deutschen Wirtschaftsmisere im Januar 2002 wird die Entwicklung bei Porsche von den Medien als ein „kleines Wunder" bezeichnet.

Die Baufirmen ähneln mehr der Opel AG, die den Wandel zum schlanken Unternehmen nicht geschafft hat. Dort werden tausende Mitarbeiter entlassen, weil die Preise unter dem starken Konkurrenzdruck die Kosten nicht decken. Wiedeking sagte am 18. Januar 02: „Wir Unternehmer fordern bessere Standortbedingungen, eine konsequente Steuerreform und Minderung der Lohnnebenkosten ein. Wir müssen aber durch umfassende Neuerungen in den Unternehmen der Politik auch helfen, die Reformen finanzierbar zu machen."

Der damalige Direktor Fischer von John Deere Deutschland hat auf die prinzipiell gleiche Weise wie Wiedeking die tiefe Unternehmenskrise überwunden, die Anfang der 90er Jahre beina-

■ Logistik-Experten werden „Prozessketten-Steuerer mit wachsender Wertschöpfung".

■ Die Arbeitsteams übernehmen viele frühere Managementfunktionen.

20.1 Die ganze Wertschöpfungskette optimieren – Die höhere Form des Handwerks

Direktor Fischer von John Deere Deutschland: „Schulen, schulen und nochmals schulen, heißt das Erfolgsrezept."

he zur Schließung des Unternehmens geführt hätte. Er hat die Firma ebenso in wenigen Jahren aus dem Ruin geführt:

„Der Mitarbeiter steht im Mittelpunkt der Veränderungen. Schulen, schulen, schulen. Vergleichen, vergleichen. Ohne diese Investition für fortgesetzte Qualifizierung bleibt man weit weg vom Optimum."

Die Umstellung auf die Unternehmensstruktur ständiger Veränderung erscheint vielen zu Anfang unmöglich. Fischer sagte dazu: „Ich hatte drei meiner Top-Manager im Auto zu Freudenberg mitgenommen; denn ich hatte aus der Freudenberg-Gruppe die Anregung und praktische Hinweise zur Unternehmenserneuerung erhalten. Dort wurde nun auch meinen leitenden Mitarbeitern klargemacht, wie durch selbstgesteuerte Strukturen eine ganz neue, überlegene Dimension von Unternehmen entsteht. Mir war klar: wir mussten zu Hause sofort mit der Erneuerung beginnen. Aber auf der Rückfahrt breiteten meine drei Spitzenkräfte viele Bedenken aus. ‚Das ist ja wirklich interessant – aber bei uns wird das wohl nicht gehen'. Ich habe die Erneuerung des Unternehmens gegen diese Bremsklötze durchgesetzt. Aber wenn ich damals gewusst hätte, wie viele Zweifel sie säen und welche Schwierigkeiten sie machen würden, dann hätte ich mich gleich nach der Heimfahrt mit hohen Abfindungen von ihnen getrennt."

Aber die Widerstände des Top-Managements waren auch bei John Deere riesig.

Manager dürfen nicht nur das Bestehende mit ein paar Verbesserungen verwalten. Sie müssen ihre Firma geistig neu bauen können – wie eine neue Fabrik auf der grünen Wiese.

Porsche kauft mehr als 80 Prozent seiner Wertschöpfung im Herstellungsprozess zu. Also war die Schulung der Zulieferer ebenso wichtig wie die der eigenen Mitarbeiter.

Bei Porsche war die Schulung der Zulieferer immens wichtig.

Diese Erkenntnis ist auf jedes Unternehmen, das schlüsselfertig baut, übertragbar. Dazu muss die Zahl der Zulieferer auf ein Drittel oder noch weniger reduziert werden. Bei Porsche

Auch dabei gab es am Anfang Widerstände.

wurden aus 950 Zulieferern schließlich 60 Systemlieferanten.

Porsche bildete ein Verbesserungsteam für seine Zulieferer, POLE-Team genannt (abgeleitet von dem Begriff für die Führungsposition beim Start eines Autorennens), mit dem Ziel, die „Pole-Position" im Überlebenswettlauf einzunehmen.

Es begann mit den Lieferanten, die sich aufgeschlossen für schlankes Denken zeigten. Die Erfolge ermutigten die zögerlichen Firmen. Es ging darum, das Material kontinuierlich aus den Zulieferbetrieben fließen zu lassen, wenn es abgerufen wird und die Zahl der defekten Teile dramatisch zu verringern. Porsche wollte nicht mehr 100 Arbeiter mit der Eingangskontrolle beschäftigen.

Aber in vielen Fabriken der Zulieferer bestand das Management, wenn das POLE-Team kam, erst einmal darauf, dass es gar nichts zu verbessern gäbe. „Hier waren schon manche Teams von anderen Herstellern – wir haben bereits alles rationalisiert."

Aber nach acht bis vierzehn Tagen der Zusammenarbeit war ein großer Teil der Verschwendung aufgedeckt und abgeschafft. Abläufe wurden standardisiert und Schritte entwickelt, um die erreichte Leistungsstufe weiter zu verbessern.

Von vornherein wurde vereinbart, dass die Kosteneinsparungen ausgerechnet und durch drei geteilt werden sollten: ein Drittel für die Zulieferfirma, ein Drittel für Porsche und ein Drittel für den Porsche-Kunden.

Unabhängig davon bezahlt der Zulieferbetrieb die Leistungen, die das POLE-Team für ihn erbringt.

20.2

Der Bauunternehmer Doyle Wilson

Womack/Jones berichten auch über den Aufstieg des Bauunternehmers Doyle Wilson aus Texas.[53)] Der hatte 1991 die Nase voll von all den Verschwendungen und Nacharbeiten in seinem Geschäft. Er studierte die Veröffentlichungen von W. Edward Deming und führte das Total Quality Management (TQM) in seiner Firma Doyle Wilson Homebuilder ein.

Drei Jahre lang brachte er persönlich seinen Mitarbeitern die Prinzipien des TQM bei. TQM ist auch eine Quelle hoher Produktivität in – leider bis jetzt sehr wenigen – deutschen Unternehmen. Seine Wirkung auf die Qualität der Güter und die Produktivität der Herstellungsprozesse übertrifft den Effekt bei weitem, der durch die Anwendung der ISO 9000 ff. möglich wird. Dazu empfehle ich die Lektüre der VDI-Berichte 1306.[55)]

Wilson sammelte und analysierte die wichtigen Grunddaten über alle Aspekte seines Geschäfts – so wie wir das mit dem KOPF-System auch tun.

Dann reduzierte er die Zahl seiner Subunternehmer um zwei Drittel und verlangte von den restlichen, dass sie an seinen monatlichen Qualitätsseminaren teilnehmen und dafür bezahlen.

Der Absatz stieg ständig – sogar in einem umsatzschwachen Markt. Aber während Wilson Marktanteile von seinen Mitbewerbern übernahm, ging ihm durch den Kopf, dass in seiner Region nur 22 Prozent der Interessenten neue Häuser bauten, während 78 Prozent Altbauten kauften. Hier sah er seinen zukünftigen Markt. 1995 gewann Doyle Wilson Homebuilder den National Housing Qualitiy Award, den man in den Staaten auch den Baldrige-Award der Bauindustrie nennt. Zufrieden war er nicht.

Der Verbesserungsprozess geht weiter.

> *Malcolm Baldrige ist der geistige Vater des Wirtschaftsaufschwungs der 80er Jahre in den USA, der sich als sehr nachhaltig erweist. Er organisierte Produktivitäts-Centren und half, die Wirtschaft der Vereinigten Staaten auch für die Übernahme japanischer Produktionsweisen aufzuschließen. Um den Malcolm Baldrige National Quality Award, der jedes Jahr vom Präsidenten persönlich überreicht wird, wetteifern die US-amerikanischen Firmen mit den besten Qualitäts- und Produktivitätserfolgen.*
> *Dabei spielt die Verbesserung der Lebensqualität für die arbeitenden Menschen und die Unternehmenskultur mit mehr Freiheit und Verantwortung eine wesentliche Rolle.*

Einem allgemeinen Aufbruch stehen in Deutschland zu viele Funktionärsbedenken im Wege. Der Horizont der Verantwortlichen reicht hier noch kaum über angeblich zu hohe Löhne und Lohnebenkostenprobleme hinaus.

Die nicht erschlossenen großen Produktivitätspotentiale und die Möglichkeiten, sie für mehr Beschäftigung und neuen Wohlstand zu erschließen, werden bis jetzt nicht einmal öffentlich diskutiert.

1996 hat Wilson ein Verkaufszentrum eröffnet, in dem der Kunde jede für sein Haus gewünschte Grundriss- und Baustoff-Option sehen, sich umfassend informieren und dann entscheiden kann.

Der Kunde kann mit Hilfe eines Auto-CAD-Programms gewissermaßen durch sein Haus spazieren und es so planen wie er will, Grundrisse verändern, die Art der Bodenbeläge und Zahl und Lage der Steckdosen festlegen.

Danach werden der genaue Preis und der Fertigstellungstermin fest vereinbart. Die finanzielle Belastung wird ausgerechnet, Versicherungs- und Grundstücksfragen werden geklärt. Das wird oft in wenigen Stunden geregelt.

Wilson hat die Vorlaufzeit vom Vertragsab-

- Auch Wilson bezieht seine Subunternehmer in die Schulungen ein.

- Der Absatz stieg sogar im umsatzschwachen Markt.

- Die nicht erschlossenen Produktivitätsreserven und die Möglichkeit, sie für mehr Beschäftigung zu erschließen, werden in Deutschland kaum wahrgenommen.

schluss bis zum Einzug von sechs Monaten auf dreißig Tage gemindert. Dazu wurde die Auftragsvergabe neu organisiert und ein System der Sog-Steuerung (ein Pullsystem) der Subunternehmer entwickelt, die ständig vernetzt mit anderen Beteiligten operieren und eine neue Arbeit nur dann beginnen, wenn die Vorarbeit abgenommen wurde. Es ist wie bei Toyota:

„Keiner macht Pfusch – Keiner gibt Pfusch weiter – Keiner nimmt Pfusch ab."

Diese Sog-Steuerung habe ich bereits an Beispielen aus der stationären Industrie beschrieben. Dabei rufen die Nachunternehmer die Vorleistungen ab und stellen deren rechtzeitige Ausführung sicher. Leerlauf wird ebenso aus dem Prozess herausgezogen wie beispielsweise Lagerbestände in den stationären Betrieben. Voraussetzung ist die Übernahme der Gesamtproduzentenrolle durch einen Fachmann für die Organisation und Steuerung des Entscheidungs-, Planungs- und Ausführungsprozesses. Der muss Komplexitätskompetenz besitzen und einen hohen Grad von Selbstorganisation der Beteiligten bewirken, wie das in den Erläuterungen zum KOPF-System beschrieben worden ist.

Diese Kenntnisse und Fähigkeiten brauchen auch die Unternehmenserneuerer.

Das ist alles nicht einfach zu realisieren. Wichtig ist: anfangen und durchhalten!

Wilson hat bereits den entscheidenden Sprung getan. Statt des orthodoxen Marktverhaltens hat er sich auf den Wert konzentriert, wie ihn seine Kunden definieren. Damit hat er die Überholspur besetzt. Voraussetzung war auch hier, zuerst sich selbst zu verändern.

Wer bei uns heute auf Baustellen geht, beobachtet viel Untätigkeit und Umständlichkeit.

Als Doyle Wilson begann, systematisch aufzuzeichnen, was sich in seiner Verwaltung und auf den Baustellen abspielte, stellte er fest, dass weit mehr als die Hälfte des Zeitverbrauchs aus Warten und Nacharbeiten bestand. Warten auf Entscheidungen, Zeichnungen, Lieferanten, Dachdecker, Schlosser, Heizungsbauer, Putzer, Fliesenleger usw. Und Nacharbeiten, um Dinge herauszureißen, Arbeiten zu korrigieren, die bereits beendet, aber technisch falsch oder mangelhaft waren oder mit den Vorstellungen der Kunden nicht übereinstimmten.

Die bezahlen am Ende einen Preis, der all die Kosten durch die immense Zeitverschwendung enthält – unzufrieden natürlich.

Aber sie haben von ihren Freunden verheerende Dinge über den Hausbau gehört und glauben, das etablierte System und seine Probleme seien nicht zu ändern.

Voraussetzung für die Einführung des effizienten „Sog-Systems" beim Bauen ist die Übernahme der Rolle des „Gesamtproduzenten" durch einen systemisch arbeitenden Fachmann.

Noch bezahlen die Kunden einen Preis, der all die immense Zeitverschwendung enthält – und glauben, das etablierte System und seine Probleme seien nicht zu ändern.

Wenn wir die Zusammenhänge richtig begreifen, können wir fließende Abläufe bewirken.

20.3

Die Nahtstellenvereinbarung

Tatsächlich können alle Aktivitäten zur Erstellung eines Bauwerks – die Entwicklung, Bestellung und Bereitstellung aller Güter und Dienstleistungen – in einen fließenden Ablauf gebracht werden.

Wenn wir uns darauf konzentrieren, dann wird alles verändert: die Art der Zusammenarbeit, die Art und die Behandlung von Werkzeugen, die Organisation der Vereinfachung, die Karrieremuster – das Wesen von Unternehmen und Non-Profit-Organisationen.

Die Anwendung des Fluss-Prinzips in allen Bereichen menschlichen Tuns wird sich nicht automatisch einstellen. Zunächst fällt es uns schwer, den Fluss der Wertschöpfung richtig und umfassend auszumachen. Wenn wir die Zusammenhänge aber einmal begreifen, dann erkennen wir auch die praktischen Probleme, die partnerschaftlich gemeinsam mit den Mitarbeiterinnen und Mitarbeitern und den Mitunternehmern gelöst werden können, um fließende Abläufe nachhaltig zu bewirken.

20.3 Die ganze Wertschöpfungskette optimieren – Die höhere Form des Handwerks

„Die Konsequenzen sind immer dramatisch", stellen auch Womack und Jones fest, *„In der Tat kann das Ausmaß an menschlicher Arbeit, an Zeit, Raum, Werkzeugen und Lagerbeständen, die zur Konstruktion und Bereitstellung einer bestimmten Dienstleistung oder eines bestimmten Gutes erforderlich sind, normalerweise sehr schnell um die Hälfte reduziert werden. Von diesem Punkt an können stetige Fortschritte erzielt und die Inputs in nur wenigen Jahren wieder um die Hälfte gekürzt werden."*

Wir müssen die gesamte Wertschöpfungskette über die Grenzen des Unternehmens hinweg optimieren. Dann kommen wir zum Erfolgsoptimum. Angeregt durch den österreichischen Unternehmenserneuerer Ernst Weichselbaum haben wir als weiteren Schritt die Schnittstellenprobleme unter die Lupe genommen, die den Planungs- und Ausführungsprozess belasten. Es gibt zwischen den Beteiligten erhebliche Kommunikationsmängel, die beseitigt werden müssen.

Ernst Weichselbaum hatte schon bei BENE, ei-

> Wir haben als weiteren Schritt die Schnittstellenprobleme unter die Lupe genommen.

Sanitäre Installationsarbeiten in Gebäuden

Nahtstellenpartner Vorläufer	Wir leisten und verantworten	Nahtstellenpartner Nachfolger
Auftraggeber: • Ausführungspläne, Berechnungen, Beschreibungen • Objektauswahl • Reinigung vor Leistungsbeginn • San. Einrichtungen, Wasser, Elt., Lagerplatz, Zufahrt • Genehmigung zum Entwässerungsantrag **Firma für Heizung und Elektro:** • Wärmeerzeugung • Elt.-Anschlüsse • Erdungen **Tiefbaufirma:** • Vorflut, Anschlußkanal, Abscheider **Bauhauptgewerk:** • Rohrgräben • Decken- und Wanddurchbrüche • Winterbau • Abruf von Bodenabläufen • Maschinenfundamente • Meterrisse **Putzfirma:** • Innenwandputz vor Objekt und Feinmontage **Trockenbau:** • WC-Trennwände • GK-Ständerwerkwände **Fliesenleger:** • Wandfliesen vor Objekt und Feinmontage	• Bauseitige Anordnungen prüfen • Bedenken gegen bauseitige Anordnungen schriftlich anmelden • Bauleiter einsetzen und dem AG benennen • Bedenken gegen die Leistungen anderer Unternehmer schriftlich anmelden • Muster mit Preisen und Zertifikaten vorlegen und auf Verlangen wieder zurücknehmen • Innerhalb von 12 Werktagen nach Aufforderung des AG beginnen • Die Baustelle ausreichend mit Arbeitskräften, Geräten und Stoffen versehen, um die Fristen einhalten zu können • Objekte nach Wahl des AG bestellen • Lieferfristen erkunden und bekanntgeben • Druckprüfungen durchführen und protokollieren • Bauabschnitt für das Schließen der Schlitze und Durchbrüche freimelden • Reinigung der Räume nach Fertigstellung oder Unterbrechung der Leistung • Abwasserrohrmontagen • Trinkwasserrohrmontagen • Zentrale Wasser- und Abwasseranlagen • Probebetrieb • Wannen aufstellen und anschließen • Objektmontage und Feinmontage • Badausstattung • Küchenausstattung (Spüle) • Rechtzeitiger Abruf bei den Vorläufern • Termingenaue Befolgung der Abrufe der Vorläufer	**Auftraggeber:** • Abnahme • Zahlungen • Pflegeanleitungen • Zahlungen **Heizungsfirma:** • Befüllen und Entleeren der Anlagen **Maler:** • Anstrich von Leitungen und Handrädern **Isolierfirma:** • Wärmedämmung der Techn. Anlagen **Trockenbau:** • Kanalverkleidungen **Tischler:** • Bauzylinder einsetzen **Dachdecker bzw. Klempner:** • Lüftungshauben montieren **Putzfirma:** • Innenwandputz nach Rohinstall **Fliesenleger:** • Wandfliesen nach Rohinstall **Wachdienst:** • Überwachung des Objektes **Abdichtungsfirma:** • Abläufe eindichten • Dachlüfter eindichten

■ Abb. 164a: Beispiele von Übersichten zu Nahtstellen-Vereinbarungen zwischen Mitarbeitern verschiedener Gewerke: Sanitäre Installationsarbeiten in Gebäuden.

Fliesen- und Plattenarbeiten

Nahtstellenpartner Vorläufer	Wir leisten und verantworten	Nahtstellenpartner Nachfolger
Auftraggeber: • Ausführungspläne, Grundrisse, Wandansichten, Küchenmöbel, Fugenbilder • Material- und Farbentscheidung • Reinigung vor Leistungsbeginn • Sanitäre Einrichtungen, Wasser, Elt., Lagerplatz, Zufahrt **Firma f. Heizung, Lüftung, Sanitär u. Elektro:** • Alle UP-Installationen • Fb-Heizung • Aufstellung und Anschluß von Wannen • Zargeneinbau • Bodenabläufe **Firma für Türen:** • Stahlzargen- und Stahltüren-Montage **Bauhauptgewerk:** • Schlitze und Durchbrüche schließen und Vormauerungen • Meterrisse **Putzfirma:** • Deckenputz • Wandputz ausgetrocknet • Außenputz **Trockenbau:** • Abgehängte Decken • GK-Ständerwerkwände • Rohrverkleidung **Schlosser:** • Balkongeländer • Treppenhausgeländer **Estrichleger:** • Estrich ausgetrocknet • Trennschienen • Abdichtung **Aufzugsfirma:** • Schachtturzargen **Maler:** • Grundierungen	• Bauseitige Anordnungen prüfen • Bedenken gegen bauseitige Anordnungen schriftlich anmelden • Bauleiter einsetzen und dem AG benennen • Bedenken gegen die Leistungen anderer Unternehmer schriftlich anmelden • Muster mit Preisen und Zertifikaten vorlegen und auf Verlangen wieder zurücknehmen • Innerhalb von 12 Werktagen nach Aufforderung des AG beginnen • Die Baustelle ausreichend mit Arbeitskräften, Geräten und Stoffen versehen, um die Fristen einhalten zu können • Feuchtigkeit des Untergrundes prüfen • Fliesen und Platten nach Wahl des AG bestellen • Absperren frisch belegter Bodenflächen • Schutz der Boden- und Stufenbeläge im Treppenhaus • Reinigung der Räume bei Unterbrechung oder nach Fertigstellung der Leistung • Wandfliesenbeläge der Küchen • Wandfliesenbeläge der Naßräume • Bodenfliesen der Naßräume • Bodenfliesen der Treppenhäuser • Sämtliche Fugen (auch dauerelastisch) • Rechtzeitiger Abruf bei den Vorläufern • Termingenaue Befolgung der Abrufe der Vorläufer	**Auftraggeber:** • Abnahme • Zahlungen • Pflegeanleitungen • Zahlungen **Firma f. Heizung, Lüftung, Sanitär und Elektro:** • Objektmontage • Feininstallation • Thermostate • Abdeckungen • Probeläufe **Firma für Türen:** • Türblätter mit Beschlägen, Türstopper **Putzfirma:** • Treppenwangen beiputzen **Trockenbau:** • Abgehängte Decken **Maler:** • Endanstriche **Reinigungsfirma:** • Endreinigung **Eventualnachfolger:** Fugfirma Tischler (Leisten) Tischler (Bauzylinder)

■ Abb. 164b: Fliesen- und Plattenarbeiten.

20.3 Die ganze Wertschöpfungskette optimieren – Die höhere Form des Handwerks

Bauvorhaben: Städtisches Krankenhaus ....

Nahtstellenvereinbarung

zwischen (Flie) Fliesenleger Firma Holzgräve

und (San) Sanitärinstallateur Firma Stein

Wir vereinbaren in partnerschaftlicher Abstimmung folgende Leistungen und Bedingungen:

Gegenstand	Firma	Ort	Termin
Fertigstellung der Wandfliesen einschl. Fugen für Objektmontage	Flie	Bäder Westflügel 3. OG	10.10.1997
wie vor	Flie	Bäder Nordflügel 3. OG	24.10.1997
Stellen und Anschließen der Wannen für Abmauerung und Fliesen, einschl. Erdung	San	Bäder 2. OG gesamt	10.10.1997

Datum ....

Für Fa. Holzgräve Für Fa. Stein

Abb. 165: Entwurf für eine Nahtstellen-Vereinbarung.

nem Hersteller von Büromöbeln in Waidhofen an der Ybbs, Schnittstellen zu Nahtstellen gemacht und wendet diese Entwicklung zu einem verzahnten Zusammenwirken der Mitarbeiter in den unterschiedlichen Teams auch dort an, wo sich Unternehmen mit seiner Hilfe erneuern wollen. Die leidigen Produktivitätslücken zwischen den Arbeitsgängen werden dadurch vermieden.

Mit gleichem Erfolg können die Mitarbeiter der verschiedenen Firmen an den Baustellen Nahtstellen-Vereinbarungen treffen. Das geht auch zwischen den Büros und zwischen Planern und Werkern.

Wir erarbeiten mit den Firmen gemeinsam Übersichten dazu. Beispiele zeigen die Abbildungen 164a und 164b.

Abbildung 165 zeigt den Entwurf einer Nahtstellen-Vereinbarung zwischen Fliesenleger und Sanitärinstallateur.

Die Handwerker an der Baustelle wirken an der Übersicht mit und versprechen sich gegenseitig in der Nahtstellen-Vereinbarung: „Du kannst dich auf mich verlassen."

Das Einhalten dieser Vereinbarungen zwischen den Mitarbeiterinnen und Mitarbeitern kann man juristisch nicht einfordern. Das muss auch nicht sein. Auf der Grundlage dieser Übersichten halten die Kolleginnen und Kollegen in 99 Prozent der Fälle, was sie einander versprochen haben. Die Zusammenarbeit wird harmonisiert. Kontrolleurs-, Druckmacher- und Besserwisser-Funktionen werden überflüssig.

Eine produktivitätsfördernde Orchesterethik entsteht. Jeder spielt virtuos und das Zusammenspiel wird harmonisch und immer perfekter. Den Beifall genießen alle gemeinsam und jeder kann sich durch seinen Beitrag zum Ganzen am besten selbst verwirklichen.

Das Verhalten ist erfolgreich, denn es ist naturgesetzkonform. Es entspricht dem Gesetz ständiger Informationszunahme und stufenweiser Vereinigung, das schon in den unsterblichen Elektronen angelegt ist.

20.4

Selbstorganisation zünden

Durch einen konsequenten Wandel von einer hierarchischen zu einer selbststeuernden Organisation schaffen in Deutschland (bis jetzt noch zu wenige) Unternehmen sprunghafte Produktivitätssteigerungen und gewinnen so neue Überlegenheit im globalen Wettbewerb.

Selbststeuernde Organisationen entstehen durch eine dramatische Veränderung des Führungsverhaltens. Die Selbstorganisation, die wir so dringend brauchen, kommt in den Unternehmen nicht von selbst – sie muss herbeigeführt werden. Dazu müssen die Führenden die festgeprägte, überholte Mentalität ändern. Sie müssen den Mitarbeitern mehr zutrauen, müssen ihnen Zeit zum Lernen geben und sich selbst Zeit zum Lernen nehmen – und zur Kommunikation. Sie müssen zuhören, Basiswissen und Vorschläge der Werker aufnehmen und schnell umsetzen. Sie müssen Teamarbeit organisieren, zielbestimmte Vereinbarungen bewirken, alle Arbeitsfaktoren rechtzeitig beschaffen, Störungen sofort neutralisieren.

Führung ist erfolgreich, wenn sie alle Arten von Zeitverschwendung eliminiert. Dazu muss sie die Menschen gewinnen – ihnen Erfolgserlebnisse ermöglichen. Sie muss die erforderlichen Fähigkeiten der Mitarbeiter entwickeln und darf sie nicht voraussetzen.

Totale oder ganzheitliche Qualität beginnt mit dem festen Willen aller Beteiligten, die Werte zu schaffen, die der Kunde will, und in den Herstellungsprozessen alles zu vermeiden, was nicht dem Wertschaffen dient. Und dieser gemeinsame Wille kann nur in einem Klima von Vertrauen und Freiheit entstehen. Gesteigerte Lebensqualität und Erfolgserlebnisse zünden den Quantensprung der Produktivität durch Selbstorganisation.

„Das ist nicht nur die Firma des Herrn Sowieso – das ist unsere Firma", wird zur Überzeugung der Belegschaft. In den besten Fabriken ist das schon Wirklichkeit.[48]

Das Prinzip der Selbstorganisation ist in der Natur angelegt.

Kein Botaniker kann berechnen oder befehlen, wann die Blume ihre Blüte entfalten soll, sie organisiert sich selbst – und überwindet Widerstände mit ungeahnter Kraft.

Menschen sind in höherem Grade fähig, sich selbst zu organisieren.

Um das Prinzip der Selbstorganisation wirksam zu machen, müssen die Führenden die Rahmenbedingungen schaffen. Rahmenbedingungen für Blumen schaffen, heißt Wasser geben und

■ Die Produktivitätslücken zwischen den Arbeitsgängen werden durch die Nahtstellenvereinbarung vermieden.

■ Die Selbstorganisation muss herbeigeführt werden.

■ Erfolgserlebnisse zünden Selbstorganisation.

■ Das Prinzip ist in der Natur angelegt. Menschen sind im höchsten Maße fähig, sich selbst zu organisieren.

20.4 Die ganze Wertschöpfungskette optimieren – Die höhere Form des Handwerks

Wir sollten die notwendige radikale Selbsterneuerung nicht erst in der größten Not vornehmen.

düngen. Rahmenbedingungen für Menschen schaffen, heißt Vertrauen geben und den Informations- und Materialfluss optimieren.

Wir werden im globalen Vergleich wieder „besser sein als die anderen", wenn wir von dem Aberglauben ablassen, der Erfolg entstehe in den Köpfen der Führenden und es käme nur darauf an, deren Pläne in die maschinenbedienenden Hände der Mitarbeiter zu bringen. Statt dessen müssen alle intellektuellen Potentiale der Mitarbeiterschaft für das Unternehmen mobilisiert werden. Die Intelligenz der Führenden allein reicht im komplexen Geschehen für den Unternehmenserfolg längst nicht mehr aus.

Dort, wo die Reform bereits gelungen ist, gaben fast immer bedrohliche wirtschaftliche Verluste den Anstoß. Erst in der größten Not wagten einzelne Manager die notwendige radikale Selbstveränderung. Jetzt bieten die erneuerten Unternehmen Produkte mit Spitzenqualität zu unschlagbaren Preisen an und zahlen ihren Mitarbeitern auch noch bis zu 60 Prozent leistungsgebundene Zuschläge zum Tariflohn.

Wir können aus dem scheinbaren Widerspruch „niedriger Preis bei höheren Löhnen" ableiten, weshalb die Lohnkosten tatsächlich zu hoch sind:

In den Unternehmen werden zu viele Stunden bezahlt, in denen die Mitarbeiter anwesend sind, aber wegen unzureichender Organisation nicht oder nicht optimal arbeiten können. Wir verschwenden zu viel Zeit mit Warten, Suchen, Beseitigen von Fehlern, Leerlauf, Desorganisation, Umständlichkeiten, Demotivation und Fehlstunden.

Auch Bauunternehmen können bei niedrigen Marktpreisen Geld verdienen, wenn sie ihre Unternehmensorganisation reformieren.

„Benchmarking" – das bedeutet „von den Besten lernen".

Deshalb ist ein Blick über den Tellerrand so wichtig; denn die Ursachen für die übermäßig hohen Arbeitskosten sind in allen Branchen gleich. Aus dem veränderten Führungsverhalten, das diese Ursachen beseitigt, lassen sich Schlüsse für eigenes Handeln ziehen.

Die Begründung: „Bei uns geht das nicht, weil beim Bauen alles anders ist", zeigt eine falsche Sichtweise.

Ich garantiere Ihnen aus meiner in 30 Jahren gesammelten Berufserfahrung: In der Bauwirtschaft wirken die aufgezeigten Erneuerungen stärker als in der stationären Industrie; denn komplexitätskompetentes Verhalten hat die größte Wirkung da, wo die Komplexität am größten ist.

Auch mit dem KOPF-System sind immer die interessantesten Ergebnisse bei den komplexesten Bauvorhaben erzielt worden.

21

KOPF + Lean Enterprise

Es geht darum, die Geschäftsprozesse im Ganzen zu optimieren.

21.1

Der Geist des Unternehmens

Aber bevor wir etwas machen, müssen wir bereit sein, es zu denken. Veränderung beginnt im Kopf. Wir müssen bereit sein, zuerst die eigene Einstellung zu ändern. Vor allem muss der Kleinmut weg: „mehr als 7 Prozent Produktivitätssteigerung geht nicht."

Der Mensch ist keine Maschine. Auch ein Unternehmen funktioniert nicht wie eine Maschine. Auch die Begriffe „Kapital und Arbeit" umfassen nicht mehr die heutige Geschehensproblematik. Sie stammen aus der mechanistischen Zeit.

Der Geist des Unternehmens ist der entscheidende Erfolgsfaktor.

Der Mensch muss eine existentielle Befriedigung in seiner Arbeit finden, damit er nicht auf andere Bereiche ausweichen muss – vornehmlich auf die Freizeit, um sich wirklich als Mensch fühlen zu können.

Da ist ein riesiges Defizit. Die Sinn-Frage wird gestellt.

Menschen möchten Herausforderungen begegnen. Durch Erfolge und Einsicht in tiefere Zusammenhänge erfahren sie Sinn.

Es geht um die ganz pragmatische Frage, ob das Produkt oder der Arbeitsplatz auch einen immateriellen Wert besitzen. Vertrauen ist der Erfolgsfaktor Nummer 1.

Vertrauenschaffende, normative Verhaltensweisen sind

Echtheit,
Ehrlichkeit,
Sachlichkeit,
Achtung,
Höflichkeit.

Echtheit bedeutet: Klarheit schaffen, Fakten schaffen, nicht Gewinne aus der Unwissenheit von Kunden und Mitarbeitern ziehen.

Ehrlichkeit akzeptiert Fehler. Wenn es nicht mehr nötig ist, Fehler vertuschen oder gar in Erfolg umwandeln zu müssen, ist die Grundlage für den kontinuierlichen Lernprozess gelegt. Wichtig ist es, den Veränderungsprozess einzuleiten, nicht lange darüber zu diskutieren, wie man die Teams zusammensetzen sollte usw. Es kommt darauf an, Bewegung in das Unternehmen zu bringen und es einfach zu tun – sich auf den Weg zu begeben; denn Dynamik schafft Stabilität, Beharren führt früher oder später zum Absturz.

▪ Der Mensch muss sich in der Arbeit wiederfinden.

▪ Unternehmensdynamik schafft Stabilität.

21.2 KOPF + Lean Enterprise

Die Revolution liegt wesentlich in der Einbeziehung der Mitarbeiterschaft in die Entscheidungs- und Steuerungsprozesse.

Arbeiten, die Menschen auf der ganzen Welt für lohnenswert halten, haben die Merkmale:
– klare Ziele,
– die Notwendigkeit, die ganze Aufmerksamkeit auf die Arbeit zu konzentrieren,
– keine Unterbrechungen,
– ständige Rückkopplung des Erfolgs,
– ein Gefühl der Herausforderung,
– die Wahrnehmung: das eigene Können passt zur Bewältigung der Aufgabe.

Menschen, die solche Bedingungen vorfinden, verlieren das Gefühl für die Zeit. Ich habe in meiner Praxis oft erlebt, dass es für die Mitarbeiter wichtig wurde, die Aufgabe zu erfüllen, unabhängig davon, ob das einmal ein oder zwei Stunden länger dauerte.

Die Aufgabe selbst wurde das Ziel und blieb nicht nur Mittel fürs Geld verdienen. Wenn in Unternehmen dieses Erfolgsgefühl vermittelt werden kann, können auch die Mitarbeiter am Arbeitsplatz so viel wie außerhalb des Betriebs bei der Feuerwehr oder bei der Schwarzarbeit.

> *Menschen müssen Sinn erkennen, dann leben sie für die Aufgabe.*

21.2
Erneuerung der Peneder-Unternehmen

Vor einigen Monaten fuhr ich mit einem interessierten Bauunternehmer nach Linz und nach Breitenaich, um die Firmen der Gebrüder Karl und Franz Peneder zu besuchen, die mit der Unterstützung von Ernst Weichselbaum die Selbstorganisation als neue Unternehmenskultur erfolgreich praktizieren.

Ernst Weichselbaum und ich haben einen gemeinsamen Lehrer: den Erfinder der Kybernetik zweiter Ordnung, den Erkenntnistheoretiker Heinz von Foerster. Entsprechend fiel seine Einführung in die neue Praxis der Peneder-Firmen aus.

Weichselbaum sprach einleitend über die Mutation der Kybernetik 1. Ordnung, die sich mit trivialen Maschinen befasst, zur Kybernetik 2. Ordnung, die Heinz von Foerster für die Handlungsweise in selbstorganisierenden Sozialsystemen kreierte.

„In der Kybernetik 1. Ordnung erfolgt die Steuerung durch Eingriff von außen", erläuterte der Unternehmenserneuerer Weichselbaum. Statische, determinierte Strukturen vorausgesetzt, zeichnete er zum Verständnis meines Begleiters:

$$3 \longrightarrow \boxed{\times 2} \longrightarrow 6$$

„Fälschlicherweise geht man auch mit Sozialsystemen so um, als seien sie Maschinen.

Weil Menschen so nicht funktionieren und reale Geschäftsprozesse immer wieder aus dem Ruder laufen, suchen die linear gepolten ‚Experten' ihr Heil in immer raffinierter entwickelten Kontrollhierarchien. Trotz aller ‚Verbesserungen', die man auch mit Hilfe von EDV-Systemen immer weiter zu verfeinern sucht, kommen durch die zunehmende Komplexität des Geschehens und die damit verbundene zunehmende Störungsintensität immer schlechtere Resultate heraus. Zu dieser Fehlentwicklung gehören auch die Abstraktionsversuche der Organisationen in Organigrammen und ISO-Dokumentationen.

Die Resultate werden auch nicht durch Internet-Technologien verbessert und durch CIM-Systeme noch verschlechtert.

Eine Verbesserung bestehender Organisationen ist prinzipiell nicht möglich. Es hilft nur die radikale Erneuerung durch ‚schöpferische Zerstörung', wie Schumpeter das nennt. Wir müssen die hierarchische Ordnung zerstören.
Ein Beispiel sind die Ruinen einer überlebten Wirtschaftsform, die Terminals, die Lager und das Bürohaus bei Voith Turbo (der Verfasser).

> *Weichselbaum: „Eine Verbesserung bestehender Organisationen ist nicht möglich. Wir müssen die hierarchische Ordnung zerstören und die Firma geistig neu bauen – wie auf einer grünen Wiese."*

Ein Unternehmen muss komplexitätskompetent sein, wenn es in einem Umfeld überleben will, das durch eine zunehmende Beschleunigung der Komplexität gekennzeichnet ist.
Diese Kompetenz ist nicht durch flachere Hierarchien zu gewinnen, sondern durch Eliminieren der hierarchischen Struktur. An ihre Stelle tritt die Optimierung der Geschäftsprozesse durch selbstorganisierte, selbstverantwortete Arbeit.
Die Regelung des Zusammenwirkens erfolgt nicht mehr durch Eingriffe von außen, sondern durch ‚Nahtstellenvereinbarungen zwischen autonomen Teams'.

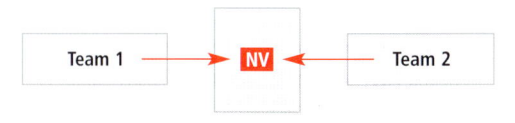

NV: Nahtstellenvereinbarung darüber, wer was wann wo wie tut. (Die fünf W.)
Solche Vereinbarungen werden auch zwischen der Firma und den Kunden, zwischen der Firma und den Lieferanten und in einem Netzwerk zwischen den Nachunternehmen und zwischen deren Arbeitsteams geschlossen.
Wichtig ist die Präkognisation:
Geplant wird weitgehend für die übernächste Woche.

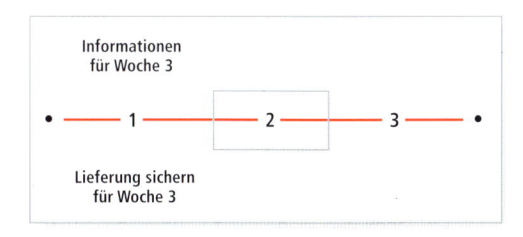

Bei der Baukomplexität muss nach meiner Erfahrung die Anwendung der kybernetischen Logik hinzukommen.

Ein Unternehmen ist ein Geistsystem. Ein Unternehmen endet nicht an seinen Eigentumsgrenzen. Ein Unternehmen ist das, was seinen Sinn ausmacht – was die Menschen von ihm denken, die in ihm und mit ihm arbeiten.
Es geht also darum, radikal umzudenken und in den Köpfen die neue Firma zu bauen. Dazu braucht man ein Projekt mit einem Namen: Wir bauen zum Beispiel die neue Firma ‚Partnerschaftlich Bauen'.
Es gibt keinen Chef mehr, es gibt keine Bauleiter mehr, es gibt nur noch Teams, die innerbetrieblich ebenso zusammenarbeiten wie wir das mit externen Firmen tun.
Dazu schaffen wir drei Stufen:
    Die Strategie (Vision)
    Das Projekt (Erneuerung)
    Das Tagesgeschehen (führungsfrei)
Jede Stufe hat eine Vertragsebene und eine Handlungsebene.

Die kleinste wertschaffende Interaktionseinheit besteht aus zwei Teams mit einer Nahtstellenvereinbarung.

■ Weichselbaum: „Zwischen autonomen Teams gibt es ‚Nahtstellenvereinbarungen': Wer tut was, wann, wo und wie?"

■ Weichselbaum: „Ein Unternehmen ist das, was die Menschen von ihm denken."

Beeinflussungs- und Verantwortungsstrecke sind identisch.

Die Größe einer Firma ist für die Entwicklung dieser Aktionszellenkultur ohne Bedeutung. Ein analoges Beispiel ist die Familie als Urzelle eines Staatsverbandes. Deutschland hat zehnmal so viele Einwohner wie Österreich – diese Urzelle ist immer ungefähr gleich groß."

Die Firmen der Brüder Karl und Franz Peneder in Oberösterreich machen einerseits Brandschutztore und Türsysteme und in einem zweiten Betrieb Stahlbauhallen schlüsselfertig.

Sie haben in den betreffenden Marktsegmenten großen Erfolg durch die Wandlung zu konsequenter Selbstorganisation.

Der Kunde im Mittelpunkt
- Keine Hierarchien
- Eigenverantwortliche Teams mit erfolgsorientierter Entlohnung
- Beeinflussungsstrecke gleich Verantwortungsstrecke
- Regeln zwischen den Teams durch Nahtstellenvereinbarung

Die Optimierung der Prozesse hat erste Priorität. Kurze Liefer- und Baufristen bringen den Akquisitionserfolg.

Im Einkauf arbeitet Peneder mit Partnern über ganzjährige Lieferantenverträge. Vierteljährlich wird nachverhandelt. Die Partner werden nicht über Einkäufer oder Verkäufer gefunden. Sie müssen zur Firmenphilosophie passen. Deshalb entsteht die Zusammenarbeit in Gesprächen zwischen den Geschäftsführern.

Peneder hat Netzwerke mit schlagkräftigen kleineren Partnern eingerichtet.

Der Leitsatz für die gemeinsame Entwicklung gibt der Optimierung der Prozesse erste Priorität.

Die unschlagbare Liefertreue mit kurzen Liefer- und Baufristen bringt den größten Akquisitionserfolg. In der Rangfolge der Bemühungen stehen

1. Termin
2. Qualität
3. Preis.

„Mit dem hierarchischen System werden Menschen entmündigt", sagt Karl Peneder. Und ein „Mitunternehmer" in der Firma sagt: „Früher haben wir an der Stempeluhr unser Gehirn abgegeben. Heute gibt es keine Stempeluhr mehr."

Die Teams als Firmen in der Firma werden für die sich ergänzenden und unterstützenden (vernetzten) Leistungsbereiche vereinbart - Beeinflussungs- (Entscheidungs-) und Verantwortungsstrecke sind identisch:

1. Geschäftsführung:
Kultur (Menschenbild), Vision, Strategie, Veränderungs- und Entwicklungsprojekte, Schulung, Präsentationen, Grundvereinbarungen mit Lieferanten.

2. Kundenberatung:
Kunden aufschließen, besondere Leistungen wie Schnelligkeit und ihre Ursachen der Zielgruppe vermitteln, Angebote bearbeiten, Verträge über Aufträge mit Gewinnabsicht verhandeln, Arbeit der Ausführungsteams vorbereiten einschl. Herstellen der Ausführungs-Modelle mit Kosten und Preisen je Arbeitspaket, genaue Material- und Geräteliste übergabereif mit Zuordnung von Kosten-, Qualitäts- und Terminverantwortung – Nahtstellenvereinbarung.

3. Ausführungsteam:
z. B. „Fassadensanierung", Beeinflussungs- und Verantwortungsstrecke: Alle Leistungen von der Baustelleneinrichtung bis zur Übergabe an das Ausführungsteam „Verfugen". Wert aus der Sicht des Kunden schaffen. Je größer die Differenz zwischen Vertragsstunden und Anwesenheitsstunden, um so besser ist das Teamergebnis. Mängelbeseitigungen erhöhen die Zahl der Anwesenheitsstunden. Ordnung und Sauberkeit von Baustelle, Containern, Geräten,

Werkzeugen und Stoffen vermindern die Zahl der Anwesenheitsstunden.

Nahtstellenvereinbarung mit dem Team „Verfugen":

Übergabe der Aufmaßlisten an das Team „Kundenberatung". Keiner übergibt mangelhafte Leistung – Keiner übernimmt mangelhafte Leistung.

4. Ausführungsteam „Verfugen":

Beeinflussungs- und Verantwortungsstrecke: Hochwertiges Verfugen der Vorleistungen des Teams „Fassadensanierung".

Sonst wie unter 3.

Team 2 kauft die Leistungen der Teams 3 und 4 und verantwortet die Bonitätsprüfung, die Versicherung der Aufträge, die Rechnungslegung und den Zahlungsfluss.

Jede 3. Mahnung geht an das Team 2 zurück. Verspätete Zahlungseingänge, die das Team 2 zu vertreten hat, lösen von da an Zinsbelastungen aus, die das Ergebnis von Team 2 verringern.

Der Geschäftsführung ist das Team „Rechnungswesen" zugeordnet.

An jedem 3. Montag präsentiert das Team 2, an jedem 3. Dienstag präsentieren die Teams 3 und 4 durch ihre gewählten Teamsprecher dem Team „Rechnungswesen" ihre Zahlen.

Anschließend präsentieren sie die Monatszahlen und die Monatszielzahlen in einem zweistündigen Termin der Geschäftsführung.

In die Verantwortungsstrecke der Teams darf von außen nicht eingegriffen werden. Unterstützung erfolgt auf Anforderung.

Keine Hierarchie – Keine Aufstiegsmöglichkeit – Man kann nur Mitunternehmer werden.

Vertrauen geben – Ehrlichkeit – Durchschaubarkeit – Verlässlichkeit: das sind unabdingbare Grundsätze.

Die Ergebnisteilung wird 50 : 50 vorgenommen.

Die Teams haben bei Peneder einen Qualitätstopf von 450.000 Mark. Alle Kosten für Reklamationen werden daraus bezahlt. Was übrig bleibt wird im Team verteilt.

„Qualität ist, wenn der Kunde wiederkommt – nicht das Produkt", sagt Karl Peneder.

Tor- und Türsysteme werden 3 Tage nach dem o.k.-Zeitpunkt ausgeliefert bzw. abgeholt – egal wie groß der Auftrag ist. Änderungen bis kurz vor Fertigungsbeginn sind kostenfrei. Der Hallenbau wird 12 Tage nach dem o.k.-Zeitpunkt auf der Baustelle begonnen.

Täglich um 10.00 Uhr geben die Teamsprecher die Aufträge an die Spediteure. Dann muss bis 17.00 Uhr am nächsten Tag verladen sein. Einmal pro Woche erfolgt die Auslieferung in ein österreichisches Bundesland. Wer die Produkte schneller braucht, holt sie im Werk ab. Die Abrufe an Lieferanten erfolgen bis 12.30 Uhr. Dann ist die Ware bis 17.00 Uhr an der Verwendungsstelle.

Zu Beginn der Erneuerung fragte Weichselbaum:

„Wie sind eure Lieferzeiten?"

Antwort Peneder: „4 bis 6 Wochen."

Weichselbaum: „Und wie schnell seid ihr bei einem Chefauftrag?"

Antwort: „5 Tage". – „Gut, nun machen wir das immer so, aber ohne die Mehrkosten des Chefauftrages."

„Herausgekommen sind 3 Tage", sagt Karl Peneder.

„Wir haben bei einem Umsatz von 30 Mio. Mark einen Lagerwert von 1 Mio. Mark.

Es gibt nur eine dauerhafte Motivation: die Eigenverantwortung.

Bezahlt wird monatlich:

Kundenberatung: Lohn + Ergebnisanteil
Ausführung: Lohn + Leistungseinheit
                  + Qualitätsbonus

Jeden Monat werden 167 Stunden bezahlt.

Im Sommer ist das Arbeitsvolumen bis 100 % größer. Gearbeitet wird so wie die Arbeit da ist. Die Durchlaufzeiten sind konstant. Die Kapazitäten sind variabel. Das Team kann von einer

▪ Das Team, „Kundenberatung" verantwortet auch den Zahlungsfluss.

▪ Die Lieferung erfolgt nach drei Tagen – egal wie groß der Auftrag ist. Vor der Erneuerung waren die Lieferzeiten 4 bis 6 Wochen.

▪ Die Durchlaufzeiten sind konstant – die Kapazitäten sind variabel.

Laufende Schulungen sind notwendig. Das Wichtigste ist unbedingte Ehrlichkeit.

Peneder: „Eine Krise erleichtert den radikalen Neubeginn."

Leihfirma Arbeitskräfte zumieten. Auch hier schließt die Geschäftsführung Jahresverträge ab.

Das Team geht früher nach Hause, wenn weniger Arbeit da ist.

Wenn die Leihfirma neue Leute schickt – was selten vorkommt – gibt es Abzüge für die Einarbeitung.

Die Aufträge an die Ausführungsteams werden mit Leistungsstunden bemessen (Leistungseinheiten). Bezahlt werden diese Soll-Zeiten. Sie bilden gleichzeitig die Lohnabrechnung.

Probleme gibt es mit Neueingestellten, die das System nicht kennen. Das macht laufende Schulung erforderlich.

Für alle muss der Sinn der Sache beinahe täglich vermittelt werden. Die Gefahr des Rückfalls in das alte System ist besonders am Anfang groß und hört nie ganz auf.

Wir haben Qualifikationskurse eingeführt. Das wichtigste ist sowohl im Innenverhältnis wie im Netzwerk mit anderen mittelständischen Betrieben ist unbedingte Ehrlichkeit im Umgang miteinander.

Es gibt Kurse über wirtschaftliches Denken. Alle müssen alle Zahlen kennen – jeder muss wissen, was jeder einzelne verdient.

Es geht darum, alle Gehirne wirksam zu machen – mentale Fitness zu erzeugen: ständig lernen und erfinden.

Ein Beispiel: Wir haben Taktzeiten. Eine Durchschnittstaktzeit für jede Tür. In der Produktion zeigte sich, dass der Durchlauf für 80 Türen in einer Schicht über die vorgegebene Durchlaufzeit hinausging. Das Folgeteam hatte Behinderungen und musste eine Stunde länger bleiben, um die Marge verladefertig zu machen.

Die Mitarbeiter setzten folgende Idee um als sie festgestellt hatten, dass 10 von den 80 Türen längere Laufzeiten brauchten als im Durchschnitt: Sobald eine Tür aus der Taktzeit gerät, blinkt nun ein Licht auf. Sofort kommt ein Kollege aus dem Folgeteam zur Hilfe. So wird die Marge rechtzeitig fertig und das Folgeteam muss nicht länger anwesend sein.

Es ist unvorstellbar, was ein hierarchiefreies Unternehmen erreichen kann:

1995 hatten wir einen Verlust von 15 % des Umsatzes.

1997 war das Ergebnis vor Steuern 1 Mio. Mark bei einem Umsatz von 18 Mio. Mark.

2000 war das Ergebnis vor Steuern fast 2 Mio. Mark bei einem Umsatz von etwa 30 Mio. Mark – trotz oder wegen der ausgeschütteten Prämien: an 69 Mitunternehmer im Betrieb wurden im Jahr 2000 rd. 1,5 Mio. DM ausgeschüttet. Das sind im Schnitt rd. 21.700 DM je Person.

Wir haben 1996, unterstützt von Ernst Weichselbaum, das Unternehmen neu gebaut.

Dabei wurde nicht die alte Firma analysiert mit dem Ziel, etwas zu verbessern. Wir haben sofort radikal das Konzept von den Firmen in der Firma verwirklicht.

Dazu haben wir zuerst Kostenklarheit geschaffen. Klarheit über aufzuwendende Stunden usw. Mein Bruder und ich und zwei führende Mitarbeiter haben ein ganzes Jahr gebraucht, diese Arbeit außerhalb der Arbeitszeit zu leisten. Ernst Weichselbaum hat uns 23 Tage lang intensiv beraten. Er hilft immer noch – gerade jetzt beim Aufbau des Unternehmer-Netzwerkes für den schlüsselfertigen Hallenbau.

Wir hatten 1996 eine Krise. Entweder gelingt uns der Durchbruch mit diesem radikal Neuen oder wir müssen Konkurs anmelden: das war die Alternative.

Wenn ich keine Krise bei einem solchen Neuanfang hätte, dann würde ich eine erzeugen. Eine Krise erleichtert den radikalen Neubeginn. Heute sind die Teams so autonom, dass sie die Lieferanten selbst bestimmen. Sie wechseln nicht ohne Not. Ich habe nicht einmal meinen Jagdfreund gegen das Team durchsetzen können, der uns gern feuerhemmendes Glas verkaufen würde.

Es gibt einen Mitarbeiter, der wie eine Drehscheibe zwischen Kundenberatungs- und Ausführungsteams wirkt, Ungereimtheiten ausbügelt, immer wieder Sinn und Inhalte klarmacht. Mit ihm entsteht jetzt das Team ‚Systementwicklung', als Urzelle für eine Know-how-Schmiede, die sicherstellt, dass auch in größer werdenden Netzwerken alle auf die gleiche Weise arbeiten. Der Know-how-Transfer wird ein interessanter neuer Unternehmenszweig. Für die interne Weiterbildung investieren wir schon jetzt jährlich 150.000 Mark.

Die Hauptentscheidung fällt für die Schnelligkeit. Sie ist das Haupt-Akquisitionsmerkmal, das uns sichtbar von der Konkurrenz abhebt.

Die Prozessveränderung ist entscheidend – die Produktveränderung zweitrangig.

Beziehungen im Netzwerk werden aufgebaut: mit Mitarbeitern und Lieferanten – vor allem mit Kunden: gemeinsame Veranstaltungen, gemeinsame Reisen, Skilaufen etc.

Das Tagesgeschäft läuft führungsfrei. Veränderungen führen zu Fortschreibungen der Nahtstellenvereinbarungen. Verbesserungsvorschläge werden sofort umgesetzt. Als Verbesserungsprämie werden die vereinbarten Stunden 3 Monate lang weitergezahlt. Dann wird eine Anpassung vereinbart.

Wir haben

> 3 Leitideen

- Begegnungsqualität:
    ehrlicher Umgang
- Vorauseilende Koordinierung:
    (Präkoordination)
    rechtzeitig lückenlos planen.
    Schutz vor unliebsamen Überraschungen.
- Geschwindigkeit:
    kurze fixe Durchlaufzeiten.

Beim Unternehmen ‚Hallenbau' übernehmen wir die Aufträge jetzt schlüsselfertig. Wir bauen ein Netzwerk für langfristige Zusammenarbeit mit Unternehmen der Ergänzungsgewerke auf. Auch hier geht es um die Klarheit des Auftrages. Bevor die Fliesen nicht ausgesucht sind, kommt kein Bagger an die Baustelle.

1. Die Klarstellung beginnt mit einem eintägigen Bauherrn-Workshop. Da werden die Interessen abgecheckt. Am Abend geht der Bauherr mit einer ersten Entwurfszeichnung und einem Angebot mit 10 % Toleranz nach Hause. Für den Workshop bezahlt er 2000 Mark.
2. Wenn der Bauherr sich für eine weitere Zusammenarbeit entscheidet, machen wir mit Hilfe der Planungsbeteiligten aus unserem Planungsnetzwerk die Eingabepläne für die Behörden.
3. Dann folgen die Verhandlungen mit den Behörden über Brandschutzfragen, Wasser- und Abwasseranschlüsse etc.
4. Nach der Genehmigung folgt
4.1 die Ausführungsplanung 1:50,
4.2 die Technikplanung,
4.3 die Ausbauplanung,
4.4 das Angebot zum Fixpreis und Fixtermin.
5. Die Auswahl der Mitwirkenden in den einzelnen Nebengewerken erfolgt unter den Handwerkern, die wir kennen, möglichst solchen, die in ganz Österreich arbeiten. Mit ihnen schließen wir Nahtstellenvereinbarungen – im Prinzip wie in der Produktion für Brandschutztore und Türsysteme.
6. Auch die müssen mit ihren Mitarbeitern immer wieder in unsere Know-how-Schmiede, um den Prozess durch gleichartiges Arbeiten zu optimieren.

Es geht auch um fortwährendes gemeinsames Lernen und Erfinden in Workshops. Einsparungen, die dadurch bei den Prozesskosten erzielt werden, sollten zu je einem Drittel dem Kunden, dem Generalunternehmer und dem Nachunternehmer zugute kommen – wie etwa bei Porsche."

■ Der Know-how-Transfer wird ein neuer Unternehmenszweig.

■ Für schlüsselfertiges Bauen Netzwerke mit Ergänzungsgewerken schaffen.

■ Wir müssen uns schneller ändern als die Vorgenerationen das mussten.

„Die Kunst, sich selbst zu führen, ist die Schlüsselqualifikation des 21. Jahrhunderts", sagt der Managementlehrer Peter Drucker.

Sich selbst führen: das bedeutet, Verantwortung übernehmen für eigenes Denken und Handeln.

Das bedeutet, erkennen und anerkennen, dass wir uns und unsere Mitwelt schneller ändern müssen – und können – als die Vorgenerationen es tun mussten.

Ein großer Teil der Mitarbeiter in Wirtschaft und Verwaltung wollen das.

Die Autoren Christian Freilinger und Johannes Fischer haben das Ergebnis einer Befragung veröffentlicht in dem Buch „Geht nicht – Geht nicht, Veränderungen erfolgreich managen".[56]

> Für Veränderungen von Unternehmen muss nur ein kleiner Teil der Mitarbeiterschaft gewonnen werden.

Sie sind davon überzeugt, dass Veränderungen von Unternehmen dauerhaft möglich wären, wenn dafür ein verhältnismäßig kleiner Teil der Mitarbeiterschaft gewonnen würde:

„Hier gibt es einen interessanten Vergleich mit den Naturgesetzen: ‚Vom Laserstrahl wissen wir, dass 7 % der Elektronen in die gleiche Richtung ausgerichtet sein müssen, damit sich die anderen dazugesellen', (zit. aus R. Mann ‚Das visionäre Unternehmen', Wiesbaden 1990)."

> Ständige Sinnvermittlung tut Not. Es bleibt die Gefahr, ins alte System zurückzufallen.

Die Befragung zeigt: die meisten Mitarbeiter beklagen, dass sich Veränderungen in ihren Unternehmen ausschließlich auf technische, produktmäßige, organisatorische Themen beschränken – dass also mentale Veränderungen in den Köpfen der Mitarbeiter völlig außer acht gelassen werden.

> Mit der Verantwortung können am Anfang die wenigsten umgehen.

„Es ist ... unverständlich und in höchstem Maße töricht, dass immer wieder der gleiche Fehler gemacht wird, der auch in dieser empirischen Untersuchung bestätigt wurde:

Das fachliche Know-how der Mitarbeiter wird nicht oder nur widerwillig genutzt bzw. schlicht und einfach übergangen.

Man versucht gar nicht, die Mitarbeiter zu gewinnen."

Hier wirkt ein Gesetz des Umgangs mit zwei Paragraphen:

§ 1 Der Chef hat immer recht.
§ 2 Sollte er einmal nicht recht haben, tritt §1 in Kraft.

In dem Buch wird ein Interview mit Karl Peneder wiedergegeben, das auszugsweise folgt:

„Das Jahr 2000 war sehr erfolgreich. Es gab und gibt aber immer wieder Durchhänger. Da muss permanent wiedergekäut werden, immer und immer wieder. Man muss beständig darauf sehen, dass man nicht ins alte System rückfällig wird. Es gibt sogar heute noch Rückfälle, aber die sind minimal. Probleme gibt es nicht mit den Mitarbeitern, die schon bei der Umstellung dabei waren, sondern mit denen, die neu ins Unternehmen kommen. Die haben keine Ahnung von diesem System und finden es mühselig.

Es ist sehr viel Arbeit, die angehenden Kundenberater auf das Level zu bringen, wo das Unternehmen heute steht. Sie müssen lernen, mit diesem System umzugehen. Bei uns ist das oberste Prinzip die Eigenverantwortung. Verantwortung will zwar jeder, aber die wenigsten können zu Anfang damit umgehen. Manche neuen Kundenberater schieden nach kurzer Zeit wieder aus.

> „Freiheit bedeutet Verantwortlichkeit. Das ist der Grund, weshalb die meisten Menschen sich vor ihr fürchten."
> George Bernhard Shaw

Jetzt werden für das Kundenberatungsteam beispielsweise junge HTL-Absolventen eingestellt, die ein Jahr auf Kosten der Geschäftsführung ausgebildet werden, bevor sie in die Praxis gehen.

Als wir noch hierarchisch organisiert waren, gab es jeweils einen Verkäufer und einen Innendienst-Verantwortlichen. Dieser wickelte für den Verkäufer die Aufträge ab, machte sie produktionsreif. Dann wurde der Auftrag in der Produktion gefertigt, kam zum Spediteur, der

auslieferte – und der Monteur montierte beim Kunden. Damals waren in acht von zehn Aufträgen Reklamationen an der Tagesordnung.
Heute haben wir die Schlüsselstellen Verkauf, Verkaufsinnendienst und Monteure in einem Team zusammengeschlossen. Es gibt keinen klassischen Innendienst mehr, es gibt nur Kundenberater. Aus dem EDV-System werden die Daten abgerufen, die aussagen, was bei einer Tür oder bei einem Tor alles notwendig ist. Dann wird eine Stückliste erstellt. Dafür ist die Kundenberatung verantwortlich, die diese Liste dann an die Produktion übergibt. Hier liegt die Nahtstelle zur Produktion.
Die Verkaufsteams kaufen die Leistungen der Montageteams hinzu.
Auf die Weise wird die Terminkoordination optimiert.
Wir hatten im Vorjahr etwa hundert Unternehmer bei uns in beiden Werken zu Gast, die sich diese neue Arbeitsform ansahen. Es wurde uns immer wieder dazu gratuliert: hervorragend, wunderbar – aber bei uns ist das nicht machbar. Keiner ist bereit, wirklich etwas zu verändern.
Von unseren Mitbewerbern wurden wir wegen unserer äußerst kurzen Lieferzeit belächelt.
Wir sind sicher: wir sind zehn Jahre voraus. Mit der Kultur, die wir hier entwickeln, mit der Persönlichkeitsentwicklung, die wir eingeleitet haben, können wir im Vergleich zu anderen feststellen, dass der Vorsprung ein Jahrzehnt beträgt.
Wenn nach einer Ausschreibung ein Auftrag vergeben wird, kann kein Mensch nach den vorliegenden Unterlagen ein Tor produzieren. Es ist noch nicht klar, wie groß die Tore oder Türen sind, welche Farben und welche Drückergarnituren sie haben sollen.
Der Architekt ist mit der Planung immer zu spät. Aber erst, wenn der genau dargestellt hat, was er will, können wir zu produzieren beginnen. Dann hatten wir früher drei, vier, fünf Wochen Lieferzeit. Danach wurden die Tore und Türen irgendwann einmal eingebaut. Das ist bei unseren Mitbewerbern heute noch so. Damit haben alle Beteiligten großen Schaden.
Jedes Team bringt laufend Vorschläge zur Verbesserung des Prozesses ein. Alles, was sich innerhalb eines Jahres amortisiert, wird von der Gruppe selbst entschieden und gekauft. Bei größeren Investitionen wird der Zukauf gemeinsam entschieden. Die Vorgabezeiten bleiben die ersten drei Monate als Prämie in alter Höhe. Erst danach werden sie gesenkt."
Als ich 1997 zum ersten Mal in Peneders Betrieb kam, hatten die Mitarbeiter gerade einen Verbesserungsvorschlag gemacht:
„Wenn wir jetzt drei Tage vor dem Einbau mit der Fertigung beginnen, dann können wir doch die Türen gleich im Werk fertig streichen und lackieren. Wir bauen dazu mitten in der Halle eine staubfreie Kabine aus Stahl und Glas und haben eine interessante dauerhafte Einsparung."
So geschah es – mit einem größeren Erfolg als man erwartet hatte.
Bei meinem Besuch im April 2001 diente die Kabine als Lagerraum. Eine neue Halle war gebaut mit einer imposanten, leistungsfähigen automatischen Beschichtungsanlage, in der die Tür-Systeme in jeder gewünschten RAL-Farbe pulverbeschichtet werden. Die Leistung ist in der Durchlaufzeit von 36 Stunden enthalten.

> Früher gab es in acht von zehn Aufträgen Reklamationen.

> Noch ist kaum ein Unternehmer bereit, wirklich etwas zu verändern.

21.3

Ein Anfang

Für ein Wärmedämm-Verbundsystem an einem fünfgeschossigen Wohnhaus mit 2 500 m² wurde der Vertrag im Juni 2001 geschlossen.
Ausführungsfrist:
    Beginn: 10. 8. 2001
    Ende: 20. 12. 2001

Vorgewerke waren der Fensterbau und die Dachsanierung.
Architektenleistungen waren teilweise noch zu erbringen.
Am 01. 8. 01 waren die Architektenleistungen noch nicht ausreichend erbracht. Mit den Arbeiten der Vorgewerke war noch nicht begonnen worden.

Der WDVS-Unternehmer hatte die Arbeiten zur Fassadensanierung und die Gerüstarbeiten im Vertrag. Er hatte das Material selbst zu stellen. Mit den hier wirkenden Architekten hatte er ähnlich negative Erfahrungen gemacht wie bei den meisten anderen Bauvorhaben.[57] Deshalb führte er das KOPF-System zusammen mit einer systemischen Logistik in seinem Betrieb ein.

Er erreichte in Gesprächen mit Auftraggeber und Architekten, dass er ein Ablaufmodell nach KOPF für den noch ausstehenden Planungs- und Bauablauf entwickeln konnte, das alle Beteiligten für die Arbeit verbindlich vereinbaren sollten. In einem Gespräch am 08. 8. 01 wurden dafür Eckdaten abgestimmt.

Der Unternehmer fertigte das variable Prozessmodell und generierte daraus ein erstes Ablaufmuster mit Arbeitskräftezuordnung, das am 14. 8. 01 allen Beteiligten mit Erläuterungen zugeleitet wurde.

In einer Zusammenkunft am 22. 8. 01 sollte dieses Ablaufmuster abgestimmt und verabschiedet werden.

Der Gerüstbauer sollte danach am 24. 8. 01 beginnen und die Arbeit mit 8 Arbeitskräften ausführen.

Die Fertigung der Fenster sollte am 04. 9. 01 beginnen, die Montagearbeiten sollten mit 9 Mann vom 24. 9. bis zum 19. 10. 01 ausgeführt werden.

Die Dachdeckerarbeiten sollten vom 10. 9. bis zum 08. 11. 01 dauern, dafür waren 8 Arbeitskräfte einzusetzen.

Der WDVS-Unternehmer behielt nach diesem Ablaufmuster bis zum Ende seiner Ausführungsfrist, dem 20. 12. 01, eine Pufferzeit für Unvorhergesehenes von 3 Wochen.

Er konnte bei vereinbarungsgemäßer Arbeit der Vorgewerke mit der Fassadensanierung am 10. 9. 01 beginnen und die Arbeiten für das WDVS mit 18 Arbeitskräften bis Ende November ausführen.

Am 22. 8. 01 diskutierten alle Beteiligten den Entwurf, fanden gemeinsam ein für alle akzeptables Ablaufmuster und verpflichteten sich darauf. Auch ein flexibles zielbestimmtes Verhalten bezüglich des Arbeitskräfteeinsatzes bei etwaigen Störungen wurde vereinbart.

Das Protokoll über die Sitzung vom 24. 8. 01 sagt folgendes aus:

1. Für die Betongewände an den „französischen Fenstern" gibt es inzwischen eine technische Lösung und ein nachverhandeltes Angebot. Den Umfang der Betonschäden muss der Architekt noch klären.

2. Die Frage, ob der Schornsteinfegermeister Zwangslüftungen in den Fenstern für die Thermen zulässt, oder auf Wanddurchbrüchen mit Schutzgittern besteht, muss der Architekt noch klären.

3. Die Gerüstbauarbeiten konnten am Montag nicht begonnen werden, weil der Vertrag bis heute nicht unterzeichnet wurde. Das macht die Hausverwaltung sofort. Spätester Beginn für das Einrüsten ist der 27. 8. 01.

4. Der Anpralldruck zur Bestimmung der Gitterbefestigung an den „französischen Fenstern" ist zwischen Architekt und Fensterbauer zu klären.

Der Baubeginn verzögerte sich um einen Monat, weil Pläne und Entscheidungen fehlten.

Der letzte Unternehmer in der Kette erstellte mit KOPF ein variables Ablaufmodell für alle Leistungen.

Alle vereinbarten, den Ablaufplan einzuhalten.

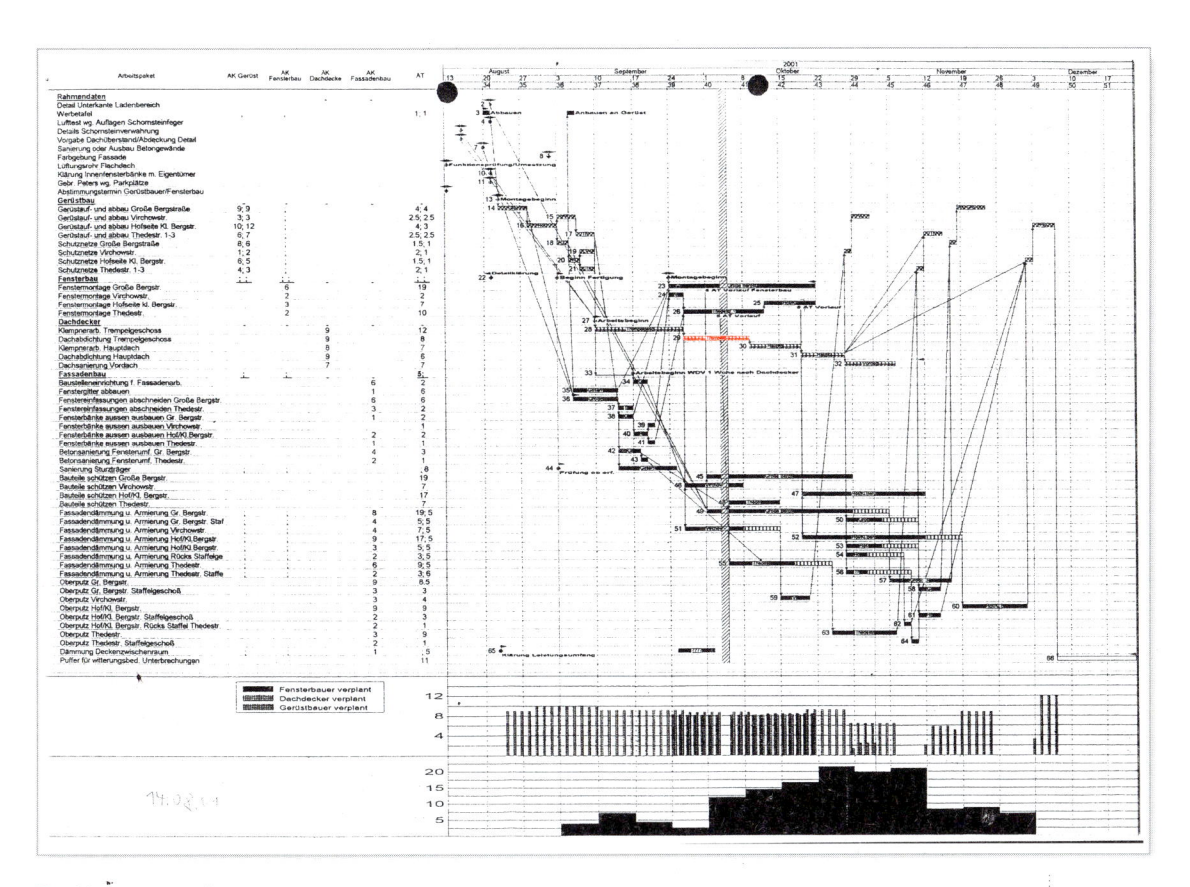

Abb. 166: Entwurf eines Ablaufmusters mit Arbeitskräftegrafik.

5. Alle Anwesenden verabschieden nach Diskussion und Kenntnis der Terminabhängigkeiten ein geändertes Ablaufmuster auf der Basis des Entwurfs vom 14. 8. 01.
6. Zur Herstellung der Fenster bestimmt der Architekt kurzfristig die Kämpferhöhe.
7. Der Dachdecker beginnt entgegen dem Ablauf-Entwurf vom 14. 8. 01 mit dem Hauptdach. Damit das neugedeckte Unterdach zur Dämmung des Staffelgeschosses nicht betreten werden muss, wird es nach den Dämmarbeiten saniert.
8. Ein verbindliches Ablaufmuster wird kurzfristig erstellt und allen Beteiligten zugesandt.

Behinderungen während des Arbeitsablaufs wurden dann hauptsächlich durch den Dachdecker verursacht, der entgegen der Vereinbarung doch mit der Sanierung der Unterdächer begann und statt der vereinbarten 8 Arbeitskräfte nur 2 bis 4 Arbeitskräfte einsetzte.
Für den WDVS-Unternehmer blieb unverständlich, dass der Auftraggeber die vereinbarte Besetzungsstärke nicht ernsthaft anmahnte.

Bauherrnentscheidungen kamen verspätet, Architektenleistungen ebenfalls und der Dachsanierer setzte statt der vereinbarten 8 nur 4 Mitarbeiter ein.

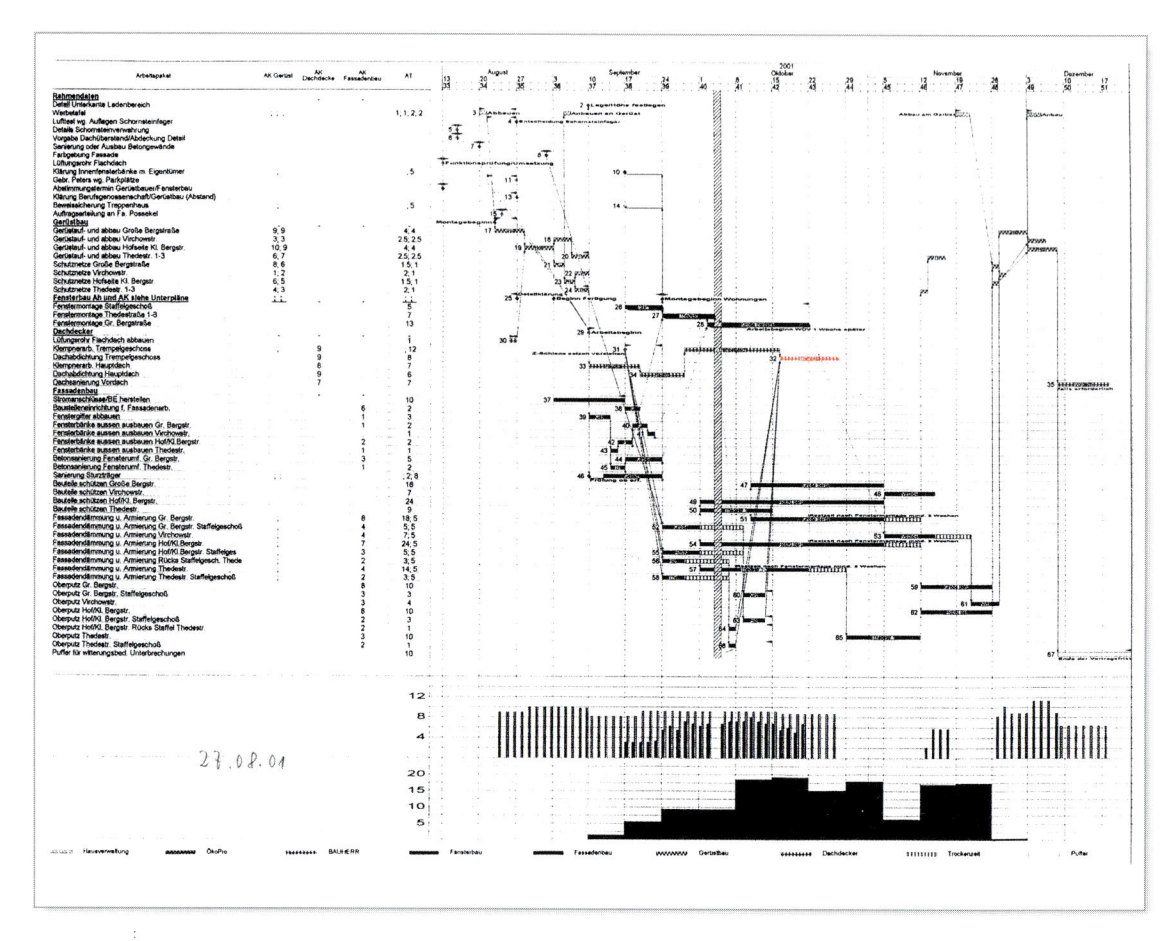

Abb. 167: Am 22. 8. 2001 verabschiedetes Ablaufmuster.

Der Beginn der Fenstermontage wurde vom 24. 9. auf den 02. 10. 01 verschoben.
Schon mit der Fertigung der Fenster konnte erst 10 Tage später als vereinbart begonnen werden, weil der Auftraggeber über die Art der Beschläge nicht rechtzeitig entschieden hatte.
Am 24. 9. 01 fehlten noch immer Planungsleistungen. Vor Beginn der Fassadenarbeiten sollten Abgasrohre in einer Außenwand durch längere Rohre ersetzt werden, die durch die Wärmedämmung hindurchreichen sollten. Wie und durch wen das geschehen sollte, blieb bis zum 10. 11. 01 unklar.

Ob Fassadenöffnungen mit verrosteten Lüftungsgittern geschlossen werden konnten oder erhalten bleiben mussten, war auch am 24. 9. 01 noch nicht geklärt.

Auf dem Unterdach mussten 11 Stranglüfter versetzt werden, damit die Wärmedämmung angebracht werden konnte. Damit waren Sanitärarbeiten verbunden; denn die versetzten Rohre mussten mit Bogen im Bereich des un-

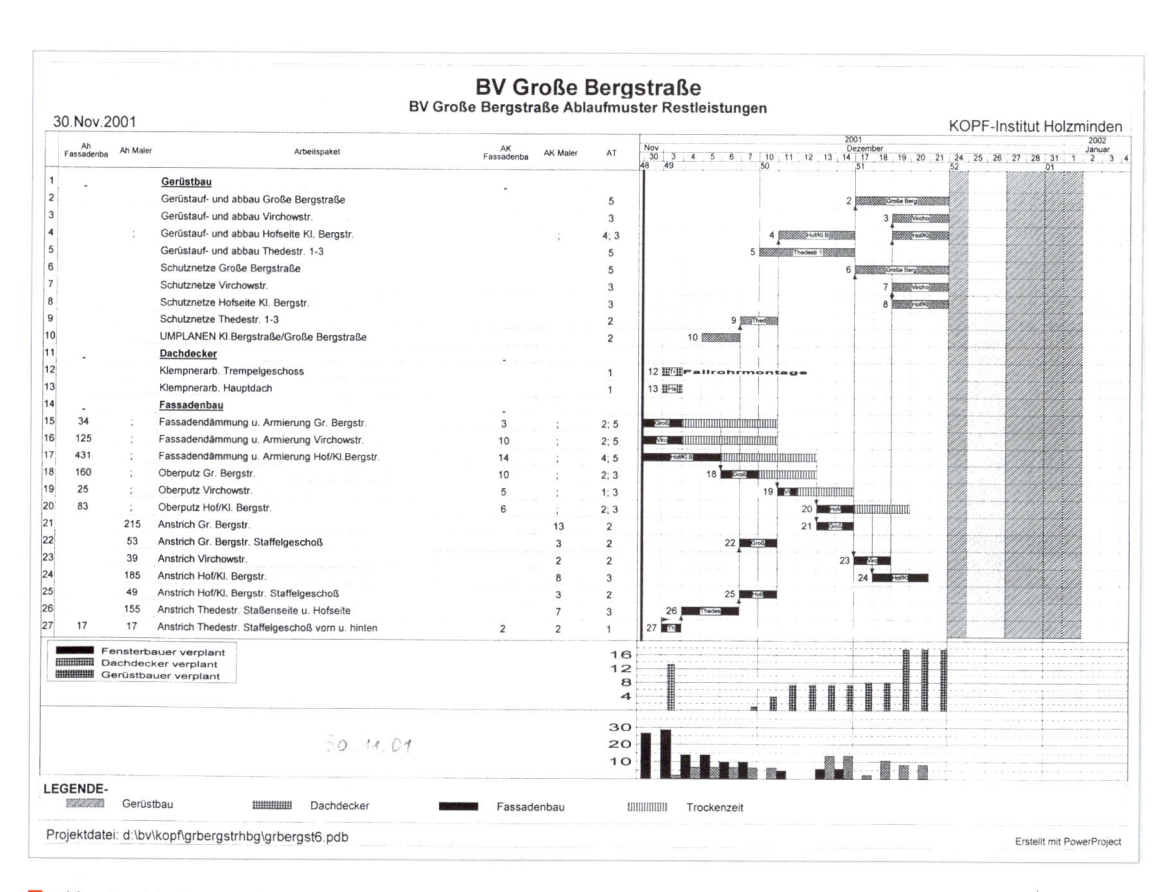

Abb. 168: Ablaufmuster über Restleistungen zum Ende der Ausführungsfrist.

teren Dachraumes an die bestehenden Leitungsstränge angeschlossen werden. Der Beginn der Arbeiten für das WDVS wurde auf den 10. 10. 01 verschoben.

Aber auch zu dem Zeitpunkt waren diese Vorarbeiten noch immer nicht erledigt.

Auch über die Befestigung der Fenstergitter und über die Edelstahlabdeckungen auf den Gewänden der „französischen Fenster" konnte der Architekt keine verbindlichen Aussagen machen.

Diese Abdeckungen wurden dann kurzfristig hergestellt, aber mit falschen Abmessungen, weil sich der Architekt vermessen hatte.

An der Straßenseite lagen 5 Regenfallrohre im Bauwerk. Bei der Fassadenneugestaltung entstand ein größerer Dachüberstand mit einer vorgehängten Rinne. Von da aus mussten Anschlussbögen durch das WDVS-System geführt werden. Auch dafür waren bis zum 10. 10. 01 die Sanitärarbeiten nicht vergeben. Die planerische Lösung lag nicht vor. Darüber hinaus gab

21.3 KOPF + Lean Enterprise

Die Behinderungen führten zu einer weiteren Verzögerung von 24 Arbeitstagen.

Der letzte in der Kette erhöhte die Zahl der Arbeitskräfte von 18 zeitweise auf 28 und hielt die Ausführungsfrist trotz der Verzögerung ein.

Der Unternehmer hatte auch die Ausführungskalkulation nach KOPF vorgenommen. Eine Produktivitätssteigerung führte zu einer Verdoppelung des Deckungsbeitrages.

es eine Reihe ähnlicher Unklarheiten, die die Arbeiten am WDVS behinderten.

Am 09. 11. 01 weist der WDVS-Unternehmer dem Auftraggeber eine Bauzeitverlängerung durch Behinderungen und Unterbrechungen von 24 Arbeitstagen nach.

An die Ausführungsfrist vom 20. 12. 01 war er nicht mehr gebunden.

Er hatte einen Partner zugeschaltet, um die Verzögerungen durch einen höheren Arbeitskräfteeinsatz ausgleichen zu können. Er führte ein neues Ablaufmuster ein, das bis zu 28 Arbeitskräfte vorsah. Die wurden zeitweise eingesetzt, um die vereinbarte Ausführungsfrist trotz der Verzögerungen einhalten zu können.

Er wollte sicherstellen, dass vor Weihnachten das Gerüst abgebaut und die Baustelle geräumt war. Das ist gelungen.

Zur Ermittlung der Varietät wurde festgestellt, das bis zu 35 Arbeitskräfte für die Herstellung des WDVS ohne Schwierigkeiten eingesetzt werden konnten.

Diese Modellvarietät musste nicht ausgenutzt werden.

Ab Ende November wurde der Gerüstraum eingehaust und mit einer Gebläseheizung versehen, um für Putz und Anstrich die Mindesttemperatur von 5 °C sicherzustellen.

Eine Produktivitätsprüfung am 29. 11. 01 ergab dann eine durchschnittliche Produktivitätsverbesserung gegenüber der Grundannahme von 34 Prozent.

Das Ablaufmuster über die Restarbeiten vom 30. 11. 01 zeigt als Fertigstellungsdatum den 21. 12. 01. Aber am 20. 12. 01 waren die Arbeiten abgenommen und die Baustelle vollständig geräumt.

Die Leistungsbereitschaft der Facharbeiter und ihr Wille, zielgenau fertig zu werden, waren da bestimmend.

Hier wird deutlich, dass ein nach Arbeitspaketen geordnetes Ablaufmodell mit der „erforderlichen Varietät" allein nicht den Erfolg bewirkt – auch nicht, wenn es mit einer anspruchsvollen Software erstellt wurde. Es kommt entscheidend darauf an, dass alle Beteiligten mit dem Modell umgehen können und auf seiner Grundlage mit Voraussicht zielbestimmte Entscheidungen fällen.

Allerdings kann diese Handlungsweise allein, ohne das systemische variable Modell, auch nicht den Erfolg bewirken.

Der WDVS-Unternehmer hatte das Modell um die „Ausführungskalkulation" erweitert.

Die Basis ist auch dabei die Sortierung der Leistungspositionen in der Reihenfolge der Arbeitsschritte und die Ordnung nach den vernetzbaren Arbeitspaketen. Dazu wird nicht schon zu Anfang die KOPF-Software eingesetzt. Zuerst wird „von Hand" kalkuliert. Nur auf diese Weise bekommen die Kalkulatoren und Bauleiter ausreichend Zugang zu Projekt und Methodik. Es kommt darauf an, auf diese Weise zuerst neues Denken und Verhalten einzuüben und seinen Sinn zu verstehen. Bevor effektiv automatisiert werden kann, müssen die Arbeit und die selbstorganisierenden Verhaltensweisen geschult werden.

Abbildung 169 zeigt die Ausführungskalkulation für ein Arbeitspaket.

Diese Ausführungskalkulation beruht auf einem äußerst niedrigen Preis, der durch harten Konkurrenzdruck entstanden war.

Zum Zeitpunkt ihrer Aufstellung werden die Arbeitsstundenzahlen, die erfahrungsgemäß aufgewendet werden mussten, eingesetzt. Durch die erzielte Produktivitätssteigerung an der Baustelle konnten die Lohnkosten bei der Durchführung dieses Auftrags um 34 Prozent gesenkt werden.

Für das hier betrachtete Arbeitspaket bedeutet das eine Verringerung von 31.421,35 DM auf 23.448,77 DM.

Die produktiven Kosten sinken um 7972,58 DM auf 76.392,58 DM und der Deckungsbeitrag steigt auf 16.474,62 DM. Das sind 21,6 Prozent

KOPF - SYSTEM
Urheberrechtlich geschützt

KYBERNETISCHE PRODUKTIONSPLANUNG
Ausführungskalkulation

Projekt / Kostenstelle: Große Bergstraße
Blatt:
Arbeitspaket / Kolonne: 135 / Fassadendämm. Große Bergstr.

Pos	Leistungstext	E	Menge	Vorgabe-Stunden h je E	Vorgabe-Stunden h Ges.	pr. Lohnkost. 17,– + 98 % Mi-Lohn + Soz.-zus. 33,66 DM je E	pr. Lohnkost. Ges.	Stoff-Kosten DM je E	Stoff-Kosten Ges.	Maschinen-Kosten DM je E	Maschinen-Kosten Ges.	Fremdleistungen DM je E	Fremdleistungen Ges.	Sonstige K. (z.B. Schal. DM) je E	Sonstige K. Ges.	Produktive Kosten DM je E	Produktive Kosten Ges.	Preise im LV DM je E	Preise im LV Ges.
01.40.30	nicht tragfähigen Untergr. entf.	m²	10,0	0,25	2,5	8,42	84,20	0	0	0,02	0,20	1,01	10,10			9,45	94,50	15,–	150,–
01.40.50	Untergrund reinigen	m²	860,0	0,02	17,2	0,67	567,20	0	0	0,02	17,20	0	0			0,69	593,40	11,–	9.460,–
01.40.10	Untergrund angleichen	m²	10,0	0,5	5,0	16,83	168,30	3,50	35,–	0,02	0,20	0	0			20,35	203,50	20,–	200,–
01.06.10	Schutzabdeckung	m²	146,5	0,08	11,7	2,69	394,09	0,83	121,60	0	0	2,43	356,–			5,95	871,68	1,30	190,45
02.20.10	Untere Abschl. Tragprofil Kantenpr.	m	79,0	0,15	11,9	5,05	398,95	9,42	744,18	0,60	47,40	0	0			15,07	1.190,53	13,50*	1.066,50
03.01.10	Dämmsystem MK	m²	860,0	0,7	602	23,56	20.216,60	39,29	33.789,40	1,96	1.685,60	0,10	86,–			64,91	55.822,60	65,–	55.900,–
03.01.22	Dämmsyst. Leibung	m	335,0	0,35	117,3	11,78	3.946,30	18,11	6.066,85	0,98	328,30	0,05	16,75			30,92	10.358,20	25,50	8.542,50
03.01.27	Herstell. MK Öffnung	m	678,0	0,09	61	3,03	2.054,34	3,46	2.345,88	0	0	0	0			6,49	4.400,22	5,90	4.000,20
03.01.060	Dichtband einbauen	m	79,0	0,05	4,0	1,68	132,72	1,12	88,48	0	0	0	0			2,80	221,20	4,50	355,50
03 01.070	Eckwinkel einbauen	m	25,0	0,08	2,0	2,69	67,25	3,33	83,25	0	0	0	0			6,02	150,50	9,20	230,–
03 01.080	Schlaufenprofil einbauen	m	31,0	0,25	7,7	8,42	261,02	26,74	828,94	0	0	0	0			35,16	1.089,96	34,–	1.054,–
04. 10.020	Fensterbank einbauen	m	186,0	0,5	93	16,83	3.130,38	32,94	6.126,84	0,60	111,60	0	0			50,37	9.368,82	63,–	11.718,–
			Übertrag / Summe:		935,3		31.421,55		50.230,42		2.190,50		468,85				84.365,11		92.867,15

Stempelfeld:

nach KOSS

* = Achtung Sockelschiene in Teilbereichen erforderlich !

Preise im LV:	92.867,15
abzügl. prod. Kosten:	84.365,11
= Deckungsbeitrag:	8.502,04
In Prozent von den produktiven Kosten:	10 %

Jun 93

Abb. 169: Auszug aus der Ausführungskalkulation für ein WDVS.

statt der vorher ausgewiesenen 10 Prozent und bedeutet einen Sprung in die Gewinnzone.

Dabei spielte die Optimierung der Baustellenlogistik eine Rolle. Der Baustofflieferant hatte zu Anfang einen günstigen Preis unter der Voraussetzung geboten, dass die Anlieferung der Dämmstoffe lastzugweise erfolgen sollte.

Nach Erläuterung des Produktionsplanes lieferte er dann die Stoffe abschnittsweise in kleinen, passenden Margen just in time an die Verwendungsstellen. Umständlichkeiten, Umlagerungen und die damit zusammenhängenden üblichen Zeitverschwendungen wurden so vermieden.

Die mitwirkenden Menschen können anhand der aufbereiteten Fakten davon überzeugt werden, dass alle aus dem veränderten Verhalten Vorteile erhalten.

Mit der systemischen Organisation werden erfahrungsgemäß interessante Anfangserfolge erzielt. Wenn sie dauerhaft erhalten werden sollen, muss die Unternehmenskultur verändert werden. Es dauert erfahrungsgemäß vier Jahre, bis aus einem zentral gesteuerten, hierarchischen Betrieb ein selbstgesteuertes Unternehmen wird. Das Umdenken muss in der Geschäftsführung beginnen. Es fängt damit an, dass der Wert der

Dabei spielte auch die Lieferung der Stoffe in passenden Mengen just in time eine wichtige Rolle.

21.3 KOPF + Lean Enterprise

„Es hat gedauert, bis ich erkannte, dass die Kunden vieles nicht interessiert, was ein Geschäftsführer für wichtig hält. Er muss die Professionalität und die Leistungsbereitschaft der Mitarbeiter schaffen."

Arbeit aus der Sicht des Kunden begriffen wird. Der WDVS-Unternehmer sprach über seine Erfahrung in diesem Punkt bei einer gemeinsamen Informationstagung im Oktober 2001 mit Baureferendaren der Oberfinanzdirektion in Hannover:

„Als Grote in einem ersten Seminar die Hierarchie-Pyramide auf den Kopf stellte und erklärte, dass ganz oben, gleich unter den Kunden ‚die Arbeiter stünden, die direkt den Wert für den Kunden schaffen, und dass ich ganz unten stünde, und nicht die Mitarbeiter sondern für die Mitarbeiter führen müsse, da war ich sauer. Schließlich ist das mein Unternehmen. Ich habe das Kapital drin stecken und ich bin für alles verantwortlich.

Es hat eine Weile gedauert bis mir klar wurde, dass den Kunden all die Tätigkeiten in den Geschäften, die wir Geschäftsführer so wichtig nehmen, gar nicht interessieren. Nur die Professionalität derjenigen, die für ihn den erwarteten Wert schaffen, und dieser Wert an sich, interessieren ihn.

Also muss der Geschäftsführer diese Professionalität schaffen – und die Leistungsbereitschaft der Mitarbeiterinnen und Mitarbeiter durch Erfolgserlebnisse ..."

Das ist ein Anfangserfolg. Wenn mit der neuen Methodik auch die Unternehmenskultur erneuert wird, dann kann das Unternehmen auf Dauer sozial und wirtschaftlich überlegen sein.

22

Wir diskutieren nicht die wahren Standortprobleme – Wir brauchen den Mut zur Erneuerung

„Eine Gemeinschaft ist nicht die Summe von Interessen, sondern die Summe von Hingabe."
Antoine de Saint-Exupéry

Die öffentliche Diskussion über den Standort Deutschland übergeht die wahren Probleme. Das hohe Lohnniveau und die Lohnnebenkosten werden beklagt. „Wenn die Löhne im Schnitt um 10 Prozent niedriger wären", so sagen renommierte Experten, „dann wären wir im internationalen Wettbewerb überlegen – und damit könnten wir das erforderliche Wachstum zur Entschärfung des Arbeitslosenproblems schaffen."

Wegen dieser beschränkten, kurzschlüssigen Sicht und wegen der gewohnten archaischen Arbeitsweisen halten viele Unternehmen einen teilweisen Lohnverzicht für notwendig, wenn wettbewerbsfähige Preise entstehen und Arbeitsplätze gesichert oder neu geschaffen werden sollen. Vielen Managern fehlt das Vorstellungsvermögen, um die Größenordnung der Produktivitätspotentiale in den Organisationen wahrzunehmen. Produktivitätssprünge von 30 Prozent und mehr werden jedoch überall erzielt, wo der Wandel zur selbststeuernden Organisation gelungen ist. Für das notwendige Wachstum und damit für den Abbau der Arbeitslosigkeit bringt das mehr als eine Lohnsenkung um 20 Prozent.

Wir müssen uns nur darüber klar sein, dass diese Produktivitäts-Potentiale mit den orthodoxen tayloristischen Rationalisierungsmethoden nicht zu aktivieren sind. Im Gegenteil – diese Methoden, die immer zentralistisch und nach dem Empfinden der Arbeiter zu ihrem Nachteil angewandt werden, vermehren die Zeitverluste. Auch ein erzwungener Lohnverzicht würde die Wettbewerbssituation nicht verbessern, sondern die Lage noch schlimmer machen.

■ Simplifizierende Volkswirte: „Wenn die Löhne niedriger wären, dann wären wir wettbewerbsfähig."
Nein. Wir wären es, wenn in den Unternehmen nicht mehr ein Drittel der Arbeitsstunden verschwendet würde.

22 Wir diskutieren nicht die wahren Standortprobleme – Wir brauchen den Mut zur Erneuerung

„Der Euro-Kurs ist entscheidend für die Zahl der Arbeitslosen."
Nein. Entscheidend ist die Aktivierung der Produktivitätspotenziale in den Unternehmen.

Wir brauchen mehr Wachstum für mehr Arbeitsplätze. Aber mehr Wachstum setzt höhere Produktivität voraus.
Wenn die notwendige Produktivitätssteigerung gelingen und die Beschäftigung vermehrt werden soll, dann muss das vorrangige Ziel die Verbesserung der Lebensqualität der Mitarbeiter sein.
Sie müssen davon überzeugt sein, dass ihre Arbeit Sinn macht und dass sie als wichtige Partner geschätzt werden.
Und die Manager müssen erkennen, dass zum Führen nicht nur Techniken gehören, sondern auch menschliche Zuwendung.
Das hat nichts zu tun mit Streicheleinheiten, sondern mit Herausforderung, Qualifizierung und Erfolgserlebnissen.

Deutschland fällt wirtschaftlich immer weiter zurück.

Was einzelne Pionier-Unternehmen der stationären Industrie beweisen, das könnte auch für Bauunternehmen gelten: Mehr Produktivität in selbstgesteuerten schlanken Arbeitsprozessen bewirkt Überlegenheit im weltweiten Wettbewerb – nicht der Wechselkurs des Euro.
In der Tagesschau am 21. August 2001 wird ein renommiertes deutsches Wirtschaftsinstitut zitiert: „Der Euro steigt. Das hat auch Nachteile. Ein zehntel Prozent mehr bedeutete 100.000 Arbeitslose mehr, weil der Export zurückgeht. Fällt der Kurs um ein zehntel Prozent, bringt das 100.000 Arbeitslose weniger." Auf den Zusammenhang mit der Produktivität angesprochen heißt es: „Wir sind Volkswirte, Produktivität ist nicht unsere Sache."
Ich gebe die Hoffnung nicht auf, dass wir alle lernen, in Systemen zu denken.
Wir brauchen mehr Wachstum, wenn wir die Massenarbeitslosigkeit überwinden wollen. Dazu müssen wir uns die mit dem Produktivitäts-Management gewonnenen Erkenntnisse zu eigen machen und helfen, dass sie zum Allgemeingut werden.

Wir brauchen ein Netzwerk für selbstorganisierte Arbeit.
In Deutschland haben wir es mit dem Wachstum nicht leicht. Die erkennbaren Erfolge mit dem Produktivitäts-Management lösen Bedenken aus:
„Aber die Nachfrage nach Gütern und Bauten ist begrenzt – und wenn nun alle die Produktivität so steigern, dann braucht man letztendlich doch viel weniger Leute, um die gleichen Mengen zu produzieren."
In einer Fernsehdiskussion im Juni 1999 warnte ein hoher Funktionär der IG Metall: „Produktivitätssteigerung vernichtet Arbeitsplätze."
Diese gefährlich falsche Sicht der Zusammenhänge wirkt ebenso bremsend auf die unbedingt notwendige Erneuerung der Organisationsstrukturen, wie all die Bedenken auf allen Ebenen des Managements selbst.
Wenn wir uns nicht von den überzeugenden Beispielen zu neuem Denken anregen lassen, werden wir international weiter verlieren.
Jedes Jahr gibt das Institute for Management Development Lausanne eine Rangliste des internationalen Wettbewerbs heraus. Deutschland stand im Vergleich der OECD-Länder für wirtschaftliche Zusammenarbeit und Entwicklung

1992	auf Platz	2
1993	auf Platz	5
1994	auf Platz	5
1995	auf Platz	6
1996	auf Platz	10
2000	auf Platz	12

Auf der Länderliste des Weltwirtschaftsforums lag Deutschland

1999	auf Platz	25

hinter Schwellenländern wie Chile, Taiwan und Malaysia.
Unternehmer sollten nicht fragen: „Aber was ist, wenn das alle machen?" sondern: „Was ist, wenn es die anderen machen?"
Bis jetzt machen sich viel zu wenig deutsche

Unternehmen auf, um ihre Produkte dort anzubieten, wo sie in für uns unvorstellbaren Mengen gebraucht werden. Dabei sind Wachstumsgrenzen bei weitem nicht in Sicht und mit der beschleunigten Zunahme ressourcenschonender Techniken wird mehr und mehr deutlich werden, dass das Wachstum der Güternachfrage ebensowenig begrenzt ist wie die Innovationsfähigkeit der Menschen.

Wir müssen uns durch all die kleinmütigen Bedenkenträger und Simplifizierer nicht aufhalten lassen. Jeder kann es besser wissen, der sich objektiv über die tatsächlichen Gegebenheiten bei uns und in der Welt informiert. Ein Beispiel für die unermesslichen globalen Möglichkeiten ist China. Ich zitiere aus einem lesenswerten, mit profundem Sachwissen geschriebenen Buch über die chinesische Herausforderung von Günter Ederer und Jürgen Franzen.[58]:

„… Das Problem ist unser deutsches selektives Wahrnehmungsvermögen. Punktuell fokussiert es sich bei Politikerreisen auf China, und dann entsteht der Eindruck, wir wären dort ganz groß im Geschäft. Doch sieht es im Alltag eher bescheiden aus. Deutschland ist weit unter seinen wirtschaftlichen Möglichkeiten an der Volkswirtschaft Chinas beteiligt. Für die (noch) viertgrößte Volkswirtschaft der Welt – vom dritten Rang hat uns China schon verdrängt – eine sehr magere Bilanz. Über 300.000 Joint-ventures hat China mit ausländischen Firmen abgeschlossen, wir sind mit 0,25 Prozent dabei.

Die deutsche Großindustrie ist jetzt nach China unterwegs, aber sie verhindert damit lediglich, dass China gänzlich den Wettbewerbern aus Japan und den USA überlassen bleibt.

Doch Deutschland ist das Land des Mittelstandes. Und es sind Mittelständler, die mit besten Erfahrungen aufwarten können. Melitta produziert (in China) erfolgreich seit 1978 Kaffeemaschinen, und der badische Autozulieferer Dr. Öttinger hat sich in Tianjin niedergelassen. Als er dann seinen Kollegen zu Hause erzählte, dass es in China leichter und schneller gehe, eine Fabrik zu bauen als in Deutschland, wurde er fast als Spinner und Aufschneider abgetan.

Ein paar Zahlen, die den Chinaboom beschreiben. Von den 18,5 Millionen Farbfernsehgeräten, die China produziert, werden 12,8 Millionen auf dem eigenen Markt verkauft. Bei einer Gallup-Umfrage sagten 32 Prozent der Haushalte, dass sie die Absicht hätten, innerhalb der nächsten zwei Jahre einen Fernseher zu kaufen. Das wären annähernd 90 Millionen Geräte."

Die Deutschen überlassen diesen Markt weitgehend den Japanern und Koreanern. Dabei wären sie durchaus wettbewerbsfähig, wenn sie sich verändern könnten. Den unternehmerischen Wagemut, der die Macher des „Made in Germany" auszeichnete, brauchten sie allerdings auch dazu.

„Geradezu wahnsinnig müsste die deutsche mittelständische Bauzulieferindustrie werden, wenn sie die Zahlen von Chinas Wohnungsbau ansieht", heißt es in dem Buch weiter. „Allein in Peking wurden 1995 7,6 Millionen Quadratmeter Wohnfläche fertiggestellt. Damit kommen erst 7,8 Quadratmeter auf eine Person. Für ganz China lautet die Zahl der 1994 gebauten Wohnfläche 295 Millionen Quadratmeter.

Davon wurden immerhin schon 132 Millionen Quadratmeter mit privaten Geldern bezahlt. Und die wollen mehr Qualität für ihre Wasserhähne, Badewannen, Rohrleitungen, Spülbecken, Tapeten, Fußböden, Türen, Fenster und was sonst noch alles zur Ausstattung gehört. Allein um der zusätzlichen Bevölkerung von 400 Millionen Menschen in den nächsten 5 Jahren ein Dach über dem Kopf zu schaffen, müssen 90 Millionen Wohnungen gebaut werden.

Aber bitte fragen Sie nicht, wieviele deutsche Unternehmen sich schon aus diesen Branchen nach China aufgemacht haben. Die meisten sitzen zu Hause und denken über die ‚Grenzen des

---

■ Das Wachstum der Güternachfrage ist ebenso wenig begrenzt wie die Innovationsfähigkeit der Menschen.

■ In China herrscht ein Wirtschaftsboom.

■ Aber die meisten deutschen Unternehmer denken zu Hause über die „Grenzen des Wachstums" nach.

Wachstums' nach. Eine Parole, mit der unsere Köpfe vernebelt wurden."

> *Nur der Wandel zu zielbestimmten, selbstgesteuerten Arbeits- und Geschäftsprozessen wird uns aus der Produktivitätskrise herausführen.*
> *Wie das geht, ist längst erfunden und in beispielgebenden Unternehmen erfolgreich erprobt.*
> *Die allgemeine Umsetzung in die Organisationspraxis ist die wichtigste und förderungswürdigste Innovation der Gegenwart.*

Wir brauchen in Deutschland eine große Produktivitäts-Initiative.

Wir sollten in den Ländern Produktivitäts-Zentren einrichten, die den notwendigen Informationsaustausch intensivieren und in Lehre und Praxis mithelfen, den Wandel zu beschleunigen. Der muss auch die Institutionen der öffentlichen Hände erfassen: durch eine radikale Veränderung von hierarchischen zu selbstgesteuerten Strukturen.

Wir müssen nicht länger den Mangel verwalten. Mit mehr Wachstum und weniger Arbeitslosen kommt mehr Geld in die Gesundheits- und Rentenkassen. Eine durchgreifende nachhaltige Steuer- und Rentenreform wäre leichter zu schaffen. Auch in Deutschland würde eine Steuerreform sich sehr bald selbst finanzieren.

Und die Pionierunternehmen zeigen: es gibt keine erstrebenswertere und keine bessere Symbiose des Zusammenwirkens, als die von hoher Produktivität und mehr Lebensqualität. Alle haben Teil am Zugewinn aus dem Strukturwandel:
– die Arbeitnehmer durch mehr Arbeitszufriedenheit und höhere Entgelte,
– die Unternehmen durch Gewinne, die mehr direkte Investitionen ermöglichen,
– die öffentlichen Hände durch mehr Steuern bei niedrigen Steuersätzen.

Niemand müsste den „Gürtel enger schnallen". Wir stehen am Beginn einer Revolution der Organisationskultur von der Hierarchie zur systemischen, zukunftsbestimmten Selbstorganisation.

„So wie vor einigen tausend Jahren die Jäger und Sammler den ungeheuren Sprung von der Eintagsplanung auf die 365mal längere Jahresplanung wagten und Pflanzer und Hirten werden mussten, scheint auch für uns wieder ein Punkt gekommen zu sein, wo wir unser zeitliches Bewusstsein wandeln müssen, und nicht das nächste Haushaltsjahr, sondern das nächste Jahrhundert in den Interessenkreis unserer heutigen Handlungen einbeziehen müssen: eine neue Ebene der Kommunikation mit der Zukunft. Jedes positive Feedback beeinflusst zuallererst einmal ganz konkret unsere Gegenwart.

Wir vollziehen auf diese Weise den Schritt von der bisherigen Zivilisationsstufe, die auf der einfachen Logik linearer Ursache-Wirkungs-Bezüge beruht, auf eine kybernetische Zivilisationsstufe. Und je stärker sich diese Kommunikation mit der Zukunft von der Fixierung auf isolierte Einzelobjekte und Einzelaspekte abwendet und im Systemzusammenhang stattfindet, um so weniger negative Überraschungen wird es geben und um so höher wird der kybernetische Reifegrad unserer Wirtschaftsweise sein", schreibt Frederic Vester. [59]

Der Systemzusammenhang gewinnt heute in der Komplexitätsforschung einen sehr bedeutenden Rang.

Einer der Pioniere dieser Forschungsrichtung am Santa-Fe-Institut ist der Biologe Brian Goodwin. Er hat zur gleichen Zeit wie Stuart Kauffman mit Hilfe der Bool'schen Netzwerke entdeckt, wie in Systemen „Ordnung umsonst" entsteht. In „Der Leopard, der seine Flecken verliert"[60] schreibt er dazu, dass eine Biologie der Einzelteile uns in eine falsche Richtung lenkt und zum Beispiel zu einer Medizin der Ersatz-

---

Wir sollten in den Bundesländern Produktivitätszentren einrichten.

Simplifizierende Politiker trauen sich nicht daran, die Steuern auf max. 35 Prozent zu senken und die Steuergesetze zu vereinfachen, weil sie meinen, das führe zu Steuerausfällen. Dabei zeigen vergleichbare andere Länder, dass Steuersätze von 25 bis 35 Prozent zu mehr Wachstum und zu höheren Steuereinnahmen führen.

teile geführt hat. Die Evolution wird mit dieser falschen Sicht nicht als ein von den Organismen als Ganzheiten (von „morphogenetischen Feldern") beeinflusster Prozess gesehen, sondern als ausschließlich von den Genen gesteuert.

Hier ergeben nun die Erkenntnisse von Goodwin und anderen Komplexitätsforschern einen Perspektivwechsel hin zur Bedeutung des Ganzen.

Die Bedeutung der natürlichen Auslese als grundlegendes Erklärungsprinzip der Evolution wird in Frage gestellt. Es gibt als Triebkraft der Evolution mindestens ebenso viel Kooperation wie Konkurrenz. Goodwin stellt fest: „Die Kooperation ist die große Quelle von Neuerungen in der Evolution, die sich zum Beispiel in dem riesigen Entwicklungsschritt der Bildung der eukaryotischen Zelle, die einen echten Zellkern enthält, manifestiert."

Dieser Quantensprung der Evolution wurde durch die kooperative Vereinigung von zwei oder drei kernlosen Vorläufern unserer Zellen, den Prokaryoten, bewirkt. Eine dieser kernlosen Zellen wandelte sich in einen Zellkern um, aus einer anderen gingen die Energiegeneratoren der neuen Zelle, die Mitochondrien, hervor und die dritte Prokaryote entwickelte sich, bei den Pflanzenzellen, zu den „Sonnenkraftwerken", den Chloroplasten.

Diese Geschichte einer symbiotischen Vereinigung, die sehr viel komplexer ist, als sie hier dargestellt werden kann, ist eine der spannendsten Geschehnisse der Selbstorganisation durch die Sinn-Gravitation morphogenetischer Felder. Sie war die Voraussetzung für die weitere Entwicklung des Lebens.

In den human-sozialen Systemen müssen nun die Führenden die dienende Funktion des Zellkerns übernehmen.

> „Schon Wolfgang von Goethe glaubte an eine Naturwissenschaft der Ganzheitlichkeit – die ganze Pflanze, der ganze Organismus oder der ganze Farbenkreis in seiner Theorie der Farbwahrnehmung. Aber er war auch davon überzeugt, dass diese Ganzheiten dynamisch sind und Verwandlungen durchlaufen – nicht regellos, sondern in Übereinstimmung mit Gesetzen. Erst jetzt beginnen wir, seine Erkenntnisse zu würdigen. Goethes naturwissenschaftliches Paradigma führt gegenwärtig am Rande der traditionellen Forschung eher ein kümmerliches Dasein. Der Geist Goethes fordert zu einer Wissenschaft der Qualitäten heraus."
>
> Brian Goodwin [60]

Eine „Wissenschaft der Qualitäten" könnte uns helfen, aus der gegenwärtigen Erfahrung sozialer und wirtschaftlicher Desintegration neue Ebenen integrativer Ordnung hervorzubringen und zu einer neuen globalen Kultur zu finden. In manchen unserer Organisationen hat dieser Quantensprung zur Selbstorganisation in komplexen Systemen bereits stattgefunden - mit ungeahnten Erfolgen. Zuerst sind die Unternehmer und die Verantwortlichen in den Non-Profit-Organisationen herausgefordert, in ihren Einflussbereichen die kulturelle Erneuerung zu verwirklichen. Die Politiker sollten alles tun, um den Prozess zu beschleunigen.

> *Unsere öffentlichen Diskussionsrunden sollten nicht länger an die Löhne und Lohnnebenkosten gefesselt bleiben.*
> *Und weil es offenbar so schwer fällt, festgeprägte Gehirnprogramme zu löschen, auch wenn sie überholt sind:*
> *Die Lohnkosten sind zu hoch, weil wir in den Arbeits- und Geschäftsprozessen zu viel Zeit verschwenden! Die Erneuerung der Organisationskultur bringt bei niedrigen Wettbewerbspreisen höhere Einkommen für alle.*

■ Überall in der Natur – schon auf der Ebene der Zelle – ist die Kooperation und nicht die Konkurrenz der wichtigste Entwicklungsfaktor.

■ Der Quantensprung zum erfolgreichen Handeln in Systemen ist in manchen unserer Organisationen schon erkennbar.

Die Alternativen sind: entweder mit den Produktivitätspionieren eine neue Geistkultur zu schaffen oder mit veralteten Vorstellungen wirtschaftlich weiter zurückzufallen.

Die Verantwortlichen in den Unternehmen, in den Verbänden, in der Politik und in den Medien sollten sich über die wirklichen Sachverhalte und Zusammenhänge umfassender und genauer informieren und sie wirklichkeitsgetreu kommunizieren. Mit den Informationen über die wirklichen Beziehungen zwischen Strukturwandel und Wohlstand und mit deren unverfälschter Kommunikation können wir eine lernende Wissensgesellschaft werden und dem Erneuerungsprozess die notwendige Beschleunigung verschaffen.

Es wird höchste Zeit. Jetzt, im August 2001, ist das Wirtschaftswachstum mit 1 Prozent nicht einmal halb so hoch wie die Prognose, an der man noch vor wenigen Monaten festhielt. Das hat mit weltwirtschaftlichen Rückschlägen wenig zu tun. Das österreichische Wirtschaftswachstum und das anderer europäischer Länder ist doppelt so hoch.

In Großbritannien hat die Blair-Regierung eine Initiative zur Wirtschaftsentwicklung gestartet. An dem Programm zur Entwicklung der britischen Bauwirtschaft hat Professor John Bennett mitgearbeitet. In seinem Buch „Construction – The Third Way" [61] kommt auch er zu dem Schluss, dass die Erneuerung der Baubetriebe und die notwendige Kostensenkung ohne die geistige Umstellung auf Systemdenken und den Aufbau selbststeuernder Strukturen mit Komplexitätskompetenz nicht möglich ist.

Wir können die Erfolge der Pionierunternehmen zum Allgemeingut machen. Mehr Wachstum und die Überwindung der Massenarbeitslosigkeit wären das lohnende Resultat, wenn es ausreichend vielen Entscheidern gelänge, den Quantensprung hin zu der neuen Geistkultur selbstorganisierten Handelns mitzuvollziehen.

Die einzige Alternative dazu wäre, in zentralistisch-bürokratischem Gehabe zu verharren und mit hohen Arbeitslosenzahlen gegenüber den Wachstumsregionen der Welt wirtschaftlich immer weiter zurückzufallen.

Die Bauwirtschaft würde auf der schiefen Ebene einer schwachen Konjunktur weiter abrutschen.

Literaturverzeichnis

1) KOF/ETH Zürich „Produktivität in verschiedenen Branchen" (Zit. Nach Christoph Saxer, S. 134, 43)
2) Günter Ederer „Die Trottel der Nation – Wer arbeitet wird abgezockt" Video Landsberg 1997
3) Erich Koß „Herkömmlich bauen – rationell bauen" Schriftenreihe der RG Bau Heft 2, Berlin / Köln / Frankfurt/M. 1974
4) Hans-Jürgen Warnecke „Die Fraktale Fabrik – Revolution der Unternehmenskultur" Heidelberg 1992
5) Heinz Grote „Spitzenleistungen im Baubetrieb durch komplexe Arbeitstechnik" 3. Aufl. Köln 1989, Schriftenreihe „Bauproduktivität und Management" RG Bau im RKW Hrsg
6) Ringer „CPM – Bauplanung und Ausführung ohne Computer" München 1966
7) Heinz Michael Mirow „Kybernetik – Grundlage einer allgemeinen Theorie der Organisation" Frankfurt/M. 1968
8) V. I. Rybalskij „Kybernetik im Bauwesen" Kiew 1965
9) Hans Lenk/Simon Moser „Techne, Technik, Technologie" Uni Karlsruhe 1973
10) Béla Aggteleky „Systemtechnik in der Fabrikplanung" in „Systemtechnik – Grundlagen und Anwendung" Hrsg. Günter Ropohl München 1975
11) Heinz Grote/Horst Tenten „Bauen mit KOPF – Kybernetische Organisation, Planung, Führung – Höhere Wirtschaftlichkeit im Bauprozeß" Hannover 1978
12) Karl W. Deutsch „Politische Kybernetik" Freiburg i. Breisgau 1970
13) Teilhard de Chardin, Vortrag in der Französischen Botschaft in Peking 1942, in „Die Zukunft des Menschen" Freiburg 1963
14) Carsten Bresch „Zwischenstufe Leben" München 1977
15) Erich Jantsch „Die Selbstorganisation des Universums – Vom Urknall zum menschlichen Geist" München 1979
16) Rudolf Christoph Eucken „Mensch und Welt" Berlin 1918
17) Roger Lewin „Die Komplexitätstheorie – Wissenschaft nach der Chaosforschung" Hamburg 1993
18) Günter Ederer „Die Chance der Krise – Wie sich Städte und Gemeinden aus der Finanznot befreien" Video Landsberg 1996
19) Stuart Kauffmann „Der Öltropfen im Wasser" München 1996
20) Tom Ray in Roger Lewin 17)
21) Rupert Sheldrake „Die Wiedergeburt der Natur – Wissenschaftliche Grundlagen eines neuen Verständnisses der Lebendigkeit und Heiligkeit der Natur" Bern/München/Wien 1991
22) Matthew Fox/Rupert Sheldrake „Engel – Die kosmische Intelligenz" München 2001
23) Jean Charon „Der Geist der Materie" Hamburg 1978
24) Jean Charon „Tod, wo ist dein Stachel" Hamburg 1981
25) Manfred Eigen „Perspektiven der Wissenschaft" Stuttgart 1988
26) Heinz Grote „Bauen mit KOPF – Die Beherrschung von Komplexität durch Selbstorganisation" Berlin 1988
27) Heinz von Foerster „Entdecken und Erfinden ..." in „Einführung in den Konstruktivismus" Carl-Friedrich-von-Siemens-Stiftung, Gumin und Meier Hrsg. München 1998 (4. Auflage)
28) Arthur Koestler „Wurzeln des Zufalls" München 1972

Literaturverzeichnis

29) Raymond Ruyer „Jenseits der Erkenntnis" Hamburg 1977
30) Norbert Wiener „Cybernetics or Control and Communication in the Animal and the Machine" USA 1949
31) Norbert Wiener „Mensch und Menschmaschine – Kybernetik und Gesellschaft" Frankfurt/M. 1952
32) Louis Couffignal „Kybernetische Grundbegriffe" Baden-Baden 1962, in Erhard Lang „Zu einer kybernetischen Staatslehre" Salzburger Universitätsschriften 1970
33) Karl Heinz Kaiser „Das Bild des Steuermanns in der antiken Literatur" Dissertation, Erlangen 1952, Zit. in E. Lang 32)
34) Albert Ducrocq „Die Entdeckung der Kybernetik ..." Frankfurt/M. 1959 Zit. in E. Lang 32)
35) Rolf Lohberg/Theo Lutz „Keiner weiß, was Kybernetik ist" Stuttgart 1968
36) Dietrich Dörner u. a. „Lohhausen – Vom Umgang mit Unbestimmtheit und Komplexität" Bern/Stuttgart/Wien 1983
37) Fredmund Malik „Strategie des Managements komplexer Systeme" Institut für Betriebswirtschaft der Hochschule St. Gallen Hrsg. Bern 1984
38) Peter R. Hofstätter „Gruppendynamik – Kritik der Massenpsychose" 1957 Zit. nach H.M. Mirow 7)
39) Gregory Bateson „Ökologie des Geistes" Frankfurt/M. 1981
40) C. West Churchman „Philosophie des Managements" Freiburg i. Breisgau 1973
41) Frederic Vester „Unsere Welt – ein vernetztes System" München 1983
42) Kerstin Main/Fritjof Karnani in BW 7.2000 „Anpassung von Lean Production an die Erfordernisse der Bauwirtschaft – Revolution in der Bauindustrie?!" Berlin
43) Christoph Saxer „Kybernetisches Baumanagement – Die KOPF-Methode, Kybernetische Organisation, Planung, Führung", Institut für Baubetrieb, ETH Eidgenössische Technische Hochschule Zürich 1999, unveröffentlicht
44) Karlheinz Pfarr „Grundlagen der Bauwirtschaft" Essen 1984
45) Georg Winter „Das umweltbewusste Unternehmen – ein Handbuch der Betriebsökologie", S. 31, Kommission der EG Hrsg. München 1987

46) Otto Greiner in „Bausteine" Paul Naredi-Rainer Hrsg. Wien 1988
47) Ricardo Semler „Das Semco-System – Management ohne Manager. Das neue revolutionäre Führungsmodell" deutsch München 1993
48) Heinz Grote „Die schlanke Baustelle – Mit Selbstorganisation im Wettbewerb gewinnen" Berlin/Hannover 1996
49) Shigeo Shingo „Das Erfolgsgeheimnis der Toyota-Produktion" deutsch Landsberg 1992
50) James P. Womack/Daniel T. Jones/Daniel Roos „Die zweite Revolution in der Autoindustrie" deutsch Frankfurt/M. 1992
51) Peter Brödner/Wolfgang Schultetus „Erfolgsfaktoren des japanischen Werkzeugmaschinenbaus" RKW e. V. Hrsg. Eschborn 1997
52) Günter Ederer „So arbeiten die besten Fabriken – Spitzenleistungen am Standort Deutschland" Video Landsberg 1997
53) James P. Womack/Daniel T. Jones „Auf dem Weg zum perfekten Unternehmen (Lean Thinking)" deutsch Frankfurt/M. 1997
54) M. Schulze „Porsche lagert seine Zulieferlogistik in Sachsen aus" VDI-Nachrichten Nr. 13/2001
55) VDI-Berichte 1306: „TQM – Spitzenleistung im Wettbewerb" Düsseldorf 1996
56) Christian Freilinger/Johannes Fischer „Geht nicht – Geht nicht, Veränderungen erfolgreich managen" Linz 2001
57) Hanno Wolfensberger „Architektendämmerung", Frankfurt/Main 1993
58) Günter Ederer/Jürgen Franzen „Der Sieg des Himmlischen Kapitalismus – Wie der Aufstieg Chinas unsere Zukunft verändert" Landsberg/Lech 1996
59) Frederic Vester „Leitmotiv vernetztes Denken" München 1988, und „Die Kunst, vernetzt zu denken" Stuttgart 1999
60) Brian Godwin „Der Leopard, der seine Flecken verlor" deutsch München 1997
61) John Bennett „Construction – The Third Way" London 2001

Stichwortverzeichnis

A

Aachener-Klinikum-Syndrom	82
Ablaufmuster	285, 286, 300, 338f., 342
Adams, Herbert	97
Allgemeine Dynamische Systemtheorie	61
Arbeitsgemeinschaft für Baurealisationen (AFB) Fehraltorf, Schweiz	172
Arbeitspaket	21, 64, 68, 186, 213, 214, 224, 232, 236, 237, 342
Arbeitszeitkonten	278
Architekten Westermann, Scherer, Fischer, BS	110
Ashby, W. Ross	43, 74
asymmetrischer Kohlenstoff	35
Attraktor	36
Äußerst komplexe Prozesse	19
autodidaktische Studien	195
Ayoub, Raymond	155

B

Baldrige, Malcolm	323
Bateson, Gregory	59
Bauchaos	303, 306
Bauhütte	227
Baukybernetik	23, 24, 26, 36, 38, 63, 77, 78, 111, 134, 169, 200
Baustellenverordnung	267
Beckmann, Johann	24
Beer, Stafford	47
Benchmarking	328
BENE	325
Bennett, John	350
Bertalanffy, Ludwig von	61
Best + Rathgeber	94
Bestätigung	61
Betriebsvereinbarung	279
biologischer Regelkreis	69, 70
Blecken, Udo	11
Blinder Fleck	54
BMG	320
Boolesche Netzwerke	31, 32
Bremerman'sches Limit	54, 55
Bresch, Carsten	28
Brödner P. und Schultetus W.	311
Bundschuh, Manfred	75, 116

C

Capital Immobilien 1995	97
Capital	90
Chaosforschung	30, 31
Chardin, Teilhard de	28
Charon, Jean	33
Checklisten	164
Churchman, West	60
Computer-Integrated-Manufacturing CIM	312, 315, 316
Couffignal, Louis	44
Critical Path Method	18
Czipin und Partner	10, 11, 46

D

Darwin, Charles	32
„Das Allgemeine Sonntagsblatt"	16
Das Fundamentale	33
Deming, W. Edward	310
„Der Gilbreth'sche Maurer"	230
determiniert-kausal	52
deterministisches Chaos	36
Deutsch, Karl W.	25, 45
„Die Chancenkurve der Optimierung"	150f., 159f.
„Die Fraktale Fabrik"	312
„Die 5 W"	331
Diener, Gerd	321
Dobbs, Adrian	38, 39
Dörner, Dietrich	46, 47
„3 Leitideen"	335
Ducrocq, Albert	44
Dynamische Struktur	68
Dynamische Systemtheorie	59
Dynamisches Arbeitsteam	310

E

Ederer, Günter	30, 315, 316, 347
Egoismus zweiter Ordnung	43, 75, 246f.
Eigen, Manfred	36
Einschwingzeit	53
Elektronen	34
endfertig	67
Entropie	35, 41, 58, 59
Erstmaligkeit	61, 193, 195
ETH Zürich	10
Ethik von Gesamtsystemen	60
Eucken, Rudolf Christoph	29, 38
eukariotische Zellen	349
evolutionärer Kosmos	33
Experte des Arbeitsplatzes	271

F

Finanzamt Ludwigsburg	94
Fischer, John Deere	321
Flexible Arbeitszeit	26, 274, 278
Foerster, Heinz von	37, 54, 59, 61, 62
Fraktale	36
Franzen, Jürgen	347
Freilinger, Ch. und Fischer, J.	336
Freudenberg-Gruppe	322
Führungskompetenz	302
5000 für 5000 GmbH	26
„Funktion des Lernens"	23
Fuzzy Logic	78, 93

G

GAEB	20
Ganzheitliches Produktivitäts-Management	278, 289
„Geistes"-Arbeiter	311
Geistkomplexität	57
Geistkultur	350
„geisttragende Elektronen"	35
Gesamthochschule Paderborn	18
Gesellschaft für Projekt-Management (GPM)	75
Gesetz der erforderlichen Varietät	19, 22, 40, 43, 73, 75, 131, 190, 219
Gesetz der kybernetischen Logik	22, 39, 40, 52, 73, 114, 142, 179, 219, 232
Gesundheitskompetenz	272, 302
GETRAG	317, 318
Gilbreth, Frank Bunker	222, 227, 228, 310
Gluch, Erich	90
Goethe, Johann Wolfgang von	111, 349
Goodwin, Brian	348, 349
Grab, Erhard	316
Greiner, Otto	114, 181
„Grenzen des Wachstums"	348
Grenzkostenbieter	83, 88

H

Haller Tageblatt	288
Hasenbein, A.	163
Hasenkopf, Didymus	274
Hax, Karl	19
Heilmann, Friedrich	277
Heisenberg, Werner	61
Herzzentrum Bad Oeynhausen	190, 192
Hierarchiepyramide	270
Hochschule Koblenz	19
„Höhere Form des Handwerks"	319
Hofstätter, Peter R.	54, 55
Hopi	40
Humanomed Privatklinik Graz	180
Hundekurve	75

I

ifo-Institut	89
Ingenieurbüro Lugitsch	181
„Integral"	16
Integrative Autonomie	43
iso 9000ff.	323
isomorph	48, 49, 53
ISS	31
IT	116, 117

J

Jantsch, Erich	29, 59f.
Junginger, Honeywell	318
Junkers, Peter	88, 149, 159
Just-in-time	18, 21, 319, 320, 343

K

Kalkulationsformel	242
Kammüller, Matthias	316
„Kapazitätsverfolgung"	24
Katholische Kirchengemeinde St. Nikolai, Höxter	112
Kauffman, Stuart	32
Kausallogik	51
Kearney, A. T.	315
Klaus, Georg	58
Knoblauch, Jürgen	321
Komplexe Relativitätstheorie	33
Komplexitätskompetenz	10, 12, 16, 232, 315
Komplexitäts-Management	19
Komplexitätswissenschaft	15, 30, 31, 32, 33, 42, 348
Konstruktivismus	61, 62
Kontrollhierarchien	36
Koordinator für Sicherheits- und Gesundheitsmaßnahmen (SiGeKo)	268
KOPF-Software	120, 124, 133, 246, 342
KOPF-Statistik	79, 80, 92, 158
KOPF-System	56, 77, 111f.

K

KOPF-Werkstatt	26, 231
Korrekturplan	283, 297f.
Koß, Erich	13, 14, 222f., 255, 310
Kostenbeherrschung	23
Kraftwerk Häusling, Zillertal	113, 114
Krankheitsquote	272
Kurzentrum Lüneburg	23, 25
Kybernetik erster Ordnung	37, 70
Kybernetik zweiter Ordnung	36, 37, 59, 61, 62, 68, 78
Kybernetik	19, 24, 36, 40, 42, 44, 46, 53, 75, 76
kybernetisch-finales Lenken	71

L

Landesstraße 1040	281
Landkreis Alfeld	18
Landkreis Holzminden	18
Laserstrahl	336
Laupen am Wald	173
Lean Construction	77
Lean Management	320
Lean Summit	319
„Lean Thinking"	319, 320
Logistik Netzwerk Bau	114
Lohberg, Rolf	45
Lorenz, Edward	31
Lutz, Theo	45

M

Makrokosmos	30
Malik, Fredmund	11, 56, 116
Management-Kybernetik	111
Mandelbrot, Benoit	36
Margenau, Henry	38
Materie: mehr Prozess als Gegenstand	33
Mauerlehren	255
McCulloch, Warren	56
McKinsey	11
mechanistisch-kausales Fehlverhalten	74
mentale Felder	33
Metaphysik	33
Metaposition	51
Mettler-Toledo, Albstadt	60, 315
Mikrokosmos	30
Mikro-Universum	34
Mirow, Heinz Michael	19, 54
MIT	56
Mitkalkulation	284, 295
Mitunternehmer	332
monatliche Zielumsätze	281
morphogenetische Felder	33, 349
„muda"	321

N

Nahtstellen-Vereinbarung	294, 324f., 331
National Quality Award	323
„Natürliche Klimatisierung"	155
Negentropie	34, 35, 41, 59
Netzwerk für selbstorganisierte Arbeit	346
Neuaufbau Magdeburg GmbH	227
Nibelungen Wohnbau Gesellschaft Braunschweig	110
nichtlineare Systeme	31
Nookybernetik	36, 45, 68, 70
Nookybernetisches Management	119
Noologie	29, 38
noologischer Regelkreis	68, 69
Noosphäre	28, 29, 69

O

objektive Wahrscheinlichkeiten	38, 73
Ökosystem	32
ÖQS-ISO 9001	180
Ordnung durch Selbstorganisation	30, 200, 230, 256, 258
„Ordnung von selbst"	31, 32
Organisationskultur	26

P

Pagels, Heinz	30
Peneder, Karl und Franz	330f.
Peter-Joseph-Krahe-Preis, Braunschweig	110
Pfarr, Karlheinz	12, 13
Photonengas	34
Planwirtschaft	136
POLE-Team	322
Polygonzug	67
Porsche AG	319, 320, 322
potenzielle Allwissenheit	55
PPS-EDV-System	312
Prinzip „Ordnung durch Störungen"	23, 37, 62
„PRODUKTION"	315
Produktionsmodell	67, 338
Produktivität	21
Produktivitätsdenken	257
Produktivitätsgrad	67
Produktivitäts-Initiative	348
Programmlohn	27
Prokarioten	349
Prozessketten-Steuerer	321

R

Rationalisierungsgemeinschaft Bauwesen (RG Bau) im RKW	26, 222, 311
Raummembran	35
Raum-Zeit des Geistes	33, 34
Ray, Tom	32
Redundanz potenzieller Lenkung	22, 43, 56, 57

R–Z Stichwortverzeichnis

Regelung mit Zukunftsfaktoren	68
Relikte zentraler Planwirtschaft	36
Retrograde Erfolgsermittlung	241, 243
Revolution der Unternehmenskultur	314
Revolution des Denkens	30
Riebel, Xaver	276
Riesch, Reto	176, 179
Rockefeller University	30
Ropohl, Günter	24
Rosenstraße Höxter	232
Rückbau	308
Rückkopplung	58
Ruyer, Raymond	40
Rybalskij, V. I.	23, 72, 73, 111

S

Santa Fe Institute	30, 32, 348
Saxer, Christoph	77, 176
Schaufelberger, Richard	172, 180
Schloss Corvey	56, 310
Schnelleke	321
Schrödinger, Erwin	28
Schulze, M.	320
Schwarz, Hartmut	172, 178
Schweitzer, Albert	29, 221
„Scientific Management"	222
Selbstähnlichkeit	36
Selbstorganisation	16, 28, 32, 34, 36, 41, 256, 258, 327, 349
selbstorganisierte Arbeit	267
selbststeuernde Strukturen	36
Seminar-Marketing	272
Semler, Ricardo	221
Seyfried, Karl-Heinz	90
Sheldrake, Rupert	33
Sicherheits- und Gesundheitsschutzplan	269
Simulationskreis	40
Sinn-Gravitation	349
Staatliche Vermögens- u. Hochbauverwaltung Baden-Württemberg	94
St.-Ansgar-Krankenhaus Höxter	25, 112, 153, 187
Standardleistungsverzeichnis	21
Statistisches Bundesamt	23
Sutro, Louis	56
Symbiose	43
Systemische Entscheidungslogistik	338

T

Tauernkraftwerke AG, Salzburg	113, 114
Taylor, Frederick Winslow	222
Teamkultur	56
Technologie	24
Tenten, Horst	25, 112, 149, 153, 154, 155
thermodynamischer Wärmetod	33
Tikart, Johann	60
Toffel und Gaede	81
Toyota-Produktion	310, 321, 324
TQM	116, 310, 320, 323
Transportlogistik	304, 305
Trumpf-Werkzeugmaschinen GmbH	316, 317

U

Übereinstimmung von Entscheidungs- und Verantwortungsstrecke	147, 332
Umschwingzeit	53
„Unkultur eines Obrigkeitsstaates"	30
Unschärferelation	61, 93
Urorganismus	32

V

VDI-Berichte	323
VDI-Nachrichten	320
Verband sozialer Baubetriebe	227
vereinfachte Jahresrechnung	293
Vester, Frederic	75, 158, 348
virtuelle Photonen	34
Vor-Anpassung	111

W

Warnecke, Hans-Jürgen	13, 26, 312
Weichselbaum, Ernst	325
Wertanalyse	163
Wertschöpfungskette	325
Wiechmann, H. H.	65
Wiedeking, Wendelin	319
Wiener, Norbert	42, 44, 61
Wilson, Doyle	323
Winterausfallgeld	276
„Wissenschaft der Qualitäten"	349
Wochenplanung	287, 300
Womack, Jones, Roos, Carpenter	310

Y

Yale-University	38

Z

Zielbestimmte Selbstorganisation	147, 149
Zivilisationsstufe	348
Zulieferlogistik	320
Zürcher Tages-Anzeiger	176
Zwei Zeitkomponenten: Zeitdauer und Arbeitsstundenzahl	22, 64
Zweite Zeitdimension	29, 38, 45, 68, 73